Code de la propriété intellectuelle

Textes à jour au 1er janvier 2016

Avis au lecteur

La présente publication comprend le texte intégral du code en vigueur à la date indiquée en début d'ouvrage.

L'absence des dispositions abrogées explique la numérotation parfois discontinue des articles.

Toutes les dispositions applicables postérieurement sont accessibles sur le site www.legifrance.gouv.fr, à partir de la page d'accueil, rubrique « Les codes en vigueur » et « Version à venir ».

La « Recherche experte dans les codes et textes consolidés » dans la rubrique « Les codes en vigueur » du site Légifrance permet aussi de retrouver les versions antérieures ou abrogées des articles de la présente édition.

Sommaire

Partie législative

Première partie La propriété littéraire et artistique

Deuxième partie La propriété industrielle

Troisième partie Dispositions relatives à l'outre-mer

Partie réglementaire

Annexes

Partie législative

Première partie

La propriété littéraire et artistique

LIVRE Ier LE DROIT D'AUTEUR

TITRE Ier OBJET DU DROIT D'AUTEUR

Chapitre Ier Nature du droit d'auteur

Art. L. 111-1 L'auteur d'une œuvre de l'esprit jouit sur cette œuvre, du seul fait de sa création, d'un droit de propriété incorporelle exclusif et opposable à tous.

Ce droit comporte des attributs d'ordre intellectuel et moral ainsi que des attributs d'ordre patrimonial, qui sont déterminés par les livres Ier et III du présent code.

L'existence ou la conclusion d'un contrat de louage d'ouvrage ou de service par l'auteur d'une œuvre de l'esprit n'emporte pas dérogation à la jouissance du droit reconnu par le premier alinéa, sous réserve des exceptions prévues par le présent code. Sous les mêmes réserves, il n'est pas non plus dérogé à la jouissance de ce même droit lorsque l'auteur de l'œuvre de l'esprit est un agent de l'Etat, d'une collectivité territoriale, d'un établissement public à caractère administratif, d'une autorité administrative indépendante dotée de la personnalité morale ou de la Banque de France.

Les dispositions des articles L. 121-7-1 et L. 131-3-1 à L. 131-3-3 ne s'appliquent pas aux agents auteurs d'œuvres dont la divulgation n'est soumise, en vertu de leur statut ou des règles qui régissent leurs fonctions, à aucun contrôle préalable de l'autorité hiérarchique.

Art. L. 111-2 L'œuvre est réputée créée, indépendamment de toute divulgation publique, du seul fait de la réalisation, même inachevée, de la conception de l'auteur.

Art. L. 111-3 La propriété incorporelle définie par l'article L. 111-1 est indépendante de la propriété de l'objet matériel.

L'acquéreur de cet objet n'est investi, du fait de cette acquisition, d'aucun des droits prévus par le présent code, sauf dans les cas prévus par les dispositions des deuxième et troisième alinéas de l'article L. 123-4. Ces droits subsistent en la personne de l'auteur ou de ses ayants droit qui, pourtant, ne pourront exiger du propriétaire de l'objet matériel la mise à leur disposition de cet objet pour l'exercice desdits droits. Néanmoins, en cas d'abus notoire du propriétaire empêchant l'exercice du droit de divulgation, le tribunal de grande instance peut prendre toute mesure appropriée, conformément aux dispositions de l'article L. 121-3.

Art. L. 111-4 Sous réserve des dispositions des conventions internationales auxquelles la France est partie, dans le cas où, après consultation du ministre des affaires étrangères, il est constaté qu'un Etat n'assure pas aux œuvres divulguées pour la première fois en France sous quelque forme que ce soit une protection suffisante et efficace, les œuvres divulguées pour la première fois sur le territoire de cet Etat ne bénéficient pas de la protection reconnue en matière de droit d'auteur par la législation française.

Toutefois, aucune atteinte ne peut être portée à l'intégrité ni à la paternité de ces œuvres.

Dans l'hypothèse prévue à l'alinéa 1er ci-dessus, les droits d'auteur sont versés à des organismes d'intérêt général désignés par décret.

Art. L. 111-5 Sous réserve des conventions internationales, les droits reconnus en France aux auteurs de logiciels par le présent code sont reconnus aux étrangers sous la condition que la loi de l'Etat dont ils sont les nationaux ou sur le territoire duquel ils ont leur domicile, leur siège social ou un établissement effectif accorde sa protection aux logiciels créés par les nationaux français et par les personnes ayant en France leur domicile ou un établissement effectif.

Chapitre II Œuvres protégées

Art. L. 112-1 Les dispositions du présent code protègent les droits des auteurs sur toutes les œuvres de l'esprit, quels qu'en soient le genre, la forme d'expression, le mérite ou la destination.

Art. L. 112-2 Sont considérés notamment comme œuvres de l'esprit au sens du présent code :

1° Les livres, brochures et autres écrits littéraires, artistiques et scientifiques ;

2° Les conférences, allocutions, sermons, plaidoiries et autres œuvres de même nature ;

3° Les œuvres dramatiques ou dramatico-musicales ;

4° Les œuvres chorégraphiques, les numéros et tours de cirque, les pantomimes, dont la mise en œuvre est fixée par écrit ou autrement ;

5° Les compositions musicales avec ou sans paroles ;

6° Les œuvres cinématographiques et autres œuvres consistant dans des séquences animées d'images, sonorisées ou non, dénommées ensemble œuvres audiovisuelles ;

7° Les œuvres de dessin, de peinture, d'architecture, de sculpture, de gravure, de lithographie ;

8° Les œuvres graphiques et typographiques ;

9° Les œuvres photographiques et celles réalisées à l'aide de techniques analogues à la photographie ;

10° Les œuvres des arts appliqués ;

11° Les illustrations, les cartes géographiques ;

12° Les plans, croquis et ouvrages plastiques relatifs à la géographie, à la topographie, à l'architecture et aux sciences ;

13° Les logiciels, y compris le matériel de conception préparatoire ;

14° Les créations des industries saisonnières de l'habillement et de la parure. Sont réputées industries saisonnières de l'habillement et de la parure les industries qui, en raison des exigences de la mode, renouvellent fréquemment la forme de leurs produits, et notamment la couture, la fourrure, la lingerie, la broderie, la mode, la chaussure, la ganterie, la maroquinerie, la fabrique de tissus de haute nouveauté ou spéciaux à la haute couture, les productions des paruriers et des bottiers et les fabriques de tissus d'ameublement.

Art. L. 112-3 Les auteurs de traductions, d'adaptations, transformations ou arrangements des œuvres de l'esprit jouissent de la protection instituée par le présent code sans préjudice des droits de l'auteur de l'œuvre originale. Il en est de même des auteurs d'anthologies ou de recueils d'œuvres ou de données diverses, tels que les bases de données, qui, par le choix ou la disposition des matières, constituent des créations intellectuelles.

On entend par base de données un recueil d'œuvres, de données ou d'autres éléments indépendants, disposés de manière systématique ou méthodique, et individuellement accessibles par des moyens électroniques ou par tout autre moyen.

Art. L. 112-4 Le titre d'une œuvre de l'esprit, dès lors qu'il présente un caractère original, est protégé comme l'œuvre elle-même.

Nul ne peut, même si l'œuvre n'est plus protégée dans les termes des articles L. 123-1 à L. 123-3, utiliser ce titre pour individualiser une œuvre du même genre, dans des conditions susceptibles de provoquer une confusion.

Chapitre III Titulaires du droit d'auteur

Art. L. 113-1 La qualité d'auteur appartient, sauf preuve contraire, à celui ou à ceux sous le nom de qui l'œuvre est divulguée.

Art. L. 113-2 Est dite de collaboration l'œuvre à la création de laquelle ont concouru plusieurs personnes physiques.

Est dite composite l'œuvre nouvelle à laquelle est incorporée une œuvre préexistante sans la collaboration de l'auteur de cette dernière.

Est dite collective l'œuvre créée sur l'initiative d'une personne physique ou morale qui l'édite, la publie et la divulgue sous sa direction et son nom et dans laquelle la contribution personnelle des divers auteurs participant à son élaboration se fond dans l'ensemble en vue duquel elle est conçue, sans qu'il soit possible d'attribuer à chacun d'eux un droit distinct sur l'ensemble réalisé.

Art. L. 113-3 L'œuvre de collaboration est la propriété commune des coauteurs.

Les coauteurs doivent exercer leurs droits d'un commun accord.

En cas de désaccord, il appartient à la juridiction civile de statuer.

Lorsque la participation de chacun des coauteurs relève de genres différents, chacun peut, sauf convention contraire, exploiter séparément sa contribution personnelle, sans toutefois porter préjudice à l'exploitation de l'œuvre commune.

Art. L. 113-4 L'œuvre composite est la propriété de l'auteur qui l'a réalisée, sous réserve des droits de l'auteur de l'œuvre préexistante.

Art. L. 113-5 L'œuvre collective est, sauf preuve contraire, la propriété de la personne physique ou morale sous le nom de laquelle elle est divulguée.

Cette personne est investie des droits de l'auteur.

Art. L. 113-6 Les auteurs des œuvres pseudonymes et anonymes jouissent sur celles-ci des droits reconnus par l'article L. 111-1.

Ils sont représentés dans l'exercice de ces droits par l'éditeur ou le publicateur originaire, tant qu'ils n'ont pas fait connaître leur identité civile et justifié de leur qualité.

La déclaration prévue à l'alinéa précédent peut être faite par testament ; toutefois, sont maintenus les droits qui auraient pu être acquis par des tiers antérieurement.

Les dispositions des deuxième et troisième alinéas ne sont pas applicables lorsque le pseudonyme adopté par l'auteur ne laisse aucun doute sur son identité civile.

Art. L. 113-7 Ont la qualité d'auteur d'une œuvre audiovisuelle la ou les personnes physiques qui réalisent la création intellectuelle de cette œuvre.

Sont présumés, sauf preuve contraire, coauteurs d'une œuvre audiovisuelle réalisée en collaboration :

1° L'auteur du scénario ;

2° L'auteur de l'adaptation ;

3° L'auteur du texte parlé ;

4° L'auteur des compositions musicales avec ou sans paroles spécialement réalisées pour l'œuvre ;

5° Le réalisateur.

Lorsque l'œuvre audiovisuelle est tirée d'une œuvre ou d'un scénario préexistants encore protégés, les auteurs de l'œuvre originaire sont assimilés aux auteurs de l'œuvre nouvelle.

Art. L. 113-8 Ont la qualité d'auteur d'une œuvre radiophonique la ou les personnes physiques qui assurent la création intellectuelle de cette œuvre.

Les dispositions du dernier alinéa de l'article L. 113-7 et celles de l'article L. 121-6 sont applicables aux œuvres radiophoniques.

Art. L. 113-9 Sauf dispositions statutaires ou stipulations contraires, les droits patrimoniaux sur les logiciels et leur documentation créés par un ou plusieurs employés dans l'exercice de leurs fonctions ou d'après les instructions de leur employeur sont dévolus à l'employeur qui est seul habilité à les exercer.

Toute contestation sur l'application du présent article est soumise au tribunal de grande instance du siège social de l'employeur.

Les dispositions du premier alinéa du présent article sont également applicables aux agents de l'Etat, des collectivités publiques et des établissements publics à caractère administratif.

Art. L. 113-10 L'œuvre orpheline est une œuvre protégée et divulguée, dont le titulaire des droits ne peut pas être identifié ou retrouvé, malgré des recherches diligentes, avérées et sérieuses.

Lorsqu'une œuvre a plus d'un titulaire de droits et que l'un de ces titulaires a été identifié et retrouvé, elle n'est pas considérée comme orpheline.

TITRE II DROITS DES AUTEURS

Chapitre Ier Droits moraux

Art. L. 121-1 L'auteur jouit du droit au respect de son nom, de sa qualité et de son œuvre.

Ce droit est attaché à sa personne.

Il est perpétuel, inaliénable et imprescriptible.

Il est transmissible à cause de mort aux héritiers de l'auteur.

L'exercice peut être conféré à un tiers en vertu de dispositions testamentaires.

Art. L. 121-2 L'auteur a seul le droit de divulguer son œuvre. Sous réserve des dispositions de l'article L. 132-24, il détermine le procédé de divulgation et fixe les conditions de celle-ci.

Après sa mort, le droit de divulgation de ses œuvres posthumes est exercé leur vie durant par le ou les exécuteurs testamentaires désignés par l'auteur. A leur défaut, ou après leur décès, et sauf volonté contraire de l'auteur, ce droit est exercé dans l'ordre suivant : par les descendants, par le conjoint contre lequel n'existe pas un jugement passé en force de chose jugée de séparation de corps ou qui n'a pas contracté un nouveau mariage, par les héritiers autres que les descendants qui recueillent tout ou partie de la succession et par les légataires universels ou donataires de l'universalité des biens à venir.

Ce droit peut s'exercer même après l'expiration du droit exclusif d'exploitation déterminé à l'article L. 123-1.

Art. L. 121-3 En cas d'abus notoire dans l'usage ou le non-usage du droit de divulgation de la part des représentants de l'auteur décédé visés à l'article L. 121-2, le tribunal de grande instance peut ordonner toute mesure appropriée. Il en est de même s'il y a conflit entre lesdits représentants, s'il n'y a pas d'ayant droit connu ou en cas de vacance ou de déshérence.

Le tribunal peut être saisi notamment par le ministre chargé de la culture.

Art. L. 121-4 Nonobstant la cession de son droit d'exploitation, l'auteur, même postérieurement à la publication de son œuvre, jouit d'un droit de repentir ou de retrait vis-à-vis du cessionnaire. Il ne peut toutefois exercer ce droit qu'à charge d'indemniser préalablement le cessionnaire du préjudice que ce repentir ou ce retrait peut lui causer. Lorsque, postérieurement à l'exercice de son droit de repentir ou de retrait, l'auteur décide de faire publier son œuvre, il est tenu d'offrir par priorité ses droits d'exploitation au cessionnaire qu'il avait originairement choisi et aux conditions originairement déterminées.

Art. L. 121-5 L'œuvre audiovisuelle est réputée achevée lorsque la version définitive a été établie d'un commun accord entre, d'une part, le réalisateur ou, éventuellement, les coauteurs et, d'autre part, le producteur.

Il est interdit de détruire la matrice de cette version.

Toute modification de cette version par addition, suppression ou changement d'un élément quelconque exige l'accord des personnes mentionnées au premier alinéa.

Tout transfert de l'œuvre audiovisuelle sur un autre type de support en vue d'un autre mode d'exploitation doit être précédé de la consultation du réalisateur.

Les droits propres des auteurs, tels qu'ils sont définis à l'article L. 121-1, ne peuvent être exercés par eux que sur l'œuvre audiovisuelle achevée.

Art. L. 121-6 Si l'un des auteurs refuse d'achever sa contribution à l'œuvre audiovisuelle ou se trouve dans l'impossibilité d'achever cette contribution par suite de force majeure, il ne pourra s'opposer à l'utilisation, en vue de l'achèvement de l'œuvre, de la partie de cette contribution déjà réalisée.

Il aura, pour cette contribution, la qualité d'auteur et jouira des droits qui en découlent.

Art. L. 121-7 Sauf stipulation contraire plus favorable à l'auteur d'un logiciel, celui-ci ne peut :

1° S'opposer à la modification du logiciel par le cessionnaire des droits mentionnés au 2° de l'article L. 122-6, lorsqu'elle n'est préjudiciable ni à son honneur ni à sa réputation ;

2° Exercer son droit de repentir ou de retrait.

Art. L. 121-7-1 Le droit de divulgation reconnu à l'agent mentionné au troisième alinéa de l'article L. 111-1, qui a créé une œuvre de l'esprit dans l'exercice de ses fonctions ou d'après les instructions reçues, s'exerce dans le respect des règles auxquelles il est soumis en sa qualité d'agent et de celles qui régissent l'organisation, le fonctionnement et l'activité de la personne publique qui l'emploie.

L'agent ne peut :

1° S'opposer à la modification de l'œuvre décidée dans l'intérêt du service par l'autorité investie du pouvoir hiérarchique, lorsque cette modification ne porte pas atteinte à son honneur ou à sa réputation ;

2° Exercer son droit de repentir et de retrait, sauf accord de l'autorité investie du pouvoir hiérarchique.

Art. L. 121-8 L'auteur seul a le droit de réunir ses articles et ses discours en recueil et de les publier ou d'en autoriser la publication sous cette forme.

Pour toutes les œuvres publiées dans un titre de presse au sens de l'article L. 132-35, l'auteur conserve, sauf stipulation contraire, le droit de faire reproduire et d'exploiter ses œuvres sous quelque forme que ce soit, sous réserve des droits cédés dans les conditions prévues à la section 6 du chapitre II du titre III du livre Ier.

Dans tous les cas, l'exercice par l'auteur de son droit suppose que cette reproduction ou cette exploitation ne soit pas de nature à faire concurrence à ce titre de presse.

Art. L. 121-9 Sous tous les régimes matrimoniaux et à peine de nullité de toutes clauses contraires portées au contrat de mariage, le droit de divulguer l'œuvre, de fixer les conditions de son exploitation et d'en défendre l'intégrité reste propre à l'époux auteur ou à celui des époux à qui de tels droits ont été transmis. Ce droit ne peut être apporté en dot, ni acquis par la communauté ou par une société d'acquêts.

Les produits pécuniaires provenant de l'exploitation d'une œuvre de l'esprit ou de la cession totale ou partielle du droit d'exploitation sont soumis au droit commun des régimes matrimoniaux, uniquement lorsqu'ils ont été acquis pendant le mariage ; il en est de même des économies réalisées de ces chefs.

Les dispositions prévues à l'alinéa précédent ne s'appliquent pas lorsque le mariage a été célébré antérieurement au 12 mars 1958.

Les dispositions législatives relatives à la contribution des époux aux charges du ménage sont applicables aux produits pécuniaires visés au deuxième alinéa du présent article.

Chapitre II Droits patrimoniaux

Art. L. 122-1 Le droit d'exploitation appartenant à l'auteur comprend le droit de représentation et le droit de reproduction.

Art. L. 122-2 La représentation consiste dans la communication de l'œuvre au public par un procédé quelconque, et notamment :

1° Par récitation publique, exécution lyrique, représentation dramatique, présentation publique, projection publique et transmission dans un lieu public de l'œuvre télédiffusée ;

2° Par télédiffusion.

La télédiffusion s'entend de la diffusion par tout procédé de télécommunication de sons, d'images, de documents, de données et de messages de toute nature.

Est assimilée à une représentation l'émission d'une œuvre vers un satellite.

Art. L. 122-2-1 Le droit de représentation d'une œuvre télédiffusée par satellite est régi par les dispositions du présent code dès lors que l'œuvre est émise vers le satellite à partir du territoire national.

Art. L. 122-2-2 Est également régi par les dispositions du présent code le droit de représentation d'une œuvre télédiffusée par satellite émise à partir du territoire d'un Etat non membre de la Communauté européenne qui n'assure pas un niveau de protection des droits d'auteur équivalent à celui garanti par le présent code :

1° Lorsque la liaison montante vers le satellite est effectuée à partir d'une station située sur le territoire national. Les droits prévus par le présent code peuvent alors être exercés à l'égard de l'exploitant de la station ;

2° Lorsque la liaison montante vers le satellite n'est pas effectuée à partir d'une station située dans un Etat membre de la Communauté européenne et lorsque l'émission est réalisée à la demande, pour le compte ou sous le contrôle d'une entreprise de communication audiovisuelle ayant son principal établissement sur le territoire national. Les droits prévus par le présent code peuvent alors être exercés à l'égard de l'entreprise de communication audiovisuelle.

Art. L. 122-3 La reproduction consiste dans la fixation matérielle de l'œuvre par tous procédés qui permettent de la communiquer au public d'une manière indirecte.

Elle peut s'effectuer notamment par imprimerie, dessin, gravure, photographie, moulage et tout procédé des arts graphiques et plastiques, enregistrement mécanique, cinématographique ou magnétique.

Pour les œuvres d'architecture, la reproduction consiste également dans l'exécution répétée d'un plan ou d'un projet type.

Art. L. 122-3-1 Dès lors que la première vente d'un ou des exemplaires matériels d'une œuvre a été autorisée par l'auteur ou ses ayants droit sur le territoire d'un Etat membre de la Communauté européenne ou d'un autre Etat partie à l'accord sur l'Espace économique européen, la vente de ces exemplaires de cette œuvre ne peut plus être interdite dans les Etats membres de la Communauté européenne et les Etats parties à l'accord sur l'Espace économique européen.

Art. L. 122-4 Toute représentation ou reproduction intégrale ou partielle faite sans le consentement de l'auteur ou de ses ayants droit ou ayants cause est illicite. Il en est de même pour la traduction, l'adaptation ou la transformation, l'arrangement ou la reproduction par un art ou un procédé quelconque.

Art. L. 122-5 Lorsque l'œuvre a été divulguée, l'auteur ne peut interdire :

1° Les représentations privées et gratuites effectuées exclusivement dans un cercle de famille ;

2° Les copies ou reproductions réalisées à partir d'une source licite et strictement réservées à l'usage privé du copiste et non destinées à une utilisation collective, à l'exception des copies des œuvres d'art destinées à être utilisées pour des fins identiques à celles pour lesquelles l'œuvre originale a été créée et des copies d'un logiciel autres que la copie de sauvegarde établie dans les conditions prévues au II de l'article L. 122-6-1 ainsi que des copies ou des reproductions d'une base de données électronique ;

3° Sous réserve que soient indiqués clairement le nom de l'auteur et la source :

a) Les analyses et courtes citations justifiées par le caractère critique, polémique, pédagogique, scientifique ou d'information de l'œuvre à laquelle elles sont incorporées ;

b) Les revues de presse ;

c) La diffusion, même intégrale, par la voie de presse ou de télédiffusion, à titre d'information d'actualité, des discours destinés au public prononcés dans les assemblées politiques, administratives, judiciaires ou académiques, ainsi que dans les réunions publiques d'ordre politique et les cérémonies officielles ;

d) Les reproductions, intégrales ou partielles d'œuvres d'art graphiques ou plastiques destinées à figurer dans le catalogue d'une vente judiciaire effectuée en France pour les exemplaires mis à la disposition du public avant la vente dans le seul but de décrire les œuvres d'art mises en vente ;

e) La représentation ou la reproduction d'extraits d'œuvres, sous réserve des œuvres conçues à des fins pédagogiques et des partitions de musique, à des fins exclusives d'illustration dans le cadre de l'enseignement et de la recherche, y compris pour l'élaboration et la diffusion de sujets d'examens ou de concours organisés dans la prolongation des enseignements à l'exclusion de toute activité ludique ou récréative, dès lors que cette représentation ou cette reproduction est destinée, notamment au moyen d'un espace numérique de travail, à un public composé majoritairement d'élèves, d'étudiants, d'enseignants ou de chercheurs directement concernés par l'acte d'enseignement, de formation ou l'activité de recherche nécessitant cette représentation ou cette reproduction, qu'elle ne fait l'objet d'aucune publication ou diffusion à un tiers au public ainsi constitué, que l'utilisation de cette représentation ou cette reproduction ne donne lieu à aucune exploitation commerciale et qu'elle est compensée par une rémunération négociée sur une base forfaitaire sans préjudice de la cession du droit de reproduction par reprographie mentionnée à l'article L. 122-10 ;

4° La parodie, le pastiche et la caricature, compte tenu des lois du genre ;

5° Les actes nécessaires à l'accès au contenu d'une base de données électronique pour les besoins et dans les limites de l'utilisation prévue par contrat ;

6° La reproduction provisoire présentant un caractère transitoire ou accessoire, lorsqu'elle est une partie intégrante et essentielle d'un procédé technique et qu'elle a pour unique objet de permettre l'utilisation licite de l'œuvre ou sa transmission entre tiers par la voie d'un réseau faisant appel à un intermédiaire ; toutefois, cette reproduction provisoire qui ne peut porter que sur des œuvres autres que les logiciels et les bases de données ne doit pas avoir de valeur économique propre ;

7° La reproduction et la représentation par des personnes morales et par les établissements ouverts au public, tels que bibliothèques, archives, centres de documentation et espaces culturels multimédias, en vue d'une consultation strictement personnelle de l'œuvre par des personnes atteintes d'une ou de plusieurs déficiences des fonctions motrices, physiques, sensorielles, mentales, cognitives ou psychiques, dont le niveau d'incapacité est égal ou supérieur à un taux fixé par décret en Conseil d'Etat, et reconnues par la commission départementale de l'éducation spécialisée, la commission technique d'orientation et de reclassement professionnel ou la commission des droits et de l'autonomie des personnes handicapées mentionnée à l'article L. 146-9 du code de l'action sociale et des familles, ou reconnues par certificat médical comme empêchées de lire après correction. Cette reproduction et cette représentation sont assurées, à des fins non lucratives et dans la mesure requise par le handicap, par les personnes morales et les établissements mentionnés au présent alinéa, dont la liste est arrêtée par l'autorité administrative.

Les personnes morales et établissements mentionnés au premier alinéa du présent 7° doivent apporter la preuve de leur activité professionnelle effective de conception, de réalisation et de communication de supports au bénéfice des personnes physiques mentionnées au même alinéa par référence à leur objet social, à l'importance de leurs membres ou usagers, aux moyens matériels et humains dont ils disposent et aux services qu'ils rendent.

A la demande des personnes morales et des établissements mentionnés au premier alinéa du présent 7°, formulée dans les dix ans suivant le dépôt légal des œuvres imprimées, les fichiers numériques ayant servi à l'édition des œuvres dont la date de dépôt légal est postérieure au 4 août 2006 sont déposés au Centre national du livre ou auprès d'un organisme désigné par décret.

Le Centre national du livre ou l'organisme désigné par décret conserve sans limitation de date les fichiers numériques ayant servi à l'édition de ces œuvres et les met à la disposition des personnes morales et des établissements mentionnés au premier alinéa du présent 7° dans un standard ouvert au sens de l'article 4 de la loi n° 2004-575 du 21 juin 2004 pour la confiance dans l'économie numérique. Il garantit la confidentialité de ces fichiers et la sécurisation de leur accès.

Les personnes morales et les établissements mentionnés au premier alinéa du présent 7° détruisent les fichiers mis à leur disposition une fois effectué le travail de conception, de réalisation et de communication de supports au bénéfice des personnes physiques mentionnées au même premier alinéa ;

8° La reproduction d'une œuvre et sa représentation effectuées à des fins de conservation ou destinées à préserver les conditions de sa consultation à des fins de recherche ou d'études privées par des particuliers, dans les locaux de l'établissement et sur des terminaux dédiés par des bibliothèques accessibles au public, par des musées ou par des services d'archives, sous réserve que ceux-ci ne recherchent aucun avantage économique ou commercial ;

9° La reproduction ou la représentation, intégrale ou partielle, d'une œuvre d'art graphique, plastique ou architecturale, par voie de presse écrite, audiovisuelle ou en ligne, dans un but exclusif d'information immédiate et en relation directe avec cette dernière, sous réserve d'indiquer clairement le nom de l'auteur.

Le premier alinéa du présent 9° ne s'applique pas aux œuvres, notamment photographiques ou d'illustration, qui visent elles-mêmes à rendre compte de l'information.

Les reproductions ou représentations qui, notamment par leur nombre ou leur format, ne seraient pas en stricte proportion avec le but exclusif d'information immédiate poursuivi ou qui ne seraient pas en relation directe avec cette dernière donnent lieu à rémunération des auteurs sur la base des accords ou tarifs en vigueur dans les secteurs professionnels concernés.

Les exceptions énumérées par le présent article ne peuvent porter atteinte à l'exploitation normale de l'œuvre ni causer un préjudice injustifié aux intérêts légitimes de l'auteur.

Les modalités d'application du présent article, notamment les caractéristiques et les conditions de distribution des documents mentionnés au *d* du 3°, l'autorité administrative mentionnée au 7°, ainsi que les conditions de désignation des organismes dépositaires et d'accès aux fichiers numériques mentionnés au troisième alinéa du 7°, sont précisées par décret en Conseil d'Etat.

Art. L. 122-6 Sous réserve des dispositions de l'article L. 122-6-1, le droit d'exploitation appartenant à l'auteur d'un logiciel comprend le droit d'effectuer et d'autoriser :

1° La reproduction permanente ou provisoire d'un logiciel en tout ou partie par tout moyen et sous toute forme. Dans la mesure où le chargement, l'affichage, l'exécution, la transmission ou le stockage de ce logiciel nécessitent une reproduction, ces actes ne sont possibles qu'avec l'autorisation de l'auteur ;

2° La traduction, l'adaptation, l'arrangement ou toute autre modification d'un logiciel et la reproduction du logiciel en résultant ;

3° La mise sur le marché à titre onéreux ou gratuit, y compris la location, du ou des exemplaires d'un logiciel par tout procédé. Toutefois, la première vente d'un exemplaire d'un logiciel dans le territoire d'un Etat membre de la Communauté européenne ou d'un Etat partie à l'accord sur l'Espace économique européen par l'auteur ou avec son consentement épuise le droit de mise sur le marché de cet exemplaire dans tous les Etats membres à l'exception du droit d'autoriser la location ultérieure d'un exemplaire.

Art. L. 122-6-1 I. Les actes prévus aux 1° et 2° de l'article L. 122-6 ne sont pas soumis à l'autorisation de l'auteur lorsqu'ils sont nécessaires pour permettre l'utilisation du logiciel, conformément à sa destination, par la personne ayant le droit de l'utiliser, y compris pour corriger des erreurs.

Toutefois, l'auteur est habilité à se réserver par contrat le droit de corriger les erreurs et de déterminer les modalités particulières auxquelles seront soumis les actes prévus aux 1° et 2° de l'article L. 122-6, nécessaires pour permettre l'utilisation du logiciel, conformément à sa destination, par la personne ayant le droit de l'utiliser.

II. La personne ayant le droit d'utiliser le logiciel peut faire une copie de sauvegarde lorsque celle-ci est nécessaire pour préserver l'utilisation du logiciel.

III. La personne ayant le droit d'utiliser le logiciel peut sans l'autorisation de l'auteur observer, étudier ou tester le fonctionnement ou la sécurité de ce logiciel afin de déterminer les idées et principes qui sont à la base de n'importe quel élément du logiciel lorsqu'elle effectue toute opération de chargement, d'affichage, d'exécution, de transmission ou de stockage du logiciel qu'elle est en droit d'effectuer.

IV. La reproduction du code du logiciel ou la traduction de la forme de ce code n'est pas soumise à l'autorisation de l'auteur lorsque la reproduction ou la traduction au sens du 1° ou du 2° de l'article L. 122-6 est indispensable pour obtenir les informations nécessaires à l'interopérabilité d'un logiciel créé de façon indépendante avec d'autres logiciels, sous réserve que soient réunies les conditions suivantes :

1° Ces actes sont accomplis par la personne ayant le droit d'utiliser un exemplaire du logiciel ou pour son compte par une personne habilitée à cette fin ;

2° Les informations nécessaires à l'interopérabilité n'ont pas déjà été rendues facilement et rapidement accessibles aux personnes mentionnées au 1° ci-dessus ;

3° Et ces actes sont limités aux parties du logiciel d'origine nécessaires à cette interopérabilité.

Les informations ainsi obtenues ne peuvent être :

1° Ni utilisées à des fins autres que la réalisation de l'interopérabilité du logiciel créé de façon indépendante ;

2° Ni communiquées à des tiers sauf si cela est nécessaire à l'interopérabilité du logiciel créé de façon indépendante ;

3° Ni utilisées pour la mise au point, la production ou la commercialisation d'un logiciel dont l'expression est substantiellement similaire ou pour tout autre acte portant atteinte au droit d'auteur.

V. Le présent article ne saurait être interprété comme permettant de porter atteinte à l'exploitation normale du logiciel ou de causer un préjudice injustifié aux intérêts légitimes de l'auteur.

Toute stipulation contraire aux dispositions prévues aux II, III et IV du présent article est nulle et non avenue.

Art. L. 122-6-2 Toute publicité ou notice d'utilisation relative aux moyens permettant la suppression ou la neutralisation de tout dispositif technique protégeant un logiciel doit mentionner que l'utilisation illicite de ces moyens est passible des sanctions prévues en cas de contrefaçon.

Un décret en Conseil d'Etat fixera les conditions d'application du présent article.

Art. L. 122-7 Le droit de représentation et le droit de reproduction sont cessibles à titre gratuit ou à titre onéreux.

La cession du droit de représentation n'emporte pas celle du droit de reproduction.

La cession du droit de reproduction n'emporte pas celle du droit de représentation.

Lorsqu'un contrat comporte cession totale de l'un des deux droits visés au présent article, la portée en est limitée aux modes d'exploitation prévus au contrat.

Art. L. 122-7-1 L'auteur est libre de mettre ses œuvres gratuitement à la disposition du public, sous réserve des droits des éventuels coauteurs et de ceux des tiers ainsi que dans le respect des conventions qu'il a conclues.

Art. L. 122-8 Les auteurs d'œuvres originales graphiques et plastiques ressortissants d'un Etat membre de la Communauté européenne ou d'un Etat partie à l'accord sur l'Espace économique européen bénéficient d'un droit de suite, qui est un droit inaliénable de participation au produit de toute vente d'une œuvre après la première cession opérée par l'auteur ou par ses ayants droit, lorsque intervient en tant que vendeur, acheteur ou intermédiaire un professionnel du marché de l'art. Par dérogation, ce droit ne s'applique pas lorsque le vendeur a acquis l'œuvre directement de l'auteur moins de trois ans avant cette vente et que le prix de vente ne dépasse pas 10 000 €.

On entend par œuvres originales au sens du présent article les œuvres créées par l'artiste lui-même et les exemplaires exécutés en quantité limitée par l'artiste lui-même ou sous sa responsabilité.

Le droit de suite est à la charge du vendeur. La responsabilité de son paiement incombe au professionnel intervenant dans la vente et, si la cession s'opère entre deux professionnels, au vendeur.

Les professionnels du marché de l'art visés au premier alinéa doivent délivrer à l'auteur ou à une société de perception et de répartition du droit de suite toute information nécessaire à la liquidation des sommes dues au titre du droit de suite pendant une période de trois ans à compter de la vente.

Les auteurs non ressortissants d'un Etat membre de la Communauté européenne ou d'un Etat partie à l'accord sur l'Espace économique européen et leurs ayants droit sont admis au bénéfice de la protection prévue au présent article si la législation de l'Etat dont ils sont ressortissants admet la protection du droit de suite des auteurs des Etats membres et de leurs ayants droit.

Un décret en Conseil d'Etat précise les conditions d'application du présent article et notamment le montant et les modalités de calcul du droit à percevoir, ainsi que le prix de vente au-dessus duquel les ventes sont soumises à ce droit. Il précise également les conditions dans lesquelles les auteurs non ressortissants d'un Etat membre de la Communauté européenne ou d'un Etat partie à l'accord sur l'Espace économique européen qui ont leur résidence habituelle en France et ont participé à la vie de l'art en France pendant au moins cinq ans peuvent demander à bénéficier de la protection prévue au présent article.

Art. L. 122-9 En cas d'abus notoire dans l'usage ou le non-usage des droits d'exploitation de la part des représentants de l'auteur décédé visés à l'article L. 121-2, le tribunal de grande instance peut ordonner toute mesure appropriée. Il en est de même s'il y a conflit entre lesdits représentants, s'il n'y a pas d'ayant droit connu ou en cas de vacance ou de déshérence.

Le tribunal peut être saisi notamment par le ministre chargé de la culture.

Art. L. 122-10 La publication d'une œuvre emporte cession du droit de reproduction par reprographie à une société régie par le titre II du livre III et agréée à cet effet par le ministre chargé de la culture. Les sociétés agréées peuvent seules conclure toute convention avec les utilisateurs aux fins de gestion du droit ainsi cédé, sous réserve, pour les stipulations autorisant les copies aux fins de vente, de location, de publicité ou de promotion, de l'accord de l'auteur ou de ses ayants droit.

A défaut de désignation par l'auteur ou son ayant droit à la date de la publication de l'œuvre, une des sociétés agréées est réputée cessionnaire de ce droit.

La reprographie s'entend de la reproduction sous forme de copie sur papier ou support assimilé par une technique photographique ou d'effet équivalent permettant une lecture directe.

Les dispositions du premier alinéa ne font pas obstacle au droit de l'auteur ou de ses ayants droit de réaliser des copies aux fins de vente, de location, de publicité ou de promotion.

Nonobstant toute stipulation contraire, les dispositions du présent article s'appliquent à toutes les œuvres protégées quelle que soit la date de leur publication.

Art. L. 122-11 Les conventions mentionnées à l'article L. 122-10 peuvent prévoir une rémunération forfaitaire dans les cas définis aux 1° à 3° de l'article L. 131-4.

Art. L. 122-12 L'agrément des sociétés mentionnées au premier alinéa de l'article L. 122-10 est délivré en considération :

- de la diversité des associés ;
- de la qualification professionnelle des dirigeants ;
- des moyens humains et matériels qu'ils proposent de mettre en œuvre pour assurer la gestion du droit de reproduction par reprographie ;
- du caractère équitable des modalités prévues pour la répartition des sommes perçues.

Un décret en Conseil d'Etat fixe les modalités de la délivrance et du retrait de cet agrément ainsi que du choix des sociétés cessionnaires en application de la dernière phrase du premier alinéa de l'article L. 122-10.

Chapitre III Durée de la protection

Art. L. 123-1 L'auteur jouit, sa vie durant, du droit exclusif d'exploiter son œuvre sous quelque forme que ce soit et d'en tirer un profit pécuniaire.

Au décès de l'auteur, ce droit persiste au bénéfice de ses ayants droit pendant l'année civile en cours et les soixante-dix années qui suivent.

Art. L. 123-2 Pour les œuvres de collaboration, l'année civile prise en considération est celle de la mort du dernier vivant des collaborateurs.

Pour les œuvres audiovisuelles, l'année civile prise en considération est celle de la mort du dernier vivant des collaborateurs suivants : l'auteur du scénario, l'auteur du texte parlé, l'auteur des compositions musicales avec ou sans paroles spécialement réalisées pour l'œuvre, le réalisateur principal.

Art. L. 123-3 Pour les œuvres pseudonymes, anonymes ou collectives, la durée du droit exclusif est de soixante-dix années à compter du 1er janvier de l'année civile suivant celle où l'œuvre a été publiée. La date de publication est déterminée par tout mode de preuve de droit commun, et notamment par le dépôt légal.

Au cas où une œuvre pseudonyme, anonyme ou collective est publiée de manière échelonnée, le délai court à compter du 1er janvier de l'année civile qui suit la date à laquelle chaque élément a été publié.

Lorsque le ou les auteurs d'œuvres anonymes ou pseudonymes se sont fait connaître, la durée du droit exclusif est celle prévue aux articles L. 123-1 ou L. 123-2.

Les dispositions du premier et du deuxième alinéa ne sont applicables qu'aux œuvres pseudonymes, anonymes ou collectives publiées pendant les soixante-dix années suivant l'année de leur création.

Toutefois, lorsqu'une œuvre pseudonyme, anonyme ou collective est divulguée à l'expiration de la période mentionnée à l'alinéa précédent, son propriétaire, par succession ou à d'autres titres, qui en effectue ou fait effectuer la publication jouit d'un droit exclusif de vingt-cinq années à compter du 1er janvier de l'année civile suivant celle de la publication.

Art. L. 123-4 Pour les œuvres posthumes, la durée du droit exclusif est celle prévue à l'article L. 123-1. Pour les œuvres posthumes divulguées après l'expiration de cette période, la durée du droit exclusif est de vingt-cinq années à compter du 1er janvier de l'année civile suivant celle de la publication.

Le droit d'exploitation des œuvres posthumes appartient aux ayants droit de l'auteur si l'œuvre est divulguée au cours de la période prévue à l'article L. 123-1.

Si la divulgation est effectuée à l'expiration de cette période, il appartient aux propriétaires, par succession ou à d'autres titres, de l'œuvre, qui effectuent ou font effectuer la publication.

Les œuvres posthumes doivent faire l'objet d'une publication séparée, sauf dans le cas où elles ne constituent qu'un fragment d'une œuvre précédemment publiée. Elles ne peuvent être jointes à des œuvres du même auteur précédemment publiées que si les ayants droit de l'auteur jouissent encore sur celles-ci du droit d'exploitation.

Art. L. 123-6 Pendant la période prévue à l'article L. 123-1, le conjoint survivant, contre lequel n'existe pas un jugement passé en force de chose jugée de séparation de corps, bénéficie, quel que soit le régime matrimonial et indépendamment des droits qu'il tient des articles 756 à 757-3 et 764 à 766 du code civil sur les autres biens de la succession, de l'usufruit du droit d'exploitation dont l'auteur n'aura pas disposé. Toutefois, si l'auteur laisse des héritiers à réserve, cet usufruit est réduit au profit des héritiers, suivant les proportions et distinctions établies par l'article 913 du code civil.

Ce droit s'éteint au cas où le conjoint contracte un nouveau mariage.

Art. L. 123-7 Après le décès de l'auteur, le droit de suite mentionné à l'article L. 122-8 subsiste au profit de ses héritiers et, pour l'usufruit prévu à l'article L. 123-6, de son conjoint, à l'exclusion de tous légataires et ayants cause, pendant l'année civile en cours et les soixante-dix années suivantes.

Art. L. 123-8 Les droits accordés par la loi du 14 juillet 1866 sur les droits des héritiers et des ayants cause des auteurs aux héritiers et autres ayants cause des auteurs, compositeurs ou artistes sont prorogés d'un temps égal à celui qui s'est écoulé entre le 2 août 1914 et la fin de l'année suivant le jour de la signature du traité de paix pour toutes les œuvres publiées avant cette dernière date et non tombées dans le domaine public le 3 février 1919.

Art. L. 123-9 Les droits accordés par la loi du 14 juillet 1866 précitée et l'article L. 123-8 aux héritiers et ayants cause des auteurs, compositeurs ou artistes sont prorogés d'un temps égal à celui qui s'est écoulé entre le 3 septembre 1939 et le 1er janvier 1948, pour toutes les œuvres publiées avant cette date et non tombées dans le domaine public à la date du 13 août 1941.

Art. L. 123-10 Les droits mentionnés à l'article précédent sont prorogés, en outre, d'une durée de trente ans lorsque l'auteur, le compositeur ou l'artiste est mort pour la France, ainsi qu'il résulte de l'acte de décès.

Au cas où l'acte de décès ne doit être ni dressé ni transcrit en France, un arrêté du ministre chargé de la culture peut étendre aux héritiers ou autres ayants cause du défunt le bénéfice de la prorogation supplémentaire de trente ans ; cet arrêté, pris après avis des autorités visées à l'article 1er de l'ordonnance n° 45-2717 du 2 novembre 1945, ne pourra intervenir que dans les cas où la mention « mort pour la France » aurait dû figurer sur l'acte de décès si celui-ci avait été dressé en France.

Art. L. 123-11 Lorsque les droits prorogés par l'effet de l'article L. 123-10 ont été cédés à titre onéreux, les cédants ou leurs ayants droit pourront, dans un délai de trois ans à compter du 25 septembre 1951, demander au cessionnaire ou à ses ayants droit une révision des conditions de la cession en compensation des avantages résultant de la prorogation.

Art. L. 123-12 Lorsque le pays d'origine de l'œuvre, au sens de l'acte de Paris de la convention de Berne, est un pays tiers à la Communauté européenne et que l'auteur n'est pas un ressortissant d'un Etat membre de la Communauté, la durée de protection est celle accordée dans le pays d'origine de l'œuvre sans que cette durée puisse excéder celle prévue à l'article L. 123-1.

TITRE III EXPLOITATION DES DROITS

Chapitre Ier Dispositions générales

Art. L. 131-1 La cession globale des œuvres futures est nulle.

Art. L. 131-2 Les contrats de représentation, d'édition et de production audiovisuelle définis au présent titre doivent être constatés par écrit. Il en est de même des autorisations gratuites d'exécution.

Dans tous les autres cas, les dispositions des articles 1341 à 1348 du code civil sont applicables.

Art. L. 131-3 La transmission des droits de l'auteur est subordonnée à la condition que chacun des droits cédés fasse l'objet d'une mention distincte dans l'acte de cession et que le domaine d'exploitation des droits cédés soit délimité quant à son étendue et à sa destination, quant au lieu et quant à la durée.

Lorsque des circonstances spéciales l'exigent, le contrat peut être valablement conclu par échange de télégrammes, à condition que le domaine d'exploitation des droits cédés soit délimité conformément aux termes du premier alinéa du présent article.

Les cessions portant sur les droits d'adaptation audiovisuelle doivent faire l'objet d'un contrat écrit sur un document distinct du contrat relatif à l'édition proprement dite de l'œuvre imprimée.

Le bénéficiaire de la cession s'engage par ce contrat à rechercher une exploitation du droit cédé conformément aux usages de la profession et à verser à l'auteur, en cas d'adaptation, une rémunération proportionnelle aux recettes perçues.

Art. L. 131-3-1 Dans la mesure strictement nécessaire à l'accomplissement d'une mission de service public, le droit d'exploitation d'une œuvre créée par un agent de l'Etat dans l'exercice de ses fonctions ou d'après les instructions reçues est, dès la création, cédé de plein droit à l'Etat.

Pour l'exploitation commerciale de l'œuvre mentionnée au premier alinéa, l'Etat ne dispose envers l'agent auteur que d'un droit de préférence. Cette disposition n'est pas applicable dans le cas d'activités de recherche scientifique d'un établissement public à caractère scientifique et technologique ou d'un établissement public à caractère scientifique, culturel et professionnel, lorsque ces activités font l'objet d'un contrat avec une personne morale de droit privé.

Art. L. 131-3-2 Les dispositions de l'article L. 131-3-1 s'appliquent aux collectivités territoriales, aux établissements publics à caractère administratif, aux autorités administratives indépendantes dotées de la personnalité morale et à la Banque de France à propos des œuvres créées par leurs agents dans l'exercice de leurs fonctions ou d'après les instructions reçues.

Art. L. 131-3-3 Un décret en Conseil d'Etat fixe les modalités d'application des articles L. 131-3-1 et L. 131-3-2. Il définit en particulier les conditions dans lesquelles un agent, auteur d'une œuvre, peut être intéressé aux produits tirés de son exploitation quand la personne publique qui l'emploie, cessionnaire du droit d'exploitation, a retiré un avantage d'une exploitation non commerciale de cette œuvre ou d'une exploitation commerciale dans le cas prévu par la dernière phrase du dernier alinéa de l'article L. 131-3-1.

Art. L. 131-4 La cession par l'auteur de ses droits sur son œuvre peut être totale ou partielle. Elle doit comporter au profit de l'auteur la participation proportionnelle aux recettes provenant de la vente ou de l'exploitation.

Toutefois, la rémunération de l'auteur peut être évaluée forfaitairement dans les cas suivants :

1° La base de calcul de la participation proportionnelle ne peut être pratiquement déterminée ;

2° Les moyens de contrôler l'application de la participation font défaut ;

3° Les frais des opérations de calcul et de contrôle seraient hors de proportion avec les résultats à atteindre ;

4° La nature ou les conditions de l'exploitation rendent impossible l'application de la règle de la rémunération proportionnelle, soit que la contribution de l'auteur ne constitue pas l'un des éléments essentiels de la création intellectuelle de l'œuvre, soit que l'utilisation de l'œuvre ne présente qu'un caractère accessoire par rapport à l'objet exploité ;

5° En cas de cession des droits portant sur un logiciel ;

6° Dans les autres cas prévus au présent code.

Est également licite la conversion entre les parties, à la demande de l'auteur, des droits provenant des contrats en vigueur en annuités forfaitaires pour des durées à déterminer entre les parties.

Art. L. 131-5 En cas de cession du droit d'exploitation, lorsque l'auteur aura subi un préjudice de plus de sept douzièmes dû à une lésion ou à une prévision insuffisante des produits de l'œuvre, il pourra provoquer la révision des conditions de prix du contrat.

Cette demande ne pourra être formée que dans le cas où l'œuvre aura été cédée moyennant une rémunération forfaitaire.

La lésion sera appréciée en considération de l'ensemble de l'exploitation par le cessionnaire des œuvres de l'auteur qui se prétend lésé.

Art. L. 131-6 La clause d'une cession qui tend à conférer le droit d'exploiter l'œuvre sous une forme non prévisible ou non prévue à la date du contrat doit être expresse et stipuler une participation corrélative aux profits d'exploitation.

Art. L. 131-7 En cas de cession partielle, l'ayant cause est substitué à l'auteur dans l'exercice des droits cédés, dans les conditions, les limites et pour la durée prévues au contrat, et à charge de rendre compte.

Art. L. 131-8 En vue du paiement des redevances et rémunérations qui leur sont dues pour les trois dernières années à l'occasion de la cession, de l'exploitation ou de l'utilisation de leurs œuvres, telles qu'elles sont définies à l'article L. 112-2 du présent code, les auteurs, compositeurs et artistes bénéficient du privilège prévu au 4° de l'article 2331 et à l'article 2375 du code civil.

Art. L. 131-9 Le contrat mentionne la faculté pour le producteur de recourir aux mesures techniques prévues à l'article L. 331-5 ainsi qu'aux informations sous forme électronique prévues à l'article L. 331-11 en précisant les objectifs poursuivis pour chaque mode d'exploitation, de même que les conditions dans lesquelles l'auteur peut avoir accès aux caractéristiques essentielles desdites mesures techniques ou informations sous forme électronique auxquelles le producteur a effectivement recours pour assurer l'exploitation de l'œuvre.

Chapitre II Dispositions particulières à certains contrats

Section 1 Contrat d'édition

Sous-section 1 Dispositions générales

Art. L. 132-1 Le contrat d'édition est le contrat par lequel l'auteur d'une œuvre de l'esprit ou ses ayants droit cèdent à des conditions déterminées à une personne appelée éditeur le droit de fabriquer ou de faire fabriquer en nombre des exemplaires de l'œuvre ou de la réaliser ou faire réaliser sous une forme numérique, à charge pour elle d'en assurer la publication et la diffusion.

Art. L. 132-2 Ne constitue pas un contrat d'édition, au sens de l'article L. 132-1, le contrat dit à compte d'auteur.

Par un tel contrat, l'auteur ou ses ayants droit versent à l'éditeur une rémunération convenue, à charge par ce dernier de fabriquer en nombre, dans la forme et suivant les modes d'expression déterminés au contrat, des exemplaires de l'œuvre ou de la réaliser ou faire réaliser sous une forme numérique et d'en assurer la publication et la diffusion.

Ce contrat constitue un louage d'ouvrage régi par la convention, les usages et les dispositions des articles 1787 et suivants du code civil.

Art. L. 132-3 Ne constitue pas un contrat d'édition, au sens de l'article L. 132-1, le contrat dit de compte à demi.

Par un tel contrat, l'auteur ou ses ayants droit chargent un éditeur de fabriquer, à ses frais et en nombre, des exemplaires de l'œuvre ou de la réaliser ou faire réaliser sous une forme numérique, dans la forme et suivant les modes d'expression déterminés au contrat, et d'en assurer la publication et la diffusion, moyennant l'engagement réciproquement contracté de partager les bénéfices et les pertes d'exploitation, dans la proportion prévue.

Ce contrat constitue une société en participation. Il est régi, sous réserve des dispositions prévues aux articles 1871 et suivants du code civil, par la convention et les usages.

Art. L. 132-4 Est licite la stipulation par laquelle l'auteur s'engage à accorder un droit de préférence à un éditeur pour l'édition de ses œuvres futures de genres nettement déterminés.

Ce droit est limité pour chaque genre à cinq ouvrages nouveaux à compter du jour de la signature du contrat d'édition conclu pour la première œuvre ou à la production de l'auteur réalisée dans un délai de cinq années à compter du même jour.

L'éditeur doit exercer le droit qui lui est reconnu en faisant connaître par écrit sa décision à l'auteur, dans le délai de trois mois à dater du jour de la remise par celui-ci de chaque manuscrit définitif.

Lorsque l'éditeur bénéficiant du droit de préférence aura refusé successivement deux ouvrages nouveaux présentés par l'auteur dans le genre déterminé au contrat, l'auteur pourra reprendre immédiatement et de plein droit sa liberté quant aux œuvres futures qu'il produira dans ce genre.

Il devra toutefois, au cas où il aurait reçu sur ses œuvres futures des avances du premier éditeur, effectuer préalablement le remboursement de celles-ci.

Art. L. 132-5 Le contrat peut prévoir soit une rémunération proportionnelle aux produits d'exploitation, soit, dans les cas prévus aux articles L. 131-4 et L. 132-6, une rémunération forfaitaire.

Art. L. 132-6 En ce qui concerne l'édition de librairie, la rémunération de l'auteur peut faire l'objet d'une rémunération forfaitaire pour la première édition, avec l'accord formellement exprimé de l'auteur, dans les cas suivants :

1° Ouvrages scientifiques ou techniques ;

2° Anthologies et encyclopédies ;

3° Préfaces, annotations, introductions, présentations ;

4° Illustrations d'un ouvrage ;

5° Editions de luxe à tirage limité ;

6° Livres de prières ;

7° A la demande du traducteur pour les traductions ;

8° Editions populaires à bon marché ;

9° Albums bon marché pour enfants.

Peuvent également faire l'objet d'une rémunération forfaitaire les cessions de droits à ou par une personne ou une entreprise établie à l'étranger.

En ce qui concerne les œuvres de l'esprit publiées dans les journaux et recueils périodiques de tout ordre et par les agences de presse, la rémunération de l'auteur, lié à l'entreprise d'information par un contrat de louage d'ouvrage ou de services, peut également être fixée forfaitairement.

Art. L. 132-7 Le consentement personnel et donné par écrit de l'auteur est obligatoire.

Sans préjudice des dispositions qui régissent les contrats passés par les mineurs et les majeurs en curatelle, le consentement est même exigé lorsqu'il s'agit d'un auteur légalement incapable, sauf si celui-ci est dans l'impossibilité physique de donner son consentement.

Les dispositions de l'alinéa précédent ne sont pas applicables lorsque le contrat d'édition est souscrit par les ayants droit de l'auteur.

Art. L. 132-8 L'auteur doit garantir à l'éditeur l'exercice paisible et, sauf convention contraire, exclusif du droit cédé.

Il est tenu de faire respecter ce droit et de le défendre contre toutes atteintes qui lui seraient portées.

Art. L. 132-9 L'auteur doit mettre l'éditeur en mesure de fabriquer et de diffuser les exemplaires de l'œuvre ou de réaliser l'œuvre sous une forme numérique.

Il doit remettre à l'éditeur, dans le délai prévu au contrat, l'objet de l'édition en une forme qui permette la fabrication ou la réalisation de l'œuvre sous une forme numérique.

Sauf convention contraire ou impossibilités d'ordre technique, l'objet de l'édition fournie par l'auteur reste la propriété de celui-ci. L'éditeur en est responsable pendant le délai d'un an après l'achèvement de la fabrication ou de la réalisation sous une forme numérique.

Art. L. 132-10 Le contrat d'édition doit indiquer le nombre minimum d'exemplaires constituant le premier tirage. Toutefois, cette obligation ne s'applique pas aux contrats prévoyant un minimum de droits d'auteur garantis par l'éditeur.

Art. L. 132-11 L'éditeur est tenu d'effectuer ou de faire effectuer la fabrication ou la réalisation sous une forme numérique selon les conditions, dans la forme et suivant les modes d'expression prévus au contrat.

Il ne peut, sans autorisation écrite de l'auteur, apporter à l'œuvre aucune modification.

Il doit, sauf convention contraire, faire figurer sur chacun des exemplaires ou sur l'œuvre réalisée sous une forme numérique le nom, le pseudonyme ou la marque de l'auteur.

A défaut de convention spéciale, l'éditeur doit réaliser l'édition dans un délai fixé par les usages de la profession.

En cas de contrat à durée déterminée, les droits du cessionnaire s'éteignent de plein droit à l'expiration du délai sans qu'il soit besoin de mise en demeure.

L'éditeur pourra toutefois procéder, pendant trois ans après cette expiration, à l'écoulement, au prix normal, des exemplaires restant en stock, à moins que l'auteur ne préfère acheter ces exemplaires moyennant un prix qui sera fixé à dire d'experts à défaut d'accord amiable, sans que cette faculté reconnue au premier éditeur interdise à l'auteur de faire procéder à une nouvelle édition dans un délai de trente mois.

Art. L. 132-12 L'éditeur est tenu d'assurer à l'œuvre une exploitation permanente et suivie et une diffusion commerciale, conformément aux usages de la profession.

Art. L. 132-13 L'éditeur est tenu de rendre compte.

L'auteur pourra, à défaut de modalités spéciales prévues au contrat, exiger au moins une fois l'an la production par l'éditeur d'un état mentionnant le nombre d'exemplaires fabriqués en cours d'exercice et précisant la date et l'importance des tirages et le nombre des exemplaires en stock.

Sauf usage ou conventions contraires, cet état mentionnera également le nombre des exemplaires vendus par l'éditeur, celui des exemplaires inutilisables ou détruits par cas fortuit ou force majeure, ainsi que le montant des redevances dues ou versées à l'auteur.

Art. L. 132-14 L'éditeur est tenu de fournir à l'auteur toutes justifications propres à établir l'exactitude de ses comptes.

Faute par l'éditeur de fournir les justifications nécessaires, il y sera contraint par le juge.

Art. L. 132-15 La procédure de sauvegarde ou de redressement judiciaire de l'éditeur n'entraîne pas la résiliation du contrat.

Lorsque l'activité est poursuivie en application des articles L. 621-22 et suivants du code de commerce, toutes les obligations de l'éditeur à l'égard de l'auteur doivent être respectées.

En cas de cession de l'entreprise d'édition en application des articles L. 621-83 et suivants du code de commerce précité, l'acquéreur est tenu des obligations du cédant.

Lorsque l'activité de l'entreprise a cessé depuis plus de trois mois ou lorsque la liquidation judiciaire est prononcée, l'auteur peut demander la résiliation du contrat.

Le liquidateur ne peut procéder à la vente en solde des exemplaires fabriqués ni à leur réalisation dans les conditions prévues aux articles L. 622-17 et L. 622-18 du code de commerce précité que quinze jours après avoir averti l'auteur de son intention, par lettre recommandée avec demande d'accusé de réception.

L'auteur possède, sur tout ou partie des exemplaires, un droit de préemption. A défaut d'accord, le prix de rachat sera fixé à dire d'expert.

Art. L. 132-16 L'éditeur ne peut transmettre, à titre gratuit ou onéreux, ou par voie d'apport en société, le bénéfice du contrat d'édition à des tiers, indépendamment de son fonds de commerce, sans avoir préalablement obtenu l'autorisation de l'auteur.

En cas d'aliénation du fonds de commerce, si celle-ci est de nature à compromettre gravement les intérêts matériels ou moraux de l'auteur, celui-ci est fondé à obtenir réparation même par voie de résiliation du contrat.

Lorsque le fonds de commerce d'édition était exploité en société ou dépendait d'une indivision, l'attribution du fonds à l'un des ex-associés ou à l'un des co-indivisaires en conséquence de la liquidation ou du partage ne sera, en aucun cas, considérée comme une cession.

Art. L. 132-17 Le contrat d'édition prend fin, sans préjudice des cas prévus par le droit commun, par les articles précédents de la présente sous-section ou par les articles de la sous-section 2, lorsque :

1° L'éditeur procède à la destruction totale des exemplaires ;

2° L'éditeur, sur mise en demeure de l'auteur lui impartissant un délai convenable, n'a pas procédé à la publication de l'œuvre ou, en cas d'épuisement, à sa réédition. Dans ce cas, la résiliation a lieu de plein droit. L'édition est considérée comme épuisée si deux demandes de livraison d'exemplaires adressées à l'éditeur ne sont pas satisfaites dans les trois mois.

En cas de mort de l'auteur, si l'œuvre est inachevée, le contrat est résolu en ce qui concerne la partie de l'œuvre non terminée, sauf accord entre l'éditeur et les ayants droit de l'auteur.

Sous-section 2 Dispositions particulières applicables à l'édition d'un livre

Paragraphe 1 Dispositions communes à l'édition d'un livre sous une forme imprimée et sous une forme numérique

Art. L. 132-17-1 Lorsque le contrat d'édition a pour objet l'édition d'un livre à la fois sous une forme imprimée et sous une forme numérique, les conditions relatives à la cession des droits d'exploitation sous une forme numérique sont déterminées dans une partie distincte du contrat, à peine de nullité de la cession de ces droits.

Art. L. 132-17-2 I. – L'éditeur est tenu d'assurer une exploitation permanente et suivie du livre édité sous une forme imprimée ou sous une forme numérique.

II. – La cession des droits d'exploitation sous une forme imprimée est résiliée de plein droit lorsque, après une mise en demeure de l'auteur adressée par lettre recommandée avec demande d'avis de réception, l'éditeur ne satisfait pas dans un délai de six mois à compter de cette réception aux obligations qui lui incombent à ce titre.

Cette résiliation n'a pas d'effet sur la partie distincte du contrat d'édition relative à la cession des droits d'exploitation du livre sous une forme numérique.

III. – La cession des droits d'exploitation sous une forme numérique est résiliée de plein droit lorsque, après une mise en demeure de l'auteur adressée par lettre recommandée avec demande d'avis de réception, l'éditeur ne satisfait pas dans un délai de six mois à compter de cette réception, aux obligations qui lui incombent à ce titre.

Cette résiliation n'a d'effet que sur la partie distincte du contrat d'édition relative à la cession des droits d'exploitation du livre sous une forme numérique.

IV. – Les résiliations prévues aux II et III sont sans effet sur les contrats d'adaptation audiovisuelle prévus à l'article L. 131-3.

Art. L. 132-17-3 I. – L'éditeur est tenu pour chaque livre de rendre compte à l'auteur du calcul de sa rémunération de façon explicite et transparente.

A cette fin, l'éditeur adresse à l'auteur, ou met à sa disposition par un procédé de communication électronique, un état des comptes mentionnant :

1° Lorsque le livre est édité sous une forme imprimée, le nombre d'exemplaires fabriqués en cours d'exercice, le nombre des exemplaires en stock en début et en fin d'exercice, le nombre des exemplaires vendus par l'éditeur, le nombre des exemplaires hors droits et détruits au cours de l'exercice ;

2° Lorsque le livre est édité sous une forme numérique, les revenus issus de la vente à l'unité et de chacun des autres modes d'exploitation du livre ;

3° Dans tous les cas, la liste des cessions de droits réalisées au cours de l'exercice, le montant des redevances correspondantes dues ou versées à l'auteur ainsi que les assiettes et les taux des différentes rémunérations prévues au contrat d'édition.

Une partie spécifique de cet état des comptes est consacrée à l'exploitation du livre sous une forme numérique.

La reddition des comptes est effectuée au moins une fois par an, à la date prévue au contrat ou, en l'absence de date, au plus tard six mois après l'arrêté des comptes.

II. – Si l'éditeur n'a pas satisfait à son obligation de reddition des comptes selon les modalités et dans les délais prévus au I, l'auteur dispose d'un délai de six mois pour mettre en demeure l'éditeur d'y procéder.

Lorsque cette mise en demeure n'est pas suivie d'effet dans un délai de trois mois, le contrat est résilié de plein droit.

III. – Lorsque l'éditeur n'a satisfait, durant deux exercices successifs, à son obligation de reddition des comptes que sur mise en demeure de l'auteur, le contrat est résilié de plein droit dans les six mois qui suivent la seconde mise en demeure.

IV. – L'éditeur reste tenu, même en l'absence de mise en demeure par l'auteur, de respecter ses obligations légales et contractuelles de reddition des comptes.

Art. L. 132-17-4 I. – Le contrat d'édition prend fin à l'initiative de l'auteur ou de l'éditeur, si, pendant deux années consécutives au-delà d'un délai de quatre ans après la publication de l'œuvre, les états de comptes ne font apparaître de droits versés, ou crédités en compensation d'un à-valoir, au titre d'aucune des opérations suivantes :

1° Vente à l'unité du livre dans son intégralité sous une forme imprimée, à l'exception de la vente issue de systèmes de distribution réservés à des abonnés ou à des adhérents ;

2° Vente ou de l'accès payant à l'unité du livre dans son intégralité sous une forme numérique ;

3° Consultation numérique payante du livre disponible dans son intégralité, pour les secteurs éditoriaux reposant essentiellement sur ce modèle de mise à disposition ;

4° Traductions intégrales du livre sous une forme imprimée ou sous une forme numérique.

La résiliation est notifiée à l'autre partie par lettre recommandée avec demande d'avis de réception dans un délai de douze mois suivant la date limite d'envoi de l'état des comptes par l'éditeur ou de sa mise à disposition de l'auteur par un procédé de communication électronique.

Le délai de préavis applicable à la résiliation est de trois mois. A l'expiration du délai de préavis, le contrat est résilié de plein droit.

II. – Les dispositions du I ne sont pas applicables à certaines modalités d'exploitation d'un livre précisées par l'accord rendu obligatoire mentionné à l'article L. 132-17-8.

Paragraphe 2 Dispositions particulières à l'édition d'un livre sous une forme numérique

Art. L. 132-17-5 L'éditeur réalise l'édition d'un livre sous une forme numérique dans les conditions fixées par l'accord rendu obligatoire mentionné à l'article L. 132-17-8.

Lorsque l'éditeur n'a pas procédé à cette réalisation, la cession des droits d'exploitation sous une forme numérique est résiliée de plein droit.

Art. L. 132-17-6 Le contrat d'édition garantit à l'auteur une rémunération juste et équitable sur l'ensemble des recettes provenant de la commercialisation et de la diffusion d'un livre édité sous une forme numérique.

En cas de vente à l'unité, la participation proportionnelle aux recettes au profit de l'auteur est calculée en fonction du prix de vente au public hors taxes.

Dans les cas où le modèle économique mis en œuvre par l'éditeur pour l'exploitation de l'édition sous une forme numérique repose en tout ou partie sur la publicité ou sur toutes autres recettes liées indirectement au livre, une rémunération est due à l'auteur à ce titre.

Dans les cas prévus de recours à un forfait, ce dernier ne saurait être versé à l'auteur en contrepartie de la cession de l'ensemble de ses droits d'exploitation sous une forme numérique et pour tous les modes d'exploitation numérique du livre. Dans les cas de contributions à caractère accessoire ou non essentiel mentionnés au 4° de l'article L. 131-4, une telle cession est possible.

Le forfait ne peut être justifié que pour une opération déterminée et toute nouvelle opération permettant le recours à un forfait s'accompagne de sa renégociation.

Art. L. 132-17-7 Le contrat d'édition comporte une clause de réexamen des conditions économiques de la cession des droits d'exploitation du livre sous une forme numérique.

Paragraphe 3 Accord entre organisations professionnelles

Art. L. 132-17-8 I. – Lorsque les organisations professionnelles représentatives des auteurs et des éditeurs du secteur du livre concluent un accord portant sur toutes les dispositions mentionnées au II, cet accord peut être rendu obligatoire à l'ensemble des auteurs et des éditeurs de ce secteur par arrêté du ministre chargé de la culture.

II. – L'accord mentionné au I fixe les modalités d'application des dispositions :

1° Relatives aux conditions de cession des droits d'exploitation de l'édition numérique d'un livre ;

2° Du deuxième alinéa de l'article L. 132-11 lorsqu'elles s'appliquent à l'édition d'un livre sous une forme numérique ;

3° De l'article L. 132-17-2 relatives à l'exploitation permanente et suivie d'un livre édité sous une forme imprimée et sous une forme numérique ;

4° De l'article L. 132-17-3 relatives à la reddition des comptes afin de préciser la forme de cette reddition, les délais de paiement des droits, les règles applicables à leur versement à l'auteur ainsi que les modalités d'information de celui-ci ;

5° Du II de l'article L. 132-17-4 relatives aux dérogations à certaines modalités de résiliation du contrat d'édition d'un livre ;

6° De l'article L. 132-17-5 relatives à la réalisation de l'édition d'un livre sous une forme numérique ;

7° De l'article L. 132-17-6 relatives au calcul de la rémunération de l'auteur provenant de la commercialisation et de la diffusion d'un livre édité sous une forme numérique, en l'absence de prix de vente à l'unité ;

8° De l'article L. 132-17-7 relatives au réexamen des conditions économiques de la cession des droits d'exploitation d'un livre sous forme numérique, notamment la périodicité de ce réexamen, son objet et son régime ainsi que les modalités de règlement des différends.

III. – En l'absence d'un accord rendu obligatoire en vertu du I, les modalités d'application mentionnées au II sont fixées par décret en Conseil d'Etat.

Lorsqu'un accord est conclu après l'édiction de ce décret, les dispositions de celui-ci cessent de produire leurs effets à la date de l'entrée en vigueur de l'arrêté rendant obligatoire l'accord à l'ensemble des auteurs et des éditeurs du secteur du livre.

Le ministre chargé de la culture peut mettre fin au caractère obligatoire de l'accord pour l'ensemble des auteurs et des éditeurs du secteur du livre, en raison d'un changement dans les circonstances de fait ou de droit ou pour un motif d'intérêt général.

Section 2 Contrat de représentation

Art. L. 132-18 Le contrat de représentation est celui par lequel l'auteur d'une œuvre de l'esprit et ses ayants droit autorisent une personne physique ou morale à représenter ladite œuvre à des conditions qu'ils déterminent. Est dit contrat général de représentation le contrat par lequel un organisme professionnel d'auteurs confère à un entrepreneur de spectacles la faculté de représenter, pendant la durée du contrat, les œuvres actuelles ou futures, constituant le répertoire dudit organisme aux conditions déterminées par l'auteur ou ses ayants droit.

Dans le cas prévu à l'alinéa précédent, il peut être dérogé aux dispositions de l'article L. 131-1.

Art. L. 132-19 Le contrat de représentation est conclu pour une durée limitée ou pour un nombre déterminé de communications au public.

Sauf stipulation expresse de droits exclusifs, il ne confère à l'entrepreneur de spectacles aucun monopole d'exploitation.

La validité des droits exclusifs accordés par un auteur dramatique ne peut excéder cinq années ; l'interruption des représentations au cours de deux années consécutives y met fin de plein droit.

L'entrepreneur de spectacles ne peut transférer le bénéfice de son contrat sans l'assentiment formel et donné par écrit de l'auteur ou de son représentant.

Art. L. 132-20 Sauf stipulation contraire :

1° L'autorisation de télédiffuser une œuvre par voie hertzienne ne comprend pas la distribution par câble de cette télédiffusion, à moins qu'elle ne soit faite en simultané et intégralement par l'organisme bénéficiaire de cette autorisation et sans extension de la zone géographique contractuellement prévue ;

2° L'autorisation de télédiffuser l'œuvre ne vaut pas autorisation de communiquer la télédiffusion de cette œuvre dans un lieu accessible au public ;

3° L'autorisation de télédiffuser l'œuvre par voie hertzienne ne comprend pas son émission vers un satellite permettant la réception de cette œuvre par l'intermédiaire d'organismes tiers, à moins que les auteurs ou leurs ayants droit aient contractuellement autorisé ces organismes à communiquer l'œuvre au public ; dans ce cas, l'organisme d'émission est exonéré du paiement de toute rémunération ;

4° L'autorisation de télédiffuser une œuvre par voie hertzienne comprend la distribution à des fins non commerciales de cette télédiffusion sur les réseaux internes aux immeubles ou ensembles d'immeubles collectifs à usage d'habitation installés par leurs propriétaires ou copropriétaires, ou par les mandataires de ces derniers, à seule fin de permettre le raccordement de chaque logement de ces mêmes immeubles ou ensembles d'immeubles collectifs à usage d'habitation à des dispositifs collectifs de réception des télédiffusions par voie hertzienne normalement reçues dans la zone.

Art. L. 132-20-1 I. – A compter de la date d'entrée en vigueur de la loi n° 97-283 du 27 mars 1997, le droit d'autoriser la retransmission par câble, simultanée, intégrale et sans changement, sur le territoire national, d'une œuvre télédiffusée à partir d'un Etat membre de la Communauté européenne ne peut être exercé que par une société de perception et de répartition des droits. Si cette société est régie par le titre II du livre III, elle doit être agréée à cet effet par le ministre chargé de la culture.

Si le titulaire du droit n'en a pas déjà confié la gestion à l'une de ces sociétés, il désigne celle qu'il charge de l'exercer. Il notifie par écrit cette désignation à la société, qui ne peut refuser.

Le contrat autorisant la télédiffusion d'une œuvre sur le territoire national mentionne la société chargée d'exercer le droit d'autoriser sa retransmission par câble, simultanée, intégrale et sans changement, dans les Etats membres de la Communauté européenne.

L'agrément prévu au premier alinéa est délivré en considération :

1° De la qualification professionnelle des dirigeants des sociétés et des moyens que celles-ci peuvent mettre en œuvre pour assurer le recouvrement des droits définis au premier alinéa et l'exploitation de leur répertoire ;

2° De l'importance de leur répertoire ;

3° De leur respect des obligations que leur imposent les dispositions du titre II du livre III.

Un décret en Conseil d'Etat fixe les conditions de délivrance et de retrait de l'agrément. Il fixe également, dans le cas prévu au deuxième alinéa, les modalités de désignation de la société chargée de la gestion du droit de retransmission.

II. – Par dérogation au I, le titulaire du droit peut céder celui-ci à une entreprise de communication audiovisuelle.

Les dispositions du I ne s'appliquent pas aux droits dont est cessionnaire une entreprise de communication audiovisuelle.

Art. L. 132-20-2 Des médiateurs sont institués afin de favoriser, sans préjudice du droit des parties de saisir le juge, la résolution des litiges relatifs à l'octroi de l'autorisation de retransmission, simultanée, intégrale et sans changement, d'une œuvre par câble.

A défaut d'accord amiable, le Médiateur peut proposer aux parties la solution qui lui paraît appropriée, que celles-ci sont réputées avoir acceptée faute d'avoir exprimé leur opposition par écrit dans un délai de trois mois.

Un décret en Conseil d'Etat précise les conditions d'application du présent article et les modalités de désignation des médiateurs.

Art. L. 132-21 L'entrepreneur de spectacles est tenu de déclarer à l'auteur ou à ses représentants le programme exact des représentations ou exécutions publiques et de leur fournir un état justifié de ses recettes. Il doit acquitter aux échéances prévues, entre les mains de l'auteur ou de ses représentants, le montant des redevances stipulées.

Toutefois, les communes, pour l'organisation de leurs fêtes locales et publiques, et les sociétés d'éducation populaire, agréées par l'autorité administrative, pour les séances organisées par elles dans le cadre de leurs activités, doivent bénéficier d'une réduction de ces redevances.

Art. L. 132-22 L'entrepreneur de spectacles doit assurer la représentation ou l'exécution publique dans des conditions techniques propres à garantir le respect des droits intellectuels et moraux de l'auteur.

Section 3 Contrat de production audiovisuelle

Art. L. 132-23 Le producteur de l'œuvre audiovisuelle est la personne physique ou morale qui prend l'initiative et la responsabilité de la réalisation de l'œuvre.

Art. L. 132-24 Le contrat qui lie le producteur aux auteurs d'une œuvre audiovisuelle, autres que l'auteur de la composition musicale avec ou sans paroles, emporte, sauf clause contraire et sans préjudice des droits reconnus à l'auteur par les dispositions des articles L. 111-3, L. 121-4, L. 121-5, L. 122-1 à L. 122-7, L. 123-7, L. 131-2 à L. 131-7, L. 132-4 et L. 132-7, cession au profit du producteur des droits exclusifs d'exploitation de l'œuvre audiovisuelle.

Le contrat de production audiovisuelle n'emporte pas cession au producteur des droits graphiques et théâtraux sur l'œuvre.

Ce contrat prévoit la liste des éléments ayant servi à la réalisation de l'œuvre qui sont conservés ainsi que les modalités de cette conservation.

Art. L. 132-25 La rémunération des auteurs est due pour chaque mode d'exploitation.

Sous réserve des dispositions de l'article L. 131-4, lorsque le public paie un prix pour recevoir communication d'une œuvre audiovisuelle déterminée et individualisable, la rémunération est proportionnelle à ce prix, compte tenu des tarifs dégressifs éventuels accordés par le distributeur à l'exploitant ; elle est versée aux auteurs par le producteur.

Les accords relatifs à la rémunération des auteurs conclus entre les organismes professionnels d'auteurs ou les sociétés de perception et de répartition des droits mentionnées au titre II du livre III et les organisations représentatives d'un secteur d'activité peuvent être rendus obligatoires à l'ensemble des intéressés du secteur d'activité concerné par arrêté du ministre chargé de la culture.

Art. L. 132-26 L'auteur garantit au producteur l'exercice paisible des droits cédés.

Art. L. 132-27 Le producteur est tenu d'assurer à l'œuvre audiovisuelle une exploitation conforme aux usages de la profession.

Les organisations représentatives des producteurs, les organisations professionnelles d'auteurs et les sociétés de perception et de répartition des droits mentionnées au titre II du livre III peuvent établir conjointement un recueil des usages de la profession.

Art. L. 132-28 Le producteur fournit, au moins une fois par an, à l'auteur et aux coauteurs un état des recettes provenant de l'exploitation de l'œuvre selon chaque mode d'exploitation.

A leur demande, il leur fournit toute justification propre à établir l'exactitude des comptes, notamment la copie des contrats par lesquels il cède à des tiers tout ou partie des droits dont il dispose.

Art. L. 132-29 Sauf convention contraire, chacun des auteurs de l'œuvre audiovisuelle peut disposer librement de la partie de l'œuvre qui constitue sa contribution personnelle en vue de son exploitation dans un genre différent et dans les limites fixées par l'article L. 113-3.

Art. L. 132-30 La procédure de sauvegarde ou de redressement judiciaire du producteur n'entraîne pas la résiliation du contrat de production audiovisuelle.

Lorsque la réalisation ou l'exploitation de l'œuvre est continuée en application des articles L. 621-22 et suivants du code de commerce, l'administrateur est tenu au respect de toutes les obligations du producteur, notamment à l'égard des coauteurs.

En cas de cession de tout ou partie de l'entreprise ou de liquidation, l'administrateur, le débiteur, le liquidateur, selon le cas, est tenu d'établir un lot distinct pour chaque œuvre audiovisuelle pouvant faire l'objet d'une cession ou d'une vente aux enchères. Il a l'obligation d'aviser, à peine de nullité, chacun des auteurs et des coproducteurs de l'œuvre par lettre recommandée, un mois avant toute décision sur la cession ou toute procédure de licitation. L'acquéreur est, de même, tenu aux obligations du cédant.

L'auteur et les coauteurs possèdent un droit de préemption sur l'œuvre, sauf si l'un des coproducteurs se déclare acquéreur. A défaut d'accord, le prix d'achat est fixé à dire d'expert.

Lorsque l'activité de l'entreprise a cessé depuis plus de trois mois ou lorsque la liquidation est prononcée, l'auteur et les coauteurs peuvent demander la résiliation du contrat de production audiovisuelle.

Section 4 Contrat de commande pour la publicité

Art. L. 132-31 Dans le cas d'une œuvre de commande utilisée pour la publicité, le contrat entre le producteur et l'auteur entraîne, sauf clause contraire, cession au producteur des droits d'exploitation de l'œuvre, dès lors que ce contrat précise la rémunération distincte due pour chaque mode d'exploitation de l'œuvre en fonction notamment de la zone géographique, de la durée de l'exploitation, de l'importance du tirage et de la nature du support.

Un accord entre les organisations représentatives d'auteurs et les organisations représentatives des producteurs en publicité fixe les éléments de base entrant dans la composition des rémunérations correspondant aux différentes utilisations des œuvres.

La durée de l'accord est comprise entre un et cinq ans.

Ses stipulations peuvent être rendues obligatoires pour l'ensemble des intéressés par décret.

Section 5 Contrat de nantissement du droit d'exploitation des logiciels

Art. L. 132-34 Sans préjudice des dispositions de la loi du 17 mars 1909 relative à la vente et au nantissement des fonds de commerce, le droit d'exploitation de l'auteur d'un logiciel défini à l'article L. 122-6 peut faire l'objet d'un nantissement dans les conditions suivantes :

Le contrat de nantissement est, à peine de nullité, constaté par un écrit.

Le nantissement est inscrit, à peine d'inopposabilité, sur un registre spécial tenu par l'Institut national de la propriété industrielle. L'inscription indique précisément l'assiette de la sûreté et notamment les codes source et les documents de fonctionnement.

Le rang des inscriptions est déterminé par l'ordre dans lequel elles sont requises.

Les inscriptions de nantissement sont, sauf renouvellement préalable, périmées à l'expiration d'une durée de cinq ans.

Un décret en Conseil d'Etat fixera les conditions d'application du présent article.

Section 6 Droit d'exploitation des œuvres des journalistes

Art. L. 132-35 On entend par titre de presse, au sens de la présente section, l'organe de presse à l'élaboration duquel le journaliste professionnel a contribué, ainsi que l'ensemble des déclinaisons du titre, quels qu'en soient le support, les modes de diffusion et de consultation. Sont exclus les services de communication audiovisuelle au sens de l'article 2 de la loi n° 86-1067 du 30 septembre 1986 relative à la liberté de communication.

Est assimilée à la publication dans le titre de presse la diffusion de tout ou partie de son contenu par un service de communication au public en ligne ou par tout autre service, édité par un tiers, dès lors que cette diffusion est faite sous le contrôle éditorial du directeur de la publication dont le contenu diffusé est issu ou dès lors qu'elle figure dans un espace dédié au titre de presse dont le contenu diffusé est extrait.

Est également assimilée à la publication dans le titre de presse la diffusion de tout ou partie de son contenu par un service de communication au public en ligne édité par l'entreprise de presse ou par le groupe auquel elle appartient ou édité sous leur responsabilité, la mention dudit titre de presse devant impérativement figurer.

Art. L. 132-36 Par dérogation à l'article L. 131-1 et sous réserve des dispositions de l'article L. 121-8, la convention liant un journaliste professionnel ou assimilé au sens des articles L. 7111-3 et suivants du code du travail, qui contribue, de manière permanente ou occasionnelle, à l'élaboration d'un titre de presse, et l'employeur emporte, sauf stipulation contraire, cession à titre exclusif à l'employeur des droits d'exploitation des œuvres du journaliste réalisées dans le cadre de ce titre, qu'elles soient ou non publiées.

Art. L. 132-37 L'exploitation de l'œuvre du journaliste sur différents supports, dans le cadre du titre de presse défini à l'article L. 132-35 du présent code, a pour seule contrepartie le salaire, pendant une période fixée par un accord d'entreprise ou, à défaut, par tout autre accord collectif, au sens des articles L. 2222-1 et suivants du code du travail.

Cette période est déterminée en prenant notamment en considération la périodicité du titre de presse et la nature de son contenu.

Art. L. 132-38 L'exploitation de l'œuvre dans le titre de presse, au-delà de la période prévue à l'article L. 132-37, est rémunérée, à titre de rémunération complémentaire sous forme de droits d'auteur ou de salaire, dans des conditions déterminées par l'accord d'entreprise ou, à défaut, par tout autre accord collectif.

Art. L. 132-39 Lorsque la société éditrice ou la société qui la contrôle, au sens de l'article L. 233-16 du code de commerce, édite plusieurs titres de presse, un accord d'entreprise peut prévoir la diffusion de l'œuvre par d'autres titres de cette société ou du groupe auquel elle appartient, à condition que ces titres et le titre de presse initial appartiennent à une même famille cohérente de presse. Cet accord définit la notion de famille cohérente de presse ou fixe la liste de chacun des titres de presse concernés.

L'exploitation de l'œuvre du journaliste au sein de la famille cohérente de presse doit comporter des mentions qui permettent une identification dudit journaliste et, si l'accord le prévoit, du titre de presse dans lequel l'œuvre a été initialement publiée.

Ces exploitations hors du titre de presse tel que défini à l'article L. 132-35 du présent code donnent lieu à rémunération complémentaire, sous forme de droits d'auteur ou de salaire, dans des conditions déterminées par l'accord d'entreprise mentionné au premier alinéa du présent article.

Art. L. 132-40 Toute cession de l'œuvre en vue de son exploitation hors du titre de presse initial ou d'une famille cohérente de presse est soumise à l'accord exprès et préalable de son auteur exprimé à titre individuel ou dans un accord collectif, sans préjudice, dans ce deuxième cas, de l'exercice de son droit moral par le journaliste.

Ces exploitations donnent lieu à rémunération sous forme de droits d'auteur, dans des conditions déterminées par l'accord individuel ou collectif.

Art. L. 132-41 Lorsque l'auteur d'une image fixe est un journaliste professionnel qui tire le principal de ses revenus de l'exploitation de telles œuvres et qui collabore de manière occasionnelle à l'élaboration d'un titre de presse, la cession des droits d'exploitation telle que prévue à l'article L. 132-36 ne s'applique que si cette œuvre a été commandée par l'entreprise de presse.

Les conditions dans lesquelles le second alinéa de l'article L. 121-8 s'applique aux œuvres cédées en application du premier alinéa du présent article sont précisées par un accord collectif ou individuel.

Art. L. 132-42 Les droits d'auteur mentionnés aux articles L. 132-38 et suivants n'ont pas le caractère de salaire. Ils sont déterminés conformément aux articles L. 131-4 et L. 132-6.

Art. L. 132-42-1 Par dérogation à l'article L. 2232-24 du code du travail, dans les entreprises non assujetties à l'obligation d'organiser les élections prévues au livre III de la deuxième partie du même code, les accords mentionnés aux articles L. 132-37 à L. 132-41, L. 132-43 et L. 132-44 du présent code peuvent être négociés et conclus, dans les conditions prévues aux articles L. 2232-25 et L. 2232-26 du code du travail, par un ou plusieurs journalistes professionnels au sens des articles L. 7111-3 à L. 7111-5 du même code collaborant de manière régulière à l'entreprise de presse et mandatés par une ou plusieurs organisations syndicales de journalistes professionnels représentatives mentionnées à l'article L. 132-44 du présent code. Ces accords sont approuvés à la majorité des suffrages exprimés par les seuls journalistes professionnels au sens des articles L. 7111-3 à L. 7111-5 du code du travail collaborant de manière régulière à l'entreprise de presse, dans les conditions prévues à l'article L. 2232-27 du même code.

Art. L. 132-43 Les accords collectifs peuvent prévoir de confier la gestion des droits mentionnés aux articles L. 132-38 et suivants à une ou des sociétés de perception et de répartition de droits mentionnées aux articles L. 321-1 et suivants.

Art. L. 132-44 Il est créé une commission, présidée par un représentant de l'Etat, et composée, en outre, pour moitié de représentants des organisations professionnelles de presse représentatives et pour moitié de représentants des organisations syndicales de journalistes professionnels représentatives.

Le représentant de l'Etat est nommé parmi les membres de la Cour de cassation, du Conseil d'Etat ou de la Cour des comptes, par arrêté du ministre chargé de la communication.

Par dérogation au dernier alinéa de l'article L. 2232-21 et à l'article L. 2232-22 du code du travail, la commission se prononce, en lieu et place de la commission paritaire de branche, sur la validité des accords relatifs aux droits d'auteur des journalistes conclus dans les conditions prévues à l'article L. 2232-21 du même code, dans les deux mois qui suivent leur transmission ; à défaut, les accords sont réputés avoir été validés. La commission contrôle que ces accords collectifs n'enfreignent pas les dispositions législatives, réglementaires ou conventionnelles applicables.

A défaut de conclusion d'un accord d'entreprise dans un délai de six mois à compter de la publication de la loi n° 2009-669 du 12 juin 2009 favorisant la diffusion et la protection de la création sur internet, et en l'absence de tout autre accord collectif applicable, l'une des parties à la négociation de l'accord d'entreprise peut saisir la commission aux fins de déterminer les modes et bases de la rémunération due en contrepartie des droits d'exploitation. La demande peut également porter sur l'identification des titres composant une famille cohérente de presse au sein du groupe, en application de l'article L. 132-39.

En l'absence d'engagement de négociation, sont considérés comme des parties à la négociation de l'accord d'entreprise l'employeur et le délégué syndical. En l'absence de délégué syndical, peuvent saisir la commission :

- les institutions représentatives du personnel ;
- à défaut, tout salarié mandaté par une organisation syndicale de journalistes professionnels au sens de l'article L. 7111-3 du code du travail ;
- à défaut, tout journaliste professionnel au sens du même article L. 7111-3 collaborant de manière régulière à l'entreprise de presse.

Pour les accords d'entreprise conclus pour une durée déterminée qui arrivent à échéance ou pour ceux qui sont dénoncés par l'une des parties, la commission peut être saisie dans les mêmes conditions et sur les mêmes questions qu'au précédent alinéa, à défaut de la conclusion d'un nouvel accord d'entreprise dans les six mois suivant la date d'expiration de l'accord à durée déterminée ou à défaut de la conclusion d'un accord de substitution dans les délais prévus à l'article L. 2261-10 du code du travail à la suite de la dénonciation du précédent accord.

La commission recherche avec les parties une solution de compromis afin de parvenir à un accord. Elle s'appuie, à cet effet, sur les accords existants pertinents au regard de la forme de presse considérée. Elle rend sa décision dans un délai de deux mois à compter de sa saisine.

La commission se détermine à la majorité de ses membres présents. En cas de partage des voix, le président a voix prépondérante.

Les décisions de la commission sont exécutoires si, dans un délai d'un mois, son président n'a pas demandé une seconde délibération. Elles sont notifiées aux parties et au ministre chargé de la communication, qui en assure la publicité.

L'intervention de la décision de la commission ne fait pas obstacle à ce que s'engage dans les entreprises de presse concernées une nouvelle négociation collective. L'accord collectif issu de cette négociation se substitue à la décision de la commission, après son dépôt par la partie la plus diligente auprès de l'autorité administrative, conformément à l'article L. 2231-6 du code du travail.

Un décret en Conseil d'Etat fixe les conditions d'application du présent article et notamment la composition, les modalités de saisine et de fonctionnement de la commission ainsi que les voies de recours juridictionnel contre ses décisions.

Art. L. 132-45 L'article L. 132-41 s'applique à compter de l'entrée en vigueur d'un accord de branche déterminant le salaire minimum des journalistes professionnels qui tirent le principal de leurs revenus de l'exploitation d'images fixes et qui collaborent de manière occasionnelle à l'élaboration d'un titre de presse. Cet accord prend en compte le caractère exclusif ou non de la cession.

A défaut d'accord dans un délai de deux ans à compter de la publication de la loi n° 2009-669 du 12 juin 2009 favorisant la diffusion et la protection de la création sur internet, un décret fixe les conditions de détermination de ce salaire minimum.

Chapitre III Rémunération au titre du prêt en bibliothèque

Art. L. 133-1 Lorsqu'une œuvre a fait l'objet d'un contrat d'édition en vue de sa publication et de sa diffusion sous forme de livre, l'auteur ne peut s'opposer au prêt d'exemplaires de cette édition par une bibliothèque accueillant du public.

Ce prêt ouvre droit à rémunération au profit de l'auteur selon les modalités prévues à l'article L. 133-4.

Art. L. 133-2 La rémunération prévue par l'article L. 133-1 est perçue par une ou plusieurs des sociétés de perception et de répartition des droits régies par le titre II du livre III et agréées à cet effet par le ministre chargé de la culture.

L'agrément prévu au premier alinéa est délivré en considération :
- de la diversité des associés ;
- de la qualification professionnelle des dirigeants ;
- des moyens que la société propose de mettre en œuvre pour assurer la perception et la répartition de la rémunération au titre du prêt en bibliothèque ;
- de la représentation équitable des auteurs et des éditeurs parmi ses associés et au sein de ses organes dirigeants.

Un décret en Conseil d'Etat fixe les conditions de délivrance et de retrait de cet agrément.

Art. L. 133-3 La rémunération prévue au second alinéa de l'article L. 133-1 comprend deux parts.

La première part, à la charge de l'Etat, est assise sur une contribution forfaitaire par usager inscrit dans les bibliothèques accueillant du public pour le prêt, à l'exception des bibliothèques scolaires. Un décret fixe le montant de cette contribution, qui peut être différent pour les bibliothèques des établissements d'enseignement supérieur, ainsi que les modalités de détermination du nombre d'usagers inscrits à prendre en compte pour le calcul de cette part.

La seconde part est assise sur le prix public de vente hors taxes des livres achetés, pour leurs bibliothèques accueillant du public pour le prêt, par les personnes morales mentionnées au troisième alinéa (2°) de l'article 3 de la loi n° 81-766 du 10 août 1981 relative au prix du livre ; elle est versée par les fournisseurs qui réalisent ces ventes. Le taux de cette rémunération est de 6 % du prix public de vente.

Art. L. 133-4 La rémunération au titre du prêt en bibliothèque est répartie dans les conditions suivantes :

1° Une première part est répartie à parts égales entre les auteurs et leurs éditeurs à raison du nombre d'exemplaires des livres achetés chaque année, pour leurs bibliothèques accueillant du public pour le prêt, par les personnes morales mentionnées au troisième alinéa (2°) de l'article 3 de la loi n° 81-766 du 10 août 1981 précitée, déterminé sur la base des informations que ces personnes et leurs fournisseurs communiquent à la ou aux sociétés mentionnées à l'article L. 133-2 ;

2° Une seconde part, qui ne peut excéder la moitié du total, est affectée à la prise en charge d'une fraction des cotisations dues au titre de la retraite complémentaire par les personnes visées aux troisième et quatrième alinéas de l'article L. 382-12 du code de la sécurité sociale.

Chapitre IV Dispositions particulières relatives à l'exploitation numérique des livres indisponibles

Art. L. 134-1 On entend par livre indisponible au sens du présent chapitre un livre publié en France avant le 1er janvier 2001 qui ne fait plus l'objet d'une diffusion commerciale par un éditeur et qui ne fait pas actuellement l'objet d'une publication sous une forme imprimée ou numérique.

Art. L. 134-2 Il est créé une base de données publique, mise à disposition en accès libre et gratuit par un service de communication au public en ligne, qui répertorie les livres indisponibles. La Bibliothèque nationale de France veille à sa mise en œuvre, à son actualisation et à l'inscription des mentions prévues aux articles L. 134-4, L. 134-5 et L. 134-6.

Toute personne peut demander à la Bibliothèque nationale de France l'inscription d'un livre indisponible dans la base de données.

L'inscription d'un livre dans la base de données ne préjuge pas de l'application des articles L. 132-12 et L. 132-17.

Art. L. 134-3 I. – Lorsqu'un livre est inscrit dans la base de données mentionnée à l'article L. 134-2 depuis plus de six mois, le droit d'autoriser sa reproduction et sa représentation sous une forme numérique est exercé par une société de perception et de répartition des droits régie par le titre II du livre III de la présente partie, agréée à cet effet par le ministre chargé de la culture.

Sauf dans le cas prévu au troisième alinéa de l'article L. 134-5, la reproduction et la représentation du livre sous une forme numérique sont autorisées, moyennant une rémunération, à titre non exclusif et pour une durée limitée à cinq ans, renouvelable.

II. – Les sociétés agréées ont qualité pour ester en justice pour la défense des droits dont elles ont la charge.

III. – L'agrément prévu au I est délivré en considération :

1° De la diversité des associés de la société ;

2° De la représentation paritaire des auteurs et des éditeurs parmi les associés et au sein des organes dirigeants ;

3° De la qualification professionnelle des dirigeants de la société ;

4° Des moyens que la société propose de mettre en œuvre pour assurer la perception des droits et leur répartition ;

5° Du caractère équitable des règles de répartition des sommes perçues entre les ayants droit, qu'ils soient ou non parties au contrat d'édition. Le montant des sommes perçues par le ou les auteurs du livre ne peut être inférieur au montant des sommes perçues par l'éditeur ;

6° Des moyens probants que la société propose de mettre en œuvre afin d'identifier et de retrouver les titulaires de droits aux fins de répartir les sommes perçues ;

7° Des moyens que la société propose de mettre en œuvre pour développer des relations contractuelles permettant d'assurer la plus grande disponibilité possible des œuvres ;

8° Des moyens que la société propose de mettre en œuvre pour veiller à la défense des intérêts légitimes des ayants droit non parties au contrat d'édition.

IV. – Les sociétés agréées remettent chaque année à la commission permanente de contrôle des sociétés de perception et de répartition des droits mentionnée à l'article L. 321-13 un rapport rendant compte des moyens mis en œuvre et des résultats obtenus dans la recherche des titulaires de droits, qu'ils soient ou non parties au contrat d'édition.

La commission peut formuler toute observation ou recommandation d'amélioration des moyens mis en œuvre afin d'identifier et de retrouver les titulaires de droits.

La commission est tenue informée, dans le délai qu'elle fixe, des suites données à ses observations et recommandations.

La commission rend compte annuellement au Parlement, au Gouvernement et à l'assemblée générale des sociétés agréées, selon des modalités qu'elle détermine, des observations et recommandations qu'elle a formulées et des suites qui leur ont été données.

Art. L. 134-4 I. – L'auteur d'un livre indisponible ou l'éditeur disposant du droit de reproduction sous une forme imprimée de ce livre peut s'opposer à l'exercice du droit d'autorisation mentionné au premier alinéa du I de l'article L. 134-3 par une société de perception et de répartition des droits agréée. Cette opposition est notifiée par écrit à l'organisme mentionné au premier alinéa de l'article L. 134-2 au plus tard six mois après l'inscription du livre concerné dans la base de données mentionnée au même alinéa.

Mention de cette opposition est faite dans la base de données mentionnée au même article L. 134-2.

Après l'expiration du délai mentionné au premier alinéa du présent I, l'auteur d'un livre indisponible peut s'opposer à l'exercice du droit de reproduction ou de représentation de ce livre s'il juge que la reproduction ou la représentation de ce livre est susceptible de nuire à son honneur ou à sa réputation. Ce droit est exercé sans indemnisation.

II. – L'éditeur ayant notifié son opposition dans les conditions prévues au premier alinéa du I du présent article est tenu d'exploiter dans les deux ans suivant cette notification le livre indisponible concerné. Il doit apporter par tout moyen la preuve de l'exploitation effective du livre à la société agréée en application de l'article L. 134-3. A défaut d'exploitation du livre dans le délai imparti, la mention de l'opposition est supprimée dans la base de données mentionnée à l'article L. 134-2 et le droit d'autoriser sa reproduction et sa représentation sous une forme numérique est exercé dans les conditions prévues au second alinéa du I de l'article L. 134-3.

La preuve de l'exploitation effective du livre, apportée par l'éditeur dans les conditions prévues au premier alinéa du présent II, ne préjuge pas de l'application des articles L. 132-12 et L. 132-17.

Art. L. 134-5 A défaut d'opposition notifiée par l'auteur ou l'éditeur à l'expiration du délai prévu au I de l'article L. 134-4, la société de perception et de répartition des droits propose une autorisation de reproduction et de représentation sous une forme numérique d'un livre indisponible à l'éditeur disposant du droit de reproduction de ce livre sous une forme imprimée.

Cette proposition est formulée par écrit. Elle est réputée avoir été refusée si l'éditeur n'a pas notifié sa décision par écrit dans un délai de deux mois à la société de perception et de répartition des droits.

L'autorisation d'exploitation mentionnée au premier alinéa est délivrée par la société de perception et de répartition des droits à titre exclusif pour une durée de dix ans tacitement renouvelable.

Mention de l'acceptation de l'éditeur est faite dans la base de données mentionnée à l'article L. 134-2.

A défaut d'opposition de l'auteur apportant par tout moyen la preuve que cet éditeur ne dispose pas du droit de reproduction d'un livre sous une forme imprimée, l'éditeur ayant notifié sa décision d'acceptation est tenu d'exploiter, dans les trois ans suivant cette notification, le livre indisponible concerné. Il doit apporter à cette société, par tout moyen, la preuve de l'exploitation effective du livre.

A défaut d'acceptation de la proposition mentionnée au premier alinéa ou d'exploitation de l'œuvre dans le délai prévu au cinquième alinéa du présent article, la reproduction et la représentation du livre sous une forme numérique sont autorisées par la société de perception et de répartition des droits dans les conditions prévues au second alinéa du I de l'article L. 134-3.

L'utilisateur auquel une société de perception et de répartition des droits a accordé une autorisation d'exploitation dans les conditions prévues au même second alinéa est considéré comme éditeur de livre numérique au sens de l'article 2 de la loi n° 2011-590 du 26 mai 2011 relative au prix du livre numérique.

L'exploitation de l'œuvre dans les conditions prévues au présent article ne préjuge pas de l'application des articles L. 132-12 et L. 132-17.

Art. L. 134-6 L'auteur et l'éditeur disposant du droit de reproduction sous une forme imprimée d'un livre indisponible notifient conjointement à tout moment à la société de perception et de répartition des droits mentionnée à l'article L. 134-3 leur décision de lui retirer le droit d'autoriser la reproduction et la représentation dudit livre sous forme numérique.

L'auteur d'un livre indisponible peut décider à tout moment de retirer à la société de perception et de répartition des droits mentionnée au même article L. 134-3 le droit d'autoriser la reproduction et la représentation du livre sous une forme numérique s'il apporte la preuve qu'il est le seul titulaire des droits définis audit article L. 134-3. Il lui notifie cette décision.

Mention des notifications prévues aux deux premiers alinéas du présent article est faite dans la base de données mentionnée à l'article L. 134-2.

L'éditeur ayant notifié sa décision dans les conditions prévues au premier alinéa est tenu d'exploiter le livre concerné dans les dix-huit mois suivant cette notification. Il doit apporter à la société de perception et de répartition des droits, par tout moyen, la preuve de l'exploitation effective du livre.

La société informe tous les utilisateurs auxquels elle a accordé une autorisation d'exploitation du livre concerné des décisions mentionnées aux deux premiers alinéas du présent article. Les ayants droit ne peuvent s'opposer à la poursuite de l'exploitation dudit livre engagée avant la notification pendant la durée restant à courir de l'autorisation mentionnée au second alinéa du I de l'article L. 134-3 ou au troisième alinéa de l'article L. 134-5, à concurrence de cinq ans maximum et à titre non exclusif.

Art. L. 134-7 Les modalités d'application du présent chapitre, notamment les modalités d'accès à la base de données prévue à l'article L. 134-2, la nature ainsi que le format des données collectées et les mesures de publicité les plus appropriées pour garantir la meilleure information possible des ayants droit, les conditions de délivrance et de retrait de l'agrément des sociétés de perception et de répartition des droits prévu à l'article L. 134-3, sont précisées par décret en Conseil d'Etat.

Art. L. 134-9 Par dérogation aux dispositions des trois premiers alinéas de l'article L. 321-9, les sociétés agréées mentionnées à l'article L. 134-3 utilisent à des actions d'aide à la création, à des actions de formation des auteurs de l'écrit et à des actions de promotion de la lecture publique mises en œuvre par les bibliothèques les sommes perçues au titre de l'exploitation des livres indisponibles et qui n'ont pu être réparties parce que leurs destinataires n'ont pu être identifiés ou retrouvés avant l'expiration du délai prévu au dernier alinéa de l'article L. 321-1.

Le montant et l'utilisation de ces sommes font l'objet, chaque année, d'un rapport des sociétés de perception et de répartition des droits au ministre chargé de la culture.

Chapitre V Dispositions particulières relatives à certaines utilisations d'œuvres orphelines

Art. L. 135-1 Sont soumises au présent chapitre :

1° Les œuvres orphelines, au sens de l'article L. 113-10, qui ont été initialement publiées ou radiodiffusées dans un Etat membre de l'Union européenne et qui appartiennent à l'une des catégories suivantes :

a) Les œuvres publiées sous la forme de livres, revues, journaux, magazines ou autres écrits faisant partie des collections des bibliothèques accessibles au public, des musées, des services d'archives, des institutions dépositaires du patrimoine cinématographique ou sonore ou des établissements d'enseignement, à l'exception des photographies et des images fixes qui existent en tant qu'œuvres indépendantes ;

b) Les œuvres audiovisuelles ou sonores faisant partie de ces collections ou qui ont été produites par des organismes de radiodiffusion de service public avant le 1er janvier 2003 et qui font partie de leurs archives.

Le fait pour un organisme mentionné aux *a* et *b* de rendre une œuvre accessible au public, avec l'accord des titulaires de droits, est assimilé à la publication ou à la radiodiffusion mentionnées au premier alinéa du présent 1°, sous réserve qu'il soit raisonnable de supposer que les titulaires de droits ne s'opposeraient pas aux utilisations de l'œuvre orpheline prévues à l'article L. 135-2 ;

2° Toute œuvre considérée comme orpheline dans un autre Etat membre en application de l'article 2 de la directive 2012/28/UE du Parlement européen et du Conseil, du 25 octobre 2012, sur certaines utilisations autorisées des œuvres orphelines.

Art. L. 135-2 Les organismes mentionnés au 1° de l'article L. 135-1 ne peuvent utiliser les œuvres mentionnées à ce même article que dans le cadre de leurs missions culturelles, éducatives et de recherche et à condition de ne poursuivre aucun but lucratif et de ne percevoir, le cas échéant et pour une durée ne pouvant excéder sept ans, que les recettes couvrant les frais découlant directement de la numérisation et de la mise à la disposition du public des œuvres orphelines qu'ils utilisent. Ils mentionnent le nom des titulaires de droits identifiés, respectent le droit moral de ces derniers et communiquent les informations prévues au 2° de l'article L. 135-3 ou à l'article L. 135-4. Cette utilisation est faite selon les modalités suivantes :

1° Mise à la disposition du public d'une œuvre orpheline de manière que chacun puisse y avoir accès de sa propre initiative ;

2° Reproduction d'une œuvre orpheline à des fins de numérisation, de mise à disposition, d'indexation, de catalogage, de préservation ou de restauration.

Art. L. 135-3 Un organisme mentionné au 1° de l'article L. 135-1 ne peut faire application de l'article L. 135-2 qu'après avoir :

1° Procédé à des recherches diligentes, avérées et sérieuses des titulaires de droits, en application du premier alinéa de l'article L. 113-10, dans l'Etat membre de l'Union européenne où a eu lieu la première publication ou, à défaut de celle-ci, la première radiodiffusion de l'œuvre. Ces recherches comportent la consultation des sources appropriées pour chaque catégorie d'œuvres. Lorsque l'œuvre n'a fait l'objet ni d'une publication, ni d'une radiodiffusion mais a été rendue accessible au public dans les conditions définies au dernier alinéa du 1° de l'article L. 135-1, ces recherches sont effectuées dans l'Etat membre où est établi l'organisme qui a rendu l'œuvre accessible au public. Pour les œuvres audiovisuelles, les recherches sont effectuées dans l'Etat membre où le producteur a son siège ou sa résidence habituelle ;

2° Communiqué le résultat des recherches mentionnées au 1°, ainsi que l'utilisation envisagée de l'œuvre orpheline, au ministre chargé de la culture, ou à l'organisme désigné à cette fin par celui-ci, qui le transmet sans délai à l'Office de l'harmonisation dans le marché intérieur mentionné au paragraphe 6 de l'article 3 de la directive 2012/28/UE du Parlement européen et du Conseil, du 25 octobre 2012, précitée aux fins de l'inscription de ces informations dans la base de données établie par cet office à cet effet.

Art. L. 135-4 Lorsqu'une œuvre orpheline est déjà inscrite dans la base de données mentionnée au 2° de l'article L. 135-3, l'organisme n'est pas tenu de procéder aux recherches mentionnées au même article. Il doit indiquer, dans les conditions prévues audit article, l'utilisation de l'œuvre orpheline qu'il envisage.

Art. L. 135-5 Lorsque les recherches diligentes, avérées et sérieuses mentionnées à l'article L. 135-3 ont permis d'identifier et de retrouver le ou les titulaires des droits sur une œuvre, celle-ci cesse d'être orpheline.

Lorsqu'une œuvre a plus d'un titulaire de droits et que tous ses titulaires n'ont pu être identifiés et retrouvés, l'utilisation de l'œuvre prévue à l'article L. 135-2 est subordonnée à l'autorisation du ou des titulaires identifiés et retrouvés.

Art. L. 135-6 Lorsqu'un titulaire de droits sur une œuvre orpheline justifie de ses droits auprès d'un organisme mentionné à l'article L. 135-3, ce dernier ne peut poursuivre l'utilisation de l'œuvre qu'avec l'autorisation du titulaire de droits.

L'organisme verse au titulaire de droits une compensation équitable du préjudice que celui-ci a subi du fait de cette utilisation. Cette compensation est fixée par accord entre l'organisme et le titulaire de droits. Elle peut tenir compte, lorsqu'ils existent, des accords ou tarifs en vigueur dans les secteurs professionnels concernés.

Le titulaire de droits peut se faire connaître à tout moment, nonobstant toute stipulation contraire.

L'organisme auprès duquel le titulaire de droits justifie de ses droits informe sans délai le ministre chargé de la culture, ou l'organisme désigné à cette fin par celui-ci, qui transmet cette information à l'Office de l'harmonisation dans le marché intérieur mentionné au 2° de l'article L. 135-3.

Art. L. 135-7 Un décret en Conseil d'Etat définit les modalités d'application du présent chapitre, notamment les sources d'informations appropriées pour chaque catégorie d'œuvres qui doivent être consultées au titre des recherches prévues au 1° de l'article L. 135-3.

LIVRE II LES DROITS VOISINS DU DROIT D'AUTEUR

TITRE UNIQUE

Chapitre Ier Dispositions générales

Art. L. 211-1 Les droits voisins ne portent pas atteinte aux droits des auteurs. En conséquence, aucune disposition du présent titre ne doit être interprétée de manière à limiter l'exercice du droit d'auteur par ses titulaires.

Art. L. 211-2 Outre toute personne justifiant d'un intérêt pour agir, le ministre chargé de la culture peut saisir l'autorité judiciaire, notamment s'il n'y a pas d'ayant droit connu, ou en cas de vacance ou déshérence.

Art. L. 211-3 Les bénéficiaires des droits ouverts au présent titre ne peuvent interdire :

1° Les représentations privées et gratuites effectuées exclusivement dans un cercle de famille ;

2° Les reproductions réalisées à partir d'une source licite, strictement réservées à l'usage privé de la personne qui les réalise et non destinées à une utilisation collective ;

3° Sous réserve d'éléments suffisants d'identification de la source :

- les analyses et courtes citations justifiées par le caractère critique, polémique, pédagogique, scientifique ou d'information de l'œuvre à laquelle elles sont incorporées ;
- les revues de presse ;
- la diffusion, même intégrale, à titre d'information d'actualité, des discours destinés au public dans les assemblées politiques, administratives, judiciaires ou académiques, ainsi que dans les réunions publiques d'ordre politique et les cérémonies officielles ;
- la communication au public ou la reproduction d'extraits d'objets protégés par un droit voisin, sous réserve des objets conçus à des fins pédagogiques, à des fins exclusives d'illustration dans le cadre de l'enseignement et de la recherche, à l'exclusion de toute activité ludique ou récréative, dès lors que le public auquel cette communication ou cette reproduction est destinée est composé majoritairement d'élèves, d'étudiants, d'enseignants ou de chercheurs directement concernés, que l'utilisation de cette communication ou cette reproduction ne donne lieu à aucune exploitation commerciale et qu'elle est compensée par une rémunération négociée sur une base forfaitaire ;

4° La parodie, le pastiche et la caricature, compte tenu des lois du genre ;

5° La reproduction provisoire présentant un caractère transitoire ou accessoire, lorsqu'elle est une partie intégrante et essentielle d'un procédé technique et qu'elle a pour unique objet de permettre l'utilisation licite de l'objet protégé par un droit voisin ou sa transmission entre tiers par la voie d'un réseau faisant appel à un intermédiaire ; toutefois, cette reproduction provisoire ne doit pas avoir de valeur économique propre ;

6° La reproduction et la communication au public d'une interprétation, d'un phonogramme, d'un vidéogramme ou d'un programme dans les conditions définies aux deux premiers alinéas du 7° de l'article L. 122-5 ;

7° Les actes de reproduction et de représentation d'une interprétation, d'un phonogramme, d'un vidéogramme ou d'un programme réalisés à des fins de conservation ou destinés à préserver les conditions de sa consultation à des fins de recherche ou d'études privées par des particuliers, dans les locaux de l'établissement et sur des terminaux dédiés, effectués par des bibliothèques accessibles au public, par des musées ou par des services d'archives, sous réserve que ceux-ci ne recherchent aucun avantage économique ou commercial.

Les exceptions énumérées par le présent article ne peuvent porter atteinte à l'exploitation normale de l'interprétation, du phonogramme, du vidéogramme ou du programme ni causer un préjudice injustifié aux intérêts légitimes de l'artiste-interprète, du producteur ou de l'entreprise de communication audiovisuelle.

Art. L. 211-4 I. – La durée des droits patrimoniaux des artistes-interprètes est de cinquante années à compter du 1er janvier de l'année civile suivant celle de l'interprétation.

Toutefois, si, durant cette période, une fixation de l'interprétation dans un vidéogramme ou un phonogramme fait l'objet d'une mise à la disposition du public, par des exemplaires matériels, ou d'une communication au public, les droits patrimoniaux de l'artiste-interprète expirent :

1° Pour une interprétation fixée dans un vidéogramme, cinquante ans après le 1er janvier de l'année civile suivant le premier de ces faits ;

2° Pour une interprétation fixée dans un phonogramme, soixante-dix ans après le 1er janvier de l'année civile qui suit le premier de ces faits.

II. – La durée des droits patrimoniaux des producteurs de phonogrammes est de cinquante années à compter du 1er janvier de l'année civile suivant celle de la première fixation d'une séquence de son.

Toutefois, si, durant cette période, un phonogramme fait l'objet d'une mise à la disposition du public par des exemplaires matériels ou d'une communication au public, les droits patrimoniaux du producteur de phonogrammes expirent soixante-dix ans après le 1er janvier de l'année civile suivant la mise à la disposition du public de ce phonogramme ou, à défaut, sa première communication au public. L'artiste-interprète peut exercer le droit de résiliation mentionné aux articles L. 212-3-1 et L. 212-3-2.

III. – La durée des droits patrimoniaux des producteurs de vidéogrammes est de cinquante années à compter du 1er janvier de l'année civile suivant celle de la première fixation d'une séquence d'images, sonorisées ou non.

Toutefois, si, durant cette période, un vidéogramme fait l'objet d'une mise à la disposition du public par des exemplaires matériels ou d'une communication au public, les droits patrimoniaux du producteur de vidéogrammes expirent cinquante ans après le 1er janvier de l'année civile suivant le premier de ces faits.

IV. – La durée des droits patrimoniaux des entreprises de communication audiovisuelle est de cinquante années à compter du 1er janvier de l'année civile suivant celle de la première communication au public des programmes mentionnés à l'article L. 216-1.

Art. L. 211-5 Sous réserve des dispositions des conventions internationales auxquelles la France est partie, les titulaires de droits voisins qui ne sont pas ressortissants d'un Etat membre de la Communauté européenne bénéficient de la durée de protection prévue dans le pays dont ils sont ressortissants sans que cette durée puisse excéder celle prévue à l'article L. 211-4.

Art. L. 211-6 Dès lors que la première vente d'un ou des exemplaires matériels d'une fixation protégée par un droit voisin a été autorisée par le titulaire du droit ou ses ayants droit sur le territoire d'un Etat membre de la Communauté européenne ou d'un autre Etat partie à l'accord sur l'Espace économique européen, la vente de ces exemplaires de cette fixation ne peut plus être interdite dans les Etats membres de la Communauté européenne et les Etats parties à l'accord sur l'Espace économique européen.

Art. L. 211-7 Le chapitre V du titre III du livre Ier est applicable aux droits voisins.

Chapitre II Droits des artistes-interprètes

Art. L. 212-1 A l'exclusion de l'artiste de complément, considéré comme tel par les usages professionnels, l'artiste-interprète ou exécutant est la personne qui représente, chante, récite, déclame, joue ou exécute de toute autre manière une œuvre littéraire ou artistique, un numéro de variétés, de cirque ou de marionnettes.

Art. L. 212-2 L'artiste-interprète a le droit au respect de son nom, de sa qualité et de son interprétation.

Ce droit inaliénable et imprescriptible est attaché à sa personne.

Il est transmissible à ses héritiers pour la protection de l'interprétation et de la mémoire du défunt.

Art. L. 212-3 Sont soumises à l'autorisation écrite de l'artiste-interprète la fixation de sa prestation, sa reproduction et sa communication au public, ainsi que toute utilisation séparée du son et de l'image de la prestation lorsque celle-ci a été fixée à la fois pour le son et l'image.

Cette autorisation et les rémunérations auxquelles elle donne lieu sont régies par les dispositions des articles L. 762-1 et L. 762-2 du code du travail, sous réserve des dispositions de l'article L. 212-6 du présent code.

Art. L. 212-3-1 I. – Au-delà des cinquante premières années du délai de soixante-dix ans prévu au 2° du I de l'article L. 211-4, l'artiste-interprète peut notifier son intention de résilier l'autorisation donnée en application de l'article L. 212-3 à un producteur de phonogrammes lorsque celui-ci n'offre pas à la vente des exemplaires du phonogramme en quantité suffisante ou ne le met pas à la disposition du public de manière que chacun puisse y avoir accès de sa propre initiative.

II. – Si, au cours des douze mois suivant la notification prévue au I du présent article, le producteur de phonogrammes n'offre pas à la vente des exemplaires du phonogramme en quantité suffisante et ne le met pas à la disposition du public de manière que chacun puisse y avoir accès de sa propre initiative, l'artiste-interprète peut exercer son droit de résiliation de l'autorisation. L'artiste-interprète ne peut renoncer à ce droit.

III. – Les modalités d'exercice du droit de résiliation sont définies par décret en Conseil d'Etat.

Art. L. 212-3-2 Lorsqu'un phonogramme contient la fixation des prestations de plusieurs artistes-interprètes, ceux-ci exercent le droit de résiliation mentionné à l'article L. 212-3-1 d'un commun accord.

En cas de désaccord, il appartient à la juridiction civile de statuer.

Art. L. 212-3-3 I. – Si l'autorisation donnée en application de l'article L. 212-3 prévoit une rémunération forfaitaire, le producteur de phonogrammes verse à l'artiste-interprète, en contrepartie de l'exploitation du phonogramme contenant la fixation autorisée, une rémunération annuelle supplémentaire pour chaque année complète au-delà des cinquante premières années du délai de soixante-dix ans prévu au 2° du I de l'article L. 211-4. L'artiste-interprète ne peut renoncer à ce droit.

Toutefois, le producteur de phonogrammes qui occupe moins de dix personnes et dont le chiffre d'affaires annuel ou le total du bilan annuel n'excède pas deux millions d'euros n'est pas tenu, pour l'exercice en question, au versement de la rémunération mentionnée au premier alinéa du présent I dans l'hypothèse où les frais des opérations de calcul et de contrôle seraient hors de proportion avec le montant de la rémunération à verser.

II. – Le montant global de la rémunération annuelle supplémentaire mentionnée au I du présent article est fixé à 20 % de l'ensemble des recettes perçues par le producteur de phonogrammes au cours de l'année précédant celle du paiement de ladite rémunération annuelle pour la reproduction, la mise à la disposition du public par la vente ou l'échange, ou la mise à disposition du phonogramme de manière que chacun puisse y avoir accès de sa propre initiative, à l'exclusion des rémunérations prévues aux articles L. 214-1 et L. 311-1.

III. – Le producteur de phonogrammes fournit, à la demande de l'artiste-interprète ou d'une société de perception et de répartition des droits mentionnée au IV et chargée de percevoir la rémunération annuelle supplémentaire de l'artiste-interprète, un état des recettes provenant de l'exploitation du phonogramme selon chaque mode d'exploitation mentionné au II.

Il fournit, dans les mêmes conditions, toute justification propre à établir l'exactitude des comptes.

IV. – La rémunération annuelle supplémentaire prévue aux I et II est perçue par une ou plusieurs sociétés de perception et de répartition des droits régies par le titre II du livre III et agréées à cet effet par le ministre chargé de la culture.

L'agrément prévu au premier alinéa du présent IV est délivré en considération :

1° De la qualification professionnelle des dirigeants des sociétés ;

2° Des moyens humains et matériels que ces sociétés proposent de mettre en œuvre pour assurer la perception et la répartition de la rémunération prévue aux mêmes I et II, tant auprès de leurs membres qu'auprès des artistes-interprètes qui ne sont pas leurs membres ;

3° De l'importance de leur répertoire et de la représentation des artistes-interprètes bénéficiaires de la rémunération prévue auxdits I et II au sein des organes dirigeants ;

4° De leur respect des obligations prévues au titre II du livre III.

Un décret en Conseil d'Etat fixe les modalités de délivrance et de retrait de cet agrément.

Art. L. 212-3-4 Si l'autorisation donnée en application de l'article L. 212-3 prévoit une rémunération proportionnelle, le producteur de phonogrammes ne peut retrancher les avances ou les déductions définies contractuellement de la rémunération due à l'artiste-interprète en contrepartie de l'exploitation du phonogramme contenant la fixation autorisée après les cinquante premières années du délai de soixante-dix ans prévu au 2° du I de l'article L. 211-4.

Art. L. 212-4 La signature du contrat conclu entre un artiste-interprète et un producteur pour la réalisation d'une œuvre audiovisuelle vaut autorisation de fixer, reproduire et communiquer au public la prestation de l'artiste-interprète.

Ce contrat fixe une rémunération distincte pour chaque mode d'exploitation de l'œuvre.

Art. L. 212-5 Lorsque ni le contrat ni une convention collective ne mentionnent de rémunération pour un ou plusieurs modes d'exploitation, le niveau de celle-ci est fixé par référence à des barèmes établis par voie d'accords spécifiques conclus, dans chaque secteur d'activité, entre les organisations de salariés et d'employeurs représentatives de la profession.

Art. L. 212-6 Les dispositions de l'article L. 762-2 du code du travail ne s'appliquent qu'à la fraction de la rémunération versée en application du contrat excédant les bases fixées par la convention collective ou l'accord spécifique.

Art. L. 212-7 Les contrats passés antérieurement au 1er janvier 1986 entre un artiste-interprète et un producteur d'œuvre audiovisuelle ou leurs cessionnaires sont soumis aux dispositions qui précèdent, en ce qui concerne les modes d'exploitation qu'ils excluaient. La rémunération correspondante n'a pas le caractère de salaire.

Art. L. 212-8 Les stipulations des conventions ou accords mentionnés aux articles précédents peuvent être rendues obligatoires à l'intérieur de chaque secteur d'activité pour l'ensemble des intéressés par arrêté du ministre compétent.

Art. L. 212-9 A défaut d'accord conclu dans les termes des articles L. 212-4 à L. 212-7 soit avant le 4 janvier 1986, soit à la date d'expiration du précédent accord, les modes et les bases de rémunération des artistes-interprètes sont déterminés, pour chaque secteur d'activité, par une commission présidée par un magistrat de l'ordre judiciaire désigné par le premier président de la Cour de cassation et composée, en outre, d'un membre du Conseil d'Etat, désigné par le vice-président du Conseil d'Etat, d'une personnalité qualifiée désignée par le ministre chargé de la culture et, en nombre égal, de représentants des organisations de salariés et de représentants des organisations d'employeurs.

La commission se détermine à la majorité de membres présents. En cas de partage des voix, le président a voix prépondérante. La commission se prononce dans les trois mois suivant l'expiration du délai fixé au premier alinéa du présent article.

Sa décision a effet pour une durée de trois ans, sauf accord des intéressés intervenu avant ce terme.

Art. L. 212-10 Les artistes-interprètes ne peuvent interdire la reproduction et la communication publique de leur prestation si elle est accessoire à un événement constituant le sujet principal d'une séquence d'une œuvre ou d'un document audiovisuel.

Art. L. 212-11 Les dispositions de l'article L. 131-9 sont applicables aux contrats valant autorisation d'exploitation en application des articles L. 212-3 et L. 212-4, entre les producteurs et les artistes-interprètes.

Chapitre III Droits des producteurs de phonogrammes

Art. L. 213-1 Le producteur de phonogrammes est la personne, physique ou morale, qui a l'initiative et la responsabilité de la première fixation d'une séquence de son.

L'autorisation du producteur de phonogrammes est requise avant toute reproduction, mise à la disposition du public par la vente, l'échange ou le louage, ou communication au public de son phonogramme autres que celles mentionnées à l'article L. 214-1.

Chapitre IV Dispositions communes aux artistes-interprètes et aux producteurs de phonogrammes

Art. L. 214-1 Lorsqu'un phonogramme a été publié à des fins de commerce, l'artiste-interprète et le producteur ne peuvent s'opposer :

1° A sa communication directe dans un lieu public, dès lors qu'il n'est pas utilisé dans un spectacle ;

2° A sa radiodiffusion et à sa câblo-distribution simultanée et intégrale, ainsi qu'à sa reproduction strictement réservée à ces fins, effectuée par ou pour le compte d'entreprises de communication audiovisuelle en vue de sonoriser leurs programmes propres diffusés sur leur antenne ainsi que sur celles des entreprises de communication audiovisuelle qui acquittent la rémunération équitable.

Dans tous les autres cas, il incombe aux producteurs desdits programmes de se conformer au droit exclusif des titulaires de droits voisins prévu aux articles L. 212-3 et L. 213-1.

Ces utilisations des phonogrammes publiés à des fins de commerce, quel que soit le lieu de fixation de ces phonogrammes, ouvrent droit à rémunération au profit des artistes-interprètes et des producteurs.

Cette rémunération est versée par les personnes qui utilisent les phonogrammes publiés à des fins de commerce dans les conditions mentionnées aux 1° et 2° du présent article.

Elle est assise sur les recettes de l'exploitation ou, à défaut, évaluée forfaitairement dans les cas prévus à l'article L. 131-4.

Elle est répartie par moitié entre les artistes-interprètes et les producteurs de phonogrammes.

Art. L. 214-2 Sous réserve des conventions internationales, les droits à rémunération reconnus par les dispositions de l'article L. 214-1 sont répartis entre les artistes-interprètes et les producteurs de phonogrammes pour les phonogrammes fixés pour la première fois dans un Etat membre de la Communauté européenne.

Art. L. 214-3 Le barème de rémunération et les modalités de versement de la rémunération sont établis par des accords spécifiques à chaque branche d'activité entre les organisations représentatives des artistes-interprètes, des producteurs de phonogrammes et des personnes utilisant les phonogrammes dans les conditions prévues aux 1° et 2° de l'article L. 214-1.

Ces accords doivent préciser les modalités selon lesquelles les personnes utilisant les phonogrammes dans ces mêmes conditions s'acquittent de leur obligation de fournir aux sociétés de perception et de répartition des droits le programme exact des utilisations auxquelles elles procèdent et tous les éléments documentaires indispensables à la répartition des droits.

Les stipulations de ces accords peuvent être rendues obligatoires pour l'ensemble des intéressés par arrêté du ministre chargé de la culture.

La durée de ces accords est comprise entre un et cinq ans.

Art. L. 214-4 A défaut d'accord intervenu avant le 30 juin 1986, ou si aucun accord n'est intervenu à l'expiration du précédent accord, le barème de rémunération et des modalités de versement de la rémunération sont arrêtés par une commission présidée par un représentant de l'Etat et composée, en nombre égal, d'une part, de membres désignés par les organisations représentant les bénéficiaires du droit à rémunération, d'autre part, de membres désignés par les organisations représentant les personnes qui, dans la branche d'activité concernée, utilisent les phonogrammes dans les conditions prévues aux 1° et 2° de l'article L. 214-1.

Les organisations appelées à désigner les membres de la commission ainsi que le nombre de personnes que chacune est appelée à désigner sont déterminés par arrêté du ministre chargé de la culture.

La commission se détermine à la majorité de ses membres présents. En cas de partage des voix, le président a voix prépondérante.

Les délibérations de la commission sont exécutoires si, dans un délai d'un mois, son président n'a pas demandé une seconde délibération.

Les décisions de la commission sont publiées au *Journal officiel* de la République française.

Art. L. 214-5 La rémunération prévue à l'article L. 214-1 est perçue pour le compte des ayants droit et répartie entre ceux-ci par un ou plusieurs organismes mentionnés au titre II du livre III.

Chapitre V Droits des producteurs de vidéogrammes

Art. L. 215-1 Le producteur de vidéogrammes est la personne, physique ou morale, qui a l'initiative et la responsabilité de la première fixation d'une séquence d'images sonorisée ou non.

L'autorisation du producteur de vidéogrammes est requise avant toute reproduction, mise à la disposition du public par la vente, l'échange ou le louage, ou communication au public de son vidéogramme.

Les droits reconnus au producteur d'un vidéogramme en vertu de l'alinéa précédent, les droits d'auteur et les droits des artistes-interprètes dont il disposerait sur l'œuvre fixée sur ce vidéogramme ne peuvent faire l'objet de cessions séparées.

Chapitre VI Droits des entreprises de communication audiovisuelle

Art. L. 216-1 Sont soumises à l'autorisation de l'entreprise de communication audiovisuelle la reproduction de ses programmes, ainsi que leur mise à la disposition du public par vente, louage ou échange, leur télédiffusion et leur communication au public dans un lieu accessible à celui-ci moyennant paiement d'un droit d'entrée.

Sont dénommées entreprises de communication audiovisuelle les organismes qui exploitent un service de communication audiovisuelle au sens de la loi n° 86-1067 du 30 septembre 1986 relative à la liberté de communication, quel que soit le régime applicable à ce service.

Art. L. 216-2 L'autorisation de télédiffuser par voie hertzienne la prestation d'un artiste-interprète, un phonogramme, un vidéogramme ou les programmes d'une entreprise de communication audiovisuelle comprend la distribution à des fins non commerciales de cette télédiffusion sur les réseaux internes aux immeubles ou ensembles d'immeubles collectifs à usage d'habitation installés par leurs propriétaires ou copropriétaires, ou par les mandataires de ces derniers, à seule fin de permettre le raccordement de chaque logement de ces mêmes immeubles ou ensembles d'immeubles collectifs à usage d'habitation à des dispositifs collectifs de réception des télédiffusions par voie hertzienne normalement reçues dans la zone.

Chapitre VII Dispositions applicables à la télédiffusion par satellite et à la retransmission par câble

Art. L. 217-1 Les droits voisins du droit d'auteur correspondant à la télédiffusion par satellite de la prestation d'un artiste-interprète, d'un phonogramme, d'un vidéogramme ou des programmes d'une entreprise de communication audiovisuelle sont régis par les dispositions du présent code dès lors que cette télédiffusion est réalisée dans les conditions définies aux articles L. 122-2-1 et L. 122-2-2.

Dans les cas prévus à l'article L. 122-2-2, ces droits peuvent être exercés à l'égard des personnes visées au 1° ou au 2° de cet article.

Art. L. 217-2 I. – Lorsqu'il est prévu par le présent code, le droit d'autoriser la retransmission par câble, simultanée, intégrale et sans changement, sur le territoire national, de la prestation d'un artiste-interprète, d'un phonogramme ou d'un vidéogramme télédiffusés à partir d'un Etat membre de la Communauté européenne ne peut être exercé, à compter de la date d'entrée en vigueur de la loi n° 97-283 du 27 mars 1997, que par une société de perception et de répartition des droits. Si cette société est régie par le titre II du livre III, elle doit être agréée à cet effet par le ministre chargé de la culture.

Si le titulaire du droit n'en a pas confié la gestion à l'une de ces sociétés, il désigne celle qu'il charge de l'exercer. Il notifie par écrit cette désignation à la société, qui ne peut refuser.

Le contrat autorisant la télédiffusion sur le territoire national de la prestation d'un artiste-interprète, d'un phonogramme ou d'un vidéogramme mentionne la société chargée, le cas échéant, d'exercer le droit d'autoriser sa retransmission par câble, simultanée, intégrale et sans changement, dans les Etats membres de la Communauté européenne.

L'agrément prévu au premier alinéa est délivré en considération des critères énumérés à l'article L. 132-20-1.

Un décret en Conseil d'Etat fixe les conditions de délivrance et de retrait de l'agrément. Il fixe également, dans le cas prévu au deuxième alinéa, les modalités de désignation de la société chargée de la gestion du droit de retransmission.

II. – Par dérogation au I, le titulaire du droit peut céder celui-ci à une entreprise de communication audiovisuelle.

Les dispositions du I ne sont pas applicables aux droits dont est cessionnaire une entreprise de communication audiovisuelle.

Art. L. 217-3 Des médiateurs sont institués afin de favoriser, sans préjudice du droit des parties de saisir le juge, la résolution des litiges relatifs à l'octroi de l'autorisation, lorsqu'elle est exigée, de retransmission par câble, simultanée, intégrale et sans changement, d'un élément protégé par un des droits définis au présent titre.

A défaut d'accord amiable, le Médiateur peut proposer aux parties la solution qui lui paraît appropriée, que celles-ci sont réputées avoir acceptée faute d'avoir exprimé leur opposition par écrit dans un délai de trois mois.

Un décret en Conseil d'Etat précise les conditions d'application du présent article et les modalités de désignation des médiateurs.

LIVRE III DISPOSITIONS GÉNÉRALES RELATIVES AU DROIT D'AUTEUR, AUX DROITS VOISINS ET DROITS DES PRODUCTEURS DE BASES DE DONNÉES

TITRE Ier RÉMUNÉRATION POUR COPIE PRIVÉE

Chapitre unique

Art. L. 311-1 Les auteurs et les artistes-interprètes des œuvres fixées sur phonogrammes ou vidéogrammes, ainsi que les producteurs de ces phonogrammes ou vidéogrammes, ont droit à une rémunération au titre de la reproduction desdites œuvres, réalisée à partir d'une source licite dans les conditions mentionnées au 2° de l'article L. 122-5 et au 2° de l'article L. 211-3.

Cette rémunération est également due aux auteurs et aux éditeurs des œuvres fixées sur tout autre support, au titre de leur reproduction réalisée à partir d'une source licite, dans les conditions prévues au 2° de l'article L. 122-5, sur un support d'enregistrement numérique.

Art. L. 311-2 Sous réserve des conventions internationales, le droit à rémunération mentionné à l'article L. 214-1 et au premier alinéa de l'article L. 311-1 est réparti entre les auteurs, les artistes-interprètes, producteurs de phonogrammes ou de vidéogrammes pour les phonogrammes et vidéogrammes fixés pour la première fois dans un Etat membre de la Communauté européenne.

Art. L. 311-3 La rémunération pour copie privée est, dans les conditions ci-après définies, évaluée selon le mode forfaitaire prévu au deuxième alinéa de l'article L. 131-4.

Art. L. 311-4 La rémunération prévue à l'article L. 311-3 est versée par le fabricant, l'importateur ou la personne qui réalise des acquisitions intracommunautaires, au sens du 3° du I de l'article 256 *bis* du code général des impôts, de supports d'enregistrement utilisables pour la reproduction à usage privé d'œuvres, lors de la mise en circulation en France de ces supports.

Le montant de la rémunération est fonction du type de support et de la durée ou de la capacité d'enregistrement qu'il permet.

Ce montant est également fonction de l'usage de chaque type de support. Cet usage est apprécié sur le fondement d'enquêtes.

Toutefois, lorsque des éléments objectifs permettent d'établir qu'un support peut être utilisé pour la reproduction à usage privé d'œuvres et doit, en conséquence, donner lieu au versement de la rémunération, le montant de cette rémunération peut être déterminé par application des seuls critères mentionnés au deuxième alinéa, pour une durée qui ne peut excéder un an à compter de cet assujettissement.

Le montant de la rémunération tient compte du degré d'utilisation des mesures techniques définies à l'article L. 331-5 et de leur incidence sur les usages relevant de l'exception pour copie privée. Il ne peut porter rémunération des actes de copie privée ayant déjà donné lieu à compensation financière.

Art. L. 311-4-1 Le montant de la rémunération prévue à l'article L. 311-3 propre à chaque support est porté à la connaissance de l'acquéreur lors de la mise en vente des supports d'enregistrement mentionnés à l'article L. 311-4. Une notice explicative relative à cette rémunération et à ses finalités, qui peut être intégrée au support de façon dématérialisée, est également portée à sa connaissance. Cette notice mentionne la possibilité de conclure des conventions d'exonération ou d'obtenir le remboursement de la rémunération pour copie privée dans les conditions prévues à l'article L. 311-8.

Les manquements au présent article sont recherchés et constatés par les agents mentionnés au II de l'article L. 450-1 du code de commerce, dans les conditions fixées à l'article L. 141-1 du code de la consommation. Ces manquements sont sanctionnés par une amende administrative dont le montant ne peut être supérieur à 3000 €.

Les conditions d'application du présent article sont définies par décret en Conseil d'Etat.

Art. L.311-5 Les types de support, les taux de rémunération et les modalités de versement de celle-ci sont déterminés par une commission présidée par un représentant de l'Etat et composée, en outre, pour moitié, de personnes désignées par les organisations représentant les bénéficiaires du droit à rémunération, pour un quart, de personnes désignées par les organisations représentant les fabricants ou importateurs des supports mentionnés au premier alinéa de l'article L.311-4 et, pour un quart, de personnes désignées par les organisations représentant les consommateurs.

Les comptes rendus des réunions de la commission sont rendus publics, selon des modalités fixées par décret. La commission publie un rapport annuel, transmis au Parlement.

Les délibérations de la commission sont exécutoires si, dans un délai d'un mois, son président n'a pas demandé une seconde délibération.

Les décisions de la commission sont publiées au *Journal officiel* de la République française.

Art. L.311-6 La rémunération prévue à l'article L.311-1 est perçue pour le compte des ayants droit par un ou plusieurs organismes mentionnés au titre II du présent livre.

Elle est répartie entre les ayants droit par les organismes mentionnés à l'alinéa précédent, à raison des reproductions privées dont chaque œuvre fait l'objet.

Art. L.311-7 La rémunération pour copie privée des phonogrammes bénéficie, pour moitié, aux auteurs au sens du présent code, pour un quart, aux artistes-interprètes et, pour un quart, aux producteurs.

La rémunération pour copie privée des vidéogrammes bénéficie à parts égales aux auteurs au sens du présent code, aux artistes-interprètes et aux producteurs.

La rémunération pour copie privée des œuvres visées au second alinéa de l'article L.311-1 bénéficie à parts égales aux auteurs et aux éditeurs.

Art. L.311-8 I. – La rémunération pour copie privée n'est pas due lorsque le support d'enregistrement est acquis pour leur propre usage ou production par :

1° Les entreprises de communication audiovisuelle ;

2° Les producteurs de phonogrammes ou de vidéogrammes et les personnes qui assurent, pour le compte des producteurs de phonogrammes ou de vidéogrammes, la reproduction de ceux-ci ;

2° *bis* Les éditeurs d'œuvres publiées sur des supports numériques ;

3° Les personnes morales ou organismes, dont la liste est arrêtée par le ministre chargé de la culture, qui utilisent les supports d'enregistrement à des fins d'aide aux handicapés visuels ou auditifs.

II. – La rémunération pour copie privée n'est pas due non plus pour les supports d'enregistrement acquis notamment à des fins professionnelles dont les conditions d'utilisation ne permettent pas de présumer un usage à des fins de copie privée.

III. – Une convention constatant l'exonération et en fixant les modalités peut être conclue entre les personnes bénéficiaires des I ou II et l'un des organismes mentionnés au premier alinéa de l'article L.311-6. En cas de refus de l'un des organismes de conclure une convention, ce dernier doit préciser les motifs de ce refus.

A défaut de conclusion d'une convention, ces personnes ont droit au remboursement de la rémunération sur production de justificatifs déterminés par les ministres chargés de la culture et de l'économie.

TITRE II SOCIÉTÉS DE PERCEPTION ET DE RÉPARTITION DES DROITS

Chapitre unique

Art. L.321-1 Les sociétés de perception et de répartition des droits d'auteur et des droits des artistes-interprètes et des producteurs de phonogrammes et de vidéogrammes sont constituées sous forme de sociétés civiles.

Les associés doivent être des auteurs, des artistes-interprètes, des producteurs de phonogrammes ou de vidéogrammes, des éditeurs, ou leurs ayants droit. Ces sociétés civiles régulièrement constituées ont qualité pour ester en justice pour la défense des droits dont elles ont statutairement la charge.

Les actions en paiement des droits perçus par ces sociétés civiles se prescrivent par cinq ans à compter de la date de leur perception, ce délai étant suspendu jusqu'à la date de leur mise en répartition.

Art. L. 321-2 Les contrats conclus par les sociétés civiles d'auteurs ou de titulaires de droits voisins, en exécution de leur objet, avec les utilisateurs de tout ou partie de leur répertoire sont des actes civils.

Art. L. 321-3 Les projets de statuts et de règlements généraux des sociétés de perception et de répartition des droits sont adressés au ministre chargé de la culture.

Dans les deux mois de leur réception, le ministre peut saisir le tribunal de grande instance au cas où des motifs réels et sérieux s'opposeraient à la constitution d'une de ces sociétés.

Le tribunal apprécie la qualification professionnelle des fondateurs de ces sociétés, les moyens humains et matériels qu'ils proposent de mettre en œuvre pour assurer le recouvrement des droits et l'exploitation de leur répertoire ainsi que la conformité de leurs statuts et de leur règlement général à la réglementation en vigueur.

Le ministre chargé de la culture peut, à tout moment, saisir le tribunal de grande instance pour demander l'annulation des dispositions des statuts, du règlement général ou d'une décision des organes sociaux non conformes à la réglementation en vigueur dès lors que ses observations tendant à la mise en conformité de ces dispositions ou cette décision n'ont pas été suivies d'effet dans un délai de deux mois à compter de leur transmission, ou de six mois si une décision de l'assemblée des associés est nécessaire.

Art. L. 321-4 Les sociétés de perception et de répartition des droits sont tenues de nommer au moins un commissaire aux comptes et un suppléant, choisis sur la liste mentionnée à l'article L. 225-219 du code de commerce et qui exercent leurs fonctions dans les conditions prévues par ladite loi, sous réserve des règles qui leur sont propres. Les dispositions de l'article L. 242-27 du code de commerce précité sont applicables.

Les dispositions de l'article 29 de la loi n° 84-148 du 1er mars 1984 relative à la prévention et au règlement amiable des difficultés des entreprises sont applicables.

Art. L. 321-5 Le droit à la communication prévu par l'article 1855 du code civil s'applique aux sociétés civiles de répartition des droits, sans pour autant qu'un associé puisse obtenir communication du montant des droits répartis individuellement à tout autre ayant droit que lui-même. Un décret en Conseil d'Etat détermine les modalités d'exercice de ce droit.

Art. L. 321-6 Tout groupement d'associés représentant au moins un dixième du nombre de ceux-ci peut demander en justice la désignation d'un ou plusieurs experts chargés de présenter un rapport sur une ou plusieurs opérations de gestion.

Le ministère public et le comité d'entreprise sont habilités à agir aux mêmes fins.

Le rapport est adressé au demandeur, au ministère public, au comité d'entreprise, aux commissaires aux comptes et au conseil d'administration. Ce rapport est annexé à celui établi par les commissaires aux comptes en vue de la première assemblée générale ; il reçoit la même publicité.

Art. L. 321-7 Les sociétés de perception et de répartition des droits doivent tenir à la disposition des utilisateurs éventuels le répertoire complet des auteurs et compositeurs français et étrangers qu'elles représentent.

Art. L. 321-8 Les statuts des sociétés de perception et de répartition des droits doivent prévoir les conditions dans lesquelles les associations ayant un but d'intérêt général bénéficieront, pour leurs manifestations ne donnant pas lieu à entrée payante, d'une réduction sur le montant des droits d'auteur et des droits des artistes-interprètes et des producteurs de phonogrammes qu'elles auraient à verser.

Art. L. 321-9 Ces sociétés utilisent à des actions d'aide à la création, à la diffusion du spectacle vivant et à des actions de formation des artistes :

1° 25 % des sommes provenant de la rémunération pour copie privée ;

2° La totalité des sommes perçues en application des articles L. 122-10, L. 132-20-1, L. 214-1, L. 217-2 et L. 311-1 et qui n'ont pu être réparties soit en application des conventions internationales auxquelles la France est partie, soit parce que leurs destinataires n'ont pas pu être identifiés ou retrouvés avant l'expiration du délai prévu au dernier alinéa de l'article L. 321-1.

Elles peuvent utiliser à ces actions tout ou partie des sommes visées au 2° à compter de la fin de la cinquième année suivant la date de leur mise en répartition. La répartition des sommes correspondantes, qui ne peut bénéficier à un organisme unique, est soumise à un vote de l'assemblée générale de la société, qui se prononce à la majorité des deux tiers. A défaut d'une telle majorité, une nouvelle assemblée générale, convoquée spécialement à cet effet, statue à la majorité simple.

Le montant et l'utilisation de ces sommes font l'objet, chaque année, d'un rapport des sociétés de perception et de répartition des droits au ministre chargé de la culture et aux commissions permanentes compétentes de l'Assemblée nationale et du Sénat. Le commissaire aux comptes vérifie la sincérité et la concordance avec les documents comptables de la société des informations contenues dans ce rapport. Il établit à cet effet un rapport spécial.

Art. L. 321-10 Les sociétés de perception et de répartition des droits des producteurs de phonogrammes et de vidéogrammes et des artistes-interprètes ont la faculté, dans la limite des mandats qui leur sont donnés soit par tout ou partie des associés, soit par des organismes étrangers ayant le même objet, d'exercer collectivement les droits prévus aux articles L. 213-1 et L. 215-1 en concluant des contrats généraux d'intérêt commun avec les utilisateurs de phonogrammes ou de vidéogrammes dans le but d'améliorer la diffusion de ceux-ci ou de promouvoir le progrès technique ou économique.

Art. L. 321-11 Sans préjudice des dispositions générales applicables aux sociétés civiles, la demande de dissolution d'une société de perception et de répartition des droits peut être présentée au tribunal par le ministre chargé de la culture.

En cas de violation de la loi, le tribunal peut interdire à une société d'exercer ses activités de recouvrement dans un secteur d'activité ou pour un mode d'exploitation.

Art. L. 321-12 La société de perception et de répartition des droits communique ses comptes annuels au ministre chargé de la culture et porte à sa connaissance, deux mois au moins avant son examen par l'assemblée générale, tout projet de modification de ses statuts ou des règles de perception et de répartition des droits.

Elle adresse au ministre chargé de la culture, à la demande de celui-ci, tout document relatif à la perception et à la répartition des droits ainsi que la copie des conventions passées avec les tiers.

Le ministre chargé de la culture ou son représentant peut recueillir, sur pièces et sur place, les renseignements mentionnés au présent article.

Les règles comptables communes aux sociétés de perception et de répartition des droits sont établies dans les conditions fixées par l'Autorité des normes comptables.

Art. L. 321-13 I. – Il est institué une commission permanente de contrôle des sociétés de perception et de répartition des droits composée de cinq membres nommés par décret pour une durée de cinq ans :

- un conseiller maître à la Cour des comptes, président, désigné par le premier président de la Cour des comptes ;
- un conseiller d'Etat, désigné par le vice-président du Conseil d'Etat ;
- un conseiller à la Cour de cassation, désigné par le premier président de la Cour de cassation ;
- un membre de l'inspection générale des finances, désigné par le ministre chargé des finances ;
- un membre de l'inspection générale de l'administration des affaires culturelles, désigné par le ministre chargé de la culture.

La commission peut se faire assister de rapporteurs désignés parmi les membres du Conseil d'Etat et du corps des conseillers de tribunaux administratifs et cours administratives d'appel, les magistrats de la Cour de cassation et des cours et tribunaux, les magistrats de la Cour des comptes et des chambres régionales des comptes, les membres de l'inspection générale des finances et les membres du corps des administrateurs civils. Elle peut en outre bénéficier de la mise à disposition de fonctionnaires et faire appel au concours d'experts désignés par son président.

II. – La commission contrôle les comptes et la gestion des sociétés de perception et de répartition des droits ainsi que ceux de leurs filiales et des organismes qu'elles contrôlent.

A cet effet, les dirigeants de ces sociétés, filiales et organismes sont tenus de lui prêter leur concours, de lui communiquer tous documents et de répondre à toute demande d'information nécessaire à l'exercice de sa mission. Pour les opérations faisant appel à l'informatique, le droit de communication implique l'accès aux logiciels et aux données, ainsi que le droit d'en demander la transcription par tout traitement approprié dans des documents directement utilisables pour les besoins du contrôle.

La commission peut demander aux commissaires aux comptes des sociétés de perception et de répartition des droits tous renseignements sur les sociétés qu'ils contrôlent. Les commissaires aux comptes sont alors déliés du secret professionnel à l'égard des membres de la commission.

Elle peut effectuer sur pièces et sur place le contrôle des sociétés et organismes mentionnés au premier alinéa du présent paragraphe.

III. – La commission de contrôle des sociétés de perception et de répartition des droits présente un rapport annuel au Parlement, au Gouvernement et aux assemblées générales des sociétés de perception et de répartition des droits.

IV. – Le fait, pour tout dirigeant d'une société ou d'un organisme soumis au contrôle de la commission de contrôle des sociétés de perception et de répartition des droits, de ne pas répondre aux demandes d'information de la commission, de faire obstacle de quelque manière que ce soit à l'exercice de sa mission ou de lui communiquer sciemment des renseignements inexacts est puni d'un an d'emprisonnement et de 15000 € d'amende.

V. – La commission siège dans les locaux de la Cour des comptes, qui assure son secrétariat.

VI. – Un décret en Conseil d'Etat fixe l'organisation et le fonctionnement de la commission, ainsi que les procédures applicables devant elle.

TITRE III PRÉVENTION, PROCÉDURES ET SANCTIONS

Chapitre Ier Dispositions générales

Section 1 Dispositions communes

Art. L. 331-1 Les actions civiles et les demandes relatives à la propriété littéraire et artistique, y compris lorsqu'elles portent également sur une question connexe de concurrence déloyale, sont exclusivement portées devant des tribunaux de grande instance, déterminés par voie réglementaire.

Les organismes de défense professionnelle régulièrement constitués ont qualité pour ester en justice pour la défense des intérêts dont ils ont statutairement la charge.

Le bénéficiaire valablement investi à titre exclusif, conformément aux dispositions du livre II, d'un droit exclusif d'exploitation appartenant à un producteur de phonogrammes ou de vidéogrammes peut, sauf stipulation contraire du contrat de licence, exercer l'action en justice au titre de ce droit. L'exercice de l'action est notifié au producteur.

Les dispositions qui précèdent ne font pas obstacle au recours à l'arbitrage, dans les conditions prévues aux articles 2059 et 2060 du code civil.

Art. L. 331-1-1 Si le demandeur justifie de circonstances de nature à compromettre le recouvrement des dommages et intérêts, la juridiction peut ordonner la saisie conservatoire des biens mobiliers et immobiliers du prétendu auteur de l'atteinte aux droits, notamment le blocage de ses comptes bancaires et autres avoirs, conformément au droit commun. Pour déterminer les biens susceptibles de faire l'objet de la saisie, elle peut ordonner la communication des documents bancaires, financiers, comptables ou commerciaux ou l'accès aux informations pertinentes.

Art. L. 331-1-2 Si la demande lui est faite, la juridiction saisie au fond ou en référé d'une procédure civile prévue aux livres Ier, II et III de la première partie peut ordonner, au besoin sous astreinte, afin de déterminer l'origine et les réseaux de distribution des marchandises et services qui portent prétendument atteinte aux droits du demandeur, la production de tous documents ou informations détenus par le défendeur ou par toute personne qui a été trouvée en possession de telles marchandises ou fournissant de tels services ou a été signalée comme intervenant dans la production, la fabrication ou la distribution de ces marchandises ou la fourniture de ces services.

La production de documents ou d'informations peut être ordonnée s'il n'existe pas d'empêchement légitime.

Art. L. 331-1-3 Pour fixer les dommages et intérêts, la juridiction prend en considération distinctement :

1° Les conséquences économiques négatives de l'atteinte aux droits, dont le manque à gagner et la perte subis par la partie lésée ;

2° Le préjudice moral causé à cette dernière ;

3° Et les bénéfices réalisés par l'auteur de l'atteinte aux droits, y compris les économies d'investissements intellectuels, matériels et promotionnels que celui-ci a retirées de l'atteinte aux droits.

Toutefois, la juridiction peut, à titre d'alternative et sur demande de la partie lésée, allouer à titre de dommages et intérêts une somme forfaitaire. Cette somme est supérieure au montant des redevances ou droits qui auraient été dus si l'auteur de l'atteinte avait demandé l'autorisation d'utiliser le droit auquel il a porté atteinte. Cette somme n'est pas exclusive de l'indemnisation du préjudice moral causé à la partie lésée.

Art. L. 331-1-4 En cas de condamnation civile pour contrefaçon, atteinte à un droit voisin du droit d'auteur ou aux droits du producteur de bases de données, la juridiction peut ordonner, à la demande de la partie lésée, que les objets réalisés ou fabriqués portant atteinte à ces droits, les supports utilisés pour recueillir les données extraites illégalement de la base de données et les matériaux ou instruments ayant principalement servi à leur réalisation ou fabrication soient rappelés des circuits commerciaux, écartés définitivement de ces circuits, détruits ou confisqués au profit de la partie lésée.

La juridiction peut aussi ordonner toute mesure appropriée de publicité du jugement, notamment son affichage ou sa publication intégrale ou par extraits dans les journaux ou sur les services de communication au public en ligne qu'elle désigne, selon les modalités qu'elle précise.

Les mesures mentionnées aux deux premiers alinéas sont ordonnées aux frais de l'auteur de l'atteinte aux droits.

La juridiction peut également ordonner la confiscation de tout ou partie des recettes procurées par la contrefaçon, l'atteinte à un droit voisin du droit d'auteur ou aux droits du producteur de bases de données, qui seront remises à la partie lésée ou à ses ayants droit.

Art. L. 331-2 Outre les procès-verbaux des officiers ou agents de police judiciaire, la preuve de la matérialité de toute infraction aux dispositions des livres Ier, II et III du présent code peut résulter des constatations d'agents assermentés désignés selon les cas par le Centre national du cinéma et de l'image animée, par les organismes de défense professionnelle visés à l'article L. 331-1 et par les sociétés mentionnées au titre II du présent livre. Ces agents sont agréés par le ministre chargé de la culture dans les conditions prévues par un décret en Conseil d'Etat.

Art. L. 331-3 Le Centre national du cinéma et de l'image animée peut exercer les droits reconnus à la partie civile en ce qui concerne le délit de contrefaçon, au sens de l'article L. 335-3, d'une œuvre audiovisuelle lorsque l'action publique a été mise en mouvement par le ministère public ou la partie lésée.

Art. L. 331-4 Les droits mentionnés dans la première partie du présent code ne peuvent faire échec aux actes nécessaires à l'accomplissement d'une procédure parlementaire de contrôle, juridictionnelle ou administrative prévue par la loi, ou entrepris à des fins de sécurité publique.

Section 2 Mesures techniques de protection et d'information

Art. L. 331-5 Les mesures techniques efficaces destinées à empêcher ou à limiter les utilisations non autorisées par les titulaires d'un droit d'auteur ou d'un droit voisin du droit d'auteur d'une œuvre, autre qu'un logiciel, d'une interprétation, d'un phonogramme, d'un vidéogramme ou d'un programme sont protégées dans les conditions prévues au présent titre.

On entend par mesure technique au sens du premier alinéa toute technologie, dispositif, composant qui, dans le cadre normal de son fonctionnement, accomplit la fonction prévue par cet alinéa. Ces mesures techniques sont réputées efficaces lorsqu'une utilisation visée au même alinéa est contrôlée par les titulaires de droits grâce à l'application d'un code d'accès, d'un procédé de protection tel que le cryptage, le brouillage ou toute autre transformation de l'objet de la protection ou d'un mécanisme de contrôle de la copie qui atteint cet objectif de protection.

Un protocole, un format, une méthode de cryptage, de brouillage ou de transformation ne constitue pas en tant que tel une mesure technique au sens du présent article.

Les mesures techniques ne doivent pas avoir pour effet d'empêcher la mise en œuvre effective de l'interopérabilité, dans le respect du droit d'auteur. Les fournisseurs de mesures techniques donnent l'accès aux informations essentielles à l'interopérabilité dans les conditions définies au 1° de l'article L. 331-31 et à l'article L. 331-32.

Les dispositions du présent chapitre ne remettent pas en cause la protection juridique résultant des articles 79-1 à 79-6 et de l'article 95 de la loi n° 86-1067 du 30 septembre 1986 relative à la liberté de communication.

Les mesures techniques ne peuvent s'opposer au libre usage de l'œuvre ou de l'objet protégé dans les limites des droits prévus par le présent code, ainsi que de ceux accordés par les détenteurs de droits.

Les dispositions du présent article s'appliquent sans préjudice des dispositions de l'article L. 122-6-1 du présent code.

Art. L. 331-6 Le bénéfice de l'exception pour copie privée et des exceptions mentionnées au 2° de l'article L. 331-31 est garanti par les dispositions des articles L. 331-7 à L. 331-10, L. 331-33 à L. 331-35 et L. 331-37.

Art. L. 331-7 Les titulaires de droits qui recourent aux mesures techniques de protection définies à l'article L. 331-5 peuvent leur assigner pour objectif de limiter le nombre de copies. Ils prennent cependant les dispositions utiles pour que leur mise en œuvre ne prive pas les bénéficiaires des exceptions visées au 2° de l'article L. 331-31 de leur exercice effectif. Ils s'efforcent de définir ces mesures en concertation avec les associations agréées de consommateurs et les autres parties intéressées.

Les dispositions du présent article peuvent, dans la mesure où la technique le permet, subordonner le bénéfice effectif de ces exceptions à un accès licite à une œuvre ou à un phonogramme, à un vidéogramme ou à un programme et veiller à ce qu'elles n'aient pas pour effet de porter atteinte à son exploitation normale ni de causer un préjudice injustifié aux intérêts légitimes du titulaire de droits sur l'œuvre ou l'objet protégé.

Art. L. 331-8 Les titulaires de droits ne sont cependant pas tenus de prendre les dispositions de l'article L. 331-7 lorsque l'œuvre ou un autre objet protégé par un droit voisin est mis à disposition du public selon des dispositions contractuelles convenues entre les parties, de manière que chacun puisse y avoir accès de l'endroit et au moment qu'il choisit.

Art. L. 331-9 Les éditeurs et les distributeurs de services de télévision ne peuvent recourir à des mesures techniques qui auraient pour effet de priver le public du bénéfice de l'exception pour copie privée, y compris sur un support et dans un format numérique, dans les conditions mentionnées au 2° de l'article L. 122-5 et au 2° de l'article L. 211-3.

Le Conseil supérieur de l'audiovisuel veille au respect des obligations du premier alinéa dans les conditions définies par les articles 42 et 48-1 de la loi n° 86-1067 du 30 septembre 1986 relative à la liberté de communication.

Art. L. 331-10 Les conditions d'accès à la lecture d'une œuvre, d'un vidéogramme, d'un programme ou d'un phonogramme et les limitations susceptibles d'être apportées au bénéfice de l'exception pour copie privée mentionnée au 2° de l'article L. 122-5 et au 2° de l'article L. 211-3 par la mise en œuvre d'une mesure technique de protection doivent être portées à la connaissance de l'utilisateur.

Art. L. 331-11 Les informations sous forme électronique concernant le régime des droits afférents à une œuvre, autre qu'un logiciel, une interprétation, un phonogramme, un vidéogramme ou un programme, sont protégées dans les conditions prévues au présent titre, lorsque l'un des éléments d'information, numéros ou codes est joint à la reproduction ou apparaît en relation avec la communication au public de l'œuvre, de l'interprétation, du phonogramme, du vidéogramme ou du programme qu'il concerne.

On entend par information sous forme électronique toute information fournie par un titulaire de droits qui permet d'identifier une œuvre, une interprétation, un phonogramme, un vidéogramme, un programme ou un titulaire de droit, toute information sur les conditions et modalités d'utilisation d'une œuvre, d'une interprétation, d'un phonogramme, d'un vidéogramme ou d'un programme, ainsi que tout numéro ou code représentant tout ou partie de ces informations.

Section 3 Haute Autorité pour la diffusion des œuvres et la protection des droits sur internet

Sous-section 1 Compétences, composition et organisation

Art. L. 331-12 La Haute Autorité pour la diffusion des œuvres et la protection des droits sur internet est une autorité publique indépendante. A ce titre, elle est dotée de la personnalité morale.

Art. L. 331-13 La Haute Autorité assure :

1° Une mission d'encouragement au développement de l'offre légale et d'observation de l'utilisation licite et illicite des œuvres et des objets auxquels est attaché un droit d'auteur ou un droit voisin sur les réseaux de communications électroniques utilisés pour la fourniture de services de communication au public en ligne ;

2° Une mission de protection de ces œuvres et objets à l'égard des atteintes à ces droits commises sur les réseaux de communications électroniques utilisés pour la fourniture de services de communication au public en ligne ;

3° Une mission de régulation et de veille dans le domaine des mesures techniques de protection et d'identification des œuvres et des objets protégés par un droit d'auteur ou par un droit voisin.

Au titre de ces missions, la Haute Autorité peut recommander toute modification législative ou réglementaire. Elle peut être consultée par le Gouvernement sur tout projet de loi ou de décret intéressant la protection des droits de propriété littéraire et artistique. Elle peut également être consultée par le Gouvernement ou par les commissions parlementaires sur toute question relative à ses domaines de compétence.

Art. L. 331-14 La Haute Autorité remet chaque année au Gouvernement et au Parlement un rapport rendant compte de son activité, de l'exécution de ses missions et de ses moyens, et du respect de leurs obligations et engagements par les professionnels des différents secteurs concernés. Ce rapport est rendu public.

Art. L. 331-15 La Haute Autorité est composée d'un collège et d'une commission de protection des droits. Le président du collège est le président de la Haute Autorité.

Sauf disposition législative contraire, les missions confiées à la Haute Autorité sont exercées par le collège.

Dans l'exercice de leurs attributions, les membres du collège et de la commission de protection des droits ne reçoivent d'instruction d'aucune autorité.

Art. L. 331-16 Le collège de la Haute Autorité est composé de neuf membres, dont le président, nommés pour une durée de six ans par décret :

1° Un membre en activité du Conseil d'Etat désigné par le vice-président du Conseil d'Etat ;

2° Un membre en activité de la Cour de cassation désigné par le premier président de la Cour de cassation ;

3° Un membre en activité de la Cour des comptes désigné par le premier président de la Cour des comptes ;

4° Un membre du Conseil supérieur de la propriété littéraire et artistique désigné par le président du Conseil supérieur de la propriété littéraire et artistique ;

5° Trois personnalités qualifiées, désignées sur proposition conjointe des ministres chargés des communications électroniques, de la consommation et de la culture ;

6° Deux personnalités qualifiées, désignées respectivement par le président de l'Assemblée nationale et par le président du Sénat.

Le président du collège est élu par les membres parmi les personnes mentionnées aux 1°, 2° et 3°.

Pour les membres désignés en application des 1° à 4°, des membres suppléants sont désignés dans les mêmes conditions.

En cas de vacance d'un siège de membre du collège, pour quelque cause que ce soit, il est procédé à la nomination, dans les conditions prévues au présent article, d'un nouveau membre pour la durée du mandat restant à courir.

Le mandat des membres n'est ni révocable, ni renouvelable.

Sauf démission, il ne peut être mis fin aux fonctions d'un membre qu'en cas d'empêchement constaté par le collège dans les conditions qu'il définit.

Art. L. 331-17 La commission de protection des droits est chargée de prendre les mesures prévues à l'article L. 331-25 [Dispositions résultant de la décision du Conseil constitutionnel n° 2009-580 DC du 10 juin 2009].

Elle est composée de trois membres, dont le président, nommés pour une durée de six ans par décret :

1° Un membre en activité du Conseil d'Etat désigné par le vice-président du Conseil d'Etat ;

2° Un membre en activité de la Cour de cassation désigné par le premier président de la Cour de cassation ;

3° Un membre en activité de la Cour des comptes désigné par le premier président de la Cour des comptes.

Des membres suppléants sont nommés dans les mêmes conditions.

Lors de chaque renouvellement, le membre titulaire succédant à une femme est un homme et celui succédant à un homme, une femme.

Le membre titulaire et son suppléant sont de sexe différent.

En cas de vacance d'un siège de membre de la commission de protection des droits, pour quelque cause que ce soit, il est procédé à la nomination, dans les conditions prévues au présent article, d'un nouveau membre de même sexe pour la durée du mandat restant à courir.

Le mandat des membres n'est ni révocable, ni renouvelable.

Sauf démission, il ne peut être mis fin aux fonctions d'un membre qu'en cas d'empêchement constaté par la commission dans les conditions qu'elle définit.

Les fonctions de membre du collège et de membre de la commission de protection des droits sont incompatibles.

Art. L. 331-18 I. – Les fonctions de membre et de secrétaire général de la Haute Autorité sont incompatibles avec le fait d'exercer ou d'avoir exercé, au cours des trois dernières années :

1° Les fonctions de dirigeant, de salarié ou de conseiller d'une société régie par le titre II du présent livre ;

2° Les fonctions de dirigeant, de salarié ou de conseiller d'une entreprise exerçant une activité de production de phonogrammes ou de vidéogrammes ou d'édition d'œuvres protégées par un droit d'auteur ou des droits voisins ;

3° Les fonctions de dirigeant, de salarié ou de conseiller d'une entreprise de communication audiovisuelle ;

4° Les fonctions de dirigeant, de salarié ou de conseiller d'une entreprise offrant des services de mise à disposition d'œuvres ou d'objets protégés par un droit d'auteur ou des droits voisins ;

5° Les fonctions de dirigeant, de salarié ou de conseiller d'une entreprise dont l'activité est d'offrir un accès à des services de communication au public en ligne.

II. – Après la cessation de leurs fonctions, les membres de la Haute Autorité et son secrétaire général sont soumis aux dispositions de l'article 432-13 du code pénal.

Les membres de la Haute Autorité et son secrétaire général ne peuvent, directement ou indirectement, détenir d'intérêts dans une société ou entreprise mentionnée au I du présent article.

Un décret fixe le modèle de déclaration d'intérêts que chaque membre doit déposer au moment de sa désignation.

Aucun membre de la Haute Autorité ne peut participer à une délibération concernant une entreprise ou une société contrôlée, au sens de l'article L. 233-16 du code de commerce, par une entreprise dans laquelle il a, au cours des trois années précédant la délibération, exercé des fonctions ou détenu un mandat.

Art. L. 331-19 La Haute Autorité dispose de services placés sous l'autorité de son président. Un secrétaire général, nommé par ce dernier, est chargé du fonctionnement et de la coordination des services sous l'autorité du président.

Les fonctions de membre de la Haute Autorité et de secrétaire général sont incompatibles.

La Haute Autorité établit son règlement intérieur et fixe les règles de déontologie applicables à ses membres et aux agents des services.

Les rapporteurs chargés de l'instruction de dossiers auprès de la Haute Autorité sont nommés par le président.

La Haute Autorité peut faire appel à des experts. Elle peut également solliciter, en tant que de besoin, l'avis d'autorités administratives, d'organismes extérieurs ou d'associations représentatives des utilisateurs des réseaux de communications électroniques, et elle peut être consultée pour avis par ces mêmes autorités ou organismes.

La Haute Autorité propose, lors de l'élaboration du projet de loi de finances de l'année, les crédits nécessaires à l'accomplissement de ses missions.

Le président présente les comptes de la Haute Autorité au contrôle de la Cour des comptes.

Art. L. 331-20 Les décisions du collège et de la commission de protection des droits sont prises à la majorité des voix. Au sein du collège, la voix du président est prépondérante en cas de partage égal des voix.

Art. L. 331-21 Pour l'exercice, par la commission de protection des droits, de ses attributions, la Haute Autorité dispose d'agents publics assermentés habilités par le président de la Haute Autorité dans des conditions fixées par un décret en Conseil d'Etat. Cette habilitation ne dispense pas de l'application des dispositions définissant les procédures autorisant l'accès aux secrets protégés par la loi.

Les membres de la commission de protection des droits et les agents mentionnés au premier alinéa reçoivent les saisines adressées à ladite commission dans les conditions prévues à l'article L. 331-24. Ils procèdent à l'examen des faits.

Ils peuvent, pour les nécessités de la procédure, obtenir tous documents, quel qu'en soit le support, y compris les données conservées et traitées par les opérateurs de communications électroniques en application de l'article L. 34-1 du code des postes et des communications électroniques et les prestataires mentionnés aux 1 et 2 du I de l'article 6 de la loi n° 2004-575 du 21 juin 2004 pour la confiance dans l'économie numérique.

Ils peuvent également obtenir copie des documents mentionnés à l'alinéa précédent.

Ils peuvent, notamment, obtenir des opérateurs de communications électroniques l'identité, l'adresse postale, l'adresse électronique et les coordonnées téléphoniques de l'abonné dont l'accès à des services de communication au public en ligne a été utilisé à des fins de reproduction, de représentation, de mise à disposition ou de communication au public d'œuvres ou d'objets protégés sans l'autorisation des titulaires des droits prévus aux livres Ier et II lorsqu'elle est requise.

Art. L. 331-21-1 Les membres de la commission de protection des droits, ainsi que ses agents habilités et assermentés devant l'autorité judiciaire mentionnés à l'article L. 331-21, peuvent constater les faits susceptibles de constituer des infractions prévues au présent titre lorsqu'elles sont punies de la peine complémentaire de suspension de l'accès à un service de communication au public en ligne mentionnée aux articles L. 335-7 et L. 335-7-1.

Ils peuvent en outre recueillir les observations des personnes concernées. Il est fait mention de ce droit dans la lettre de convocation.

Lorsque les personnes concernées demandent à être entendues, ils les convoquent et les entendent. Toute personne entendue a le droit de se faire assister d'un conseil de son choix.

Une copie du procès-verbal d'audition est remise à la personne concernée.

Art. L. 331-22 Les membres et les agents publics de la Haute Autorité sont astreints au secret professionnel pour les faits, actes ou renseignements dont ils ont pu avoir connaissance en raison de leurs fonctions, dans les conditions prévues à l'article 413-10 du code pénal et, sous réserve de ce qui est nécessaire à l'établissement des avis, des recommandations et des rapports, à l'article 226-13 du même code.

Dans les conditions prévues par l'article 17-1 de la loi n° 95-73 du 21 janvier 1995 d'orientation et de programmation relative à la sécurité, les décisions d'habilitation des agents mentionnés à l'article L. 331-21 du présent code sont précédées d'enquêtes administratives destinées à vérifier que leur comportement n'est pas incompatible avec l'exercice de leurs fonctions ou missions.

Sous-section 2 Mission d'encouragement au développement de l'offre légale et d'observation de l'utilisation licite et illicite d'œuvres et d'objets protégés par un droit d'auteur ou par un droit voisin sur les réseaux de communications électroniques

Art. L. 331-23 Au titre de sa mission d'encouragement au développement de l'offre légale, qu'elle soit ou non commerciale, et d'observation de l'utilisation, qu'elle soit licite ou illicite, des œuvres et des objets protégés par un droit d'auteur ou par un droit voisin sur les réseaux de communications électroniques, la Haute Autorité publie chaque année des indicateurs dont la liste est fixée par décret. Elle rend compte du développement de l'offre légale dans le rapport mentionné à l'article L. 331-14.

Dans des conditions fixées par décret en Conseil d'Etat, la Haute Autorité attribue aux offres proposées par des personnes dont l'activité est d'offrir un service de communication au public en ligne un label permettant aux usagers de ce service d'identifier clairement le caractère légal de ces offres. Cette labellisation est revue périodiquement.

La Haute Autorité veille à la mise en place, à la mise en valeur et à l'actualisation d'un portail de référencement de ces mêmes offres.

Elle évalue, en outre, les expérimentations conduites dans le domaine des technologies de reconnaissance des contenus et de filtrage par les concepteurs de ces technologies, les titulaires de droits sur les œuvres et objets protégés et les personnes dont l'activité est d'offrir un service de communication au public en ligne. Elle rend compte des principales évolutions constatées en la matière, notamment pour ce qui regarde l'efficacité de telles technologies, dans son rapport annuel prévu à l'article L. 331-14.

Elle identifie et étudie les modalités techniques permettant l'usage illicite des œuvres et des objets protégés par un droit d'auteur ou par un droit voisin sur les réseaux de communications électroniques. Dans le cadre du rapport prévu à l'article L. 331-14, elle propose, le cas échéant, des solutions visant à y remédier.

Sous-section 3 Mission de protection des œuvres et objets auxquels est attaché un droit d'auteur ou un droit voisin

Art. L. 331-24 La commission de protection des droits agit sur saisine d'agents assermentés et agréés dans les conditions définies à l'article L. 331-2 qui sont désignés par :

– les organismes de défense professionnelle régulièrement constitués ;

– les sociétés de perception et de répartition des droits ;

– le Centre national de la cinématographie.

La commission de protection des droits peut également agir sur la base d'informations qui lui sont transmises par le procureur de la République.

Elle ne peut être saisie de faits remontant à plus de six mois.

Art. L. 331-25 Lorsqu'elle est saisie de faits susceptibles de constituer un manquement à l'obligation définie à l'article L. 336-3, la commission de protection des droits peut envoyer à l'abonné, sous son timbre et pour son compte, par la voie électronique et par l'intermédiaire de la personne dont l'activité est d'offrir un accès à des services de communication au public en ligne ayant conclu un contrat avec l'abonné, une recommandation lui rappelant les dispositions de l'article L. 336-3, lui enjoignant de respecter l'obligation qu'elles définissent et l'avertissant des sanctions encourues en application des articles L. 335-7 et L. 335-7-1. Cette recommandation contient également une information de l'abonné sur l'offre légale de contenus culturels en ligne, sur l'existence de moyens de sécurisation permettant de prévenir les manquements à l'obligation définie à l'article L. 336-3 ainsi que sur les dangers pour le renouvellement de la création artistique et pour l'économie du secteur culturel des pratiques ne respectant pas le droit d'auteur et les droits voisins.

En cas de renouvellement, dans un délai de six mois à compter de l'envoi de la recommandation visée au premier alinéa, de faits susceptibles de constituer un manquement à l'obligation définie à l'article L. 336-3, la commission peut adresser une nouvelle recommandation comportant les mêmes informations que la précédente par la voie électronique dans les conditions prévues au premier alinéa. Elle doit assortir cette recommandation d'une lettre remise contre signature ou de tout autre moyen propre à établir la preuve de la date de présentation de cette recommandation.

Les recommandations adressées sur le fondement du présent article mentionnent la date et l'heure auxquelles les faits susceptibles de constituer un manquement à l'obligation définie à l'article L. 336-3 ont été constatés. En revanche, elles ne divulguent pas le contenu des œuvres ou objets protégés concernés par ce manquement. Elles indiquent les coordonnées téléphoniques, postales et électroniques où leur destinataire peut adresser, s'il le souhaite, des observations à la commission de protection des droits et obtenir, s'il en formule la demande expresse, des précisions sur le contenu des œuvres ou objets protégés concernés par le manquement qui lui est reproché.

Art. L. 331-26 Après consultation des concepteurs de moyens de sécurisation destinés à prévenir l'utilisation illicite de l'accès à un service de communication au public en ligne, des personnes dont l'activité est d'offrir l'accès à un tel service ainsi que des sociétés régies par le titre II du présent livre et des organismes de défense professionnelle régulièrement constitués, la Haute Autorité rend publiques les spécifications fonctionnelles pertinentes que ces moyens doivent présenter.

Au terme d'une procédure d'évaluation certifiée prenant en compte leur conformité aux spécifications visées au premier alinéa et leur efficacité, la Haute Autorité établit une liste labellisant les moyens de sécurisation. Cette labellisation est périodiquement revue.

Un décret en Conseil d'Etat précise la procédure d'évaluation et de labellisation de ces moyens de sécurisation.

Art. L. 331-27 Les personnes dont l'activité est d'offrir un accès à des services de communication au public en ligne font figurer, dans les contrats conclus avec leurs abonnés, la mention claire et lisible des dispositions de l'article L. 336-3 et des mesures qui peuvent être prises par la commission de protection des droits. Elles font également figurer, dans les contrats conclus avec leurs abonnés, les sanctions pénales et civiles encourues en cas de violation des droits d'auteur et des droits voisins et en application de l'article L. 335-7-1.

En outre, les personnes visées au premier alinéa du présent article informent leurs nouveaux abonnés et les personnes reconduisant leur contrat d'abonnement sur l'offre légale de contenus culturels en ligne, sur l'existence de moyens de sécurisation permettant de prévenir les manquements à l'obligation définie à l'article L. 336-3 ainsi que sur les dangers pour le renouvellement de la création artistique et pour l'économie du secteur culturel des pratiques ne respectant pas le droit d'auteur et les droits voisins.

Art. L. 331-28 La commission de protection des droits peut conserver les données techniques mises à sa disposition pendant la durée nécessaire à l'exercice des compétences qui lui sont confiées à la présente sous-section.

La personne dont l'activité est d'offrir un accès à des services de communication au public en ligne est tenue d'informer la commission de protection des droits de la date à laquelle elle a débuté la suspension ; la commission procède à l'effacement des données à caractère personnel relatives à l'abonné dès le terme de la période de suspension.

Art. L. 331-29 Est autorisée la création, par la Haute Autorité, d'un traitement automatisé de données à caractère personnel portant sur les personnes faisant l'objet d'une procédure dans le cadre de la présente sous-section.

Ce traitement a pour finalité la mise en œuvre, par la commission de protection des droits, des mesures prévues à la présente sous-section, de tous les actes de procédure afférents et des modalités de l'information des organismes de défense professionnelle et des sociétés de perception et de répartition des droits des éventuelles saisines de l'autorité judiciaire ainsi que des notifications prévues au cinquième alinéa de l'article L. 335-7.

Un décret en Conseil d'Etat, pris après avis de la Commission nationale de l'informatique et des libertés, fixe les modalités d'application du présent article. Il précise notamment :

– les catégories de données enregistrées et leur durée de conservation ;

– les destinataires habilités à recevoir communication de ces données, notamment les personnes dont l'activité est d'offrir un accès à des services de communication au public en ligne ;

– les conditions dans lesquelles les personnes intéressées peuvent exercer, auprès de la Haute Autorité, leur droit d'accès aux données les concernant conformément à la loi n° 78-17 du 6 janvier 1978 relative à l'informatique, aux fichiers et aux libertés.

Art. L. 331-30 Un décret en Conseil d'Etat fixe les règles applicables à la procédure et à l'instruction des dossiers devant le collège et la commission de protection des droits de la Haute Autorité.

Sous-section 4 Mission de régulation et de veille dans le domaine des mesures techniques de protection et d'identification des œuvres et des objets protégés par un droit d'auteur ou un droit voisin

Art. L. 331-31 Au titre de sa mission de régulation et de veille dans les domaines des mesures techniques de protection et d'identification des œuvres et des objets protégés par le droit d'auteur ou par les droits voisins, la Haute Autorité exerce les fonctions suivantes :

1° Elle veille à ce que les mesures techniques visées à l'article L. 331-5 n'aient pas pour conséquence, du fait de leur incompatibilité mutuelle ou de leur incapacité d'interopérer, d'entraîner dans l'utilisation d'une œuvre des limitations supplémentaires et indépendantes de celles expressément décidées par le titulaire d'un droit d'auteur sur une œuvre autre qu'un logiciel ou par le titulaire d'un droit voisin sur une interprétation, un phonogramme, un vidéogramme ou un programme ;

2° Elle veille à ce que la mise en œuvre des mesures techniques de protection n'ait pas pour effet de priver les bénéficiaires des exceptions définies aux :

– 2°, e du 3° à compter du 1er janvier 2009, 7° et 8° de l'article L. 122-5 ;

– 2°, dernier alinéa du 3° à compter du 1er janvier 2009, 6° et 7° de l'article L. 211-3 ;

– 3° et, à compter du 1er janvier 2009, 4° de l'article L. 342-3 ;

– et à l'article L. 331-4.

Elle veille également à ce que la mise en œuvre des mesures techniques de protection n'ait pas pour effet de priver les personnes bénéficiaires de l'exception de reproduction à des fins de collecte, de conservation et de consultation sur place mentionnée au 2° de l'article L. 132-4 et aux articles L. 132-5 et L. 132-6 du code du patrimoine.

Sous réserve des articles L. 331-7 à L. 331-10, L. 331-33 à L. 331-35 et L. 331-37 du présent code, la Haute Autorité détermine les modalités d'exercice des exceptions précitées et fixe notamment le nombre minimal de copies autorisées dans le cadre de l'exception pour copie privée, en fonction du type d'œuvre ou d'objet protégé, des divers modes de communication au public et des possibilités offertes par les techniques de protection disponibles.

Art. L. 331-32 Tout éditeur de logiciel, tout fabricant de système technique et tout exploitant de service peut, en cas de refus d'accès aux informations essentielles à l'interopérabilité, demander à la Haute Autorité de garantir l'interopérabilité des systèmes et des services existants, dans le respect des droits des parties, et d'obtenir du titulaire des droits sur la mesure technique les informations essentielles à cette interopérabilité. A compter de sa saisine, la Haute Autorité dispose d'un délai de deux mois pour rendre sa décision.

On entend par informations essentielles à l'interopérabilité la documentation technique et les interfaces de programmation nécessaires pour permettre à un dispositif technique d'accéder, y compris dans un standard ouvert au sens de l'article 4 de la loi n° 2004-575 du 21 juin 2004 pour la confiance dans l'économie numérique, à une œuvre ou à un objet protégé par une mesure technique et aux informations sous forme électronique jointes, dans le respect des conditions d'utilisation de l'œuvre ou de l'objet protégé qui ont été définies à l'origine.

Le titulaire des droits sur la mesure technique ne peut imposer au bénéficiaire de renoncer à la publication du code source et de la documentation technique de son logiciel indépendant et interopérant que s'il apporte la preuve que celle-ci aurait pour effet de porter gravement atteinte à la sécurité et à l'efficacité de ladite mesure technique.

La Haute Autorité peut accepter des engagements proposés par les parties et de nature à mettre un terme aux pratiques contraires à l'interopérabilité. A défaut d'un accord entre les parties et après avoir mis les intéressés à même de présenter leurs observations, elle rend une décision motivée de rejet de la demande ou émet une injonction prescrivant, au besoin sous astreinte, les conditions dans lesquelles le demandeur peut obtenir l'accès aux informations essentielles à l'interopérabilité et les engagements qu'il doit respecter pour garantir l'efficacité et l'intégrité de la mesure technique, ainsi que les conditions d'accès et d'usage du contenu protégé. L'astreinte prononcée par la Haute Autorité est liquidée par cette dernière.

La Haute Autorité a le pouvoir d'infliger une sanction pécuniaire applicable soit en cas d'inexécution de ses injonctions, soit en cas de non-respect des engagements qu'elle a acceptés. Chaque sanction pécuniaire est proportionnée à l'importance du dommage causé aux intéressés, à la situation de l'organisme ou de l'entreprise sanctionné et à l'éventuelle réitération des pratiques contraires à l'interopérabilité. Elle est déterminée individuellement et de façon motivée. Son montant maximum s'élève à 5 % du montant du chiffre d'affaires mondial hors taxes le plus élevé réalisé au cours d'un des exercices clos depuis l'exercice précédant celui au cours duquel les pratiques contraires à l'interopérabilité ont été mises en œuvre dans le cas d'une entreprise et à 1,5 million d'euros dans les autres cas.

Les décisions de la Haute Autorité sont rendues publiques dans le respect des secrets protégés par la loi. Elles sont notifiées aux parties qui peuvent introduire un recours devant la cour d'appel de Paris. Le recours a un effet suspensif.

Le président de la Haute Autorité saisit l'Autorité de la concurrence des abus de position dominante et des pratiques entravant le libre exercice de la concurrence dont il pourrait avoir connaissance dans le secteur des mesures techniques. Cette saisine peut être introduite dans le cadre d'une procédure d'urgence, dans les conditions prévues à l'article L. 464-1 du code de commerce. Le président de la Haute Autorité peut également le saisir, pour avis, de toute autre question relevant de sa compétence. L'Autorité de la concurrence communique à la Haute Autorité toute saisine entrant dans le champ de compétence de celle-ci et recueille son avis sur les pratiques dont il est saisi dans le secteur des mesures techniques mentionnées à l'article L. 331-5 du présent code.

Art. L. 331-33 Toute personne bénéficiaire des exceptions mentionnées au 2° de l'article L. 331-31 ou toute personne morale agréée qui la représente peut saisir la Haute Autorité de tout différend portant sur les restrictions que les mesures techniques de protection définies à l'article L. 331-5 apportent au bénéfice desdites exceptions.

Art. L. 331-34 Les personnes morales et les établissements ouverts au public visés au 7° de l'article L. 122-5 qui réalisent des reproductions ou des représentations d'une œuvre ou d'un objet protégé adaptées aux personnes handicapées peuvent saisir la Haute Autorité de tout différend portant sur la transmission des textes imprimés sous la forme d'un fichier numérique.

Art. L. 331-35 Dans le respect des droits des parties, la Haute Autorité favorise ou suscite une solution de conciliation. Lorsqu'elle dresse un procès-verbal de conciliation, celui-ci a force exécutoire ; il fait l'objet d'un dépôt au greffe du tribunal d'instance.

A défaut de conciliation dans un délai de deux mois à compter de sa saisine, la Haute Autorité, après avoir mis les intéressés à même de présenter leurs observations, rend une décision motivée de rejet de la demande ou émet une injonction prescrivant, au besoin sous astreinte, les mesures propres à assurer le bénéfice effectif de l'exception. L'astreinte prononcée par la Haute Autorité est liquidée par cette dernière.

Ces décisions ainsi que le procès-verbal de conciliation sont rendus publics dans le respect des secrets protégés par la loi. Elles sont notifiées aux parties qui peuvent introduire un recours devant la cour d'appel de Paris. Le recours a un effet suspensif.

Art. L. 331-36 La Haute Autorité peut être saisie pour avis par l'une des personnes visées à l'article L. 331-32 de toute question relative à l'interopérabilité des mesures techniques.

Elle peut également être saisie pour avis, par une personne bénéficiaire de l'une des exceptions mentionnées au 2° de l'article L. 331-31 ou par la personne morale agréée qui la représente, de toute question relative à la mise en œuvre effective de cette exception.

Art. L. 331-37 Un décret en Conseil d'Etat précise les conditions d'application de la présente sous-section. Il prévoit les modalités d'information des utilisateurs d'une œuvre, d'un vidéogramme, d'un programme ou d'un phonogramme mentionnées à l'article L. 331-10.

Chapitre II Saisie-contrefaçon

Art. L. 332-1 Tout auteur d'une œuvre protégée par le livre Ier de la présente partie, ses ayants droit ou ses ayants cause peuvent agir en contrefaçon. A cet effet, ces personnes sont en droit de faire procéder par tous huissiers, le cas échéant assistés par des experts désignés par le demandeur, sur ordonnance rendue sur requête par la juridiction civile compétente, soit à la description détaillée, avec ou sans prélèvement d'échantillons, soit à la saisie réelle des œuvres prétendument contrefaisantes ainsi que de tout document s'y rapportant. L'ordonnance peut autoriser la saisie réelle de tout document se rapportant aux œuvres prétendument contrefaisantes en l'absence de ces dernières.

La juridiction peut ordonner la description détaillée ou la saisie réelle des matériels et instruments utilisés pour produire ou distribuer illicitement les œuvres.

A cet effet, la juridiction peut ordonner :

1° La saisie des exemplaires constituant une reproduction illicite d'une œuvre de l'esprit protégée par le livre Ier de la présente partie ou de tout exemplaire, produit, appareil, dispositif, composant ou moyen portant atteinte aux mesures techniques et aux informations mentionnées, respectivement, aux articles L. 331-5 et L. 331-11 ;

2° La saisie, quels que soient le jour et l'heure, des exemplaires constituant une reproduction illicite de l'œuvre, déjà fabriqués ou en cours de fabrication, ou des exemplaires, produits, appareils, dispositifs, composants ou moyens, fabriqués ou en cours de fabrication, portant atteinte aux mesures techniques et aux informations mentionnées, respectivement, aux articles L. 331-5 et L. 331-11, des recettes réalisées, ainsi que des exemplaires illicitement utilisés ;

3° La saisie des recettes provenant de toute reproduction, représentation ou diffusion, par quelque moyen que ce soit, d'une œuvre de l'esprit, effectuée en violation des droits de l'auteur ou provenant d'une atteinte aux mesures techniques et aux informations mentionnées, respectivement, aux articles L. 331-5 et L. 331-11 ;

4° La saisie réelle des œuvres illicites ou produits soupçonnés de porter atteinte à un droit d'auteur ou leur remise entre les mains d'un tiers afin d'empêcher leur introduction ou leur circulation dans les circuits commerciaux.

La juridiction civile compétente peut également ordonner :

a) La suspension ou la prorogation des représentations ou des exécutions publiques en cours ou déjà annoncées ;

b) La suspension de toute fabrication en cours tendant à la reproduction illicite d'une œuvre ou à la réalisation d'une atteinte aux mesures techniques et aux informations mentionnées, respectivement, aux articles L. 331-5 et L. 331-11.

Elle peut subordonner l'exécution des mesures qu'elle ordonne à la constitution par le demandeur de garanties destinées à assurer l'indemnisation éventuelle du défendeur si l'action en contrefaçon est ultérieurement jugée non fondée ou la saisie annulée.

Elle peut, dans les mêmes formes, ordonner les mesures prévues au présent article à la demande des titulaires de droits voisins définis au livre II de la présente partie.

Art. L. 332-1-1 La juridiction peut ordonner, d'office ou à la demande de toute personne ayant qualité pour agir en contrefaçon, toutes les mesures d'instruction légalement admissibles, même si une saisie-contrefaçon n'a pas préalablement été ordonnée dans les conditions prévues à l'article L. 332-1.

Art. L. 332-2 Dans un délai fixé par voie réglementaire, le saisi ou le tiers saisi peuvent demander au président du tribunal de grande instance de prononcer la mainlevée de la saisie ou d'en cantonner les effets, ou encore d'autoriser la reprise de la fabrication ou celle des représentations ou exécutions publiques, sous l'autorité d'un administrateur constitué séquestre, pour le compte de qui il appartiendra, des produits de cette fabrication ou de cette exploitation.

Le président du tribunal de grande instance statuant en référé peut, s'il fait droit à la demande du saisi ou du tiers saisi, ordonner à la charge du demandeur la consignation d'une somme affectée à la garantie des dommages et intérêts auxquels l'auteur pourrait prétendre.

Art. L. 332-3 A défaut pour le saisissant, dans un délai fixé par voie réglementaire, soit de s'être pourvu au fond, par la voie civile ou pénale, soit d'avoir déposé une plainte devant le procureur de la République, l'intégralité de la saisie, y compris la description, est annulée à la demande du saisi ou du tiers saisi, sans que celui-ci ait à motiver sa demande et sans préjudice des dommages et intérêts qui peuvent être réclamés.

Art. L. 332-4 La contrefaçon de logiciels et de bases de données peut être prouvée par tout moyen.

A cet effet, toute personne ayant qualité pour agir en contrefaçon est en droit de faire procéder en tout lieu et par tous huissiers, le cas échéant assistés d'experts désignés par le demandeur, en vertu d'une ordonnance rendue sur requête par la juridiction civile compétente, soit à la description détaillée, avec ou sans prélèvement d'échantillons, soit à la saisie réelle du logiciel ou de la base de données prétendument contrefaisants ainsi que de tout document s'y rapportant. La saisie-description peut se concrétiser par une copie des logiciels ou des bases de données prétendument contrefaisants.

La juridiction peut ordonner, aux mêmes fins probatoires, la description détaillée ou la saisie réelle des matériels et instruments utilisés pour produire ou distribuer un logiciel ou une base de données prétendument contrefaisants, ainsi que de tout document s'y rapportant.

L'ordonnance peut autoriser la saisie réelle de tout document se rapportant aux logiciels, bases de données, matériels et instruments mentionnés aux deuxième et troisième alinéas en l'absence de ces derniers.

La juridiction peut subordonner l'exécution des mesures qu'elle ordonne à la constitution par le demandeur de garanties destinées à assurer l'indemnisation éventuelle du défendeur si l'action en contrefaçon est ultérieurement jugée non fondée ou la saisie annulée.

A défaut pour le demandeur, dans un délai fixé par voie réglementaire, soit de s'être pourvu au fond, par la voie civile ou pénale, soit d'avoir déposé une plainte devant le procureur de la République, l'intégralité de la saisie, y compris la description, est annulée à la demande du saisi ou du tiers saisi, sans que celui-ci ait à motiver sa demande et sans préjudice des dommages et intérêts qui peuvent être réclamés.

Chapitre III Saisies des produits d'exploitation

Art. L. 333-1 Lorsque les produits d'exploitation revenant à l'auteur d'une œuvre de l'esprit ont fait l'objet d'une saisie, le président du tribunal de grande instance peut ordonner le versement à l'auteur, à titre alimentaire, d'une certaine somme ou d'une quotité déterminée des sommes saisies.

Art. L. 333-2 Sont insaisissables, dans la mesure où elles ont un caractère alimentaire, les sommes dues, en raison de l'exploitation pécuniaire ou de la cession des droits de propriété littéraire ou artistique, à tous auteurs, compositeurs ou artistes ainsi qu'à leur conjoint survivant contre lequel n'existe pas un jugement de séparation de corps passé en force de chose jugée, ou à leurs enfants mineurs pris en leur qualité d'ayants cause.

Art. L. 333-3 La proportion insaisissable de ces sommes ne pourra, en aucun cas, être inférieure aux quatre cinquièmes, lorsqu'elles sont au plus égales annuellement au palier de ressources le plus élevé prévu en application du chapitre V du titre IV du livre Ier du code du travail.

Art. L. 333-4 Les dispositions du présent chapitre ne font pas obstacle aux saisies pratiquées en vue du recouvrement des créances d'aliments prévues par les dispositions du code civil.

Chapitre IV Droit de suite

Art. L. 334-1 En cas de violation des dispositions de l'article L. 122-8, l'acquéreur et les officiers ministériels peuvent être condamnés solidairement, au profit des bénéficiaires du droit de suite, à des dommages-intérêts.

Chapitre V Dispositions pénales

Art. L. 335-1 Les officiers de police judiciaire compétents peuvent procéder, dès la constatation des infractions prévues aux articles L. 335-4 à L. 335-4-2, à la saisie des phonogrammes et vidéogrammes reproduits illicitement, des exemplaires et objets fabriqués ou importés illicitement, de tout exemplaire, produit, appareil, dispositif, composant ou moyen portant atteinte aux mesures techniques et aux informations mentionnées respectivement aux articles L. 331-5 et L. 331-11 ainsi qu'à la saisie des matériels spécialement installés en vue de tels agissements.

Art. L. 335-2 Toute édition d'écrits, de composition musicale, de dessin, de peinture ou de toute autre production, imprimée ou gravée en entier ou en partie, au mépris des lois et règlements relatifs à la propriété des auteurs, est une contrefaçon et toute contrefaçon est un délit.

La contrefaçon en France d'ouvrages publiés en France ou à l'étranger est punie de trois ans d'emprisonnement et de 300 000 € d'amende.

Seront punis des mêmes peines le débit, l'exportation, l'importation, le transbordement ou la détention aux fins précitées des ouvrages contrefaisants.

Lorsque les délits prévus par le présent article ont été commis en bande organisée, les peines sont portées à cinq ans d'emprisonnement et à 500 000 € d'amende.

Art. L. 335-2-1 Est puni de trois ans d'emprisonnement et de 300 000 € d'amende le fait :

1° D'éditer, de mettre à la disposition du public ou de communiquer au public, sciemment et sous quelque forme que ce soit, un logiciel manifestement destiné à la mise à disposition du public non autorisée d'œuvres ou d'objets protégés ;

2° D'inciter sciemment, y compris à travers une annonce publicitaire, à l'usage d'un logiciel mentionné au 1°.

Art. L. 335-3 Est également un délit de contrefaçon toute reproduction, représentation ou diffusion, par quelque moyen que ce soit, d'une œuvre de l'esprit en violation des droits de l'auteur, tels qu'ils sont définis et réglementés par la loi.

Est également un délit de contrefaçon la violation de l'un des droits de l'auteur d'un logiciel définis à l'article L. 122-6.

Est également un délit de contrefaçon toute captation totale ou partielle d'une œuvre cinématographique ou audiovisuelle en salle de spectacle cinématographique.

Art. L. 335-3-1 I. – Est puni de 3 750 € d'amende le fait de porter atteinte sciemment, à des fins autres que la recherche, à une mesure technique efficace telle que définie à l'article L. 331-5, afin d'altérer la protection d'une œuvre par un décodage, un décryptage ou toute autre intervention personnelle destinée à contourner, neutraliser ou supprimer un mécanisme de protection ou de contrôle, lorsque cette atteinte est réalisée par d'autres moyens que l'utilisation d'une application technologique, d'un dispositif ou d'un composant existant mentionné au II.

II. – Est puni de six mois d'emprisonnement et de 30 000 € d'amende le fait de procurer ou proposer sciemment à autrui, directement ou indirectement, des moyens conçus ou spécialement adaptés pour porter atteinte à une mesure technique efficace telle que définie à l'article L. 331-5, par l'un des procédés suivants :

1° En fabriquant ou en important une application technologique, un dispositif ou un composant, à des fins autres que la recherche ;

2° En détenant en vue de la vente, du prêt ou de la location, en offrant à ces mêmes fins ou en mettant à disposition du public sous quelque forme que ce soit une application technologique, un dispositif ou un composant ;

3° En fournissant un service à cette fin ;

4° En incitant à l'usage ou en commandant, concevant, organisant, reproduisant, distribuant ou diffusant une publicité en faveur de l'un des procédés visés aux 1° à 3°.

III. – Ces dispositions ne sont pas applicables aux actes réalisés à des fins de sécurité informatique, dans les limites des droits prévus par le présent code.

Art. L. 335-3-2 I. – Est puni de 3 750 € d'amende le fait de supprimer ou de modifier, sciemment et à des fins autres que la recherche, tout élément d'information visé à l'article L. 331-11, par une intervention personnelle ne nécessitant pas l'usage d'une application technologique, d'un dispositif ou d'un composant existant, conçus ou spécialement adaptés à cette fin, dans le but de porter atteinte à un droit d'auteur, de dissimuler ou de faciliter une telle atteinte.

II. – Est puni de six mois d'emprisonnement et de 30 000 € d'amende le fait de procurer ou proposer sciemment à autrui, directement ou indirectement, des moyens conçus ou spécialement adaptés pour supprimer ou modifier, même partiellement, un élément d'information visé à l'article L. 331-11, dans le but de porter atteinte à un droit d'auteur, de dissimuler ou de faciliter une telle atteinte, par l'un des procédés suivants :

1° En fabriquant ou en important une application technologique, un dispositif ou un composant, à des fins autres que la recherche ;

2° En détenant en vue de la vente, du prêt ou de la location, en offrant à ces mêmes fins ou en mettant à disposition du public sous quelque forme que ce soit une application technologique, un dispositif ou un composant ;

3° En fournissant un service à cette fin ;

4° En incitant à l'usage ou en commandant, concevant, organisant, reproduisant, distribuant ou diffusant une publicité en faveur de l'un des procédés visés aux 1° à 3°.

III. – Est puni de six mois d'emprisonnement et de 30 000 € d'amende le fait, sciemment, d'importer, de distribuer, de mettre à disposition du public sous quelque forme que ce soit ou de communiquer au public, directement ou indirectement, une œuvre dont un élément d'information mentionné à l'article L. 331-11 a été supprimé ou modifié dans le but de porter atteinte à un droit d'auteur, de dissimuler ou de faciliter une telle atteinte.

IV. – Ces dispositions ne sont pas applicables aux actes réalisés à des fins de recherche ou de sécurité informatique, dans les limites des droits prévus par le présent code.

Art. L. 335-4 Est punie de trois ans d'emprisonnement et de 300 000 € d'amende toute fixation, reproduction, communication ou mise à disposition du public, à titre onéreux ou gratuit, ou toute télédiffusion d'une prestation, d'un phonogramme, d'un vidéogramme ou d'un programme, réalisée sans l'autorisation, lorsqu'elle est exigée, de l'artiste-interprète, du producteur de phonogrammes ou de vidéogrammes ou de l'entreprise de communication audiovisuelle.

Sont punis des mêmes peines l'importation, l'exportation, le transbordement ou la détention aux fins précitées de phonogrammes ou de vidéogrammes réalisée sans l'autorisation du producteur ou de l'artiste-interprète, lorsqu'elle est exigée.

Est puni de la peine d'amende prévue au premier alinéa le défaut de versement de la rémunération due à l'auteur, à l'artiste-interprète ou au producteur de phonogrammes ou de vidéogrammes au titre de la copie privée ou de la communication publique ainsi que de la télédiffusion des phonogrammes.

Est puni de la peine d'amende prévue au premier alinéa le défaut de versement du prélèvement mentionné au troisième alinéa de l'article L. 133-3.

Lorsque les délits prévus au présent article ont été commis en bande organisée, les peines sont portées à cinq ans d'emprisonnement et à 500 000 € d'amende.

Art. L. 335-4-1 I. – Est puni de 3 750 € d'amende le fait de porter atteinte sciemment, à des fins autres que la recherche, à une mesure technique efficace telle que définie à l'article L. 331-5, afin d'altérer la protection d'une interprétation, d'un phonogramme, d'un vidéogramme ou d'un programme par un décodage, un décryptage ou toute autre intervention personnelle destinée à contourner, neutraliser ou supprimer un mécanisme de protection ou de contrôle, lorsque cette atteinte est réalisée par d'autres moyens que l'utilisation d'une application technologique, d'un dispositif ou d'un composant existant mentionné au II.

II. – Est puni de six mois d'emprisonnement et de 30 000 € d'amende le fait de procurer ou proposer sciemment à autrui, directement ou indirectement, des moyens conçus ou spécialement adaptés pour porter atteinte à une mesure technique efficace telle que définie à l'article L. 331-5, par l'un des procédés suivants :

1° En fabriquant ou en important une application technologique, un dispositif ou un composant, à des fins autres que la recherche ;

2° En détenant en vue de la vente, du prêt ou de la location, en offrant à ces mêmes fins ou en mettant à disposition du public sous quelque forme que ce soit une application technologique, un dispositif ou un composant ;

3° En fournissant un service à cette fin ;

4° En incitant à l'usage ou en commandant, concevant, organisant, reproduisant, distribuant ou diffusant une publicité en faveur de l'un des procédés visés aux 1° à 3°.

III. – Ces dispositions ne sont pas applicables aux actes réalisés à des fins de sécurité informatique, dans les limites des droits prévus par le présent code.

Art. L. 335-4-2 I. – Est puni de 3 750 € d'amende le fait de supprimer ou de modifier, sciemment et à des fins autres que la recherche, tout élément d'information visé à l'article L. 331-11, par une intervention personnelle ne nécessitant pas l'usage d'une application technologique, d'un dispositif ou d'un composant existant, conçus ou spécialement adaptés à cette fin, dans le but de porter atteinte à un droit voisin du droit d'auteur, de dissimuler ou de faciliter une telle atteinte.

II. – Est puni de six mois d'emprisonnement et de 30 000 € d'amende le fait de procurer ou proposer sciemment à autrui, directement ou indirectement, des moyens conçus ou spécialement adaptés pour supprimer ou modifier, même partiellement, un élément d'information visé à l'article L. 331-11, dans le but de porter atteinte à un droit voisin du droit d'auteur, de dissimuler ou de faciliter une telle atteinte, par l'un des procédés suivants :

1° En fabriquant ou en important une application technologique, un dispositif ou un composant, à des fins autres que la recherche ;

2° En détenant en vue de la vente, du prêt ou de la location, en offrant à ces mêmes fins ou en mettant à disposition du public sous quelque forme que ce soit une application technologique, un dispositif ou un composant ;

3° En fournissant un service à cette fin ;

4° En incitant à l'usage ou en commandant, concevant, organisant, reproduisant, distribuant ou diffusant une publicité en faveur de l'un des procédés visés aux 1° à 3°.

III. – Est puni de six mois d'emprisonnement et de 30 000 € d'amende le fait, sciemment, d'importer, de distribuer, de mettre à disposition du public sous quelque forme que ce soit ou de communiquer au public, directement ou indirectement, une interprétation, un phonogramme, un vidéogramme ou un programme, dont un élément d'information mentionné à l'article L. 331-11 a été supprimé ou modifié dans le but de porter atteinte à un droit voisin du droit d'auteur, de dissimuler ou de faciliter une telle atteinte.

IV. – Ces dispositions ne sont pas applicables aux actes réalisés à des fins de sécurité informatique, dans les limites des droits prévus par le présent code.

Art. L. 335-5 Dans le cas de condamnation fondée sur l'une des infractions définies aux articles L. 335-2 à L. 335-4-2, le tribunal peut ordonner la fermeture totale ou partielle, définitive ou temporaire, pour une durée au plus de cinq ans, de l'établissement ayant servi à commettre l'infraction.

La fermeture temporaire ne peut entraîner ni rupture ni suspension du contrat de travail, ni aucun préjudice pécuniaire à l'encontre des salariés concernés. Lorsque la fermeture définitive entraîne le licenciement du personnel, elle donne lieu, en dehors de l'indemnité de préavis et de l'indemnité de licenciement, aux dommages et intérêts prévus aux articles L. 122-14-4 et L. 122-14-5 du code du travail en cas de rupture de contrat de travail. Le non-paiement de ces indemnités est puni de six mois d'emprisonnement et de 3 750 € d'amende.

Art. L. 335-6 Les personnes physiques coupables de l'une des infractions prévues aux articles L. 335-2 à L. 335-4-2 peuvent en outre être condamnées, à leurs frais, à retirer des circuits commerciaux les objets jugés contrefaisants et toute chose qui a servi ou était destinée à commettre l'infraction.

La juridiction peut prononcer la confiscation de tout ou partie des recettes procurées par l'infraction ainsi que celle de tous les phonogrammes, vidéogrammes, objets et exemplaires contrefaisants ou reproduits illicitement ainsi que du matériel spécialement installé en vue de la réalisation du délit.

Elle peut ordonner la destruction, aux frais du condamné, ou la remise à la partie lésée des objets et choses retirés des circuits commerciaux ou confisqués, sans préjudice de tous dommages et intérêts.

Elle peut également ordonner, aux frais du condamné, l'affichage du jugement ou la diffusion du jugement prononçant la condamnation, dans les conditions prévues à l'article 131-35 du code pénal.

Art. L. 335-7 Lorsque l'infraction est commise au moyen d'un service de communication au public en ligne, les personnes coupables des infractions prévues aux articles L. 335-2, L. 335-3 et L. 335-4 peuvent en outre être condamnées à la peine complémentaire de suspension de l'accès à un service de communication au public en ligne pour une durée maximale d'un an, assortie de l'interdiction de souscrire pendant la même période un autre contrat portant sur un service de même nature auprès de tout opérateur.

Lorsque ce service est acheté selon des offres commerciales composites incluant d'autres types de services, tels que services de téléphonie ou de télévision, les décisions de suspension ne s'appliquent pas à ces services.

La suspension de l'accès n'affecte pas, par elle-même, le versement du prix de l'abonnement au fournisseur du service. L'article L. 121-84 du code de la consommation n'est pas applicable au cours de la période de suspension.

Les frais d'une éventuelle résiliation de l'abonnement au cours de la période de suspension sont supportés par l'abonné.

Lorsque la décision est exécutoire, la peine complémentaire prévue au présent article est portée à la connaissance de la Haute Autorité pour la diffusion des œuvres et la protection des droits sur internet, qui la notifie à la personne dont l'activité est d'offrir un accès à des services de communication au public en ligne afin qu'elle mette en œuvre, dans un délai de quinze jours au plus à compter de la notification, la suspension à l'égard de l'abonné concerné.

Le fait, pour la personne dont l'activité est d'offrir un accès à des services de communication au public en ligne, de ne pas mettre en œuvre la peine de suspension qui lui a été notifiée est puni d'une amende maximale de 5 000 €.

Le 3° de l'article 777 du code de procédure pénale n'est pas applicable à la peine complémentaire prévue par le présent article.

Art. L. 335-7-1 Pour les contraventions de la cinquième classe prévues par le présent code, lorsque le règlement le prévoit, la peine complémentaire définie à l'article L. 335-7 peut être prononcée selon les mêmes modalités, en cas de négligence caractérisée, à l'encontre du titulaire de l'accès à un service de communication au public en ligne auquel la commission de protection des droits, en application de l'article L. 331-25, a préalablement adressé, par voie d'une lettre remise contre signature ou de tout autre moyen propre à établir la preuve de la date de présentation, une recommandation l'invitant à mettre en œuvre un moyen de sécurisation de son accès à internet.

La négligence caractérisée s'apprécie sur la base des faits commis au plus tard un an après la présentation de la recommandation mentionnée à l'alinéa précédent.

Dans ce cas, la durée maximale de la suspension est d'un mois.

Le fait pour la personne condamnée à la peine complémentaire prévue par le présent article de ne pas respecter l'interdiction de souscrire un autre contrat d'abonnement à un service de communication au public en ligne pendant la durée de la suspension est puni d'une amende d'un montant maximal de 3 750 €.

Art. L. 335-7-2 Pour prononcer la peine de suspension prévue aux articles L. 335-7 et L. 335-7-1 et en déterminer la durée, la juridiction prend en compte les circonstances et la gravité de l'infraction ainsi que la personnalité de son auteur, et notamment l'activité professionnelle ou sociale de celui-ci, ainsi que sa situation socio-économique. La durée de la peine prononcée doit concilier la protection des droits de la propriété intellectuelle et le respect du droit de s'exprimer et de communiquer librement, notamment depuis son domicile.

Art. L. 335-8 Les personnes morales déclarées responsables pénalement, dans les conditions prévues par l'article 121-2 du code pénal, des infractions définies aux articles L. 335-2 à L. 335-4-2 encourent, outre l'amende suivant les modalités prévues par l'article 131-38 du code pénal, les peines prévues par l'article 131-39 du même code.

L'interdiction mentionnée au 2° de l'article 131-39 du même code porte sur l'activité dans l'exercice ou à l'occasion de l'exercice de laquelle l'infraction a été commise.

Les personnes morales déclarées pénalement responsables peuvent en outre être condamnées, à leurs frais, à retirer des circuits commerciaux les objets jugés contrefaisants et toute chose qui a servi ou était destinée à commettre l'infraction.

La juridiction peut ordonner la destruction aux frais du condamné ou la remise à la partie lésée des objets et choses retirés des circuits commerciaux ou confisqués, sans préjudice de tous dommages et intérêts.

Art. L. 335-9 Si l'auteur de l'un des délits prévus et réprimés par le présent chapitre est ou a été lié par convention avec la partie lésée, les peines encourues sont portées au double.

Chapitre V *bis* La retenue

Art. L. 335-10 En dehors des cas prévus par la réglementation de l'Union européenne, l'administration des douanes peut, sur demande écrite du titulaire d'un droit d'auteur ou d'un droit voisin, assortie des justifications de son droit, retenir dans le cadre de ses contrôles les marchandises que celui-ci prétend constituer une contrefaçon.

Cette retenue est immédiatement notifiée au demandeur et au détenteur. Le procureur de la République est également informé de ladite mesure par l'administration des douanes.

Lors de la notification mentionnée à la première phrase du deuxième alinéa du présent article, la nature et la quantité réelle ou estimée ainsi que des images des marchandises sont communiquées au titulaire du droit d'auteur ou du droit voisin, par dérogation à l'article 59 *bis* du code des douanes. Ces informations peuvent également être communiquées avant la mise en œuvre de la mesure prévue au présent article.

Sous réserve des procédures prévues aux articles L. 335-14 et L. 335-15 du présent code, la mesure de retenue est levée de plein droit à défaut pour le demandeur, dans le délai de dix jours ouvrables, ou de trois jours ouvrables pour les denrées périssables, à compter de la notification de la retenue des marchandises, de justifier auprès de l'administration des douanes soit de mesures conservatoires décidées par la juridiction civile compétente, soit de s'être pourvu par la voie civile ou la voie correctionnelle et d'avoir constitué les garanties destinées à l'indemnisation éventuelle du détenteur des marchandises au cas où la contrefaçon ne serait pas ultérieurement reconnue, soit d'avoir déposé une plainte auprès du procureur de la République. L'administration des douanes peut proroger le délai de dix jours ouvrables prévu au présent alinéa de dix jours ouvrables maximum sur requête dûment motivée du demandeur. En cas de prorogation du délai, le procureur de la République et le détenteur des marchandises en sont informés.

Les frais liés à la mesure de retenue ou aux mesures conservatoires prononcées par la juridiction civile compétente sont à la charge du demandeur.

Aux fins de l'engagement des actions en justice mentionnées au quatrième alinéa du présent article, le demandeur peut obtenir de l'administration des douanes communication des nom et adresse de l'expéditeur, de l'importateur, du destinataire et du déclarant des marchandises retenues ou de leur détenteur, ainsi que des images de ces marchandises et des informations sur leur quantité, leur origine, leur provenance et leur destination, par dérogation à l'article 59 *bis* du code des douanes.

La retenue mentionnée au premier alinéa du présent article ne porte pas :

1° Sur les marchandises de statut communautaire, légalement fabriquées ou mises en libre pratique dans un Etat membre de l'Union européenne et destinées, après avoir emprunté le territoire douanier défini à l'article 1er du code des douanes, à être mises sur le marché d'un autre Etat membre de l'Union européenne pour y être légalement commercialisées ;

2° Sur les marchandises de statut communautaire, légalement fabriquées ou mises en libre pratique dans un autre Etat membre de l'Union européenne, dans lequel elles ont été placées sous le régime du transit, et qui sont destinées, après avoir transité sur le territoire douanier défini au même article 1er, à être exportées vers un Etat non membre de l'Union européenne.

Art. L. 335-11 En l'absence de demande écrite du titulaire d'un droit d'auteur ou d'un droit voisin et en dehors des cas prévus par la réglementation de l'Union européenne, l'administration des douanes peut, dans le cadre de ses contrôles, retenir des marchandises susceptibles de porter atteinte à un droit d'auteur ou à un droit voisin.

Cette retenue est immédiatement notifiée au titulaire du droit d'auteur ou du droit voisin. Le procureur de la République est également informé de ladite mesure par l'administration des douanes.

Lors de la notification mentionnée à la première phrase du deuxième alinéa du présent article, la nature et la quantité réelle ou estimée ainsi que des images des marchandises sont communiquées au titulaire du droit d'auteur ou du droit voisin, par dérogation à l'article 59 *bis* du code des douanes. Ces informations peuvent également être communiquées avant la mise en œuvre de la mesure prévue au présent article.

La mesure de retenue est levée de plein droit si l'administration des douanes n'a pas reçu du titulaire du droit d'auteur ou du droit voisin la demande prévue à l'article L. 335-10 du présent code, déposée dans un délai de quatre jours ouvrables à compter de la notification de la retenue mentionnée à la première phrase du deuxième alinéa du présent article.

Si la demande a été reçue conformément au quatrième alinéa du présent article, le délai de dix jours ouvrables mentionné au quatrième alinéa de l'article L. 335-10 commence à courir à compter de l'acceptation de cette demande par l'administration des douanes.

Le présent article n'est pas applicable aux marchandises périssables.

Art. L. 335-12 I. – Lorsque la retenue prévue par la réglementation de l'Union européenne et portant sur des marchandises soupçonnées de constituer une contrefaçon d'un droit d'auteur ou d'un droit voisin est mise en œuvre avant qu'une demande du titulaire du droit ait été déposée ou acceptée, les agents des douanes peuvent, par dérogation à l'article 59 *bis* du code des douanes, informer ce titulaire de la mise en œuvre de cette mesure. Ils peuvent également lui communiquer des informations portant sur la quantité des marchandises et leur nature.

Lorsque la retenue prévue par la réglementation de l'Union européenne et portant sur des marchandises soupçonnées de constituer une contrefaçon d'un droit d'auteur ou d'un droit voisin est mise en œuvre après qu'une demande du titulaire du droit a été acceptée, les agents des douanes peuvent également communiquer à ce titulaire les informations prévues par cette réglementation, nécessaires pour déterminer s'il y a eu violation de son droit.

II. – Les frais générés par la mise en œuvre de la retenue mentionnée au I sont à la charge du titulaire du droit d'auteur ou du droit voisin.

Art. L. 335-13 Pendant le délai de la retenue mentionnée à l'article L. 335-10 et au second alinéa du I de l'article L. 335-12, le titulaire du droit d'auteur ou du droit voisin peut, à sa demande ou à la demande de l'administration des douanes, inspecter les marchandises retenues.

Lors du contrôle des marchandises mises en retenue, l'administration des douanes peut prélever des échantillons. A la demande du titulaire du droit d'auteur ou du droit voisin, ces échantillons peuvent lui être remis aux seules fins d'analyse et en vue de faciliter les actions qu'il peut être amené à engager par la voie civile ou pénale.

Art. L. 335-14 I. – Lorsque la retenue portant sur des marchandises soupçonnées de constituer une contrefaçon de droit d'auteur ou de droit voisin est mise en œuvre après qu'une demande mentionnée à l'article L. 335-10 a été acceptée, les marchandises soupçonnées de porter atteinte à un droit d'auteur ou un droit voisin enregistré peuvent être détruites sous le contrôle des agents des douanes dès lors que les conditions suivantes sont remplies :

1° Le demandeur a confirmé par écrit et par une expertise détaillée aux autorités douanières, dans un délai de dix jours ouvrables, ou de trois jours ouvrables pour les denrées périssables, à partir de la notification de la retenue, le caractère contrefaisant des marchandises ;

2° Le demandeur a confirmé par écrit aux autorités douanières, dans un délai de dix jours ouvrables, ou de trois jours ouvrables pour les denrées périssables, à partir de la notification de la retenue, qu'il consent à la destruction, sous sa responsabilité, des marchandises ;

3° Le détenteur des marchandises a confirmé par écrit aux autorités douanières, dans un délai de dix jours ouvrables, ou de trois jours ouvrables pour les denrées périssables, à partir de la notification de la retenue, qu'il consent à la destruction des marchandises.

II. – Si le détenteur des marchandises n'a, dans le délai mentionné au 3° du I, ni confirmé qu'il consent à la destruction des marchandises, ni informé l'administration des douanes qu'il s'oppose à leur destruction, il est réputé avoir consenti à cette destruction.

III. – Lorsque le détenteur des marchandises n'a pas confirmé par écrit qu'il consent à leur destruction et qu'il n'est pas réputé avoir consenti à la destruction des marchandises dans les délais prévus, l'administration des douanes en informe immédiatement le demandeur, lequel, dans un délai de dix jours ouvrables, ou de trois jours ouvrables pour les denrées périssables, à partir de la notification de la retenue, prend les mesures mentionnées au quatrième alinéa de l'article L. 335-10. Le délai de dix jours peut être prorogé de dix jours ouvrables maximum sur requête dûment motivée du demandeur. En cas de prorogation du délai, le procureur de la République et le détenteur des marchandises en sont informés.

Si les conditions prévues au I du présent article ne sont pas réunies et si le demandeur n'a pas justifié auprès de l'administration des douanes qu'il a pris les mesures mentionnées au quatrième alinéa de l'article L. 335-10, la mesure de retenue est levée de plein droit.

IV. – Dans le cadre de la communication d'informations prévues au troisième alinéa des articles L. 335-10 et L. 335-11, les autorités douanières informent le demandeur de l'existence de la procédure prévue au présent article. Les informations prévues au sixième alinéa de l'article L. 335-10 peuvent également être communiquées au demandeur aux fins de mise en œuvre de la présente mesure.

Art. L. 335-15 I. – Lorsque la retenue portant sur des marchandises soupçonnées de constituer une contrefaçon de droit d'auteur ou de droit voisin est mise en œuvre après qu'une demande mentionnée à l'article L. 335-10 a été acceptée, les marchandises transportées en petits envois peuvent être détruites sous le contrôle des agents des douanes lorsque le demandeur a, dans sa demande, sollicité le recours à la procédure prévue au présent article.

II. – La notification mentionnée à la première phrase du deuxième alinéa de l'article L. 335-10 est faite dans un délai d'un jour ouvrable à compter de la date de la mise en retenue. Elle mentionne l'intention de l'administration des douanes de détruire ou non les marchandises et indique que :

1° Le détenteur des marchandises dispose d'un délai de dix jours ouvrables à compter de la notification de la retenue pour faire connaître à l'administration des douanes ses observations ;

2° Les marchandises concernées peuvent être détruites lorsque, dans un délai de dix jours ouvrables à partir de leur mise en retenue, le détenteur des marchandises a confirmé à l'administration des douanes qu'il consent à cette destruction. En cas de silence du détenteur des marchandises à l'issue de ce délai, le détenteur est réputé avoir consenti à leur destruction.

L'administration des douanes communique au demandeur, sur requête de celui-ci, les informations relatives à la quantité réelle ou estimée des marchandises détruites et à leur nature.

III. – Lorsque le détenteur des marchandises n'a pas confirmé par écrit qu'il consent à leur destruction ou lorsqu'il n'est pas réputé avoir consenti à leur destruction, l'administration des douanes en informe immédiatement le demandeur et lui communique la quantité, la nature ainsi que des images des marchandises.

IV. – La mesure de retenue est levée de plein droit à défaut pour le demandeur, dans le délai de dix jours ouvrables à compter de l'information prévue au III du présent article, de justifier auprès de l'administration des douanes qu'il a pris les mesures mentionnées au quatrième alinéa de l'article L. 335-10.

En vue de prendre ces mesures, le demandeur peut obtenir de l'administration des douanes communication des nom et adresse de l'expéditeur, de l'importateur, du destinataire et du détenteur des marchandises retenues ainsi que de leur quantité, leur origine, leur provenance et leur destination, par dérogation à l'article 59 *bis* du code des douanes.

V. – La définition des petits envois mentionnés au I du présent article est précisée par arrêté du ministre chargé des douanes.

VI. – Le présent article n'est pas applicable aux denrées périssables.

Art. L. 335-16 Lorsque le demandeur utilise les informations qui lui sont communiquées par l'administration des douanes, par dérogation à l'article 59 *bis* du code des douanes, à d'autres fins que celles prévues au présent chapitre, l'administration des douanes abroge, suspend ou refuse de renouveler ladite demande.

Art. L. 335-17 En vue de prononcer les mesures prévues aux articles L. 335-10 à L. 335-13, les agents des douanes appliquent les pouvoirs qui leur sont dévolus par le code des douanes.

Art. L. 335-18 Un décret en Conseil d'Etat fixe :

1° Les conditions d'application des mesures prévues aux articles L. 335-10 à L. 335-16 ;

2° Les conditions dans lesquelles a lieu la destruction des marchandises susceptibles de porter atteinte à un droit d'auteur ou à un droit voisin prévue par la réglementation européenne en vigueur ainsi que les conditions du prélèvement d'échantillons préalable à ladite destruction.

Chapitre VI Prévention du téléchargement et de la mise à disposition illicites d'œuvres et d'objets protégés par un droit d'auteur ou un droit voisin

Art. L. 336-1 Lorsqu'un logiciel est principalement utilisé pour la mise à disposition illicite d'œuvres ou d'objets protégés par un droit de propriété littéraire et artistique, le président du tribunal de grande instance, statuant en référé, peut ordonner sous astreinte toutes mesures nécessaires à la protection de ce droit et conformes à l'état de l'art.

Les mesures ainsi ordonnées ne peuvent avoir pour effet de dénaturer les caractéristiques essentielles ou la destination initiale du logiciel.

L'article L. 332-4 est applicable aux logiciels mentionnés au présent article.

Art. L. 336-2 En présence d'une atteinte à un droit d'auteur ou à un droit voisin occasionnée par le contenu d'un service de communication au public en ligne, le tribunal de grande instance, statuant le cas échéant en la forme des référés, peut ordonner à la demande des titulaires de droits sur les œuvres et objets protégés, de leurs ayants droit, des sociétés de perception et de répartition des droits visées à l'article L. 321-1 ou des organismes de défense professionnelle visés à l'article L. 331-1, toutes mesures propres à prévenir ou à faire cesser une telle atteinte à un droit d'auteur ou un droit voisin, à l'encontre de toute personne susceptible de contribuer à y remédier.

Art. L. 336-3 La personne titulaire de l'accès à des services de communication au public en ligne a l'obligation de veiller à ce que cet accès ne fasse pas l'objet d'une utilisation à des fins de reproduction, de représentation, de mise à disposition ou de communication au public d'œuvres ou d'objets protégés par un droit d'auteur ou par un droit voisin sans l'autorisation des titulaires des droits prévus aux livres Ier et II lorsqu'elle est requise.

Le manquement de la personne titulaire de l'accès à l'obligation définie au premier alinéa n'a pas pour effet d'engager la responsabilité pénale de l'intéressé, sous réserve des articles L. 335-7 et L. 335-7-1.

Art. L. 336-4 Les caractéristiques essentielles de l'utilisation autorisée d'une œuvre ou d'un objet protégé, mis à disposition par un service de communication au public en ligne, sont portées à la connaissance de l'utilisateur d'une manière facilement accessible, conformément à l'article L. 331-10 du présent code et à l'article L. 111-1 du code de la consommation.

TITRE IV DROITS DES PRODUCTEURS DE BASES DE DONNÉES

Chapitre Ier Champ d'application

Art. L. 341-1 Le producteur d'une base de données, entendu comme la personne qui prend l'initiative et le risque des investissements correspondants, bénéficie d'une protection du contenu de la base lorsque la constitution, la vérification ou la présentation de celui-ci atteste d'un investissement financier, matériel ou humain substantiel.

Cette protection est indépendante et s'exerce sans préjudice de celles résultant du droit d'auteur ou d'un autre droit sur la base de données ou un de ses éléments constitutifs.

Art. L. 341-2 Sont admis au bénéfice du présent titre :

1° Les producteurs de bases de données, ressortissants d'un Etat membre de la Communauté européenne ou d'un Etat partie à l'accord sur l'Espace économique européen, ou qui ont dans un tel Etat leur résidence habituelle ;

2° Les sociétés ou entreprises constituées en conformité avec la législation d'un Etat membre et ayant leur siège statutaire, leur administration centrale ou leur établissement principal à l'intérieur de la Communauté ou d'un Etat partie à l'accord sur l'Espace économique européen ; néanmoins, si une telle société ou entreprise n'a que son siège statutaire sur le territoire d'un tel Etat, ses activités doivent avoir un lien réel et continu avec l'économie de l'un d'entre eux.

Les producteurs de bases de données qui ne satisfont pas aux conditions mentionnées ci-dessus sont admis à la protection prévue par le présent titre lorsqu'un accord particulier a été conclu avec l'Etat dont ils sont ressortissants par le Conseil de la Communauté européenne.

Chapitre II Etendue de la protection

Art. L. 342-1 Le producteur de bases de données a le droit d'interdire :

1° L'extraction, par transfert permanent ou temporaire de la totalité ou d'une partie qualitativement ou quantitativement substantielle du contenu d'une base de données sur un autre support, par tout moyen et sous toute forme que ce soit ;

2° La réutilisation, par la mise à la disposition du public de la totalité ou d'une partie qualitativement ou quantitativement substantielle du contenu de la base, quelle qu'en soit la forme.

Ces droits peuvent être transmis ou cédés ou faire l'objet d'une licence.

Le prêt public n'est pas un acte d'extraction ou de réutilisation.

Art. L. 342-2 Le producteur peut également interdire l'extraction ou la réutilisation répétée et systématique de parties qualitativement ou quantitativement non substantielles du contenu de la base lorsque ces opérations excèdent manifestement les conditions d'utilisation normale de la base de données.

Art. L. 342-3 Lorsqu'une base de données est mise à la disposition du public par le titulaire des droits, celui-ci ne peut interdire :

1° L'extraction ou la réutilisation d'une partie non substantielle, appréciée de façon qualitative ou quantitative, du contenu de la base, par la personne qui y a licitement accès ;

2° L'extraction à des fins privées d'une partie qualitativement ou quantitativement substantielle du contenu d'une base de données non électronique sous réserve du respect des droits d'auteur ou des droits voisins sur les œuvres ou éléments incorporés dans la base ;

3° L'extraction et la réutilisation d'une base de données dans les conditions définies aux deux premiers alinéas du 7° de l'article L. 122-5 ;

4° L'extraction et la réutilisation d'une partie substantielle, appréciée de façon qualitative ou quantitative, du contenu de la base, sous réserve des bases de données conçues à des fins pédagogiques et des bases de données réalisées pour une édition numérique de l'écrit, à des fins exclusives d'illustration dans le cadre de l'enseignement et de la recherche, à l'exclusion de toute activité ludique ou récréative, dès lors que le public auquel cette extraction et cette réutilisation sont destinées est composé majoritairement d'élèves, d'étudiants, d'enseignants ou de chercheurs directement concernés, que la source est indiquée, que l'utilisation de cette extraction et cette réutilisation ne donne lieu à aucune exploitation commerciale et qu'elle est compensée par une rémunération négociée sur une base forfaitaire.

Toute clause contraire au 1° ci-dessus est nulle.

Les exceptions énumérées par le présent article ne peuvent porter atteinte à l'exploitation normale de la base de données ni causer un préjudice injustifié aux intérêts légitimes du producteur de la base.

Art. L. 342-3-1 Les mesures techniques efficaces au sens de l'article L. 331-5 qui sont propres à empêcher ou à limiter les utilisations d'une base de données que le producteur n'a pas autorisées en application de l'article L. 342-1 bénéficient de la protection prévue à l'article L. 335-4-1.

Les producteurs de bases de données qui recourent aux mesures techniques de protection mentionnées au premier alinéa prennent cependant les dispositions utiles pour que leur mise en œuvre ne prive pas les bénéficiaires des exceptions définies à l'article L. 342-3 de leur bénéfice effectif, suivant les conditions prévues au 2° de l'article L. 331-31 et aux articles L. 331-7 à L. 331-10, L. 331-33 à L. 331-35 et L. 331-37.

Tout différend relatif à la faculté de bénéficier des exceptions définies à l'article L. 342-3 qui implique une mesure technique visée au premier alinéa du présent article est soumis à la Haute Autorité pour la diffusion des œuvres et la protection des droits sur internet prévue à l'article L. 331-12.

Art. L. 342-3-2 Les informations sous forme électronique relatives au régime des droits du producteur d'une base de données, au sens de l'article L. 331-11, bénéficient de la protection prévue à l'article L. 335-4-2.

Art. L. 342-4 La première vente d'une copie matérielle d'une base de données dans le territoire d'un Etat membre de la Communauté européenne ou d'un Etat partie à l'accord sur l'Espace économique européen, par le titulaire du droit ou avec son consentement, épuise le droit de contrôler la revente de cette copie matérielle dans tous les Etats membres.

Toutefois, la transmission en ligne d'une base de données n'épuise pas le droit du producteur de contrôler la revente dans tous les Etats membres d'une copie matérielle de cette base ou d'une partie de celle-ci.

Art. L. 342-5 Les droits prévus à l'article L. 342-1 prennent effet à compter de l'achèvement de la fabrication de la base de données. Ils expirent quinze ans après le 1er janvier de l'année civile qui suit celle de cet achèvement.

Lorsqu'une base de données a fait l'objet d'une mise à la disposition du public avant l'expiration de la période prévue à l'alinéa précédent, les droits expirent quinze ans après le 1er janvier de l'année civile suivant celle de cette première mise à disposition.

Toutefois, dans le cas où une base de données protégée fait l'objet d'un nouvel investissement substantiel, sa protection expire quinze ans après le 1er janvier de l'année civile suivant celle de ce nouvel investissement.

Chapitre III Procédures et sanctions

Art. L. 343-1 L'atteinte aux droits du producteur de bases de données peut être prouvée par tous moyens.

A cet effet, toute personne ayant qualité pour agir en vertu du présent titre est en droit de faire procéder par tous huissiers, assistés par des experts désignés par le demandeur, sur ordonnance rendue sur requête par la juridiction civile compétente, soit à la description détaillée, avec ou sans prélèvement d'échantillons, des supports ou produits portant prétendument atteinte aux droits du producteur de bases de données, soit à la saisie réelle de ces supports ou produits ainsi que de tout document s'y rapportant.

La juridiction peut ordonner, aux mêmes fins probatoires, la description détaillée ou la saisie réelle des matériels et instruments utilisés pour produire ou distribuer les supports ou produits portant prétendument atteinte aux droits du producteur de bases de données, ainsi que de tout document s'y rapportant.

L'ordonnance peut autoriser la saisie réelle de tout document se rapportant aux supports, produits, matériels et instruments mentionnés aux deuxième et troisième alinéas en l'absence de ces derniers.

La juridiction peut subordonner l'exécution des mesures qu'elle ordonne à la constitution par le demandeur de garanties destinées à assurer l'indemnisation éventuelle du défendeur si l'action engagée en vertu du présent titre est ultérieurement jugée non fondée ou si la mainlevée de la saisie est prononcée.

La mainlevée de la saisie peut être prononcée selon les modalités prévues par les articles L. 332-2 et L. 332-3.

Art. L. 343-1-1 La juridiction peut ordonner, d'office ou à la demande de toute personne ayant qualité pour agir en contrefaçon, toutes les mesures d'instruction légalement admissibles, même si une saisie-contrefaçon n'a pas préalablement été ordonnée dans les conditions prévues à l'article L. 343-1.

Art. L. 343-2 Toute personne ayant qualité pour agir dans le cas d'une atteinte aux droits du producteur de bases de données peut saisir en référé la juridiction civile compétente afin de voir ordonner, au besoin sous astreinte, à l'encontre du prétendu auteur de cette atteinte ou des intermédiaires dont il utilise les services, toute mesure urgente destinée à prévenir une atteinte aux droits du producteur de bases de données ou à empêcher la poursuite d'actes portant prétendument atteinte à ceux-ci. La juridiction civile compétente peut également ordonner toutes mesures urgentes sur requête lorsque les circonstances exigent que ces mesures ne soient pas prises contradictoirement, notamment lorsque tout retard serait de nature à causer un préjudice irréparable au demandeur. Saisie en référé ou sur requête, la juridiction ne peut ordonner les mesures demandées que si les éléments de preuve, raisonnablement accessibles au demandeur, rendent vraisemblable qu'il est porté atteinte à ses droits ou qu'une telle atteinte est imminente.

La juridiction peut interdire la poursuite des actes portant prétendument atteinte aux droits du producteur de bases de données, la subordonner à la constitution de garanties destinées à assurer l'indemnisation éventuelle du préjudice subi par le demandeur ou ordonner la saisie ou la remise entre les mains d'un tiers des produits soupçonnés de porter atteinte aux droits conférés par le titre, pour empêcher leur introduction ou leur circulation dans les circuits commerciaux.

Elle peut également accorder au demandeur une provision lorsque l'existence de son préjudice n'est pas sérieusement contestable.

Saisie en référé ou sur requête, la juridiction peut subordonner l'exécution des mesures qu'elle ordonne à la constitution par le demandeur de garanties destinées à assurer l'indemnisation éventuelle du défendeur si l'action engagée en vertu du présent titre est ultérieurement jugée non fondée ou les mesures annulées.

Lorsque les mesures prises pour faire cesser une atteinte aux droits du producteur de bases de données sont ordonnées avant l'engagement d'une action au fond, le demandeur doit, dans un délai fixé par voie réglementaire, soit se pourvoir par la voie civile ou pénale, soit déposer une plainte auprès du procureur de la République. A défaut, sur demande du défendeur et sans que celui-ci ait à motiver sa demande, les mesures ordonnées sont annulées, sans préjudice des dommages et intérêts qui peuvent être réclamés.

Art. L. 343-3 Outre les procès-verbaux des officiers ou agents de police judiciaire, la preuve de la matérialité des infractions définies au présent chapitre peut résulter des constatations d'agents assermentés désignés par les organismes professionnels de producteurs. Ces agents sont agréés par le ministre chargé de la culture dans les mêmes conditions que celles prévues pour les agents visés à l'article L. 331-2.

Art. L. 343-4 Est puni de trois ans d'emprisonnement et de 300 000 € d'amende le fait de porter atteinte aux droits du producteur d'une base de données tels que définis à l'article L. 342-1. Lorsque le délit a été commis en bande organisée, les peines sont portées à cinq ans d'emprisonnement et à 500 000 € d'amende.

Art. L. 343-5 Les personnes physiques coupables de l'un des délits prévus au présent chapitre peuvent en outre être condamnées, à leurs frais, à retirer des circuits commerciaux les objets jugés contrefaisants et toute chose qui a servi ou était destinée à commettre l'infraction.

La juridiction peut ordonner la destruction aux frais du condamné ou la remise à la partie lésée des objets et choses retirés des circuits commerciaux ou confisqués, sans préjudice de tous dommages et intérêts.

Elle peut également ordonner, aux frais du condamné, l'affichage ou la diffusion du jugement prononçant la condamnation, dans les conditions et sous les peines prévues à l'article 131-35 du code pénal.

Art. L. 343-6 Les personnes morales déclarées responsables pénalement, dans les conditions prévues par l'article 121-2 du code pénal, des infractions définies au présent chapitre encourent, outre l'amende suivant les modalités prévues par l'article 131-38 du code pénal, les peines prévues par l'article 131-39 du même code.

L'interdiction mentionnée au 2° de l'article 131-39 du même code porte sur l'activité dans l'exercice ou à l'occasion de l'exercice de laquelle l'infraction a été commise.

La juridiction peut ordonner la destruction aux frais du condamné ou la remise à la partie lésée des objets et choses retirés des circuits commerciaux ou confisqués, sans préjudice de tous dommages et intérêts.

Art. L. 343-7 En cas de récidive des infractions définies à l'article L. 343-4 ou si le délinquant est ou a été lié à la partie lésée par convention, les peines encourues sont portées au double.

Les coupables peuvent, en outre, être privés pour un temps qui n'excédera pas cinq ans du droit d'élection et d'éligibilité pour les tribunaux de commerce, les chambres de commerce et d'industrie territoriales et les chambres de métiers, ainsi que pour les conseils de prud'hommes.

Deuxième partie

La propriété industrielle

LIVRE IV ORGANISATION ADMINISTRATIVE ET PROFESSIONNELLE

TITRE Ier INSTITUTIONS

Chapitre Ier L'Institut national de la propriété industrielle

Art. L. 411-1 L'Institut national de la propriété industrielle est un établissement public doté de la personnalité civile et de l'autonomie financière, placé auprès du ministre chargé de la propriété industrielle.

Cet établissement a pour mission :

1° De centraliser et diffuser toute information nécessaire pour la protection des innovations et pour l'enregistrement des entreprises, ainsi que d'engager toute action de sensibilisation et de formation dans ces domaines ;

2° D'appliquer les lois et règlements en matière de propriété industrielle et de registre du commerce et des sociétés ; à cet effet, l'Institut pourvoit, notamment, à la réception des dépôts de demandes des titres de propriété industrielle ou annexes à la propriété industrielle, à leur examen et à leur délivrance ou enregistrement et à la surveillance de leur maintien ; il centralise le registre du commerce et des sociétés et le *Bulletin officiel* des annonces civiles et commerciales ; il assure la diffusion des informations techniques, commerciales et financières contenues dans les titres de propriété industrielle et instruments centralisés de publicité légale ; il statue sur les demandes d'homologation ou de modification des cahiers des charges des indications géographiques définies à l'article L. 721-2 ;

3° De prendre toute initiative en vue d'une adaptation permanente du droit national et international aux besoins des innovateurs et des entreprises ; à ce titre, il propose au ministre chargé de la propriété industrielle toute réforme qu'il estime utile en ces matières ; il participe à l'élaboration des accords internationaux ainsi qu'à la représentation de la France dans les organisations internationales compétentes.

Art. L. 411-2 Les recettes de l'Institut se composent de toutes redevances établies dans les conditions prévues à l'article 5 de l'ordonnance n° 59-2 du 2 janvier 1959 portant loi organique relative aux lois de finances et perçues en matière de propriété industrielle et en matière du registre du commerce et des métiers et de dépôt des actes de sociétés, ainsi que des recettes accessoires. Ces recettes doivent obligatoirement équilibrer toutes les charges de l'établissement.

Le contrôle de l'exécution du budget de l'Institut s'exerce *a posteriori* selon des modalités fixées par décret en Conseil d'Etat.

Art. L. 411-3 L'organisation administrative et financière de l'Institut est fixée par décret en Conseil d'Etat.

Art. L. 411-4 Le directeur de l'Institut national de la propriété industrielle prend les décisions prévues par le présent code à l'occasion de la délivrance, du rejet ou du maintien des titres de propriété industrielle, ainsi qu'à l'occasion de l'homologation, du rejet ou de la modification du cahier des charges des indications géographiques définies à l'article L. 721-2 ou du retrait de cette homologation.

Dans l'exercice de cette compétence, il n'est pas soumis à l'autorité de tutelle. Les cours d'appel désignées par voie réglementaire connaissent directement des recours formés contre ses décisions. Il y est statué, le ministère public et le directeur de l'Institut national de la propriété industrielle entendus. Le pourvoi en cassation est ouvert tant au demandeur qu'au directeur de l'Institut national de la propriété industrielle.

Art. L. 411-5 Les décisions de rejet mentionnées au premier alinéa de l'article L. 411-4 sont motivées.

Il en est de même des décisions acceptant une opposition présentée en vertu de l'article L. 712-4 ou une demande de relevé de déchéance en matière de marques de fabrique, de commerce ou de service.

Elles sont notifiées au demandeur dans les formes et délais prévus par voie réglementaire.

Chapitre II L'instance nationale des obtentions végétales

Art. L. 412-1 Un groupement d'intérêt public comprenant notamment l'Etat et l'Institut national de la recherche agronomique assure les fonctions d'instance nationale des obtentions végétales. A ce titre, il est chargé :

1° D'appliquer les lois et règlements en matière de protection des obtentions végétales et, notamment, de délivrer le certificat mentionné à l'article L. 623-4 ;

2° D'apporter son appui à l'Etat pour l'élaboration de la réglementation nationale et des accords internationaux relatifs aux variétés végétales.

Le responsable au sein du groupement d'intérêt public des missions relevant de l'instance nationale des obtentions végétales est nommé par le ministre chargé de l'agriculture. Il prend les décisions prévues au présent code à l'occasion de la délivrance, du rejet ou du maintien des certificats d'obtention végétale. Il exerce ses fonctions indépendamment de toute autorité hiérarchique ou de tutelle.

TITRE II QUALIFICATION EN PROPRIÉTÉ INDUSTRIELLE

Chapitre Ier Inscription sur la liste des personnes qualifiées en matière de propriété industrielle

Art. L. 421-1 Il est dressé annuellement par le directeur de l'Institut national de la propriété industrielle une liste des personnes qualifiées en propriété industrielle.

Cette liste est publiée.

Les personnes inscrites sur la liste précitée peuvent exercer à titre de salarié d'une entreprise ou à titre libéral individuellement ou en groupe ou à titre de salarié d'une autre personne exerçant à titre libéral.

Les personnes figurant, à la date du 26 novembre 1990, sur la liste des personnes qualifiées en brevets d'invention sont de plein droit inscrites sur la liste visée au premier alinéa, sous réserve qu'elles répondent aux conditions de moralité prévues à l'article L. 421-2.

Art. L. 421-2 Nul ne peut être inscrit sur la liste prévue à l'article précédent s'il n'est pas de bonne moralité et s'il ne remplit pas les conditions de diplôme et pratique professionnelle prescrites.

L'inscription est assortie d'une mention de spécialisation en fonction des diplômes détenus et de la pratique professionnelle acquise.

Chapitre II Conditions d'exercice de la profession de conseil en propriété industrielle

Art. L. 422-1 Le conseil en propriété industrielle a pour profession d'offrir, à titre habituel et rémunéré, ses services au public pour conseiller, assister ou représenter les tiers en vue de l'obtention, du maintien, de l'exploitation ou de la défense des droits de propriété industrielle, droits annexes et droits portant sur toutes questions connexes.

Les services visés à l'alinéa précédent incluent les consultations juridiques et la rédaction d'actes sous seing privé.

Nul n'est autorisé à faire usage du titre de conseil en propriété industrielle, d'un titre équivalent ou susceptible de prêter à confusion, s'il n'est inscrit sur la liste des conseils en propriété industrielle établie par le directeur de l'Institut national de la propriété industrielle.

Toute violation des dispositions du précédent alinéa sera punie des peines encourues pour le délit d'usurpation de titre prévu par l'article 433-17 du code pénal.

Nul ne peut être inscrit sur la liste des conseils en propriété industrielle s'il n'est inscrit sur la liste prévue à l'article L. 421-1 et s'il n'exerce sa profession dans les conditions prévues à l'article L. 422-6.

L'inscription est assortie d'une mention de spécialisation en fonction des diplômes détenus et de la pratique professionnelle acquise.

Art. L. 422-2 Les personnes ayant droit au titre de conseil en brevets d'invention à la date d'entrée en vigueur de la loi n° 90-1052 du 26 novembre 1990 relative à la propriété industrielle sont de plein droit inscrites sur la liste prévue à l'article L. 422-1.

Art. L. 422-3 Toute société exerçant les activités mentionnées à l'article L. 422-1 à la date d'entrée en vigueur de la loi n° 90-1052 du 26 novembre 1990 précitée peut demander son inscription sur la liste des conseils en propriété industrielle.

Dans ce cas, la condition prévue au *b* de l'article L. 422-7 n'est pas applicable.

A peine de forclusion, la demande doit être présentée, au plus tard, deux ans après l'entrée en vigueur de la loi n° 90-1052 du 26 novembre 1990 précitée.

Art. L. 422-4 Les personnes qui souhaitent se faire représenter dans les procédures devant l'Institut national de la propriété industrielle ne peuvent le faire, pour les actes où la technicité de la matière l'impose, que par l'intermédiaire de conseils en propriété industrielle dont la spécialisation, déterminée en application du dernier alinéa de l'article L. 422-1, est en rapport avec l'acte.

Les dispositions de l'alinéa précédent ne font pas obstacle à la faculté de recourir aux services d'un avocat ou à ceux d'une entreprise ou d'un établissement public auxquels le demandeur est contractuellement lié ou à ceux d'une organisation professionnelle spécialisée ou à ceux d'un professionnel établi sur le territoire d'un Etat membre de la Communauté européenne ou d'un Etat partie à l'accord sur l'Espace économique européen intervenant à titre occasionnel et habilité à représenter les personnes devant le service central de la propriété industrielle de cet Etat.

Art. L. 422-5 Toute personne exerçant les activités mentionnées au premier alinéa de l'article L. 422-1 au 26 novembre 1990 peut, par dérogation aux dispositions de l'article L. 422-4, représenter les personnes mentionnées au premier alinéa de cet article dans les cas prévus par cet alinéa, sous réserve d'être inscrite sur une liste spéciale établie par le directeur de l'Institut national de la propriété industrielle.

L'inscription est de droit, sous la réserve prévue au dernier alinéa du présent article, à la condition que la personne l'ait demandée par une déclaration auprès du directeur de l'Institut.

A peine de forclusion, la déclaration doit être formulée, au plus tard, deux ans après l'entrée en vigueur de la loi n° 90-1052 du 26 novembre 1990 précitée.

Nul ne peut être inscrit sur la liste prévue au premier alinéa s'il n'est pas de bonne moralité.

Art. L. 422-6 Le conseil en propriété industrielle exerce sa profession soit à titre individuel ou en groupe, soit en qualité de salarié d'un autre conseil en propriété industrielle.

Art. L. 422-7 Les professionnels inscrits sur la liste prévue à l'article L. 422-1 ou ceux établis sur le territoire d'un Etat membre de l'Union européenne ou d'un Etat partie à l'accord sur l'Espace économique européen et habilités à représenter en matière de propriété industrielle des personnes devant le service central de propriété industrielle de leur Etat sont admis à constituer, pour exercer leur profession, des sociétés civiles professionnelles, des sociétés d'exercice libéral ou toute société constituée sous une autre forme. Dans ce dernier cas, il est nécessaire que :

1° Le président du conseil d'administration, les directeurs généraux, les membres du directoire, le directeur général unique et le ou les gérants ainsi que la majorité des membres du conseil d'administration ou du conseil de surveillance aient la qualité des personnes visées au premier alinéa ;

2° Les personnes visées au premier alinéa détiennent plus de la moitié du capital social et des droits de vote ;

3° L'admission de tout nouvel associé est subordonnée à l'agrément préalable, selon le cas, du conseil d'administration, du conseil de surveillance ou du ou des gérants.

Les deux premiers alinéas de l'article L. 225-22 et les articles L. 225-44 et L. 225-85 du code de commerce ne sont applicables respectivement ni aux membres du conseil d'administration ni aux membres du conseil de surveillance des sociétés de conseils en propriété industrielle.

Lorsque la profession de conseil en propriété industrielle est exercée par une société, il y a lieu, outre l'inscription des conseils en propriété industrielle personnes physiques, à l'inscription de la société dans une section spéciale de la liste prévue à l'article L. 422-1.

Art. L. 422-8 Tout conseil en propriété industrielle doit justifier d'une assurance garantissant sa responsabilité civile professionnelle à raison des négligences et fautes commises dans l'exercice de ses fonctions, ainsi que d'une garantie spécialement affectée au remboursement des fonds, effets ou valeurs reçus.

Art. L. 422-9 Il est institué une compagnie nationale des conseils en propriété industrielle, organisme doté de la personnalité morale, placé auprès de l'Institut national de la propriété industrielle aux fins de représenter les conseils en propriété industrielle auprès des pouvoirs publics, de promouvoir l'accès à leurs prestations sur l'ensemble du territoire, de défendre leurs intérêts professionnels et de veiller au respect des règles de déontologie.

Art. L. 422-10 Toute personne physique ou morale exerçant la profession de conseil en propriété industrielle qui se rend coupable soit d'une infraction aux règles du présent titre ou des textes pris pour son application, soit de faits contraires à la probité, à l'honneur ou à la délicatesse, même s'ils sont extraprofessionnels, peut faire l'objet de l'une des mesures disciplinaires suivantes : avertissement, blâme, radiation temporaire ou définitive.

Les sanctions sont prononcées par la chambre de discipline de la Compagnie nationale des conseils en propriété industrielle présidée par un magistrat de l'ordre judiciaire.

Art. L. 422-10-1 La formation continue est obligatoire pour les conseils en propriété industrielle inscrits sur la liste mentionnée au troisième alinéa de l'article L. 422-1.

La Compagnie nationale des conseils en propriété industrielle contrôle le respect de cette obligation.

Un décret en Conseil d'Etat détermine la nature et la durée des activités susceptibles d'être validées au titre de l'obligation de formation continue, ainsi que les modalités de son contrôle.

Art. L. 422-11 En toute matière et pour tous les services mentionnés à l'article L. 422-1, le conseil en propriété industrielle observe le secret professionnel. Ce secret s'étend aux consultations adressées ou destinées à son client, aux correspondances professionnelles échangées avec son client, un confrère ou un avocat, aux notes d'entretien et, plus généralement, à toutes les pièces du dossier.

Art. L. 422-12 La profession de conseil en propriété industrielle est incompatible :

1° Avec toute activité de caractère commercial, qu'elle soit exercée directement ou par personne interposée ;

2° Avec la qualité d'associé dans une société en nom collectif, d'associé commandité dans une société en commandite simple ou par actions, de gérant d'une société à responsabilité limitée, de président du conseil d'administration, membre du directoire, directeur général ou directeur général délégué d'une société anonyme, de président ou dirigeant d'une société par actions simplifiée, de gérant d'une société civile, à moins que ces sociétés n'aient pour objet l'exercice de la profession de conseil en propriété industrielle ou la gestion d'intérêts professionnels connexes ou d'intérêts familiaux ;

3° Avec la qualité de membre du conseil de surveillance ou d'administrateur d'une société commerciale, lorsque le conseil en propriété industrielle a moins de sept années d'exercice professionnel et n'a pas obtenu préalablement une dispense dans des conditions prévues par décret en Conseil d'Etat.

Art. L. 422-13 La profession de conseil en propriété industrielle est incompatible avec l'exercice de toute autre profession, sous réserve de dispositions législatives ou réglementaires particulières.

Elle est toutefois compatible avec les fonctions d'enseignement, ainsi qu'avec celles d'arbitre, de médiateur, de conciliateur ou d'expert judiciaire.

Chapitre III Dispositions diverses

Art. L. 423-1 Les conseils en propriété industrielle sont autorisés, dans les conditions fixées par décret en Conseil d'Etat, à recourir à la publicité ainsi qu'à la sollicitation personnalisée. La sollicitation personnalisée est accompagnée de la communication d'informations générales sur le droit de la propriété industrielle.

Art. L. 423-2 Des décrets en Conseil d'Etat fixent les conditions d'application du présent titre.

Ils précisent notamment :

a) Les conditions d'application du chapitre Ier ;

b) Les conditions d'application de l'article L. 422-1 ;

c) Les conditions d'application de l'article L. 422-4 ;

d) Les conditions d'application de l'article L. 422-5 ;

e) Les conditions dans lesquelles il peut être dérogé à l'obligation mentionnée au *b* de l'article L. 422-7 afin de permettre le regroupement interprofessionnel avec d'autres prestataires de services intervenant dans le processus d'innovation ;

f) Les règles de déontologie applicables aux conseils en propriété industrielle ;

g) L'organisation et les modalités de fonctionnement de la Compagnie nationale des conseils en propriété industrielle ainsi que les modalités de fixation du montant des cotisations qu'elle perçoit de ses membres.

LIVRE V LES DESSINS ET MODÈLES

TITRE Ier CONDITIONS ET MODALITÉS DE LA PROTECTION

Chapitre Ier Champ d'application

Section 1 Objet de la protection

Art. L. 511-1 Peut être protégée à titre de dessin ou modèle l'apparence d'un produit, ou d'une partie de produit, caractérisée en particulier par ses lignes, ses contours, ses couleurs, sa forme, sa texture ou ses matériaux. Ces caractéristiques peuvent être celles du produit lui-même ou de son ornementation.

Est regardé comme un produit tout objet industriel ou artisanal, notamment les pièces conçues pour être assemblées en un produit complexe, les emballages, les présentations, les symboles graphiques et les caractères typographiques, à l'exclusion toutefois des programmes d'ordinateur.

Art. L. 511-2 Seul peut être protégé le dessin ou modèle qui est nouveau et présente un caractère propre.

Art. L. 511-3 Un dessin ou modèle est regardé comme nouveau si, à la date de dépôt de la demande d'enregistrement ou à la date de la priorité revendiquée, aucun dessin ou modèle identique n'a été divulgué. Des dessins ou modèles sont considérés comme identiques lorsque leurs caractéristiques ne diffèrent que par des détails insignifiants.

Art. L. 511-4 Un dessin ou modèle a un caractère propre lorsque l'impression visuelle d'ensemble qu'il suscite chez l'observateur averti diffère de celle produite par tout dessin ou modèle divulgué avant la date de dépôt de la demande d'enregistrement ou avant la date de priorité revendiquée.

Pour l'appréciation du caractère propre, il est tenu compte de la liberté laissée au créateur dans la réalisation du dessin ou modèle.

Art. L. 511-5 Le dessin ou modèle d'une pièce d'un produit complexe n'est regardé comme nouveau et présentant un caractère propre que dans la mesure où :

a) La pièce, une fois incorporée dans le produit complexe, reste visible lors d'une utilisation normale de ce produit par l'utilisateur final, à l'exception de l'entretien, du service ou de la réparation ;

b) Les caractéristiques visibles de la pièce remplissent en tant que telles les conditions de nouveauté et de caractère propre.

Est considéré comme produit complexe un produit composé de pièces multiples qui peuvent être remplacées.

Art. L. 511-6 Un dessin ou modèle est réputé avoir été divulgué s'il a été rendu accessible au public par une publication, un usage ou tout autre moyen. Il n'y a pas divulgation lorsque le dessin ou modèle n'a pu être raisonnablement connu, selon la pratique courante des affaires dans le secteur intéressé, par des professionnels agissant dans la Communauté européenne, avant la date du dépôt de la demande d'enregistrement ou avant la date de priorité revendiquée.

Toutefois, le dessin ou modèle n'est pas réputé avoir été divulgué au public du seul fait qu'il a été divulgué à un tiers sous condition, explicite ou implicite, de secret.

Lorsqu'elle a eu lieu dans les douze mois précédant la date du dépôt de la demande ou la date de priorité revendiquée, la divulgation n'est pas prise en considération :

a) Si le dessin ou modèle a été divulgué par le créateur ou son ayant cause, ou par un tiers à partir d'informations fournies ou d'actes accomplis par le créateur ou son ayant cause ;

b) Ou si le dessin ou modèle a été divulgué à la suite d'un comportement abusif à l'encontre du créateur ou de son ayant cause.

Le délai de douze mois prévu au présent article n'est pas applicable lorsque la divulgation est intervenue avant le 1er octobre 2001.

Art. L. 511-7 Les dessins ou modèles contraires à l'ordre public ou aux bonnes mœurs ne sont pas protégés.

Art. L. 511-8 N'est pas susceptible de protection :

1° L'apparence dont les caractéristiques sont exclusivement imposées par la fonction technique du produit ;

2° L'apparence d'un produit dont la forme et la dimension exactes doivent être nécessairement reproduites pour qu'il puisse être mécaniquement associé à un autre produit par une mise en contact, un raccordement, un placement à l'intérieur ou à l'extérieur dans des conditions permettant à chacun de ces produits de remplir sa fonction.

Toutefois, un dessin ou modèle qui a pour objet de permettre des assemblages ou connexions multiples à des produits qui sont interchangeables au sein d'un ensemble conçu de façon modulaire peut être protégé.

Section 2 Bénéfice de la protection

Art. L. 511-9 La protection du dessin ou modèle conférée par les dispositions du présent livre s'acquiert par l'enregistrement. Elle est accordée au créateur ou à son ayant cause.

L'auteur de la demande d'enregistrement est, sauf preuve contraire, regardé comme le bénéficiaire de cette protection.

Art. L. 511-10 Si un dessin ou modèle a été déposé en fraude des droits d'un tiers ou en violation d'une obligation légale ou conventionnelle, la personne qui estime avoir un droit sur le dessin ou modèle peut en revendiquer en justice la propriété.

L'action en revendication de propriété se prescrit par cinq ans à compter de la publication de l'enregistrement du dessin ou modèle ou, en cas de mauvaise foi, au moment de la publication de l'enregistrement ou de l'acquisition du dessin ou modèle, à compter de l'expiration de la période de protection.

Art. L. 511-11 Sous réserve des dispositions des conventions internationales auxquelles la France est partie, l'étranger qui n'est ni établi ni domicilié sur le territoire d'un Etat membre de la Communauté européenne ou d'un Etat partie à l'accord sur l'Espace économique européen bénéficie des dispositions du présent livre à condition que son pays accorde la réciprocité de la protection aux dessins ou modèles français.

Chapitre II Enregistrement d'un dessin ou modèle

Section 1 Demande d'enregistrement

Art. L. 512-1 La demande d'enregistrement est déposée, à peine de nullité, à l'Institut national de la propriété industrielle lorsque le déposant a son domicile ou son siège social à Paris ou hors de France.

Lorsque le déposant a son domicile ou son siège social en France en dehors de Paris, il peut, à son choix, déposer la demande d'enregistrement à l'Institut national de la propriété industrielle ou au greffe du tribunal de commerce ou, en l'absence de tribunal de commerce, au greffe de la juridiction statuant en matière commerciale.

Lorsque la demande d'enregistrement est déposée au greffe d'un tribunal, celui-ci la transmet à l'Institut national de la propriété industrielle.

Art. L. 512-2 La demande d'enregistrement est présentée dans les formes et conditions prévues par le présent livre.

Elle comporte, à peine d'irrecevabilité, l'identification du déposant et une reproduction des dessins ou modèles dont la protection est demandée.

La demande d'enregistrement est rejetée s'il apparaît :

a) Qu'elle n'est pas présentée dans les conditions et formes prescrites ;

b) Que sa publication est de nature à porter atteinte à l'ordre public ou aux bonnes mœurs.

Le rejet ne peut être prononcé sans que le déposant ait été préalablement invité, selon le cas, soit à régulariser la demande, soit à présenter ses observations.

Pour les dessins ou modèles relevant d'industries qui renouvellent fréquemment la forme et le décor de leurs produits, le dépôt peut être effectué sous une forme simplifiée dans des conditions fixées par décret en Conseil d'Etat. La déchéance des droits issus d'un tel dépôt est prononcée lorsque celui-ci n'a pas été, au plus tard six mois avant la date prévue pour sa publication, rendu conforme aux prescriptions générales fixées par ce décret.

Art. L. 512-3 Le déposant ou titulaire d'un dépôt qui n'a pas respecté les délais prescrits peut, s'il justifie d'une excuse légitime, être relevé des déchéances qu'il a pu encourir.

Section 2 Nullité d'un enregistrement

Art. L. 512-4 L'enregistrement d'un dessin ou modèle est déclaré nul par décision de justice :

a) S'il n'est pas conforme aux dispositions des articles L. 511-1 à L. 511-8 ;

b) Si son titulaire ne pouvait bénéficier de la protection prévue à l'article L. 511-9 ;

c) Si le dessin ou modèle méconnaît des droits attachés à un dessin ou modèle antérieur qui a fait l'objet d'une divulgation au public après la date de présentation de la demande d'enregistrement ou, si une priorité est revendiquée, après la date de priorité, et qui est protégé depuis une date antérieure par l'enregistrement d'un dessin ou modèle communautaire, d'un dessin ou modèle français ou international désignant la France, ou par une demande d'enregistrement de tels dessins ou modèles ;

d) S'il porte atteinte au droit d'auteur d'un tiers ;

e) S'il est fait usage dans ce dessin ou modèle d'un signe distinctif antérieur protégé, sans l'autorisation de son titulaire.

Les motifs de nullité prévus aux *b, c, d* et *e* ne peuvent être invoqués que par la personne investie du droit qu'elle oppose.

Le ministère public peut engager d'office une action en nullité d'un dessin ou modèle, quelles que soient les causes de nullité.

Art. L. 512-5 Si les motifs de nullité n'affectent le dessin ou modèle qu'en partie, l'enregistrement peut être maintenu sous une forme modifiée à condition que, sous cette forme, le dessin ou modèle réponde aux critères d'octroi de la protection et que son identité soit conservée.

Art. L. 512-6 La décision judiciaire prononçant la nullité totale ou partielle d'un dessin ou modèle a un effet absolu. Elle est inscrite au registre national mentionné à l'article L. 513-3.

Chapitre III Droits conférés par l'enregistrement

Art. L. 513-1 L'enregistrement produit ses effets, à compter de la date de dépôt de la demande, pour une période de cinq ans, qui peut être prorogée par périodes de cinq ans jusqu'à un maximum de vingt-cinq ans.

Les dessins ou modèles déposés avant le 1er octobre 2001 restent protégés, sans prorogation possible, pour une période de vingt-cinq ans à compter de leur date de dépôt. Les dessins ou modèles dont la protection a été prorogée, avant le 1er octobre 2001, pour une nouvelle période de vingt-cinq ans restent protégés jusqu'à l'expiration de cette période.

Art. L. 513-2 Sans préjudice des droits résultant de l'application d'autres dispositions législatives, notamment des livres Ier et III du présent code, l'enregistrement d'un dessin ou modèle confère à son titulaire un droit de propriété qu'il peut céder ou concéder.

Art. L. 513-3 Tout acte modifiant ou transmettant les droits attachés à un dessin ou modèle déposé n'est opposable aux tiers que s'il a été inscrit au Registre national des dessins et modèles.

Toutefois, avant son inscription, un acte est opposable aux tiers qui ont acquis des droits après la date de cet acte mais qui avaient connaissance de celui-ci lors de l'acquisition de ces droits.

Le licencié, partie à un contrat de licence non inscrit sur le Registre national ou international des dessins et modèles, est également recevable à intervenir dans l'instance en contrefaçon engagée par le propriétaire du dessin ou modèle afin d'obtenir la réparation du préjudice qui lui est propre.

Art. L. 513-4 Sont interdits, à défaut du consentement du propriétaire du dessin ou modèle, la fabrication, l'offre, la mise sur le marché, l'importation, l'exportation, le transbordement, l'utilisation, ou la détention à ces fins, d'un produit incorporant le dessin ou modèle.

Art. L. 513-5 La protection conférée par l'enregistrement d'un dessin ou modèle s'étend à tout dessin ou modèle qui ne produit pas sur l'observateur averti une impression visuelle d'ensemble différente.

Art. L. 513-6 Les droits conférés par l'enregistrement d'un dessin ou modèle ne s'exercent pas à l'égard :

a) D'actes accomplis à titre privé et à des fins non commerciales ;

b) D'actes accomplis à des fins expérimentales ;

c) D'actes de reproduction à des fins d'illustration ou d'enseignement, si ces actes mentionnent l'enregistrement et le nom du titulaire des droits, sont conformes à des pratiques commerciales loyales et ne portent pas préjudice à l'exploitation normale du dessin ou modèle.

Art. L. 513-7 Les droits conférés par l'enregistrement d'un dessin ou modèle ne s'exercent pas :

a) Sur des équipements installés à bord de navires ou d'aéronefs immatriculés dans un autre pays lorsqu'ils pénètrent temporairement sur le territoire français ;

b) Lors de l'importation en France de pièces détachées et d'accessoires pour la réparation de ces navires ou aéronefs ou à l'occasion de cette réparation.

Art. L. 513-8 Les droits conférés par l'enregistrement d'un dessin ou modèle ne s'étendent pas aux actes portant sur un produit incorporant ce dessin ou modèle, lorsque ce produit a été commercialisé dans la Communauté européenne ou dans l'Espace économique européen par le propriétaire du dessin ou modèle ou avec son consentement.

Chapitre IV Dispositions diverses

Art. L. 514-1 Des décrets en Conseil d'Etat fixent, en tant que de besoin, les conditions d'application du présent livre.

Art. L. 514-2 Des dispositions réglementaires propres à certaines industries peuvent prescrire les mesures nécessaires pour permettre aux industriels de faire constater leur priorité d'emploi d'un dessin ou modèle, notamment par la tenue de registres privés soumis au visa de l'Institut national de la propriété industrielle.

Chapitre V Dessins ou modèles communautaires

Art. L. 515-1 Toute atteinte aux droits définis par l'article 19 du règlement (CE) n° 6/2002 du Conseil, du 12 décembre 2001, sur les dessins ou modèles communautaires constitue une contrefaçon engageant la responsabilité civile de son auteur.

TITRE II CONTENTIEUX

Chapitre Ier Contentieux des dessins ou modèles nationaux

Art. L. 521-1 Toute atteinte portée aux droits du propriétaire d'un dessin ou modèle, tels qu'ils sont définis aux articles L. 513-4 à L. 513-8, constitue une contrefaçon engageant la responsabilité civile de son auteur.

Les faits postérieurs au dépôt, mais antérieurs à la publication de l'enregistrement du dessin ou modèle, ne peuvent être considérés comme ayant porté atteinte aux droits qui y sont attachés.

Toutefois, lorsqu'une copie de la demande d'enregistrement a été notifiée à une personne, la responsabilité de celle-ci peut être recherchée pour des faits postérieurs à cette notification même s'ils sont antérieurs à la publication de l'enregistrement.

Art. L. 521-2 L'action civile en contrefaçon est exercée par le propriétaire du dessin ou modèle.

Toutefois, le bénéficiaire d'un droit exclusif d'exploitation peut, sauf stipulation contraire du contrat de licence, exercer l'action en contrefaçon si, après mise en demeure, le propriétaire du dessin ou modèle n'exerce pas cette action.

Toute partie à un contrat de licence est recevable à intervenir dans l'instance en contrefaçon engagée par une autre partie afin d'obtenir la réparation du préjudice qui lui est propre.

Art. L. 521-3 L'action civile en contrefaçon se prescrit par cinq ans à compter des faits qui en sont la cause.

Art. L. 521-3-1 Les actions civiles et les demandes relatives aux dessins et modèles, y compris lorsqu'elles portent également sur une question connexe de concurrence déloyale, sont exclusivement portées devant des tribunaux de grande instance, déterminés par voie réglementaire.

Les dispositions qui précèdent ne font pas obstacle au recours à l'arbitrage, dans les conditions prévues aux articles 2059 et 2060 du code civil.

Art. L. 521-4 La contrefaçon peut être prouvée par tous moyens.

A cet effet, toute personne ayant qualité pour agir en contrefaçon est en droit de faire procéder en tout lieu et par tous huissiers, le cas échéant assistés d'experts désignés par le demandeur, en vertu d'une ordonnance rendue sur requête par la juridiction civile compétente, soit à la description détaillée, avec ou sans prélèvement d'échantillons, soit à la saisie réelle des objets prétendus contrefaisants ainsi que de tout document s'y rapportant. L'ordonnance peut autoriser la saisie réelle de tout document se rapportant aux objets prétendus contrefaisants en l'absence de ces derniers.

La juridiction peut ordonner, aux mêmes fins probatoires, la description détaillée ou la saisie réelle des matériels et instruments utilisés pour produire ou distribuer les objets prétendus contrefaisants.

Elle peut subordonner l'exécution des mesures qu'elle ordonne à la constitution par le demandeur de garanties destinées à assurer l'indemnisation éventuelle du défendeur si l'action en contrefaçon est ultérieurement jugée non fondée ou la saisie annulée.

A défaut pour le demandeur de s'être pourvu au fond, par la voie civile ou pénale, dans un délai fixé par voie réglementaire, l'intégralité de la saisie, y compris la description, est annulée à la demande du saisi, sans que celui-ci ait à motiver sa demande et sans préjudice des dommages et intérêts qui peuvent être réclamés.

Art. L. 521-4-1 La juridiction peut ordonner, d'office ou à la demande de toute personne ayant qualité pour agir en contrefaçon, toutes les mesures d'instruction légalement admissibles, même si une saisie-contrefaçon n'a pas préalablement été ordonnée dans les conditions prévues à l'article L. 521-4.

Art. L. 521-5 Si la demande lui en est faite, la juridiction saisie au fond ou en référé d'une procédure civile prévue au présent titre peut ordonner, au besoin sous astreinte, afin de déterminer l'origine et les réseaux de distribution des produits argués de contrefaçon qui portent atteinte aux droits du demandeur, la production de tous documents ou informations détenus par le défendeur ou par toute personne qui a été trouvée en possession de produits argués de contrefaçon ou qui fournit des services utilisés dans de prétendues activités de contrefaçon ou encore qui a été signalée comme intervenant dans la production, la fabrication ou la distribution de ces produits ou la fourniture de ces services.

La production de documents ou d'informations peut être ordonnée s'il n'existe pas d'empêchement légitime.

Art. L. 521-6 Toute personne ayant qualité pour agir en contrefaçon peut saisir en référé la juridiction civile compétente afin de voir ordonner, au besoin sous astreinte, à l'encontre du prétendu contrefacteur ou des intermédiaires dont il utilise les services, toute mesure destinée à prévenir une atteinte imminente aux droits conférés par le titre ou à empêcher la poursuite d'actes argués de contrefaçon. La juridiction civile compétente peut également ordonner toutes mesures urgentes sur requête lorsque les circonstances exigent que ces mesures ne soient pas prises contradictoirement, notamment lorsque tout retard serait de nature à causer un préjudice irréparable au demandeur. Saisie en référé ou sur requête, la juridiction ne peut ordonner les mesures demandées que si les éléments de preuve, raisonnablement accessibles au demandeur, rendent vraisemblable qu'il est porté atteinte à ses droits ou qu'une telle atteinte est imminente.

La juridiction peut interdire la poursuite des actes argués de contrefaçon, la subordonner à la constitution de garanties destinées à assurer l'indemnisation éventuelle du demandeur ou ordonner la saisie ou la remise entre les mains d'un tiers des produits soupçonnés de porter atteinte aux droits conférés par le titre, pour empêcher leur introduction ou leur circulation dans les circuits commerciaux. Si le demandeur justifie de circonstances de nature à compromettre le recouvrement des dommages et intérêts, la juridiction peut ordonner la saisie conservatoire des biens mobiliers et immobiliers du prétendu contrefacteur, y compris le blocage de ses comptes bancaires et autres avoirs, conformément au droit commun. Pour déterminer les biens susceptibles de faire l'objet de la saisie, elle peut ordonner la communication des documents bancaires, financiers, comptables ou commerciaux ou l'accès aux informations pertinentes.

Elle peut également accorder au demandeur une provision lorsque l'existence de son préjudice n'est pas sérieusement contestable.

Saisie en référé ou sur requête, la juridiction peut subordonner l'exécution des mesures qu'elle ordonne à la constitution par le demandeur de garanties destinées à assurer l'indemnisation éventuelle du défendeur si l'action en contrefaçon est ultérieurement jugée non fondée ou les mesures annulées.

Lorsque les mesures prises pour faire cesser une atteinte aux droits sont ordonnées avant l'engagement d'une action au fond, le demandeur doit, dans un délai fixé par voie réglementaire, soit se pourvoir par la voie civile ou pénale, soit déposer une plainte auprès du procureur de la République. A défaut, sur demande du défendeur et sans que celui-ci ait à motiver sa demande, les mesures ordonnées sont annulées, sans préjudice des dommages et intérêts qui peuvent être réclamés.

Art. L. 521-7 Pour fixer les dommages et intérêts, la juridiction prend en considération distinctement :

1° Les conséquences économiques négatives de la contrefaçon, dont le manque à gagner et la perte subis par la partie lésée ;

2° Le préjudice moral causé à cette dernière ;

3° Et les bénéfices réalisés par le contrefacteur, y compris les économies d'investissements intellectuels, matériels et promotionnels que celui-ci a retirées de la contrefaçon.

Toutefois, la juridiction peut, à titre d'alternative et sur demande de la partie lésée, allouer à titre de dommages et intérêts une somme forfaitaire. Cette somme est supérieure au montant des redevances ou droits qui auraient été dus si le contrefacteur avait demandé l'autorisation d'utiliser le droit auquel il a porté atteinte. Cette somme n'est pas exclusive de l'indemnisation du préjudice moral causé à la partie lésée.

Art. L. 521-8 En cas de condamnation civile pour contrefaçon, la juridiction peut ordonner, à la demande de la partie lésée, que les produits reconnus comme produits contrefaisants, les matériaux et instruments ayant principalement servi à leur création ou fabrication soient rappelés des circuits commerciaux, écartés définitivement de ces circuits, détruits ou confisqués au profit de la partie lésée.

La juridiction peut aussi ordonner toute mesure appropriée de publicité du jugement, notamment son affichage ou sa publication intégrale ou par extraits dans les journaux ou sur les services de communication au public en ligne qu'elle désigne, selon les modalités qu'elle précise.

Les mesures mentionnées aux deux premiers alinéas sont ordonnées aux frais du contrefacteur.

Art. L. 521-9 Les officiers de police judiciaire peuvent procéder, dès la constatation des infractions prévues au premier alinéa de l'article L. 521-10, à la saisie des produits fabriqués, importés, détenus, mis en vente, livrés ou fournis illicitement et des matériels ou instruments spécialement installés en vue de tels agissements.

Art. L. 521-10 Toute atteinte portée sciemment aux droits garantis par le présent livre est punie de trois ans d'emprisonnement et de 300 000 € d'amende. Lorsque le délit a été commis en bande organisée ou sur un réseau de communication au public en ligne ou lorsque les faits portent sur des marchandises dangereuses pour la santé, la sécurité de l'homme ou l'animal, les peines sont portées à cinq ans d'emprisonnement et à 500 000 € d'amende.

En outre, la juridiction peut ordonner la fermeture totale ou partielle, définitive ou temporaire, pour une durée au plus de cinq ans, de l'établissement ayant servi à commettre l'infraction.

La fermeture temporaire ne peut entraîner ni rupture, ni suspension du contrat de travail, ni aucun préjudice pécuniaire à l'encontre des salariés concernés. Lorsque la fermeture définitive entraîne le licenciement du personnel, elle donne lieu, en dehors de l'indemnité de préavis et de l'indemnité de licenciement, aux indemnités prévues aux articles L. 122-14-4 et L. 122-14-5 du code du travail en cas de rupture de contrat de travail. Le non-paiement de ces indemnités est puni de six mois d'emprisonnement et de 3 750 € d'amende.

Art. L. 521-11 Les personnes physiques coupables du délit prévu au premier alinéa de l'article L. 521-10 peuvent en outre être condamnées, à leurs frais, à retirer des circuits commerciaux les objets jugés contrefaisants et toute chose qui a servi ou était destinée à commettre l'infraction.

La juridiction peut ordonner la destruction aux frais du condamné ou la remise à la partie lésée des objets et choses retirés des circuits commerciaux ou confisqués, sans préjudice de tous dommages et intérêts.

Elle peut également ordonner, aux frais du condamné, l'affichage du jugement ou la diffusion du jugement prononçant la condamnation, dans les conditions prévues à l'article 131-35 du code pénal.

Art. L. 521-12 Les personnes morales déclarées responsables pénalement, dans les conditions prévues par l'article 121-2 du code pénal, de l'infraction définie au premier alinéa de l'article L. 521-10 encourent, outre l'amende suivant les modalités prévues par l'article 131-38 du code pénal, les peines prévues par l'article 131-39 du même code.

L'interdiction mentionnée au 2° de l'article 131-39 du même code porte sur l'activité dans l'exercice ou à l'occasion de l'exercice de laquelle l'infraction a été commise.

Les personnes morales déclarées pénalement responsables peuvent en outre être condamnées, à leurs frais, à retirer des circuits commerciaux les objets jugés contrefaisants et toute chose qui a servi ou était destinée à commettre l'infraction.

La juridiction peut ordonner la destruction aux frais du condamné ou la remise à la partie lésée des objets et choses retirés des circuits commerciaux ou confisqués, sans préjudice de tous dommages et intérêts.

Art. L. 521-13 En cas de récidive des infractions aux droits garantis par le présent livre, ou si le délinquant est ou a été lié par convention avec la partie lésée, les peines encourues sont portées au double.

Les coupables peuvent, en outre, être privés pendant un temps qui n'excédera pas cinq ans du droit d'élection et d'éligibilité pour les tribunaux de commerce, les chambres de commerce et d'industrie territoriales et les chambres de métiers, ainsi que pour les conseils de prud'hommes.

Chapitre Ier *bis* La retenue

Art. L. 521-14 En dehors des cas prévus par la réglementation communautaire en vigueur, l'administration des douanes peut, sur demande écrite du propriétaire d'un dessin ou d'un modèle déposé ou du bénéficiaire d'un droit exclusif d'exploitation, assortie des justifications de son droit, retenir dans le cadre de ses contrôles les marchandises que celui-ci prétend constituer une contrefaçon.

Cette retenue est immédiatement notifiée au demandeur et au détenteur. Le procureur de la République est également informé de ladite mesure par l'administration des douanes.

Lors de la notification mentionnée à la première phrase du deuxième alinéa du présent article, la nature, la quantité réelle ou estimée ainsi que des images des marchandises sont communiquées au propriétaire du droit ou au bénéficiaire du droit exclusif d'exploitation, par dérogation à l'article 59 *bis* du code des douanes. Ces informations peuvent également être communiquées avant la mise en œuvre de la mesure de retenue prévue par le présent article.

Sous réserve des procédures prévues aux articles L. 521-17-1 et L. 521-17-2, la mesure de retenue est levée de plein droit à défaut, pour le demandeur, dans le délai de dix jours ouvrables ou de trois jours ouvrables s'il s'agit de denrées périssables, à compter de la notification de la retenue des marchandises, de justifier auprès des services douaniers, soit de mesures conservatoires décidées par la juridiction civile compétente, soit de s'être pourvu par la voie civile ou la voie correctionnelle et d'avoir constitué les garanties destinées à l'indemnisation éventuelle du détenteur des marchandises au cas où la contrefaçon ne serait pas ultérieurement reconnue, soit d'avoir déposé une plainte auprès du procureur de la République. L'administration des douanes peut proroger le délai de dix jours, prévu au présent alinéa, de dix jours ouvrables maximum sur requête dûment motivée du demandeur. En cas de prorogation du délai, le procureur de la République et le détenteur des marchandises en sont informés.

Les frais liés à la mesure de retenue ou aux mesures conservatoires prononcées par la juridiction civile compétente sont à la charge du demandeur, sous réserve des procédures prévues aux articles L. 521-18 et L. 521-19.

Aux fins de l'engagement des actions en justice visées au quatrième alinéa, le demandeur peut obtenir de l'administration des douanes communication des nom et adresse de l'expéditeur, de l'importateur, du destinataire des marchandises retenues ou de leur détenteur, ainsi que des images de ces marchandises et des informations sur leur quantité, leur origine, leur provenance et leur destination par dérogation à l'article 59 *bis* du code des douanes, relatif au secret professionnel auquel sont tenus les agents de l'administration des douanes.

La retenue mentionnée au premier alinéa ne porte pas :

- sur les marchandises de statut communautaire, légalement fabriquées ou mises en libre pratique dans un Etat membre de la Communauté européenne et destinées, après avoir emprunté le territoire douanier tel que défini à l'article 1er du code des douanes, à être mises sur le marché d'un autre Etat membre de la Communauté européenne pour y être légalement commercialisées ;
- sur les marchandises de statut communautaire, légalement fabriquées ou légalement mises en libre pratique dans un autre Etat membre de la Communauté européenne, dans lequel elles ont été placées sous le régime du transit et qui sont destinées, après avoir transité sur le territoire douanier tel que défini à l'article 1er du code des douanes, à être exportées vers un Etat non membre de la Communauté européenne.

Art. L. 521-15 En l'absence de demande écrite du propriétaire d'un dessin ou d'un modèle déposé ou du bénéficiaire d'un droit exclusif d'exploitation et en dehors des cas prévus par la réglementation communautaire en vigueur, l'administration des douanes peut, dans le cadre de ses contrôles, retenir une marchandise susceptible de porter atteinte à un dessin ou un modèle déposé ou à un droit exclusif d'exploitation.

Cette retenue est immédiatement notifiée au propriétaire du dessin ou du modèle déposé ou au bénéficiaire du droit exclusif d'exploitation. Le procureur de la République est également informé de ladite mesure.

Lors de la notification mentionnée à la première phrase du deuxième alinéa du présent article, la nature et la quantité réelle ou estimée ainsi que des images des marchandises sont communiquées au propriétaire du droit ou au bénéficiaire du droit exclusif d'exploitation, par dérogation à l'article 59 *bis* du code des douanes. Ces informations peuvent également être communiquées avant la mise en œuvre de la mesure de retenue prévue au présent article.

La mesure de retenue est levée de plein droit si l'administration des douanes n'a pas reçu du propriétaire du dessin ou du modèle déposé ou du bénéficiaire d'un droit exclusif d'exploitation la demande prévue à l'article L. 521-14 du présent code, déposée dans un délai de quatre jours ouvrables à compter de la notification de la retenue mentionnée au deuxième alinéa du présent article.

Si la demande a été reçue conformément au quatrième alinéa du présent article, le délai de dix jours ouvrables mentionné au quatrième alinéa de l'article L. 521-14 commence à courir à compter de l'acceptation de cette demande par l'administration des douanes.

Le présent article n'est pas applicable aux marchandises périssables.

Art. L. 521-16 I. – Lorsque la retenue portant sur des marchandises soupçonnées de constituer une contrefaçon d'un dessin ou d'un modèle déposé, prévue par la réglementation communautaire en vigueur, est mise en œuvre avant qu'une demande d'intervention du propriétaire du dessin ou du modèle déposé ou du bénéficiaire du droit exclusif d'exploitation ait été déposée ou acceptée, les agents des douanes peuvent, par dérogation à l'article 59 *bis* du code des douanes, informer ce propriétaire ou ce bénéficiaire du droit exclusif d'exploitation de la mise en œuvre de cette mesure. Ils peuvent également lui communiquer des informations portant sur la quantité des marchandises et leur nature.

Lorsque la retenue portant sur des marchandises soupçonnées de constituer une contrefaçon de dessin ou modèle, prévue par la réglementation communautaire en vigueur, est mise en œuvre après qu'une demande d'intervention du propriétaire du dessin ou du modèle déposé ou du bénéficiaire d'un droit exclusif d'exploitation a été acceptée, les agents des douanes peuvent également communiquer à ce propriétaire ou à ce bénéficiaire les informations prévues par cette réglementation communautaire, nécessaires pour déterminer s'il y a eu violation de son droit.

II. – Les frais générés par la mise en œuvre d'une retenue prévue par la réglementation communautaire en vigueur sont à la charge du propriétaire du dessin ou du modèle déposé ou du bénéficiaire du droit exclusif d'exploitation.

Art. L. 521-17 Pendant le délai de la retenue visée à l'article L. 521-14 et au second alinéa du I de l'article L. 521-16, le propriétaire du dessin ou du modèle déposé ou le bénéficiaire du droit exclusif d'exploitation peut, à sa demande ou à la demande de l'administration des douanes, inspecter les marchandises retenues.

Lors du contrôle des marchandises mises en retenue, l'administration des douanes peut prélever des échantillons. A la demande du propriétaire du dessin ou du modèle déposé ou du bénéficiaire du droit exclusif d'exploitation, ces échantillons peuvent lui être remis aux seules fins d'analyse et en vue de faciliter les actions qu'il peut être amené à engager par la voie civile ou pénale.

Art. L. 521-17-1 I. – Lorsque la retenue portant sur des marchandises soupçonnées de constituer une contrefaçon d'un dessin et modèle déposé est mise en œuvre après qu'une demande mentionnée à l'article L. 521-14 a été acceptée, les marchandises soupçonnées de porter atteinte à un dessin et modèle déposé peuvent être détruites sous le contrôle des agents des douanes dès lors que les conditions suivantes sont remplies :

1° Le demandeur a confirmé par écrit et par une expertise détaillée aux autorités douanières, dans un délai de dix jours ouvrables, ou de trois jours ouvrables pour les denrées périssables, à partir de la notification de la retenue, le caractère contrefaisant des marchandises ;

2° Le demandeur a confirmé par écrit aux autorités douanières, dans un délai de dix jours ouvrables, ou de trois jours ouvrables pour les denrées périssables, à partir de la notification de la retenue, qu'il consent à la destruction, sous sa responsabilité, des marchandises ;

3° Le détenteur des marchandises a confirmé par écrit aux autorités douanières, dans un délai de dix jours ouvrables, ou de trois jours ouvrables pour les denrées périssables, à partir de la notification de la retenue, qu'il consent à la destruction des marchandises.

II. – Si le détenteur des marchandises n'a, dans le délai mentionné au 3° du I, ni confirmé qu'il consent à la destruction des marchandises, ni informé l'administration des douanes qu'il s'oppose à leur destruction, il est réputé avoir consenti à cette destruction.

III. – Lorsque le détenteur des marchandises n'a pas confirmé par écrit qu'il consent à leur destruction et qu'il n'est pas réputé avoir consenti à la destruction des marchandises dans les délais prévus, l'administration des douanes en informe immédiatement le demandeur lequel, dans un délai de dix jours ouvrables, ou de trois jours ouvrables pour les denrées périssables, à partir de la notification de la retenue, prend les mesures mentionnées au quatrième alinéa de l'article L. 521-14.

Le délai de dix jours peut être prorogé de dix jours ouvrables maximum sur requête dûment motivée du demandeur. En cas de prorogation du délai, le procureur de la République et le détenteur des marchandises en sont informés.

Si les conditions prévues au I du présent article ne sont pas réunies et si le demandeur n'a pas justifié auprès de l'administration des douanes qu'il a pris les mesures mentionnées au quatrième alinéa de l'article L. 521-14, la mesure de retenue est levée de plein droit.

IV. – Dans le cadre de la communication d'informations prévues au troisième alinéa des articles L. 521-14 et L. 521-15, les autorités douanières informent le demandeur de l'existence de la procédure prévue au présent article. Les informations prévues au sixième alinéa de l'article L. 521-14 peuvent également être communiquées au demandeur aux fins de mise en œuvre de la présente mesure.

Art. L. 521-17-2 I. – Lorsque la retenue portant sur des marchandises soupçonnées de constituer une contrefaçon d'un dessin et modèle déposé est mise en œuvre après qu'une demande mentionnée à l'article L. 521-14 a été acceptée, les marchandises transportées en petits envois peuvent être détruites sous le contrôle des agents des douanes lorsque le demandeur a, dans sa demande, sollicité le recours à la procédure prévue au présent article.

II. – La notification mentionnée à la première phrase du deuxième alinéa de l'article L. 521-14 est faite dans un délai d'un jour ouvrable à compter de la date de la mise en retenue. Elle mentionne l'intention de l'administration des douanes de détruire ou non les marchandises et indique que :

1° Le détenteur des marchandises dispose d'un délai de dix jours ouvrables à compter de la notification de la retenue pour faire connaître à l'administration des douanes ses observations ;

2° Les marchandises concernées peuvent être détruites lorsque, dans un délai de dix jours ouvrables à partir de leur mise en retenue, le détenteur des marchandises a confirmé à l'administration des douanes qu'il consent à cette destruction. En cas de silence du détenteur des marchandises à l'issue de ce délai, le détenteur est réputé avoir consenti à leur destruction.

L'administration des douanes communique au demandeur, sur requête de celui-ci, les informations relatives à la quantité réelle ou estimée des marchandises détruites et à leur nature.

III. – Lorsque le détenteur des marchandises n'a pas confirmé par écrit qu'il consent à leur destruction ou lorsqu'il n'est pas réputé avoir consenti à leur destruction, l'administration des douanes en informe immédiatement le demandeur et lui communique la quantité, la nature ainsi que des images des marchandises.

IV. – La mesure de retenue est levée de plein droit à défaut pour le demandeur, dans le délai de dix jours ouvrables à compter de l'information prévue au III du présent article, de justifier auprès de l'administration des douanes qu'il a pris les mesures mentionnées au quatrième alinéa de l'article L. 521-14.

En vue de prendre ces mesures, le demandeur peut obtenir de l'administration des douanes communication des nom et adresse de l'expéditeur, de l'importateur, du destinataire et du détenteur des marchandises retenues, ainsi que de leur quantité, leur origine, leur provenance et leur destination, par dérogation à l'article 59 *bis* du code des douanes.

V. – La définition des petits envois mentionnés au I du présent article est précisée par arrêté du ministre chargé des douanes.

VI. – Le présent article n'est pas applicable aux denrées périssables.

Art. L. 521-17-3 Lorsque le demandeur utilise les informations qui lui sont communiquées par l'administration des douanes, par dérogation à l'article 59 *bis* du code des douanes, à d'autres fins que celles prévues au présent chapitre, l'administration des douanes abroge, suspend ou refuse de renouveler ladite demande.

Art. L. 521-18 En vue de prononcer les mesures prévues aux articles L. 521-14 à L. 521-17-3, les agents des douanes appliquent les pouvoirs qui leur sont dévolus par le code des douanes.

Art. L. 521-19 Un décret en Conseil d'Etat fixe :

1° Les conditions d'application des mesures prévues aux articles L. 521-14 à L. 521-17-3 ;

2° Les conditions dans lesquelles a lieu la destruction des marchandises susceptibles de constituer une contrefaçon d'un dessin ou modèle, prévue par la réglementation de l'Union européenne, ainsi que les conditions du prélèvement d'échantillons préalable à ladite destruction.

Chapitre II Contentieux des dessins ou modèles communautaires

Art. L. 522-1 Les chapitres Ier et Ier *bis* du présent titre sont applicables aux atteintes portées aux droits du propriétaire d'un dessin ou modèle communautaire.

Art. L. 522-2 Un décret en Conseil d'Etat détermine le siège et le ressort des juridictions de première instance et d'appel qui sont compétentes pour connaître des actions et des demandes prévues à l'article 80 du règlement (CE) n° 6/2002 du Conseil, du 12 décembre 2001, sur les dessins ou modèles communautaires, y compris lorsque ces actions et demandes portent à la fois sur une question de dessins ou modèles et sur une question connexe de concurrence déloyale.

LIVRE VI PROTECTION DES INVENTIONS ET DES CONNAISSANCES TECHNIQUES

TITRE Ier BREVETS D'INVENTION

Chapitre Ier Champ d'application

Section 1 Généralités

Art. L. 611-1 Toute invention peut faire l'objet d'un titre de propriété industrielle délivré par le directeur de l'Institut national de la propriété industrielle qui confère à son titulaire ou à ses ayants cause un droit exclusif d'exploitation.

La délivrance du titre donne lieu à la diffusion légale prévue à l'article L. 612-21.

Sous réserve des dispositions des conventions internationales auxquelles la France est partie, les étrangers dont le domicile ou l'établissement est situé en dehors du territoire où le présent titre est applicable jouissent du bénéfice du présent titre, sous la condition que les Français bénéficient de la réciprocité de protection dans les pays dont lesdits étrangers sont ressortissants.

Sauf stipulation contraire d'un engagement international auquel la France est partie, les dispositions du présent article s'appliquent aux inventions réalisées ou utilisées dans l'espace extra-atmosphérique y compris sur les corps célestes ou dans ou sur des objets spatiaux placés sous juridiction nationale en application de l'article VIII du traité du 27 janvier 1967 sur les principes régissant les activités des Etats en matière d'exploration et d'utilisation de l'espace extra-atmosphérique, y compris la Lune et les autres corps célestes.

Art. L. 611-2 Les titres de propriété industrielle protégeant les inventions sont :

1° Les brevets d'invention, délivrés pour une durée de vingt ans à compter du jour du dépôt de la demande ;

2° Les certificats d'utilité, délivrés pour une durée de six ans à compter du jour du dépôt de la demande ;

3° Les certificats complémentaires de protection rattachés à un brevet dans les conditions prévues à l'article L. 611-3, prenant effet au terme légal du brevet auquel ils se rattachent pour une durée ne pouvant excéder sept ans à compter de ce terme et dix-sept ans à compter de la délivrance de l'autorisation de mise sur le marché mentionnée à ce même article.

Les dispositions du présent livre concernant les brevets sont applicables aux certificats d'utilité à l'exception de celles prévues aux articles L. 612-14, L. 612-15 et au premier alinéa de l'article L. 612-17. Elles le sont également aux certificats complémentaires de protection à l'exception de celles prévues aux articles L. 611-12, L. 612-1 à L. 612-10, L. 612-12 à L. 612-15, L. 612-17, L. 612-20, L. 613-1 et L. 613-25.

Art. L. 611-3 Tout propriétaire d'un brevet d'invention produisant ses effets en France et ayant pour objet un médicament, un procédé d'obtention d'un médicament, un produit nécessaire à l'obtention de ce médicament ou un procédé de fabrication d'un tel produit peut, lorsque ceux-ci sont utilisés pour la réalisation d'une spécialité pharmaceutique faisant l'objet d'une autorisation de mise sur le marché conformément aux articles L. 601 ou L. 617-1 du code de la santé publique, et à compter de sa délivrance, obtenir, dans les formes et conditions fixées par le présent livre et précisées par décret en Conseil d'Etat, un certificat complémentaire de protection pour celles des parties du brevet correspondant à cette autorisation.

Art. L. 611-5 Les certificats d'addition demandés antérieurement à l'entrée en vigueur de la loi n° 90-1052 du 26 novembre 1990 relative à la propriété industrielle restent soumis aux règles applicables à la date de leur demande.

Toutefois, l'exercice des droits en résultant est régi par les dispositions du présent livre.

Section 2 Droit au titre

Art. L. 611-6 Le droit au titre de propriété industrielle mentionné à l'article L. 611-1 appartient à l'inventeur ou à son ayant cause.

Si plusieurs personnes ont réalisé l'invention indépendamment l'une de l'autre, le droit au titre de propriété industrielle appartient à celle qui justifie de la date de dépôt la plus ancienne.

Dans la procédure devant le directeur de l'Institut national de la propriété industrielle, le demandeur est réputé avoir droit au titre de propriété industrielle.

Art. L. 611-7 Si l'inventeur est un salarié, le droit au titre de propriété industrielle, à défaut de stipulation contractuelle plus favorable au salarié, est défini selon les dispositions ci-après :

1. Les inventions faites par le salarié dans l'exécution soit d'un contrat de travail comportant une mission inventive qui correspond à ses fonctions effectives, soit d'études et de recherches qui lui sont explicitement confiées, appartiennent à l'employeur. L'employeur informe le salarié auteur d'une telle invention lorsque cette dernière fait l'objet du dépôt d'une demande de titre de propriété industrielle et lors de la délivrance, le cas échéant, de ce titre. Les conditions dans lesquelles le salarié, auteur d'une invention appartenant à l'employeur, bénéficie d'une rémunération supplémentaire sont déterminées par les conventions collectives, les accords d'entreprise et les contrats individuels de travail.

Si l'employeur n'est pas soumis à une convention collective de branche, tout litige relatif à la rémunération supplémentaire est soumis à la commission de conciliation instituée par l'article L. 615-21 ou au tribunal de grande instance.

2. Toutes les autres inventions appartiennent au salarié. Toutefois, lorsqu'une invention est faite par un salarié soit dans le cours de l'exécution de ses fonctions, soit dans le domaine des activités de l'entreprise, soit par la connaissance ou l'utilisation des techniques ou de moyens spécifiques à l'entreprise, ou de données procurées par elle, l'employeur a le droit, dans des conditions et délais fixés par décret en Conseil d'Etat, de se faire attribuer la propriété ou la jouissance de tout ou partie des droits attachés au brevet protégeant l'invention de son salarié.

Le salarié doit en obtenir un juste prix qui, à défaut d'accord entre les parties, est fixé par la commission de conciliation instituée par l'article L. 615-21 ou par le tribunal de grande instance : ceux-ci prendront en considération tous éléments qui pourront leur être fournis notamment par l'employeur et par le salarié, pour calculer le juste prix tant en fonction des apports initiaux de l'un et de l'autre que de l'utilité industrielle et commerciale de l'invention.

3. Le salarié auteur d'une invention en informe son employeur qui en accuse réception selon des modalités et des délais fixés par voie réglementaire.

Le salarié et l'employeur doivent se communiquer tous renseignements utiles sur l'invention en cause. Ils doivent s'abstenir de toute divulgation de nature à compromettre en tout ou en partie l'exercice des droits conférés par le présent livre.

Tout accord entre le salarié et son employeur ayant pour objet une invention de salarié doit, à peine de nullité, être constaté par écrit.

4. Les modalités d'application du présent article sont fixées par décret en Conseil d'Etat.

5. Les dispositions du présent article sont également applicables aux agents de l'Etat, des collectivités publiques et de toutes autres personnes morales de droit public, selon des modalités qui sont fixées par décret en Conseil d'Etat.

Art. L. 611-8 Si un titre de propriété industrielle a été demandé soit pour une invention soustraite à l'inventeur ou à ses ayants cause, soit en violation d'une obligation légale ou conventionnelle, la personne lésée peut revendiquer la propriété de la demande ou du titre délivré.

L'action en revendication se prescrit par cinq ans à compter de la publication de la délivrance du titre de propriété industrielle.

Toutefois, en cas de mauvaise foi au moment de la délivrance ou de l'acquisition du titre, le délai de prescription est de cinq ans à compter de l'expiration du titre.

Art. L. 611-9 L'inventeur, salarié ou non, est mentionné comme tel dans le brevet ; il peut également s'opposer à cette mention.

Section 3 Inventions brevetables

Art. L. 611-10 1. Sont brevetables, dans tous les domaines technologiques, les inventions nouvelles impliquant une activité inventive et susceptibles d'application industrielle.

2. Ne sont pas considérées comme des inventions au sens du premier alinéa du présent article notamment :

a) Les découvertes ainsi que les théories scientifiques et les méthodes mathématiques ;

b) Les créations esthétiques ;

c) Les plans, principes et méthodes dans l'exercice d'activités intellectuelles, en matière de jeu ou dans le domaine des activités économiques, ainsi que les programmes d'ordinateurs ;

d) Les présentations d'informations.

3. Les dispositions du 2 du présent article n'excluent la brevetabilité des éléments énumérés auxdites dispositions que dans la mesure où la demande de brevet ou le brevet ne concerne que l'un de ces éléments considéré en tant que tel.

4. Sous réserve des dispositions des articles L. 611-16 à L. 611-19, sont brevetables aux conditions prévues au 1 les inventions portant sur un produit constitué en totalité ou en partie de matière biologique, ou sur un procédé permettant de produire, de traiter ou d'utiliser de la matière biologique.

Est regardée comme matière biologique la matière qui contient des informations génétiques et peut se reproduire ou être reproduite dans un système biologique.

Art. L. 611-11 Une invention est considérée comme nouvelle si elle n'est pas comprise dans l'état de la technique.

L'état de la technique est constitué par tout ce qui a été rendu accessible au public avant la date de dépôt de la demande de brevet par une description écrite ou orale, un usage ou tout autre moyen.

Est également considéré comme compris dans l'état de la technique le contenu de demandes de brevet français et de demandes de brevet européen ou international désignant la France, telles qu'elles ont été déposées, qui ont une date de dépôt antérieure à celle mentionnée au second alinéa du présent article et qui n'ont été publiées qu'à cette date ou qu'à une date postérieure.

Les deuxième et troisième alinéas n'excluent pas la brevetabilité d'une substance ou composition comprise dans l'état de la technique pour la mise en œuvre des méthodes visées à l'article L. 611-16, à condition que son utilisation pour l'une quelconque de ces méthodes ne soit pas comprise dans l'état de la technique.

Les deuxième et troisième alinéas n'excluent pas non plus la brevetabilité d'une substance ou composition visée au quatrième alinéa pour toute utilisation spécifique dans toute méthode visée à l'article L. 611-16, à condition que cette utilisation ne soit pas comprise dans l'état de la technique.

Art. L. 611-12 Si un premier dépôt a été effectué dans un Etat qui ne fait pas partie de l'Union de Paris ou de l'Organisation mondiale du commerce, un droit de priorité attaché à ce dépôt ayant des effets équivalents à ceux prévus par la Convention de Paris ne peut être accordé dans les mêmes conditions que dans la mesure où cet Etat accorde, sur la base d'un premier dépôt d'une demande de brevet français ou d'une demande internationale ou de brevet européen désignant la France, un droit de priorité équivalent.

Art. L. 611-13 Pour l'application de l'article L. 611-11, une divulgation de l'invention n'est pas prise en considération dans les deux cas suivants :

- si elle a lieu dans les six mois précédant la date du dépôt de la demande de brevet ;
- si elle résulte de la publication, après la date de ce dépôt, d'une demande de brevet antérieure et si, dans l'un ou l'autre cas, elle résulte directement ou indirectement :

a) D'un abus évident à l'égard de l'inventeur ou de son prédécesseur en droit ;

b) Du fait que l'invention ait été présentée par eux dans une exposition officielle ou officiellement reconnue au sens de la convention révisée concernant les expositions internationales signée à Paris le 22 novembre 1928.

Toutefois, dans ce dernier cas, l'exposition de l'invention doit avoir été déclarée lors du dépôt et une justification produite dans les délais et conditions fixés par voie réglementaire.

Art. L. 611-14 Une invention est considérée comme impliquant une activité inventive si, pour un homme du métier, elle ne découle pas d'une manière évidente de l'état de la technique. Si l'état de la technique comprend des documents mentionnés au troisième alinéa de l'article L. 611-11, ils ne sont pas pris en considération pour l'appréciation de l'activité inventive.

Art. L. 611-15 Une invention est considérée comme susceptible d'application industrielle si son objet peut être fabriqué ou utilisé dans tout genre d'industrie, y compris l'agriculture.

Art. L. 611-16 Ne sont pas brevetables les méthodes de traitement chirurgical ou thérapeutique du corps humain ou animal et les méthodes de diagnostic appliquées au corps humain ou animal. Cette disposition ne s'applique pas aux produits, notamment aux substances ou compositions, pour la mise en œuvre d'une de ces méthodes.

Art. L. 611-17 Ne sont pas brevetables les inventions dont l'exploitation commerciale serait contraire à la dignité de la personne humaine, à l'ordre public ou aux bonnes mœurs, cette contrariété ne pouvant résulter du seul fait que cette exploitation est interdite par une disposition législative ou réglementaire.

Art. L. 611-18 Le corps humain, aux différents stades de sa constitution et de son développement, ainsi que la simple découverte d'un de ses éléments, y compris la séquence totale ou partielle d'un gène, ne peuvent constituer des inventions brevetables.

Seule une invention constituant l'application technique d'une fonction d'un élément du corps humain peut être protégée par brevet. Cette protection ne couvre l'élément du corps humain que dans la mesure nécessaire à la réalisation et à l'exploitation de cette application particulière. Celle-ci doit être concrètement et précisément exposée dans la demande de brevet.

Ne sont notamment pas brevetables :

a) Les procédés de clonage des êtres humains ;

b) Les procédés de modification de l'identité génétique de l'être humain ;

c) Les utilisations d'embryons humains à des fins industrielles ou commerciales ;

d) Les séquences totales ou partielles d'un gène prises en tant que telles.

Art. L. 611-19 I. – Ne sont pas brevetables :

1° Les races animales ;

2° Les variétés végétales telles que définies à l'article 5 du règlement (CE) n° 2100/94 du Conseil, du 27 juillet 1994, instituant un régime de protection communautaire des obtentions végétales ;

3° Les procédés essentiellement biologiques pour l'obtention des végétaux et des animaux ; sont considérés comme tels les procédés qui font exclusivement appel à des phénomènes naturels comme le croisement ou la sélection ;

4° Les procédés de modification de l'identité génétique des animaux de nature à provoquer chez eux des souffrances sans utilité médicale substantielle pour l'homme ou l'animal, ainsi que les animaux issus de tels procédés.

II. – Nonobstant les dispositions du I, les inventions portant sur des végétaux ou des animaux sont brevetables si la faisabilité technique de l'invention n'est pas limitée à une variété végétale ou à une race animale déterminées.

III. – Les dispositions du 3° du I n'affectent pas la brevetabilité d'inventions ayant pour objet un procédé technique, notamment microbiologique, ou un produit obtenu par un tel procédé ; est regardé comme un procédé microbiologique tout procédé utilisant ou produisant une matière biologique ou comportant une intervention sur une telle matière.

Chapitre II Dépôt et instruction des demandes

Section 1 Dépôt des demandes

Art. L. 612-1 La demande de brevet est présentée dans les formes et conditions prévues par le présent chapitre et précisées par voie réglementaire.

Art. L. 612-2 La date de dépôt de la demande de brevet est celle à laquelle le demandeur a produit les documents qui contiennent :

a) Une indication selon laquelle un brevet est demandé ;

b) Les informations permettant d'identifier ou de communiquer avec le demandeur ;

c) Une description, même si celle-ci n'est pas conforme aux autres exigences du présent titre, ou un renvoi à une demande déposée antérieurement dans les conditions fixées par voie réglementaire.

Art. L. 612-3 Lorsque deux demandes de brevet sont successivement déposées par le même inventeur ou son ayant cause dans un délai de douze mois au plus, le demandeur peut requérir que la seconde demande bénéficie de la date de dépôt de la première pour les éléments communs aux deux demandes.

La requête n'est pas recevable lorsque le bénéfice du droit de priorité attaché à un précédent dépôt étranger a déjà été requis pour l'une ou l'autre des deux demandes. Elle n'est pas non plus recevable lorsque la première demande bénéficie déjà, par application des dispositions du premier alinéa, de plusieurs dates de dépôt dont l'une antérieure de plus de douze mois.

La délivrance du brevet bénéficiant d'une date de dépôt antérieure en application du présent article emporte cessation des effets attachés au premier dépôt pour ces mêmes éléments.

Art. L. 612-4 La demande de brevet ne peut concerner qu'une invention ou une pluralité d'inventions liées entre elles de telle sorte qu'elles ne forment qu'un seul concept inventif général.

Toute demande qui ne satisfait pas aux dispositions de l'alinéa précédent doit être divisée dans le délai prescrit ; les demandes divisionnaires bénéficient de la date de dépôt et, le cas échéant, de la date de priorité de la demande initiale.

Art. L. 612-5 L'invention doit être exposée dans la demande de brevet de façon suffisamment claire et complète pour qu'un homme du métier puisse l'exécuter.

Lorsqu'une invention impliquant une matière biologique à laquelle le public n'a pas accès ne peut être décrite de manière à permettre à l'homme du métier d'exécuter cette invention, sa description n'est jugée suffisante que si la matière biologique a fait l'objet d'un dépôt auprès d'un organisme habilité. Les conditions d'accès du public à ce dépôt sont fixées par décret en Conseil d'Etat.

Art. L. 612-6 Les revendications définissent l'objet de la protection demandée. Elles doivent être claires et concises et se fonder sur la description.

Art. L. 612-7 1. Le demandeur d'un brevet qui veut se prévaloir de la priorité d'un dépôt antérieur est tenu de produire une déclaration de priorité et de justifier de l'existence de la demande antérieure dans les conditions et délais fixés par voie réglementaire.

2. Des priorités multiples peuvent être revendiquées pour une demande de brevet, même si elles proviennent d'Etats différents. Le cas échéant, des priorités multiples peuvent être revendiquées pour une même revendication. Si des priorités multiples sont revendiquées, les délais qui ont pour point de départ la date de priorité sont calculés à compter de la date de la priorité la plus ancienne.

3. Lorsqu'une ou plusieurs priorités sont revendiquées pour la demande de brevet, le droit de priorité ne couvre que les éléments de la demande dont la priorité est revendiquée.

4. Si certains éléments de l'invention pour lesquels la priorité est revendiquée ne figurent pas parmi les revendications formulées dans la demande antérieure, il suffit, pour que la priorité puisse être accordée, que l'ensemble des pièces de la demande antérieure révèle d'une façon précise lesdits éléments.

5. Pour l'effet du droit de priorité, la date de priorité est considérée comme celle du dépôt de la demande de brevet pour l'application des deuxième et troisième alinéas de l'article L. 611-11.

Section 2 Instruction des demandes

Art. L. 612-8 Le ministre chargé de la défense est habilité à prendre connaissance auprès de l'Institut national de la propriété industrielle, à titre confidentiel, des demandes de brevet.

Art. L. 612-9 Les inventions faisant l'objet de demandes de brevet ne peuvent être divulguées et exploitées librement aussi longtemps qu'une autorisation n'a été accordée à cet effet.

Pendant cette période, les demandes de brevet ne peuvent être rendues publiques, aucune copie conforme de la demande de brevet ne peut être délivrée sauf autorisation, et les procédures prévues aux articles L. 612-14, L. 612-15 et au 1° de l'article L. 612-21 ne peuvent être engagées.

Sous réserve de l'article L. 612-10, l'autorisation prévue au premier alinéa du présent article peut être accordée à tout moment. Elle est acquise de plein droit au terme d'un délai de cinq mois à compter du jour du dépôt de la demande de brevet.

Les autorisations prévues aux premier et deuxième alinéas du présent article sont accordées par le ministre chargé de la propriété industrielle sur avis du ministre chargé de la défense.

Art. L. 612-10 Avant le terme du délai prévu au deuxième alinéa de l'article L. 612-9, les interdictions édictées à l'alinéa premier dudit article peuvent être prorogées, sur réquisition du ministre chargé de la défense, pour une durée d'un an renouvelable. Les interdictions prorogées peuvent être levées à tout moment, sous la même condition.

La prorogation des interdictions édictées en vertu du présent article ouvre droit à une indemnité au profit du titulaire de la demande de brevet, dans la mesure du préjudice subi. A défaut d'accord amiable, cette indemnité est fixée par le tribunal de grande instance. A tous les degrés de juridiction, les débats ont lieu en chambre du conseil.

Une demande de révision de l'indemnité prévue à l'alinéa précédent peut être introduite par le titulaire du brevet à l'expiration du délai d'un an qui suit la date du jugement définitif fixant le montant de l'indemnité.

Le titulaire du brevet doit apporter la preuve que le préjudice qu'il subit est supérieur à l'estimation du tribunal.

Art. L. 612-11 Le directeur de l'Institut national de la propriété industrielle examine la conformité des demandes de brevet avec les dispositions législatives et réglementaires mentionnées à l'article L. 612-12.

Cause de rejet

Art. L. 612-12 Est rejetée, en tout ou partie, toute demande de brevet :

1° Qui ne satisfait pas aux conditions visées à l'article L. 612-1 ;

2° Qui n'a pas été divisée conformément à l'article L. 612-4 ;

3° Qui porte sur une demande divisionnaire dont l'objet s'étend au-delà du contenu de la description de la demande initiale ;

4° Qui a pour objet une invention manifestement non brevetable en application des articles L. 611-16 à L. 611-19 ;

5° Dont l'objet ne peut manifestement être considéré comme une invention au sens de l'article L. 611-10, deuxième paragraphe ;

6° Dont la description ou les revendications ne permettent pas d'appliquer les dispositions de l'article L. 612-14 ;

7° Qui n'a pas été modifiée, après mise en demeure, alors que l'absence de nouveauté résultait manifestement du rapport de recherche ;

8° Dont les revendications ne se fondent pas sur la description ;

9° Lorsque le demandeur n'a pas, s'il y a lieu, présenté d'observations ni déposé de nouvelles revendications au cours de la procédure d'établissement du rapport de recherche prévu à l'article L. 612-14.

Si les motifs de rejet n'affectent la demande de brevet qu'en partie, seules les revendications correspondantes sont rejetées.

En cas de non-conformité partielle de la demande aux dispositions des articles L. 611-17, L. 611-18, L. 611-19 (4° du I) ou L. 612-1, il est procédé d'office à la suppression des parties correspondantes de la description et des dessins.

Art. L. 612-13 Du jour du dépôt de la demande et jusqu'au jour où la recherche documentaire préalable au rapport prévu à l'article L. 612-14 a été commencée, le demandeur peut déposer de nouvelles revendications.

La faculté de déposer de nouvelles revendications est ouverte au demandeur d'un certificat d'utilité jusqu'au jour de la délivrance de ce titre.

Du jour de la publication de la demande de brevet en application du 1° de l'article L. 612-21 et dans un délai fixé par voie réglementaire, tout tiers peut adresser à l'Institut national de la propriété industrielle des observations écrites sur la brevetabilité, au sens des articles L. 611-11 et L. 611-14, de l'invention objet de ladite demande. L'Institut national de la propriété industrielle notifie ces observations au demandeur qui, dans un délai fixé par voie réglementaire, peut présenter des observations en réponse et déposer de nouvelles revendications.

Art. L. 612-14 Sous réserve des dispositions prévues à l'article L. 612-15 et si elle a reçu une date de dépôt, la demande de brevet donne lieu à l'établissement d'un rapport de recherche sur les éléments de l'état de la technique qui peuvent être pris en considération pour apprécier, au sens des articles L. 611-11 et L. 611-14, la brevetabilité de l'invention.

Ce rapport est établi dans des conditions fixées par décret.

Art. L. 612-15 Le demandeur peut transformer sa demande de brevet en demande de certificat d'utilité dans des conditions fixées par voie réglementaire.

Art. L. 612-16 Le demandeur qui n'a pas respecté un délai à l'égard de l'Institut national de la propriété industrielle peut présenter un recours en vue d'être restauré dans ses droits s'il justifie d'une excuse légitime et si l'inobservation de ce délai a pour conséquence directe le rejet de la demande de brevet ou d'une requête, la déchéance de la demande de brevet ou du brevet ou la perte de tout autre droit.

Le recours doit être présenté au directeur de l'Institut national de la propriété industrielle dans un délai de deux mois à compter de la cessation de l'empêchement. L'acte non accompli doit l'être dans ce délai. Le recours n'est recevable que dans un délai d'un an à compter de l'expiration du délai non observé.

Lorsque le recours se rapporte au défaut de paiement d'une redevance de maintien en vigueur, le délai non observé s'entend du délai de grâce prévu au second alinéa de l'article L. 612-19 et la restauration n'est accordée par le directeur de l'Institut national de la propriété industrielle qu'à la condition que les redevances de maintien en vigueur échues au jour de la restauration aient été acquittées dans le délai prescrit par voie réglementaire.

Les dispositions du présent article ne sont applicables ni aux délais prévus aux deuxième et troisième alinéas, à l'article L. 612-16-1 et aux délais de présentation et de correction d'une déclaration de priorité prescrits par voie réglementaire, ni au délai de priorité institué par l'article 4 de la convention de Paris pour la protection de la propriété industrielle.

Art. L. 612-16-1 Le demandeur qui n'a pas respecté le délai de priorité institué par l'article 4 de la convention de Paris pour la protection de la propriété industrielle à l'égard de l'Institut national de la propriété industrielle peut présenter un recours en vue d'être restauré dans son droit s'il justifie d'une excuse légitime.

La demande de brevet, déposée plus d'un an après la demande antérieure dont elle revendique la priorité, doit l'être dans le délai de deux mois à compter de l'expiration du délai de priorité.

Le recours doit également être présenté auprès du directeur général de l'INPI dans le délai de deux mois à compter de l'expiration du délai de priorité. Toutefois, le recours n'est pas recevable s'il est présenté après l'achèvement des préparatifs techniques de publication de la demande de brevet.

Art. L. 612-17 Après l'accomplissement de la procédure prévue à l'article L. 612-14, le brevet est délivré.

Tous les titres délivrés comprennent la description, s'il y a lieu les dessins, les revendications et, s'il s'agit d'un brevet, le rapport de recherche.

Art. L. 612-18 Lorsque le fonctionnement normal des communications est interrompu, un décret qui prendra effet à compter du jour de l'interruption peut suspendre les délais à l'égard de l'Institut national de la propriété industrielle pendant toute la durée de cette interruption.

Art. L. 612-19 Toute demande de brevet ou tout brevet donne lieu au paiement de redevances annuelles qui doivent être acquittées au plus tard au jour fixé par décret pris en Conseil d'Etat.

Lorsque le paiement d'une redevance annuelle n'a pas été effectué à la date prévue à l'alinéa précédent, ladite redevance peut être valablement versée dans un délai de grâce de six mois moyennant le paiement d'un supplément dans le même délai.

Art. L. 612-20 Le montant des redevances perçues à l'occasion du dépôt, de l'examen et de la délivrance du brevet ainsi que de son maintien en vigueur peut être réduit lorsque le demandeur appartient à l'une des catégories suivantes :

– personne physique ;

– petite ou moyenne entreprise ;

– organisme à but non lucratif du secteur de l'enseignement ou de la recherche.

Le bénéfice de la réduction est acquis sur simple déclaration. Toute fausse déclaration est constatée, à tout moment et à l'issue d'une procédure contradictoire, par une décision du directeur de l'Institut national de la propriété industrielle prise dans les conditions prévues à l'article L. 411-4. Cette décision est assortie d'une amende administrative dont le montant ne peut excéder dix fois le montant des redevances qui étaient dues et dont le produit est versé à l'Institut national de la propriété industrielle.

Les modalités d'application du présent article sont fixées par décret en Conseil d'Etat.

Section 3 Diffusion légale des inventions

Art. L. 612-21 L'Institut national de la propriété industrielle assure la publication, dans les conditions définies par décret en Conseil d'Etat, par mention au *Bulletin officiel* de la propriété industrielle, par mise à la disposition du public du texte intégral ou par diffusion grâce à une banque de données ou à la distribution du support informatique :

1° Du dossier de toute demande d'un brevet ou d'un certificat d'utilité au terme d'un délai de dix-huit mois à compter de sa date de dépôt ou à compter de la date de priorité si une priorité a été revendiquée, ou, sur simple requête du demandeur, avant l'expiration de ce délai ;

2° De toute demande d'un certificat complémentaire de protection, en annexe à la demande du brevet auquel le certificat se rattache, ou si cette dernière demande a déjà été publiée, dès son dépôt, avec l'indication dans ce cas du brevet auquel le certificat se rattache ;

3° De tout acte de procédure subséquent ;

4° De toute délivrance de l'un de ces titres ;

5° Des actes mentionnés à l'article L. 613-9 ;

6° De la date de l'autorisation mentionnée à l'article L. 611-3 avec l'indication du brevet correspondant.

Art. L. 612-22 Les dispositions de l'article L. 612-21 sont applicables aux demandes de brevet européen et brevets européens.

Art. L. 612-23 Il est délivré par l'Institut national de la propriété industrielle, à la requête de toute personne intéressée ou sur réquisition de toute autorité administrative, un avis documentaire citant les éléments de l'état de la technique pouvant être pris en considération pour apprécier, au sens des articles L. 611-11 et L. 611-14, la brevetabilité de l'invention.

Chapitre III Droits attachés aux brevets

Section 1 Droit exclusif d'exploitation

Art. L. 613-1 Le droit exclusif d'exploitation mentionné à l'article L. 611-1 prend effet à compter du dépôt de la demande.

Art. L. 613-2 L'étendue de la protection conférée par le brevet est déterminée par les revendications. Toutefois, la description et les dessins servent à interpréter les revendications.

Si l'objet du brevet porte sur un procédé, la protection conférée par le brevet s'étend aux produits obtenus directement par ce procédé.

Art. L. 613-2-1 La portée d'une revendication couvrant une séquence génique est limitée à la partie de cette séquence directement liée à la fonction spécifique concrètement exposée dans la description.

Les droits créés par la délivrance d'un brevet incluant une séquence génique ne peuvent être invoqués à l'encontre d'une revendication ultérieure portant sur la même séquence si cette revendication satisfait elle-même aux conditions de l'article L. 611-18 et qu'elle expose une autre application particulière de cette séquence.

Art. L. 613-2-2 Sous réserve des dispositions des articles L. 613-2-1 et L. 611-18, la protection conférée par un brevet à un produit contenant une information génétique ou consistant en une information génétique s'étend à toute matière dans laquelle le produit est incorporé et dans laquelle l'information génétique est contenue et exerce la fonction indiquée.

Cette protection ne s'applique pas en cas de présence fortuite ou accidentelle d'une information génétique brevetée dans des semences, des matériels de multiplication des végétaux, des plants et plantes ou parties de plantes.

Art. L. 613-2-3 La protection conférée par un brevet relatif à une matière biologique dotée, du fait de l'invention, de propriétés déterminées s'étend à toute matière biologique obtenue à partir de cette matière biologique par reproduction ou multiplication et dotée de ces mêmes propriétés.

La protection conférée par un brevet relatif à un procédé permettant de produire une matière biologique dotée, du fait de l'invention, de propriétés déterminées s'étend à la matière biologique directement obtenue par ce procédé et à toute autre matière biologique obtenue, à partir de cette dernière, par reproduction ou multiplication et dotée de ces mêmes propriétés.

Art. L. 613-2-4 La protection visée aux articles L. 613-2-2 et L. 613-2-3 ne s'étend pas à la matière biologique obtenue par reproduction ou multiplication d'une matière biologique mise sur le marché sur le territoire d'un Etat membre de la Communauté européenne ou d'un Etat partie à l'accord sur l'Espace économique européen par le titulaire du brevet ou avec son consentement, lorsque la reproduction ou la multiplication résulte nécessairement de l'utilisation pour laquelle la matière biologique a été mise sur le marché, dès lors que la matière obtenue n'est pas utilisée ensuite pour d'autres reproductions ou multiplications.

Art. L. 613-3 Sont interdites, à défaut de consentement du propriétaire du brevet :

a) La fabrication, l'offre, la mise dans le commerce, l'utilisation, l'importation, l'exportation, le transbordement, ou la détention aux fins précitées du produit objet du brevet ;

b) L'utilisation d'un procédé objet du brevet ou, lorsque le tiers sait ou lorsque les circonstances rendent évident que l'utilisation du procédé est interdite sans le consentement du propriétaire du brevet, l'offre de son utilisation sur le territoire français ;

c) L'offre, la mise dans le commerce, l'utilisation, l'importation, l'exportation, le transbordement ou la détention aux fins précitées du produit obtenu directement par le procédé objet du brevet.

Art. L. 613-4 1. Est également interdite, à défaut de consentement du propriétaire du brevet, la livraison ou l'offre de livraison, sur le territoire français, à une personne autre que celles habilitées à exploiter l'invention brevetée, des moyens de mise en œuvre, sur ce territoire, de cette invention se rapportant à un élément essentiel de celle-ci, lorsque le tiers sait ou lorsque les circonstances rendent évident que ces moyens sont aptes et destinés à cette mise en œuvre.

2. Les dispositions du 1 ne sont pas applicables lorsque les moyens de mise en œuvre sont des produits qui se trouvent couramment dans le commerce, sauf si le tiers incite la personne à qui il livre à commettre des actes interdits par l'article L. 613-3.

3. Ne sont pas considérées comme personnes habilitées à exploiter l'invention, au sens du 1, celles qui accomplissent les actes visés aux *a*, *b* et *c* de l'article L. 613-5.

Art. L. 613-5 Les droits conférés par le brevet ne s'étendent pas :

a) Aux actes accomplis dans un cadre privé et à des fins non commerciales ;

b) Aux actes accomplis à titre expérimental qui portent sur l'objet de l'invention brevetée ;

c) A la préparation de médicaments faite extemporanément et par unité dans les officines de pharmacie, sur ordonnance médicale, ni aux actes concernant les médicaments ainsi préparés ;

d) Aux études et essais requis en vue de l'obtention d'une autorisation de mise sur le marché pour un médicament, ainsi qu'aux actes nécessaires à leur réalisation et à l'obtention de l'autorisation ;

d bis) Aux actes nécessaires à l'obtention du visa de publicité mentionné à l'article L. 5122-9 du code de la santé publique ;

e) Aux objets destinés à être lancés dans l'espace extra-atmosphérique introduits sur le territoire français.

Art. L. 613-5-1 Par dérogation aux dispositions des articles L. 613-2-2 et L. 613-2-3, la vente ou tout autre acte de commercialisation de matériel de reproduction végétal par le titulaire du brevet, ou avec son consentement, à un agriculteur à des fins d'exploitation agricole implique pour celui-ci l'autorisation d'utiliser le produit de sa récolte pour la reproduction ou la multiplication par lui-même sur sa propre exploitation.

Les conditions de cette utilisation sont celles qui sont prévues par l'article 14 du règlement (CE) n° 2100/94 du Conseil du 27 juillet 1994 instituant un régime de protection communautaire des obtentions végétales.

Art. L. 613-5-2 Par dérogation aux dispositions des articles L. 613-2-2 et L. 613-2-3, la vente ou tout autre acte de commercialisation d'animaux d'élevage ou d'un matériel de reproduction animal par le titulaire du brevet, ou avec son consentement, à un agriculteur implique pour celui-ci l'autorisation d'utiliser, le cas échéant moyennant rémunération, le bétail protégé pour un usage agricole. Cette autorisation emporte la mise à disposition de l'animal ou du matériel de reproduction animal pour la poursuite de son activité agricole, mais exclut la vente dans le cadre d'une activité commerciale de reproduction.

Art. L. 613-5-3 Les droits conférés par les articles L. 613-2-2 et L. 613-2-3 ne s'étendent pas aux actes accomplis en vue de créer ou de découvrir et de développer d'autres variétés végétales.

Art. L. 613-6 Les droits conférés par le brevet ne s'étendent pas aux actes concernant le produit couvert par ce brevet, accomplis sur le territoire français, après que ce produit a été mis dans le commerce en France ou sur le territoire d'un Etat partie à l'accord sur l'Espace économique européen par le propriétaire du brevet ou avec son consentement exprès.

Art. L. 613-7 Toute personne qui, de bonne foi, à la date de dépôt ou de priorité d'un brevet, était, sur le territoire où le présent livre est applicable en possession de l'invention objet du brevet, a le droit, à titre personnel, d'exploiter l'invention malgré l'existence du brevet.

Le droit reconnu par le présent article ne peut être transmis qu'avec le fonds de commerce, l'entreprise ou la partie de l'entreprise auquel il est attaché.

Section 2 Transmission et perte des droits

Art. L. 613-8 Les droits attachés à une demande de brevet ou à un brevet sont transmissibles en totalité ou en partie.

Ils peuvent faire l'objet, en totalité ou en partie, d'une concession de licence d'exploitation, exclusive ou non exclusive.

Les droits conférés par la demande de brevet ou le brevet peuvent être invoqués à l'encontre d'un licencié qui enfreint l'une des limites de sa licence imposées en vertu de l'alinéa précédent.

Sous réserve du cas prévu à l'article L. 611-8, une transmission des droits visés au premier alinéa ne porte pas atteinte aux droits acquis par des tiers avant la date de transmission.

Les actes comportant une transmission ou une licence, visés aux deux premiers alinéas, sont constatés par écrit, à peine de nullité.

Art. L. 613-9 Tous les actes transmettant ou modifiant les droits attachés à une demande de brevet ou à un brevet doivent, pour être opposables aux tiers, être inscrits sur un registre, dit Registre national des brevets, tenu par l'Institut national de la propriété industrielle.

Toutefois, avant son inscription, un acte est opposable aux tiers qui ont acquis des droits après la date de cet acte, mais qui avaient connaissance de celui-ci lors de l'acquisition de ces droits.

Le licencié, partie à un contrat de licence non inscrit sur le Registre national des brevets, est également recevable à intervenir dans l'instance en contrefaçon engagée par le propriétaire du brevet afin d'obtenir la réparation du préjudice qui lui est propre.

Art. L. 613-11 Toute personne de droit public ou privé peut, à l'expiration d'un délai de trois ans après la délivrance d'un brevet, ou de quatre ans à compter de la date du dépôt de la demande, obtenir une licence obligatoire de ce brevet, dans les conditions prévues aux articles suivants, si au moment de la requête, et sauf excuses légitimes le propriétaire du brevet ou son ayant cause :

a) N'a pas commencé à exploiter ou fait des préparatifs effectifs et sérieux pour exploiter l'invention objet du brevet sur le territoire d'un Etat membre de la Communauté économique européenne ou d'un autre Etat partie à l'accord sur l'Espace économique européen ;

b) N'a pas commercialisé le produit objet du brevet en quantité suffisante pour satisfaire aux besoins du marché français.

Il en est de même lorsque l'exploitation prévue au *a* ci-dessus ou la commercialisation prévue au *b* ci-dessus a été abandonnée depuis plus de trois ans.

Pour l'application du présent article, l'importation de produits objets de brevets fabriqués dans un Etat partie à l'accord instituant l'Organisation mondiale du commerce est considérée comme une exploitation de ce brevet.

Art. L. 613-12 La demande de licence obligatoire est formée auprès du tribunal de grande instance : elle doit être accompagnée de la justification que le demandeur n'a pu obtenir du propriétaire du brevet une licence d'exploitation et qu'il est en état d'exploiter l'invention de manière sérieuse et effective.

La licence obligatoire est accordée à des conditions déterminées, notamment quant à sa durée, son champ d'application et le montant des redevances auxquelles elle donne lieu.

Ces conditions peuvent être modifiées par décision du tribunal, à la requête du propriétaire ou du licencié.

Art. L. 613-13 Les licences obligatoires et les licences d'office sont non exclusives. Les droits attachés à ces licences ne peuvent être transmis qu'avec le fonds de commerce, l'entreprise ou la partie de l'entreprise auquel ils sont attachés.

Art. L. 613-14 Si le titulaire d'une licence obligatoire ne satisfait pas aux conditions auxquelles cette licence a été accordée, le propriétaire du brevet et, le cas échéant, les autres licenciés peuvent obtenir du tribunal le retrait de cette licence.

Art. L. 613-15 Le titulaire d'un brevet portant atteinte à un brevet antérieur ne peut exploiter son brevet sans l'autorisation du titulaire du brevet antérieur ; ledit titulaire ne peut exploiter le brevet postérieur sans l'autorisation du titulaire du brevet postérieur.

Lorsque le titulaire d'un brevet ne peut l'exploiter sans porter atteinte à un brevet antérieur dont un tiers est titulaire, le tribunal de grande instance peut lui accorder une licence d'exploitation du brevet antérieur dans la mesure nécessaire à l'exploitation du brevet dont il est titulaire et pour autant que cette invention constitue à l'égard du brevet antérieur un progrès technique important et présente un intérêt économique considérable.

La licence accordée au titulaire du brevet postérieur ne peut être transmise qu'avec ledit brevet.

Le titulaire du brevet antérieur obtient, sur demande présentée au tribunal, la concession d'une licence réciproque sur le brevet postérieur.

Les dispositions des articles L. 613-12 à L. 613-14 sont applicables.

Art. L. 613-15-1 Lorsqu'un obtenteur ne peut obtenir ou exploiter un droit d'obtention végétale sans porter atteinte à un brevet antérieur, il peut demander la concession d'une licence de ce brevet dans la mesure où cette licence est nécessaire pour l'exploitation de la variété végétale à protéger et pour autant que la variété constitue à l'égard de l'invention revendiquée dans ce brevet un progrès technique important et présente un intérêt économique considérable.

Lorsqu'une telle licence est accordée, le titulaire du brevet obtient à des conditions équitables, sur demande présentée au tribunal, la concession d'une licence réciproque pour utiliser la variété protégée.

Les dispositions des articles L. 613-12 à L. 613-14 sont applicables.

Art. L. 613-16 Si l'intérêt de la santé publique l'exige et à défaut d'accord amiable avec le titulaire du brevet, le ministre chargé de la propriété industrielle peut, sur la demande du ministre chargé de la santé publique, soumettre par arrêté au régime de la licence d'office, dans les conditions prévues à l'article L. 613-17, tout brevet délivré pour :

a) Un médicament, un dispositif médical, un dispositif médical de diagnostic *in vitro*, un produit thérapeutique annexe ;

b) Leur procédé d'obtention, un produit nécessaire à leur obtention ou un procédé de fabrication d'un tel produit ;

c) Une méthode de diagnostic *ex vivo*.

Les brevets de ces produits, procédés ou méthodes de diagnostic ne peuvent être soumis au régime de la licence d'office dans l'intérêt de la santé publique que lorsque ces produits, ou des produits issus de ces procédés, ou ces méthodes sont mis à la disposition du public en quantité ou qualité insuffisantes ou à des prix anormalement élevés, ou lorsque le brevet est exploité dans des conditions contraires à l'intérêt de la santé publique ou constitutives de pratiques déclarées anticoncurrentielles à la suite d'une décision administrative ou juridictionnelle devenue définitive.

Lorsque la licence a pour but de remédier à une pratique déclarée anticoncurrentielle ou en cas d'urgence, le ministre chargé de la propriété industrielle n'est pas tenu de rechercher un accord amiable.

Art. L. 613-17 Du jour de la publication de l'arrêté qui soumet le brevet au régime de la licence d'office, toute personne qualifiée peut demander au ministre chargé de la propriété industrielle l'octroi d'une licence d'exploitation. Cette licence est accordée par arrêté dudit ministre à des conditions déterminées, notamment quant à sa durée et son champ d'application, mais à l'exclusion des redevances auxquelles elle donne lieu.

Elle prend effet à la date de la notification de l'arrêté aux parties.

A défaut d'accord amiable approuvé par le ministre chargé de la propriété industrielle et le ministre chargé de la santé publique, le montant des redevances est fixé par le tribunal de grande instance.

Art. L. 613-17-1 La demande d'une licence obligatoire, présentée en application du règlement (CE) n° 816/2006 du Parlement européen et du Conseil, du 17 mai 2006, concernant l'octroi de licences obligatoires pour des brevets visant la fabrication de produits pharmaceutiques destinés à l'exportation vers des pays connaissant des problèmes de santé publique, est adressée à l'autorité administrative. La licence est délivrée conformément aux conditions déterminées par l'article 10 de ce règlement. L'arrêté d'octroi de la licence fixe le montant des redevances dues.

La licence prend effet à la date la plus tardive à laquelle l'arrêté est notifié au demandeur et au titulaire du droit.

Art. L. 613-17-2 Toute violation de l'interdiction prévue à l'article 13 du règlement (CE) n° 816/2006 du Parlement européen et du Conseil, du 17 mai 2006, précité et à l'article 2 du règlement (CE) n° 953/2003 du Conseil, du 26 mai 2003, visant à éviter le détournement vers des pays de l'Union européenne de certains médicaments essentiels constitue une contrefaçon punie des peines prévues à l'article L. 615-14 du présent code.

Art. L. 613-18 Le ministre chargé de la propriété industrielle peut mettre en demeure les propriétaires de brevets d'invention autres que ceux visés à l'article L. 613-16 d'en entreprendre l'exploitation de manière à satisfaire aux besoins de l'économie nationale.

Si la mise en demeure n'a pas été suivie d'effet dans le délai d'un an et si l'absence d'exploitation ou l'insuffisance en qualité ou en quantité de l'exploitation entreprise porte gravement préjudice au développement économique et à l'intérêt public, les brevets, objets de la mise en demeure, peuvent être soumis au régime de licence d'office par décret en Conseil d'Etat.

Le ministre chargé de la propriété industrielle peut prolonger le délai d'un an prévu ci-dessus lorsque le titulaire du brevet justifie d'excuses légitimes et compatibles avec les exigences de l'économie nationale.

Du jour de la publication du décret qui soumet le brevet au régime de la licence d'office, toute personne qualifiée peut demander au ministre chargé de la propriété industrielle l'octroi d'une licence d'exploitation.

Cette licence est accordée par arrêté dudit ministre à des conditions déterminées quant à sa durée et son champ d'application, mais à l'exclusion des redevances auxquelles elle donne lieu. Elle prend effet à la date de notification de l'arrêté aux parties.

A défaut d'accord amiable, le montant des redevances est fixé par le tribunal de grande instance.

Art. L. 613-19 L'Etat peut obtenir d'office, à tout moment, pour les besoins de la défense nationale, une licence pour l'exploitation d'une invention, objet d'une demande de brevet ou d'un brevet, que cette exploitation soit faite par lui-même ou pour son compte.

La licence d'office est accordée à la demande du ministre chargé de la défense par arrêté du ministre chargé de la propriété industrielle. Cet arrêté fixe les conditions de la licence à l'exclusion de celles relatives aux redevances auxquelles elle donne lieu.

La licence prend effet à la date de la demande de licence d'office.

A défaut d'accord amiable, le montant des redevances est fixé par le tribunal de grande instance. A tous les degrés de juridiction, les débats ont lieu en chambre du conseil.

Art. L. 613-19-1 Si le brevet a pour objet une invention dans le domaine de la technologie des semi-conducteurs, une licence obligatoire ou d'office ne peut être accordée que pour une utilisation à des fins publiques non commerciales ou pour remédier à une pratique déclarée anticoncurrentielle à la suite d'une procédure juridictionnelle ou administrative.

Art. L. 613-20 L'Etat peut, à tout moment, par décret, exproprier, en tout ou partie, pour les besoins de la défense nationale, les inventions, objet de demandes de brevet ou de brevets.

A défaut d'accord amiable, l'indemnité d'expropriation est fixée par le tribunal de grande instance.

A tous les degrés de juridiction, les débats ont lieu en chambre du conseil.

Art. L. 613-21 La saisie d'un brevet est effectuée par acte extra-judiciaire signifié au propriétaire du brevet, à l'Institut national de la propriété industrielle ainsi qu'aux personnes possédant des droits sur le brevet ; elle rend inopposable au créancier saisissant toute modification ultérieure des droits attachés au brevet.

A peine de nullité de la saisie, le créancier saisissant doit, dans le délai prescrit, se pourvoir devant le tribunal, en validité de la saisie et aux fins de mise en vente du brevet.

Art. L. 613-22 1. Est déchu de ses droits le propriétaire d'une demande de brevet ou d'un brevet qui n'a pas acquitté la redevance annuelle prévue à l'article L. 612-19 dans le délai prescrit par ledit article.

La déchéance prend effet à la date de l'échéance de la redevance annuelle non acquittée.

Elle est constatée par une décision du directeur de l'Institut national de la propriété industrielle ou, à la requête du breveté ou d'un tiers, dans les conditions fixées par voie réglementaire.

La décision est publiée et notifiée au breveté.

2. (*Abrogé*).

Art. L. 613-24 Le propriétaire du brevet peut à tout moment soit renoncer à la totalité du brevet ou à une ou plusieurs revendications, soit limiter la portée du brevet en modifiant une ou plusieurs revendications.

La requête en renonciation ou en limitation est présentée auprès de l'Institut national de la propriété industrielle dans des conditions fixées par voie réglementaire.

Le directeur de l'Institut national de la propriété industrielle examine la conformité de la requête avec les dispositions réglementaires mentionnées à l'alinéa précédent.

Les effets de la renonciation ou de la limitation rétroagissent à la date du dépôt de la demande de brevet.

Les deuxième et troisième alinéas s'appliquent aux limitations effectuées en application des articles L. 613-25 et L. 614-12.

Art. L. 613-25 Le brevet est déclaré nul par décision de justice :

a) Si son objet n'est pas brevetable aux termes des articles L. 611-10, L. 611-11 et L. 611-13 à L. 611-19 ;

b) S'il n'expose pas l'invention de façon suffisamment claire et complète pour qu'un homme du métier puisse l'exécuter ;

c) Si son objet s'étend au-delà du contenu de la demande telle qu'elle a été déposée ou, lorsque le brevet a été délivré sur la base d'une demande divisionnaire, si son objet s'étend au-delà du contenu de la demande initiale telle qu'elle a été déposée ;

d) Si, après limitation, l'étendue de la protection conférée par le brevet a été accrue.

Si les motifs de nullité n'affectent le brevet qu'en partie, la nullité est prononcée sous la forme d'une limitation correspondante des revendications.

Dans le cadre d'une action en nullité du brevet, son titulaire est habilité à limiter le brevet en modifiant les revendications ; le brevet ainsi limité constitue l'objet de l'action en nullité engagée.

La partie qui, lors d'une même instance, procède à plusieurs limitations de son brevet, de manière dilatoire ou abusive, peut être condamnée à une amende civile d'un montant maximum de 3 000 €, sans préjudice de dommages et intérêts qui seraient réclamés.

Art. L. 613-26 Le ministère public peut agir d'office en nullité d'un brevet d'invention.

Art. L. 613-27 La décision d'annulation d'un brevet d'invention a un effet absolu sous réserve de la tierce opposition. A l'égard des brevets demandés avant le 1er janvier 1969, l'annulation s'applique aux parties du brevet déterminées par le dispositif de la décision.

Les décisions passées en force de chose jugée sont notifiées au directeur de l'Institut national de la propriété industrielle, aux fins d'inscription au Registre national des brevets.

Lorsque la décision annule partiellement une revendication, elle renvoie le propriétaire du brevet devant l'Institut national de la propriété industrielle afin de présenter une rédaction de la revendication modifiée selon le dispositif du jugement. Le directeur de l'institut a le pouvoir de rejeter la revendication modifiée pour défaut de conformité au jugement, sous réserve d'un recours devant l'une des cours d'appel désignée conformément à l'article L. 411-4 du code.

Art. L. 613-28 Le certificat complémentaire de protection est nul :

– si le brevet auquel il se rattache est nul ;

– si le brevet auquel il se rattache est nul pour la totalité de celles de ses parties correspondant à l'autorisation de mise sur le marché ;

– si l'autorisation de mise sur le marché correspondante est nulle ;

– s'il est délivré en violation des dispositions de l'article L. 611-3.

Dans le cas où le brevet auquel il se rattache est nul pour une fraction seulement de celles de ses parties correspondant à l'autorisation de mise sur le marché, le certificat est nul pour sa seule partie correspondant à cette fraction.

Section 3 Copropriété des brevets

Art. L. 613-29 La copropriété d'une demande de brevet ou d'un brevet est régie par les dispositions suivantes :

a) Chacun des copropriétaires peut exploiter l'invention à son profit, sauf à indemniser équitablement les autres copropriétaires qui n'exploitent pas personnellement l'invention ou qui n'ont pas concédé de licences d'exploitation. A défaut d'accord amiable, cette indemnité est fixée par le tribunal de grande instance.

b) Chacun des copropriétaires peut agir en contrefaçon à son seul profit. Le copropriétaire qui agit en contrefaçon doit notifier l'assignation délivrée aux autres copropriétaires ; il est sursis à statuer sur l'action tant qu'il n'est pas justifié de cette notification.

c) Chacun des copropriétaires peut concéder à un tiers une licence d'exploitation non exclusive à son profit, sauf à indemniser équitablement les autres copropriétaires qui n'exploitent pas personnellement l'invention ou qui n'ont pas concédé de licence d'exploitation. A défaut d'accord amiable, cette indemnité est fixée par le tribunal de grande instance.

Toutefois, le projet de concession doit être notifié aux autres copropriétaires accompagné d'une offre de cession de la quote-part à un prix déterminé.

Dans un délai de trois mois suivant cette notification, l'un quelconque des copropriétaires peut s'opposer à la concession de licence à la condition d'acquérir la quote-part de celui qui désire accorder la licence.

A défaut d'accord dans le délai prévu à l'alinéa précédent, le prix est fixé par le tribunal de grande instance. Les parties disposent d'un délai d'un mois à compter de la notification du jugement ou, en cas d'appel, de l'arrêt, pour renoncer à la concession de la licence ou à l'achat de la part de copropriété sans préjudice des dommages-intérêts qui peuvent être dus ; les dépens sont à la charge de la partie qui renonce.

d) Une licence d'exploitation exclusive ne peut être accordée qu'avec l'accord de tous les copropriétaires ou par autorisation de justice.

e) Chaque copropriétaire peut, à tout moment, céder sa quote-part. Les copropriétaires disposent d'un droit de préemption pendant un délai de trois mois à compter de la notification du projet de cession. A défaut d'accord sur le prix, celui-ci est fixé par le tribunal de grande instance. Les parties disposent d'un délai d'un mois à compter de la notification du jugement ou, en cas d'appel, de l'arrêt, pour renoncer à la vente ou à l'achat de la part de copropriété sans préjudice des dommages-intérêts qui peuvent être dus ; les dépens sont à la charge de la partie qui renonce.

Art. L. 613-30 Les articles 815 et suivants, les articles 1873-1 et suivants, ainsi que les articles 883 et suivants du code civil ne sont pas applicables à la copropriété d'une demande de brevet ou d'un brevet.

Art. L. 613-31 Le copropriétaire d'une demande de brevet ou d'un brevet peut notifier aux autres copropriétaires qu'il abandonne à leur profit sa quote-part. A compter de l'inscription de cet abandon au Registre national des brevets ou, lorsqu'il s'agit d'une demande de brevet non encore publiée, à compter de sa notification à l'Institut national de la propriété industrielle, ledit copropriétaire est déchargé de toutes obligations à l'égard des autres copropriétaires ; ceux-ci se répartissent la quote-part abandonnée à proportion de leurs droits dans la copropriété, sauf convention contraire.

Art. L. 613-32 Les dispositions des articles L. 613-29 à L. 613-31 s'appliquent en l'absence de stipulations contraires.

Les copropriétaires peuvent y déroger à tout moment par un règlement de copropriété.

Chapitre IV Application de conventions internationales

Section 1 Brevets européens

Art. L. 614-1 La présente section est relative à l'application de la convention faite à Munich le 5 octobre 1973, ci-après dénommée « Convention de Munich ».

Paragraphe 1 Dépôt des demandes de brevet européen

Art. L. 614-2 Toute demande de brevet européen peut être déposée auprès de l'Institut national de propriété industrielle soit à son siège, soit, en tant que de besoin, dans ses centres régionaux, selon des modalités qui sont précisées par voie réglementaire.

La demande doit être déposée auprès de l'Institut national de la propriété industrielle, lorsque le déposant a son domicile ou son siège en France et qu'il ne revendique pas la priorité d'un dépôt antérieur en France.

Art. L. 614-3 Le ministre chargé de la défense est habilité à prendre connaissance auprès de l'Institut national de la propriété industrielle, à titre confidentiel, des demandes de brevet européen déposées à cet institut.

Art. L. 614-4 Les inventions faisant l'objet de demandes de brevet européen, déposées à l'Institut national de la propriété industrielle, ne peuvent être divulguées et exploitées librement aussi longtemps qu'une autorisation n'a pas été accordée à cet effet.

Pendant cette période, les demandes ne peuvent être rendues publiques ; aucune copie conforme ne peut être délivrée, sauf autorisation.

Les autorisations prévues aux premier et deuxième alinéas du présent article sont accordées par le ministre chargé de la propriété industrielle sur avis du ministre chargé de la défense.

L'autorisation prévue au premier alinéa peut être accordée à tout moment. Sous réserve des dispositions du premier alinéa de l'article L. 614-5, elle est acquise de plein droit au terme d'un délai de quatre mois à compter du dépôt de la demande ou, lorsqu'une priorité a été revendiquée, au terme d'un délai de quatorze mois à compter de la date de priorité.

Art. L. 614-5 Avant le terme de l'un ou l'autre des délais mentionnés au dernier alinéa de l'article L. 614-4, les interdictions prévues audit article peuvent être prorogées, sur réquisition du ministre chargé de la défense pour une durée d'un an renouvelable. Dans ce cas, la demande n'est pas transmise à l'Office européen des brevets. Les interdictions prorogées peuvent être levées à tout moment.

Dans le cas de prorogation des interdictions, les dispositions des deuxième et troisième alinéas de l'article L. 612-10 du présent code sont applicables.

Art. L. 614-6 Une demande de brevet européen ne peut être transformée en demande de brevet français que dans le cas prévu à l'article 135-1 (a) de la convention de Munich.

Dans ce cas et sous peine de rejet de sa demande de brevet français, le déposant doit satisfaire aux conditions qui sont fixées par voie réglementaire.

Si un rapport de recherche a été établi avant transformation de la demande, ce rapport tient lieu de rapport de recherche prévu à l'article L. 612-14.

Paragraphe 2 Effets en France des brevets européens

Art. L. 614-7 Le texte de la demande de brevet européen ou du brevet européen rédigé dans la langue de procédure devant l'Office européen des brevets créé par la convention de Munich est le texte qui fait foi.

En cas de litige relatif à un brevet européen dont le texte n'est pas rédigé en français, le titulaire du brevet fournit, à ses frais, à la demande du présumé contrefacteur ou à la demande de la juridiction compétente, une traduction complète du brevet en français.

Art. L. 614-8 Dans les trois mois qui suivent la publication des demandes de brevets européens et lorsque la langue de la procédure n'est pas le français, l'Institut national de la propriété industrielle assure la traduction et la publicité en français des abrégés prévus à l'article 78, paragraphe 1-e, de la Convention de Munich.

Art. L. 614-9 Les droits définis aux articles L. 613-3 à L. 613-7, L. 615-4 et L. 615-5 du présent code peuvent être exercés à compter de la date à laquelle une demande de brevet européen est publiée conformément aux dispositions de l'article 93 de la Convention de Munich.

Si la publication a été faite dans une langue autre que le français, les droits mentionnés à l'alinéa précédent ne peuvent être exercés qu'à compter de la date à laquelle une traduction en français des revendications a été publiée par l'Institut national de la propriété industrielle, sur réquisition du demandeur, dans les conditions fixées par décret en Conseil d'Etat, ou a été notifiée au contrefacteur présumé.

Art. L. 614-10 Hormis les cas d'action en nullité et par dérogation au premier alinéa de l'article L. 614-7, lorsqu'une traduction en langue française a été produite dans les conditions prévues au second alinéa du même article L. 614-7 ou au second alinéa de l'article L. 614-9, cette traduction est considérée comme faisant foi si la demande de brevet européen ou le brevet européen confère dans le texte de la traduction une protection moins étendue que celle qui est conférée par ladite demande ou par ledit brevet dans la langue dans laquelle la demande a été déposée.

Toutefois, une traduction révisée peut être produite à tout moment par le titulaire de la demande ou du brevet. La traduction révisée des revendications ne prend cependant effet que lorsque les conditions prévues au second alinéa de l'article L. 614-9 ont été remplies.

Toute personne qui a, de bonne foi, commencé à exploiter une invention ou fait des préparatifs effectifs et sérieux à cette fin, sans que cette exploitation constitue une contrefaçon de la demande ou du brevet dans le texte de la traduction initiale, peut, dès que la traduction révisée a pris effet, poursuivre à titre gratuit son exploitation dans son entreprise ou pour les besoins de celle-ci.

Art. L. 614-11 L'inscription au registre européen des brevets des actes transmettant ou modifiant les droits attachés à une demande de brevet européen ou à un brevet européen rend ces actes opposables aux tiers.

Art. L. 614-12 La nullité du brevet européen est prononcée en ce qui concerne la France par décision de justice pour l'un quelconque des motifs visés à l'article 138, paragraphe 1, de la Convention de Munich.

Si les motifs de nullité n'affectent le brevet qu'en partie, la nullité est prononcée sous la forme d'une limitation correspondante des revendications.

Dans le cadre d'une action en nullité du brevet européen, son titulaire est habilité à limiter le brevet en modifiant les revendications conformément à l'article 105 *bis* de la convention de Munich ; le brevet ainsi limité constitue l'objet de l'action en nullité engagée.

La partie qui, lors d'une même instance, procède à plusieurs limitations de son brevet de manière dilatoire ou abusive peut être condamnée à une amende civile d'un montant maximum de 3 000 €, sans préjudice de dommages et intérêts qui seraient réclamés.

Art. L. 614-13 Dans la mesure où un brevet français couvre une invention pour laquelle un brevet européen a été délivré au même inventeur ou à son ayant cause avec la même date de dépôt ou de priorité, le brevet français cesse de produire ses effets soit à la date à laquelle le délai prévu pour la formation de l'opposition au brevet européen est expiré sans qu'une opposition ait été formée, soit à la date à laquelle la procédure d'opposition est close, le brevet européen ayant été maintenu.

Toutefois, lorsque le brevet français a été délivré à une date postérieure à l'une ou l'autre, selon le cas, de celles qui sont fixées à l'alinéa précédent, ce brevet ne produit pas d'effet.

L'extinction ou l'annulation ultérieure du brevet européen n'affecte pas les dispositions prévues au présent article.

Art. L. 614-14 Une demande de brevet français ou un brevet français et une demande de brevet européen ou un brevet européen ayant la même date de dépôt ou la même date de priorité, couvrant la même invention et appartenant au même inventeur ou à son ayant cause, ne peuvent, pour les parties communes, faire l'objet indépendamment l'une de l'autre d'un transfert, gage, nantissement ou d'une concession de droits d'exploitation, à peine de nullité.

Par dérogation à l'article L. 613-9, le transfert ou la modification des droits attachés à la demande de brevet français ou au brevet français n'est rendu opposable aux tiers par son inscription au Registre national des brevets que dans la mesure où le même transfert ou la même modification des droits attachés à la demande de brevet européen ou au brevet européen a été inscrit au registre européen des brevets.

La demande de brevet français ou le brevet français et le droit de priorité pour le dépôt d'une demande de brevet européen ne peuvent être transférés indépendamment l'un de l'autre.

Art. L. 614-15 Le tribunal saisi d'une action en contrefaçon d'un brevet français qui couvre la même invention qu'un brevet européen demandé par le même inventeur ou délivré à celui-ci ou à son ayant cause avec la même date de priorité surseoit à statuer jusqu'à la date à laquelle le brevet français cesse de produire ses effets aux termes de l'article L. 614-13 ou jusqu'à la date à laquelle la demande de brevet européen est rejetée, retirée ou réputée retirée, ou le brevet européen révoqué.

Si l'action en contrefaçon a été engagée sur la base du seul brevet français, le demandeur peut, à la reprise de l'instance, poursuivre celle-ci en substituant le brevet européen au brevet français pour les faits postérieurs à la date à laquelle le brevet français cesse de produire ses effets et pour les parties communes.

Si une action en contrefaçon est intentée sur la base à la fois d'un brevet français et d'un brevet européen, ni les sanctions pénales ni les réparations civiles ne peuvent se cumuler.

Si l'action a été intentée sur la base de l'un seulement des deux brevets, une nouvelle action sur la base de l'autre brevet, pour les mêmes faits, ne peut être engagée par le même demandeur, à l'égard du même défendeur.

Art. L. 614-16 Un décret en Conseil d'Etat déterminera les modalités d'application de la présente section, notamment en ce qui concerne l'application des dispositions de l'article 137-2 de la convention de Munich.

Section 2 Demandes internationales

Art. L. 614-17 La présente section est relative à l'application du traité de coopération en matière de brevets, fait à Washington le 19 juin 1970, ci-après dénommé « Traité de Washington ».

Paragraphe 1 Dépôt des demandes internationales

Art. L. 614-18 Les demandes internationales de protection des inventions formulées par des personnes physiques ou morales ayant leur domicile ou leur siège en France doivent être déposées auprès de l'Institut national de la propriété industrielle lorsque la priorité d'un dépôt antérieur en France n'est pas revendiquée. L'Institut national de la propriété industrielle agit alors en qualité d'office récepteur au sens des articles 2-XV et 10 du traité de Washington.

Art. L. 614-19 Le ministre chargé de la défense est habilité à prendre connaissance auprès de l'Institut national de la propriété industrielle, à titre confidentiel, des demandes internationales de protection des inventions déposées à cet institut.

Art. L. 614-20 Les inventions faisant l'objet de demandes internationales déposées à l'Institut national de la propriété industrielle ne peuvent être divulguées et exploitées librement aussi longtemps qu'une autorisation n'a été accordée à cet effet.

Pendant cette période, les demandes ne peuvent être rendues publiques ; aucune copie conforme de la demande ne peut être délivrée, sauf autorisation.

Les autorisations prévues aux premier et deuxième alinéas du présent article sont accordées par le ministre chargé de la propriété industrielle sur avis du ministre de la défense.

L'autorisation prévue au premier alinéa peut être accordée à tout moment. Sous réserve des dispositions du premier alinéa de l'article L. 614-21, elle est acquise de plein droit au terme d'un délai de cinq mois à compter du dépôt de la demande ou, lorsqu'une priorité a été revendiquée, au terme d'un délai de treize mois à compter de la date de priorité.

Art. L. 614-21 Avant le terme de l'un ou de l'autre des délais mentionnés au dernier alinéa de l'article L. 614-20, les interdictions prévues audit article peuvent être prorogées, sur réquisition du ministre de la défense, pour une durée d'un an renouvelable. Dans ce cas, la demande n'est pas transmise au bureau international institué par le traité de Washington. Les interdictions prorogées peuvent être levées à tout moment.

Dans le cas de prorogations des interdictions, les dispositions des deuxième, troisième et quatrième alinéas de l'article L. 612-10 sont applicables.

Art. L. 614-22 Les dispositions des articles L. 614-19, L. 614-20 et L. 614-21 ne sont pas applicables lorsque, le déposant n'ayant pas son domicile ou son siège en France, l'Institut national de la propriété industrielle agit en tant qu'officier récepteur à la place de l'office national d'un autre Etat partie au traité de Washington, ou lorsqu'il a été désigné comme office récepteur par l'assemblée de l'union instituée par ledit traité.

Art. L. 614-23 Un décret en Conseil d'Etat détermine les modalités d'application des dispositions de la présente section, en ce qui concerne notamment les conditions de réception de la demande internationale, la langue dans laquelle la demande doit être déposée, l'établissement d'une redevance pour services rendus dite taxe de transmission perçue au bénéfice de l'Institut national de la propriété industrielle et la représentation des déposants ayant leur domicile ou leur siège à l'étranger.

Paragraphe 2 Effets en France des demandes internationales

Art. L. 614-24 Lorsqu'une demande internationale de protection des inventions formulée en application du traité de Washington comporte la désignation ou l'élection de la France, cette demande est considérée comme tendant à l'obtention d'un brevet européen régi par les dispositions de la Convention de Munich.

Section 3 Brevets communautaires

Art. L. 614-25 La présente section est relative à l'application de la convention relative au brevet européen pour le marché commun (convention sur le brevet communautaire), fait à Luxembourg le 15 décembre 1975, ci-après dénommée « Convention de Luxembourg ». Elle entrera en vigueur à la même date que la Convention de Luxembourg.

Art. L. 614-26 Les articles L. 614-7 à L. 614-14 (premier et deuxième alinéas) ne sont pas applicables lorsque la demande de brevet européen désigne un Etat de la Communauté économique européenne et lorsque le brevet délivré est un brevet communautaire.

Art. L. 614-27 Dans les trois mois qui suivent la publication des demandes de brevets communautaires et lorsque la langue de la procédure n'est pas le français, l'Institut national de la propriété industrielle assure la traduction et la publicité en français des abrégés prévus à l'article 78, paragraphe 1 *e*, de la Convention de Munich.

Art. L. 614-28 Pour l'application, aux demandes de brevet et aux brevets mentionnés à l'article L. 614-26, de l'article L. 614-15 et de l'article L. 615-17, la référence faite par ces articles à l'article L. 614-13 est remplacée par une référence à l'article 80, paragraphe 1, de la Convention de Luxembourg.

Art. L. 614-29 Un transfert, gage, nantissement ou une concession de droits d'exploitation d'une demande de brevet européen désignant un Etat de la Communauté économique européenne ou d'un brevet communautaire auquel cette demande a donné lieu emporte de plein droit, pour les parties communes, le même transfert, gage, nantissement ou la même concession de droits d'exploitation de la demande de brevet français ou du brevet français ayant la même date de dépôt ou la même date de priorité, couvrant la même invention et appartenant au même inventeur ou à son ayant cause.

Dans les mêmes conditions, la demande de brevet français ou le brevet français ne peut faire, à peine de nullité, l'objet d'un transfert, gage, nantissement ou d'une concession de droits d'exploitation indépendamment de la demande de brevet européen désignant un Etat de la communauté économique européenne ou du brevet communautaire auquel cette demande a donné lieu.

Par dérogation à l'article L. 613-20, ce transfert ou cette modification des droits attachés au brevet français ou à la demande de brevet français n'est rendu opposable aux tiers par son inscription au Registre national des brevets que dans la mesure où le même transfert, ou la même modification des droits attachés à la demande de brevet européen désignant un Etat de la communauté économique européenne ou à un brevet communautaire auquel cette demande a donné lieu, a été inscrit, selon le cas, au registre européen des brevets ou au registre des brevets communautaires.

Art. L. 614-30 Lorsque, par application de l'article 86, paragraphe 1er, de la Convention de Luxembourg, la requête en délivrance du brevet contient une déclaration selon laquelle le demandeur ne désire pas obtenir un brevet communautaire, les dispositions des articles L. 614-26 et L. 614-29 ne sont pas applicables.

Toutefois, dans ce cas, l'article L. 614-13 n'est pas applicable.

Section 4 Dispositions finales

Art. L. 614-31 Les Français peuvent revendiquer l'application à leur profit, en France, des dispositions de la convention internationale pour la protection de la propriété industrielle, signée à Paris, le 20 mars 1883, ainsi que des arrangements, actes additionnels et protocoles de clôture qui ont modifié ou modifieront ladite convention, dans tous les cas où ces dispositions sont plus favorables que la loi française pour protéger les droits dérivant de la propriété industrielle.

Aucune disposition du présent titre ne peut être interprétée comme retirant aux Français un droit qui leur est reconnu à l'alinéa précédent.

Chapitre IV *bis* La retenue

Art. L. 614-32 En dehors des cas prévus par la réglementation de l'Union européenne, l'administration des douanes peut, sur demande écrite du propriétaire d'un brevet ou d'un certificat complémentaire de protection rattaché à un brevet ou d'une personne habilitée à exploiter l'invention brevetée ou objet du certificat complémentaire d'exploitation, assortie des justifications de son droit, retenir dans le cadre de ses contrôles les marchandises que celui-ci prétend constituer une contrefaçon.

Cette retenue est immédiatement notifiée au demandeur et au détenteur. Le procureur de la République est également informé de ladite mesure par l'administration des douanes.

Lors de la notification mentionnée à la première phrase du deuxième alinéa du présent article, la nature et la quantité réelle ou estimée ainsi que des images des marchandises sont communiquées au propriétaire du brevet ou du certificat complémentaire de protection rattaché à un brevet ou à la personne habilitée à exploiter l'invention brevetée ou objet du certificat complémentaire d'exploitation, par dérogation à l'article 59 *bis* du code des douanes. Ces informations peuvent également être communiquées avant la mise en œuvre de la mesure prévue au présent article.

Sous réserve des procédures prévues aux articles L. 614-36 et L. 614-37 du présent code, la mesure de retenue est levée de plein droit à défaut pour le demandeur, dans le délai de dix jours ouvrables, ou de trois jours ouvrables pour les denrées périssables, à compter de la notification de la retenue des marchandises, de justifier auprès de l'administration des douanes soit de mesures conservatoires décidées par la juridiction civile compétente, soit de s'être pourvu par la voie civile ou la voie correctionnelle et d'avoir constitué les garanties destinées à l'indemnisation éventuelle du détenteur des marchandises au cas où la contrefaçon ne serait pas ultérieurement reconnue, soit d'avoir déposé une plainte auprès du procureur de la République. L'administration des douanes peut proroger le délai de dix jours ouvrables prévu au présent alinéa de dix jours ouvrables maximum sur requête dûment motivée du demandeur. En cas de prorogation du délai, le procureur de la République et le détenteur des marchandises en sont informés.

Les frais liés à la mesure de retenue ou aux mesures conservatoires prononcées par la juridiction civile compétente sont à la charge du demandeur.

Aux fins de l'engagement des actions en justice mentionnées au quatrième alinéa du présent article, le demandeur peut obtenir de l'administration des douanes communication des nom et adresse de l'expéditeur, de l'importateur, du destinataire et du déclarant des marchandises retenues ou de leur détenteur, ainsi que des images de ces marchandises et des informations sur leur quantité, leur origine, leur provenance et leur destination, par dérogation à l'article 59 *bis* du code des douanes.

La retenue mentionnée au premier alinéa du présent article ne porte pas :

1° Sur les marchandises de statut communautaire, légalement fabriquées ou mises en libre pratique dans un Etat membre de l'Union européenne et destinées, après avoir emprunté le territoire douanier défini à l'article 1er du code des douanes, à être mises sur le marché d'un autre Etat membre de l'Union européenne pour y être légalement commercialisées ;

2° Sur les marchandises de statut communautaire, légalement fabriquées ou mises en libre pratique dans un autre Etat membre de l'Union européenne, dans lequel elles ont été placées sous le régime du transit, et qui sont destinées, après avoir transité sur le territoire douanier défini au même article 1er, à être exportées vers un Etat non membre de l'Union européenne.

Art. L. 614-33 En l'absence de demande écrite du propriétaire d'un brevet ou d'un certificat complémentaire de protection rattaché à un brevet ou d'une personne habilitée à exploiter l'invention brevetée ou objet du certificat complémentaire d'exploitation et en dehors des cas prévus par la réglementation de l'Union européenne, l'administration des douanes peut, dans le cadre de ses contrôles, retenir des marchandises susceptibles de porter atteinte à un brevet ou à un certificat complémentaire d'exploitation.

Cette retenue est immédiatement notifiée au propriétaire du brevet ou du certificat complémentaire de protection rattaché à un brevet ou à la personne habilitée à exploiter l'invention brevetée ou objet du certificat complémentaire d'exploitation. Le procureur de la République est également informé de ladite mesure par l'administration des douanes.

Lors de la notification mentionnée à la première phrase du deuxième alinéa du présent article, la nature et la quantité réelle ou estimée ainsi que des images des marchandises sont communiquées au propriétaire du brevet ou du certificat complémentaire de protection rattaché à un brevet ou à la personne habilitée à exploiter l'invention brevetée ou objet du certificat complémentaire d'exploitation, par dérogation à l'article 59 *bis* du code des douanes. Ces informations peuvent également être communiquées avant la mise en œuvre de la mesure prévue au présent article.

La mesure de retenue est levée de plein droit si l'administration des douanes n'a pas reçu du propriétaire du brevet ou du certificat complémentaire de protection rattaché à un brevet ou de la personne habilitée à exploiter l'invention brevetée ou objet du certificat complémentaire d'exploitation la demande prévue à l'article L. 614-32 du présent code, déposée dans un délai de quatre jours ouvrables à compter de la notification de la retenue mentionnée à la première phrase du deuxième alinéa du présent article.

Si la demande a été reçue conformément au quatrième alinéa du présent article, le délai de dix jours ouvrables mentionné au quatrième alinéa de l'article L. 614-32 commence à courir à compter de l'acceptation de cette demande par l'administration des douanes.

Le présent article n'est pas applicable aux marchandises périssables.

Art. L. 614-34 I. – Lorsque la retenue, prévue par la réglementation de l'Union européenne et portant sur des marchandises soupçonnées de constituer une contrefaçon d'un brevet ou d'un certificat complémentaire d'exploitation, est mise en œuvre avant qu'une demande du propriétaire d'un brevet ou d'un certificat complémentaire de protection rattaché à un brevet ou d'une personne habilitée à exploiter l'invention brevetée ou objet du certificat complémentaire d'exploitation ait été déposée ou acceptée, les agents des douanes peuvent, par dérogation à l'article 59 *bis* du code des douanes, informer ce propriétaire ou ce bénéficiaire du droit exclusif d'exploitation de la mise en œuvre de cette mesure. Ils peuvent également lui communiquer des informations portant sur la quantité des marchandises et leur nature.

Lorsque la retenue, prévue par la réglementation de l'Union européenne et portant sur des marchandises soupçonnées de constituer une contrefaçon d'un brevet ou d'un certificat complémentaire d'exploitation, est mise en œuvre après qu'une demande du propriétaire d'un brevet ou d'un certificat complémentaire de protection rattaché à un brevet ou d'une personne habilitée à exploiter l'invention brevetée ou objet du certificat complémentaire d'exploitation a été acceptée, les agents des douanes peuvent également communiquer à ce propriétaire ou à cette personne habilitée les informations prévues par cette réglementation, nécessaires pour déterminer s'il y a eu violation de son droit.

II. – Les frais générés par la mise en œuvre de la retenue mentionnée au I sont à la charge du propriétaire du brevet ou du certificat complémentaire de protection rattaché à un brevet ou de la personne habilitée à exploiter l'invention brevetée ou objet du certificat complémentaire d'exploitation.

Art. L. 614-35 Pendant le délai de la retenue mentionnée à l'article L. 614-32 et au second alinéa du I de l'article L. 614-34, le propriétaire du brevet ou du certificat complémentaire de protection rattaché à un brevet ou la personne habilitée à exploiter l'invention brevetée ou objet du certificat complémentaire d'exploitation peut, à sa demande ou à la demande de l'administration des douanes, inspecter les marchandises retenues.

Lors du contrôle des marchandises mises en retenue, l'administration des douanes peut prélever des échantillons.

Art. L. 614-36 I. – Lorsque la retenue portant sur des marchandises soupçonnées de constituer une contrefaçon d'un brevet, d'un certificat complémentaire de protection ou d'un certificat d'utilité est mise en œuvre après qu'une demande mentionnée à l'article L. 614-32 a été acceptée, les marchandises soupçonnées de porter atteinte à un brevet, un certificat complémentaire de protection ou un certificat d'utilité peuvent être détruites sous le contrôle des agents des douanes dès lors que les conditions suivantes sont remplies :

1° Le demandeur a confirmé par écrit et par une expertise détaillée aux autorités douanières, dans un délai de dix jours ouvrables, ou de trois jours ouvrables pour les denrées périssables, à partir de la notification de la retenue, le caractère contrefaisant des marchandises ;

2° Le demandeur a confirmé par écrit aux autorités douanières, dans un délai de dix jours ouvrables, ou de trois jours ouvrables pour les denrées périssables, à partir de la notification de la retenue, qu'il consent à la destruction, sous sa responsabilité, des marchandises ;

3° Le détenteur des marchandises a confirmé par écrit aux autorités douanières, dans un délai de dix jours ouvrables, ou de trois jours ouvrables pour les denrées périssables, à partir de la notification de la retenue, qu'il consent à la destruction des marchandises.

II. – Si le détenteur des marchandises n'a, dans le délai mentionné au 3° du I, ni confirmé qu'il consent à la destruction des marchandises, ni informé l'administration des douanes qu'il s'oppose à leur destruction, il est réputé avoir consenti à cette destruction.

III. – Lorsque le détenteur des marchandises n'a pas confirmé par écrit qu'il consent à leur destruction et qu'il n'est pas réputé avoir consenti à la destruction des marchandises dans les délais prévus, l'administration des douanes en informe immédiatement le demandeur qui, dans un délai de dix jours ouvrables, ou de trois jours ouvrables pour les denrées périssables, à partir de la notification de la retenue, prend les mesures mentionnées au quatrième alinéa de l'article L. 614-32. Le délai de dix jours peut être prorogé de dix jours ouvrables maximum sur requête dûment motivée du demandeur. En cas de prorogation du délai, le procureur de la République et le détenteur des marchandises en sont informés.

Si les conditions prévues au I du présent article ne sont pas réunies et si le demandeur n'a pas justifié auprès de l'administration des douanes qu'il a pris les mesures mentionnées au quatrième alinéa de l'article L. 614-32, la mesure de retenue est levée de plein droit.

IV. – Dans le cadre de la communication d'informations prévues au troisième alinéa des articles L. 614-32 et L. 614-33, les autorités douanières informent le demandeur de l'existence de la procédure prévue au présent article. Les informations prévues au sixième alinéa de l'article L. 614-32 peuvent également être communiquées au demandeur aux fins de mise en œuvre de la présente mesure.

Art. L. 614-37 Lorsque le demandeur utilise les informations qui lui sont communiquées par l'administration des douanes, par dérogation à l'article 59 *bis* du code des douanes, à d'autres fins que celles prévues au présent chapitre, l'administration des douanes abroge, suspend ou refuse de renouveler ladite demande.

Art. L. 614-38 En vue de prononcer les mesures prévues aux articles L. 614-32 à L. 614-35, les agents des douanes appliquent les pouvoirs qui leur sont dévolus par le code des douanes.

Art. L. 614-39 Un décret en Conseil d'Etat fixe :

1° Les conditions d'application des mesures prévues aux articles L. 614-32 à L. 614-37 ;

2° Les conditions dans lesquelles a lieu la destruction des marchandises susceptibles de porter atteinte à un brevet, un certificat complémentaire de protection ou un certificat d'utilité prévue par la réglementation européenne en vigueur, ainsi que les conditions du prélèvement d'échantillons préalable à ladite destruction.

Chapitre V Actions en justice

Section 1 Actions civiles

Art. L. 615-1 Toute atteinte portée aux droits du propriétaire du brevet, tels qu'ils sont définis aux articles L. 613-3 à L. 613-6, constitue une contrefaçon.

La contrefaçon engage la responsabilité civile de son auteur.

Toutefois, l'offre, la mise dans le commerce, l'utilisation, la détention en vue de l'utilisation ou la mise dans le commerce d'un produit contrefaisant, lorsque ces faits sont commis par une autre personne que le fabricant du produit contrefaisant, n'engagent la responsabilité de leur auteur que si les faits ont été commis en connaissance de cause.

Art. L. 615-2 L'action en contrefaçon est exercée par le propriétaire du brevet.

Toutefois, le bénéficiaire d'un droit exclusif d'exploitation peut, sauf stipulation contraire du contrat de licence, exercer l'action en contrefaçon si, après mise en demeure, le propriétaire du brevet n'exerce pas cette action.

Le breveté est recevable à intervenir dans l'instance en contrefaçon engagée par le licencié, conformément à l'alinéa précédent.

Le titulaire d'une licence obligatoire ou d'une licence d'office, mentionnées aux articles L. 613-11, L. 613-15, L. 613-17, L. 613-17-1 et L. 613-19, peut exercer l'action en contrefaçon si, après la mise en demeure, le propriétaire du brevet n'exerce pas cette action.

Tout licencié est recevable à intervenir dans l'instance en contrefaçon engagée par le breveté, afin d'obtenir la réparation du préjudice qui lui est propre.

Art. L. 615-3 Toute personne ayant qualité pour agir en contrefaçon peut saisir en référé la juridiction civile compétente afin de voir ordonner, au besoin sous astreinte, à l'encontre du prétendu contrefacteur ou des intermédiaires dont il utilise les services, toute mesure destinée à prévenir une atteinte imminente aux droits conférés par le titre ou à empêcher la poursuite d'actes argués de contrefaçon. La juridiction civile compétente peut également ordonner toutes mesures urgentes sur requête lorsque les circonstances exigent que ces mesures ne soient pas prises contradictoirement, notamment lorsque tout retard serait de nature à causer un préjudice irréparable au demandeur. Saisie en référé ou sur requête, la juridiction ne peut ordonner les mesures demandées que si les éléments de preuve, raisonnablement accessibles au demandeur, rendent vraisemblable qu'il est porté atteinte à ses droits ou qu'une telle atteinte est imminente.

La juridiction peut interdire la poursuite des actes argués de contrefaçon, la subordonner à la constitution de garanties destinées à assurer l'indemnisation éventuelle du demandeur ou ordonner la saisie ou la remise entre les mains d'un tiers des produits soupçonnés de porter atteinte aux droits conférés par le titre, pour empêcher leur introduction ou leur circulation dans les circuits commerciaux. Si le demandeur justifie de circonstances de nature à compromettre le recouvrement des dommages et intérêts, la juridiction peut ordonner la saisie conservatoire des biens mobiliers et immobiliers du prétendu contrefacteur, y compris le blocage de ses comptes bancaires et autres avoirs, conformément au droit commun. Pour déterminer les biens susceptibles de faire l'objet de la saisie, elle peut ordonner la communication des documents bancaires, financiers, comptables ou commerciaux ou l'accès aux informations pertinentes.

Elle peut également accorder au demandeur une provision lorsque l'existence de son préjudice n'est pas sérieusement contestable.

Saisie en référé ou sur requête, la juridiction peut subordonner l'exécution des mesures qu'elle ordonne à la constitution par le demandeur de garanties destinées à assurer l'indemnisation éventuelle du défendeur si l'action en contrefaçon est ultérieurement jugée non fondée ou les mesures annulées.

Lorsque les mesures prises pour faire cesser une atteinte aux droits sont ordonnées avant l'engagement d'une action au fond, le demandeur doit, dans un délai fixé par voie réglementaire, soit se pourvoir par la voie civile ou pénale, soit déposer une plainte auprès du procureur de la République.

A défaut, sur demande du défendeur et sans que celui-ci ait à motiver sa demande, les mesures ordonnées sont annulées, sans préjudice des dommages et intérêts qui peuvent être réclamés.

Art. L. 615-4 Par exception aux dispositions de l'article L. 613-1, les faits antérieurs à la date à laquelle la demande de brevet a été rendue publique en vertu de l'article L. 612-21 ou à celle de la notification à tout tiers d'une copie certifiée de cette demande ne sont pas considérés comme ayant porté atteinte aux droits attachés au brevet.

Toutefois, entre la date visée à l'alinéa précédent et celle de la publication de la délivrance du brevet :

1° Le brevet n'est opposable que dans la mesure où les revendications n'ont pas été étendues après la première de ces dates ;

2° Lorsque le brevet concerne l'utilisation d'un micro-organisme, il n'est opposable qu'à compter du jour où le micro-organisme est mis à la disposition du public.

Le tribunal saisi d'une action en contrefaçon sur le fondement d'une demande de brevet surseoit à statuer jusqu'à la délivrance du brevet.

Art. L. 615-5 La contrefaçon peut être prouvée par tous moyens.

A cet effet, toute personne ayant qualité pour agir en contrefaçon est en droit de faire procéder en tout lieu et par tous huissiers, le cas échéant assistés d'experts désignés par le demandeur, en vertu d'une ordonnance rendue sur requête par la juridiction civile compétente, soit à la description détaillée, avec ou sans prélèvement d'échantillons, soit à la saisie réelle des produits ou procédés prétendus contrefaisants ainsi que de tout document s'y rapportant. L'ordonnance peut autoriser la saisie réelle de tout document se rapportant aux produits ou procédés prétendus contrefaisants en l'absence de ces derniers.

La juridiction peut ordonner, aux mêmes fins probatoires, la description détaillée ou la saisie réelle des matériels et instruments utilisés pour fabriquer ou distribuer les produits ou pour mettre en œuvre les procédés prétendus contrefaisants.

Elle peut subordonner l'exécution des mesures qu'elle ordonne à la constitution par le demandeur de garanties destinées à assurer l'indemnisation éventuelle du défendeur si l'action en contrefaçon est ultérieurement jugée non fondée ou la saisie annulée.

A défaut pour le demandeur de s'être pourvu au fond, par la voie civile ou pénale, dans un délai fixé par voie réglementaire, l'intégralité de la saisie, y compris la description, est annulée à la demande du saisi, sans que celui-ci ait à motiver sa demande et sans préjudice des dommages et intérêts qui peuvent être réclamés.

Art. L. 615-5-1 Si le brevet a pour objet un procédé d'obtention d'un produit, le tribunal pourra ordonner au défendeur de prouver que le procédé utilisé pour obtenir un produit identique est différent du procédé breveté. Faute pour le défendeur d'apporter cette preuve, tout produit identique fabriqué sans le consentement du titulaire du brevet sera présumé avoir été obtenu par le procédé breveté dans les deux cas suivants :

a) Le produit obtenu par le procédé breveté est nouveau ;

b) La probabilité est grande que le produit identique a été obtenu par le procédé breveté, alors que le titulaire du brevet n'a pas pu, en dépit d'efforts raisonnables, déterminer quel procédé a été en fait utilisé.

Dans la production de la preuve contraire, sont pris en considération les intérêts légitimes du défendeur pour la protection de ses secrets de fabrication et de commerce.

Art. L. 615-5-1-1 La juridiction peut ordonner, d'office ou à la demande de toute personne ayant qualité pour agir en contrefaçon, toutes les mesures d'instruction légalement admissibles même si une saisie-contrefaçon n'a pas préalablement été ordonnée dans les conditions prévues à l'article L. 615-5.

Art. L. 615-5-2 Si la demande lui en est faite, la juridiction saisie au fond ou en référé d'une procédure civile prévue au présent titre peut ordonner, au besoin sous astreinte, afin de déterminer l'origine et les réseaux de distribution des produits ou procédés argués de contrefaçon qui portent atteinte aux droits du demandeur, la production de tous documents ou informations détenus par le défendeur ou par toute personne qui a été trouvée en possession de produits argués de contrefaçon ou mettant en œuvre des procédés argués de contrefaçon ou qui fournit des services utilisés dans de prétendues activités de contrefaçon ou a été signalée comme intervenant dans la production, la fabrication ou la distribution de ces produits, la mise en œuvre de ces procédés ou la fourniture de ces services.

La production de documents ou d'informations peut être ordonnée s'il n'existe pas d'empêchement légitime.

Art. L. 615-6 Dans une instance en contrefaçon introduite en vertu d'une demande de certificat d'utilité, le demandeur devra produire un rapport de recherche établi dans les mêmes conditions que le rapport prévu à l'article L. 612-14.

Art. L. 615-7 Pour fixer les dommages et intérêts, la juridiction prend en considération distinctement :

1° Les conséquences économiques négatives de la contrefaçon, dont le manque à gagner et la perte subis par la partie lésée ;

2° Le préjudice moral causé à cette dernière ;

3° Et les bénéfices réalisés par le contrefacteur, y compris les économies d'investissements intellectuels, matériels et promotionnels que celui-ci a retirées de la contrefaçon.

Toutefois, la juridiction peut, à titre d'alternative et sur demande de la partie lésée, allouer à titre de dommages et intérêts une somme forfaitaire. Cette somme est supérieure au montant des redevances ou droits qui auraient été dus si le contrefacteur avait demandé l'autorisation d'utiliser le droit auquel il a porté atteinte. Cette somme n'est pas exclusive de l'indemnisation du préjudice moral causé à la partie lésée.

Art. L. 615-7-1 En cas de condamnation civile pour contrefaçon, la juridiction peut ordonner, à la demande de la partie lésée, que les produits reconnus comme produits contrefaisants et les matériaux et instruments ayant principalement servi à leur création ou fabrication soient rappelés des circuits commerciaux, écartés définitivement de ces circuits, détruits ou confisqués au profit de la partie lésée.

La juridiction peut aussi ordonner toute mesure appropriée de publicité du jugement, notamment son affichage ou sa publication intégrale ou par extraits dans les journaux ou sur les services de communication au public en ligne qu'elle désigne, selon les modalités qu'elle précise.

Les mesures mentionnées aux deux premiers alinéas sont ordonnées aux frais du contrefacteur.

Art. L. 615-8 Les actions en contrefaçon prévues par le présent chapitre sont prescrites par cinq ans à compter des faits qui en sont la cause.

Art. L. 615-9 Toute personne qui justifie d'une exploitation industrielle sur le territoire d'un Etat membre de la Communauté économique européenne ou de préparatifs effectifs et sérieux à cet effet peut inviter le titulaire d'un brevet à prendre parti sur l'opposabilité de son titre à l'égard de cette exploitation dont la description lui est communiquée.

Si ladite personne conteste la réponse qui lui est faite ou si le titulaire du brevet n'a pas pris parti dans un délai de trois mois, elle peut assigner ce dernier devant le tribunal pour faire juger que le brevet ne fait pas obstacle à l'exploitation en cause, et ce, sans préjudice de l'action en nullité du brevet et d'une action ultérieure en contrefaçon dans le cas où l'exploitation n'est pas réalisée dans les conditions spécifiées dans la description visée à l'alinéa précédent.

Art. L. 615-10 Lorsqu'une invention, objet d'une demande de brevet ou d'un brevet, est exploitée pour les besoins de la défense nationale par l'Etat ou ses fournisseurs, sous-traitants et titulaires de sous-commandes, sans qu'une licence d'exploitation leur ait été octroyée, l'action civile est portée devant la chambre du conseil du tribunal de grande instance. Celui-ci ne peut ordonner ni la cessation ou l'interruption de l'exploitation ni la confiscation prévue aux articles L. 615-3 et L. 615-7-1.

Si une expertise ou une description avec ou sans saisie réelle telle que prévue à l'article L. 615-5 est ordonnée par le président du tribunal, l'officier public commis doit surseoir à la saisie, à la description et à toute recherche dans les archives et documents de l'entreprise, si le contrat d'études ou de fabrication comporte une classification de sécurité de défense.

Il en est de même si les études ou fabrications sont exécutées dans un établissement des armées.

Le président du tribunal de grande instance peut, s'il en est requis par l'ayant droit, ordonner une expertise qui ne peut être effectuée que par des personnes agréées par le ministre chargé de la défense et devant ses représentants.

Les dispositions de l'article L. 615-4 ne sont pas applicables aux demandes de brevet exploité dans les conditions définies au présent article aussi longtemps que ces demandes sont soumises aux interdictions prévues par les articles L. 612-9 et L. 612-10. Une telle exploitation fait encourir de plein droit à ses auteurs la responsabilité définie au présent article.

Section 2 Actions pénales

Art. L. 615-12 Quiconque se prévaut indûment de la qualité de propriétaire d'un brevet ou d'une demande de brevet est puni d'une amende de 7 500 €.

Art. L. 615-13 Sans préjudice, s'il échet, des peines plus graves prévues en matière d'atteinte à la sûreté de l'Etat, quiconque a sciemment enfreint une des interdictions portées aux articles L. 612-9 et L. 612-10 est puni d'une amende de 4 500 €. Si la violation a porté préjudice à la défense nationale, une peine d'emprisonnement de un à cinq ans pourra, en outre, être prononcée.

Art. L. 615-14 1. Sont punies de trois ans d'emprisonnement et de 300 000 € d'amende les atteintes portées sciemment aux droits du propriétaire d'un brevet, tels que définis aux articles L. 613-3 à L. 613-6. Lorsque le délit a été commis en bande organisée ou sur un réseau de communication au public en ligne ou lorsque les faits portent sur des marchandises dangereuses pour la santé, la sécurité de l'homme ou l'animal, les peines sont portées à cinq ans d'emprisonnement et à 500 000 € d'amende.

2. *(Alinéa périmé).*

Art. L. 615-14-1 En cas de récidive des infractions définies à l'article L. 615-14, ou si le délinquant est ou a été lié par convention avec la partie lésée, les peines encourues sont portées au double.

Les coupables peuvent, en outre, être privés pendant un temps qui n'excédera pas cinq ans du droit d'élection et d'éligibilité pour les tribunaux de commerce, les chambres de commerce et d'industrie territoriales et les chambres de métiers, ainsi que pour les conseils de prud'hommes.

Art. L. 615-14-2 Les personnes physiques coupables du délit prévu à l'article L. 615-14 peuvent en outre être condamnées, à leurs frais, à retirer des circuits commerciaux les objets jugés contrefaisants et toute chose qui a servi ou était destinée à commettre l'infraction.

La juridiction peut ordonner la destruction aux frais du condamné ou la remise à la partie lésée des objets et choses retirés des circuits commerciaux ou confisqués, sans préjudice de tous dommages et intérêts.

Elle peut également ordonner, aux frais du condamné, l'affichage du jugement ou la diffusion du jugement prononçant la condamnation, dans les conditions prévues à l'article 131-35 du code pénal.

Art. L. 615-14-3 Les personnes morales déclarées responsables pénalement, dans les conditions prévues par l'article 121-2 du code pénal, de l'infraction définie à l'article L. 615-14 encourent, outre l'amende suivant les modalités prévues par l'article 131-38 du code pénal, les peines prévues par l'article 131-39 du même code.

L'interdiction mentionnée au 2° de l'article 131-39 du même code porte sur l'activité dans l'exercice ou à l'occasion de l'exercice de laquelle l'infraction a été commise.

Les personnes morales déclarées pénalement responsables peuvent en outre être condamnées, à leurs frais, à retirer des circuits commerciaux les objets jugés contrefaisants et toute chose qui a servi ou était destinée à commettre l'infraction.

La juridiction peut ordonner la destruction aux frais du condamné ou la remise à la partie lésée des objets et choses retirés des circuits commerciaux ou confisqués, sans préjudice de tous dommages et intérêts.

Art. L. 615-15 Sans préjudice, s'il échet, des peines plus graves prévues en matière d'atteinte à la sûreté de l'Etat, quiconque aura sciemment enfreint une des obligations ou interdictions prévues aux articles L. 614-18, L. 614-20 et au premier alinéa de l'article L. 614-21 sera puni d'une amende de 6000 €. Si la violation a porté préjudice à la défense nationale, une peine d'emprisonnement de cinq ans pourra, en outre, être prononcée.

Art. L. 615-16 Sans préjudice, s'il échet, des peines plus graves prévues en matière d'atteinte à la sûreté de l'Etat, quiconque aura sciemment enfreint l'une des obligations ou interdictions prévues au second alinéa de l'article L. 614-2, à l'article L. 614-4 et au premier alinéa de l'article L. 614-5 sera puni d'une amende de 6000 €. Si la violation a porté préjudice à la défense nationale, une peine d'emprisonnement de cinq ans pourra, en outre, être prononcée.

Section 3 Règles de compétence et de procédure

Art. L. 615-17 Les actions civiles et les demandes relatives aux brevets d'invention, y compris dans les cas prévus à l'article L. 611-7 ou lorsqu'elles portent également sur une question connexe de concurrence déloyale, sont exclusivement portées devant des tribunaux de grande instance, déterminés par voie réglementaire, à l'exception des recours formés contre les actes administratifs du ministre chargé de la propriété industrielle qui relèvent de la juridiction administrative.

Les dispositions qui précèdent ne font pas obstacle au recours à l'arbitrage, dans les conditions prévues aux articles 2059 et 2060 du code civil.

Les tribunaux de grande instance mentionnés au premier alinéa du présent article sont seuls compétents pour constater que le brevet français cesse de produire ses effets, en totalité ou en partie, dans les conditions prévues à l'article L. 614-13 du présent code.

Art. L. 615-20 La juridiction saisie d'une action ou d'une exception relevant des dispositions du présent titre peut soit d'office, soit à la demande d'une des parties, désigner tel consultant de son choix pour suivre la procédure dès sa mise en état et assister à l'audience. Le consultant peut être autorisé à poser des questions aux parties ou à leurs représentants.

Art. L. 615-21 Si l'une des parties le demande, toute contestation portant sur l'application de l'article L. 611-7 sera soumise à une commission paritaire de conciliation (employeurs, salariés), présidée par un magistrat de l'ordre judiciaire dont la voix est prépondérante en cas de partage.

Dans les six mois de sa saisine, cette commission, créée auprès de l'Institut national de la propriété industrielle, formule une proposition de conciliation ; celle-ci vaut accord entre les parties, si, dans le mois de sa notification, l'une d'elles n'a pas saisi le tribunal de grande instance compétent statuant en chambre du conseil. Cet accord peut être rendu exécutoire par ordonnance du président du tribunal de grande instance saisi sur simple requête par la partie la plus diligente.

Les parties pourront se présenter elles-mêmes devant la commission et se faire assister ou représenter par une personne de leur choix.

La commission pourra se faire assister d'experts qu'elle désignera pour chaque affaire.

Les modalités d'application du présent article, qui comportent des dispositions particulières pour les agents visés au dernier alinéa de l'article L. 611-7, sont fixées par décret en Conseil d'Etat après consultation des organisations professionnelles et syndicales intéressées.

Art. L. 615-22 Des décrets en Conseil d'Etat fixent les modalités d'application du présent titre.

TITRE II PROTECTION DES CONNAISSANCES TECHNIQUES

Chapitre Ier Secret de fabrique

Art. L. 621-1 Les peines frappant la violation des secrets de fabrique sont prévues à l'article L. 1227-1 du code du travail ci-après reproduit :

> Art. L. 1227-1 Le fait pour un directeur ou un salarié de révéler ou de tenter de révéler un secret de fabrication est puni d'un emprisonnement de deux ans et d'une amende de 30000 €.
>
> La juridiction peut également prononcer, à titre de peine complémentaire, pour une durée de cinq ans au plus, l'interdiction des droits civiques, civils et de famille prévue par l'article 131-26 du code pénal.

Chapitre II Produits semi-conducteurs

Section 1 Dépôt

Art. L. 622-1 La topographie finale ou intermédiaire d'un produit semi-conducteur traduisant un effort intellectuel du créateur peut, à moins qu'elle ne soit courante, faire l'objet d'un dépôt conférant la protection prévue par le présent chapitre.

Ce dépôt ne peut intervenir ni plus de deux ans après que la topographie a fait l'objet d'une première exploitation commerciale en quelque lieu que ce soit ni plus de quinze ans après qu'elle a été fixée ou codée pour la première fois si elle n'a jamais été exploitée.

Est nul tout dépôt qui ne répond pas aux conditions prévues au présent article.

Art. L. 622-2 Sont admis au bénéfice du présent chapitre :

a) Les créateurs ressortissants d'un Etat partie à l'accord instituant l'Organisation mondiale du commerce ou qui ont dans un tel Etat soit leur résidence habituelle, soit un établissement industriel ou commercial, effectif et sérieux, ainsi que leurs ayants cause ;

b) Les personnes répondant aux conditions précitées de nationalité, résidence ou établissement, qui procèdent dans un Etat membre ou dans un autre Etat partie, pour la première fois au monde, à l'exploitation commerciale d'une topographie non encore protégée par le présent chapitre et pour laquelle elles ont obtenu de la personne habilitée une autorisation exclusive pour l'ensemble de la Communauté économique européenne ou de l'Espace économique européen.

Les personnes, autres que celles visées au paragraphe précédent, sont admises au bénéfice du présent chapitre sous réserve d'une constatation de réciprocité avec les pays dont elles sont ressortissantes ou dans lesquels elles sont établies.

Art. L. 622-3 Le droit au dépôt appartient au créateur ou à son ayant cause.

Si un dépôt a été effectué en violation des droits du créateur ou de son ayant cause, la personne lésée peut en revendiquer le bénéfice. L'action en revendication se prescrit par cinq ans à compter de la publication du dépôt.

Art. L. 622-4 Le directeur de l'Institut national de la propriété industrielle enregistre le dépôt après examen de sa régularité formelle. La publication est faite dans des conditions fixées par décret en Conseil d'Etat.

Section 2 Droits attachés au dépôt

Art. L. 622-5 Il est interdit à tout tiers :

– de reproduire la topographie protégée ;
– d'exploiter commercialement ou de détenir, transborder, utiliser, exporter ou importer à cette fin une telle reproduction ou tout produit semi-conducteur l'incorporant.

Cette interdiction ne s'étend pas :

– à la reproduction à des fins d'évaluation, d'analyse ou d'enseignement ;
– à la création, à partir d'une telle analyse ou évaluation, d'une topographie distincte pouvant prétendre à la protection du présent chapitre.

L'interdiction ci-dessus n'est pas opposable à l'acquéreur de bonne foi d'un produit semi-conducteur. Celui-ci est cependant redevable d'une juste indemnité s'il entend poursuivre l'exploitation commerciale du produit ainsi acquis.

Toute violation de l'interdiction prévue aux alinéas précédents constitue une contrefaçon engageant la responsabilité civile de son auteur.

Art. L. 622-6 L'interdiction prévue à l'article précédent prend effet au jour du dépôt ou de la date de la première exploitation commerciale si elle est antérieure. Elle est acquise au titulaire de l'enregistrement jusqu'au terme de la dixième année civile qui suit.

Toutefois, devient sans effet tout enregistrement concernant une topographie qui n'a fait l'objet d'aucune exploitation dans un délai de quinze ans à compter de la date à laquelle elle a été fixée ou codée pour la première fois.

Art. L. 622-7 Les articles L. 411-4, L. 411-5, L. 612-11, L. 613-8, L. 613-9, L. 613-19, L. 615-2, L. 615-3, L. 615-5, L. 615-5-1-1, L. 615-5-2, L. 615-7, L. 615-7-1, L. 615-8, L. 615-10 et L. 615-17 sont applicables aux conditions et formes dans lesquelles :

- sont prises les décisions du directeur de l'Institut national de la propriété industrielle mentionnées au présent chapitre ;
- peuvent être transmis, donnés en garantie ou saisis les droits attachés à l'enregistrement d'une topographie ;
- est réglé le contentieux né du présent chapitre.

Art. L. 622-8 Le chapitre IV *bis* du titre Ier du présent livre est applicable au présent chapitre.

Chapitre III Obtention végétale

Section 1 Délivrance des certificats d'obtention végétale

Art. L. 623-1 Pour l'application du présent chapitre, constitue une « variété » un ensemble végétal d'un taxon botanique du rang le plus bas connu qui peut être :

1° Défini par l'expression des caractères résultant d'un certain génotype ou d'une certaine combinaison de génotypes ;

2° Distingué de tout autre ensemble végétal par l'expression d'au moins un desdits caractères ;

3° Considéré comme une entité eu égard à son aptitude à être reproduit conforme.

Art. L. 623-2 Pour l'application du présent chapitre, est appelée « obtention végétale » la variété nouvelle créée qui :

1° Se distingue nettement de toute autre variété dont l'existence, à la date du dépôt de la demande, est notoirement connue ;

2° Est homogène, c'est-à-dire suffisamment uniforme dans ses caractères pertinents, sous réserve de la variation prévisible compte tenu des particularités de sa reproduction sexuée ou de sa multiplication végétative ;

3° Demeure stable, c'est-à-dire identique à sa définition initiale à la suite de ses reproductions ou multiplications successives ou, en cas de cycle particulier de reproduction ou de multiplication, à la fin de chaque cycle.

Art. L. 623-3 Toute obtention végétale répondant aux conditions de l'article L. 623-2 est définie par une dénomination à laquelle correspondent une description et un exemplaire témoin conservé dans une collection.

Art. L. 623-4 I. – Toute obtention végétale peut faire l'objet d'un titre appelé « certificat d'obtention végétale » qui confère à son titulaire un droit exclusif de produire, reproduire, conditionner aux fins de la reproduction ou de la multiplication, offrir à la vente, vendre ou commercialiser sous toute autre forme, exporter, importer ou détenir à l'une de ces fins du matériel de reproduction ou de multiplication de la variété protégée.

II. – Lorsque les produits mentionnés aux 1° et 2° du présent II ont été obtenus par l'utilisation autre que fortuite ou accidentelle et non autorisée de matériel de reproduction ou de multiplication de la variété protégée, le droit exclusif s'étend, à moins que l'obtenteur ait raisonnablement pu exercer son droit sur les produits en question :

1° Au produit de la récolte, y compris aux plantes entières et aux parties de plantes ;

2° Aux produits fabriqués directement à partir d'un produit de récolte de la variété protégée.

III. – Le droit exclusif du titulaire s'étend :

1° Aux variétés qui ne se distinguent pas nettement de la variété protégée au sens de l'article L. 623-2 ;

2° Aux variétés dont la production nécessite l'emploi répété de la variété protégée ;

3° Aux variétés essentiellement dérivées de la variété protégée au sens du même article L. 623-2, lorsque cette variété n'est pas elle-même une variété essentiellement dérivée.

IV. – Constitue une variété essentiellement dérivée d'une autre variété, dite « variété initiale », une variété qui :

1° Est principalement dérivée de la variété initiale ou d'une variété qui est elle-même principalement dérivée de la variété initiale ;

2° Se distingue nettement de la variété initiale au sens dudit article L. 623-2 ;

3° Sauf en ce qui concerne les différences résultant de la dérivation, est conforme à la variété initiale dans l'expression des caractères essentiels résultant du génotype ou de la combinaison de génotypes de la variété initiale.

V. – Sous réserve des dispositions de l'article L. 623-24-1, sont interdits, à défaut de consentement du titulaire du certificat d'obtention végétale, la production, l'offre, la vente, la mise sur le marché, l'importation, l'exportation, le transbordement, l'utilisation et ou la détention à ces fins du matériel de reproduction ou de multiplication de la variété protégée.

Art. L. 623-4-1 I. – Le droit du titulaire ne s'étend pas :

1° Aux actes accomplis à titre privé à des fins non professionnelles ou non commerciales ;

2° Aux actes accomplis à titre expérimental ;

3° Aux actes accomplis aux fins de la création d'une nouvelle variété ni aux actes visés au I de l'article L. 623-4 portant sur cette nouvelle variété, à moins que les III et IV de ce même article ne soient applicables.

II. – Le droit du titulaire ne s'étend pas aux actes concernant sa variété ou une variété essentiellement dérivée de sa variété, ou une variété qui ne s'en distingue pas nettement, lorsque du matériel de cette variété ou du matériel dérivé de celui-ci a été vendu ou commercialisé sous quelque forme que ce soit par le titulaire ou avec son consentement.

Toutefois, le droit du titulaire subsiste lorsque ces actes :

1° Impliquent une nouvelle reproduction ou multiplication de la variété en cause ;

2° Impliquent une exportation vers un pays n'appliquant aucune protection de la propriété intellectuelle aux variétés appartenant à la même espèce végétale de matériel de la variété permettant de la reproduire, sauf si le matériel exporté est destiné, en tant que tel, à la consommation humaine ou animale.

Art. L. 623-5 I. – Lorsque du matériel de reproduction ou de multiplication végétative ou un produit de récolte a été vendu ou remis à des tiers sous quelque forme que ce soit par l'obtenteur ou avec son consentement, aux fins de l'exploitation de la variété, depuis plus de douze mois sur le territoire français ou sur le territoire de l'Espace économique européen, la variété n'est pas réputée nouvelle.

Lorsque cette vente par l'obtenteur ou avec son consentement ou cette remise à des tiers a eu lieu sur un autre territoire, aux fins d'exploitation de la variété, depuis plus de quatre ans avant la date du dépôt de la demande de certificat d'obtention végétale, ou dans le cas des arbres et de la vigne depuis plus de six ans avant ladite date, la variété n'est pas réputée nouvelle.

II. – Ne sont pas considérées comme une remise à des tiers au sens du I la remise à des fins réglementaires de matériel de la variété à un organisme officiel ou officiellement habilité, la remise à des tiers aux fins d'expérimentation ou de présentation dans une exposition officiellement reconnue, sous réserve, dans ces deux derniers cas, que l'obtenteur ait expressément stipulé l'interdiction d'exploiter commercialement la variété dont le matériel a été remis.

Art. L. 623-6 Un certificat d'obtention végétale peut être demandé par toute personne ressortissant d'un Etat partie à la convention internationale pour la protection des obtentions végétales ainsi que par toute personne ressortissant d'un Etat membre de la Communauté européenne ou ayant son domicile, siège ou établissement dans l'un de ces Etats.

La personne demandant un certificat d'obtention peut, lors du dépôt en France de cette demande, revendiquer le bénéfice de la priorité de la première demande déposée antérieurement pour la même variété dans l'un desdits Etats par elle-même ou par son auteur, à condition que le dépôt effectué en France ne soit pas postérieur de plus de douze mois à celui de la première demande.

La nouveauté, au sens de l'article L. 623-5, d'une variété dont la demande bénéficie de la priorité telle que définie au deuxième alinéa du présent article s'apprécie à la date du dépôt de la demande prioritaire.

En dehors des cas prévus au premier alinéa, tout étranger peut bénéficier de la protection instituée par le présent chapitre à condition que les Français bénéficient de la réciprocité de protection de la part de l'Etat dont il a la nationalité ou dans lequel il a son domicile, siège ou établissement.

Art. L. 623-7 Le certificat délivré par l'organisme mentionné à l'article L. 412-1 prend effet à la date de la demande. Toute décision de rejet d'une demande doit être motivée.

Art. L. 623-8 Le ministre chargé de la défense est habilité à prendre connaissance auprès de l'organisme mentionné à l'article L. 412-1, à titre confidentiel, des demandes de certificat.

Art. L. 623-9 La liste des espèces végétales dont les obtentions faisant l'objet de demandes de certificat ne peuvent être divulguées et exploitées librement sans autorisation spéciale est fixée par voie réglementaire.

Sous réserve de l'article L. 623-10, cette autorisation peut être accordée à tout moment. Elle est acquise de plein droit au terme d'un délai de cinq mois à compter du jour de dépôt de la demande de certificat.

Art. L. 623-10 Avant le terme du délai prévu au dernier alinéa de l'article L. 623-9, les interdictions prescrites à l'alinéa premier dudit article peuvent être prorogées, sur réquisition du ministre chargé de la défense, pour une durée d'un an, renouvelable. Les interdictions prorogées peuvent être levées à tout moment sous la même condition.

La prorogation des interdictions prononcées en vertu du présent article ouvre droit à une indemnité au profit du titulaire de la demande de certificat, dans la mesure du préjudice subi. A défaut d'accord amiable, cette indemnité est fixée par l'autorité judiciaire.

Art. L. 623-11 Le titulaire du certificat peut demander la révision de l'indemnité prévue à l'article L. 623-10, après l'expiration du délai d'un an qui suit la date du jugement définitif fixant le montant de l'indemnité.

Le titulaire du certificat doit apporter la preuve que le préjudice qu'il subit est supérieur à l'estimation du tribunal.

Art. L. 623-12 Le certificat n'est délivré que s'il résulte d'un examen préalable que la variété faisant l'objet de la demande de protection constitue une obtention végétale conformément à l'article L. 623-2.

Toutefois, l'organisme mentionné à l'article L. 412-1 peut tenir pour suffisant l'examen préalable effectué dans un autre Etat partie à la convention internationale pour la protection des obtentions végétales. Ce même organisme peut prendre en compte l'examen réalisé par l'obtenteur ou son ayant cause.

Ce comité peut faire appel à des experts étrangers.

Art. L. 623-13 La durée de la protection est de vingt-cinq ans à partir de sa délivrance.

Pour les arbres forestiers, fruitiers ou d'ornement, pour la vigne ainsi que pour les graminées et légumineuses fourragères pérennes, les pommes de terre et les lignées endogames utilisées pour la production de variétés hybrides, la durée de la protection est fixée à trente ans.

Art. L. 623-14 Les demandes de certificats d'obtention végétale, les actes portant délivrance du certificat ainsi que tous actes transmettant ou modifiant les droits attachés à une demande de certificat ou à un certificat ne sont opposables aux tiers que s'ils ont été régulièrement publiés dans des conditions prévues par décret en Conseil d'Etat.

Art. L. 623-15 Le certificat désigne l'obtention par une dénomination permettant, sans confusion ni équivoque, son identification dans tous les Etats parties à la convention internationale pour la protection des obtentions végétales.

L'obtenteur est tenu de conserver en permanence une collection végétative de l'obtention protégée.

Une description de la variété nouvelle est annexée au certificat d'obtention.

Le certificat est opposable aux tiers dès sa publication.

La dénomination portée sur le certificat devient obligatoire dès la publication de celui-ci pour toute transaction commerciale même après l'expiration de la durée du certificat.

La dénomination conférée à ladite variété ne peut faire l'objet d'un dépôt au titre de marque de fabrique ou de commerce dans un Etat partie à la convention internationale pour la protection des obtentions végétales. Un tel dépôt peut toutefois être effectué à titre conservatoire, sans faire obstacle à la délivrance du certificat d'obtention, à condition que la preuve de la renonciation aux effets de ce dépôt dans les Etats parties à la convention soit produite préalablement à la délivrance dudit certificat.

Les prescriptions de l'alinéa ci-dessus ne font pas obstacle à ce que, pour une même obtention, il soit ajouté à la dénomination de la variété en cause une marque de fabrique ou de commerce.

Art. L. 623-16 L'examen préalable, la délivrance du certificat et tous actes d'inscription ou de radiation donnent lieu au versement de redevances pour services rendus.

Une redevance est versée annuellement pendant toute la durée de validité du certificat.

Le barème de ces redevances est fixé par voie réglementaire.

Le produit de ces redevances est porté en recettes au groupement d'intérêt public mentionné à l'article L. 412-1.

Section 2 Droits et obligations attachés aux certificats d'obtention végétale

Art. L. 623-17 Une variété indispensable à la vie humaine ou animale peut être soumise au régime de la licence d'office par décret en Conseil d'Etat ou, lorsqu'elle intéresse la santé publique, par arrêté conjoint du ministre de l'agriculture et du ministre chargé de la santé publique.

Art. L. 623-18 Du jour de la publication de l'arrêté qui soumet les certificats d'obtention au régime de la licence d'office, toute personne présentant des garanties techniques et professionnelles peut demander au ministre de l'agriculture l'octroi d'une licence d'exploitation.

Cette licence ne peut être que non exclusive. Elle est accordée par arrêté du ministre de l'agriculture à des conditions déterminées notamment quant à sa durée et son champ d'application, mais à l'exclusion des redevances auxquelles elle donne lieu.

Elle prend effet à la date de la notification de l'arrêté aux parties.

A défaut d'accord amiable, le montant des redevances est fixé par l'autorité judiciaire, déterminée conformément à l'article L. 623-31.

Art. L. 623-19 Si le titulaire d'une licence d'office ne satisfait pas aux conditions requises, le ministre de l'agriculture peut, après avis de l'organisme mentionné à l'article L. 412-1, en prononcer la déchéance.

Art. L. 623-20 L'Etat peut obtenir d'office, à tout moment, pour les besoins de la défense nationale une licence d'exploitation d'une variété végétale objet d'une demande de certificat ou d'un certificat d'obtention, que cette exploitation soit faite par lui-même ou pour son compte.

La licence d'office est accordée, à la demande du ministre chargé de la défense, par arrêté du ministre de l'agriculture. Cet arrêté fixe les conditions de la licence à l'exclusion de celles qui sont relatives aux redevances auxquelles donne lieu son utilisation. La licence prend effet à la date de la demande de licence d'office.

A défaut d'accord amiable, le montant des redevances est fixé par l'autorité judiciaire, déterminée conformément à l'article L. 623-31.

Art. L. 623-21 Les droits attachés à une licence d'office ne peuvent être cédés ni transmis.

Art. L. 623-22 L'Etat peut, à tout moment, par décret, exproprier en tout ou en partie pour les besoins de la défense nationale les obtentions végétales, objet de demandes de certificat ou de certificats.

A défaut d'accord amiable, l'indemnité d'expropriation est fixée par le tribunal de grande instance.

Art. L. 623-22-1 Lorsque le titulaire d'un brevet portant sur une invention biotechnologique ne peut exploiter celle-ci sans porter atteinte à un droit d'obtention végétale antérieur, il peut demander la concession d'une licence pour l'exploitation de la variété protégée par le droit d'obtention, pour autant que cette invention constitue à l'égard de la variété végétale un progrès technique important et présente un intérêt économique considérable. Le demandeur doit justifier qu'il n'a pu obtenir du titulaire du droit d'obtention une licence d'exploitation et qu'il est en état d'exploiter la variété de manière effective et sérieuse.

Art. L. 623-22-2 La demande de licence prévue à l'article L. 623-22-1 est formée auprès du tribunal de grande instance.

La licence est non exclusive. Le tribunal détermine notamment sa durée, son champ d'application et le montant des redevances auxquelles elle donne lieu. Ces conditions peuvent être modifiées par décision du tribunal, à la demande du titulaire du droit ou de la licence.

Les droits attachés à cette licence ne peuvent être transmis qu'avec l'entreprise ou la partie de l'entreprise ou le fonds de commerce auquel ils sont attachés.

Lorsqu'une telle licence est accordée, le titulaire du droit d'obtention obtient à des conditions équitables, sur demande présentée au tribunal, la concession d'une licence réciproque pour utiliser l'invention protégée.

Si le titulaire d'une licence ne satisfait pas aux conditions auxquelles cette licence a été accordée, le titulaire du certificat d'obtention végétale et, le cas échéant, les autres licenciés peuvent obtenir du tribunal le retrait de cette licence.

Art. L. 623-22-3 Toute personne de droit public ou de droit privé peut obtenir une licence obligatoire dans les conditions prévues au présent article et à l'article L. 623-22-4.

La demande de licence obligatoire est formée auprès du tribunal de grande instance du lieu de situation du titulaire du droit. Elle doit être accompagnée de la justification que :

1° Le demandeur n'a pu obtenir une licence dans un délai d'un an à dater de sa demande auprès du titulaire du certificat ;

2° Qu'il est en état d'exploiter la variété de manière sérieuse et effective ;

3° Que la licence est d'intérêt public eu égard, notamment, à l'insuffisance notoire d'approvisionnement du marché agricole concerné par cette variété.

La demande de licence obligatoire peut être présentée, dans les conditions fixées aux deuxième à cinquième alinéas du présent article, par le titulaire du certificat délivré pour une variété essentiellement dérivée d'une variété protégée qui n'a pas pu obtenir du titulaire du certificat de la variété initiale les autorisations nécessaires à l'exploitation de sa propre variété.

Le titulaire du certificat protégeant la variété initiale peut obtenir, dans les mêmes conditions, une licence du certificat protégeant la variété essentiellement dérivée. La licence obligatoire est non exclusive. Le tribunal détermine notamment sa durée, son champ d'application et le montant des redevances auxquelles elle donne lieu.

Ces conditions peuvent être modifiées par le tribunal à la requête du titulaire ou du licencié.

Si le titulaire d'une licence obligatoire ne satisfait pas aux conditions auxquelles cette licence a été accordée, le titulaire du certificat d'obtention et, le cas échéant, les autres licenciés peuvent obtenir du tribunal le retrait de cette licence.

Art. L. 623-22-4 Les droits attachés à une licence obligatoire ne peuvent être ni cédés, ni transmis, si ce n'est avec l'entreprise ou la partie de l'entreprise à laquelle ils sont rattachés.

Cette cession ou transmission est, à peine de nullité, soumise à l'autorisation du tribunal.

Art. L. 623-23 Est déchu de son droit tout titulaire d'un certificat d'obtention végétale :

1° Qui n'est pas en mesure de présenter à tout moment à l'administration les éléments de reproduction ou de multiplication végétative permettant de reproduire la variété protégée avec les caractères morphologiques et physiologiques tels qu'ils ont été définis dans le certificat d'obtention ;

2° Qui refuse de se soumettre aux inspections faites en vue de vérifier les mesures qu'il a prises pour la conservation de la variété ;

3° Qui n'a pas acquitté dans le délai prescrit la redevance annuelle visée au deuxième alinéa de l'article L. 623-16.

La déchéance est constatée par l'organisme mentionné à l'article L. 412-1. Lorsqu'elle est constatée au titre du 3° ci-dessus, le titulaire du certificat peut, dans les six mois qui suivent le terme du délai prévu, présenter un recours en vue d'être restauré dans ses droits s'il justifie d'une excuse légitime pour le défaut de paiement des redevances. Ce recours ne peut cependant porter atteinte aux droits acquis, le cas échéant, par les tiers. La décision définitive constatant la déchéance est publiée.

Art. L. 623-23-1 Le certificat d'obtention végétale est déclaré nul, par décision de justice, s'il est avéré :

1° Soit qu'il a été attribué à une personne qui n'y avait pas droit, à moins qu'il ne soit transféré à la personne qui y a droit ;

2° Soit qu'à la date à laquelle il a été délivré la variété ne satisfaisait pas aux conditions mentionnées à l'article L. 623-2.

Art. L. 623-24 Les dispositions des articles L. 613-8 et L. 613-29 à L. 613-32 sont applicables aux demandes de certificats d'obtention végétale et aux certificats d'obtention.

Il en est de même des articles L. 613-9, L. 613-21 et L. 613-24, l'organisme mentionné à l'article L. 412-1 étant substitué à l'Institut national de la propriété industrielle.

L'article L. 611-7 est également applicable aux certificats d'obtention végétale, les inventions y étant entendues comme les obtentions, les brevets comme les certificats d'obtention végétale et la commission de conciliation comme celle instituée par un décret spécifique au domaine particulier des obtentions végétales.

Section 2 bis Semences de ferme

Art. L. 623-24-1 Par dérogation à l'article L. 623-4, pour les espèces énumérées par le règlement (CE) n° 2100/94 du Conseil du 27 juillet 1994 instituant un régime de protection communautaire des obtentions végétales ainsi que pour d'autres espèces qui peuvent être énumérées par décret, les agriculteurs ont le droit d'utiliser sur leur propre exploitation, sans l'autorisation de l'obtenteur, à des fins de reproduction ou de multiplication, le produit de la récolte qu'ils ont obtenu par la mise en culture d'une variété protégée. Cette utilisation ne constitue pas une contrefaçon.

Art. L. 623-24-2 Sauf en ce qui concerne les petits agriculteurs au sens du règlement (CE) n° 2100/94 du Conseil du 27 juillet 1994 précité, l'agriculteur doit une indemnité aux titulaires des certificats d'obtention végétale dont il utilise les variétés.

Art. L. 623-24-3 Lorsqu'il n'existe pas de contrat entre le titulaire du certificat d'obtention végétale et l'agriculteur concerné ou entre un ou plusieurs titulaires de certificats d'obtention végétale et un groupe d'agriculteurs concernés, ou d'accord interprofessionnel conclu dans les conditions prévues au chapitre II du titre III du livre VI du code rural et de la pêche maritime, les conditions d'application de la dérogation définie à l'article L. 623-24-1 du présent code, y compris les modalités de fixation du montant de l'indemnité visée à l'article L. 623-24-2, dont le montant est sensiblement inférieur au montant perçu pour la production sous licence de matériel de multiplication de la même variété, sont établies par décret en Conseil d'Etat.

Art. L. 623-24-4 Lorsque les agriculteurs ont recours à des prestataires de services pour trier leurs semences, ces opérations de triage doivent être faites dans des conditions permettant de garantir la traçabilité des produits issus de variétés faisant l'objet de certificat d'obtention végétale.

En cas de non-respect de ces conditions, les semences sont réputées commercialisées et regardées comme une contrefaçon au sens de l'article L. 623-25.

Art. L. 623-24-5 Le non-respect par les agriculteurs des conditions d'application de la dérogation définie à l'article L. 623-24-1 leur fait perdre le bénéfice des dispositions de la présente section.

Section 3 Actions en justice

Art. L. 623-25 Sous réserve des dispositions de l'article L. 623-24-1, toute atteinte volontaire portée aux droits du titulaire d'un certificat d'obtention végétale tels qu'ils sont définis à l'article L. 623-4 constitue une contrefaçon qui engage la responsabilité civile de son auteur. Au sens du présent article, sont également considérées comme une atteinte au droit du titulaire d'un certificat d'obtention végétale les utilisations incorrectes ou abusives de la dénomination de la variété qui fait l'objet d'un certificat d'obtention.

Le titulaire d'une licence d'office visée aux articles L. 623-17 et L. 623-20, le titulaire d'une licence obligatoire visée à l'article L. 623-22-3 et, sauf stipulation contraire, le bénéficiaire d'un droit exclusif d'exploitation peuvent exercer l'action prévue au premier alinéa du présent article si, après mise en demeure, le titulaire du certificat n'exerce pas cette action.

Le titulaire du certificat est recevable à intervenir à l'instance engagée par le licencié conformément à l'alinéa précédent.

Tout titulaire d'une licence est recevable à intervenir à l'instance engagée par le titulaire du certificat afin d'obtenir la réparation du préjudice qui lui est propre.

Art. L. 623-26 Les faits antérieurs à la publication de la délivrance du certificat ne sont pas considérés comme ayant porté atteinte aux droits attachés au certificat. Pourront cependant être constatés et poursuivis les faits postérieurs à la notification au responsable présumé d'une copie conforme de la demande de certificat.

Art. L. 623-27 Toute personne ayant qualité pour agir en contrefaçon peut saisir en référé la juridiction civile compétente afin de voir ordonner, au besoin sous astreinte, à l'encontre du prétendu contrefacteur ou des intermédiaires dont il utilise les services, toute mesure destinée à prévenir une atteinte imminente aux droits conférés par le titre ou à empêcher la poursuite d'actes argués de contrefaçon. La juridiction civile compétente peut également ordonner toutes mesures urgentes sur requête lorsque les circonstances exigent que ces mesures ne soient pas prises contradictoirement, notamment lorsque tout retard serait de nature à causer un préjudice irréparable au demandeur. Saisie en référé ou sur requête, la juridiction ne peut ordonner les mesures demandées que si les éléments de preuve, raisonnablement accessibles au demandeur, rendent vraisemblable qu'il est porté atteinte à ses droits ou qu'une telle atteinte est imminente.

La juridiction peut interdire la poursuite des actes argués de contrefaçon, la subordonner à la constitution de garanties destinées à assurer l'indemnisation éventuelle du demandeur ou ordonner la saisie ou la remise entre les mains d'un tiers des produits soupçonnés de porter atteinte aux droits conférés par le titre, pour empêcher leur introduction ou leur circulation dans les circuits commerciaux. Si le demandeur justifie de circonstances de nature à compromettre le recouvrement des dommages et intérêts, la juridiction peut ordonner la saisie conservatoire des biens mobiliers et immobiliers du prétendu contrefacteur, y compris le blocage de ses comptes bancaires et autres avoirs, conformément au droit commun. Pour déterminer les biens susceptibles de faire l'objet de la saisie, elle peut ordonner la communication des documents bancaires, financiers, comptables ou commerciaux ou l'accès aux informations pertinentes.

Elle peut également accorder au demandeur une provision lorsque l'existence de son préjudice n'est pas sérieusement contestable.

Saisie en référé ou sur requête, la juridiction peut subordonner l'exécution des mesures qu'elle ordonne à la constitution par le demandeur de garanties destinées à assurer l'indemnisation éventuelle du défendeur si l'action en contrefaçon est ultérieurement jugée non fondée ou les mesures annulées.

Lorsque les mesures prises pour faire cesser une atteinte aux droits sont ordonnées avant l'engagement d'une action au fond, le demandeur doit, dans un délai fixé par voie réglementaire, soit se pourvoir par la voie civile ou pénale, soit déposer une plainte auprès du procureur de la République. A défaut, sur demande du défendeur et sans que celui-ci ait à motiver sa demande, les mesures ordonnées sont annulées, sans préjudice des dommages et intérêts qui peuvent être réclamés.

Art. L. 623-27-1 La contrefaçon peut être prouvée par tous moyens.

A cet effet, toute personne ayant qualité pour agir en contrefaçon est en droit de faire procéder en tout lieu et par tous huissiers, le cas échéant assistés d'experts désignés par le demandeur, en vertu d'une ordonnance rendue sur requête par la juridiction civile compétente, soit à la description détaillée, avec ou sans prélèvement d'échantillons, soit à la saisie réelle des objets prétendus contrefaisants ainsi que de tout document s'y rapportant. L'ordonnance peut autoriser la saisie réelle de tout document se rapportant aux objets prétendus contrefaisants en l'absence de ces derniers.

La juridiction peut ordonner, aux mêmes fins probatoires, la description détaillée ou la saisie réelle des matériels et instruments utilisés pour produire ou distribuer les objets prétendus contrefaisants.

Elle peut subordonner l'exécution des mesures qu'elle ordonne à la constitution par le demandeur de garanties destinées à assurer l'indemnisation éventuelle du défendeur si l'action en contrefaçon est ultérieurement jugée non fondée ou la saisie annulée.

A défaut pour le demandeur de s'être pourvu au fond, par la voie civile ou pénale, dans un délai fixé par voie réglementaire, l'intégralité de la saisie, y compris la description, est annulée à la demande du saisi, sans que celui-ci ait à motiver sa demande et sans préjudice des dommages et intérêts qui peuvent être réclamés.

Art. L. 623-27-1-1 La juridiction peut ordonner, d'office ou à la demande de toute personne ayant qualité pour agir en contrefaçon, toutes les mesures d'instruction légalement admissibles même si une saisie-contrefaçon n'a pas préalablement été ordonnée dans les conditions prévues à l'article L. 623-27-1.

Art. L. 623-27-2 Si la demande lui en est faite, la juridiction saisie au fond ou en référé d'une procédure civile prévue au présent titre peut ordonner, au besoin sous astreinte, afin de déterminer l'origine et les réseaux de distribution des produits argués de contrefaçon qui portent atteinte aux droits du demandeur, la production de tous documents ou informations détenus par le défendeur ou par toute personne qui a été trouvée en possession de produits argués de contrefaçon ou qui fournit des services utilisés dans de prétendues activités de contrefaçon ou encore qui a été signalée comme intervenant dans la production, la fabrication ou la distribution de ces produits ou la fourniture de ces services.

La production de documents ou d'informations peut être ordonnée s'il n'existe pas d'empêchement légitime.

Art. L. 623-28 Pour fixer les dommages et intérêts, la juridiction prend en considération distinctement :

1° Les conséquences économiques négatives de la contrefaçon, dont le manque à gagner et la perte subis par la partie lésée ;

2° Le préjudice moral causé à cette dernière ;

3° Et les bénéfices réalisés par le contrefacteur, y compris les économies d'investissements intellectuels, matériels et promotionnels que celui-ci a retirées de la contrefaçon.

Toutefois, la juridiction peut, à titre d'alternative et sur demande de la partie lésée, allouer à titre de dommages et intérêts une somme forfaitaire. Cette somme est supérieure au montant des redevances ou droits qui auraient été dus si le contrefacteur avait demandé l'autorisation d'utiliser le droit auquel il a porté atteinte. Cette somme n'est pas exclusive de l'indemnisation du préjudice moral causé à la partie lésée.

Art. L. 623-28-1 En cas de condamnation civile pour contrefaçon, la juridiction peut ordonner, à la demande de la partie lésée, que les produits reconnus comme produits contrefaisants et les matériaux et instruments ayant principalement servi à leur création ou fabrication soient rappelés des circuits commerciaux, écartés définitivement de ces circuits, détruits ou confisqués au profit de la partie lésée.

La juridiction peut aussi ordonner toute mesure appropriée de publicité du jugement, notamment son affichage ou sa publication intégrale ou par extraits dans les journaux ou sur les services de communication au public en ligne qu'elle désigne, selon les modalités qu'elle précise.

Les mesures mentionnées aux deux premiers alinéas sont ordonnées aux frais du contrefacteur.

Art. L. 623-29 Les actions civiles et pénales prévues par le présent chapitre se prescrivent par cinq ans à compter des faits qui en sont la cause.

L'action civile introduite suspend la prescription de l'action pénale.

Art. L. 623-30 Lorsqu'une variété objet d'une demande de certificat ou d'un certificat d'obtention est exploitée pour les besoins de la défense nationale par l'Etat ou ses fournisseurs, sous-traitants et titulaires de sous-commandes, sans qu'une licence d'exploitation leur ait été octroyée, la juridiction saisie ne peut ordonner ni la cessation ou l'interruption de l'exploitation, ni la confiscation prévue à l'article L. 623-28-1.

Si une expertise ou une description, avec ou sans saisie réelle, est ordonnée par le président de la juridiction saisie, l'officier public commis doit surseoir à la saisie, à la description et à toute recherche dans l'entreprise si le contrat d'études ou de reproduction ou de multiplication comporte une classification de sécurité de défense.

Il en est de même si les études, la reproduction, la multiplication sont effectuées dans un établissement des armées.

Le président de la juridiction saisie peut, s'il en est requis par l'ayant droit, ordonner une expertise qui ne peut être effectuée que par des personnes agréées par le ministre chargé de la défense et devant ses représentants.

Les dispositions de l'article L. 623-26 ne sont pas applicables aux demandes de certificat d'obtention végétale exploitées dans les conditions définies au présent article aussi longtemps que ces demandes sont soumises aux interdictions prévues par les articles L. 623-9 et L. 623-10.

Une telle exploitation fait encourir de plein droit à ses auteurs la responsabilité définie au présent article.

Art. L. 623-31 Les actions civiles et les demandes relatives aux obtentions végétales, y compris lorsqu'elles portent également sur une question connexe de concurrence déloyale, sont exclusivement portées devant des tribunaux de grande instance, déterminés par voie réglementaire, à l'exception des recours formés contre les actes administratifs ministériels, qui relèvent de la juridiction administrative.

La cour d'appel de Paris connaît directement des recours formés contre les décisions de l'organisme mentionné à l'article L. 412-1 prises en application du présent chapitre.

Les dispositions qui précèdent ne font pas obstacle au recours à l'arbitrage, dans les conditions prévues aux articles 2059 et 2060 du code civil.

Art. L. 623-32 Toute atteinte portée sciemment aux droits du titulaire d'un certificat d'obtention végétale, tels qu'ils sont définis à l'article L. 623-4, constitue un délit puni d'une amende de 10 000 €. Lorsqu'il a été rendu contre le prévenu dans les cinq années antérieures une condamnation pour le même délit ou en cas de commission du délit en bande organisée ou sur un réseau de communication au public en ligne, un emprisonnement de six mois peut, en outre, être prononcé.

Art. L. 623-32-1 Les personnes physiques coupables du délit prévu à l'article L. 623-32 peuvent en outre être condamnées, à leurs frais, à retirer des circuits commerciaux les objets jugés contrefaisants et toute chose qui a servi ou était destinée à commettre l'infraction.

La juridiction peut ordonner la destruction aux frais du condamné ou la remise à la partie lésée des objets et choses retirés des circuits commerciaux ou confisqués, sans préjudice de tous dommages et intérêts.

Elle peut également ordonner, aux frais du condamné, l'affichage du jugement ou la diffusion du jugement prononçant la condamnation, dans les conditions prévues à l'article 131-35 du code pénal.

Art. L. 623-32-2 Les personnes morales déclarées responsables pénalement, dans les conditions prévues par l'article 121-2 du code pénal, de l'infraction définie à l'article L. 623-32 encourent, outre l'amende suivant les modalités prévues par l'article 131-38 du code pénal, les peines prévues par l'article 131-39 du même code.

L'interdiction mentionnée au 2° de l'article 131-39 du même code porte sur l'activité dans l'exercice ou à l'occasion de l'exercice de laquelle l'infraction a été commise.

Les personnes morales déclarées pénalement responsables peuvent en outre être condamnées, à leurs frais, à retirer des circuits commerciaux les objets jugés contrefaisants et toute chose qui a servi ou était destinée à commettre l'infraction.

La juridiction peut ordonner la destruction aux frais du condamné ou la remise à la partie lésée des objets et choses retirés des circuits commerciaux ou confisqués, sans préjudice de tous dommages et intérêts.

Art. L. 623-33 L'action publique pour l'application des peines prévues au précédent article ne peut être exercée par le ministère public que sur plainte de la partie lésée.

Le tribunal correctionnel saisi ne peut statuer qu'après que la juridiction civile a constaté la réalité du délit par une décision passée en force de chose jugée. Les exceptions tirées par le défenseur de nullité du certificat d'obtention ou des questions relatives à la propriété dudit certificat ne peuvent être soulevées que devant la juridiction civile.

Art. L. 623-35 Sans préjudice, s'il échet, des peines plus graves prévues en matière d'atteinte à la sûreté de l'Etat, quiconque a sciemment enfreint une des interdictions portées aux articles L. 623-9 et L. 623-10 est puni d'une amende de 4 500 €. Si la violation a porté préjudice à la défense nationale, une peine d'emprisonnement de cinq ans pourra, en outre, être prononcée.

Section 4 La retenue

Art. L. 623-36 En dehors des cas prévus par la réglementation de l'Union européenne, l'administration des douanes peut, sur demande écrite du titulaire d'un certificat d'obtention végétale, assortie des justifications de son droit, retenir dans le cadre de ses contrôles les marchandises que celui-ci prétend constituer une contrefaçon.

Cette retenue est immédiatement notifiée au demandeur et au détenteur. Le procureur de la République est également informé de ladite mesure par l'administration des douanes.

Lors de la notification mentionnée à la première phrase du deuxième alinéa du présent article, la nature et la quantité réelle ou estimée ainsi que des images des marchandises sont communiquées au titulaire du certificat d'obtention végétale, par dérogation à l'article 59 *bis* du code des douanes. Ces informations peuvent également être communiquées avant la mise en œuvre de la mesure prévue au présent article.

Sous réserve des procédures prévues aux articles L. 623-40 et L. 623-41 du présent code, la mesure de retenue est levée de plein droit à défaut pour le demandeur, dans le délai de dix jours ouvrables, ou de trois jours ouvrables pour les denrées périssables, à compter de la notification de la retenue des marchandises, de justifier auprès de l'administration des douanes soit de mesures conservatoires décidées par la juridiction civile compétente, soit de s'être pourvu par la voie civile ou la voie correctionnelle et d'avoir constitué les garanties destinées à l'indemnisation éventuelle du détenteur des marchandises au cas où la contrefaçon ne serait pas ultérieurement reconnue, soit d'avoir déposé une plainte auprès du procureur de la République. L'administration des douanes peut proroger le délai de dix jours ouvrables prévu au présent alinéa de dix jours ouvrables maximum sur requête dûment motivée du demandeur. En cas de prorogation du délai, le procureur de la République et le détenteur des marchandises en sont informés.

Les frais liés à la mesure de retenue ou aux mesures conservatoires prononcées par la juridiction civile compétente sont à la charge du demandeur.

Aux fins de l'engagement des actions en justice mentionnées au quatrième alinéa du présent article, le demandeur peut obtenir de l'administration des douanes communication des nom et adresse de l'expéditeur, de l'importateur, du destinataire et du déclarant des marchandises retenues ou de leur détenteur, ainsi que des images de ces marchandises et des informations sur leur quantité, leur origine, leur provenance et leur destination, par dérogation à l'article 59 *bis* du code des douanes.

La retenue mentionnée au premier alinéa du présent article ne porte pas :

1° Sur les marchandises de statut communautaire, légalement fabriquées ou mises en libre pratique dans un Etat membre de l'Union européenne et destinées, après avoir emprunté le territoire douanier défini à l'article 1er du code des douanes, à être mises sur le marché d'un autre Etat membre de l'Union européenne pour y être légalement commercialisées ;

2° Sur les marchandises de statut communautaire, légalement fabriquées ou mises en libre pratique dans un autre Etat membre de l'Union européenne, dans lequel elles ont été placées sous le régime du transit, et qui sont destinées, après avoir transité sur le territoire douanier défini au même article 1er, à être exportées vers un Etat non membre de l'Union européenne.

Art. L. 623-37 En l'absence de demande écrite du titulaire du certificat d'obtention végétale et en dehors des cas prévus par la réglementation de l'Union européenne, l'administration des douanes peut, dans le cadre de ses contrôles, retenir des marchandises susceptibles de porter atteinte à un certificat d'obtention végétale.

Cette retenue est immédiatement notifiée au titulaire du certificat d'obtention végétale. Le procureur de la République est également informé de ladite mesure par l'administration des douanes.

Lors de la notification mentionnée à la première phrase du deuxième alinéa du présent article, la nature et la quantité réelle ou estimée ainsi que des images des marchandises sont communiquées au titulaire du certificat d'obtention végétale, par dérogation à l'article 59 *bis* du code des douanes. Ces informations peuvent également être communiquées avant la mise en œuvre de la mesure prévue au présent article.

La mesure de retenue est levée de plein droit si l'administration des douanes n'a pas reçu du titulaire du certificat d'obtention végétale la demande prévue à l'article L. 623-36 du présent code, déposée dans un délai de quatre jours ouvrables à compter de la notification de la retenue mentionnée à la première phrase du deuxième alinéa du présent article.

Si la demande a été reçue conformément au quatrième alinéa du présent article, le délai de dix jours ouvrables mentionné au quatrième alinéa de l'article L. 623-36 commence à courir à compter de l'acceptation de cette demande par l'administration des douanes.

Le présent article n'est pas applicable aux marchandises périssables.

Art. L. 623-38 I. – Lorsque la retenue, prévue par la réglementation de l'Union européenne et portant sur des marchandises soupçonnées de constituer une contrefaçon d'un certificat d'obtention végétale, est mise en œuvre avant qu'une demande du titulaire du certificat d'obtention végétale ait été déposée ou acceptée, les agents des douanes peuvent, par dérogation à l'article 59 *bis* du code des douanes, informer ce titulaire de la mise en œuvre de cette mesure. Ils peuvent également lui communiquer des informations portant sur la quantité des marchandises et leur nature.

Lorsque la retenue, prévue par la réglementation de l'Union européenne et portant sur des marchandises soupçonnées de constituer une contrefaçon d'un certificat d'obtention végétale, est mise en œuvre après qu'une demande du titulaire du certificat d'obtention végétale a été acceptée, les agents des douanes peuvent également communiquer à ce titulaire les informations prévues par cette réglementation, nécessaires pour déterminer s'il y a eu violation de son droit.

II. – Les frais générés par la mise en œuvre de la retenue mentionnée au I sont à la charge du titulaire du certificat d'obtention végétale.

Art. L. 623-39 Pendant le délai de la retenue mentionnée à l'article L. 623-36 et au second alinéa du I de l'article L. 623-38, le titulaire du certificat d'obtention végétale peut, à sa demande ou à la demande de l'administration des douanes, inspecter les marchandises retenues.

Lors du contrôle des marchandises mises en retenue, l'administration des douanes peut prélever des échantillons.

Art. L. 623-40 I. – Lorsque la retenue portant sur des marchandises soupçonnées de constituer une contrefaçon d'un certificat d'obtention végétale est mise en œuvre après qu'une demande mentionnée à l'article L. 623-36 a été acceptée, les marchandises soupçonnées de porter atteinte à un certificat d'obtention végétale peuvent être détruites sous le contrôle des agents des douanes dès lors que les conditions suivantes sont remplies :

1° Le demandeur a confirmé par écrit et par une expertise détaillée aux autorités douanières, dans un délai de dix jours ouvrables, ou de trois jours ouvrables pour les denrées périssables, à partir de la notification de la retenue, le caractère contrefaisant des marchandises ;

2° Le demandeur a confirmé par écrit aux autorités douanières, dans un délai de dix jours ouvrables, ou de trois jours ouvrables pour les denrées périssables, à partir de la notification de la retenue, qu'il consent à la destruction, sous sa responsabilité, des marchandises ;

3° Le détenteur des marchandises a confirmé par écrit aux autorités douanières, dans un délai de dix jours ouvrables, ou de trois jours ouvrables pour les denrées périssables, à partir de la notification de la retenue, qu'il consent à la destruction des marchandises.

II. – Lorsque le détenteur n'a, dans le délai mentionné au 3° du I, ni confirmé qu'il consent à la destruction des marchandises, ni informé l'administration des douanes qu'il s'oppose à leur destruction, il est réputé avoir consenti à cette destruction.

III. – Lorsque le détenteur des marchandises n'a pas confirmé par écrit qu'il consent à leur destruction et qu'il n'est pas réputé avoir consenti à la destruction des marchandises dans les délais prévus, l'administration des douanes en informe immédiatement le demandeur lequel, dans un délai de dix jours ouvrables, ou de trois jours ouvrables pour les denrées périssables, à partir de la notification de la retenue, prend les mesures mentionnées au quatrième alinéa de l'article L. 623-36. Le délai de dix jours peut être prorogé de dix jours ouvrables maximum sur requête dûment motivée du demandeur. En cas de prorogation du délai, le procureur de la République et le détenteur des marchandises en sont informés.

Si les conditions prévues au I du présent article ne sont pas réunies et si le demandeur n'a pas justifié auprès de l'administration des douanes qu'il a pris les mesures mentionnées au quatrième alinéa de l'article L. 623-36, la mesure de retenue est levée de plein droit.

IV. – Dans le cadre de la communication d'informations prévues au troisième alinéa des articles L. 623-36 et L. 623-37, les autorités douanières informent le demandeur de l'existence de la procédure prévue au présent article. Les informations prévues au sixième alinéa de l'article L. 623-36 peuvent également être communiquées au demandeur aux fins de mise en œuvre de la présente mesure.

Art. L. 623-41 Lorsque le demandeur utilise les informations qui lui sont communiquées par l'administration des douanes, par dérogation à l'article 59 *bis* du code des douanes, à d'autres fins que celles prévues au présent chapitre, l'administration des douanes abroge, suspend ou refuse de renouveler ladite demande.

Art. L. 623-42 En vue de prononcer les mesures prévues aux articles L. 623-36 à L. 623-39, les agents des douanes appliquent les pouvoirs qui leur sont dévolus par le code des douanes.

Art. L. 623-43 Un décret en Conseil d'Etat fixe :

1° Les conditions d'application des mesures prévues aux articles L. 623-36 à L. 623-41 ;

2° Les conditions dans lesquelles a lieu la destruction des marchandises susceptibles de porter atteinte à un certificat d'obtention végétale prévue par la réglementation européenne en vigueur ainsi que les conditions du prélèvement d'échantillons préalable à ladite destruction.

Art. L. 623-44 La présente section n'est pas applicable aux semences de ferme relevant de la section 2 *bis* du présent chapitre.

LIVRE VII MARQUES DE FABRIQUE, DE COMMERCE OU DE SERVICE ET AUTRES SIGNES DISTINCTIFS

TITRE Ier MARQUES DE FABRIQUE, DE COMMERCE OU DE SERVICE

Chapitre Ier Eléments constitutifs de la marque

Art. L. 711-1 La marque de fabrique, de commerce ou de service est un signe susceptible de représentation graphique servant à distinguer les produits ou services d'une personne physique ou morale.

Peuvent notamment constituer un tel signe :

a) Les dénominations sous toutes les formes telles que : mots, assemblages de mots, noms patronymiques et géographiques, pseudonymes, lettres, chiffres, sigles ;

b) Les signes sonores tels que : sons, phrases musicales ;

c) Les signes figuratifs tels que : dessins, étiquettes, cachets, lisières, reliefs, hologrammes, logos, images de synthèse ; les formes, notamment celles du produit ou de son conditionnement ou celles caractérisant un service ; les dispositions, combinaisons ou nuances de couleurs.

Art. L. 711-2 Le caractère distinctif d'un signe de nature à constituer une marque s'apprécie à l'égard des produits ou services désignés.

Sont dépourvus de caractère distinctif :

a) Les signes ou dénominations qui, dans le langage courant ou professionnel, sont exclusivement la désignation nécessaire, générique ou usuelle du produit ou du service ;

b) Les signes ou dénominations pouvant servir à désigner une caractéristique du produit ou du service, et notamment l'espèce, la qualité, la quantité, la destination, la valeur, la provenance géographique, l'époque de la production du bien ou de la prestation de service ;

c) Les signes constitués exclusivement par la forme imposée par la nature ou la fonction du produit, ou conférant à ce dernier sa valeur substantielle.

Le caractère distinctif peut, sauf dans le cas prévu au *c*, être acquis par l'usage.

Art. L. 711-3 Ne peut être adopté comme marque ou élément de marque un signe :

a) Exclu par l'article 6 *ter* de la convention de Paris en date du 20 mars 1883, révisée, pour la protection de la propriété industrielle ou par le paragraphe 2 de l'article 23 de l'annexe I C à l'accord instituant l'Organisation mondiale du commerce ;

b) Contraire à l'ordre public ou aux bonnes mœurs, ou dont l'utilisation est légalement interdite ;

c) De nature à tromper le public, notamment sur la nature, la qualité ou la provenance géographique du produit ou du service.

Art. L. 711-4 Ne peut être adopté comme marque un signe portant atteinte à des droits antérieurs, et notamment :

a) A une marque antérieure enregistrée ou notoirement connue au sens de l'article 6 *bis* de la convention de Paris pour la protection de la propriété industrielle ;

b) A une dénomination ou raison sociale, s'il existe un risque de confusion dans l'esprit du public ;

c) A un nom commercial ou à une enseigne connus sur l'ensemble du territoire national, s'il existe un risque de confusion dans l'esprit du public ;

d) A une appellation d'origine protégée ou à une indication géographique ;

e) Aux droits d'auteur ;

f) Aux droits résultant d'un dessin ou modèle protégé ;

g) Au droit de la personnalité d'un tiers, notamment à son nom patronymique, à son pseudonyme ou à son image ;

h) Au nom, à l'image ou à la renommée d'une collectivité territoriale.

Chapitre II Acquisition du droit sur la marque

Art. L. 712-1 La propriété de la marque s'acquiert par l'enregistrement. La marque peut être acquise en copropriété.

L'enregistrement produit ses effets à compter de la date de dépôt de la demande pour une période de dix ans indéfiniment renouvelable.

Art. L. 712-2 La demande d'enregistrement est présentée et publiée dans les formes et conditions fixées par le présent titre et précisées par décret en Conseil d'Etat. Elle doit comporter notamment le modèle de la marque et l'énumération des produits ou services auxquels elle s'applique.

Art. L. 712-2-1 Toute collectivité territoriale ou tout établissement public de coopération intercommunale peut demander à l'Institut national de la propriété industrielle d'être alerté en cas de dépôt d'une demande d'enregistrement d'une marque contenant sa dénomination, dans des conditions fixées par décret.

Les conseils régionaux, la collectivité territoriale de Corse et les conseils généraux peuvent demander à l'Institut national de la propriété industrielle d'être alertés en cas de dépôt d'une demande d'enregistrement d'une marque contenant un nom de pays se situant sur leur territoire géographique, dans des conditions fixées par décret.

Art. L. 712-3 Pendant le délai de deux mois suivant la publication de la demande d'enregistrement, toute personne intéressée peut formuler des observations auprès du directeur de l'Institut national de la propriété industrielle.

Art. L. 712-4 Pendant le délai mentionné à l'article L. 712-3, opposition à la demande d'enregistrement peut être faite auprès du directeur de l'Institut national de la propriété industrielle par :

1° Le propriétaire d'une marque enregistrée ou déposée antérieurement ou bénéficiant d'une date de priorité antérieure, ou le propriétaire d'une marque antérieure notoirement connue ;

1° *bis* Le directeur de l'Institut national de l'origine et de la qualité, dès lors qu'il y a un risque d'atteinte au nom, à l'image, à la réputation ou à la notoriété d'une appellation d'origine ou d'une indication géographique mentionnées aux articles L. 641-5, L. 641-10, L. 641-11 et L. 641-11-1 du code rural et de la pêche maritime ;

2° Le bénéficiaire d'un droit exclusif d'exploitation, sauf stipulation contraire du contrat ;

3° Une collectivité territoriale au titre du *h* de l'article L. 711-4 ou au titre d'une atteinte à une indication géographique définie à l'article L. 721-2, dès lors que cette indication comporte le nom de la collectivité concernée ;

4° Un organisme de défense et de gestion mentionné à l'article L. 721-4 dont une indication géographique a été homologuée en application de l'article L. 721-3 ou dont la demande d'homologation est en cours d'instruction par l'institut.

L'opposition est réputée rejetée s'il n'est pas statué dans un délai de six mois suivant l'expiration du délai prévu à l'article L. 712-3.

Toutefois, ce délai peut être suspendu :

a) Lorsque l'opposition est fondée sur une demande d'enregistrement de marque ou sur une demande d'homologation d'indication géographique ;

b) En cas de demande en nullité, en déchéance ou en revendication de propriété, de la marque sur laquelle est fondée l'opposition ;

c) Sur demande conjointe des parties, pendant une durée de trois mois renouvelable une fois.

Art. L. 712-5 Il est statué sur l'opposition après une procédure contradictoire définie par décret en Conseil d'Etat.

Art. L. 712-6 Si un enregistrement a été demandé soit en fraude des droits d'un tiers, soit en violation d'une obligation légale ou conventionnelle, la personne qui estime avoir un droit sur la marque peut revendiquer sa propriété en justice.

A moins que le déposant ne soit de mauvaise foi, l'action en revendication se prescrit par cinq ans à compter de la publication de la demande d'enregistrement.

Art. L. 712-7 La demande d'enregistrement est rejetée :

a) Si elle ne satisfait pas aux conditions prévues à l'article L. 712-2 ;

b) Si le signe ne peut constituer une marque par application des articles L. 711-1 et L. 711-2, ou être adopté comme une marque par application de l'article L. 711-3 ;

c) Si l'opposition dont elle fait l'objet au titre de l'article L. 712-4 est reconnue justifiée.

Lorsque les motifs de rejet n'affectent la demande qu'en partie, il n'est procédé qu'à son rejet partiel.

Art. L. 712-8 Le déposant peut demander qu'une marque soit enregistrée nonobstant l'opposition dont elle fait l'objet s'il justifie que cet enregistrement est indispensable à la protection de la marque à l'étranger.

Si l'opposition est ultérieurement reconnue fondée, la décision d'enregistrement est rapportée en tout ou partie.

Art. L. 712-9 L'enregistrement d'une marque peut être renouvelé s'il ne comporte ni modification du signe ni extension de la liste des produits ou services. Le renouvellement est opéré et publié selon des modalités et dans des délais fixés par décret en Conseil d'Etat.

Il n'est soumis ni à la vérification de conformité aux dispositions des articles L. 711-1 à L. 711-3 ni à la procédure d'opposition prévue à l'article L. 712-4.

La nouvelle période de dix ans court à compter de l'expiration de la précédente.

Toute modification du signe ou extension de la liste des produits ou services désignés doit faire l'objet d'un nouveau dépôt.

Art. L. 712-10 Le demandeur qui n'a pas respecté les délais mentionnés à l'article L. 712-2, et qui justifie d'un empêchement qui n'est imputable ni à sa volonté, ni à sa faute, ni à sa négligence, peut, dans des conditions fixées par décret en Conseil d'Etat, être relevé des déchéances qu'il a pu encourir.

Art. L. 712-11 Sous réserve des dispositions des conventions internationales auxquelles la France est partie, l'étranger qui n'est ni établi ni domicilié sur le territoire national bénéficie des dispositions du présent livre aux conditions qu'il justifie avoir régulièrement déposé la marque ou obtenu son enregistrement dans le pays de son domicile ou de son établissement et que ce pays accorde la réciprocité de la protection aux marques françaises.

Art. L. 712-12 Le droit de priorité prévu à l'article 4 de la convention de Paris pour la protection de la propriété industrielle est étendu à toute marque préalablement déposée dans un pays étranger.

Sous réserve des dispositions des conventions internationales auxquelles la France est partie, le droit de priorité est subordonné à la reconnaissance par ledit pays du même droit lors du dépôt des marques françaises.

Art. L. 712-13 Les syndicats peuvent déposer leurs marques et labels dans les conditions prévues aux articles L. 413-1 et L. 413-2 du code du travail ci-après reproduits :

> Art. L. 413-1 Les syndicats peuvent déposer, en remplissant les formalités prévues par le chapitre II du livre VII du code de la propriété intellectuelle, leurs marques ou labels. Ils peuvent, dès lors, en revendiquer la propriété exclusive dans les conditions prévues par ledit code.
>
> Les marques ou labels peuvent être apposés sur tout produit ou objet de commerce pour en certifier l'origine et les conditions de fabrication. Ils peuvent être utilisés par tous les individus ou entreprises mettant en vente ces produits.
>
> Art. L. 413-2 L'utilisation des marques syndicales ou des labels par application de l'article précédent ne peut avoir pour effet de porter atteinte aux dispositions de l'article L. 412-2.
>
> Sont nuls et de nul effet tout accord ou disposition tendant à obliger l'employeur à n'embaucher ou à ne conserver à son service que les adhérents du syndicat propriétaire de la marque ou du label.

Art. L. 712-14 Les décisions mentionnées au présent chapitre sont prises par le directeur de l'Institut national de la propriété industrielle dans les conditions prévues aux articles L. 411-4 et L. 411-5.

Chapitre III Droits conférés par l'enregistrement

Art. L. 713-1 L'enregistrement de la marque confère à son titulaire un droit de propriété sur cette marque pour les produits et services qu'il a désignés.

Art. L. 713-2 Sont interdits, sauf autorisation du propriétaire :

a) La reproduction, l'usage ou l'apposition d'une marque, même avec l'adjonction de mots tels que : « formule, façon, système, imitation, genre, méthode », ainsi que l'usage d'une marque reproduite, pour des produits ou services identiques à ceux désignés dans l'enregistrement ;

b) La suppression ou la modification d'une marque régulièrement apposée.

Art. L. 713-3 Sont interdits, sauf autorisation du propriétaire, s'il peut en résulter un risque de confusion dans l'esprit du public :

a) La reproduction, l'usage ou l'apposition d'une marque, ainsi que l'usage d'une marque reproduite, pour des produits ou services similaires à ceux désignés dans l'enregistrement ;

b) L'imitation d'une marque et l'usage d'une marque imitée, pour des produits ou services identiques ou similaires à ceux désignés dans l'enregistrement.

Art. L. 713-4 Le droit conféré par la marque ne permet pas à son titulaire d'interdire l'usage de celle-ci pour des produits qui ont été mis dans le commerce dans la Communauté économique européenne ou dans l'Espace économique européen sous cette marque par le titulaire ou avec son consentement.

Toutefois, faculté reste alors ouverte au propriétaire de s'opposer à tout nouvel acte de commercialisation s'il justifie de motifs légitimes, tenant notamment à la modification ou à l'altération, ultérieurement intervenue, de l'état des produits.

Art. L. 713-5 La reproduction ou l'imitation d'une marque jouissant d'une renommée pour des produits ou services non similaires à ceux désignés dans l'enregistrement engage la responsabilité civile de son auteur si elle est de nature à porter préjudice au propriétaire de la marque ou si cette reproduction ou imitation constitue une exploitation injustifiée de cette dernière.

Les dispositions de l'alinéa précédent sont applicables à la reproduction ou l'imitation d'une marque notoirement connue au sens de l'article 6 *bis* de la convention de Paris pour la protection de la propriété industrielle précitée.

Art. L. 713-6 L'enregistrement d'une marque ne fait pas obstacle à l'utilisation du même signe ou d'un signe similaire comme :

a) Dénomination sociale, nom commercial ou enseigne, lorsque cette utilisation est soit antérieure à l'enregistrement, soit le fait d'un tiers de bonne foi employant son nom patronymique ;

b) Référence nécessaire pour indiquer la destination d'un produit ou d'un service, notamment en tant qu'accessoire ou pièce détachée, à condition qu'il n'y ait pas de confusion dans leur origine ;

c) Indication géographique définie à l'article L. 721-2, sauf lorsque la marque, compte tenu de sa renommée, de sa notoriété et de la durée de son usage, est à l'origine exclusive de la réputation ou de la connaissance par le consommateur du produit pour lequel une indication géographique est demandée.

Toutefois, si cette utilisation porte atteinte à ses droits, le titulaire de l'enregistrement peut demander qu'elle soit limitée ou interdite.

Chapitre IV Transmission et perte du droit sur la marque

Art. L. 714-1 Les droits attachés à une marque sont transmissibles en totalité ou en partie, indépendamment de l'entreprise qui les exploite ou les fait exploiter. La cession, même partielle, ne peut comporter de limitation territoriale.

Les droits attachés à une marque peuvent faire l'objet en tout ou partie d'une concession de licence d'exploitation exclusive ou non exclusive ainsi que d'une mise en gage.

La concession non exclusive peut résulter d'un règlement d'usage. Les droits conférés par la demande d'enregistrement de marque ou par la marque peuvent être invoqués à l'encontre d'un licencié qui enfreint l'une des limites de sa licence en ce qui concerne sa durée, la forme couverte par l'enregistrement sous laquelle la marque peut être utilisée, la nature des produits ou des services pour lesquels la licence est octroyée, le territoire sur lequel la marque peut être apposée ou la qualité des produits fabriqués ou des services fournis par le licencié.

Le transfert de propriété, ou la mise en gage, est constaté par écrit, à peine de nullité.

Art. L. 714-2 L'auteur d'une demande d'enregistrement ou le propriétaire d'une marque enregistrée peut renoncer aux effets de cette demande ou de cet enregistrement pour tout ou partie des produits ou services auxquels s'applique la marque.

Art. L. 714-3 Est déclaré nul par décision de justice l'enregistrement d'une marque qui n'est pas conforme aux dispositions des articles L. 711-1 à L. 711-4.

Le ministère public peut agir d'office en nullité en vertu des articles L. 711-1, L. 711-2 et L. 711-3.

Seul le titulaire d'un droit antérieur peut agir en nullité sur le fondement de l'article L. 711-4. Toutefois, son action n'est pas recevable si la marque a été déposée de bonne foi et s'il en a toléré l'usage pendant cinq ans.

La décision d'annulation a un effet absolu.

Art. L. 714-4 L'action en nullité ouverte au propriétaire d'une marque notoirement connue au sens de l'article 6 *bis* de la convention de Paris pour la protection de la propriété industrielle se prescrit par cinq ans à compter de la date d'enregistrement, à moins que ce dernier n'ait été demandé de mauvaise foi.

Art. L. 714-5 Encourt la déchéance de ses droits le propriétaire de la marque qui, sans justes motifs, n'en a pas fait un usage sérieux, pour les produits et services visés dans l'enregistrement, pendant une période ininterrompue de cinq ans.

Est assimilé à un tel usage :

a) L'usage fait avec le consentement du propriétaire de la marque ou, pour les marques collectives, dans les conditions du règlement ;

b) L'usage de la marque sous une forme modifiée n'en altérant pas le caractère distinctif ;

c) L'apposition de la marque sur des produits ou leur conditionnement exclusivement en vue de l'exportation.

La déchéance peut être demandée en justice par toute personne intéressée. Si la demande ne porte que sur une partie des produits ou des services visés dans l'enregistrement, la déchéance ne s'étend qu'aux produits ou aux services concernés.

L'usage sérieux de la marque commencé ou repris postérieurement à la période de cinq ans visée au premier alinéa du présent article n'y fait pas obstacle s'il a été entrepris dans les trois mois précédant la demande de déchéance et après que le propriétaire a eu connaissance de l'éventualité de cette demande.

La preuve de l'exploitation incombe au propriétaire de la marque dont la déchéance est demandée. Elle peut être apportée par tous moyens.

La déchéance prend effet à la date d'expiration du délai de cinq ans prévu au premier alinéa du présent article. Elle a un effet absolu.

Art. L. 714-6 Encourt la déchéance de ses droits le propriétaire d'une marque devenue de son fait :

a) La désignation usuelle dans le commerce du produit ou du service ;

b) Propre à induire en erreur, notamment sur la nature, la qualité ou la provenance géographique du produit ou du service.

Art. L. 714-7 Toute transmission ou modification des droits attachés à une marque doit, pour être opposable aux tiers, être inscrite au Registre national des marques.

Toutefois, avant son inscription, un acte est opposable aux tiers qui ont acquis des droits après la date de cet acte mais qui avaient connaissance de celui-ci lors de l'acquisition de ces droits.

Le licencié, partie à un contrat de licence non inscrit sur le Registre national ou international des marques, est également recevable à intervenir dans l'instance en contrefaçon engagée par le propriétaire de la marque afin d'obtenir la réparation du préjudice qui lui est propre.

Art. L. 714-8 Les titulaires de marques reproduisant ou imitant l'emblème du troisième protocole additionnel aux conventions de Genève du 12 août 1949 relatif à l'adoption d'un signe distinctif additionnel ou la dénomination de cet emblème peuvent continuer à exploiter leurs droits à condition que ceux-ci aient été acquis avant le 8 décembre 2005 et que leur usage ne puisse apparaître, en temps de conflit armé, comme visant à conférer la protection des conventions de Genève et, le cas échéant, des protocoles additionnels de 1977.

Chapitre V Marques collectives

Art. L. 715-1 La marque est dite collective lorsqu'elle peut être exploitée par toute personne respectant un règlement d'usage établi par le titulaire de l'enregistrement.

La marque collective de certification est appliquée au produit ou au service qui présente notamment, quant à sa nature, ses propriétés ou ses qualités, des caractères précisés dans son règlement.

Art. L. 715-2 Les dispositions du présent livre sont applicables aux marques collectives, sous réserve, en ce qui concerne les marques collectives de certification, des dispositions particulières ci-après ainsi que de celles de l'article L. 715-3 :

1. Une marque collective de certification ne peut être déposée que par une personne morale qui n'est ni fabricant, ni importateur, ni vendeur des produits ou services ;

2. Le dépôt d'une marque collective de certification doit comprendre un règlement déterminant les conditions auxquelles est subordonné l'usage de la marque ;

3. L'usage de la marque collective de certification est ouvert à toutes les personnes, distinctes du titulaire, qui fournissent des produits ou des services répondant aux conditions imposées par le règlement ;

4. La marque collective de certification ne peut faire l'objet ni de cession, ni de gage, ni d'aucune mesure d'exécution forcée ; toutefois, en cas de dissolution de la personne morale qui en est titulaire, elle peut être transmise à une autre personne morale dans des conditions fixées par décret en Conseil d'Etat ;

5. La demande d'enregistrement est rejetée lorsqu'elle ne satisfait pas aux conditions fixées par la législation applicable à la certification ;

6. Lorsqu'une marque de certification a été utilisée et qu'elle a cessé d'être protégée par la loi, elle ne peut, sous réserve des dispositions de l'article L. 712-10, être ni déposée ni utilisée à un titre quelconque avant un délai de dix ans.

Art. L. 715-3 La nullité de l'enregistrement d'une marque collective de certification peut être prononcée sur requête du ministère public ou à la demande de tout intéressé lorsque la marque ne répond pas à l'une des prescriptions du présent chapitre.

La décision d'annulation a un effet absolu.

Chapitre VI Contentieux

Art. L. 716-1 L'atteinte portée au droit du propriétaire de la marque constitue une contrefaçon engageant la responsabilité civile de son auteur. Constitue une atteinte aux droits de la marque la violation des interdictions prévues aux articles L. 713-2, L. 713-3 et L. 713-4.

Art. L. 716-2 Les faits antérieurs à la publication de la demande d'enregistrement de la marque ne peuvent être considérés comme ayant porté atteinte aux droits qui y sont attachés.

Cependant, pourront être constatés et poursuivis les faits postérieurs à la notification faite au présumé contrefacteur d'une copie de la demande d'enregistrement. Le tribunal saisi sursoit à statuer jusqu'à la publication de l'enregistrement.

Art. L. 716-3 Les actions civiles et les demandes relatives aux marques, y compris lorsqu'elles portent également sur une question connexe de concurrence déloyale, sont exclusivement portées devant des tribunaux de grande instance, déterminés par voie réglementaire.

Art. L. 716-4 Les dispositions de l'article L. 716-3 ne font pas obstacle au recours à l'arbitrage, dans les conditions prévues aux articles 2059 et 2060 du code civil.

Art. L. 716-5 L'action civile en contrefaçon est engagée par le propriétaire de la marque. Toutefois, le bénéficiaire d'un droit exclusif d'exploitation peut agir en contrefaçon, sauf stipulation contraire du contrat si, après mise en demeure, le titulaire n'exerce pas ce droit.

Toute partie à un contrat de licence est recevable à intervenir dans l'instance en contrefaçon engagée par une autre partie afin d'obtenir la réparation du préjudice qui lui est propre.

L'action en contrefaçon se prescrit par cinq ans.

Est irrecevable toute action en contrefaçon d'une marque postérieure enregistrée dont l'usage a été toléré pendant cinq ans, à moins que son dépôt n'ait été effectué de mauvaise foi. Toutefois, l'irrecevabilité est limitée aux seuls produits et services pour lesquels l'usage a été toléré.

Art. L. 716-6 Toute personne ayant qualité pour agir en contrefaçon peut saisir en référé la juridiction civile compétente afin de voir ordonner, au besoin sous astreinte, à l'encontre du prétendu contrefacteur ou des intermédiaires dont il utilise les services, toute mesure destinée à prévenir une atteinte imminente aux droits conférés par le titre ou à empêcher la poursuite d'actes argués de contrefaçon. La juridiction civile compétente peut également ordonner toutes mesures urgentes sur requête lorsque les circonstances exigent que ces mesures ne soient pas prises contradictoirement, notamment lorsque tout retard serait de nature à causer un préjudice irréparable au demandeur. Saisie en référé ou sur requête, la juridiction ne peut ordonner les mesures demandées que si les éléments de preuve, raisonnablement accessibles au demandeur, rendent vraisemblable qu'il est porté atteinte à ses droits ou qu'une telle atteinte est imminente.

La juridiction peut interdire la poursuite des actes argués de contrefaçon, la subordonner à la constitution de garanties destinées à assurer l'indemnisation éventuelle du demandeur ou ordonner la saisie ou la remise entre les mains d'un tiers des produits soupçonnés de porter atteinte aux droits conférés par le titre, pour empêcher leur introduction ou leur circulation dans les circuits commerciaux. Si le demandeur justifie de circonstances de nature à compromettre le recouvrement des dommages et intérêts, la juridiction peut ordonner la saisie conservatoire des biens mobiliers et immobiliers du prétendu contrefacteur, y compris le blocage de ses comptes bancaires et autres avoirs, conformément au droit commun. Pour déterminer les biens susceptibles de faire l'objet de la saisie, elle peut ordonner la communication des documents bancaires, financiers, comptables ou commerciaux ou l'accès aux informations pertinentes.

Elle peut également accorder au demandeur une provision lorsque l'existence de son préjudice n'est pas sérieusement contestable.

Saisie en référé ou sur requête, la juridiction peut subordonner l'exécution des mesures qu'elle ordonne à la constitution par le demandeur de garanties destinées à assurer l'indemnisation éventuelle du défendeur si l'action en contrefaçon est ultérieurement jugée non fondée ou les mesures annulées.

Lorsque les mesures prises pour faire cesser une atteinte aux droits sont ordonnées avant l'engagement d'une action au fond, le demandeur doit, dans un délai fixé par voie réglementaire, soit se pourvoir par la voie civile ou pénale, soit déposer une plainte auprès du procureur de la République. A défaut, sur demande du défendeur et sans que celui-ci ait à motiver sa demande, les mesures ordonnées sont annulées, sans préjudice des dommages et intérêts qui peuvent être réclamés.

Art. L. 716-7 La contrefaçon peut être prouvée par tous moyens.

A cet effet, toute personne ayant qualité pour agir en contrefaçon est en droit de faire procéder en tout lieu et par tous huissiers, le cas échéant assistés d'experts désignés par le demandeur, en vertu d'une ordonnance rendue sur requête par la juridiction civile compétente, soit à la description détaillée, avec ou sans prélèvement d'échantillons, soit à la saisie réelle des produits ou services prétendus contrefaisants ainsi que de tout document s'y rapportant. L'ordonnance peut autoriser la saisie réelle de tout document se rapportant aux produits et services prétendus contrefaisants en l'absence de ces derniers.

La juridiction peut ordonner, aux mêmes fins probatoires, la description détaillée ou la saisie réelle des matériels et instruments utilisés pour fabriquer ou distribuer les produits ou fournir les services prétendus contrefaisants.

Elle peut subordonner l'exécution des mesures qu'elle ordonne à la constitution par le demandeur de garanties destinées à assurer l'indemnisation éventuelle du défendeur si l'action en contrefaçon est ultérieurement jugée non fondée ou la saisie annulée.

A défaut pour le demandeur de s'être pourvu au fond, par la voie civile ou pénale, dans un délai fixé par voie réglementaire, l'intégralité de la saisie, y compris la description, est annulée à la demande du saisi, sans que celui-ci ait à motiver sa demande et sans préjudice des dommages et intérêts qui peuvent être réclamés.

Art. L. 716-7-1 A La juridiction peut ordonner, d'office ou à la demande de toute personne ayant qualité pour agir en contrefaçon, toutes les mesures d'instruction légalement admissibles même si une saisie-contrefaçon n'a pas préalablement été ordonnée dans les conditions prévues à l'article L. 716-7.

Art. L. 716-7-1 Si la demande lui en est faite, la juridiction saisie au fond ou en référé d'une procédure civile prévue au présent titre peut ordonner, au besoin sous astreinte, afin de déterminer l'origine et les réseaux de distribution des produits argués de contrefaçon qui portent atteinte aux droits du demandeur, la production de tous documents ou informations détenus par le défendeur ou par toute personne qui a été trouvée en possession de produits argués de contrefaçon ou qui fournit des services utilisés dans de prétendues activités de contrefaçon ou encore qui a été signalée comme intervenant dans la production, la fabrication ou la distribution de ces produits ou la fourniture de ces services.

La production de documents ou d'informations peut être ordonnée s'il n'existe pas d'empêchement légitime.

Chapitre VI *bis* La retenue

Art. L. 716-8 En dehors des cas prévus par la réglementation communautaire en vigueur, l'administration des douanes peut, sur demande écrite du propriétaire d'une marque enregistrée ou du bénéficiaire d'un droit exclusif d'exploitation, assortie des justifications de son droit, retenir dans le cadre de ses contrôles les marchandises que celui-ci prétend constituer une contrefaçon.

Cette retenue est immédiatement notifiée au demandeur et au détenteur. Le procureur de la République est également informé de ladite mesure par l'administration des douanes.

Lors de la notification mentionnée à la première phrase du deuxième alinéa du présent article, la nature, la quantité réelle ou estimée ainsi que des images des marchandises sont communiquées au propriétaire du droit ou au bénéficiaire du droit exclusif d'exploitation, par dérogation à l'article 59 *bis* du code des douanes. Ces informations peuvent également être communiquées avant la mise en œuvre de la mesure de retenue prévue par le présent article.

Sous réserve des procédures prévues aux articles L. 716-8-4 et L. 716-8-5, la mesure de retenue est levée de plein droit à défaut, pour le demandeur, dans le délai de dix jours ouvrables ou de trois jours ouvrables s'il s'agit de denrées périssables, à compter de la notification de la retenue des marchandises, de justifier auprès des services douaniers soit de mesures conservatoires décidées par la juridiction civile compétente, soit de s'être pourvu par la voie civile ou la voie correctionnelle et d'avoir constitué les garanties destinées à l'indemnisation éventuelle du détenteur des marchandises au cas où la contrefaçon ne serait pas ultérieurement reconnue, soit d'avoir déposé une plainte auprès du procureur de la République. L'administration des douanes peut proroger le délai de dix jours, prévu au présent alinéa, de dix jours ouvrables maximum sur requête dûment motivée du demandeur. En cas de prorogation du délai, le procureur de la République et le détenteur des marchandises en sont informés.

Les frais liés à la mesure de retenue ou aux mesures conservatoires prononcées par la juridiction civile compétente sont à la charge du demandeur, sous réserve des procédures prévues aux articles L. 716-8-4 et L. 716-8-5.

Aux fins de l'engagement des actions en justice visées au quatrième alinéa, le demandeur peut obtenir de l'administration des douanes communication des nom et adresse de l'expéditeur, de l'importateur, du destinataire des marchandises retenues ou de leur détenteur, ainsi que des images de ces marchandises et des informations sur leur quantité, leur origine, leur provenance et leur destination par dérogation à l'article 59 *bis* du code des douanes, relatif au secret professionnel auquel sont tenus les agents de l'administration des douanes.

La retenue mentionnée au premier alinéa ne porte pas :

– sur les marchandises de statut communautaire, légalement fabriquées ou mises en libre pratique dans un Etat membre de la Communauté européenne et destinées, après avoir emprunté le territoire douanier tel que défini à l'article 1er du code des douanes, à être mises sur le marché d'un autre Etat membre de la Communauté européenne pour y être légalement commercialisées ;
– sur les marchandises de statut communautaire, légalement fabriquées ou légalement mises en libre pratique dans un autre Etat membre de la Communauté européenne, dans lequel elles ont été placées sous le régime du transit et qui sont destinées, après avoir transité sur le territoire douanier tel que défini à l'article 1er du code des douanes, à être exportées vers un Etat non membre de la Communauté européenne.

Art. L. 716-8-1 En l'absence de demande écrite du propriétaire d'une marque enregistrée ou du bénéficiaire d'un droit exclusif d'exploitation et en dehors des cas prévus par la réglementation communautaire en vigueur, l'administration des douanes peut, dans le cadre de ses contrôles, retenir une marchandise susceptible de porter atteinte à une marque enregistrée ou à un droit exclusif d'exploitation.

Cette retenue est immédiatement notifiée au propriétaire de la marque enregistrée ou au bénéficiaire du droit exclusif d'exploitation. Le procureur de la République est également informé de ladite mesure.

Lors de la notification mentionnée à la première phrase du deuxième alinéa du présent article, la nature et la quantité réelle ou estimée ainsi que des images des marchandises sont communiquées au propriétaire du droit ou au bénéficiaire du droit exclusif d'exploitation, par dérogation à l'article 59 *bis* du code des douanes. Ces informations peuvent également être communiquées avant la mise en œuvre de la mesure de retenue prévue au présent article.

La mesure de retenue est levée de plein droit si l'administration des douanes n'a pas reçu du propriétaire de la marque enregistrée ou du bénéficiaire du droit exclusif d'exploitation la demande prévue à l'article L. 716-8 du présent code, déposée dans un délai de quatre jours ouvrables à compter de la notification de la retenue mentionnée à la première phrase du deuxième alinéa du présent article.

Si la demande a été reçue conformément au quatrième alinéa du présent article, le délai de dix jours ouvrables mentionné au quatrième alinéa de l'article L. 716-8 commence à courir à compter de l'acceptation de cette demande par l'administration des douanes.

Le présent article n'est pas applicable aux marchandises périssables.

Art. L. 716-8-2 I. – Lorsque la retenue portant sur des marchandises soupçonnées de constituer une contrefaçon d'une marque enregistrée, prévue par la réglementation communautaire en vigueur, est mise en œuvre avant qu'une demande d'intervention du propriétaire de la marque enregistrée ou du bénéficiaire d'un droit exclusif d'exploitation ait été déposée ou acceptée, les agents des douanes peuvent, par dérogation à l'article 59 *bis* du code des douanes, informer ce propriétaire ou ce bénéficiaire du droit exclusif d'exploitation de la mise en œuvre de cette mesure. Ils peuvent également lui communiquer des informations portant sur la quantité des marchandises et leur nature.

Lorsque la retenue portant sur des marchandises soupçonnées de constituer une contrefaçon de marque, prévue par la réglementation communautaire en vigueur, est mise en œuvre après qu'une demande d'intervention du propriétaire de la marque enregistrée ou du bénéficiaire d'un droit exclusif d'exploitation a été acceptée, les agents des douanes peuvent également communiquer à ce propriétaire ou à ce bénéficiaire les informations prévues par cette réglementation communautaire nécessaires pour déterminer s'il y a eu violation de son droit.

II. – Les frais générés par la mise en œuvre d'une retenue prévue par la réglementation communautaire en vigueur sont à la charge du propriétaire de la marque enregistrée ou du bénéficiaire du droit exclusif d'exploitation.

Art. L. 716-8-3 Pendant le délai de la retenue visée à l'article L. 716-8 et au second alinéa du I de l'article L. 716-8-2, le propriétaire de la marque enregistrée ou le bénéficiaire du droit exclusif d'exploitation peut, à sa demande ou à la demande de l'administration des douanes, inspecter les marchandises retenues.

Lors du contrôle des marchandises mises en retenue, l'administration des douanes peut prélever des échantillons. A la demande du propriétaire de la marque enregistrée ou du bénéficiaire du droit exclusif d'exploitation, ces échantillons peuvent lui être remis aux seules fins d'analyse et en vue de faciliter les actions qu'il peut être amené à engager par la voie civile ou pénale.

Art. L. 716-8-4 I. – Lorsque la retenue portant sur des marchandises soupçonnées de constituer une contrefaçon d'une marque enregistrée est mise en œuvre après qu'une demande mentionnée à l'article L. 716-8 a été acceptée, les marchandises soupçonnées de porter atteinte à la marque enregistrée peuvent être détruites sous le contrôle des agents des douanes dès lors que les conditions suivantes sont remplies :

1° Le demandeur a confirmé par écrit et par une expertise détaillée aux autorités douanières, dans un délai de dix jours ouvrables, ou de trois jours ouvrables pour les denrées périssables, à partir de la notification de la retenue, le caractère contrefaisant des marchandises ;

2° Le demandeur a confirmé par écrit aux autorités douanières, dans un délai de dix jours ouvrables, ou de trois jours ouvrables pour les denrées périssables, à partir de la notification de la retenue, qu'il consent à la destruction, sous sa responsabilité, des marchandises ;

3° Le détenteur des marchandises a confirmé par écrit aux autorités douanières, dans un délai de dix jours ouvrables, ou de trois jours ouvrables pour les denrées périssables, à partir de la notification de la retenue, qu'il consent à la destruction des marchandises.

II. – Si le détenteur des marchandises n'a, dans le délai mentionné au 3° du I, ni confirmé qu'il consent à la destruction des marchandises, ni informé l'administration des douanes qu'il s'oppose à leur destruction, il est réputé avoir consenti à cette destruction.

III. – Lorsque le détenteur des marchandises n'a pas confirmé par écrit qu'il consent à leur destruction et qu'il n'est pas réputé avoir consenti à la destruction des marchandises dans les délais prévus, l'administration des douanes en informe immédiatement le demandeur lequel, dans un délai de dix jours ouvrables, ou de trois jours ouvrables pour les denrées périssables, à partir de la notification de la retenue, prend les mesures mentionnées au quatrième alinéa de l'article L. 716-8. Le délai de dix jours peut être prorogé de dix jours ouvrables maximum sur requête dûment motivée du demandeur. En cas de prorogation du délai, le procureur de la République et le détenteur des marchandises en sont informés.

Si les conditions prévues au I du présent article ne sont pas réunies et si le demandeur n'a pas justifié auprès de l'administration des douanes qu'il a pris les mesures mentionnées au quatrième alinéa de l'article L. 716-8, la mesure de retenue est levée de plein droit.

IV. – Dans le cadre de la communication d'informations prévues au troisième alinéa des articles L. 716-8 et L. 716-8-1, les autorités douanières informent le demandeur de l'existence de la procédure prévue au présent article. Les informations prévues au sixième alinéa de l'article L. 716-8 peuvent également être communiquées au demandeur aux fins de mise en œuvre de la présente mesure.

Art. L. 716-8-5 I. – Lorsque la retenue portant sur des marchandises soupçonnées de constituer une contrefaçon d'une marque enregistrée est mise en œuvre après qu'une demande mentionnée à l'article L. 716-8 a été acceptée, les marchandises transportées en petits envois soupçonnées de porter atteinte à une marque enregistrée peuvent être détruites sous le contrôle des agents des douanes lorsque le demandeur a, dans sa demande, sollicité le recours à la procédure prévue au présent article.

II. – La notification mentionnée à la première phrase du deuxième alinéa de l'article L. 716-8 est faite dans un délai d'un jour ouvrable à compter de la date de la mise en retenue. Elle mentionne l'intention de l'administration des douanes de détruire ou non les marchandises et indique que :

1° Le détenteur des marchandises dispose d'un délai de dix jours ouvrables à compter de la notification de la retenue pour faire connaître à l'administration des douanes ses observations ;

2° Les marchandises concernées peuvent être détruites lorsque, dans un délai de dix jours ouvrables à partir de leur mise en retenue, le détenteur des marchandises a confirmé à l'administration des douanes qu'il consent à cette destruction. En cas de silence du détenteur des marchandises à l'issue de ce délai, le détenteur est réputé avoir consenti à leur destruction.

Les autorités douanières communiquent au demandeur, sur requête de celui-ci, les informations relatives à la quantité réelle ou estimée des marchandises détruites et à leur nature.

III. – Lorsque le déclarant ou le détenteur des marchandises n'a pas confirmé par écrit qu'il consent à leur destruction ou lorsqu'il n'est pas réputé avoir consenti à leur destruction, l'administration des douanes en informe immédiatement le demandeur et lui communique la quantité, la nature ainsi que des images des marchandises.

IV. – La mesure de retenue est levée de plein droit à défaut pour le demandeur, dans le délai de dix jours ouvrables à compter de l'information prévue au III du présent article, de justifier auprès de l'administration des douanes qu'il a pris les mesures mentionnées au quatrième alinéa de l'article L. 716-8.

En vue de prendre ces mesures, le demandeur peut obtenir de l'administration des douanes communication des nom et adresse de l'expéditeur, de l'importateur, du destinataire et du détenteur des marchandises retenues, ainsi que de leur quantité, leur origine, leur provenance et leur destination, par dérogation à l'article 59 *bis* du code des douanes.

V. – La définition des petits envois mentionnés au I du présent article est précisée par arrêté du ministre chargé des douanes.

VI. – Le présent article n'est pas applicable aux denrées périssables.

Art. L. 716-8-6 Lorsque le demandeur utilise les informations qui lui sont communiquées par l'administration des douanes, par dérogation à l'article 59 *bis* du code des douanes, à d'autres fins que celles prévues au présent chapitre, l'administration des douanes abroge, suspend ou refuse de renouveler ladite demande.

Art. L. 716-8-7 En vue de prononcer les mesures prévues aux articles L. 716-8 à L. 716-8-3, les agents des douanes appliquent les pouvoirs qui leur sont dévolus par le code des douanes.

Art. L. 716-8-8 Un décret en Conseil d'Etat fixe :

1° Les conditions d'application des mesures prévues aux articles L. 716-8 à L. 716-8-6 ;

2° Les conditions dans lesquelles a lieu la destruction des marchandises susceptibles de constituer une contrefaçon d'une marque enregistrée, prévue par la réglementation de l'Union européenne, ainsi que les conditions du prélèvement d'échantillons préalable à ladite destruction.

Art. L. 716-8-9 Les officiers de police judiciaire peuvent procéder, dès la constatation des infractions prévues aux articles L. 716-9 et L. 716-10, à la saisie des produits fabriqués, importés, détenus, mis en vente, livrés ou fournis illicitement et des matériels spécialement installés en vue de tels agissements.

Art. L. 716-9 Est puni de quatre ans d'emprisonnement et de 400 000 € d'amende le fait pour toute personne, en vue de vendre, fournir, offrir à la vente ou louer des marchandises présentées sous une marque contrefaite :

a) D'importer, d'exporter, de réexporter ou de transborder des marchandises présentées sous une marque contrefaisante ;

b) De produire industriellement des marchandises présentées sous une marque contrefaisante ;

c) De donner des instructions ou des ordres pour la commission des actes visés aux *a* et *b*.

Lorsque les délits prévus au présent article ont été commis en bande organisée ou sur un réseau de communication au public en ligne ou lorsque les faits portent sur des marchandises dangereuses pour la santé, la sécurité de l'homme ou l'animal, les peines sont portées à cinq ans d'emprisonnement et à 500 000 € d'amende.

Art. L. 716-10 Est puni de trois ans d'emprisonnement et de 300 000 € d'amende le fait pour toute personne :

a) De détenir sans motif légitime, d'importer ou d'exporter des marchandises présentées sous une marque contrefaisante ;

b) D'offrir à la vente ou de vendre des marchandises présentées sous une marque contrefaisante ;

c) De reproduire, d'imiter, d'utiliser, d'apposer, de supprimer, de modifier une marque, une marque collective ou une marque collective de certification en violation des droits conférés par son enregistrement et des interdictions qui découlent de celui-ci. L'infraction, prévue dans les conditions prévues au présent *c*, n'est pas constituée lorsqu'un logiciel d'aide à la prescription permet, si le prescripteur le décide, de prescrire en dénomination commune internationale, selon les règles de bonne pratique prévues à l'article L. 161-38 du code de la sécurité sociale ;

d) De sciemment livrer un produit ou fournir un service autre que celui qui lui est demandé sous une marque enregistrée.

L'infraction, dans les conditions prévues au *d*, n'est pas constituée en cas d'exercice par un pharmacien de la faculté de substitution prévue à l'article L. 5125-23 du code de la santé publique.

Lorsque les délits prévus aux *a* à *d* ont été commis en bande organisée ou sur un réseau de communication au public en ligne ou lorsque les faits portent sur des marchandises dangereuses pour la santé ou la sécurité de l'homme ou l'animal, les peines sont portées à cinq ans d'emprisonnement et à 500 000 € d'amende.

Art. L. 716-11 Sera puni des mêmes peines quiconque :

a) Aura sciemment fait un usage quelconque d'une marque collective de certification enregistrée dans des conditions autres que celles prescrites au règlement accompagnant le dépôt ;

b) Aura sciemment vendu ou mis en vente un produit revêtu d'une marque collective de certification irrégulièrement employée ;

c) Dans un délai de dix ans à compter de la date à laquelle a pris fin la protection d'une marque collective de certification ayant fait l'objet d'une utilisation, aura sciemment soit fait un usage d'une marque qui en constitue la reproduction ou l'imitation, soit vendu, mis en vente, fourni ou offert de fournir des produits ou des services sous une telle marque.

Les dispositions du présent article sont applicables aux marques syndicales prévues par le chapitre III du titre Ier du livre IV du code du travail.

Art. L. 716-11-1 Outre les sanctions prévues aux articles L. 716-9 et L. 716-10, le tribunal peut ordonner la fermeture totale ou partielle, définitive ou temporaire, pour une durée au plus de cinq ans, de l'établissement ayant servi à commettre l'infraction.

La fermeture temporaire ne peut entraîner ni rupture, ni suspension du contrat de travail, ni aucun préjudice pécuniaire à l'encontre des salariés concernés. Lorsque la fermeture définitive entraîne le licenciement du personnel, elle donne lieu, en dehors de l'indemnité de préavis et de l'indemnité de licenciement, aux dommages et intérêts prévus aux articles L. 122-14-4 et L. 122-14-5 du code du travail en cas de rupture de contrat de travail. Le non-paiement de ces indemnités est puni de six mois d'emprisonnement et de 3 750 € d'amende.

Art. L. 716-11-2 Les personnes morales déclarées responsables pénalement, dans les conditions prévues par l'article 121-2 du code pénal, des infractions définies aux articles L. 716-9 à L. 716-11 encourent, outre l'amende suivant les modalités prévues par l'article 131-38 du code pénal, les peines prévues par l'article 131-39 du même code.

L'interdiction mentionnée au 2° de l'article 131-39 du même code porte sur l'activité dans l'exercice ou à l'occasion de l'exercice de laquelle l'infraction a été commise.

Les personnes morales déclarées pénalement responsables peuvent en outre être condamnées, à leurs frais, à retirer des circuits commerciaux les objets jugés contrefaisants et toute chose qui a servi ou était destinée à commettre l'infraction.

La juridiction peut ordonner la destruction aux frais du condamné ou la remise à la partie lésée des objets et choses retirés des circuits commerciaux ou confisqués, sans préjudice de tous dommages et intérêts.

Art. L. 716-12 En cas de récidive des infractions définies aux articles L. 716-9 à L. 716-11, ou si le délinquant est ou a été lié par convention avec la partie lésée, les peines encourues sont portées au double.

Les coupables peuvent, en outre, être privés pendant un temps qui n'excédera pas cinq ans du droit d'élection et d'éligibilité pour les tribunaux de commerce, les chambres de commerce et d'industrie territoriales et les chambres de métiers ainsi que pour les conseils de prud'hommes.

Art. L. 716-13 Les personnes physiques coupables de l'un des délits prévus aux articles L. 716-9 et L. 716-10 peuvent être condamnées, à leurs frais, à retirer des circuits commerciaux les objets jugés contrefaisants et toute chose qui a servi ou était destinée à commettre l'infraction.

La juridiction peut ordonner la destruction aux frais du condamné ou la remise à la partie lésée des objets et choses retirés des circuits commerciaux ou confisqués, sans préjudice de tous dommages et intérêts.

Elle peut également ordonner, aux frais du condamné, l'affichage du jugement ou la diffusion du jugement prononçant la condamnation, dans les conditions prévues à l'article 131-35 du code pénal.

Art. L. 716-14 Pour fixer les dommages et intérêts, la juridiction prend en considération distinctement :

1° Les conséquences économiques négatives de la contrefaçon, dont le manque à gagner et la perte subis par la partie lésée ;

2° Le préjudice moral causé à cette dernière ;

3° Et les bénéfices réalisés par le contrefacteur, y compris les économies d'investissements intellectuels, matériels et promotionnels que celui-ci a retirées de la contrefaçon.

Toutefois, la juridiction peut, à titre d'alternative et sur demande de la partie lésée, allouer à titre de dommages et intérêts une somme forfaitaire. Cette somme est supérieure au montant des redevances ou droits qui auraient été dus si le contrefacteur avait demandé l'autorisation d'utiliser le droit auquel il a porté atteinte. Cette somme n'est pas exclusive de l'indemnisation du préjudice moral causé à la partie lésée.

Art. L. 716-15 En cas de condamnation civile pour contrefaçon, la juridiction peut ordonner, à la demande de la partie lésée, que les produits reconnus comme produits contrefaisants et les matériaux et instruments ayant principalement servi à leur création ou fabrication soient rappelés des circuits commerciaux, écartés définitivement de ces circuits, détruits ou confisqués au profit de la partie lésée.

La juridiction peut aussi ordonner toute mesure appropriée de publicité du jugement, notamment son affichage ou sa publication intégrale ou par extraits dans les journaux ou sur les services de communication au public en ligne qu'elle désigne, selon les modalités qu'elle précise.

Les mesures mentionnées aux deux premiers alinéas sont ordonnées aux frais du contrefacteur.

Art. L. 716-16 Des décrets en Conseil d'Etat fixent en tant que de besoin les conditions d'application du présent livre.

Chapitre VII La marque communautaire

Art. L. 717-1 Constitue une contrefaçon engageant la responsabilité civile de son auteur la violation des interdictions prévues aux articles 9, 10, 11 et 13 du règlement (CE) 40/94 du Conseil du 20 décembre 1993 sur la marque communautaire.

Art. L. 717-2 Les dispositions des articles L. 716-8 à L. 716-15 sont applicables aux atteintes portées au droit du propriétaire d'une marque communautaire.

Art. L. 717-3 Est irrecevable toute action en contrefaçon, fondée sur une marque communautaire antérieure, contre une marque nationale postérieure enregistrée dont l'usage a été toléré pendant cinq ans, à moins que le dépôt de la marque nationale n'ait été effectué de mauvaise foi.

L'irrecevabilité est limitée aux seuls produits et services pour lesquels l'usage a été toléré.

Art. L. 717-4 Un décret en Conseil d'Etat détermine le siège et le ressort des juridictions de première instance et d'appel qui sont seules compétentes pour connaître des actions et des demandes prévues à l'article 92 du règlement communautaire mentionné à l'article L. 717-1, y compris lorsque ces actions portent à la fois sur une question de marque et sur une question connexe de dessin et modèle ou de concurrence déloyale.

Art. L. 717-5 Une demande de marque communautaire ou une marque communautaire ne peut être transformée en demande de marque nationale que dans les cas prévus à l'article 108 du règlement communautaire mentionné à l'article L. 717-1.

Dans ces cas, la demande de marque nationale doit, sous peine de rejet, satisfaire aux dispositions des articles L. 711-2, L. 711-3, L. 712-2 et L. 712-4. Les conditions d'application du présent alinéa sont fixées par décret en Conseil d'Etat.

Les dispositions de l'alinéa précédent ne sont pas applicables lorsque l'ancienneté d'une marque enregistrée antérieurement en France a été revendiquée au bénéfice de la marque communautaire.

Art. L. 717-6 Lorsqu'une marque antérieurement enregistrée en France n'a pas été renouvelée ou a fait l'objet d'une renonciation, le fait que l'ancienneté de cette marque a été revendiquée au nom d'une marque communautaire ne fait pas obstacle à ce que la nullité de cette marque ou la déchéance des droits de son titulaire soit prononcée.

Une telle déchéance ne peut cependant être prononcée en application du présent article que si celle-ci était encourue à la date de la renonciation ou à la date d'expiration de l'enregistrement.

Art. L. 717-7 La formule exécutoire mentionnée à l'article 82 du règlement communautaire mentionné à l'article L. 717-1 est apposée par l'Institut national de la propriété industrielle.

TITRE II INDICATIONS GÉOGRAPHIQUES

Chapitre Ier Généralités

Section 1 Appellations d'origine

Art. L. 721-1 Les règles relatives à la détermination des appellations d'origine sont fixées par l'article L. 115-1 du code de la consommation reproduit ci-après :

> **Article L. 115-1** Constitue une appellation d'origine la dénomination d'un pays, d'une région ou d'une localité servant à désigner un produit qui en est originaire et dont la qualité ou les caractères sont dus au milieu géographique, comprenant des facteurs naturels et des facteurs humains.

Section 2 Indications géographiques protégeant les produits industriels et artisanaux

Art. L. 721-2 Constitue une indication géographique la dénomination d'une zone géographique ou d'un lieu déterminé servant à désigner un produit, autre qu'agricole, forestier, alimentaire ou de la mer, qui en est originaire et qui possède une qualité déterminée, une réputation ou d'autres caractéristiques qui peuvent être attribuées essentiellement à cette origine géographique. Les conditions de production ou de transformation de ce produit, telles que la découpe, l'extraction ou la fabrication, respectent un cahier des charges homologué par décision prise en application de l'article L. 411-4.

Art. L. 721-3 La demande d'homologation ou de modification du cahier des charges est déposée auprès de l'Institut national de la propriété industrielle par un organisme de défense et de gestion, défini à l'article L. 721-4, représentant les opérateurs concernés.

La décision d'homologation est prise après :

1° La vérification du contenu du cahier des charges et de la représentativité des opérateurs au sein de l'organisme de défense et de gestion ;

2° La réalisation d'une enquête publique, dont les modalités sont fixées par voie réglementaire ;

3° La consultation :

a) Des collectivités territoriales ;

b) Des groupements professionnels intéressés ;

c) Du directeur de l'Institut national de l'origine et de la qualité lorsque la dénomination de l'indication géographique définie à l'article L. 721-2 peut entraîner un risque de confusion avec une indication géographique protégée ou une appellation d'origine protégée définies par le code rural et de la pêche maritime, existantes ou en cours d'instruction par l'Institut national de l'origine et de la qualité ;

d) Des associations de consommateurs agréées ayant obtenu la reconnaissance spécifique prévue au livre IV du code de la consommation.

A défaut de réponse dans les deux mois de leur saisine, les avis sont réputés favorables.

Lorsqu'il instruit la demande d'homologation ou de modification du cahier des charges, l'Institut national de la propriété industrielle s'assure que les opérations de production ou de transformation décrites dans le cahier des charges, ainsi que le périmètre de la zone ou du lieu, permettent de garantir que le produit concerné présente effectivement une qualité, une réputation ou d'autres caractéristiques qui peuvent être essentiellement attribuées à la zone géographique ou au lieu déterminé associés à l'indication géographique.

La décision d'homologation vaut reconnaissance de l'organisme qui assure la défense et la gestion du produit bénéficiant de l'indication géographique. Cette décision, accompagnée du cahier des charges correspondant, est publiée au *Bulletin officiel* de la propriété industrielle. Les modifications apportées, le cas échéant, au cahier des charges sont également publiées au *Bulletin officiel* de la propriété industrielle. Une information sur la publication au *Bulletin officiel* de la propriété industrielle est publiée sous forme d'avis au *Journal officiel*.

La redevance versée à l'Institut national de la propriété industrielle pour l'homologation du cahier des charges est à la charge de l'organisme défini à l'article L. 721-4.

Art. L. 721-4 La défense et la gestion d'un produit bénéficiant d'une indication géographique sont assurées par un organisme privé doté de la personnalité morale.

Un même organisme peut assurer la défense et la gestion de plusieurs produits.

Pour chacun des produits pour lesquels une indication géographique est envisagée, les règles de composition et de fonctionnement de l'organisme doivent assurer la représentativité des opérateurs concernés.

Les missions de défense et de gestion assurées par l'organisme mentionné au premier alinéa sont exercées de manière indépendante de ses autres qualités lorsqu'elles ne concernent pas la défense des droits collectifs des opérateurs.

Art. L. 721-5 Tout opérateur qui en fait la demande est membre de droit de l'organisme de défense et de gestion dès lors qu'il respecte le cahier des charges homologué.

Un opérateur ne peut se prévaloir d'une indication géographique que s'il est membre de l'organisme de défense et de gestion de cette indication géographique et est inscrit sur la liste des opérateurs figurant dans le cahier des charges ou sur la liste des opérateurs actualisée et publiée au *Bulletin officiel* de la propriété industrielle conformément au 5° de l'article L. 721-6.

Pour l'application de la présente section, un opérateur désigne toute personne physique ou morale qui participe aux activités de production ou de transformation conformément au cahier des charges de l'indication géographique.

Art. L. 721-6 L'organisme de défense et de gestion contribue à la mission d'intérêt général de préservation et de mise en valeur des territoires, des traditions locales et des savoir-faire ainsi que des produits qui en sont issus.

Pour chaque produit bénéficiant d'une indication géographique dont il assure la défense et la gestion, l'organisme :

1° Elabore le projet de cahier des charges, le soumet à l'homologation de l'Institut national de la propriété industrielle et contribue à son application par les opérateurs ;

2° Soumet tout projet de modification du cahier des charges à l'Institut national de la propriété industrielle ;

3° S'assure que les opérations de contrôle des opérateurs par les organismes mentionnés à l'article L. 721-9 sont effectuées dans les conditions fixées par le cahier des charges. Il informe l'Institut national de la propriété industrielle des résultats des contrôles effectués et des mesures correctives appliquées ;

4° S'assure de la représentativité des opérateurs dans ses règles de composition et de fonctionnement ;

5° Tient à jour la liste des opérateurs et transmet les mises à jour à l'Institut national de la propriété industrielle, qui les publie au *Bulletin officiel* de la propriété industrielle ;

6° Exclut, après mise en demeure, tout opérateur qui ne respecte pas le cahier des charges et n'a pas pris les mesures correctives mentionnées au 3°, et exclut tout opérateur dont la certification a été non octroyée, suspendue ou retirée par l'organisme certificateur mentionné à l'article L. 721-9 ;

7° Participe aux actions de défense, de protection et de valorisation de l'indication géographique, des produits et du savoir-faire, ainsi qu'à la connaissance statistique du secteur.

Art. L. 721-7 Le cahier des charges d'une indication géographique précise :

1° Le nom de celle-ci ;

2° Le produit concerné ;

3° La délimitation de la zone géographique ou du lieu déterminé associé ;

4° La qualité, la réputation, le savoir-faire traditionnel ou les autres caractéristiques que possède le produit concerné et qui peuvent être attribués essentiellement à cette zone géographique ou à ce lieu déterminé, ainsi que les éléments établissant le lien entre le produit et la zone géographique ou le lieu déterminé associé ;

5° La description du processus d'élaboration, de production et de transformation, dont les opérations de production ou de transformation qui doivent avoir lieu dans la zone géographique ou le lieu déterminé ainsi que celles qui garantissent les caractéristiques mentionnées au 4° ;

6° L'identité de l'organisme de défense et de gestion, ses statuts, la liste des opérateurs initiaux qu'il représente et les modalités financières de leur participation ;

7° Les modalités et la périodicité des contrôles, le type d'organisme mentionné à l'article L. 721-9 en charge de leur réalisation, ainsi que les modalités de financement de ces contrôles. Les modalités comportent notamment les points de contrôle du produit et des éléments spécifiques de l'étiquetage ;

8° Les obligations déclaratives ou de tenue de registres auxquelles les opérateurs doivent satisfaire afin de permettre la vérification du respect du cahier des charges ;

9° Les modalités de mise en demeure et d'exclusion des opérateurs en cas de non-respect du cahier des charges ;

10° Le financement prévisionnel de l'organisme de défense et de gestion ;

11° Les éléments spécifiques de l'étiquetage ;

12° Le cas échéant, les engagements sociaux et environnementaux pris par les opérateurs regroupés au sein de l'organisme de défense et de gestion.

Art. L. 721-8 I. – Sans préjudice des articles L. 115-16 du code de la consommation et L. 722-1 du présent code, les dénominations enregistrées sont protégées contre :

1° Toute utilisation commerciale directe ou indirecte d'une dénomination enregistrée à l'égard des produits non couverts par l'enregistrement, lorsque ces produits sont comparables à ceux enregistrés sous cette dénomination ou lorsque cette utilisation permet de profiter de la réputation de la dénomination protégée ;

2° Toute usurpation, imitation ou évocation, même si l'origine véritable des produits ou des services est indiquée ou si la dénomination protégée est traduite ou accompagnée d'une expression telle que « genre », « type », « méthode », « façon », « imitation » ou d'une expression similaire ;

3° Toute autre indication fausse ou fallacieuse quant à la provenance, l'origine, la nature ou les qualités essentielles du produit qui figure sur le conditionnement ou l'emballage, sur la publicité ou sur des documents afférents au produit concerné, ainsi que contre l'utilisation pour le conditionnement d'un récipient de nature à créer une impression erronée sur l'origine du produit ;

4° Toute autre pratique susceptible d'induire le consommateur en erreur quant à la véritable origine du produit.

Lorsqu'une indication géographique contient en elle-même le nom d'un produit considéré comme générique, l'utilisation de ce nom générique n'est pas considérée comme contraire aux 1° ou 2° du présent I.

II. – L'indication géographique, dont le cahier des charges a été homologué dans les conditions prévues par la présente section, ne peut jamais être considérée comme présentant un caractère générique et tomber dans le domaine public.

Art. L. 721-9 Le respect du cahier des charges par les opérateurs est contrôlé par des organismes d'évaluation de la conformité, qui peuvent être soit des organismes d'inspection, soit des organismes de certification, qui bénéficient d'une accréditation délivrée par l'instance nationale d'accréditation, mentionnée à l'article 137 de la loi n° 2008-776 du 4 août 2008 de modernisation de l'économie, ou par l'instance nationale d'accréditation d'un autre Etat membre de l'Union européenne, membre de la coopération européenne pour l'accréditation et ayant signé les accords de reconnaissance mutuelle multilatéraux couvrant le champ de ce contrôle.

Les organismes d'inspection effectuent les opérations de contrôle et transmettent leur rapport à l'organisme de défense et de gestion, qui décide des mesures sanctionnant les manquements.

Les organismes de certification décident de l'octroi, du maintien ou de l'extension de la certification, ainsi que des mesures sanctionnant les manquements.

L'organisme de défense et de gestion peut demander à un opérateur d'avoir recours, à ses frais, à un organisme de contrôle accrédité conformément au premier alinéa du présent article afin qu'il effectue un contrôle supplémentaire visant à vérifier que cet opérateur a appliqué les mesures correctives mentionnées au 3° de l'article L. 721-6 du présent code.

L'Institut national de la propriété industrielle vérifie que les opérations de contrôle des opérateurs prévues par le cahier des charges sont effectuées par un organisme d'évaluation de la conformité et que les mesures correctives et les mises en demeure et exclusions des opérateurs prévues dans le cahier des charges sont mises en œuvre.

Après mise en demeure de l'organisme de défense et de gestion, l'institut peut retirer l'homologation du cahier des charges si ces contrôles ne sont pas effectués ou si les mesures correctives n'ont pas été mises en œuvre dans les délais requis.

La décision de retrait de l'homologation est publiée au *Bulletin officiel* de la propriété industrielle. Une information sur la publication au *Bulletin officiel* de la propriété industrielle est publiée sous forme d'avis au *Journal officiel*.

Art. L. 721-10 Les modalités d'application de la présente section sont fixées par décret en Conseil d'Etat.

Chapitre II Contentieux

Section 1 Actions civiles

Art. L. 722-1 Toute atteinte portée à une indication géographique en violation de la protection qui lui est accordée par le droit de l'Union européenne ou la législation nationale constitue une contrefaçon engageant la responsabilité de son auteur.

Pour l'application du présent chapitre, on entend par « indication géographique » :

a) Les appellations d'origine définies à l'article L. 115-1 du code de la consommation ;

b) Les indications géographiques définies à l'article L. 721-2 ;

c) Les appellations d'origine et les indications géographiques protégées en vertu du droit de l'Union européenne ;

Sont interdits la production, l'offre, la vente, la mise sur le marché, l'importation, l'exportation, le transbordement, l'utilisation ou la détention à ces fins de biens dont la présentation porte atteinte ou est susceptible de porter atteinte à une indication géographique.

Art. L. 722-2 L'action civile pour contrefaçon est exercée par toute personne autorisée à utiliser l'indication géographique concernée ou tout organisme auquel la législation donne pour mission la défense des indications géographiques.

Toute personne mentionnée au premier alinéa est recevable à intervenir dans l'instance engagée par une autre partie pour contrefaçon.

Art. L. 722-3 Toute personne ayant qualité pour agir en contrefaçon peut saisir en référé la juridiction civile compétente afin de voir ordonner, au besoin sous astreinte, à l'encontre du prétendu contrefacteur ou des intermédiaires dont il utilise les services, toute mesure destinée à prévenir une atteinte imminente à une indication géographique ou à empêcher la poursuite d'actes argués de contrefaçon. La juridiction civile compétente peut également ordonner toutes mesures urgentes sur requête lorsque les circonstances exigent que ces mesures ne soient pas prises contradictoirement, notamment lorsque tout retard serait de nature à causer un préjudice irréparable au demandeur. Saisie en référé ou sur requête, la juridiction ne peut ordonner les mesures demandées que si les éléments de preuve, raisonnablement accessibles au demandeur, rendent vraisemblable qu'il est porté atteinte à une indication géographique ou qu'une telle atteinte est imminente.

La juridiction peut interdire la poursuite des actes argués de contrefaçon, la subordonner à la constitution de garanties destinées à assurer l'indemnisation éventuelle du demandeur ou ordonner la saisie ou la remise entre les mains d'un tiers des produits argués de contrefaçon, pour empêcher leur introduction ou leur circulation dans les circuits commerciaux. Si le demandeur justifie de circonstances de nature à compromettre le recouvrement des dommages et intérêts, la juridiction peut ordonner la saisie conservatoire des biens mobiliers et immobiliers du prétendu contrefacteur, y compris le blocage de ses comptes bancaires et autres avoirs, conformément au droit commun. Pour déterminer les biens susceptibles de faire l'objet de la saisie, elle peut ordonner la communication des documents bancaires, financiers, comptables ou commerciaux ou l'accès aux informations pertinentes.

Elle peut également accorder au demandeur une provision lorsque l'existence de son préjudice n'est pas sérieusement contestable.

Saisie en référé ou sur requête, la juridiction peut subordonner l'exécution des mesures qu'elle ordonne à la constitution par le demandeur de garanties destinées à assurer l'indemnisation éventuelle du défendeur si l'action en contrefaçon est ultérieurement jugée non fondée ou les mesures annulées.

Lorsque les mesures prises pour faire cesser une contrefaçon sont ordonnées avant l'engagement d'une action au fond, le demandeur doit, dans un délai fixé par voie réglementaire, soit se pourvoir par la voie civile ou pénale, soit déposer une plainte auprès du procureur de la République. A défaut, sur demande du défendeur et sans que celui-ci ait à motiver sa demande, les mesures ordonnées sont annulées, sans préjudice des dommages et intérêts qui peuvent être réclamés.

Art. L. 722-4 La contrefaçon peut être prouvée par tous moyens.

A cet effet, toute personne ayant qualité pour agir en vertu du présent titre est en droit de faire procéder en tout lieu et par tous huissiers, le cas échéant assistés d'experts désignés par le demandeur, en vertu d'une ordonnance rendue sur requête par la juridiction civile compétente, soit à la description détaillée, avec ou sans prélèvement d'échantillons, soit à la saisie réelle des objets prétendus contrefaisants ainsi que de tout document s'y rapportant. L'ordonnance peut autoriser la saisie réelle de tout document se rapportant aux objets prétendus contrefaisants en l'absence de ces derniers.

La juridiction peut ordonner, aux mêmes fins probatoires, la description détaillée ou la saisie réelle des matériels et instruments utilisés pour produire ou distribuer les objets prétendus contrefaisants.

Elle peut subordonner l'exécution des mesures qu'elle ordonne à la constitution par le demandeur de garanties destinées à assurer l'indemnisation éventuelle du défendeur si l'action engagée en vertu du présent titre est ultérieurement jugée non fondée ou la saisie annulée.

A défaut pour le demandeur de s'être pourvu au fond, par la voie civile ou pénale, dans un délai fixé par voie réglementaire, l'intégralité de la saisie, y compris la description, est annulée à la demande du saisi, sans que celui-ci ait à motiver sa demande et sans préjudice des dommages et intérêts qui peuvent être réclamés.

Art. L. 722-4-1 La juridiction peut ordonner, d'office ou à la demande de toute personne ayant qualité pour agir en contrefaçon, toutes les mesures d'instruction légalement admissibles même si une saisie-contrefaçon n'a pas préalablement été ordonnée dans les conditions prévues à l'article L. 722-4.

Art. L. 722-5 Si la demande lui en est faite, la juridiction saisie au fond ou en référé d'une procédure civile prévue au présent chapitre peut ordonner, au besoin sous astreinte, afin de déterminer l'origine et les réseaux de distribution des produits argués de contrefaçon, la production de tous documents ou informations détenus par le défendeur ou par toute personne qui a été trouvée en possession de produits argués de contrefaçon ou qui fournit des services utilisés dans de prétendues activités de contrefaçon ou encore qui a été signalée comme intervenant dans la production, la fabrication ou la distribution de ces produits ou la fourniture de ces services.

La production de documents ou d'informations peut être ordonnée s'il n'existe pas d'empêchement légitime.

Art. L. 722-6 Pour fixer les dommages et intérêts, la juridiction prend en considération distinctement :

1° Les conséquences économiques négatives de la contrefaçon, dont le manque à gagner et la perte subis par la partie lésée ;

2° Le préjudice moral causé à cette dernière ;

3° Et les bénéfices réalisés par le contrefacteur, y compris les économies d'investissements intellectuels, matériels et promotionnels que celui-ci a retirées de la contrefaçon.

Toutefois, la juridiction peut, à titre d'alternative et sur demande de la partie lésée, allouer à titre de dommages et intérêts une somme forfaitaire. Cette somme n'est pas exclusive de l'indemnisation du préjudice moral causé à la partie lésée.

Art. L. 722-7 En cas de condamnation civile pour contrefaçon, la juridiction peut ordonner, à la demande de la partie lésée, que les produits reconnus comme contrefaisants et les matériaux et instruments ayant principalement servi à leur création ou fabrication soient rappelés des circuits commerciaux, écartés définitivement de ces circuits, détruits ou confisqués au profit de la partie lésée.

La juridiction peut aussi ordonner toute mesure appropriée de publicité du jugement, notamment son affichage ou sa publication intégrale ou par extraits dans les journaux ou sur les services de communication au public en ligne qu'elle désigne, selon les modalités qu'elle précise.

Les mesures mentionnées aux deux premiers alinéas sont ordonnées aux frais de l'auteur de la contrefaçon.

Art. L. 722-8 Les actions civiles et les demandes relatives aux indications géographiques, y compris lorsqu'elles portent également sur une question connexe de concurrence déloyale, sont exclusivement portées devant des tribunaux de grande instance, déterminés par voie réglementaire.

Les dispositions qui précèdent ne font pas obstacle au recours à l'arbitrage, dans les conditions prévues aux articles 2059 et 2060 du code civil.

Section 2 La retenue

Art. L. 722-9 En dehors des cas prévus par la réglementation de l'Union européenne, l'administration des douanes peut, sur demande écrite d'une personne autorisée à utiliser une indication géographique ou de tout organisme de défense des indications géographiques, assortie des justifications de son droit, retenir dans le cadre de ses contrôles les marchandises que celui-ci prétend constituer une contrefaçon.

Cette retenue est immédiatement notifiée au demandeur et au détenteur. Le procureur de la République est également informé de ladite mesure par l'administration des douanes.

Lors de la notification mentionnée à la première phrase du deuxième alinéa du présent article, la nature et la quantité réelle ou estimée ainsi que des images des marchandises sont communiquées à la personne autorisée à utiliser une indication géographique ou à l'organisme de défense des indications géographiques, par dérogation à l'article 59 *bis* du code des douanes. Ces informations peuvent également être communiquées avant la mise en œuvre de la mesure prévue au présent article.

Sous réserve des procédures prévues aux articles L. 722-13 et L. 722-14 du présent code, la mesure de retenue est levée de plein droit à défaut pour le demandeur, dans le délai de dix jours ouvrables, ou de trois jours ouvrables pour les denrées périssables, à compter de la notification de la retenue des marchandises, de justifier auprès de l'administration des douanes soit de mesures conservatoires décidées par la juridiction civile compétente, soit de s'être pourvu par la voie civile ou la voie correctionnelle et d'avoir constitué les garanties destinées à l'indemnisation éventuelle du détenteur des marchandises au cas où la contrefaçon ne serait pas ultérieurement reconnue, soit d'avoir déposé une plainte auprès du procureur de la République. L'administration des douanes peut proroger le délai de dix jours ouvrables prévu au présent alinéa de dix jours ouvrables maximum sur requête dûment motivée du demandeur. En cas de prorogation du délai, le procureur de la République et le détenteur des marchandises en sont informés.

Les frais liés à la mesure de retenue ou aux mesures conservatoires prononcées par la juridiction civile compétente sont à la charge du demandeur.

Aux fins de l'engagement des actions en justice mentionnées au quatrième alinéa du présent article, le demandeur peut obtenir de l'administration des douanes communication des nom et adresse de l'expéditeur, de l'importateur, du destinataire et du déclarant des marchandises retenues ou de leur détenteur, ainsi que des images de ces marchandises et des informations sur leur quantité, leur origine, leur provenance et leur destination, par dérogation à l'article 59 *bis* du code des douanes.

La retenue mentionnée au premier alinéa du présent article ne porte pas :

1° Sur les marchandises de statut communautaire, légalement fabriquées ou mises en libre pratique dans un Etat membre de l'Union européenne et destinées, après avoir emprunté le territoire douanier défini à l'article 1er du code des douanes, à être mises sur le marché d'un autre Etat membre de l'Union européenne pour y être légalement commercialisées ;

2° Sur les marchandises de statut communautaire, légalement fabriquées ou mises en libre pratique dans un autre Etat membre de l'Union européenne, dans lequel elles ont été placées sous le régime du transit, et qui sont destinées, après avoir transité sur le territoire douanier défini au même article 1er, à être exportées vers un Etat non membre de l'Union européenne.

Art. L. 722-10 En l'absence de demande écrite de la personne autorisée à utiliser une indication géographique ou de l'organisme de défense des indications géographiques et en dehors des cas prévus par la réglementation de l'Union européenne, l'administration des douanes peut, dans le cadre de ses contrôles, retenir des marchandises susceptibles de porter atteinte à une indication géographique.

Cette retenue est immédiatement notifiée à la personne autorisée à utiliser l'indication géographique ou à l'organisme de défense des indications géographiques. Le procureur de la République est également informé de ladite mesure par l'administration des douanes.

Lors de la notification mentionnée à la première phrase du deuxième alinéa du présent article, la nature et la quantité réelle ou estimée ainsi que des images des marchandises sont communiquées à la personne autorisée à utiliser l'indication géographique ou à l'organisme de défense des indications géographiques, par dérogation à l'article 59 *bis* du code des douanes. Ces informations peuvent également être communiquées avant la mise en œuvre de la mesure prévue au présent article.

La mesure de retenue est levée de plein droit si l'administration des douanes n'a pas reçu de la personne autorisée à utiliser l'indication géographique ou de l'organisme de défense des indications géographiques la demande prévue à l'article L. 722-9 du présent code, déposée dans un délai de quatre jours ouvrables à compter de la notification de la retenue mentionnée à la première phrase du deuxième alinéa du présent article.

Si la demande a été reçue conformément au quatrième alinéa du présent article, le délai de dix jours ouvrables mentionné au quatrième alinéa de l'article L. 722-9 commence à courir à compter de l'acceptation de cette demande par l'administration des douanes.

Le présent article n'est pas applicable aux marchandises périssables.

Art. L. 722-11 I. – Lorsque la retenue prévue par la réglementation de l'Union européenne et portant sur des marchandises soupçonnées de constituer une contrefaçon d'une indication géographique est mise en œuvre avant qu'une demande de la personne autorisée à utiliser l'indication géographique ou de l'organisme de défense des indications géographiques ait été déposée ou acceptée, les agents des douanes peuvent, par dérogation à l'article 59 *bis* du code des douanes, informer cette personne ou cet organisme de la mise en œuvre de cette mesure. Ils peuvent également lui communiquer des informations portant sur la quantité des marchandises et leur nature.

Lorsque la retenue prévue par la réglementation de l'Union européenne et portant sur des marchandises soupçonnées de constituer une contrefaçon d'une indication géographique est mise en œuvre après qu'une demande de la personne autorisée à utiliser une indication géographique ou de l'organisme de défense des indications géographiques a été acceptée, les agents des douanes peuvent également communiquer à cette personne ou à cet organisme les informations, prévues par cette réglementation, nécessaires pour déterminer s'il y a eu violation de son droit.

II. – Les frais générés par la mise en œuvre de la retenue mentionnée au I sont à la charge de la personne autorisée à utiliser une indication géographique ou de l'organisme de défense des indications géographiques.

Art. L. 722-12 Pendant le délai de la retenue mentionnée à l'article L. 722-9 et au second alinéa du I de l'article L. 722-11, la personne autorisée à utiliser une indication géographique ou l'organisme de défense des indications géographiques peut, à sa demande ou à la demande de l'administration des douanes, inspecter les marchandises retenues.

Lors du contrôle des marchandises mises en retenue, l'administration des douanes peut prélever des échantillons. A la demande de la personne autorisée à utiliser l'indication géographique ou de l'organisme de défense des indications géographiques, ces échantillons peuvent lui être remis aux seules fins d'analyse et en vue de faciliter les actions qu'elle ou il peut être amené à engager par la voie civile ou pénale.

Art. L. 722-13 I. – Lorsque la retenue portant sur des marchandises soupçonnées de constituer une contrefaçon d'une indication géographique est mise en œuvre après qu'une demande mentionnée à l'article L. 722-9 a été acceptée, les marchandises soupçonnées de porter atteinte à une indication géographique peuvent être détruites sous le contrôle des agents des douanes dès lors que les conditions suivantes sont remplies :

1° Le demandeur a confirmé par écrit et par une expertise détaillée aux autorités douanières, dans un délai de dix jours ouvrables, ou de trois jours ouvrables pour les denrées périssables, à partir de la notification de la retenue, le caractère contrefaisant des marchandises ;

2° Le demandeur a confirmé par écrit aux autorités douanières, dans un délai de dix jours ouvrables, ou de trois jours ouvrables pour les denrées périssables, à partir de la notification de la retenue, qu'il consent à la destruction, sous sa responsabilité, des marchandises ;

3° Le détenteur des marchandises a confirmé par écrit aux autorités douanières, dans un délai de dix jours ouvrables, ou de trois jours ouvrables pour les denrées périssables, à partir de la notification de la retenue, qu'il consent à la destruction des marchandises.

II. – Si le détenteur des marchandises n'a, dans le délai mentionné au 3° du I, ni confirmé qu'il consent à la destruction des marchandises, ni informé l'administration des douanes qu'il s'oppose à leur destruction, il est réputé avoir consenti à cette destruction.

III. – Lorsque le détenteur des marchandises n'a pas confirmé par écrit qu'il consent à leur destruction et qu'il n'est pas réputé avoir consenti à la destruction des marchandises dans les délais prévus, l'administration des douanes en informe immédiatement le demandeur lequel, dans un délai de dix jours ouvrables, ou de trois jours ouvrables pour les denrées périssables, à partir de la notification de la retenue, prend les mesures mentionnées au quatrième alinéa de l'article L. 722-9. Le délai de dix jours peut être prorogé de dix jours ouvrables maximum sur requête dûment motivée du demandeur. En cas de prorogation du délai, le procureur de la République et le détenteur des marchandises en sont informés.

Si les conditions prévues au I du présent article ne sont pas réunies et si le demandeur n'a pas justifié auprès de l'administration des douanes qu'il a pris les mesures mentionnées au quatrième alinéa du même article L. 722-9, la mesure de retenue est levée de plein droit.

IV. – Dans le cadre de la communication d'informations prévues au troisième alinéa des articles L. 722-9 et L. 722-10, les autorités douanières informent le demandeur de l'existence de la procédure prévue au présent article. Les informations prévues au sixième alinéa de l'article L. 722-9 peuvent également être communiquées au demandeur aux fins de mise en œuvre de la présente mesure.

Art. L. 722-14 I. – Lorsque la retenue portant sur des marchandises soupçonnées de constituer une contrefaçon d'une indication géographique est mise en œuvre après qu'une demande mentionnée à l'article L. 722-9 a été acceptée, les marchandises transportées en petits envois soupçonnées de porter atteinte à une indication géographique peuvent être détruites sous le contrôle des agents des douanes lorsque le demandeur a, dans sa demande, sollicité le recours à la procédure prévue au présent article.

II. – La notification mentionnée à la première phrase du deuxième alinéa de l'article L. 722-9 est faite dans un délai d'un jour ouvrable à compter de la date de la mise en retenue. Elle mentionne l'intention de l'administration des douanes de détruire ou non les marchandises et indique que :

1° Le détenteur des marchandises dispose d'un délai de dix jours ouvrables à compter de la notification de la retenue pour faire connaître à l'administration des douanes ses observations ;

2° Les marchandises concernées peuvent être détruites lorsque, dans un délai de dix jours ouvrables à partir de leur mise en retenue, le détenteur des marchandises a confirmé à l'administration des douanes qu'il consent à cette destruction. En cas de silence du détenteur des marchandises à l'issue de ce délai, le détenteur est réputé avoir consenti à leur destruction.

L'administration des douanes communique au demandeur, sur requête de celui-ci, les informations relatives à la quantité réelle ou estimée des marchandises détruites et à leur nature.

III. – Lorsque le détenteur des marchandises n'a pas confirmé par écrit qu'il consent à leur destruction ou lorsqu'il n'est pas réputé avoir consenti à leur destruction, l'administration des douanes en informe immédiatement le demandeur et lui communique la quantité, la nature ainsi que des images des marchandises.

IV. – La mesure de retenue est levée de plein droit à défaut pour le demandeur, dans le délai de dix jours ouvrables à compter de l'information prévue au III du présent article, de justifier auprès de l'administration des douanes qu'il a pris les mesures mentionnées au quatrième alinéa de l'article L. 722-9.

En vue de prendre ces mesures, le demandeur peut obtenir de l'administration des douanes communication des nom et adresse de l'expéditeur, de l'importateur, du destinataire et du détenteur des marchandises retenues, ainsi que de leur quantité, leur origine, leur provenance et leur destination, par dérogation à l'article 59 *bis* du code des douanes.

V. – La définition des petits envois mentionnés au I du présent article est précisée par arrêté du ministre chargé des douanes.

VI. – Le présent article n'est pas applicable aux denrées périssables.

Art. L. 722-15 Lorsque le demandeur utilise les informations qui lui sont communiquées par l'administration des douanes, par dérogation à l'article 59 *bis* du code des douanes, à d'autres fins que celles prévues par le présent chapitre, l'administration des douanes abroge, suspend ou refuse de renouveler ladite demande.

Art. L. 722-16 En vue de prononcer les mesures prévues aux articles L. 722-9 à L. 722-12, les agents des douanes appliquent les pouvoirs qui leur sont dévolus par le code des douanes.

Art. L. 722-17 Un décret en Conseil d'Etat fixe :

1° Les conditions d'application des mesures prévues aux articles L. 722-9 à L. 722-15 ;

2° Les conditions dans lesquelles a lieu la destruction des marchandises susceptibles de porter atteinte à une indication géographique prévue par la réglementation européenne en vigueur ainsi que les conditions du prélèvement d'échantillons préalable à ladite destruction.

TITRE III INDICATIONS RELATIVES AUX SERVICES PUBLICS

Chapitre unique

Art. L. 731-1 Le présent chapitre est applicable aux publicités, quel qu'en soit le support, et pratiques commerciales relatives aux prestations de dépannage, réparation et entretien dans le secteur du bâtiment et de l'équipement de la maison. Les prestations concernées sont énumérées par arrêté du ministre chargé de la consommation.

Art. L. 731-2 Toute utilisation, dans les publicités et documents mentionnés au présent chapitre, de dessins, coordonnées, références ou autres signes distinctifs relatifs à un service public est soumise à l'autorisation préalable du service concerné.

L'autorisation prévue au premier alinéa :

1° Ne peut être délivrée sans présentation préalable d'un exemplaire du support destiné à la publication ;

2° Ne peut être valable pour une durée supérieure à un an, éventuellement renouvelable dans les mêmes formes ;

3° Est motivée par l'intérêt général.

Le service ayant délivré l'autorisation peut la retirer à tout moment si l'une des conditions précitées n'est plus remplie. La décision de retrait prend effet dix jours après sa notification.

Art. L. 731-3 Tout manquement à l'article L. 731-2 est passible d'une amende administrative dont le montant ne peut excéder 100 000 €. L'amende est prononcée par l'autorité administrative chargée de la concurrence et de la consommation dans les conditions prévues à l'article L. 141-1-2 du code de la consommation.

Art. L. 731-4 Les manquements au présent chapitre sont recherchés et constatés dans les conditions prévues au II de l'article L. 141-1 du code de la consommation.

Troisième partie

Dispositions relatives à l'outre-mer

LIVRE VIII APPLICATION DANS LES ÎLES WALLIS ET FUTUNA, DANS LES TERRES AUSTRALES ET ANTARCTIQUES FRANÇAISES, EN NOUVELLE-CALÉDONIE ET À MAYOTTE

TITRE UNIQUE

Chapitre unique

Art. L. 811-1 Les dispositions du présent code sont applicables dans les îles Wallis et Futuna et en Nouvelle-Calédonie à l'exception du quatrième alinéa de l'article L. 335-4 et des articles L. 133-1 à L. 133-4, L. 421-1 à L. 423-2.

Ne sont pas applicables dans les Terres australes et antarctiques françaises les articles L. 133-1 à L. 133-4, L. 421-1 à L. 423-2, ainsi que le quatrième alinéa de l'article L. 335-4.

Art. L. 811-2 Pour l'application du présent code à Mayotte et dans les Terres australes et antarctiques françaises ainsi que pour l'application des dispositions qu'il rend applicables en Polynésie française, dans les îles Wallis et Futuna et en Nouvelle-Calédonie, les mots suivants énumérés ci-dessous sont respectivement remplacés par les mots suivants :

- « tribunal de grande instance » et « juges d'instance » par « tribunal de première instance » ;
- « région » par « territoire » et, en ce qui concerne Mayotte, par « collectivité territoriale » ;
- « cour d'appel » par « chambre d'appel de Mamoudzou » et « commissaire de police » par « officier de police judiciaire » pour ce qui concerne Mayotte ;
- « tribunal de commerce » par « tribunal de première instance statuant en matière commerciale » ;
- « conseil de prud'hommes » par « tribunal du travail ».

De même, les références à des dispositions législatives non applicables dans les îles Wallis et Futuna, dans les Terres australes et antarctiques françaises et en Nouvelle-Calédonie sont remplacées par les références aux dispositions ayant le même objet, résultant des textes applicables localement.

Art. L. 811-2-1 Pour leur application à Mayotte, dans les îles Wallis et Futuna, dans les Terres australes et antarctiques françaises et en Nouvelle-Calédonie, les articles L. 122-3-1 et L. 211-6 sont ainsi rédigés :

« *Art. L. 122-3-1.* – Dès lors que la première vente d'un ou des exemplaires matériels d'une œuvre a été autorisée par l'auteur ou ses ayants droit sur le territoire d'un Etat membre de la Communauté européenne ou d'un Etat partie à l'accord sur l'Espace économique européen ou sur le territoire de Mayotte, des îles Wallis et Futuna, des Terres australes et antarctiques françaises et de la Nouvelle-Calédonie, la vente de ces exemplaires de cette œuvre ne peut plus être interdite dans la Communauté européenne ou dans ces collectivités d'outre-mer ou en Nouvelle-Calédonie. »

« *Art. L. 211-6.* – Dès lors que la première vente d'un ou des exemplaires matériels d'une fixation protégée par un droit voisin a été autorisée par le titulaire du droit ou ses ayants droit sur le territoire d'un Etat membre de la Communauté européenne ou sur le territoire de Mayotte, des îles Wallis et Futuna, des Terres australes et antarctiques françaises et de la Nouvelle-Calédonie, la vente de ces exemplaires de cette fixation ne peut plus être interdite dans la Communauté européenne ou dans ces collectivités d'outre-mer ou en Nouvelle-Calédonie. »

Art. L. 811-3 Pour son application dans les îles de Wallis et Futuna, dans les Terres australes et antarctiques françaises, en Nouvelle-Calédonie et à Mayotte, l'article L. 621-1 du présent code est ainsi rédigé :

« *Art. L. 621-1.* – Le fait, par tout directeur ou salarié d'une entreprise où il est employé, de révéler ou de tenter de révéler un secret de fabrique est puni de deux ans d'emprisonnement et de 30 000 € d'amende.

« Le tribunal peut également prononcer, à titre de peine complémentaire, pour une durée de cinq ans au plus, l'interdiction des droits civiques, civils et de famille prévue par l'article 131-26 du code pénal. »

Art. L. 811-4 I. – Pour leur application dans les îles Wallis et Futuna, dans les Terres australes et antarctiques françaises, en Nouvelle-Calédonie et à Mayotte, les articles L. 717-1, L. 717-4 et l'article L. 717-7 du présent code sont ainsi rédigés :

« *Art. L. 717-1.* – I. – Constitue une contrefaçon engageant la responsabilité civile de son auteur le fait, pour un tiers, en l'absence du consentement du titulaire de la marque communautaire, de faire usage dans la vie des affaires :

« *a)* D'un signe identique à la marque communautaire pour des produits ou des services identiques à ceux pour lesquels celle-ci est enregistrée ;

« *b)* D'un signe pour lequel, en raison de son identité ou de sa similitude avec la marque communautaire et en raison de l'identité ou de la similitude des produits ou des services couverts par la marque communautaire et le signe, il existe dans l'esprit du public un risque de confusion, celui-ci incluant le risque d'association entre le signe et la marque ;

« *c)* D'un signe identique ou similaire à la marque communautaire pour des produits ou des services qui ne sont pas similaires à ceux pour lesquels la marque communautaire est enregistrée, lorsque celle-ci jouit d'une renommée dans la Communauté européenne et que l'usage du signe sans juste motif tire indûment profit du caractère distinctif ou de la renommée de la marque communautaire ou leur porte préjudice.

« II. – Peut notamment constituer une contrefaçon le fait :

« *a)* D'apposer sur les produits ou sur leur conditionnement un signe tel que défini au I ;

« *b)* D'offrir les produits ou de les mettre dans le commerce ou de les détenir à ces fins ou d'offrir ou de fournir des services sous ce signe ;

« *c)* D'importer ou d'exporter les produits sous ce signe ;

« *d)* D'utiliser ce signe dans les papiers d'affaires et la publicité.

« III. – Constitue également une contrefaçon :

« *a)* La reproduction d'une marque communautaire dans un dictionnaire, une encyclopédie ou un ouvrage similaire, lorsque celle-ci donne l'impression de constituer le terme générique des biens ou services pour lesquels la marque communautaire est enregistrée, sauf pour l'éditeur à veiller, sur demande du titulaire de cette marque, à ce que la reproduction de celle-ci soit, au plus tard lors de l'édition suivante de l'ouvrage, accompagnée de l'indication qu'il s'agit d'une marque enregistrée ;

« *b)* L'enregistrement et l'utilisation d'une marque communautaire par un agent ou un représentant de celui qui est titulaire de celle-ci, sans l'autorisation de ce dernier, à moins que l'agent ou le représentant ne justifie de ses agissements.

« IV. – La marque communautaire n'est opposable aux tiers qu'à compter de la publication de l'enregistrement de celle-ci. Toutefois, une indemnité peut être exigée pour des faits postérieurs à la publication d'une demande de marque communautaire qui, après la publication de l'enregistrement de la marque, seraient interdits en vertu de celle-ci. Le tribunal saisi ne peut statuer au fond tant que l'enregistrement n'a pas été publié.

« V. – Le droit conféré par la marque communautaire ne permet pas à son titulaire d'interdire l'usage de celle-ci pour des produits qui ont été mis dans le commerce sous cette marque par le titulaire ou avec son consentement, dans la Communauté européenne, dans l'Espace économique européen, en Polynésie française, dans les îles Wallis et Futuna, dans les Terres australes et antarctiques françaises, en Nouvelle-Calédonie ou à Mayotte. Il en est autrement lorsque des motifs légitimes justifient que le titulaire s'oppose à la commercialisation ultérieure des produits, notamment lorsque l'état de ceux-ci est modifié ou altéré après leur mise dans le commerce. »

« *Art. L. 717-4.* – Un décret en Conseil d'Etat détermine le siège et le ressort des juridictions de première instance et d'appel qui sont seules compétentes pour connaître :

« *a)* Des actions en contrefaçon d'une marque communautaire ;

« *b)* Des actions en indemnisation intentées dans les conditions prévues au IV de l'article L.717-1 ;

« *c)* Des demandes reconventionnelles en déchéance ou en nullité de la marque communautaire à condition qu'elles soient fondées sur les motifs applicables à celle-ci.

« Ces juridictions sont compétentes pour connaître de ces actions et demandes, y compris lorsqu'elles portent à la fois sur une question de marque et sur une question connexe de dessin et modèle ou de concurrence déloyale. »

« *Art. L. 717-7.* – Toute décision définitive de l'Office de l'harmonisation dans le marché intérieur qui fixe le montant des frais, vaut titre exécutoire lorsque la formule exécutoire est apposée par l'Institut national de la propriété industrielle, après vérification de l'authenticité du titre.

« La partie intéressée peut ensuite poursuivre l'exécution forcée qui est alors régie par les règles de procédure civile en vigueur au lieu de l'exécution. »

II. – Pour l'application de l'article L. 717-5 dans les mêmes territoires, le premier alinéa de cet article est remplacé par les dispositions suivantes :

« *Art. L. 717-5.* – I. – Une demande de marque communautaire ou une marque communautaire ne peut être transformée en demande de marque nationale que :

« *a)* Dans la mesure où la demande de marque communautaire est rejetée, retirée ou réputée retirée ;

« *b)* Dans la mesure où la marque communautaire cesse de produire ses effets.

« II. – La transformation n'a pas lieu :

« *a)* Lorsque le titulaire de la marque communautaire a été déchu de ses droits pour défaut d'usage de cette marque, à moins que la marque communautaire n'ait été utilisée en France dans des conditions qui constituent un usage sérieux au sens de l'article L. 714-5 ;

« *b)* Lorsqu'il est établi, par application d'une décision de l'Office de l'harmonisation dans le marché intérieur ou de la juridiction nationale, que la demande ou la marque communautaire est affectée en France d'un motif de refus d'enregistrement, de nullité ou de révocation.

« III. – La demande de marque nationale issue de la transformation d'une demande ou d'une marque communautaire bénéficie de la date de dépôt ou de la date de priorité de cette demande ou de cette marque et, le cas échéant, de l'ancienneté d'une marque nationale antérieurement enregistrée et valablement revendiquée. »

Partie réglementaire

LIVRE Ier LE DROIT D'AUTEUR

TITRE Ier OBJET DU DROIT D'AUTEUR

Chapitre Ier Nature du droit d'auteur

Art. R. 111-1 Les redevances visées à l'article L. 111-4 (alinéa 3) du code de la propriété intellectuelle sont versées à celui des organismes suivants qui est compétent à raison de sa vocation statutaire, de la nature de l'œuvre et du mode d'exploitation envisagé :

Centre national des lettres ;

Société des gens de lettres ;

Société des auteurs et compositeurs dramatiques ;

Société des auteurs, compositeurs et éditeurs de musique ;

Société pour l'administration du droit de reproduction mécanique des auteurs, compositeurs et éditeurs ;

Société des auteurs des arts visuels.

Au cas où l'organisme compétent n'accepte pas de recueillir lesdites redevances ou à défaut d'organisme compétent, ces redevances seront versées à la Caisse des dépôts et consignations.

Art. R. 111-2 Le montant des sommes dues par l'utilisateur de l'œuvre est établi selon les conditions en usage dans chacune des catégories de créations considérées.

Le versement des fonds et leur utilisation à des fins d'intérêt général ou professionnel seront soumis au contrôle du ministre chargé de la culture.

TITRE II DROITS DES AUTEURS

Chapitre II Droits patrimoniaux

Section 1 Dispositions générales

Art. R. 122-1 Pour l'application des dispositions du *d* du 3° de l'article L. 122-5, le catalogue d'une vente d'œuvres d'art graphiques ou plastiques s'entend des exemplaires d'une liste illustrée ou non, diffusée avant une vente aux enchères publiques, décrivant, en vue d'informer les acheteurs potentiels, les œuvres qui seront dispersées au cours de la vente, ainsi que les conditions de celle-ci, et mis gratuitement ou à prix coûtant à la disposition de toute personne qui en fait la demande à l'officier public ou ministériel procédant à la vente.

Section 2 Droit de suite

Art. R. 122-2 Le droit de suite prévu à l'article L. 122-8 est exigible, dans les conditions prévues au présent chapitre, lors de la vente, sous quelque forme que ce soit, d'une œuvre d'art originale graphique ou plastique autre que la première cession opérée par l'auteur ou par ses ayants droit, dès lors que le vendeur, l'acheteur ou un intermédiaire interviennent dans cette cession dans le cadre de leur activité professionnelle et que l'une au moins des conditions suivantes est remplie :

1° La vente est effectuée sur le territoire français ;

2° La vente y est assujettie à la taxe sur la valeur ajoutée.

Art. R. 122-3 Les œuvres mentionnées à l'article R. 122-1 sont les œuvres originales graphiques ou plastiques créées par l'auteur lui-même, telles que les tableaux, les collages, les peintures, les dessins, les gravures, les estampes, les lithographies, les sculptures, les tapisseries, les céramiques, les verreries, les photographies et les créations plastiques sur support audiovisuel ou numérique.

Les œuvres exécutées en nombre limité d'exemplaires et sous la responsabilité de l'auteur sont considérées comme œuvres d'art originales au sens de l'alinéa précédent si elles sont numérotées ou signées ou dûment autorisées d'une autre manière par l'auteur. Ce sont notamment :

a) Les gravures, estampes et lithographies originales tirées en nombre limité d'une ou plusieurs planches ;

b) Les éditions de sculpture, dans la limite de douze exemplaires, exemplaires numérotés et épreuves d'artiste confondus ;

c) Les tapisseries et œuvres d'art textile faites à la main, sur la base de modèles originaux fournis par l'artiste, dans la limite de huit exemplaires ;

d) Les émaux entièrement exécutés à la main et comportant la signature de l'artiste, dans la limite de huit exemplaires numérotés et de quatre épreuves d'artiste ;

e) Les œuvres photographiques signées, dans la limite de trente exemplaires, quels qu'en soient le format et le support ;

f) Les créations plastiques sur support audiovisuel ou numérique dans la limite de douze exemplaires.

Art. R. 122-4 Les auteurs non ressortissants d'un Etat membre de la Communauté européenne ou d'un Etat partie à l'accord sur l'Espace économique européen ainsi que leurs ayants droit au sens des dispositions de l'article L. 123-7 bénéficient du droit de suite dans les conditions prévues par le présent code si leur législation nationale fait bénéficier de ce droit les auteurs ressortissants des Etats mentionnés ci-dessus ainsi que leurs ayants droit et pour la durée pendant laquelle ils sont admis à exercer ce droit dans leur pays.

Les auteurs non ressortissants des Etats mentionnés à l'alinéa précédent qui, au cours de leur carrière artistique, ont participé à la vie de l'art français et ont eu, pendant au moins cinq années, même non consécutives, leur résidence en France peuvent, sans condition de réciprocité, être admis à bénéficier du droit de suite. Leurs ayants droit au sens des dispositions de l'article L. 123-7 jouissent de la même faculté. Les auteurs intéressés ou leurs ayants droit doivent présenter une demande au ministre chargé de la culture qui statue après avis d'une commission dont la composition et les conditions de fonctionnement sont fixées par un arrêté du ministre chargé de la culture.

Art. R. 122-5 Le prix de vente de chaque œuvre pris en considération pour la perception du droit de suite est, hors taxes, le prix d'adjudication en cas de vente aux enchères publiques et, pour les autres ventes, le prix de cession perçu par le vendeur.

Le droit de suite n'est pas exigible si le prix de vente de l'œuvre, tel que défini à l'alinéa précédent, est inférieur à 750 €.

Art. R. 122-6 Le taux du droit de suite est égal à 4 % du prix de vente tel que défini à l'article R. 122-4 lorsque celui-ci est inférieur ou égal à 50 000 €.

Lorsque le prix de vente est supérieur à 50 000 €, le droit de suite est fixé comme suit :

4 % pour la première tranche de 50 000 € du prix de vente tel que défini à l'article R. 122-4 ;

3 % pour la tranche du prix de vente comprise entre 50 000,01 et 200 000 € ;

1 % pour la tranche du prix de vente comprise entre 200 000,01 et 350 000 € ;

0,5 % pour la tranche du prix de vente comprise entre 350 000,01 et 500 000 € ;

0,25 % pour la tranche du prix de vente dépassant 500 000 €.

Le montant total du droit exigible lors de la vente d'une œuvre ne peut excéder 12 500 €.

Art. R. 122-7 I. – Le ministre chargé de la culture fixe par arrêté une liste de sociétés de perception et de répartition de droits aptes à informer les bénéficiaires du droit de suite et susceptibles à ce titre d'être avisées des ventes d'œuvres originales graphiques ou plastiques dans les conditions fixées au II de l'article R. 122-9.

II. – Pour être inscrite sur la liste mentionnée au I du présent article, une société de perception et de répartition de droits doit à l'appui de sa demande :

1° Apporter la preuve de la diversité de ses associés et du nombre des ayants droit ;

2° Justifier la qualification de ses gérants et mandataires sociaux, appréciée en fonction de leur expérience professionnelle dans le secteur des arts graphiques ou plastiques ou de la gestion d'organismes professionnels ;

3° Donner toutes informations relatives à son organisation administrative, à ses conditions d'installation et d'équipement et à sa capacité à informer les bénéficiaires du droit de suite, y compris à l'étranger.

Est radiée de la liste, par arrêté du ministre chargé de la culture, toute société qui en fait la demande ou, sous réserve d'avoir été mise à même de faire valoir ses observations dans un délai de deux mois, toute société qui ne remplit plus les conditions auxquelles est subordonnée l'inscription sur la liste.

III. – Les arrêtés du ministre chargé de la culture mentionnés au I et au II sont publiés au *Journal officiel* de la République française.

Art. R. 122-8 Toute personne susceptible de bénéficier du droit de suite qui souhaite obtenir des sociétés inscrites sur la liste mentionnée au I de l'article R. 122-6 la transmission d'un avis de vente la concernant, dont ces sociétés sont destinataires en application du II de l'article R. 122-9, peut communiquer son adresse et toutes autres informations utiles à ces sociétés. Cette communication doit être renouvelée lors de tout changement d'adresse ou de situation.

Art. R. 122-9 I. – En cas de vente d'une œuvre originale graphique ou plastique aux enchères publiques, le professionnel du marché de l'art responsable du paiement du droit de suite est, selon le cas, la société de ventes volontaires ou le commissaire-priseur judiciaire.

II. – Dans les autres cas, le professionnel du marché de l'art intervenant dans la vente est responsable du paiement du droit de suite. Si la vente fait intervenir plusieurs professionnels, le professionnel responsable du paiement du droit de suite est :

1° Le vendeur, s'il agit dans le cadre de son activité professionnelle ;

2° A défaut, le professionnel du marché de l'art qui reçoit, en tant qu'intermédiaire, le paiement de l'acheteur ;

3° A défaut, l'acheteur, s'il agit dans le cadre de son activité professionnelle.

Art. R. 122-10 I. – Lorsqu'il est saisi d'une demande du bénéficiaire, le professionnel responsable du paiement du droit de suite lui verse le montant de celui-ci dans un délai qui ne peut excéder quatre mois à compter de la date de réception de la demande ou, si cette demande est reçue antérieurement à la vente, à compter de la date de cette vente.

Si l'œuvre est due à la collaboration de plusieurs auteurs, le bénéficiaire en fait la déclaration et précise la répartition du droit de suite décidée entre les auteurs.

II. – S'il n'est saisi d'aucune demande, le professionnel responsable du paiement du droit de suite avise par lettre recommandée avec demande d'avis de réception, au plus tard trois mois après la fin du trimestre civil au cours duquel la vente a eu lieu, l'une des sociétés de perception et de répartition des droits mentionnées à l'article R. 122-6 de la réalisation de la vente en lui indiquant la date de la vente, le nom de l'auteur de l'œuvre et, le cas échéant, les informations relatives au bénéficiaire du droit de suite dont il dispose.

Lorsqu'une société de perception et de répartition des droits est avisée d'une vente ouvrant droit à la perception du droit de suite au profit d'un bénéficiaire mentionné à l'article R. 122-7, elle est tenue de l'en informer. Lorsque le bénéficiaire n'est pas identifié, la société de perception et de répartition des droits procède aux diligences utiles pour informer les personnes susceptibles de bénéficier du droit de suite, au besoin en faisant appel aux autres sociétés de perception et de répartition de droits mentionnées à l'article R. 122-6. A défaut d'avoir pu informer le bénéficiaire, elle procède aux mesures de publicité appropriées sous forme électronique ou par tout autre moyen adapté.

Art. R. 122-11 I. – Pour la liquidation des sommes qui lui sont dues au titre du droit de suite, et pendant un délai de trois ans suivant la vente ouvrant droit à la perception de ce droit, le bénéficiaire peut, en précisant le titre, la description sommaire et le nom de l'auteur de l'œuvre concernée, obtenir des personnes qui sont intervenues dans cette vente dans le cadre de leur activité professionnelle :

a) Le nom et l'adresse du professionnel responsable du paiement du droit de suite ;

b) La date de la vente de l'œuvre et son prix.

II. – Le bénéficiaire peut, dans les conditions et pendant le délai prévus au I, obtenir du professionnel responsable du paiement du droit de suite :

a) La copie des pièces établissant que le droit de suite a été versé à son bénéficiaire, ainsi que, s'il y a lieu, la copie de la demande du bénéficiaire et de la déclaration d'œuvre de collaboration, prévues au I de l'article R. 122-9 ;

b) A défaut de ces documents, la copie des pièces justifiant que le professionnel responsable du paiement du droit de suite a exécuté les obligations qui lui incombaient en application des dispositions du premier alinéa du II de l'article R. 122-9.

III. – Le professionnel responsable du paiement du droit de suite doit, en outre, conserver pendant le délai prévu au I le nom et l'adresse du vendeur.

Art. R. 122-12 Est puni de l'amende prévue pour les contraventions de la troisième classe le fait, pour un professionnel responsable du paiement du droit de suite en application de l'article R. 122-8 :

1° De ne pas verser le droit de suite au bénéficiaire qui en fait la demande conformément au I de l'article R. 122-9 ;

2° De ne pas aviser l'une des sociétés de perception et de répartition des droits conformément aux dispositions du premier alinéa du II de l'article R. 122-9 ;

3° De ne pas communiquer au bénéficiaire du droit de suite les informations prévues au I de l'article R. 122-10.

Section 3 Exception en faveur de personnes atteintes d'un handicap

Sous-section 1 Dispositions relatives aux personnes bénéficiaires de l'exception

Art. R. 122-13 Les personnes atteintes d'un handicap mentionnées au 7° de l'article L. 122-5 sont celles dont le taux d'incapacité, apprécié en application du guide-barème pour l'évaluation des déficiences et incapacités des personnes handicapées figurant à l'annexe 2-4 du code de l'action sociale et des familles, est égal ou supérieur à 80 % ainsi que celles titulaires d'une pension d'invalidité au titre du 3° de l'article L. 341-4 du code de la sécurité sociale.

Art. R. 122-14 Le certificat médical attestant qu'une personne est atteinte d'une incapacité de lire après correction est délivré par un médecin ophtalmologiste autorisé à exercer la profession de médecin dans les conditions prévues aux articles L. 4111-1 et L. 4111-2 du code de la santé publique. Le certificat médical est valable pendant une durée de cinq ans. Il est délivré à titre définitif s'il s'avère que le handicap est irrémédiable.

Sous-section 2 Dispositions relatives au contrôle exercé par l'autorité administrative

Art. R. 122-15 La liste des personnes morales et des établissements ouverts au public mentionnés au premier alinéa du 7° de l'article L. 122-5 est arrêtée, en application de ce même alinéa, sur proposition de la commission prévue à l'article R. 122-16, par le ministre chargé de la culture et le ministre chargé des personnes handicapées.

Cette liste indique parmi ces personnes morales et ces établissements ceux qui, en application du troisième alinéa du 7° de l'article L. 122-5, sont habilités à demander que soient mis à leur disposition les fichiers numériques ayant servi à l'édition d'œuvres imprimées.

Elle est publiée au *Journal officiel* de la République française.

La radiation de la liste ou la privation de la possibilité d'avoir accès aux fichiers numériques est prononcée par arrêté conjoint du ministre chargé de la culture et du ministre chargé des personnes handicapées soit à la demande des personnes morales et des établissements inscrits, soit, sous réserve que ceux-ci aient été à même de présenter leurs observations dans un délai de deux mois à compter de la mise en demeure de régulariser adressée par l'autorité administrative, lorsqu'ils ne remplissent plus les conditions auxquelles est subordonnée l'inscription.

L'arrêté est publié au *Journal officiel* de la République française.

Art. R. 122-16 I. – Il est institué auprès du ministre chargé de la culture et du ministre chargé des personnes handicapées une commission qui comprend dix membres nommés par arrêté conjoint de ces ministres pour une période de quatre ans :

– cinq membres représentant des organisations nationales représentatives de personnes atteintes d'un handicap et de leurs familles ;
– cinq membres représentant les titulaires de droits.

II. – Les attributions de cette commission sont les suivantes :

a) Instruire les demandes déposées par les personnes morales et les établissements mentionnés au premier alinéa du 7° de l'article L. 122-5 en vue d'une inscription sur la liste arrêtée dans les conditions définies à l'article R. 122-15 ;

b) Etablir un projet de liste à l'intention du ministre chargé de la culture et du ministre chargé des personnes handicapées ;

c) Veiller à ce que les activités des personnes morales et des établissements inscrits sur la liste s'exercent dans le strict respect des dispositions du 7° de l'article L. 122-5. A cette fin, ces personnes morales et ces établissements lui communiquent un rapport d'activité annuel ainsi que toute information qui lui paraît utile ;

d) Avertir le ministre chargé de la culture et le ministre chargé des personnes handicapées en cas d'inobservation des dispositions du 7° de l'article L. 122-5 par une personne morale ou un établissement inscrit sur la liste.

III. – Le président de la commission est élu par les membres pour une durée d'un an, alternativement parmi les représentants des organisations représentatives de personnes atteintes d'un handicap et parmi les représentants des titulaires de droits.

Les décisions de la commission sont prises à la majorité des voix. En cas de partage égal des voix, celle du président est prépondérante.

Un représentant de l'organisme dépositaire mentionné au troisième alinéa du 7° de l'article L. 122-5 participe aux travaux de la commission avec voix consultative.

La commission peut entendre toute personne qualifiée afin d'éclairer ses travaux.

La commission adopte un règlement intérieur.

Les membres de la commission exercent leurs fonctions à titre gratuit.

Leurs frais de déplacement et de séjour sont remboursés dans les conditions prévues par la réglementation applicable aux fonctionnaires de l'Etat.

Le secrétariat de la commission est assuré conjointement par le ministre chargé de la culture et le ministre chargé des personnes handicapées.

Sous-section 3 Dispositions relatives aux personnes morales et aux établissements ouverts au public mettant en œuvre l'exception

Art. R. 122-17 I. – Pour être inscrit sur la liste prévue à l'article R. 122-15, la personne morale ou l'établissement doit à l'appui de sa demande adressée à la commission par lettre recommandée avec demande d'avis de réception :

1° Donner toute information relative à son organisation, son fonctionnement, ses comptes financiers, ses conditions d'installation et d'équipement ainsi que, le cas échéant, à ses statuts ;

2° Indiquer le nombre et la qualité de ses adhérents ou de ses usagers et justifier que ceux-ci entrent dans la catégorie des personnes mentionnées aux articles R. 122-13 et R. 122-14 ;

3° Apporter la preuve de son activité de conception, de réalisation et de communication de supports au bénéfice de ces personnes en communiquant les éléments suivants :

– la composition de son catalogue d'œuvres disponibles sur des supports répondant à leurs besoins, en distinguant les types d'adaptation ;
– les moyens humains et matériels disponibles pour assurer la communication et, le cas échéant, la conception et la réalisation des supports ;
– les conditions d'accès et d'utilisation de ses collections ;
– un bilan annuel des services rendus et, le cas échéant, des œuvres rendues accessibles permettant d'apprécier l'effectivité de son activité au bénéfice des personnes mentionnées aux articles R. 122-13 et R. 122-14 ;

4° Préciser les moyens utilisés pour contrôler l'usage des œuvres dans le respect des conditions définies au premier alinéa du 7° de l'article L. 122-5.

II. – Pour être inscrit sur la même liste au titre des personnes morales et des établissements habilités à demander l'accès aux fichiers numériques ayant servi à l'édition d'œuvres imprimées, la personne morale ou l'établissement doit en outre à l'appui de sa demande :

1° Donner toute information relative aux conditions de conservation et de sécurisation des fichiers numériques transmis dans un format ouvert par l'organisme dépositaire ;

2° Donner toute information relative aux conditions d'adaptation de ces fichiers aux besoins de lecture des personnes mentionnées aux articles R. 122-13 et R. 122-14 ;

3° Apporter la preuve de la sécurisation de ces fichiers adaptés ou non, en vue de leur transmission ;

4° Apporter la preuve de la sécurisation et de la confidentialité de la transmission de ces fichiers aux personnes mentionnées aux articles R. 122-13 et R. 122-14.

III. – La validité de l'inscription sur la liste est de cinq ans à compter de la date de sa publication au *Journal officiel* de la République française. Toute nouvelle demande est présentée dans les formes et les conditions prévues au présent article.

IV. – Les personnes morales et les établissements inscrits sur la liste communiquent à la commission toute modification concernant les renseignements qu'ils ont fournis à l'appui de leur demande.

Art. R. 122-18 Les personnes morales et les établissements inscrits sur la liste mentionnée à l'article R. 122-15 qui demandent un fichier numérique ayant servi à l'édition d'une œuvre imprimée ne peuvent communiquer le fichier transmis par l'organisme dépositaire qu'aux personnes atteintes d'un handicap au sens des articles R. 122-13 et R. 122-14, pour lesquelles l'accès à ces fichiers conditionne la lecture des ouvrages.

Sous-section 4 Dispositions relatives à l'organisme dépositaire des fichiers numériques ayant servi à l'édition d'œuvres imprimées

Art. R. 122-19 L'organisme dépositaire mentionné au troisième alinéa du 7° de l'article L. 122-5 doit remplir les conditions suivantes :

a) Exercer une activité d'organisation et de mise à disposition du public de ressources documentaires ;

b) Disposer d'une infrastructure permettant le développement, d'une part, des moyens nécessaires à la mise à disposition des fichiers numériques ayant servi à l'édition d'œuvres imprimées, d'autre part, des techniques de sécurisation, de stockage et de communication de ces fichiers ;

c) Ne pas avoir pour objet social ou statutaire la défense des droits des personnes atteintes d'un handicap ou du droit de la propriété intellectuelle.

Art. R. 122-20 L'éditeur transmet à l'organisme dépositaire le fichier numérique ayant servi à l'édition d'une œuvre imprimée dans les deux mois de la demande qui lui en est faite par celui-ci.

Art. R. 122-21 L'organisme dépositaire rend compte chaque année dans un rapport au ministre chargé de la culture et au ministre chargé des personnes handicapées des conditions de dépôt et de mise à disposition des fichiers numériques ayant servi à l'édition d'œuvres imprimées.

Art. D. 122-22 L'organisme dépositaire mentionné au troisième alinéa du 7° de l'article L. 122-5 est la Bibliothèque nationale de France.

TITRE III EXPLOITATION DES DROITS

Chapitre II Dispositions particulières à certains contrats

Section 5 Nantissement du droit d'exploitation des logiciels

Art. R. 132-8 Les nantissements du droit d'exploitation des logiciels sont inscrits sur le Registre national spécial des logiciels tenu par l'Institut national de la propriété industrielle.

Y figurent pour chaque logiciel :

1° L'identité du titulaire du droit visé à l'article L. 122-6 et du créancier gagiste, ainsi que toutes modifications relatives à leurs nom, prénoms, dénomination sociale, forme juridique, domicile ou siège social ;

2° L'indication des éléments de nature à permettre l'identification du logiciel, tels que le nom, la marque, la désignation du code-source, des documents de fonctionnement et des mises à jour, ainsi que toute autre caractéristique du logiciel et, le cas échéant, les références d'un dépôt ;

3° L'acte constitutif du nantissement sur tout ou partie du droit d'exploitation du logiciel ;

4° Les actes modifiant la propriété ou la jouissance du droit d'exploitation ;

5° Les actes modifiant les droits du créancier nanti ;

6° Les demandes en justice et les décisions judiciaires définitives lorsqu'elles portent sur les droits, objet du contrat de nantissement ;

7° Les rectifications d'erreurs matérielles affectant les inscriptions.

Art. R. 132-9 La demande d'inscription est présentée par l'une des parties à l'acte ou par un mandataire muni d'un pouvoir. Sauf stipulation contraire, ce pouvoir s'étend aux demandes d'inscription visées aux articles R. 132-10 à R. 132-13 et R. 132-15, à la réception des notifications prévues à l'article R. 132-14 et à la demande de radiation prévue à l'article R. 132-16.

Art. R. 132-10 La demande d'inscription du nantissement est réalisée par le dépôt d'un bordereau dont la forme est déterminée par décision du directeur général de l'Institut national de la propriété industrielle.

Le bordereau comprend les indications suivantes :

1° Les nom, prénoms, domicile ou la dénomination sociale, forme juridique et siège social du créancier et du débiteur ;

2° La désignation du logiciel par son nom, sa marque avec l'indication précise de tous éléments d'identification et caractéristiques tels que la désignation du code-source, des documents de fonctionnement et des mises à jour ainsi que, le cas échéant, les références d'un dépôt du logiciel ;

3° La nature et la date de l'acte constitutif du nantissement ;

4° Le montant de la créance exprimée dans l'acte, son exigibilité, les conditions relatives aux intérêts ainsi que les frais accessoires.

A ce bordereau sont joints :

- un des originaux de l'acte constitutif du nantissement ;
- une reproduction de l'acte susmentionné lorsque le demandeur entend que l'original ou l'expédition lui soit restitué ;
- la justification du paiement de la redevance prescrite ;
- s'il y a lieu, le pouvoir du mandataire.

Art. R. 132-11 Les actes ayant pour effet de modifier ou d'anéantir les droits publiés du débiteur et du créancier, tels que, notamment, la cession, la concession d'un droit d'exploitation, la cession du nantissement ou la renonciation à ce dernier, ainsi que les demandes en justice et les décisions judiciaires définitives relatives à ces droits, sont inscrits à la demande de l'une des parties à l'acte.

La demande comprend :

1° Un bordereau de demande d'inscription dont la forme est déterminée par décision du directeur général de l'Institut national de la propriété industrielle ;

2° Un des originaux de l'acte sous seing privé ou, selon les cas, une expédition de l'acte authentique ou de l'acte introductif d'instance ;

3° Une reproduction de l'acte susmentionné lorsque le demandeur entend que l'original ou l'expédition lui soit restitué ;

4° La justification du paiement de la redevance prescrite ;

5° S'il y a lieu, le pouvoir du mandataire.

Art. R. 132-12 Tout changement de nom, de prénoms ou de domicile des personnes physiques, toute modification de dénomination sociale, de forme juridique ou de siège social des personnes morales sont inscrits à la demande de toute personne intéressée.

La demande comprend :

1° Un bordereau de demande d'inscription dont la forme est déterminée par décision du directeur général de l'Institut national de la propriété industrielle ;

2° Tout document destiné à constater les changements ou modifications de l'état civil et du domicile des personnes physiques ou de la dénomination, du statut juridique et du siège social des personnes morales ;

3° La justification du paiement de la redevance prescrite ;

4° S'il y a lieu, le pouvoir du mandataire.

Art. R. 132-13 Les demandes en rectification d'erreurs matérielles relatives à des actes précédemment publiés au registre peuvent être présentées par toute partie aux actes concernés, selon la procédure mentionnée à l'article R. 132-12. Elles doivent être accompagnées de toutes pièces justificatives.

Art. R. 132-14 En cas de non-conformité d'une demande d'inscription, notification motivée en est faite au demandeur. Un délai de deux mois lui est imparti pour régulariser sa demande ou présenter des observations. A défaut de régularisation ou d'observation permettant de lever l'objection, la demande est rejetée par décision du directeur général de l'Institut national de la propriété industrielle.

La notification peut être assortie d'une proposition de régularisation. Dans ce cas, cette proposition est réputée acceptée si le demandeur ne la conteste pas dans le délai de deux mois qui lui est imparti.

Art. R. 132-14-1 Il est statué sur la demande d'inscription dans un délai de six mois à compter de son dépôt. Ce délai est interrompu, le cas échéant, par la notification prévue à l'article R. 132-14, jusqu'à la régularisation de la demande ou la levée de l'objection.

Art. R. 132-14-2 A défaut de décision expresse dans le délai mentionné à l'article R. 132-14-1, la demande est réputée acceptée.

Art. R. 132-15 L'inscription cesse de produire effet si elle n'a pas été renouvelée, selon la procédure prévue à l'article R. 132-10, avant l'expiration du délai de cinq ans, couru à compter de la date de l'inscription du nantissement.

Art. R. 132-16 La radiation de l'inscription peut être requise par le créancier ou le débiteur sur justification de l'extinction de la dette garantie ou de la production de l'acte donnant mainlevée de l'inscription.

La radiation peut également intervenir en vertu d'une décision passée en force de chose jugée.

Art. R. 132-17 Toute inscription portée au Registre national spécial des logiciels fait l'objet d'une mention au *Bulletin officiel* de la propriété industrielle.

Toute personne intéressée peut obtenir de l'institut :

a) Une reproduction des inscriptions portées au registre ;

b) Un certificat constatant qu'il n'existe pas d'inscription.

Section 6 Droit d'exploitation des œuvres des journalistes

Art. R. 132-18 La commission prévue à l'article L. 132-44 comprend, outre son président, six membres titulaires désignés par les organisations professionnelles de presse représentatives et six membres titulaires désignés par les organisations syndicales de journalistes professionnels représentatives.

Un suppléant est désigné pour chacun des membres titulaires.

Art. R. 132-19 Le président et les membres de la commission, ainsi que les suppléants, sont nommés par arrêté du ministre chargé de la communication pour une période de trois années. Leur mandat est renouvelable une fois.

Il est pourvu aux vacances survenant en cours de mandat par une désignation faite pour la durée du mandat restant à courir.

Art. R. 132-20 La commission établit son règlement intérieur.

Art. R. 132-21 La commission se réunit sur convocation du président et sur l'ordre du jour qu'il a fixé.

La commission ne peut valablement délibérer que si le président et au moins deux représentants des organisations professionnelles de presse et deux représentants des organisations syndicales de journalistes professionnels sont présents.

Lorsque ce quorum n'est pas atteint, le président convoque la commission dans un délai de huit jours. La commission délibère alors valablement en présence du président et d'au moins un représentant des organisations professionnelles de presse et un représentant des organisations syndicales de journalistes professionnels.

Art. R. 132-22 Lorsqu'il n'est pas suppléé, un membre de la commission peut donner mandat à un autre membre, titulaire ou suppléant, de le représenter. Le nombre de mandats détenus par une même personne n'est pas limité.

Art. R. 132-23 La commission est saisie par lettre remise contre signature ou tout autre moyen propre à établir la date de présentation.

La saisine comporte :

- le nom et les coordonnées du demandeur ;
- l'objet de la saisine, qui doit être motivée et, le cas échéant, les pièces sur lesquelles se fonde celle-ci ;
- les coordonnées des parties à la négociation.

Il est accusé réception du dépôt de la demande complète auprès de la partie qui l'a formulée par lettre remise contre signature ou tout autre moyen propre à établir la preuve de la date de présentation. La demande est notifiée dans les mêmes conditions à l'autre partie, qui est invitée à présenter ses observations dans un délai d'un mois à compter de cette notification.

Art. R. 132-24 Les séances de la commission ne sont pas publiques.

La commission peut entendre toute personne dont l'audition lui paraît susceptible de contribuer à son information. La décision rendue en fait expressément mention.

Art. R. 132-25 Les membres de la commission sont tenus à l'obligation de discrétion à raison des pièces, documents et informations dont ils ont eu connaissance.

Art. R. 132-26 Une fois exécutoires, les décisions de la commission sont notifiées aux parties à la négociation de l'accord collectif en cause par lettre remise contre signature ou tout autre moyen propre à établir la preuve de la date de présentation.

La lettre de notification indique les voies et délais de recours. Elle comporte en annexe les noms, qualités et adresses des parties auxquelles la décision de la commission a été notifiée.

Les décisions de la commission sont publiées au *Bulletin officiel* du ministère chargé de la communication.

Art. R. 132-27 Les parties à la négociation de l'accord collectif en cause disposent d'un délai de deux mois à compter de la notification de la décision pour déférer celle-ci à la juridiction administrative.

Chapitre III Rémunération au titre du prêt en bibliothèque

Art. R. 133-1 Les bibliothèques accueillant du public pour le prêt mentionnées aux articles L. 133-3 et L. 133-4 sont :

1° Les bibliothèques des collectivités territoriales désignées aux articles L. 310-1 à L. 310-6 et L. 320-1 à L. 320-4 du code du patrimoine ;

2° Les bibliothèques des établissements publics à caractère scientifique, culturel et professionnel et des autres établissements publics d'enseignement supérieur relevant du ministre chargé de l'enseignement supérieur ;

3° Les bibliothèques des comités d'entreprise ;

4° Toute autre bibliothèque ou organisme mettant un fonds documentaire à la disposition d'un public, dont plus de la moitié des exemplaires de livres acquis dans l'année est destinée à une activité organisée de prêt au bénéfice d'usagers inscrits individuels ou collectifs.

Art. R. 133-2 Le montant de la première part de la rémunération prévue au deuxième alinéa de l'article L. 133-3 est calculé sur la base d'une contribution forfaitaire par usager inscrit dans les bibliothèques accueillant du public pour le prêt, telles que visées à l'article R. 133-1.

Cette contribution est fixée à 1 € par usager inscrit dans les bibliothèques des établissements publics à caractère scientifique, culturel et professionnel et des autres établissements publics d'enseignement supérieur relevant du ministre chargé de l'enseignement supérieur et versée par ce dernier. Elle est fixée à 1,5 € par usager inscrit dans les autres bibliothèques accueillant du public pour le prêt et versée par le ministère chargé de la culture.

Pour la première année d'application de la loi, cette contribution est respectivement fixée à 0,5 € par usager inscrit dans les bibliothèques des établissements d'enseignement supérieur et à 0,75 € par usager inscrit dans les autres bibliothèques accueillant du public pour le prêt.

Le nombre des usagers inscrits est précisé chaque année par arrêté dans les conditions suivantes :

1° Le nombre des usagers inscrits dans les bibliothèques publiques est évalué chaque année à partir des éléments statistiques fournis par les communes et les départements en application des articles R. 1422-5 et R. 1422-14 du code général des collectivités territoriales ;

2° Le nombre des usagers inscrits dans les bibliothèques des établissements publics à caractère scientifique, culturel et professionnel et des autres établissements publics d'enseignement supérieur relevant du ministre chargé de l'enseignement supérieur est évalué chaque année à partir des statistiques annuelles établies par le ministre chargé de l'enseignement supérieur ;

3° Afin de tenir compte des usagers inscrits dans les autres bibliothèques accueillant du public pour le prêt, le nombre des usagers inscrits dans les bibliothèques publiques est majoré d'un taux exprimé en pourcentage. Ce taux est fixé à 4 % et révisable tous les trois ans à partir d'estimations chiffrées relatives au développement de l'activité de ces bibliothèques.

Chapitre IV Dispositions particulières relatives à l'exploitation numérique des livres indisponibles du XXe siècle

Section 1 Registre des livres indisponibles du XXe siècle

Art. R. 134-1 (1) La base de données publique mentionnée à l'article L. 134-2 est dénommée « Registre des livres indisponibles du XXe siècle ». Elle est ouverte à la consultation du public sur le service de communication au public en ligne de la Bibliothèque nationale de France. Elle est enrichie d'une nouvelle liste de livres indisponibles le 21 mars de chaque année, s'il est ouvré, ou le premier jour ouvré suivant.

La liste des livres indisponibles qui y sont enregistrés est arrêtée par un comité scientifique placé auprès du président de la Bibliothèque nationale de France et composé, en majorité et à parité, de représentants des auteurs et des éditeurs. La composition et le fonctionnement de ce comité sont déterminés par arrêté du ministre chargé de la culture.

A chaque livre indisponible sont associées des données et informations dont la liste figure en annexe au présent article. Ces données et informations sont issues des bases bibliographiques publiées par la Bibliothèque nationale de France et par les organisations professionnelles du secteur du livre.

Art. R. 134-2 Le titre de chaque livre ainsi que l'ensemble des données et informations mentionnées à l'article R. 134-1 qui lui sont associées sont effacés à l'expiration des durées de protection mentionnées aux articles L. 123-1 à L. 123-12.

Art. R. 134-3 Le droit d'opposition prévu à l'article 38 de la loi n° 78-17 du 6 janvier 1978 ne s'applique pas au présent traitement.

Art. R. 134-4 Les droits d'accès et de rectification prévus aux articles 39 et 40 de la loi n° 78-17 du 6 janvier 1978 s'exercent auprès du président de la Bibliothèque nationale de France.

Section 2 Procédure

Art. R. 134-5 L'opposition prévue au premier et au troisième alinéa du I de l'article L. 134-4, l'opposition prévue au cinquième alinéa de l'article L. 134-5, la demande de retrait prévue aux deux premiers

(1) Annexe à cet article en fin d'ouvrage.

alinéas de l'article L. 134-6 et la demande de retrait prévue au troisième alinéa de l'article L. 134-8 sont présentées par lettre recommandée avec demande d'avis de réception ou par voie électronique avec demande d'accusé de réception.

A l'appui de son opposition ou de sa demande de retrait, l'auteur produit la copie d'une pièce d'identité et une déclaration sur l'honneur attestant sa qualité.

A l'appui de son opposition, l'ayant droit de l'auteur doit justifier de son identité en produisant une copie d'une pièce d'identité et adresser un acte de notoriété prouvant sa qualité d'ayant droit.

A l'appui de son opposition ou de sa demande de retrait, l'éditeur communique toute pièce de nature à justifier de sa qualité d'éditeur du livre concerné.

Art. R. 134-6 L'opposition prévue au premier alinéa du I de l'article L. 134-4 s'exerce auprès de la Bibliothèque nationale de France. Dès réception, la Bibliothèque nationale de France inscrit dans la base de données publique créée par l'article L. 134-2 une mention selon laquelle le livre fait l'objet d'une déclaration d'opposition en cours d'instruction. Elle en informe les sociétés de perception et de répartition des droits agréées mentionnées à l'article L. 134-3 et leur communique les pièces produites à l'appui de l'opposition dans un délai d'un mois.

Faute pour ces sociétés d'établir dans les trois mois suivant la communication de ces pièces que la déclaration d'opposition a été présentée par une personne n'ayant pas qualité pour ce faire, la Bibliothèque nationale de France inscrit dans la base de données publique créée par l'article L. 134-2 une mention selon laquelle elles ne peuvent exercer le droit d'autoriser la reproduction et la représentation sous forme numérique du livre concerné.

Si la déclaration d'opposition émane de l'auteur du livre indisponible, la Bibliothèque nationale de France cesse de rendre accessible au public les données et informations relatives à ce livre.

Art. R. 134-7 L'opposition prévue au troisième alinéa du I de l'article L. 134-4 s'exerce auprès de la société de perception et de répartition des droits mentionnée à l'article L. 134-3. A défaut d'établir dans les trois mois suivant la réception de ces pièces que la déclaration d'opposition a été présentée par une personne n'ayant pas qualité pour ce faire, la société en informe la Bibliothèque nationale de France, qui cesse de rendre accessibles au public les données et informations relatives à ce livre.

Art. R. 134-8 L'opposition prévue au cinquième alinéa de l'article L. 134-5 s'exerce auprès de la société de perception et de répartition des droits mentionnée à l'article L. 134-3. A l'appui de son opposition, l'auteur produit tout élément probant de nature à établir que l'éditeur ne dispose pas du droit de reproduction du livre concerné sous une forme imprimée. La société communique ces éléments à l'éditeur, qui dispose d'un délai d'un mois pour présenter ses observations. A défaut d'établir dans les trois mois suivant la réception de ces pièces que la déclaration d'opposition n'est étayée d'aucun élément probant, la société retire l'autorisation délivrée à l'éditeur.

Art. R. 134-9 La demande de retrait prévue au deuxième alinéa de l'article L. 134-6 s'exerce auprès de la société de perception et de répartition des droits mentionnée à l'article L. 134-3. Lorsque l'auteur du livre soutient être seul titulaire des droits définis à l'article L. 134-3, il produit à l'appui de sa demande de retrait tout élément probant de nature à l'établir. La société communique ces éléments à l'éditeur, s'il existe. Ce dernier dispose alors d'un délai d'un mois pour présenter ses observations. A défaut d'établir dans les trois mois suivant la réception de la demande de retrait que cette demande a été présentée par une personne n'ayant pas qualité pour ce faire ou l'ayant fait à tort, la société perd le droit prévu au I de l'article L. 134-3.

Art. R. 134-10 Lorsque le droit prévu au I de l'article L. 134-3 lui est retiré, la société en informe la Bibliothèque nationale de France, qui inscrit la mention de ce retrait dans la base de données publique créée par l'article L. 134-2.

Art. R. 134-11 Les mesures de publicité mentionnées à l'article L. 134-7 comportent une campagne d'information menée à l'initiative du ministère chargé de la culture, en liaison avec les sociétés de perception et de répartition des droits et les organisations professionnelles du secteur du livre.

Cette campagne comprend la présentation du dispositif sur un service de communication au public en ligne, une opération de publipostage en ligne, la publication d'encarts dans la presse nationale ainsi que la diffusion de bannières sur des sites internet d'information.

Elle débute à la date prévue au premier alinéa de l'article R. 134-1 et se poursuit durant une période de six mois.

Chapitre V Dispositions particulières relatives à certaines utilisations d'œuvres orphelines

Art. R. 135-1 I. – Lorsque les recherches prévues au 1° de l'article L. 135-3 doivent, en vertu de cet article, avoir lieu en France, les sources d'information qui doivent être consultées comprennent au moins les sources suivantes :

1° Pour les livres publiés :

a) Les registres du dépôt légal ;

b) Les index et catalogues des fonds et collections des bibliothèques accessibles au public et des institutions similaires ;

c) Les bases de données ou registres recensant les livres imprimés, tels que WATCH (Writers, Artists and Their Copyright Holders), ISBN (International Standard Book Number), ISNI (International Standard Name Identifier) et le répertoire BALZAC de la Société des gens de lettres ;

d) Les sources détenues par les associations d'éditeurs et d'auteurs ;

e) Les bases de données des sociétés de perception et de répartition des droits agréées pour la gestion du droit de reproduction par reprographie et pour la gestion collective de la rémunération au titre du prêt en bibliothèque ainsi que celle mentionnée à l'article L. 134-3 du code la propriété intellectuelle ;

f) Les sources qui intègrent des bases de données et registres multiples, tels que ELECTRE, VIAF (Virtual International Authority Files) et ARROW (Accessible Registries of Rights Information and Orphan Works) ;

2° Pour les journaux, magazines, revues et autres périodiques imprimés :

a) Les registres du dépôt légal ;

b) Les index et catalogues des fonds et collections de bibliothèques accessibles au public ;

c) Les bases de données ou registres qui recensent les périodiques imprimés, tels que ISSN (International Standard Serial Number) et ISNI (International Standard Name Identifier) ;

d) Le registre du commerce et des sociétés ;

e) Les sources détenues par les organisations professionnelles d'éditeurs de presse et les associations d'auteurs et de journalistes ;

f) Les bases de données des sociétés de perception et de répartition des droits agréées pour la gestion du droit de reproduction par reprographie ;

g) Les informations figurant dans l'encadré de l'imprimé contenant les mentions légales obligatoires et, le cas échéant, le nom des rédacteurs ;

3° Pour les œuvres visuelles, notamment celles relevant des beaux-arts, de la photographie, de l'illustration, du design et de l'architecture, et les croquis de ces œuvres et autres œuvres du même type figurant dans des livres, périodiques ou autres œuvres :

a) Les sources énumérées au 1° et au 2°, notamment les bases de données des sociétés de perception et de répartition des droits agréées pour la gestion du droit de reproduction par reprographie ;

b) Les bases de données des agences de presse et des agences photographiques et d'illustration ;

4° Pour les écrits non publiés faisant partie des collections des bibliothèques accessibles au public, des musées et des services d'archives :

a) Les registres du dépôt légal ;

b) Les index et catalogues des fonds des collections des bibliothèques accessibles au public et des institutions similaires ;

5° Pour les œuvres audiovisuelles et les phonogrammes :

a) Les registres du dépôt légal et le registre public du cinéma et de l'audiovisuel ;

b) Les bases de données des institutions dépositaires du patrimoine cinématographique ou sonore et des bibliothèques publiques ;

c) Les bases de données appliquant des normes et des identificateurs pertinents, tels que l'ISAN (International Standard Audiovisual Number) pour le matériel audiovisuel, l'ISWC (International Standard Musical Work Code) pour les œuvres musicales et l'ISRC (International Standard Recording Code) pour les phonogrammes ;

d) Les sources détenues par les associations de producteurs ou par d'autres associations ou organisations professionnelles pertinentes représentant une catégorie spécifique de titulaires de droits ;

e) Les bases de données des sociétés de perception et de répartition des droits concernées, en particulier celles regroupant des auteurs, des artistes-interprètes, des producteurs de phonogrammes et des producteurs audiovisuels ;

f) Le générique de l'œuvre et les autres informations figurant sur l'emballage de celle-ci.

II. – Lorsque les recherches prévues au 1° de l'article L. 135-1 doivent, en vertu de cet article, avoir lieu dans un autre Etat membre de l'Union européenne, les sources d'information qui doivent être consultées comprennent au moins les sources définies dans cet Etat conformément aux paragraphes 2 et 3 de l'article 3 de la directive 2012/28/UE du Parlement européen et du Conseil du 25 octobre 2012.

L'organisme procède en outre à des recherches des titulaires de droits auprès des sources similaires existant dans d'autres Etats lorsqu'il résulte de celles effectuées en application des premier et deuxième alinéas que des informations pertinentes sont susceptibles d'y être disponibles.

Art. R. 135-2 L'organisme mentionné à l'article L. 135-3 tient un registre précisant la date et le résultat de la consultation de l'ensemble des sources mentionnées à l'article R. 135-1. Il conserve les pièces justifiant de ces consultations.

Pour l'application du 2° de l'article L. 135-3, l'organisme communique au ministre chargé de la culture les coordonnées de la personne ou du service auquel les titulaires des droits sur l'œuvre doivent s'adresser pour mettre fin aux utilisations prévues à l'article L. 135-2.

Art. R. 135-3 Les informations prévues à l'article L. 135-4 sont communiquées au ministre chargé de la culture, en vue de leur transmission sans délai à l'Office de l'harmonisation dans le marché intérieur mentionné au 2° de l'article L. 135-3.

Art. R. 135-4 La justification des droits prévue à l'article L. 135-6 est présentée par lettre recommandée avec demande d'avis de réception ou par voie électronique avec demande d'accusé de réception.

A l'appui de sa demande, l'auteur produit la copie d'une pièce d'identité et une déclaration sur l'honneur attestant sa qualité. Ses éventuels ayants droit adressent en outre un acte de notoriété attestant leur qualité. Les autres titulaires de droits produisent, outre la copie d'une pièce d'identité, tout document de nature à justifier de leurs droits.

LIVRE II LES DROITS VOISINS DU DROIT D'AUTEUR

TITRE UNIQUE

Chapitre Ier Dispositions générales

Art. R. 211-1 L'exception prévue au 6° de l'article L. 211-3 s'exerce dans les conditions définies aux articles R. 122-13 à R. 122-16 et aux I, III et IV de l'article R. 122-17.

Chapitre II Droits des artistes-interprètes

Art. R. 212-1 La commission prévue à l'article L. 212-9 siège soit en formation plénière, soit en formations spécialisées dans un ou plusieurs secteurs d'activité. Chacune de ces formations est présidée par le président de la commission et comprend un nombre égal de représentants des salariés et de représentants des employeurs.

Art. R. 212-2 La commission comprend douze représentants des organisations de salariés et douze représentants des organisations d'employeurs. Les organisations appelées à désigner des représentants et le nombre de représentants de chacune d'elles sont déterminés par arrêté du ministre chargé de la culture.

Un suppléant est désigné, dans les mêmes conditions, pour chacun des représentants titulaires des organisations de salariés et d'employeurs. Les membres suppléants de la commission n'assistent aux séances et ne participent aux délibérations qu'en cas d'absence du représentant titulaire qu'ils suppléent.

Art. R. 212-3 Le président et les membres de la commission sont désignés pour trois ans. Il est pourvu aux vacances survenant en cours de mandat par une désignation faite pour la durée du mandat restant à courir.

Art. R. 212-4 La commission et ses formations spécialisées se réunissent sur convocation du président et sur l'ordre du jour qu'il a fixé.

La convocation est de droit lorsqu'elle est demandée, sur un ordre du jour déterminé, soit par le ministre chargé de la culture, soit par un tiers des membres de la commission.

Art. R. 212-5 La commission et ses formations spécialisées ne délibèrent valablement que si les trois quarts de leurs membres sont présents ou régulièrement suppléés. Lorsque ce quorum n'est pas atteint, la commission est à nouveau convoquée dans le délai de huit jours ; elle peut alors délibérer quel que soit le nombre des membres présents.

Art. R. 212-6 Les membres de la commission sont tenus à l'obligation de discrétion à raison des pièces, documents et informations dont ils ont eu connaissance.

Art. R. 212-7 Le secrétariat de la commission est assuré par les services du ministre chargé de la culture.

Les séances de la commission ne sont pas publiques. Toutefois, la commission peut entendre toute personne dont l'audition lui paraît utile.

La commission établit son règlement intérieur.

Les décisions de la commission sont publiées au *Journal officiel* de la République française à la diligence du ministre chargé de la culture.

Art. R. 212-8 L'artiste-interprète qui souhaite exercer le droit de résiliation de l'autorisation donnée à un producteur de phonogrammes prévu à l'article L. 212-3-1 notifie au producteur son intention de résilier par lettre recommandée avec demande d'avis de réception.

La notification précise :

– le nom, le prénom et l'adresse de l'artiste-interprète ;
– le titre, le Code international normalisé des enregistrements (code ISRC) ou tout autre moyen permettant d'identifier le phonogramme qui n'est pas exploité dans les conditions prévues au I de l'article L. 212-3-1.

Le délai de résiliation mentionné au II de l'article L. 212-3-1 court à compter de la date figurant sur le cachet de la poste.

II. – L'artiste-interprète exerce le droit de résiliation de l'autorisation donnée à un producteur de phonogrammes prévu au II de l'article L. 212-3-1, en notifiant au producteur sa décision de résiliation par lettre recommandée avec demande d'avis de réception.

La notification précise :

– le nom, le prénom et l'adresse de l'artiste-interprète ;
– la date d'envoi de la notification prévue au I.

La résiliation prend effet le lendemain de la date figurant sur le cachet de la poste.

III. – Lorsqu'un phonogramme contient la fixation des prestations de plusieurs artistes-interprètes, ceux-ci notifient en commun leur intention de résilier et leur décision de résiliation dans les conditions prévues au I et au II.

Chapitre IV Dispositions communes aux artistes-interprètes et aux producteurs de phonogrammes

Art. R. 214-1 La commission prévue à l'article L. 214-4 siège soit en formation plénière, soit en formations spécialisées dans une ou plusieurs branches d'activités. Chacune de ces formations est présidée par le président de la commission et comprend un nombre égal de représentants des bénéficiaires du droit à rémunération et de représentants des utilisateurs de phonogrammes.

Art. R. 214-2 Un suppléant est désigné dans les conditions prévues au deuxième alinéa de l'article L. 214-4 pour chacun des représentants titulaires des organisations de bénéficiaires du droit à rémunération et d'utilisateurs de phonogrammes. Les membres suppléants de la commission n'assistent aux séances et ne participent aux délibérations qu'en cas d'absence du représentant titulaire qu'ils suppléent.

Art. R. 214-3 Le président et les membres de la commission sont désignés pour trois ans. Il est pourvu aux vacances survenant en cours de mandat par une désignation faite pour la durée du mandat restant à courir.

Art. R. 214-4 La commission et ses formations spécialisées se réunissent sur convocation du président et sur l'ordre du jour qu'il a fixé.

La convocation est de droit lorsqu'elle est demandée, sur un ordre du jour déterminé, soit par le ministre chargé de la culture, soit par un tiers des membres de la commission.

Art. R. 214-5 La commission et ses formations spécialisées ne délibèrent valablement que si les trois quarts de leurs membres sont présents ou régulièrement suppléés. Lorsque ce quorum n'est pas atteint, la commission est à nouveau convoquée dans le délai de huit jours ; elle peut alors délibérer quel que soit le nombre des membres présents.

Art. R. 214-6 Les membres de la commission sont tenus à l'obligation de discrétion à raison des pièces, documents et informations dont ils ont eu connaissance.

Art. R. 214-7 Le secrétariat de la commission est assuré par les services du ministre chargé de la culture.

Les séances de la commission ne sont pas publiques. Toutefois, la commission peut entendre toute personne dont l'audition lui paraît utile.

La commission établit son règlement intérieur.

Les décisions de la commission sont publiées au *Journal officiel* de la République française à la diligence du ministre chargé de la culture.

LIVRE III DISPOSITIONS GÉNÉRALES

TITRE Ier RÉMUNÉRATION POUR COPIE PRIVÉE

Chapitre unique

Section 1 Commission prévue à l'article L. 311-5

Art. R. 311-1 La commission prévue à l'article L. 311-5 siège soit en formation plénière, soit dans l'une ou l'autre de deux formations spécialisées, la première, dans les phonogrammes, et la seconde, dans les vidéogrammes. Chacune de ces formations est présidée par le président de la commission et comprend, pour moitié, des représentants des bénéficiaires du droit à rémunération, pour un quart, des représentants des fabricants ou des importateurs ou des personnes qui réalisent des acquisitions intracommunautaires de supports et, pour un quart, des représentants des consommateurs.

Art. R. 311-2 Le représentant de l'Etat, président de la commission, est nommé par arrêté conjoint des ministres chargés de la culture, de l'industrie et de la consommation, parmi les membres du Conseil d'Etat, de la Cour de cassation ou de la Cour des comptes.

La commission comprend en outre vingt-quatre membres représentant les catégories mentionnées au premier alinéa de l'article L. 311-5.

Les organisations appelées à désigner les membres de la commission ainsi que le nombre de personnes que chacune est appelée à désigner sont déterminées par arrêté conjoint des ministres chargés de la culture, de l'industrie et de la consommation.

La commission se détermine à la majorité de ses membres présents. En cas de partage des voix, le président a voix prépondérante.

Lorsque le président fait usage de la faculté, prévue à l'article L. 311-5, de demander une seconde délibération, la décision est adoptée à la majorité des deux tiers des suffrages exprimés.

Un suppléant est désigné, dans les mêmes conditions, pour chacun des membres titulaires. Les membres suppléants n'assistent aux séances et ne participent aux délibérations qu'en cas d'absence du représentant titulaire qu'ils suppléent.

Art. R. 311-3 Le président et les membres de la commission sont désignés pour trois ans. Il est pourvu aux vacances survenant en cours de mandat par une désignation faite pour la durée du mandat restant à courir.

Art. R. 311-4 La commission et ses formations spécialisées se réunissent sur convocation du président et sur l'ordre du jour qu'il a fixé.

La convocation est de droit lorsqu'elle est demandée, sur un ordre du jour déterminé, soit par le ministre chargé de la culture, soit par un tiers des membres de la commission.

Art. R. 311-5 La commission et ses formations spécialisées ne délibèrent valablement que si les trois quarts de leurs membres sont présents ou régulièrement suppléés.

Lorsque ce quorum n'est pas atteint, la commission est à nouveau convoquée dans un délai de huit jours ; elle peut alors délibérer quel que soit le nombre des membres présents.

Art. R. 311-6 Les membres de la commission sont tenus à l'obligation de discrétion à raison des pièces, documents et informations dont ils ont eu connaissance.

Est déclaré démissionnaire d'office par le président tout membre qui n'a pas participé sans motif valable à trois séances consécutives de la commission.

Art. R. 311-7 Le secrétariat de la commission est assuré par les services du ministre chargé de la culture.

Les séances de la commission ne sont pas publiques. Toutefois, la commission peut entendre toute personne dont l'audition lui paraît utile.

La commission établit son règlement intérieur.

Les décisions de la commission sont publiées au *Journal officiel* de la République française à la diligence du ministre chargé de la culture.

Art. D. 311-8 Les comptes rendus des séances de la commission comportent :

- la liste des membres présents ;
- un relevé synthétique des travaux mentionnant les positions exprimées par les membres, incluant les propositions de rémunérations soumises au vote de la commission et les éléments utilisés pour le calcul desdites rémunérations ;
- le relevé des délibérations exécutoires.

Les comptes rendus sont approuvés par la commission à la majorité des membres présents. Ils sont publiés sur le site internet du ministère de la culture.

Section 2 Information des acquéreurs de supports d'enregistrement soumis à la rémunération pour copie privée

Art. R. 311-9 Pour l'application de l'article L. 311-4-1, doivent être portés à la connaissance de l'acquéreur de tout support d'enregistrement au sens de l'article L. 311-4 :

1° Le montant de la rémunération pour copie privée propre à chaque support d'enregistrement ;

2° L'existence de la notice explicative prévue par l'article L. 311-4-1 ;

3° L'adresse URL du site de communication au public en ligne auprès duquel une version dématérialisée de cette notice peut être consultée et téléchargée.

Art. R. 311-10 I. – Dans un lieu de vente, l'information prévue à l'article R. 311-9 prend la forme d'un affichage clair et lisible à proximité du support concerné.

II. – Toutefois, lorsque la mise en vente est faite à destination d'utilisateurs finaux par une technique de communication à distance, ou lorsque la mise en vente a lieu dans des conditions matérielles ne permettant pas un affichage, cette information est portée à la connaissance de l'acquéreur de façon précise par tout moyen faisant preuve, avant la conclusion du contrat.

III. – Lorsqu'un support d'enregistrement est vendu à un acquéreur professionnel, l'information prévue à l'article R. 311-9 figure en pied de facture. S'ajoute alors à cette information la mention de la faculté de remboursement de la rémunération acquittée à l'occasion de l'achat.

Art. R. 311-11 Un arrêté du ministre chargé de la culture précise le contenu de la notice prévue par l'article L. 311-4-1 ainsi que l'adresse URL du site de communication au public en ligne auprès duquel celle-ci peut être consultée ou téléchargée.

Art. R. 311-12 L'autorité compétente pour prononcer les amendes administratives sanctionnant les manquements à l'article L. 311-4-1 est l'autorité administrative désignée par l'article R. 141-4 du code de la consommation.

Avant toute décision, l'autorité administrative transmet à la personne mise en cause une copie du procès-verbal constatant les manquements, l'informe par écrit de la sanction envisagée à son encontre, en lui indiquant qu'elle peut prendre connaissance des pièces du dossier et se faire assister par le conseil de son choix, et en l'invitant à présenter, dans le délai de soixante jours, ses observations écrites et, le cas échéant, orales. Passé ce délai, l'autorité administrative peut, par décision motivée, prononcer l'amende et émettre le titre de perception correspondant.

L'amende est recouvrée comme en matière de créances étrangères à l'impôt et au domaine.

Le délai de prescription de l'action administrative à l'égard des manquements à l'article L. 311-4-1 est d'une année révolue à compter des manquements, s'il n'a été fait pendant ce délai aucun acte tendant à leur recherche, à leur constatation ou à leur sanction.

TITRE II SOCIÉTÉS DE PERCEPTION ET DE RÉPARTITION DES DROITS

Chapitre Ier Dispositions générales

Art. R. 321-1 Le dossier adressé au ministre chargé de la culture, en application de l'article L. 321-3, comprend les projets de statuts et de règlements généraux et toutes pièces justifiant la qualité professionnelle des fondateurs ainsi que l'état des moyens humains, matériels ou financiers permettant à la société d'assurer effectivement la perception des droits et l'exploitation de son répertoire.

La transmission du dossier est faite par lettre recommandée avec demande d'avis de réception.

Art. R. 321-2 Tout associé peut, à tout moment, demander à la société de lui adresser :

1° La liste des mandataires sociaux ;

2° Un tableau retraçant sur une période de cinq ans le montant annuel des sommes perçues et réparties ainsi que des prélèvements pour frais de gestion et des autres prélèvements ;

3° Un document décrivant les règles de répartition applicables ;

4° Le produit des droits lui revenant au cours des douze derniers mois, résultant des contrats conclus avec les utilisateurs, et la manière dont ce produit est déterminé.

Art. R. 321-3 Dans les sociétés de perception et de répartition des droits, les associés peuvent être convoqués soit par lettre recommandée, soit par un avis inséré dans deux journaux au moins, de diffusion nationale, habilités à recevoir les annonces légales dans le département du siège social et qui sont déterminés par les statuts. Toute modification de la liste de ces journaux intervenant avant la mise à jour des statuts est portée à la connaissance des associés par tout moyen approprié.

Outre les indications prévues au premier alinéa de l'article 40 du décret n° 78-704 du 3 juillet 1978, l'avis mentionne la date et le lieu de réunion des assemblées ; cet avis est publié quinze jours au moins avant la date de l'assemblée.

Lorsque les statuts prévoient que certaines assemblées doivent être tenues selon des conditions particulières de quorum ou de majorité, il est fait mention de ces conditions dans l'avis de convocation à ces assemblées.

Art. R. 321-4 La date de l'assemblée au cours de laquelle, conformément à l'article 1856 du code civil, il est rendu compte de la gestion sociale est déterminée par les statuts.

Lorsque, dans les conditions prévues par les statuts, cette assemblée ne peut être tenue, les associés doivent en être prévenus au moins quinze jours avant, soit par lettre recommandée avec demande d'avis de réception, soit par un avis de report publié selon les modalités prévues à l'article R. 321-3. La lettre ou l'avis indique les motifs du report ainsi que la date à laquelle l'assemblée se tiendra.

Art. R. 321-5 Tout associé peut demander à être convoqué individuellement aux assemblées ou à certaines d'entre elles par lettre recommandée avec demande d'avis de réception.

Lorsque la convocation est faite par avis dans la presse, les frais de l'envoi recommandé sont à la charge de l'intéressé.

Art. R. 321-6 Avant l'assemblée générale d'approbation des comptes, tout associé a le droit de prendre connaissance des livres et documents mentionnés à l'article 48 du décret n° 78-704 du 3 juillet 1978 relatif à l'application de la loi n° 78-9 du 4 janvier 1978 modifiant le titre IX du livre III du code civil, et concernant l'exercice en cours. Ce droit s'exerce dans les deux mois précédant la réunion de l'assemblée, sauf durée supérieure fixée par les statuts de la société.

L'associé adresse à la société, au moins quinze jours avant la date fixée pour cette réunion, une demande écrite mentionnant les documents auxquels il souhaite accéder. Dans un délai de dix jours à compter de la réception de la demande, la société propose une date pour l'exercice du droit d'accès qui s'effectue dans des conditions définies par les statuts. Le troisième alinéa de l'article 48 du décret du 3 juillet 1978 précité est applicable.

Le droit d'accès s'exerce au siège social ou au lieu de la direction administrative et, sous réserve des dispositions du dernier alinéa de l'article R. 321-6-1, sans faculté d'obtenir copie des documents.

Art. R. 321-6-1 L'associé peut, en outre, pendant la période définie au premier alinéa de l'article R. 321-6, demander à la société de lui adresser :

1° Les comptes annuels qui seront soumis à l'assemblée générale ainsi que les comptes de l'exercice précédent, accompagnés des documents mentionnés à l'article R. 321-8 ;

2° Les rapports des organes dirigeants et des commissaires aux comptes qui seront soumis à l'assemblée ;

3° Le cas échéant, le texte et l'exposé des motifs des résolutions proposées, ainsi que les renseignements concernant les candidats à un mandat social ;

4° Le montant global, certifié exact par les commissaires aux comptes, des rémunérations versées aux personnes les mieux rémunérées, le nombre de ces personnes étant de dix ou de cinq selon que l'effectif de la société excède ou non deux cents salariés ;

5° La liste des placements figurant dans les comptes à la clôture de l'exercice ainsi que des taux de rendement moyen au cours de l'exercice pour les placements à court et moyen terme ;

6° Un tableau mentionnant les organismes dans lesquels la société détient une participation ainsi que le compte de résultat et le bilan de chacun de ces organismes ;

7° Un état faisant ressortir, pour les principales catégories d'utilisateurs, leur nombre et le montant des droits versés dans l'année ;

8° *(Supprimé).*

Les documents mentionnés aux 1° à 7° sont, pendant la même période, tenus à la disposition des associés au siège social ou au lieu de la direction administrative, où ils peuvent en prendre connaissance ou en obtenir copie.

Art. R. 321-6-2 La société peut ne pas donner suite aux demandes répétitives ou abusives.

Art. R. 321-6-3 L'associé auquel est opposé un refus de communication peut saisir une commission spéciale composée d'au moins cinq associés élus par l'assemblée générale parmi ceux qui ne détiennent aucun mandat social.

Les avis de cette commission sont motivés. Ils sont notifiés au demandeur et aux organes de direction de la société.

La commission rend compte annuellement de son activité à l'assemblée générale. Son rapport est communiqué au ministre chargé de la culture ainsi qu'au président de la commission prévue à l'article L. 321-13.

Art. R. 321-6-4 Le fait, pour un gérant de droit ou de fait, de refuser de communiquer tout ou partie des documents mentionnés aux articles R. 321-2, R. 321-6 et R. 321-6-1 est puni de la peine d'amende prévue pour les contraventions de la 3e classe.

Art. R. 321-7 Les utilisateurs peuvent prendre connaissance du répertoire mentionné à l'article L. 321-7 au siège de la société ou, le cas échéant, dans ses agences régionales. Sur leur demande, il leur en est délivré copie sans qu'il puisse alors leur être réclamé d'autre somme que celle représentant le coût de la copie.

Art. R. 321-8 La communication des comptes annuels des sociétés de perception et de répartition des droits, prévue en application de l'article R. 321-6-1 à tout associé et en application du premier alinéa de l'article L. 321-12, au ministre chargé de la culture doit comporter :

A. – En ce qui concerne la gestion financière de la société : un compte de gestion accompagné de documents de synthèse, établis dans les conditions fixées, en application du quatrième alinéa de l'article L. 321-12, par un règlement de l'Autorité des normes comptables.

B. – En ce qui concerne la mise en œuvre des actions dont le financement est prévu par l'article L. 321-9 :

1. La ventilation des montants versés, par catégorie d'actions définies au premier alinéa de l'article L. 321-9, assortie d'une information particulière sur :

– le coût de la gestion de ces actions ;

– les organismes ayant bénéficié de concours pendant trois années consécutives ;

2. Une description des procédures d'attribution ;

3. Un commentaire des orientations suivies en la matière par la société.

4. La liste des conventions mentionnées à l'article R. 321-10.

C. – Une information annuelle sur les actions éventuellement engagées pour la défense des catégories professionnelles concernées par leur objet social.

Art. R. 321-9 I. – L'aide à la création mentionnée à l'article L. 321-9 s'entend des concours apportés :

a) A la création d'une œuvre, à son interprétation, à la première fixation d'une œuvre ou d'une interprétation sur un phonogramme ou un vidéogramme ;

b) A des actions de défense, de promotion et d'information engagées dans l'intérêt des créateurs et de leurs œuvres.

II. – L'aide à la diffusion du spectacle vivant mentionnée à l'article L. 321-9 s'entend des concours apportés :

a) A des manifestations présentant, à titre principal ou accessoire, un spectacle vivant ;

b) A des actions propres à assurer la diffusion des œuvres et des prestations artistiques du spectacle vivant.

III. – L'aide à la formation d'artistes mentionnée à l'article L. 321-9 s'entend des concours apportés à des actions de formation des auteurs et des artistes-interprètes.

Art. R. 321-10 Toute aide allouée par une société de perception et de répartition des droits en application de l'article L. 321-9 fait l'objet d'une convention entre la société et le bénéficiaire. Cette convention prévoit les conditions d'utilisation du concours apporté ainsi que celles dans lesquelles le bénéficiaire communique à la société les éléments permettant de justifier que l'aide est utilisée conformément à sa destination.

Chapitre II Sociétés agréées pour la gestion du droit de reproduction par reprographie

Art. R. 322-1 Une société régie par le titre II du livre III peut être agréée au titre de l'article L. 122-10, si elle remplit les conditions suivantes :

1° Apporter la preuve de la diversité de ses associés à raison des catégories et du nombre des ayants droit, de l'importance économique exprimée en revenu ou en chiffre d'affaires et de la diversité des genres éditoriaux. Cette diversité doit trouver son expression dans la composition des organes délibérants et dirigeants ;

2° Justifier, par toutes pièces, la qualification de ses gérants et mandataires sociaux appréciée en fonction :

a) De leur qualité d'auteur ;

b) Ou de la nature et du niveau de leurs diplômes ;

c) Ou de leur expérience professionnelle dans le secteur de l'édition ou de la gestion d'organismes professionnels ;

3° Donner toutes informations relatives à son organisation administrative et aux conditions d'installation et d'équipement. Ces informations doivent concerner la collecte des données sur la pratique de la reprographie, la perception des rémunérations, le traitement des données nécessaires pour la répartition des rémunérations perçues, le plan de financement et le budget prévisionnel des trois exercices suivant la demande d'agrément ;

4° Prévoir dans ses statuts, son règlement général et les actes types d'engagement de chacun des associés les règles garantissant le caractère équitable des modalités prévues pour la répartition des rémunérations perçues par les auteurs et les éditeurs.

Art. R. 322-2 La demande d'agrément, accompagnée d'un dossier établi conformément à l'article R. 322-1, est transmise par lettre recommandée au ministre chargé de la culture, qui en délivre récépissé. Lorsque le dossier n'est pas en état, le ministre chargé de la culture demande par lettre recommandée un dossier complémentaire, qui doit être remis dans la même forme dans un délai d'un mois à compter de la réception de cette lettre.

L'agrément est délivré par arrêté du ministre chargé de la culture, publié au *Journal officiel* de la République française.

L'agrément est accordé pour cinq années. Il est renouvelable dans les mêmes conditions que l'agrément initial.

L'agrément peut être retiré, lorsque la société ne remplit pas l'une des conditions fixées à l'article R. 322-1, après mise en demeure ou notification des griefs. Le bénéficiaire de l'agrément dispose d'un délai d'un mois pour présenter ses observations. Le retrait est prononcé par arrêté du ministre chargé de la culture, publié au *Journal officiel* de la République française.

Art. R. 322-3 Tout changement de statut, ou de règlement général, toute cessation de fonction d'un membre des organes dirigeants et délibérants d'une société agréée sont communiqués au ministre chargé de la culture dans un délai de quinze jours à compter de la décision correspondante. Le défaut de déclaration peut entraîner retrait de l'agrément.

Art. R. 322-4 Si, à la date de la publication de l'œuvre, l'auteur ou son ayant droit n'a pas désigné une société de perception et de répartition des droits agréée, la société réunissant le plus grand nombre d'œuvres gérées, déterminé conformément aux usages des professions concernées, est réputée cessionnaire du droit de reproduction par reprographie.

Le ministre chargé de la culture désigne chaque année la ou les sociétés répondant à la condition définie à l'alinéa précédent.

Chapitre III Des sociétés agréées pour la gestion du droit d'autoriser la retransmission par câble, simultanée, intégrale et sans changement, sur le territoire national, à partir d'un Etat membre de la Communauté européenne

Art. R. 323-1 Une société régie par le titre II du livre III peut être agréée au titre du I de l'article L. 132-20-1 et du I de l'article L. 217-2 si elle remplit les conditions suivantes :

1° Apporter la preuve de la gestion effective du droit d'autoriser la retransmission par câble, à raison du nombre des ayants droit et de l'importance économique exprimée en revenu ou en chiffre d'affaires ;

2° Justifier par toutes pièces la qualification de ses gérants et mandataires sociaux appréciée en fonction :

a) De la nature et du niveau de leurs diplômes ;

b) Ou de leur expérience de la gestion d'organismes professionnels ;

3° Donner toutes informations relatives :

a) A l'organisation administrative et aux conditions d'installation et d'équipement ;

b) Aux perceptions reçues ou attendues à l'occasion de la retransmission par câble, simultanée, intégrale et sans changement, sur le territoire national, à partir d'un Etat membre de la Communauté européenne et aux données nécessaires pour leur répartition ;

4° Communiquer :

a) Copie des conventions passées avec les tiers relatives à la retransmission par câble, simultanée, intégrale et sans changement, sur le territoire national, à partir d'un Etat membre de la Communauté européenne ;

b) Le cas échéant, copie des conventions passées avec les organisations professionnelles étrangères chargées de la perception et de la répartition des droits.

Art. R. 323-2 La demande d'agrément, accompagnée d'un dossier établi conformément à l'article R. 323-1, est transmise par lettre recommandée avec avis de réception au ministre chargé de la culture qui en délivre récépissé. Lorsque le dossier n'est pas en état, le ministre chargé de la culture demande par lettre recommandée avec avis de réception un dossier complémentaire qui doit être remis dans la même forme dans un délai d'un mois à compter de la réception de cette lettre.

L'agrément est délivré par arrêté du ministre chargé de la culture, publié au *Journal officiel* de la République française.

L'agrément est accordé pour cinq années. Il est renouvelable dans les mêmes conditions que l'agrément initial.

Si la société cesse de remplir l'une des conditions fixées à l'article R. 323-1, l'administration lui adresse une mise en demeure par lettre recommandée avec avis de réception. Le bénéficiaire de l'agrément dispose d'un délai d'un mois pour présenter ses observations. Faute de régularisation de la situation, l'agrément peut être retiré par arrêté du ministre chargé de la culture, publié au *Journal officiel* de la République française.

Art. R. 323-3 Tout changement de statut ou de règlement général, toute cessation de fonction d'un membre des organes dirigeants et délibérants d'une société agréée sont communiqués au ministre chargé de la culture dans un délai de quinze jours à compter de la décision correspondante. Le défaut de déclaration peut entraîner retrait de l'agrément.

Art. R. 323-4 La liste des sociétés bénéficiant de l'agrément est publiée chaque année par le ministre chargé de la culture.

Art. R. 323-5 La désignation prévue au deuxième alinéa du I de l'article L. 132-20-1 et au deuxième alinéa du I de l'article L. 217-2 se fait par lettre recommandée avec avis de réception adressée à une société de perception et de répartition des droits.

La rétractation peut être effectuée dans les conditions prévues par les statuts de cette société.

Chapitre IV Des médiateurs chargés de favoriser la résolution des différends relatifs à l'octroi de l'autorisation de retransmission par câble, simultanée, intégrale et sans changement, sur le territoire national à partir d'un Etat membre de la Communauté européenne

Art. R. 324-1 Pour l'application des articles L. 132-20-2 et L. 217-3, une liste de vingt médiateurs est établie par le ministre chargé de la culture sur proposition des sociétés de perception et de répartition des droits agréées figurant sur la liste mentionnée à l'article R. 323-4, des organisations professionnelles représentatives des organismes de télédiffusion et des organisations professionnelles représentatives des bénéficiaires du droit d'autoriser la retransmission par câble.

Le ministre chargé de la culture arrête la liste des organisations professionnelles mentionnées à l'alinéa précédent.

La liste des médiateurs est publiée au *Journal officiel* de la République française.

Art. R. 324-2 Les médiateurs doivent remplir les conditions suivantes :

1. Jouir de leurs droits civils et politiques ;

2. Ne pas avoir été auteurs de faits contraires à l'honneur, à la probité et aux bonnes mœurs ayant donné lieu à une sanction disciplinaire ou administrative ;

3. Posséder la qualification nécessaire à la résolution des différends dont ils seront saisis ;

4. Présenter les garanties d'indépendance nécessaires à l'exercice de la médiation et notamment ne pas être associé, dirigeant, mandataire social ou salarié d'une société ou d'un organisme mentionné à l'article R. 324-1.

Art. R. 324-3 Les médiateurs sont désignés pour une durée de trois ans renouvelable.

Art. R. 324-4 Un médiateur peut demander sa radiation de la liste prévue à l'article R. 324-1 par lettre recommandée avec avis de réception adressée au ministre chargé de la culture.

Il est pourvu à son remplacement dans les conditions fixées à l'article R. 324-1.

Art. R. 324-5 Le médiateur peut être saisi sur requête conjointe des parties par lettre recommandée avec avis de réception exposant les points sur lesquels porte le différend.

Art. R. 324-6 Le médiateur peut également être saisi par l'une des parties. Il informe de cette demande, par lettre recommandée avec avis de réception, dans un délai de huit jours, les autres parties qui disposent d'un délai d'un mois pour faire connaître leur position par lettre recommandée avec avis de réception et, en cas de désaccord sur le choix du médiateur, proposer un autre médiateur.

Dès que le choix du médiateur est arrêté par toutes les parties, le médiateur choisi les en informe par lettre recommandée avec avis de réception.

Art. R. 324-7 La durée de la médiation ne peut excéder trois mois à compter de la date de réception de la requête conjointe ou de la date du dernier avis de réception dans le cas prévu au dernier alinéa de l'article précédent.

La médiation peut être reconduite une fois pour la même durée à la demande du médiateur et avec l'accord des parties.

Art. R. 324-8 Le médiateur informe les parties du montant de sa rémunération. La charge de cette rémunération et des frais est supportée à parts égales par les parties.

Art. R. 324-9 Le médiateur convoque les parties pour les entendre dès le début de la médiation.

Il invite les parties à lui fournir toutes les précisions qu'il estime nécessaires et peut entendre toute personne dont l'audition lui paraît utile. Les parties peuvent se faire assister par un avocat ou par toute personne de leur choix qui a reçu l'accord du médiateur. Seules sont admises à participer aux réunions les personnes convoquées par lui.

Le médiateur ne peut retenir aucun fait, grief, élément d'information ou de preuve sans en aviser les parties intéressées dans des conditions permettant à celles-ci d'en discuter le bien-fondé.

Art. R. 324-10 Le médiateur est tenu de garder le secret sur les affaires portées à sa connaissance.

Les constatations du médiateur et les déclarations qu'il recueille ne peuvent être ni produites ni invoquées sans l'accord des parties dans le cadre d'une autre procédure de médiation, d'une procédure d'arbitrage ou d'une instance judiciaire.

Art. R. 324-11 Lorsque le médiateur constate un accord entre les parties, il rédige un procès-verbal précisant les mesures à prendre pour le mettre en œuvre et fixant un délai pour leur exécution. Il adresse copie de ce procès-verbal aux parties par lettre recommandée avec avis de réception dans un délai de dix jours.

Art. R. 324-12 Si, à l'issue du délai prévu à l'article R. 324-7, aucun accord n'a pu être trouvé entre les parties, le médiateur peut, par lettre recommandée avec avis de réception, soit faire des recommandations aux parties, soit proposer la solution qu'il juge appropriée au règlement de tout ou partie du différend.

Faute d'avoir exprimé au médiateur leur opposition par écrit dans un délai de trois mois à compter de la date de réception de sa proposition, les parties sont réputées avoir accepté celle-ci.

Chapitre V Commission permanente de contrôle des sociétés de perception et de répartition des droits

Art. R. 325-1 La commission permanente de contrôle des sociétés de perception et de répartition des droits instituée à l'article L. 321-13 siège sur convocation de son président.

Elle peut valablement délibérer en présence de trois de ses membres. Ses délibérations sont adoptées à la majorité des membres présents, le président ayant voix prépondérante en cas de partage égal des voix. Le rapporteur qui a été désigné en application du dernier alinéa du I de l'article L. 321-13 assiste aux délibérations.

La commission peut entendre les dirigeants des sociétés de perception et de répartition des droits, ceux des filiales et organismes que ces sociétés contrôlent ainsi que toute personne dont l'avis est jugé utile par son président.

La commission prend toutes dispositions pour garantir le secret de ses investigations.

Art. R. 325-2 La commission arrête son programme annuel de travail sur proposition de son président.

La décision de procéder à un contrôle est notifiée par lettre recommandée à la société ou à l'organisme qui en fait l'objet.

La demande de documents et d'informations est adressée à la société ou à l'organisme contrôlé par lettre fixant le délai imparti pour y répondre. Ce délai ne peut être inférieur à trente jours.

Les vérifications sur place font l'objet d'une notification écrite préalable.

Art. R. 325-3 Le rapport provisoire de vérification, établi par le rapporteur et adopté par la commission, est communiqué par le président à la société ou à l'organisme contrôlé, qui dispose de trente jours pour faire valoir ses observations ou demander à ce que ses représentants soient entendus par la commission.

Le rapport définitif de vérification est adopté par la commission après examen des éventuelles observations de la société ou de l'organisme contrôlé et, le cas échéant, après audition de ses représentants. Les observations de la société ou de l'organisme contrôlé sont annexées au rapport de vérification. Ce rapport est adressé à la société ou à l'organisme contrôlé. Il est également adressé au ministre chargé de la culture.

Art. R. 325-4 Le rapport annuel prévu au III de l'article L. 321-13 est établi sur la base des constatations faites par la commission à l'issue de ses contrôles.

Les observations de la commission mettant en cause une société ou un organisme lui sont communiquées au préalable. La société ou l'organisme dispose d'un délai de trente jours pour faire valoir ses observations ou demander à ce que ses représentants soient entendus par la commission. Les observations de la société ou l'organisme sont annexées au rapport.

Chapitre VI Sociétés agréées pour la gestion collective de la rémunération au titre du prêt en bibliothèque

Art. R. 326-1 Une société régie par les dispositions des articles L. 321-1 à L. 321-13 est agréée au titre de l'article L. 133-2 si elle :

1° Apporte la preuve, par la composition de ses organes délibérants et dirigeants, de la diversité de ses associés à raison des catégories et du nombre des ayants droit, de l'importance économique exprimée en revenu ou en chiffre d'affaires et de la diversité des genres éditoriaux ;

2° Apporte la preuve de la représentation équitable des auteurs et des éditeurs parmi ses associés et au sein de ses organes dirigeants ;

3° Justifie, par tout moyen, de la qualification professionnelle de ses gérants et mandataires sociaux en raison :

a) De leur qualité d'auteur ;

b) Ou de la nature et du niveau de leurs diplômes ;

c) Ou de leur expérience dans le secteur de l'édition ou de la gestion d'organismes professionnels ;

4° Donne les informations nécessaires relatives :

a) A l'organisation administrative et aux conditions d'installation et d'équipement de la société ;

b) Aux moyens mis en œuvre pour la collecte des données statistiques sur les acquisitions d'ouvrages par les bibliothèques ;

c) Aux moyens mis en œuvre pour la perception des rémunérations et le traitement des données nécessaires à la répartition de ces rémunérations ;

d) Au plan de financement et au budget prévisionnel des trois exercices suivant la demande d'agrément ;

5° Indique les dispositions qu'elle a prises ou qu'elle entend prendre pour garantir le respect des règles de répartition des rémunérations entre les auteurs et les éditeurs, ainsi que le caractère équitable de la répartition au sein de chacune de ces catégories.

Art. R. 326-2 La demande d'agrément, accompagnée d'un dossier établi conformément à l'article R. 326-1, est transmise par lettre recommandée avec demande d'avis de réception au ministre chargé de la culture, qui en délivre récépissé. Lorsque le dossier n'est pas complet, le ministre chargé de la culture demande par lettre recommandée avec demande d'avis de réception un dossier complémentaire, qui doit être remis dans la même forme dans un délai d'un mois à compter de la réception de cette lettre.

Art. R. 326-3 L'agrément est délivré par arrêté du ministre chargé de la culture, publié au *Journal officiel* de la République française.

Art. R. 326-4 L'agrément est accordé pour cinq années. Il est renouvelable dans les mêmes conditions que l'agrément initial.

Art. R. 326-5 Tout changement de règlement général et toute cessation de fonction d'un membre des organes délibérants et dirigeants d'une société agréée sont communiqués au ministre chargé de la culture dans un délai de quinze jours à compter de l'événement correspondant. Le défaut de déclaration peut entraîner le retrait de l'agrément.

Art. R. 326-6 Si une société agréée cesse de remplir l'une des conditions fixées à l'article R. 326-1, le ministre chargé de la culture la met, par écrit, en demeure de respecter les conditions de l'agrément. Le bénéficiaire de l'agrément dispose d'un délai d'un mois pour présenter ses observations et, le cas échéant, les mesures de mise en conformité qu'il entend mettre en œuvre.

Le retrait de l'agrément est prononcé par arrêté du ministre chargé de la culture, publié au *Journal officiel* de la République française.

Art. R. 326-7 Si, à la date de la publication d'une œuvre, l'auteur et l'éditeur n'ont pas désigné une société agréée de perception et de répartition des droits, la gestion de leur droit à rémunération au titre du prêt en bibliothèque est confiée à la société réunissant le plus grand nombre d'œuvres gérées. Ce nombre est déterminé conformément aux usages des professions intéressées.

Le ministre chargé de la culture désigne chaque année la société répondant à la condition définie à l'alinéa précédent.

Chapitre VII Sociétés agréées pour la gestion collective du droit d'autoriser l'exploitation numérique des livres indisponibles du XXe siècle

Art. R. 327-1 Une société régie par le titre II du livre III peut être agréée au titre de l'article L. 134-3, si elle :

1° Apporte la preuve, par la composition de ses organes délibérants et dirigeants, de la diversité de ses associés à raison des catégories et du nombre des ayants droit, de l'importance économique exprimée en revenu ou en chiffre d'affaires et de la diversité des genres éditoriaux ;

2° Apporte la preuve de la représentation paritaire des auteurs et des éditeurs parmi ses associés et au sein de ses organes dirigeants ;

3° Justifie, par tout moyen, de la qualification professionnelle de ses gérants et mandataires sociaux en raison :

a) De leur qualité d'auteur ; ou

b) De la nature et du niveau de leurs diplômes ; ou

c) De leur expérience dans le secteur de l'édition ou de la gestion d'organismes professionnels ;

4° Donne les informations nécessaires relatives :

a) A l'organisation administrative et aux conditions d'installation et d'équipement ;

b) Aux moyens mis en œuvre pour gérer les opérations relatives aux livres indisponibles au regard des dispositions des articles L. 134-1 et suivants et en informer la Bibliothèque nationale de France aux fins de mention dans la base de données publique mentionnée à l'article L. 134-2 ;

c) Aux moyens mis en œuvre pour la perception des rémunérations et le traitement des données nécessaires à la répartition de ces rémunérations ;

d) Au plan de financement et au budget prévisionnel des trois exercices suivant la demande d'agrément ;

5° Indique les dispositions qu'elle a prises ou qu'elle entend prendre pour garantir le respect des règles de répartition des rémunérations entre les auteurs et les éditeurs ainsi que le caractère équitable des règles de répartition des sommes perçues entre les ayants droit, qu'ils soient ou non parties au contrat d'édition ;

6° Donne les informations nécessaires relatives aux moyens mis en œuvre afin d'identifier et de retrouver les titulaires de droits aux fins de répartir les sommes perçues ;

7° Donne les informations nécessaires relatives aux moyens mis en œuvre pour développer des relations contractuelles permettant d'assurer la plus grande disponibilité possible des œuvres ;

8° Indique les dispositions qu'elle a prises ou qu'elle entend prendre pour veiller à la défense des intérêts légitimes des ayants droit non parties au contrat d'édition.

Art. R. 327-2 La demande d'agrément, accompagnée d'un dossier établi conformément à l'article R. 327-1, est transmise par lettre recommandée avec demande d'avis de réception au ministre chargé de la culture, qui en délivre récépissé. Lorsque le dossier n'est pas complet, le ministre chargé de la culture demande par lettre recommandée avec demande d'avis de réception un dossier complémentaire, qui doit être remis dans la même forme dans un délai d'un mois à compter de la réception de cette lettre.

Art. R. 327-3 L'agrément est délivré par arrêté du ministre chargé de la culture, publié au *Journal officiel* de la République française.

Art. R. 327-4 L'agrément est accordé pour cinq années. Il est renouvelable dans les mêmes conditions que l'agrément initial.

Art. R. 327-5 Tout changement de statut ou de règlement général, et toute cessation de fonction d'un membre des organes délibérants et dirigeants d'une société agréée sont communiqués au ministre chargé de la culture dans un délai de quinze jours à compter de l'événement correspondant. Le défaut de déclaration peut entraîner le retrait de l'agrément.

Art. R. 327-6 Si une société agréée cesse de remplir l'une des conditions fixées à l'article R. 327-1, le ministre chargé de la culture la met, par écrit, en demeure de respecter les conditions de l'agrément. Le bénéficiaire de l'agrément dispose d'un délai d'un mois pour présenter ses observations et, le cas échéant, les mesures de mise en conformité qu'il entend mettre en œuvre.

Le retrait de l'agrément est prononcé par arrêté du ministre chargé de la culture, publié au *Journal officiel* de la République française.

Art. R. 327-7 L'auteur et l'éditeur d'un livre indisponible disposent d'un délai de six mois à compter de l'inscription de ce livre dans la base de données mentionnée à l'article L. 134-2 pour désigner conjointement une société agréée de perception et de répartition des droits. A l'expiration de ce délai, la gestion du droit d'autoriser l'exploitation numérique de leurs livres indisponibles est confiée à la société réunissant le plus grand nombre de livres indisponibles gérés.

Le ministre chargé de la culture désigne chaque année la société répondant à la condition définie à l'alinéa précédent.

Chapitre VIII Sociétés agréées pour la gestion collective de la rémunération annuelle supplémentaire due aux artistes-interprètes

Art. R. 328-1 Une société régie par le titre II du livre III peut être agréée au titre de l'article L. 212-3-3 si elle :

1° Apporte la preuve, par la composition de ses organes délibérants et dirigeants, de la diversité de ses associés à raison des catégories et du nombre des ayants droit, de l'importance économique exprimée en revenu ou en chiffre d'affaires ;

2° Apporte la preuve de la représentation des artistes-interprètes au sein de ses organes dirigeants ;

3° Justifie, par tout moyen, de la qualification professionnelle de ses gérants et mandataires sociaux en raison :

a) De leur qualité d'artistes-interprètes ;

b) Ou de la nature et du niveau de leurs diplômes ;

c) Ou de leur expérience de la gestion d'organismes professionnels ;

4° Donne les informations nécessaires relatives :

a) A l'organisation administrative et aux conditions d'installation et d'équipement ;

b) Aux moyens mis en œuvre pour la perception des rémunérations et le traitement des données nécessaires à la répartition de ces rémunérations ;

c) Au plan de financement et au budget prévisionnel des trois exercices suivant la demande d'agrément ;

5° Donne les informations nécessaires relatives aux moyens mis en œuvre afin d'identifier et de retrouver les artistes-interprètes aux fins de répartir les sommes perçues.

Art. R. 328-2 La demande d'agrément, accompagnée d'un dossier établi conformément à l'article R. 328-1, est transmise par lettre recommandée avec demande d'avis de réception au ministre chargé de la culture, qui en délivre récépissé. Lorsque le dossier n'est pas complet, le ministre chargé de la culture demande par lettre recommandée avec demande d'avis de réception un dossier complémentaire, qui doit être remis dans la même forme dans un délai d'un mois à compter de la réception de cette lettre.

Art. R. 328-3 L'agrément est délivré par arrêté du ministre chargé de la culture, publié au *Journal officiel* de la République française.

Art. R. 328-4 L'agrément est accordé pour cinq années. Il est renouvelable dans les mêmes conditions que l'agrément initial.

Art. R. 328-5 Tout changement de statut ou de règlement général et toute cessation de fonctions d'un membre des organes délibérants et dirigeants d'une société agréée sont communiqués au ministre chargé de la culture dans un délai de quinze jours à compter de l'événement correspondant. Le défaut de déclaration peut entraîner le retrait de l'agrément.

Art. R. 328-6 Si une société agréée cesse de remplir l'une des conditions fixées à l'article R. 328-1, le ministre chargé de la culture la met, par écrit, en demeure de respecter les conditions de l'agrément. Le bénéficiaire de l'agrément dispose d'un délai d'un mois pour présenter ses observations et, le cas échéant, les mesures de mise en conformité qu'il entend mettre en œuvre.

Le retrait de l'agrément est prononcé par arrêté du ministre chargé de la culture, publié au *Journal officiel* de la République française.

TITRE III PROCÉDURES ET SANCTIONS

Chapitre Ier Dispositions générales

Section 1 Dispositions communes

Art. R. 331-1 L'agrément mentionné à l'article L. 331-2 est délivré, de manière individuelle, par le ministre chargé de la culture pour une durée de cinq ans renouvelable.

Pour délivrer l'agrément, le ministre vérifie que l'agent est ressortissant d'un Etat membre de l'Union européenne ou d'un Etat partie à l'accord sur l'Espace économique européen et qu'il présente les capacités et les garanties requises au regard des fonctions pour lesquelles l'agrément est sollicité. Il tient compte notamment de son niveau de formation et de son expérience professionnelle.

L'agrément ne peut être accordé en cas de condamnation pour crime ou en cas de condamnation à une peine correctionnelle pour des faits incompatibles avec les fonctions à exercer. Le ministre chargé de la culture s'assure du respect de cette condition en demandant communication du bulletin n° 2 du casier judiciaire de l'agent au casier judiciaire national automatisé par un moyen de télécommunication sécurisé ou de son équivalent pour les ressortissants d'un Etat membre de l'Union européenne ou d'un autre Etat partie à l'accord sur l'Espace économique européen.

II. – La demande présentée par le Centre national du cinéma et de l'image animée, un organisme de défense professionnelle visé à l'article L. 331-1 ou une société mentionnée au titre II du présent livre en vue d'obtenir l'agrément de l'un de ses agents comprend :

1° Un extrait d'acte de naissance avec filiation pour les ressortissants français ou un document équivalent pour les ressortissants d'un Etat membre de l'Union européenne ou d'un autre Etat partie à l'accord sur l'Espace économique européen ;

2° L'indication des fonctions confiées à l'agent et une copie des documents attestant de son niveau de formation et de son expérience professionnelle, notamment dans le recueil d'éléments probants.

III. – La demande de renouvellement de l'agrément est présentée au plus tard trois mois avant l'expiration de l'agrément.

La demande de renouvellement comporte uniquement l'indication des fonctions exercées par l'agent.

IV. – Après avoir été agréés par le ministre chargé de la culture, les agents prêtent serment devant le juge d'instance de leur résidence. La formule de serment est la suivante : « Je jure de bien et fidèlement remplir mes fonctions et de ne rien révéler ou utiliser de ce qui sera porté à ma connaissance à l'occasion de leur exercice ».

Ces agents demeurent liés par les termes de leur serment tout au long de l'exercice de leurs fonctions, sans être tenus de prêter à nouveau serment à chaque renouvellement de leur agrément.

V. – Le Centre national du cinéma et de l'image animée, les organismes de défense professionnelle visés à l'article L. 331-1 et les sociétés mentionnées au titre II du présent livre informent le ministre chargé de la culture dans les meilleurs délais dès lors que l'agent au profit duquel ils ont sollicité un agrément n'exerce plus les fonctions à raison desquelles il a été agréé ou qu'il cesse d'être employé par eux.

VI. – Le ministre chargé de la culture peut, par décision motivée, mettre fin à l'agrément dès lors que son titulaire n'exerce plus les fonctions à raison desquelles il a été habilité ou ne remplit plus les conditions définies au I du présent article.

La personne intéressée est préalablement informée des motifs et de la nature de la mesure envisagée et mise à même de présenter des observations. En cas d'urgence, le ministre chargé de la culture peut suspendre l'agrément pour une durée maximale de six mois.

Art. D. 331-1-1 Le siège et le ressort des tribunaux de grande instance ayant compétence exclusive pour connaître des actions en matière de propriété littéraire et artistique en application de l'article L. 331-1 du code de la propriété intellectuelle sont fixés conformément à l'article D. 211-6-1 du code de l'organisation judiciaire.

Section 2 Haute Autorité pour la diffusion des œuvres et la protection des droits sur internet

Sous-section 1 Organisation de la Haute Autorité pour la diffusion des œuvres et la protection des droits sur internet

Paragraphe 1 Le collège de la Haute Autorité

Art. R. 331-2 I. – Les membres du collège de la Haute Autorité sont convoqués par son président qui fixe l'ordre du jour. La convocation est de droit à la demande de la moitié des membres du collège.

II. – Le collège ne peut valablement délibérer que si au moins cinq de ses membres sont présents.

Lorsque, en application du dernier alinéa de l'article L. 331-18, un membre ne participe pas à une délibération, il est réputé présent au titre du quorum.

III. – Les décisions du collège sont prises à la majorité des voix. La voix du président est prépondérante en cas de partage égal des voix.

Art. R. 331-3 Les séances du collège de la Haute Autorité ne sont pas publiques.

Le collège peut entendre toute personne dont l'audition lui paraît susceptible de contribuer à son information.

Art. R. 331-4 I. – Le collège délibère sur toutes les questions relatives à la Haute Autorité, autres que celles qui relèvent de la commission de protection des droits.

Il délibère notamment sur :

1° L'élection de son président ;

2° Les conditions générales de recrutement, de gestion et de rémunération du personnel et les modalités de création et de fonctionnement des instances représentatives du personnel ;

3° Les crédits nécessaires à l'accomplissement des missions de la Haute Autorité qui sont proposés par celle-ci lors de l'élaboration du projet de loi de finances de l'année ;

4° Le budget annuel et, le cas échéant, ses modifications en cours d'année ainsi que le programme d'activités qui lui est associé ;

5° Le règlement intérieur de la Haute Autorité ;

6° Les règles de déontologie applicables à ses membres, aux agents des services et à toute personne lui apportant son concours ;

7° Le règlement comptable et financier ;

8° Les conditions générales de passation des contrats et marchés ;

9° Le compte financier et l'affectation des résultats ;

10° Les actions en justice et les transactions d'un montant supérieur à un seuil qu'il fixe, sur proposition du président ;

11° La publication des indicateurs mentionnés au premier alinéa de l'article L. 331-23 ;

12° L'attribution du label mentionné au deuxième alinéa de l'article L. 331-23 ;

13° Les procédures applicables en matière d'interopérabilité des mesures techniques mentionnées à l'article L. 331-32 ;

14° Les procédures applicables en matière d'exceptions au droit d'auteur et aux droits voisins mentionnées à l'article L. 331-35 ;

15° Les saisines pour avis en matière d'interopérabilité des mesures techniques et d'exceptions au droit d'auteur et aux droits voisins mentionnées à l'article L. 331-36 ;

16° Les conditions générales de consultation d'experts ;

17° Les recommandations de modification législative ou réglementaire mentionnées au dernier alinéa de l'article L. 331-13 ;

18° Les consultations du Gouvernement ou des commissions parlementaires mentionnées au dernier alinéa de l'article L. 331-13 ;

19° Le rapport mentionné à l'article L. 331-14 ;

20° Les demandes d'avis aux autorités administratives, aux organismes extérieurs ou aux associations représentatives des utilisateurs des réseaux de communications électroniques mentionnées à l'article L. 331-19 et les consultations pour avis par ces mêmes autorités ou organismes ;

21° La publication des spécifications fonctionnelles pertinentes et l'établissement de la liste labellisant les moyens de sécurisation mentionnés à l'article L. 331-26.

II. – Les délibérations mentionnées aux 2° à 6° et 16° à 21° du I sont prises après avis de la commission de protection des droits.

Art. D. 331-5 Les membres du collège de la Haute Autorité perçoivent une indemnité forfaitaire pour chaque séance plénière du collège, dans la limite d'un plafond annuel.

Le montant de ces indemnités ainsi que le plafond annuel sont fixés par un arrêté conjoint des ministres chargés de la culture, du budget et de la fonction publique.

Paragraphe 2 La commission de protection des droits

Art. R. 331-6 La commission de protection des droits est convoquée par son président qui fixe l'ordre du jour.

La commission de protection des droits ne peut valablement délibérer que si au moins deux de ses membres sont présents.

Art. R. 331-7 Les séances de la commission de protection des droits ne sont pas publiques.

Art. D. 331-8 Les membres de la commission de protection des droits perçoivent une indemnité forfaitaire dont le montant annuel est fixé par arrêté conjoint des ministres chargés de la culture, du budget et de la fonction publique.

Paragraphe 3 Le président et le secrétaire général de la Haute Autorité

Art. R. 331-9 Le président de la Haute Autorité nomme aux emplois. Il a autorité sur l'ensemble des personnels des services. Il fixe l'organisation des services après avis du collège. Il signe tous actes relatifs à l'activité de la Haute Autorité, sous réserve des compétences de la commission de protection des droits.

Il représente la Haute Autorité en justice.

Il peut transiger dans les conditions fixées par le 10° de l'article R. 331-4 et par les articles 2044 à 2058 du code civil.

Art. R. 331-10 Dans le cadre des règles générales fixées par le collège de la Haute Autorité, le président a qualité pour :

1° Liquider et ordonnancer les recettes et les dépenses ;

2° Passer au nom de celles-ci tous contrats et marchés ;

3° Recruter le personnel et fixer ses rémunérations et indemnités ;

4° Tenir la comptabilité des engagements.

La compétence mentionnée au 3° s'exerce après avis de la commission de protection des droits pour les agents dont dispose cette commission.

Art. R. 331-11 Pour l'exercice des pouvoirs mentionnés ci-dessus, le président peut déléguer sa signature au secrétaire général.

Art. R. 331-12 Le président est suppléé, en cas d'absence ou d'empêchement, par un membre qu'il désigne parmi les personnes mentionnées aux 1°, 2° et 3° de l'article L. 331-16.

Le président est remplacé, en cas de vacance, jusqu'à la nouvelle élection, par l'un des membres dans l'ordre prévu à l'article L. 331-16.

Art. D. 331-13 Le président perçoit une indemnité forfaitaire dont le montant annuel est fixé par arrêté conjoint des ministres chargés de la culture, du budget et de la fonction publique.

Art. R. 331-14 Sous l'autorité du président, le secrétaire général est chargé du fonctionnement et de la coordination des services. A ce titre, et dans le cadre des règles générales fixées par le collège, le secrétaire général a qualité pour gérer le personnel. Dans les matières relevant de sa compétence, le secrétaire général peut déléguer sa signature dans les limites qu'il détermine et désigner les agents habilités à le représenter.

Le secrétaire général peut, par délégation du président, tenir la comptabilité des engagements de dépenses dans les conditions définies par le règlement comptable et financier.

Le secrétaire général désigne les experts mentionnés à l'article L. 331-19 après avoir recueilli l'avis de la commission de protection des droits lorsque ceux-ci lui apportent leur concours.

Paragraphe 4 Dispositions relatives au personnel

Art. R. 331-15 Des fonctionnaires et des magistrats de l'ordre judiciaire peuvent être détachés ou mis à disposition auprès de la Haute Autorité dans les conditions prévues par leur statut.

La Haute Autorité peut recruter des agents non titulaires de droit public par contrat à durée déterminée ou indéterminée, employés à temps complet ou à temps incomplet.

Les agents contractuels de droit public recrutés par la Haute Autorité sont soumis aux dispositions du décret du 17 janvier 1986 relatif aux dispositions générales applicables aux agents non titulaires de l'Etat pris pour l'application de l'article 7 de la loi n° 84-16 du 11 janvier 1984 portant dispositions statutaires relatives à la fonction publique de l'Etat, à l'exception de l'article 1-2.

Le président de la Haute Autorité peut également faire appel, avec l'accord des ministres intéressés, aux services des ministères chargés de la culture, de la communication, de l'économie, des finances et de l'industrie, ainsi que du Centre national du cinéma et de l'image animée, dont le concours est nécessaire à l'accomplissement de ses missions.

Art. R. 331-16 L'habilitation mentionnée à l'article L. 331-21 est délivrée, de manière individuelle, par le président de la Haute Autorité aux agents publics des services de la Haute Autorité pour une durée de cinq ans renouvelable.

Pour délivrer l'habilitation, le président de la Haute Autorité vérifie que l'agent présente les capacités et les garanties requises au regard des missions confiées à la commission de protection des droits. Il tient compte notamment de son niveau de formation ou de son expérience.

Art. R. 331-17 Nul agent ne peut être habilité :

- s'il a fait l'objet d'une condamnation à une peine correctionnelle ou criminelle inscrite au bulletin n° 2 du casier judiciaire, ou dans un document équivalent lorsqu'il s'agit d'un ressortissant de l'Union européenne ou d'un autre Etat partie à l'accord sur l'Espace économique européen ;

– s'il résulte de l'enquête administrative prévue au deuxième alinéa de l'article L.331-22 que son comportement est incompatible avec l'exercice de ses fonctions ou missions.

Art. R.331-18 Il est mis fin à l'habilitation lorsque son titulaire n'exerce plus les fonctions à raison desquelles il a été habilité.

Il est également mis fin à l'habilitation lorsque les conditions définies aux articles R.331-16 et R.331-17 cessent d'être remplies. La personne intéressée est préalablement informée des motifs et de la nature de la mesure envisagée et mise à même de présenter des observations. En cas d'urgence, le président de la Haute Autorité peut suspendre l'habilitation pour une durée maximale de six mois.

Art. R.331-19 Les agents habilités dans les conditions définies aux articles R.331-17 et R.331-18 prêtent serment devant le juge d'instance de leur résidence. La formule de serment est la suivante : « Je jure de bien et fidèlement remplir mes fonctions et de ne rien révéler ou utiliser de ce qui sera porté à ma connaissance à l'occasion de leur exercice ».

Le greffier du tribunal d'instance porte mention de l'accomplissement de cette prestation de serment, de sa date et de son lieu sur la décision d'habilitation.

Paragraphe 5 Dispositions financières et comptables

Art. R.331-20 L'exercice budgétaire et comptable débute le 1er janvier et s'achève le 31 décembre.

Le budget comporte la prévision des recettes attendues et des dépenses nécessitées par l'exercice des missions confiées à la Haute Autorité. Il peut être modifié en cours d'année. Les crédits inscrits au budget sont limitatifs et appréciés au regard des dépenses de fonctionnement hors dépenses de personnel, des dépenses d'investissement et des dépenses de personnel. En cas de dégradation prévisible du résultat, le collège délibère dans les meilleurs délais sur une décision modificative du budget permettant le retour à l'équilibre.

Les délibérations du collège relatives au budget et à ses modifications sont adressées aux ministres chargés de la culture et du budget.

Art. R.331-21 L'agent comptable de la Haute Autorité est nommé par arrêté conjoint des ministres chargés de la culture et du budget.

L'agent comptable est responsable personnellement et pécuniairement dans les conditions de l'article 60 de la loi n° 63-156 du 23 février 1963 portant loi de finances pour 1963 et du décret n° 2008-228 du 5 mars 2008 relatif à la constatation et à l'apurement des débets des comptables publics et assimilés. Il est chargé de la tenue des comptabilités de la Haute Autorité, du recouvrement des droits, contributions et de toutes autres recettes, du paiement des dépenses et du maniement des fonds et des mouvements de comptes de disponibilités.

Avec l'accord du président du collège, l'agent comptable peut confier sous son contrôle la comptabilité analytique et la comptabilité matière aux services de la Haute Autorité.

L'agent comptable peut nommer des mandataires qui sont agréés par le président du collège.

Art. R.331-22 Les comptes de la Haute Autorité sont établis selon les règles du plan comptable général. Celui-ci peut faire l'objet d'adaptations proposées par le président du collège après avis du collège et approuvées par le ministre chargé du budget.

Les taux d'amortissement et de dépréciation ainsi que les modalités de tenue des inventaires sont fixés par le règlement comptable et financier.

L'agent comptable établit un compte financier au terme de chaque exercice. Le compte financier comprend le compte de résultat, le bilan, l'annexe, la balance générale des comptes à la clôture de l'exercice, le tableau de rapprochement des prévisions et des réalisations effectives et, le cas échéant, la balance des comptes spéciaux.

Le compte financier de la Haute Autorité est préparé par l'agent comptable et soumis par le président du collège au collège qui entend l'agent comptable. Le compte financier est arrêté par le collège. Il est transmis à la Cour des comptes par le président du collège de la Haute Autorité, accompagné des délibérations du collège relatives au budget, à ses modifications et au compte financier, et de tous les autres documents demandés par les ministres ou par la cour, dans les quatre mois qui suivent la clôture de l'exercice.

Le rapport mentionné à l'article L. 331-14 fait une présentation du compte financier et reproduit le compte de résultat et le bilan.

Art. R. 331-23 L'agent comptable est tenu de faire diligence pour assurer le recouvrement de toutes les ressources de la Haute Autorité. Les recettes sont recouvrées par l'agent comptable soit spontanément, soit en exécution des instructions du président du collège. L'agent comptable adresse aux débiteurs les factures correspondantes et reçoit leurs règlements. Tous les droits acquis au cours d'un exercice doivent être pris en compte au titre de cet exercice.

Art. R. 331-24 Lorsque les créances de la Haute Autorité n'ont pu être recouvrées à l'amiable, les poursuites sont conduites conformément aux usages du commerce ou peuvent faire l'objet d'états rendus exécutoires par le président du collège. Les états exécutoires peuvent être notifiés aux débiteurs par lettre recommandée avec accusé de réception. Leur recouvrement est poursuivi jusqu'à opposition devant la juridiction compétente.

Art. R. 331-25 L'agent comptable procède aux poursuites. Celles-ci peuvent, à tout moment, être suspendues sur ordre écrit du président du collège si la créance est l'objet d'un litige. Le président du collège suspend également les poursuites si, en accord avec l'agent comptable, il estime que la créance est irrécouvrable ou que l'octroi d'un délai par l'agent comptable est conforme à l'intérêt de la Haute Autorité.

Art. R. 331-26 Le président du collège peut décider, après l'avis conforme de l'agent comptable :

1° En cas de gêne des débiteurs, d'accorder une remise gracieuse des créances de la Haute Autorité ;

2° La remise totale ou partielle des majorations de retard ou des pénalités appliquées sur demande justifiée des débiteurs ;

3° Une admission en non-valeur des créances de la Haute Autorité, en cas d'insolvabilité des débiteurs ou lorsque les créances ne sont pas recouvrables.

Le collège fixe le montant au-delà duquel l'une des remises mentionnées au 1° ou au 2° est soumise à son approbation.

Lorsque la remise gracieuse, totale ou partielle, concerne une dette de l'agent comptable, l'avis prévu par l'article 9 du décret n° 2008-228 du 5 mars 2008 relatif à la constatation et à l'apurement des débets des comptables publics et assimilés est rendu par le collège.

Art. R. 331-27 Toutes les dépenses doivent être liquidées et ordonnancées au cours de l'exercice auquel elles se rattachent. Les dépenses de la Haute Autorité sont réglées par l'agent comptable sur l'ordre donné par le président du collège ou après avoir été acceptées par ce dernier. Les ordres de dépenses sont appuyés des pièces justificatives nécessaires, et notamment des factures, mémoires, marchés, baux ou conventions. L'acceptation de la dépense revêt la forme soit d'une mention datée et signée apposée sur le mémoire, la facture ou toute autre pièce en tenant lieu, soit d'un certificat séparé d'exécution de service, l'une ou l'autre précisant que le règlement peut être valablement opéré pour la somme indiquée.

L'agent comptable peut payer sans ordonnancement préalable certaines catégories de dépenses dans les conditions prévues par le règlement comptable et financier.

Art. D. 331-28 La liste des pièces justificatives de recettes et de dépenses est préparée par l'agent comptable et proposée par le président du collège à l'agrément du ministre chargé du budget. En cas de perte, destruction ou vol des justifications remises à l'agent comptable, le ministre chargé du budget peut autoriser ce dernier à pourvoir à leur remplacement. Les pièces justificatives sont conservées dans les archives de l'agent comptable pendant dix ans au moins à partir de la date de clôture de l'exercice auquel elles se rapportent.

Art. R. 331-29 L'agent comptable est tenu d'exercer :

1° En matière de recettes, le contrôle :

– de l'autorisation de percevoir les recettes ;
– de la mise en recouvrement des créances et de la régularité des réductions et des annulations des ordres de recettes, dans la limite des éléments dont il dispose ;

2° En matière de dépenses, le contrôle :

– de la qualité de l'ordonnateur ou de son délégué ;

– de la disponibilité des crédits ;

– de l'exacte imputation des dépenses aux chapitres qu'elles concernent selon leur nature ou leur objet ;

– de la validité de la créance dans les conditions prévues au 4° ;

– du caractère libératoire du règlement ;

3° En matière de patrimoine, le contrôle :

– de la conservation des droits, privilèges et hypothèques ;

– de la conservation des biens dont il tient la comptabilité matière ;

4° En ce qui concerne la validité de la créance, le contrôle :

– de la justification du service fait et de l'exactitude des calculs de liquidation ;

– de l'application des règles de prescription et de déchéance.

Lorsqu'il constate, à l'occasion des contrôles qu'il réalise, des irrégularités ou des inexactitudes dans les certifications délivrées par le président du collège, l'agent comptable suspend le paiement des dépenses. Il en informe le président.

Lorsque l'agent comptable a suspendu le paiement des dépenses, le président du collège peut, par écrit et sous sa responsabilité, requérir l'agent comptable de payer. Celui-ci défère à la réquisition et rend compte au ministre chargé du budget, qui transmet l'ordre de réquisition à la Cour des comptes.

Par dérogation aux dispositions du précédent alinéa, l'agent comptable doit refuser de déférer à l'ordre de réquisition lorsque la suspension du paiement est motivée par :

1° L'absence de justification du service fait ;

2° Le caractère non libératoire du règlement ;

3° Le manque de fonds disponibles.

Dans ce cas, l'agent comptable rend immédiatement compte au ministre chargé du budget.

Art. R. 331-30 Des régies de recettes et de dépenses peuvent être créées auprès de la Haute Autorité par décision du président du collège sur avis conforme de l'agent comptable dans les conditions fixées par le décret n° 92-681 du 20 juillet 1992 modifié relatif aux régies de recettes et aux régies d'avances des organismes publics et le règlement comptable et financier.

Art. R. 331-31 Les fonds de l'agence sont déposés et placés dans les conditions prévues par l'article 197 du décret n° 2012-1246 du 7 novembre 2012 relatif à la gestion budgétaire et comptable publique.

Art. R. 331-32 Les comptes de l'agent comptable de la Haute Autorité sont jugés directement par la Cour des comptes. Le contrôle de la gestion de l'agent comptable est également assuré par le receveur général des finances.

Art. R. 331-32-1 Les rapporteurs et les personnes apportant leur concours à la Haute Autorité sont rémunérés sous la forme de vacations, dont le nombre est fixé par le président de la Haute Autorité, pour chaque dossier, en fonction du temps nécessaire à son instruction.

Le montant et les modalités d'attribution de ces indemnités ainsi que le montant unitaire des vacations sont fixés par arrêté conjoint des ministres chargés de la culture, du budget et de la fonction publique.

Les membres, les rapporteurs et les personnes apportant leur concours à la Haute Autorité peuvent prétendre au remboursement des frais de déplacement et de séjour que nécessite l'accomplissement de leurs missions, dans les conditions applicables aux personnels civils de l'Etat.

Art. R. 331-32-2 Les experts mentionnés à l'article L. 331-19 sont désignés par le président de la Haute Autorité sur proposition du rapporteur chargé de l'instruction de l'affaire. La décision du président définit l'objet de l'expertise, fixe le délai de sa réalisation et évalue les honoraires prévisibles correspondants.

Paragraphe 6 Dispositions diverses

Art. D. 331-33 Les frais occasionnés par les déplacements et les séjours des personnels et des membres de la Haute Autorité sont remboursés dans les conditions prévues par la réglementation applicable aux personnels civils de l'Etat.

Les délibérations prévues au 8° de l'article 2 ainsi qu'aux articles 3 et 7 du décret du 3 juillet 2006 fixant les conditions et les modalités de règlement des frais occasionnés par les déplacements temporaires des personnels civils de l'Etat sont prises par le collège de la Haute Autorité.

Art. D. 331-34 La déclaration d'intérêts mentionnée à l'article L. 331-18 est établie conformément au modèle figurant en annexe au présent article.

Les déclarations sont actualisées chaque année et, en tout état de cause, dès qu'un fait nouveau intervient dans la situation professionnelle ou personnelle des déclarants.

Sous-section 2 Mission de protection des œuvres et objets auxquels est attaché un droit d'auteur ou un droit voisin

Art. R. 331-35 Pour être recevables, les saisines adressées à la commission de protection des droits de la Haute Autorité par les organismes de défense professionnelle régulièrement constitués, les sociétés de perception et de répartition des droits et le Centre national du cinéma et de l'image animée dans les conditions prévues à l'article L. 331-24 doivent comporter :

1° Les données à caractère personnel et les informations mentionnées au 1° de l'annexe du décret n° 2010-236 du 5 mars 2010 relatif au traitement automatisé de données à caractère personnel autorisé par l'article L. 331-29 du code de la propriété intellectuelle dénommé « Système de gestion des mesures pour la protection des œuvres sur internet » ;

2° Une déclaration sur l'honneur selon laquelle l'auteur de la saisine a qualité pour agir au nom du titulaire de droits sur l'œuvre ou l'objet protégé concerné par les faits.

Dès réception de la saisine, la commission de protection des droits en accuse réception par voie électronique.

Art. R. 331-36 Les procès-verbaux dressés par les agents assermentés et agréés mentionnés à l'article L. 331-24 peuvent être établis sous la forme électronique. Dans ce cas, il est fait usage d'une signature électronique sécurisée dans les conditions prévues par l'article 1316-4 du code civil et le décret n° 2001-272 du 30 mars 2001 pris pour l'application de l'article 1316-4 du code civil et relatif à la signature électronique.

Art. R. 331-37 Les opérateurs de communications électroniques mentionnés à l'article L. 34-1 du code des postes et des communications électroniques et les prestataires mentionnés aux 1 et 2 du I de l'article 6 de la loi n° 2004-575 du 21 juin 2004 pour la confiance dans l'économie numérique sont tenus de communiquer, par une interconnexion au traitement automatisé de données à caractère personnel mentionné à l'article L. 331-29 ou par le recours à un support d'enregistrement assurant leur intégrité et leur sécurité, les données à caractère personnel et les informations mentionnées au 2° de l'annexe du décret n° 2010-236 du 5 mars 2010 dans un délai de huit jours suivant la transmission par la commission de protection des droits des données techniques nécessaires à l'identification de l'abonné dont l'accès à des services de communication au public en ligne a été utilisé à des fins de reproduction, de représentation, de mise à disposition ou de communication au public d'œuvres ou d'objets protégés sans l'autorisation des titulaires des droits prévus aux livres Ier et II lorsqu'elle est requise.

Ces opérateurs et prestataires sont également tenus de fournir les documents et les copies des documents mentionnés aux troisième et quatrième alinéas de l'article L. 331-21 dans un délai de quinze jours suivant la demande qui leur en est faite par la commission de protection des droits.

Les opérateurs sont tenus d'adresser par voie électronique à l'abonné chacune des recommandations mentionnées respectivement au premier et au deuxième alinéa de l'article L. 331-25, dans un délai de vingt-quatre heures suivant sa transmission par la commission de protection des droits.

Art. R. 331-38 Est puni de l'amende prévue pour les contraventions de 5e classe le fait de contrevenir aux dispositions de l'article R. 331-37.

La récidive des contraventions prévues au présent article est réprimée conformément aux articles 132-11 et 132-15 du code pénal.

Art. R. 331-39 Toute demande ou toute observation adressée à la commission de protection des droits par le destinataire d'une recommandation visée au premier ou au deuxième alinéa de l'article L. 331-25 n'est instruite que si elle comporte le numéro de dossier figurant dans cette recommandation.

Il est accusé réception de la demande ou de l'observation par la commission de protection des droits.

Art. R. 331-40 Lorsque, dans le délai d'un an suivant la présentation de la recommandation mentionnée au premier alinéa de l'article L. 335-7-1, la commission de protection des droits est saisie de nouveaux faits susceptibles de constituer une négligence caractérisée définie à l'article R. 335-5, elle informe l'abonné, par lettre remise contre signature, que ces faits sont susceptibles de poursuite. Cette lettre invite l'intéressé à présenter ses observations dans un délai de quinze jours. Elle précise qu'il peut, dans le même délai, solliciter une audition en application de l'article L. 331-21-1 et qu'il a droit de se faire assister par un conseil. Elle l'invite également à préciser ses charges de famille et ses ressources.

La commission peut de sa propre initiative convoquer l'intéressé aux fins d'audition. La lettre de convocation précise qu'il a droit de se faire assister par un conseil.

Art. R. 331-41 Il est dressé procès-verbal de l'audition de l'intéressé par un membre de la commission de protection des droits ou par un agent habilité et assermenté en application de l'article R. 331-16.

Le procès-verbal est signé par l'intéressé et par son conseil, par la personne procédant à l'audition ainsi que par celle qui l'a rédigé. Si la personne entendue ou son conseil ne veut pas signer le procès-verbal, mention en est portée sur celui-ci.

Une copie du procès-verbal est remise à l'intéressé.

Art. R. 331-42 La commission de protection des droits constate par une délibération prise à la majorité d'au moins deux voix que les faits sont susceptibles de constituer l'infraction prévue à l'article R. 335-5 ou les infractions prévues aux articles L. 335-2, L. 335-3 et L. 335-4.

Toutefois, lorsque seuls deux membres de la commission sont présents et en cas de partage des voix, l'examen de la procédure est renvoyé à la première séance plénière de la commission.

Art. R. 331-43 La délibération de la commission constatant que les faits sont susceptibles de constituer une infraction, à laquelle sont joints, selon les cas, un procès-verbal récapitulatif de l'ensemble des faits et procédure ainsi que toutes pièces utiles, est transmise au procureur de la République près le tribunal de grande instance compétent.

La commission de protection des droits avise les auteurs des saisines qui lui ont été adressées dans les conditions prévues à l'article L. 331-24 de la transmission de la procédure au procureur de la République.

Art. R. 331-44 Le procureur de la République informe la commission de protection des droits des suites données à la procédure transmise.

Art. R. 331-45 La commission de protection des droits est rendue destinataire des décisions exécutoires comportant une peine de suspension de l'accès à un service de communication en ligne prononcée en application des articles L. 335-7, L. 335-7-1 et R. 335-5.

Art. R. 331-46 La commission de protection des droits informe par lettre remise contre signature la personne dont l'activité est d'offrir un accès à des services de communication au public en ligne de la peine de suspension prononcée à l'encontre de son abonné.

En application de l'article L. 331-28, la personne dont l'activité est d'offrir un accès à des services de communication au public en ligne informe, par lettre remise contre signature, la commission de protection des droits de la date à laquelle la période de suspension a débuté. La commission de protection des droits informe le casier judiciaire automatisé de l'exécution de la mesure.

Faute pour la personne dont l'activité est d'offrir un accès à des services de communication au public en ligne de mettre en œuvre la peine de suspension qui lui a été notifiée, la commission de protection des droits délibère, dans les conditions de majorité définies à l'article R. 331-42, aux fins d'informer le procureur de la République des faits susceptibles de constituer le délit visé au sixième alinéa de l'article L. 335-7.

Sous-section 3 Mission d'encouragement au développement de l'offre légale et d'observation de l'utilisation licite et illicite d'œuvres et d'objets protégés par un droit d'auteur ou par un droit voisin sur les réseaux de communications électroniques

Art. R. 331-47 Le dossier de la demande de labellisation présentée en application du deuxième alinéa de l'article L. 331-23 par la personne dont l'activité est d'offrir un service de communication au public en ligne comprend :

1° S'il s'agit d'une personne physique, ses nom, prénom, adresse et coordonnées téléphoniques et, si elle est assujettie aux formalités d'inscription au registre du commerce et des sociétés ou au répertoire des métiers, le numéro de son inscription ;

2° S'il s'agit d'une personne morale, sa dénomination ou sa raison sociale, les coordonnées téléphoniques de la personne physique à contacter, et, s'il s'agit d'une entreprise assujettie aux formalités d'inscription au registre du commerce et des sociétés ou au répertoire des métiers, le numéro de son inscription et l'adresse de son siège social ;

3° Le nom, la dénomination ou la raison sociale et l'adresse de son fournisseur d'hébergement ;

4° La liste des œuvres composant l'offre sur laquelle porte la demande de labellisation ;

5° L'indication des conditions d'accès à la lecture et de reproduction de ces œuvres et objets protégés ;

6° Le cas échéant, l'adresse URL du service de communication au public en ligne depuis lequel est proposée l'offre, ou le moyen d'y accéder ;

7° Une déclaration sur l'honneur selon laquelle l'ensemble des œuvres composant l'offre est et sera proposée avec l'autorisation des titulaires des droits prévus aux livres Ier et II, lorsqu'elle est requise ;

8° L'engagement de répondre aux éventuelles demandes d'informations nécessaires à la vérification par la Haute Autorité de l'exactitude des indications fournies dans le dossier de la demande de labellisation.

La demande et le dossier sont rédigés en langue française.

La demande n'est recevable que si le dossier est complet. Toutefois, une irrecevabilité ne peut être opposée par la Haute Autorité qu'après que l'auteur de la demande de labellisation a été invité à compléter sa demande dans un délai de quinze jours.

Art. R. 331-48 La demande de labellisation est adressée par lettre recommandée avec demande d'avis de réception à la Haute Autorité. Après vérification de sa recevabilité, celle-ci la publie sur son site internet avec son numéro d'enregistrement et les éléments du dossier mentionnés aux 1° à 7° de l'article R. 331-47.

Art. R. 331-49 Le titulaire d'un droit prévu aux livres Ier et II sur l'une des œuvres figurant dans l'offre dispose d'un délai de quatre semaines à compter de la publication de la demande pour présenter une objection fondée sur la méconnaissance de ce droit.

Cette objection n'est recevable que si elle remplit en outre les conditions suivantes :

1° Etre présentée par écrit avec référence au numéro d'enregistrement de la demande ;

2° Préciser les œuvres concernées par l'objection, et les éléments invoqués à l'appui de celle-ci.

Art. R. 331-50 Toute objection recevable est communiquée sans délai par la Haute Autorité à l'auteur de la demande de labellisation, avec l'indication d'un délai, qui ne peut excéder deux mois, imparti pour parvenir à un accord avec l'auteur de l'objection permettant la levée de celle-ci ou au retrait de l'œuvre concernée. Ce délai suspend le délai mentionné à l'article R. 331-52.

Art. R. 331-51 La Haute Autorité se prononce compte tenu de l'existence d'objections formulées dans les conditions prévues à l'article R. 331-49 et qui n'auraient pas été suivies de l'accord mentionné à l'article R. 331-50 ou du retrait par l'auteur de la demande de labellisation de l'œuvre concernée par l'objection.

Elle statue au plus tôt, en l'absence d'objection, au terme du délai mentionné à l'article R. 331-49, et, en présence d'une objection, au terme du délai fixé en application de l'article R. 331-50.

Art. R. 331-52 La décision de la Haute Autorité accordant le label est notifiée au demandeur et publiée sur le site internet de celle-ci. Le label est matérialisé par un signe distinctif apposé de manière lisible sur le site internet diffusant les œuvres constitutives de l'offre légale et désignant les œuvres couvertes par le label.

Le silence gardé pendant plus de quatre mois par la Haute Autorité sur une demande de labellisation vaut décision de rejet.

Art. R. 331-53 Le label est attribué pour une durée de un an à compter de la date de sa publication sur le site internet de la Haute Autorité. La demande de renouvellement, accompagnée d'un dossier qui comprend tout élément nouveau par rapport à celui de la précédente demande, est présentée au plus tard trois mois avant le terme de la labellisation. Cette demande est instruite selon la même procédure que la demande initiale.

Art. R. 331-54 Le label peut être retiré par la Haute Autorité en cas de méconnaissance des engagements pris en application du 7° de l'article R. 331-47.

Le retrait ne peut intervenir qu'après que le bénéficiaire du label a été mis à même de faire valoir ses observations.

Art. D. 331-54-1 La liste des indicateurs, mentionnés à l'article L. 331-23, du développement de l'offre légale, qu'elle soit ou non commerciale, et d'observation de l'utilisation, qu'elle soit licite ou illicite, des œuvres et des objets protégés par un droit d'auteur ou par un droit voisin sur les réseaux de communications électroniques figure en annexe au présent article.

Sous-section 4 Mission de régulation et de veille dans le domaine des mesures techniques de protection et d'identification des œuvres et des objets protégés

Art. R. 331-55 Le rapport de la Haute Autorité au Gouvernement et au Parlement, prévu à l'article L. 331-14, rend notamment compte des orientations qu'elle a fixées, en application du dernier alinéa de l'article L. 331-31, pour ce qui regarde les modalités d'exercice et le périmètre de l'exception pour copie privée et des décisions prises par elle, sur le fondement de l'article L. 331-32 en matière d'interopérabilité, de l'article L. 331-33 en matière d'exceptions et de l'article L. 331-34 en matière de transmission des textes imprimés sous la forme d'un fichier numérique.

Paragraphe 1 Règles générales de procédure

Art. R. 331-56 I. – La saisine de la Haute Autorité fait l'objet d'une lettre recommandée avec demande d'avis de réception ou, selon des modalités fixées par la Haute Autorité, d'une transmission par voie électronique. Elle comporte :

– le nom et l'adresse du demandeur, ainsi que, le cas échéant, ses statuts et le mandat donné à son représentant ou à son conseil ;

– les pièces justifiant que le demandeur relève de l'une des catégories de personnes autorisées à saisir la Haute Autorité en vertu des dispositions de la présente sous-section ou des articles L. 331-32 à L. 331-34 et L. 331-36 ;

– l'objet de la saisine, qui doit être motivée, et les pièces sur lesquelles se fonde celle-ci.

II. – Lorsque la Haute Autorité est saisie en application des articles L. 331-32 à L. 331-34, le demandeur doit en outre préciser le nom et, si le demandeur la connaît, l'adresse des parties que le demandeur met en cause.

III. – Lorsque la Haute Autorité est saisie en application des dispositions de l'article L. 331-32, le demandeur doit en outre préciser la nature et le contenu du projet dont la réalisation nécessite l'accès aux informations essentielles à l'interopérabilité qu'il sollicite, et justifier qu'il a demandé et s'est vu refuser cet accès soit par le titulaire des droits sur la mesure technique, soit par le fournisseur, l'éditeur ou la personne procédant à l'importation ou au transfert des informations ou de la mesure technique en cause depuis un Etat membre de l'Union européenne. Est assimilé à un refus le fait de ne pas proposer cet accès à des conditions et dans un délai raisonnables.

IV. – Lorsque la Haute Autorité est saisie en application des dispositions de l'article L. 331-33, le demandeur doit en outre justifier qu'il a demandé au titulaire des droits qui recourt à la mesure technique de protection de prendre les mesures propres à permettre l'exercice effectif d'une exception au droit d'auteur et aux droits voisins mentionnée à l'article L. 331-31. Est assimilé à un refus le fait de ne pas proposer la mise en œuvre de telles mesures dans un délai raisonnable.

V. – Lorsque la Haute Autorité est saisie en application des dispositions de l'article L. 331-34, le demandeur doit en outre justifier qu'il est inscrit sur la liste mentionnée au II de l'article R. 122-17 et qu'il a demandé et s'est vu refuser la transmission du fichier numérique d'une œuvre imprimée par l'organisme dépositaire mentionné à l'article D. 122-22.

Si la saisine n'est pas accompagnée de ces éléments, une demande de régularisation est adressée au demandeur ou à son représentant mandaté, qui doivent y répondre et apporter les compléments dans un délai d'un mois.

Le délai de deux mois mentionné aux articles L. 331-32 et L. 331-35 court à compter de la réception du dossier complet par la Haute Autorité.

La production de mémoires, observations ou pièces justificatives effectuées par une partie devant la Haute Autorité sous la signature et sous le timbre d'un avocat emporte élection de domicile.

Art. R. 331-57 I. – L'agrément mentionné à l'article L. 331-33 et au second alinéa de l'article L. 331-36 est accordé par le ministre de la culture pour une durée de cinq années aux associations qui remplissent les conditions suivantes à la date de la demande d'agrément :

1° Justifier d'au moins trois années d'existence à compter de leur déclaration ;

2° Justifier, pendant la période mentionnée à l'alinéa précédent, d'une activité effective et publique en vue de la défense des intérêts des bénéficiaires d'au moins l'une des exceptions mentionnées au 2° de l'article L. 331-31 ; cette activité est appréciée notamment en fonction de la réalisation et de la diffusion de publications et d'informations ;

3° Réunir au moins cinquante membres cotisant individuellement, cette condition pouvant ne pas être exigée des associations se livrant à des activités de recherche et d'analyse de caractère scientifique ; lorsque l'association a une structure fédérale ou confédérale, il est tenu compte du nombre total de cotisants des associations la constituant.

L'agrément est renouvelable dans les conditions de délivrance de l'agrément initial.

Les demandes d'agrément et de renouvellement sont adressées au ministre chargé de la culture. La composition du dossier et les modalités d'instruction sont fixées par arrêté de ce ministre. Lorsque le dossier remis à l'administration est complet, il en est délivré récépissé dans les conditions prévues par le décret n° 2001-492 du 6 juin 2001. La décision d'agrément ou de refus est notifiée dans un délai de deux mois à compter de la délivrance du récépissé. Les décisions de refus doivent être motivées.

II. – Les personnes morales agréées dans les conditions prévues au I du présent article peuvent saisir la Haute Autorité dans l'intérêt collectif d'une ou plusieurs catégories de bénéficiaires des exceptions mentionnées au 2° de l'article L. 331-31. Elles peuvent également intervenir sur mandat d'une ou plusieurs personnes physiques ou morales identifiées. La saisine n'est recevable que si elle comporte mention de la ou des catégories de bénéficiaires représentés ou si les mandats accordés par des personnes physiques ou morales lui sont joints.

Art. R. 331-58 Les associations de défense des consommateurs titulaires de l'agrément prévu par l'article L. 411-1 du code de la consommation ne sont pas tenues de justifier de l'agrément prévu à l'article R. 331-57 pour saisir la Haute Autorité en application de l'article L. 331-33 et du second alinéa de l'article L. 331-36, dès lors que cette saisine est effectuée dans les conditions prévues aux articles L. 421-1 et suivants et L. 422-1 du code de la consommation.

Art. R. 331-59 I. – La Haute Autorité peut rejeter pour irrecevabilité une demande dont elle a été saisie lorsque :

1° L'objet de la demande ne relève pas de sa compétence ;

2° La demande n'est pas conforme aux prescriptions de l'article R. 331-56, après l'expiration du délai d'un mois suivant l'invitation à régulariser qui a été adressée au demandeur ;

3° L'auteur de la saisine ne justifie pas d'une qualité ou d'un intérêt à agir.

II. – La Haute Autorité peut statuer sans instruction sur les saisines entachées d'une irrecevabilité manifeste.

Art. R. 331-60 Lorsque la Haute Autorité est saisie en application des articles L. 331-32 à L. 331-34, le président peut, d'office ou à la demande des parties, procéder à la jonction de l'instruction de plusieurs affaires. A l'issue de leur instruction, la Haute Autorité peut se prononcer par une décision commune. Le président peut également procéder à la disjonction de l'instruction d'une saisine en plusieurs affaires.

Art. R. 331-61 Les rapporteurs chargés de l'instruction de dossiers auprès de la Haute Autorité sont nommés par le président de la Haute Autorité parmi les agents publics de catégorie A ou assimilés, en activité ou ayant fait valoir leurs droits à la retraite, et les personnes pouvant justifier d'une expérience d'au moins cinq ans dans le domaine du droit de la propriété intellectuelle ou dans celui des mesures techniques et titulaires d'un des diplômes permettant d'accéder à un corps de catégorie A.

Peuvent également être nommés rapporteurs les magistrats de l'ordre judiciaire détachés ou mis à disposition de la Haute Autorité en application des dispositions de l'article R. 331-15.

Art. R. 331-62 Lorsque la Haute Autorité est saisie en application des articles L. 331-32 à L. 331-34, l'instruction de l'affaire s'effectue dans des conditions qui garantissent le respect du principe du caractère contradictoire de la procédure. Le président désigne le rapporteur. Celui-ci procède à toutes diligences utiles.

La partie mise en cause est entendue à sa demande ou si le rapporteur l'estime utile. Le rapporteur peut également entendre toute autre personne dont l'audition lui paraît utile, notamment lorsqu'il est saisi d'une demande en ce sens par un tiers. Dans tous les cas, il établit un procès-verbal qui est versé au dossier.

Le rapporteur peut verser au dossier les observations et pièces produites par des tiers. Il peut solliciter auprès des parties des pièces complémentaires et proposer de recourir à des expertises dans les conditions fixées à l'article R. 331-63.

Art. R. 331-63 Lorsqu'il est fait application de l'article R. 331-32-2, les honoraires et frais d'expertise sont à la charge de la partie qui en a fait la demande ou à celle de la Haute Autorité, dans le cas où l'expertise est ordonnée d'office par le président sur proposition du rapporteur. Toutefois, la Haute Autorité peut, dans sa décision sur le fond, faire peser tout ou partie de la charge définitive de l'expertise sur certaines parties dans les conditions prévues à l'article R. 331-75.

Lorsqu'une expertise est demandée par une partie et acceptée par le président, le montant d'une provision égale aux honoraires prévus par l'expert est consigné sur demande du président. Si plusieurs parties doivent procéder à une telle consignation, le président indique dans quelle proportion chacune doit consigner.

Le rapport d'expertise est remis au rapporteur chargé de l'instruction de l'affaire, qui le verse au dossier.

Art. R. 331-64 Les décisions prises par la Haute Autorité en application des règles de procédure prévues aux paragraphes 2, 3 et 4 de la présente sous-section ne peuvent porter atteinte à l'exploitation normale d'une œuvre ou d'un objet protégé par un droit de propriété intellectuelle, ni causer un préjudice injustifié aux intérêts légitimes des titulaires de droits de propriété intellectuelle.

Paragraphe 2 Procédure applicable en matière d'interopérabilité des mesures techniques

Art. R. 331-65 I. – Lorsqu'une partie se prévaut d'un secret protégé par la loi, elle signale par lettre, à l'occasion de leur communication à la Haute Autorité, les informations, documents ou parties de documents regardés par elle comme mettant en jeu un secret protégé par la loi et demande, pour des motifs qu'elle précise pour chacun d'entre eux, leur classement en annexe confidentielle. Elle fournit séparément une version non confidentielle de ces documents ainsi qu'un résumé des éléments dont elle demande le classement. Le cas échéant, elle désigne les entreprises à l'égard desquelles le secret serait susceptible de s'appliquer.

Lorsque les informations, documents ou parties de documents susceptibles de mettre en jeu un secret protégé par la loi sont communiqués à la Haute Autorité par une autre personne que celle qui est susceptible de se prévaloir de ce secret et que celle-ci n'a pas formé de demande de classement, le rapporteur l'invite à présenter, si elle le souhaite, dans un délai qu'il fixe, une demande de classement en annexe confidentielle conformément aux prescriptions de l'alinéa précédent.

II. – Les informations, documents ou parties de documents pour lesquels une demande de classement n'a pas été présentée sont réputés ne pas mettre en jeu un secret protégé par la loi, notamment le secret des affaires, dont les parties pourraient se prévaloir.

Le président de la Haute Autorité donne acte à la personne concernée du classement en annexe confidentielle des informations, documents ou partie de documents regardés par elle comme mettant en jeu un secret protégé par la loi. Les pièces considérées sont retirées du dossier ou certaines de leurs mentions sont occultées. La version non confidentielle des documents et leur résumé sont versés au dossier.

Le président de la Haute Autorité peut refuser le classement en tout ou en partie si la demande n'a pas été présentée conformément aux dispositions du premier alinéa du présent article, ou l'a été au-delà des délais impartis en vertu du deuxième alinéa, ou si elle est manifestement infondée. La pièce est alors restituée à la partie qui l'a produite.

III. – Lorsque le rapporteur considère qu'une pièce classée en annexe confidentielle est nécessaire à la procédure, il en informe par lettre recommandée avec accusé de réception la personne qui en a demandé le classement. Si cette personne s'oppose, dans le délai qui lui a été imparti par le rapporteur, à ce que la pièce soit utilisée dans la procédure, elle saisit le président de la Haute Autorité. Si celui-ci donne suite à son opposition, la pièce est restituée à la partie qui l'a produite. Dans le cas contraire, il autorise l'utilisation de la pièce par le rapporteur et sa communication aux parties pour lesquelles la pièce est nécessaire à l'exercice de leurs droits. Les parties concernées ne peuvent utiliser cette pièce, qui demeure couverte par le secret protégé par la loi, que dans le cadre de la procédure devant la Haute Autorité et des voies de recours éventuelles contre les décisions de celle-ci.

Lorsqu'une partie considère qu'une pièce classée en annexe confidentielle est nécessaire à l'exercice de ses droits, elle peut en demander la communication ou la consultation en présentant une requête motivée au rapporteur. Le rapporteur informe la personne qui a demandé le classement de cette pièce par lettre recommandée avec accusé de réception. Si cette dernière s'oppose, dans le délai qui lui a été imparti par le rapporteur, à ce que la pièce soit communiquée à la partie qui en fait la demande, elle saisit le président de la Haute Autorité. Si celui-ci donne suite à son opposition, la pièce est restituée à la partie qui l'a produite. Dans le cas contraire, il autorise la communication ou la consultation de la pièce à la partie qui en a fait la demande ainsi que, le cas échéant, aux autres parties pour lesquelles la pièce est nécessaire à l'exercice de leurs droits. Les parties concernées ne peuvent utiliser cette pièce, qui demeure couverte par le secret protégé par la loi, que dans le cadre de la procédure devant la Haute Autorité et des voies de recours éventuelles contre les décisions de celle-ci.

Art. R. 331-66 Lorsque le rapporteur constate que les engagements proposés par chacune des parties recueillent l'accord de l'ensemble de celles-ci et qu'ils sont de nature à mettre un terme aux pratiques contraires à l'interopérabilité au sens des dispositions de l'article L. 331-32, il établit un projet de procès-verbal signé par les parties en cause, constatant ces engagements et fixant un délai pour leur exécution. Ce procès-verbal devient définitif après accord de la Haute Autorité, qui peut entendre les parties ou toute autre personne avant de statuer si elle le juge utile.

Les engagements mentionnés à l'alinéa précédent peuvent être modifiés avec l'accord de la Haute Autorité selon la procédure prévue à cet alinéa.

Art. R. 331-67 I. – A défaut d'accord des parties et de la Haute Autorité constaté dans les conditions fixées par l'article R. 331-66, le rapport du rapporteur est notifié aux parties, qui disposent d'un délai de quinze jours pour prendre connaissance et copie du dossier auprès des services de la Haute Autorité et pour transmettre à celle-ci leurs observations écrites.

Lorsque les circonstances le justifient, le président de la Haute Autorité peut, par une décision non susceptible de recours, accorder un délai supplémentaire, qui ne peut excéder un mois, pour la consultation du dossier et la production des observations des parties.

Les parties sont informées de la date à laquelle la Haute Autorité statuera sur la saisine au moins dix jours avant la séance. La personne mise en cause est entendue à sa demande ou à celle du président de la Haute Autorité. Elle doit pouvoir prendre la parole en dernier.

La Haute Autorité peut également entendre le demandeur ou toute personne dont l'audition lui paraît utile.

Les personnes entendues peuvent être assistées d'un conseil.

Le rapporteur qui a instruit une affaire peut présenter des observations orales lors de la séance au cours de laquelle elle est examinée. La Haute Autorité statue hors de sa présence.

Lorsqu'elle estime que l'instruction est incomplète, la Haute Autorité peut décider de renvoyer l'affaire en tout ou partie à l'instruction. Cette décision n'est pas susceptible de recours.

II. – La Haute Autorité peut, si elle le juge utile, demander à son président de saisir pour avis l'Autorité de la concurrence selon les modalités fixées au dernier alinéa de l'article L. 331-32 et décider de surseoir à statuer, dans l'attente de cet avis, sur la demande dont elle a été saisie.

Art. R. 331-68 I. – Au terme de la procédure prévue à l'article R. 331-67, la Haute Autorité peut, par une décision motivée, soit rejeter la demande dont elle a été saisie, soit enjoindre au titulaire des droits sur la mesure technique de prendre les mesures propres à assurer l'accès du demandeur aux informations essentielles à l'interopérabilité.

Lorsqu'elle prononce une injonction, la Haute Autorité définit les conditions d'accès à ces informations, notamment :

1° La durée de cet accès et son champ d'application ;

2° L'indemnité que le demandeur doit verser au titulaire des droits sur la mesure technique, lorsque celui-ci présente une demande justifiée à cette fin. L'injonction prend effet au plus tôt à la date de versement de l'indemnité à celui-ci ou à la date de consignation de cette somme selon des modalités fixées par la Haute Autorité. Le montant de cette indemnité tient compte notamment de la valeur économique des informations communiquées au demandeur.

La Haute Autorité précise en outre les engagements que le demandeur doit respecter pour garantir, d'une part, l'efficacité et l'intégrité de la mesure technique, et, d'autre part, les conditions d'utilisation du contenu protégé et les modalités d'accès à celui-ci. Ces engagements peuvent comporter l'obligation de faire vérifier par un expert désigné par la Haute Autorité que l'efficacité et l'intégrité de la mesure technique sont respectées. Ces engagements portent également sur les conditions de publication du code source et de la documentation technique en application des dispositions du troisième alinéa de l'article L. 331-32, lorsque le demandeur déclare à la Haute Autorité vouloir publier ces éléments.

II. – La Haute Autorité peut assortir cette injonction d'une astreinte dont elle fixe le montant et la date d'effet. Lorsque la Haute Autorité constate, à compter de cette date, d'office ou sur la saisine de toute partie intéressée que les mesures qu'elle avait prescrites n'ont pas été prises, elle procède à la liquidation de l'astreinte. Celle-ci est provisoire ou définitive. Elle doit être considérée comme provisoire, à moins que la Haute Autorité n'ait précisé son caractère définitif. La Haute Autorité peut modérer ou supprimer l'astreinte provisoire, même en cas d'inexécution constatée.

Art. R. 331-69 Lorsque aucun recours devant la cour d'appel de Paris n'a été formé dans le délai prévu au premier alinéa de l'article R. 331-75 ou lorsque ce recours a été rejeté par une décision juridictionnelle devenue définitive, la Haute Autorité peut, à la demande de toute partie intéressée, modifier ou mettre fin à son injonction si des éléments nouveaux le justifient ou si le demandeur renonce à donner suite à sa demande d'accès aux informations en litige. La Haute Autorité statue, au terme de la procédure prévue aux articles R. 331-56 à R. 331-65 et R. 331-67, selon les modalités fixées à l'article R. 331-68.

Art. R. 331-70 En cas de non-respect des engagements acceptés par la Haute Autorité suivant la procédure fixée à l'article R. 331-66 ou en cas d'inexécution de l'injonction prononcée en application des dispositions des articles R. 331-68 et R. 331-69, le demandeur mentionné à ces articles peut saisir la Haute Autorité afin que celle-ci prononce à l'encontre du titulaire des droits sur la mesure technique la sanction pécuniaire prévue à l'article L. 331-32.

Cette sanction pécuniaire peut également être prononcée, à la demande du titulaire des droits sur la mesure technique, à l'encontre du demandeur si celui-ci ne respecte pas soit les engagements qu'il a pris et qui ont été acceptés par la Haute Autorité suivant la procédure fixée à l'article R. 331-66, soit les engagements qui lui ont été imposés par la Haute Autorité en application des dispositions du I de l'article R. 331-68.

La Haute Autorité statue au terme de la procédure prévue aux articles R. 331-56 à R. 331-65 et R. 331-67.

Art. R. 331-71 Le rapporteur peut demander au titulaire des droits sur la mesure technique ou, dans le cas prévu au deuxième alinéa de l'article R. 331-70, au demandeur, de lui communiquer, dans un délai de dix jours, les montants de chiffres d'affaires nécessaires au calcul du plafond d'une éventuelle sanction. Si la partie concernée s'abstient de lui communiquer ces informations ou s'il conteste l'exactitude de celles-ci, le rapporteur indique dans son rapport son évaluation des chiffres d'affaires en cause et les éléments sur lesquels il fonde celle-ci.

Paragraphe 3 Procédure applicable en matière d'exceptions au droit d'auteur et aux droits voisins et de transmission des fichiers numériques ayant servi à l'édition d'œuvres imprimées

Art. R. 331-72 Lorsque le rapporteur constate qu'une conciliation des parties est possible en application des dispositions du premier alinéa de l'article L. 331-35 et dans le respect de l'article R. 331-65, il établit un projet de procès-verbal signé par les parties en cause, constatant la conciliation, précisant les mesures à prendre pour mettre fin à la situation litigieuse et fixant un délai pour l'exécution de ces mesures. Ce procès-verbal de conciliation devient définitif et exécutoire après accord de la Haute Autorité, qui peut entendre les parties avant de statuer si elle le juge utile.

Le procès-verbal est déposé immédiatement au secrétariat-greffe du ou des tribunaux d'instance dans le ressort duquel ou desquels les parties au litige ont leur domicile ou siège social.

Toute conciliation réalisée ultérieurement est constatée par procès-verbal établi et déposé dans les mêmes conditions.

Art. R. 331-73 En cas d'échec de la conciliation, la Haute Autorité peut, par une décision motivée prise au terme de la procédure fixée par le I de l'article R. 331-67, soit rejeter la demande dont elle a été saisie, soit enjoindre à la personne mise en cause de prendre les mesures propres à assurer le bénéfice effectif de l'exception au droit d'auteur ou aux droits voisins ou la transmission du fichier numérique ayant servi à l'édition d'une œuvre imprimée.

Lorsqu'elle prononce une injonction visant à garantir le bénéfice effectif d'une exception au droit d'auteur ou aux droits voisins, la Haute Autorité détermine les modalités d'exercice de cette exception et fixe notamment, le cas échéant, le nombre minimal de copies autorisées dans le cadre de l'exception pour copie privée, en fonction du type d'œuvre ou d'objet protégé, des divers modes de communication au public et des possibilités offertes par les techniques de protection disponibles.

La Haute Autorité peut également préciser les engagements que le demandeur doit respecter pour assurer le maintien des conditions d'utilisation du contenu protégé et les modalités d'accès à celui-ci et, le cas échéant, l'efficacité et l'intégrité de la mesure technique mise en œuvre.

La Haute Autorité peut assortir ses injonctions d'une astreinte selon les modalités prévues au II de l'article R. 331-68.

Paragraphe 4 Procédure applicable aux saisines pour avis en matière d'interopérabilité et d'exceptions au droit d'auteur et aux droits voisins

Art. R. 331-74 Les avis rendus en application de l'article L. 331-36 peuvent être publiés par la Haute Autorité.

Paragraphe 5 Voies de recours contre les décisions de la Haute Autorité

Art. R. 331-75 Les décisions de la Haute Autorité mentionnées aux articles R. 331-68 à R. 331-70 et R. 331-73 sont notifiées par lettre recommandée avec demande d'avis de réception aux parties, qui peuvent, dans le délai d'un mois, introduire un recours en annulation ou en réformation devant la cour d'appel de Paris. Les augmentations de délais prévues à l'article 643 du code de procédure civile ne s'appliquent pas à ce recours.

La lettre de notification doit indiquer le délai de recours ainsi que les modalités selon lesquelles celui-ci peut être exercé. Elle comporte en annexe les noms, qualités et adresses des parties auxquelles la décision de la Haute Autorité a été notifiée. Les délais de recours ne sont pas opposables à l'auteur de celui-ci lorsque la lettre de notification ne comporte pas les indications prévues au présent alinéa.

Ces décisions ainsi que les procès-verbaux mentionnés aux articles R. 331-66 et R. 331-72 sont rendus publics par tous moyens et, en tout état de cause, s'agissant des décisions, au *Bulletin officiel* du ministère de la culture et de la communication. La Haute Autorité peut prévoir une publication limitée pour tenir compte de l'intérêt légitime des parties à ce que leurs secrets protégés par la loi ne soient pas divulgués. Une copie de ces documents est adressée au ministre chargé de la culture et, pour ce qui concerne les litiges relatifs à l'interopérabilité des mesures techniques, au ministre chargé de la propriété industrielle.

La Haute Autorité peut mettre tout ou partie des frais de procédure à la charge du demandeur dont la demande est rejetée ou à celle de la personne mise en cause lorsqu'une injonction ou une sanction pécuniaire est prononcée à son encontre. Ces frais incluent, le cas échéant, le coût de l'expertise mentionnée à l'article R. 331-63 et celui de la publication de la décision.

Les sanctions pécuniaires et les astreintes sont recouvrées comme les créances de l'Etat étrangères à l'impôt et au domaine.

Art. R. 331-76 Par dérogation aux dispositions du titre VI du livre II du code de procédure civile, les recours exercés devant la cour d'appel de Paris contre les décisions de la Haute Autorité sont formés, instruits et jugés conformément aux dispositions de la présente sous-section.

La Haute Autorité n'est pas partie à l'instance.

Art. R. 331-77 Les recours prévus à l'article R. 331-75 sont formés par une déclaration écrite en triple exemplaire déposée contre récépissé au greffe de la cour d'appel de Paris contenant, à peine de nullité :

1° Si le demandeur est une personne physique, ses nom, prénoms, profession et domicile ; si le demandeur est une personne morale, sa dénomination, sa forme, son siège social et l'organe qui la représente ;

2° L'objet du recours.

Lorsque la déclaration ne contient pas l'exposé des moyens invoqués, le demandeur doit, à peine de caducité, déposer cet exposé au greffe dans les deux mois qui suivent la notification de la décision de la Haute Autorité.

La déclaration de recours mentionne la liste des pièces et documents justificatifs produits. Les pièces et documents mentionnés dans la déclaration sont remis au greffe de la cour d'appel en même temps que la déclaration. Le demandeur au recours joint à la déclaration une copie de la décision attaquée.

Lorsque le demandeur au recours n'est pas représenté, il doit informer sans délai le greffe de la cour de tout changement de domicile.

Art. R. 331-78 Dans les cinq jours qui suivent le dépôt de sa déclaration, l'auteur du recours doit, à peine de caducité de ce dernier prononcée d'office, en adresser, par lettre recommandée avec demande d'avis de réception, une copie aux parties auxquelles la décision de la Haute Autorité a été notifiée, ainsi qu'il ressort de la lettre de notification prévue au deuxième alinéa de l'article R. 331-75.

Dès l'enregistrement du recours, le greffe de la cour d'appel notifie une copie de la déclaration mentionnée à l'article R. 331-77 et des pièces qui y sont jointes au président de la Haute Autorité, ainsi qu'au ministre chargé de la culture et, pour ce qui concerne les litiges relatifs à l'interopérabilité des mesures techniques, au ministre chargé de la propriété industrielle.

Le président de la Haute Autorité transmet au greffe de la cour le dossier de l'affaire qui comporte le rapport, les mémoires et pièces transmis par les parties et tous les documents versés au dossier durant l'instruction.

Art. R. 331-79 Un recours incident peut être formé alors même que son auteur serait forclos pour exercer un recours à titre principal. Toutefois, dans ce dernier cas, le recours incident ne sera pas recevable s'il est formé plus d'un mois après la réception de la lettre recommandée de l'auteur du recours formé à titre principal, prévue au premier alinéa de l'article R. 331-78 ou si le recours principal n'est pas lui-même recevable.

Le recours incident est formé selon les modalités prévues à l'article R. 331-77. Il est dénoncé, dans les conditions prévues au premier alinéa de l'article R. 331-78, à l'auteur du recours à titre principal.

Art. R. 331-80 Lorsque le recours risque d'affecter les droits ou les charges d'autres personnes qui étaient parties en cause devant la Haute Autorité, ces personnes peuvent se joindre à l'instance devant la cour d'appel par déclaration écrite et motivée déposée au greffe dans les conditions prévues à l'article R. 331-77 dans le délai d'un mois après la réception de la lettre recommandée de l'auteur du recours formé à titre principal, prévue au premier alinéa de l'article R. 331-78. Elle est notifiée à l'auteur du recours formé à titre principal.

A tout moment, le premier président ou son délégué ou la cour peut mettre d'office en cause ces mêmes personnes. Le greffe notifie la décision de mise en cause par lettre recommandée avec demande d'avis de réception.

Art. R. 331-81 Le premier président de la cour d'appel ou son délégué fixe les délais dans lesquels les parties à l'instance doivent se communiquer leurs observations écrites et en déposer copie au greffe de la cour. Il fixe également la date des débats.

Le greffe notifie ces délais aux parties et les convoque à l'audience par lettre recommandée avec demande d'avis de réception.

Art. R. 331-82 Les notifications entre parties ont lieu par lettre recommandée avec demande d'avis de réception ou par notification directe entre les avocats des parties. Les pièces de procédure doivent être déposées au greffe en triple exemplaire.

Art. R. 331-83 Devant la cour d'appel ou son premier président, la représentation et l'assistance des parties s'exercent dans les conditions prévues par l'article 931 du code de procédure civile.

Art. R. 331-84 Les décisions de la cour d'appel de Paris ou de son premier président sont notifiées par lettre recommandée avec demande d'avis de réception par le greffe de la cour aux parties à l'instance.

Elles sont portées à la connaissance du président de la Haute Autorité, du ministre chargé de la culture et, pour ce qui concerne les litiges relatifs à l'interopérabilité des mesures techniques, au ministre chargé de la propriété industrielle, par lettre simple à l'initiative du greffe.

Sous-section 5 Evaluation et labellisation des moyens de sécurisation destinés à prévenir l'utilisation illicite de l'accès à un service de communication au public en ligne

Art. R. 331-85 L'évaluation prévue à l'article L. 331-26 est effectuée à la demande de l'éditeur d'un moyen de sécurisation destiné à prévenir l'utilisation illicite de l'accès à un service de communication au public en ligne.

Le demandeur choisit, pour procéder à cette évaluation, un ou plusieurs centres d'évaluation, agréés dans le domaine de ces moyens de sécurisation conformément à la procédure fixée par le chapitre II du décret n° 2002-535 du 18 avril 2002 modifié relatif à l'évaluation et à la certification de la sécurité offerte par les produits et les systèmes des technologies de l'information.

Art. R. 331-86 I. – Le demandeur adresse au centre qu'il a choisi un dossier qui comporte :

a) La description du moyen de sécurisation à évaluer ;

b) Les dispositions prévues pour conférer sa pleine efficacité à ce moyen de sécurisation ;

c) L'ensemble des éléments permettant d'apprécier la conformité du moyen de sécurisation aux spécifications fonctionnelles rendues publiques par la Haute Autorité en application du premier alinéa de l'article L. 331-26.

II. – Il définit avec le centre :

a) Les conditions de protection de la confidentialité des informations qui seront traitées dans le cadre de l'évaluation ;

b) Le coût et les modalités de paiement de l'évaluation ;

c) Le programme de travail et les délais prévus pour l'évaluation.

Art. R. 331-87 Le demandeur est tenu de mettre à la disposition du centre d'évaluation tous les éléments nécessaires au bon accomplissement de ses travaux.

Le demandeur peut décider à tout moment de mettre fin à une évaluation. Il est décidé entre les parties du dédommagement éventuellement dû au centre d'évaluation.

Art. R. 331-88 Au terme de ses travaux, le centre d'évaluation remet un rapport d'évaluation au demandeur.

Ce rapport, qui contient des informations couvertes par le secret industriel et commercial, revêt un caractère confidentiel.

Art. R. 331-89 Pour obtenir le label prévu à l'article L. 331-26, l'éditeur d'un moyen de sécurisation :

1° Adresse la demande de labellisation à la Haute Autorité par lettre recommandée avec demande d'avis de réception.

Cette demande comporte :

a) Si le demandeur est une personne physique, ses nom, prénom, adresse et coordonnées téléphoniques et, s'il est assujetti aux formalités d'inscription au registre du commerce et des sociétés ou au répertoire des métiers, le numéro de son inscription ;

b) Si le demandeur est une personne morale, sa dénomination ou sa raison sociale, les coordonnées téléphoniques de la personne physique à contacter et, s'il s'agit d'une entreprise assujettie aux formalités d'inscription au registre du commerce et des sociétés ou au répertoire des métiers, le numéro de son inscription et l'adresse de son siège social ;

2° Demande au centre ayant procédé à l'évaluation d'adresser à la Haute Autorité un exemplaire de son rapport.

Art. R. 331-90 Est déclarée irrecevable toute demande qui ne comporte pas les informations et le rapport mentionnés à l'article R. 331-89.

Toutefois, cette irrecevabilité ne peut être opposée par la Haute Autorité qu'après que l'auteur de la demande a été invité à compléter sa demande.

Art. R. 331-91 La Haute Autorité délivre le label au moyen de sécurisation lorsqu'elle estime établi, au vu du rapport d'évaluation, que ce moyen est efficace et conforme aux spécifications fonctionnelles qu'elle a rendu publiques en application du premier alinéa de l'article L. 331-26.

La décision de la Haute Autorité d'attribution ou de refus du label est notifiée au demandeur.

Le silence gardé pendant plus de quatre mois par la Haute Autorité sur une demande de labellisation vaut décision de rejet.

Art. R. 331-92 Le label prend effet à compter de la date de notification de la décision de la Haute Autorité au demandeur.

Art. R. 331-93 Lorsque la Haute Autorité modifie les spécifications fonctionnelles que les moyens de sécurisation doivent présenter en application du premier alinéa de l'article L. 331-26, elle peut demander à l'éditeur d'un moyen de sécurisation labellisé de faire procéder à une nouvelle évaluation.

Art. R. 331-94 Le label peut être retiré par la Haute Autorité lorsque le moyen de sécurisation :

a) Cesse de remplir tout ou partie des conditions au vu desquelles il a été délivré ;

b) Ne répond pas aux nouvelles spécifications fonctionnelles.

Le retrait ne peut intervenir qu'après que le bénéficiaire du label a été mis à même de faire valoir ses observations.

Art. R. 331-95 La Haute Autorité met à disposition du public la liste tenue à jour des moyens de sécurisation labellisés en application du second alinéa de l'article L. 331-26.

Chapitre II Saisie-contrefaçon

Art. R. 332-2 Le délai prévu au premier alinéa de l'article L. 332-2 est de vingt jours ouvrables ou de trente et un jours civils si ce délai est plus long, à compter du jour où est intervenue la saisie ou la description.

Art. R. 332-3 Le délai prévu à l'article L. 332-3 et imparti au demandeur pour se pourvoir au fond par la voie civile ou pénale, ou déposer une plainte auprès du procureur de la République, est de vingt jours ouvrables ou de trente et un jours civils si ce délai est plus long, à compter du jour où est intervenue la saisie ou la description.

Art. R. 332-4 Le délai prévu au troisième alinéa de l'article L. 332-4 et imparti au demandeur pour se pourvoir au fond par la voie civile ou pénale, ou déposer une plainte auprès du procureur de la République, est de vingt jours ouvrables ou de trente et un jours civils si ce délai est plus long, à compter du jour où est intervenue la saisie ou la description.

Chapitre V Dispositions pénales

Art. R. 335-2 Toute publicité ou notice d'utilisation relative à un moyen permettant la suppression ou la neutralisation de tout dispositif technique protégeant un logiciel, qui ne comporte pas la mention en caractères apparents que l'utilisation illicite de ces moyens est passible des sanctions prévues en cas de contrefaçon, est punie des peines prévues pour les contraventions de la 3e classe.

Art. R. 335-3 Est puni de l'amende prévue pour les contraventions de la 4e classe le fait :

1° De détenir en vue d'un usage personnel ou d'utiliser une application technologique, un dispositif ou un composant conçus ou spécialement adaptés pour porter atteinte à une mesure technique efficace mentionnée à l'article L. 331-5 du présent code qui protège une œuvre, une interprétation, un phonogramme, un vidéogramme, un programme ou une base de données ;

2° De recourir à un service conçu ou spécialement adapté pour porter l'atteinte visée à l'alinéa précédent.

Ces dispositions ne s'appliquent pas aux actes qui ne portent pas préjudice aux titulaires de droits et qui sont réalisés à des fins de sécurité informatique ou à des fins de recherche scientifique en cryptographie.

Art. R. 335-4 Est puni de l'amende prévue pour les contraventions de la 4e classe le fait :

1° De détenir en vue d'un usage personnel ou d'utiliser une application technologique, un dispositif ou un composant conçus ou spécialement adaptés pour supprimer ou modifier un élément d'information visé à l'article L. 331-22 et qui ont pour but de porter atteinte à un droit d'auteur, à un droit voisin ou à un droit de producteur de base de données, de dissimuler ou de faciliter une telle atteinte ;

2° De recourir à un service conçu ou spécialement adapté pour porter, dans les mêmes conditions, l'atteinte visée à l'alinéa précédent.

Ces dispositions ne s'appliquent pas aux actes qui ne portent pas préjudice aux titulaires de droits et qui sont réalisés à des fins de sécurité informatique ou à des fins de recherche scientifique en cryptographie.

Art. R. 335-5 I. – Constitue une négligence caractérisée, punie de l'amende prévue pour les contraventions de la cinquième classe, le fait, sans motif légitime, pour la personne titulaire d'un accès à des services de communication au public en ligne, lorsque se trouvent réunies les conditions prévues au II :

1° Soit de ne pas avoir mis en place un moyen de sécurisation de cet accès ;

2° Soit d'avoir manqué de diligence dans la mise en œuvre de ce moyen.

II. – Les dispositions du I ne sont applicables que lorsque se trouvent réunies les deux conditions suivantes :

1° En application de l'article L. 331-25 et dans les formes prévues par cet article, le titulaire de l'accès s'est vu recommander par la commission de protection des droits de mettre en œuvre un moyen de sécurisation de son accès permettant de prévenir le renouvellement d'une utilisation de celui-ci à des fins de reproduction, de représentation ou de mise à disposition ou de communication au public d'œuvres ou d'objets protégés par un droit d'auteur ou par un droit voisin sans l'autorisation des titulaires des droits prévus aux livres Ier et II lorsqu'elle est requise ;

2° Dans l'année suivant la présentation de cette recommandation, cet accès est à nouveau utilisé aux fins mentionnées au 1° du présent II.

Chapitre V *bis* La retenue

Art. R. 335-6 I. – La demande écrite sollicitant l'intervention de la douane, qu'elle soit préalable ou présentée après que le demandeur a été informé du placement de la marchandise en retenue, comporte :

1° Les prénom et nom ou la raison sociale et les coordonnées du demandeur ;

2° Le statut du demandeur au regard du ou des droits de propriété intellectuelle pour lesquels l'intervention de la douane est demandée ;

3° Les documents justificatifs permettant au service douanier compétent de s'assurer que le demandeur est habilité à présenter la demande ;

4° Le cas échéant, les coordonnées du représentant du demandeur ainsi que les documents justifiant la représentation ;

5° La liste du ou des droits dont la protection est demandée ;

6° Les données spécifiques et techniques sur les marchandises authentiques, telles que les marquages, les codes-barres ou images ;

7° Les informations nécessaires pour permettre aux autorités douanières de reconnaître facilement les marchandises authentiques ;

8° Toutes informations utiles au service pour évaluer le risque de violation du ou des droits protégés, telles que la liste des distributeurs autorisés, le ou les pays de fabrication ainsi que la valeur des marchandises authentiques ;

9° L'engagement du demandeur de respecter les obligations découlant de la demande d'intervention.

II. – Les modalités de présentation de la demande sont précisées par arrêté du ministre chargé des douanes.

Art. R. 335-7 I. – Le ministre chargé des douanes accepte ou rejette la demande écrite dans un délai de trente jours ouvrables à compter de sa réception.

II. – Lorsque la demande est incomplète, le demandeur est invité à fournir les informations manquantes dans un délai suspensif de dix jours ouvrables.

III. – La décision du ministre est valable pendant une durée qui ne peut excéder un an à compter du lendemain de l'acceptation de la demande.

IV. – La demande est renouvelable sur demande expresse de l'intéressé.

Art. R. 335-8 Lorsque la demande écrite est présentée après que le demandeur a été informé du placement de la marchandise en retenue, le ministre chargé des douanes l'accepte ou la rejette dans un délai de deux jours ouvrables à compter de sa réception.

Si la demande ne contient pas les données spécifiques et techniques sur les marchandises authentiques, les informations nécessaires pour permettre aux autorités douanières de reconnaître facilement les marchandises authentiques et les informations utiles au service pour évaluer le risque de violation du ou des droits protégés, il n'y est fait droit que pour la retenue en cours des marchandises, sauf si ces informations sont communiquées dans un délai de dix jours ouvrables à compter de la notification de la retenue.

Art. R. 335-9 Le ministre chargé des douanes peut suspendre ou abroger la décision faisant droit à la demande écrite ou refuser de faire droit à la demande de renouvellement qui lui est présentée. Il en informe le demandeur, qui dispose d'un délai pour présenter ses observations. Ce délai, fixé par le ministre chargé des douanes, ne peut être inférieur à quinze jours. La décision n'est notifiée à l'intéressé qu'après l'expiration de ce délai.

Art. R. 335-10 Le directeur régional des douanes territorialement compétent se prononce sur la demande de prorogation du délai de dix jours de la retenue.

Art. R. 335-11 Le ministre chargé des douanes prononce les décisions relevant des articles 9, 12 et 16 du règlement (UE) n° 608/2013 du Parlement européen et du Conseil du 12 juin 2013.

Art. R. 335-12 A défaut de réponse de l'autorité compétente dans les délais prévus au présent chapitre, les demandes concernées sont considérées comme rejetées.

Art. R. 335-13 Les garanties destinées à l'indemnisation éventuelle du détenteur des marchandises, au cas où la contrefaçon ne serait pas ultérieurement reconnue, qui peuvent être exigées du titulaire du droit d'auteur ou du droit voisin, lequel s'est pourvu par la voie civile ou correctionnelle, sont fixées par l'autorité judiciaire.

Art. R. 335-14 La définition des denrées périssables est précisée par arrêté du ministre chargé des douanes.

Art. R. 335-15 Les frais liés à la mesure de retenue ou aux mesures conservatoires prononcées par la juridiction civile mis à la charge du titulaire du droit d'auteur ou du droit voisin en application du présent code ainsi que de l'article 29 du règlement (UE) n° 608/2013 du Parlement européen et du Conseil du 12 juin 2013 comprennent les dépenses de stockage, de manutention, de transport et de destruction des marchandises.

Les modalités de calcul des frais visés à l'alinéa précédent sont déterminées par un arrêté du ministre chargé des douanes.

Art. R. 335-16 I. – Lorsque l'administration des douanes décide de procéder à un prélèvement d'échantillon, trois exemplaires sont prélevés par les agents des douanes. L'un est remis au titulaire du droit d'auteur ou du droit voisin ou à son représentant, l'autre est remis au détenteur ou au déclarant ou au représentant de l'un d'entre eux et le dernier est conservé par l'administration des douanes. Les trois échantillons doivent être, autant que possible, identiques.

Le prélèvement est réalisé en présence soit du détenteur de la marchandise, soit du déclarant ou d'un représentant de l'un d'entre eux. Le titulaire du droit d'auteur ou du droit voisin ou son représentant peut également être présent. Ils sont informés de l'heure, du lieu du prélèvement d'échantillons et de la faculté dont ils disposent d'être présents.

En cas d'absence du détenteur de la marchandise ou du déclarant ou du représentant de l'un d'entre eux, un témoin n'appartenant pas à l'administration des douanes est requis par deux agents des douanes pour assister au prélèvement.

Lorsque le titulaire du droit d'auteur ou du droit voisin ou son représentant n'est pas présent, l'échantillon qui lui est destiné peut, sur sa demande expresse et à ses frais, lui être envoyé ou être envoyé à son représentant. Lorsque le détenteur de la marchandise ou le déclarant ou le représentant de l'un d'eux n'est pas présent, l'échantillon qui lui est destiné est conservé par l'administration.

Lorsqu'une marchandise ou un objet, en raison de son poids, de ses dimensions, de sa valeur, de sa nature ou de la trop faible quantité de produit, ne peut faire l'objet d'un prélèvement de trois échantillons, la marchandise ou l'objet est prélevé dans sa totalité et constitue un seul et unique échantillon, qui est remis au titulaire du droit d'auteur ou du droit voisin ou à son représentant.

II. – Tout échantillon prélevé est mis sous scellé. Chacun doit retenir une étiquette d'identification portant les mentions suivantes :

1° Les nom, prénom ou raison sociale et adresse du détenteur de la marchandise ou du déclarant ;

2° Le cas échéant, les nom, prénom et adresse du témoin requis ;

3° Les nom, prénom ou raison sociale et adresse du titulaire du droit d'auteur ou du droit voisin ou de son représentant auquel l'échantillon est remis ou envoyé ;

4° La dénomination de la marchandise ;

5° La date, l'heure et le lieu du prélèvement ;

6° Le numéro d'ordre de chaque échantillon ;

7° Les nom, prénom et qualité de l'agent ayant effectué le prélèvement ainsi que sa signature.

III. – Tout prélèvement donne lieu à la rédaction d'un procès-verbal de constat au sens de l'article 334 du code des douanes. Le procès-verbal comporte, outre les mentions prévues par ce code, les mentions suivantes :

1° La date, l'heure et le lieu du prélèvement ;

2° Les nom, prénom ou raison sociale et adresse de toutes les personnes ayant assisté au prélèvement ;

3° Le cas échéant, la mention de l'absence du titulaire du droit d'auteur ou du droit voisin ou de son représentant et de l'information qui lui a été faite de l'heure et du lieu du prélèvement d'échantillons et de la faculté dont il disposait d'être présent ;

4° Le cas échéant, mention du défaut ou du refus de la présence du détenteur de la marchandise, du déclarant ou du représentant de l'un d'entre eux ;

5° Un exposé succinct des circonstances dans lesquelles le prélèvement a été effectué ;

6° L'identification du ou des échantillons ainsi que leur remise à leur destinataire ;

7° Le cas échéant, l'envoi de l'échantillon au titulaire du droit d'auteur ou du droit voisin ou à son représentant, aux seules fins d'analyse et en vue de faciliter les actions qu'il peut être amené à engager par la voie civile ou pénale.

Les personnes présentes lors du prélèvement peuvent faire insérer au procès-verbal de constat toutes les déclarations qu'elles jugent utiles. Elles sont invitées à le signer. En cas de refus, mention en est portée sur le procès-verbal de constat.

Une copie du procès-verbal de constat est remise à chaque personne présente lors du prélèvement.

IV. – En cas d'action en justice du titulaire du droit d'auteur ou du droit voisin, l'administration des douanes conserve les échantillons qui lui sont attribués jusqu'au règlement de l'affaire. En fonction du résultat de l'action civile ou pénale engagée par le titulaire du droit d'auteur ou du droit voisin, ils sont restitués soit à ce dernier soit à leur détenteur ou au déclarant ou à un représentant de l'un d'entre eux.

Sauf si les circonstances ne le permettent pas, le titulaire du droit d'auteur ou du droit voisin restitue aux autorités douanières les échantillons qui lui ont été attribués, dès la fin de l'analyse, et au plus tard à la fin de leur retenue.

V. – Lorsque la procédure de retenue est mise en œuvre s'agissant de marchandises transportées en petits envois, le présent article n'est pas applicable.

Art. R. 335-17 Lors de la notification de la retenue, le détenteur des marchandises est invité à informer le propriétaire de la possibilité qui lui est offerte de s'opposer à la destruction de ces marchandises.

Le titulaire de droit est informé que la retenue et, le cas échéant, la destruction des marchandises s'effectue sous sa responsabilité.

Art. R. 335-18 Lorsqu'elles sont destinées à être détruites avec le consentement du titulaire du droit d'auteur ou du droit voisin et le consentement du détenteur des marchandises, qu'elles soient ou non transportées en petits envois, les marchandises restent retenues jusqu'à leur destruction.

La destruction des marchandises est réalisée sous la responsabilité du titulaire du droit d'auteur ou du droit voisin.

La destruction des marchandises est constatée par deux agents des douanes par procès-verbal de constat au sens de l'article 334 du code des douanes. Le détenteur ou le déclarant et le titulaire du droit d'auteur ou du droit voisin sont informés de la faculté dont ils disposent d'être présents. Le procès-verbal comporte, outre les mentions prévues par ce code, les mentions suivantes :

1° La date, l'heure et le lieu de la destruction ;

2° Les nom, prénom ou raison sociale et adresse de toutes les personnes ayant assisté à la destruction ;

3° Le type de marchandises et leur quantité ;

4° La ou les références du procès-verbal de placement en retenue ;

5° La date de l'accord exprès ou tacite du déclarant ou du détenteur des marchandises.

Une copie de ce procès-verbal est remise au déclarant, au détenteur des marchandises et au titulaire du droit d'auteur ou du droit voisin, s'ils sont présents lors de la destruction. Une copie leur est remise sur leur demande s'ils sont absents.

TITRE IV DROITS DES PRODUCTEURS DE BASES DE DONNÉES

Art. R. 341-1 L'exception prévue au 3° de l'article L. 342-3 s'exerce dans les conditions définies aux articles R. 122-13 à R. 122-21.

Chapitre III Procédures et sanctions

Art. R. 343-1 Le délai prévu au dernier alinéa de l'article L. 343-2 et imparti au demandeur pour se pourvoir au fond par la voie civile ou pénale, ou déposer une plainte auprès du procureur de la République, est de vingt jours ouvrables ou de trente et un jours civils si ce délai est plus long, à compter de la date de l'ordonnance.

LIVRE IV ORGANISATION ADMINISTRATIVE ET PROFESSIONNELLE

TITRE Ier INSTITUTIONS

Chapitre Ier L'Institut national de la propriété industrielle

Section 1 Organisation de l'Institut national de la propriété industrielle

Art. R. 411-1 L'Institut national de la propriété industrielle a notamment pour attributions :

1° L'examen des demandes de brevets d'invention et la délivrance des brevets ainsi que de tous documents les concernant ;

2° L'enregistrement et la publication des marques de fabrique, de commerce ou de service ;

3° La délivrance de certificats d'identité et de renseignements concernant les antériorités en matière de marques de fabrique, de commerce ou de service ;

4° L'organisation du dépôt, de la conservation et de la mise à disposition du public des cultures de micro-organismes utilisés par une invention pour laquelle un brevet est demandé ;

5° La centralisation et la conservation des dépôts de dessins et modèles et leur publication, ainsi que l'enregistrement et la conservation du dépôt des enveloppes doubles destinées à faciliter la preuve de la création des dessins et modèles ;

6° La tenue des registres de brevets, des marques et des dessins et modèles, l'inscription de tous actes affectant la propriété des brevets d'invention, des marques de fabrique, de commerce ou de service et des dessins et modèles ;

7° L'application des dispositions contenues dans les lois et règlements sur la protection temporaire de la propriété industrielle dans les expositions, sur les récompenses industrielles et sur les marques d'origine ;

8° L'application des accords internationaux et la mise en œuvre d'actions de coopération en matière de propriété industrielle, et notamment les relations administratives avec l'Organisation mondiale de la propriété intellectuelle et l'Organisation européenne des brevets ;

9° La tenue du Registre national du commerce et des sociétés ;

10° La conservation du dépôt des actes constitutifs et modificatifs de sociétés déposés dans les greffes des tribunaux de commerce et des tribunaux civils en tenant lieu ;

11° La centralisation des renseignements figurant dans les registres du commerce et des métiers et le *Bulletin officiel* desdits registres ;

12° La centralisation, la conservation et la mise à la disposition du public de toute documentation technique et juridique concernant la propriété industrielle ;

13° La gestion du *Bulletin officiel* de la propriété industrielle ;

14° L'examen des demandes d'homologation et des demandes de modification des cahiers des charges des indications géographiques définies à l'article L. 721-2, l'homologation et le retrait d'homologation de ces cahiers des charges.

Pour l'exploitation de son fonds documentaire, l'institut peut constituer des banques de données, le cas échéant, en liaison avec d'autres fichiers ou registres. Il peut à cette fin constituer des sociétés filiales ou prendre des participations financières.

Art. R. 411-1-1 La publication des décisions, actes et documents prévue au *Bulletin officiel* de la propriété industrielle diffusé sous forme électronique, dans des conditions de nature à garantir son authenticité, produit les mêmes effets de droit que leur publication sous forme imprimée.

Art. R. 411-1-2 L'Institut national de la propriété industrielle organise la consultation publique et gratuite des titres de propriété industrielle et du *Bulletin officiel* de la propriété industrielle. Les modalités, lieux et conditions de cette consultation sont fixés par décision du directeur général de l'Institut national de la propriété industrielle.

Art. D. 411-1-3 Les informations publiques de l'Institut national de la propriété industrielle relatives aux titres de propriété industrielle peuvent être mises à la disposition du public sur demande, par voie électronique ou sur support informatique, à des fins de réutilisation.

La réutilisation de tout ou partie de ces informations publiques est soumise à l'acceptation par le demandeur d'une licence incluant l'engagement à ne pas faire un usage des données à caractère personnel contraire aux dispositions de la loi n° 78-753 du 17 juillet 1978 portant diverses mesures d'amélioration des relations entre l'administration et le public et diverses dispositions d'ordre administratif, social et fiscal.

La description de ces informations ainsi que le modèle de licence sont accessibles sur le site internet de l'Institut national de la propriété industrielle.

Art. R. 411-1-4 L'Institut national de la propriété industrielle organise l'accès public, gratuit et sous format électronique :

1° A la liste des indications géographiques définies à l'article L. 721-2, accompagnées de la date et de la référence de publication au *Bulletin officiel* de la propriété industrielle des décisions d'homologation des cahiers des charges et, le cas échéant, de la décision de retrait d'homologation ;

2° Aux cahiers des charges homologués conformément à l'article L. 721-3 ;

3° A la liste actualisée des opérateurs, mentionnés à l'article L. 721-5, de chaque indication géographique.

Les modalités et conditions de cet accès sont fixées par décision du directeur général de l'institut.

Art. R. 411-2 Le directeur général de l'Institut national de la propriété industrielle représente l'institut dans tous les actes de la vie civile.

Il a sous ses ordres le personnel de l'institut.

Il prend toutes mesures utiles au fonctionnement de l'institut.

Il prépare et exécute le budget. Il établit les titres de recettes. Il engage, liquide et ordonnance les dépenses dans la limite des crédits ouverts au budget.

Il peut déléguer sa signature, notamment en matière de passation de marchés, à un ou plusieurs agents de l'institut, désignés par lui.

Art. R. 411-3 Le conseil d'administration est composé de quatorze membres :

1° Une personnalité issue du monde économique, président, nommée par arrêté du ministre chargé de la propriété industrielle pour une période de trois ans renouvelable une fois ;

2° Le directeur des affaires civiles et du sceau au ministère de la justice ou son représentant ;

3° Le directeur du budget au ministère de l'économie et des finances ou son représentant ;

4° Deux représentants du ministre chargé de la propriété industrielle, dont le directeur des affaires juridiques ou son représentant, et un représentant du ministre chargé de la recherche ;

5° Le directeur général de la société anonyme BPI-Groupe ou son représentant ;

6° Le président de la Compagnie nationale des conseils en propriété industrielle et un représentant des praticiens de la propriété industrielle en entreprise nommé par arrêté du ministre chargé de la propriété industrielle pour une période de trois ans renouvelable une fois ;

7° Trois représentants des milieux industriels intéressés à la protection de la propriété industrielle nommés par arrêté du ministre chargé de la propriété industrielle pour une période de trois ans renouvelable une fois ;

8° Deux représentants du personnel en fonctions dans l'établissement, élus dans des conditions fixées par arrêté du ministre chargé de la propriété industrielle.

Le président est assisté d'un vice-président nommé dans les mêmes conditions que lui et choisi parmi les membres du conseil d'administration.

Les fonctions de membre du conseil d'administration ne sont pas rémunérées. Elles ouvrent droit aux indemnités de déplacement et de séjour prévues par le décret n° 2006-781 du 3 juillet 2006.

En cas de vacance par décès, démission ou pour toute autre cause, de l'un des membres du conseil d'administration nommé par arrêté du ministre chargé de la propriété industrielle, il est pourvu à son remplacement pour la durée restant à courir de son mandat.

Le directeur général, le contrôleur budgétaire et l'agent comptable assistent aux séances du conseil d'administration avec voix consultative.

Le président peut appeler à participer aux séances, avec voix consultative, toute personne dont il juge la présence utile.

Le secrétariat du conseil d'administration est assuré par un agent de l'institut désigné à cet effet par le directeur général.

Art. R. 411-4 Le conseil d'administration définit la politique générale de l'établissement dans le cadre des orientations fixées par les ministres de tutelle. Il dispose notamment des compétences suivantes :

1° Il approuve le budget et ses modifications, le compte financier de l'exercice clos et l'affectation du résultat et se prononce sur le rapport annuel d'activité ;

2° Il fixe les orientations de la politique tarifaire, les conditions générales de passation des contrats, conventions et marchés conclus par l'établissement, les conditions générales d'emploi et de rémunération du personnel, le règlement intérieur de l'établissement ;

3° Il décide de la création ou de la suppression de filiales, des acquisitions ou cessions de participations, de l'achat, de la vente ou de la location d'immeubles ;

4° Il autorise les emprunts et accepte les dons et legs ;

5° Il décide des actions en justice et des transactions. Il peut déléguer ces pouvoirs au directeur général de l'établissement.

Art. R. 411-5 Le conseil d'administration se réunit au moins deux fois par an. Il est convoqué par son président sur un ordre du jour fixé par celui-ci.

Le quorum est atteint si sept au moins de ses membres sont présents ou représentés.

Lorsque le quorum n'est pas atteint, le conseil délibère valablement sans condition de quorum après une nouvelle convocation portant sur le même ordre du jour et spécifiant qu'aucun quorum ne sera exigé.

En cas de partage égal des voix, celle du président est prépondérante.

En cas d'absence ou d'empêchement du président, ses attributions sont exercées par le vice-président.

Chaque membre du conseil peut donner pouvoir à un autre membre. Nul ne peut détenir plus d'un pouvoir.

Le conseil d'administration peut se doter d'un règlement intérieur.

Art. R. 411-6 Les effectifs du personnel contractuel propre à l'institut sont fixés chaque année dans la limite des autorisations budgétaires de cet établissement.

Le statut du personnel est fixé par décret.

Art. R. 411-8 L'institut est soumis aux dispositions des titres Ier et III du décret n° 2012-1246 du 7 novembre 2012 relatif à la gestion budgétaire et comptable publique.

Art. R. 411-9 Le directeur général de l'institut transmet pour approbation aux ministres chargés de la propriété industrielle et du budget, accompagnées le cas échéant de l'avis du membre du corps du contrôle général économique et financier, les délibérations prises par le conseil d'administration dans l'exercice des attributions suivantes : approbation du budget et de ses modifications, du compte financier de l'exercice clos et de l'affectation du résultat, fixation des orientations de la politique tarifaire, des conditions générales d'emploi et de rémunération du personnel, décisions de création ou de suppression de filiales, d'acquisitions ou de cessions de participations, d'achat, de vente ou de location d'immeubles, autorisation des emprunts et acceptation de dons et legs.

Les délibérations transmises sont exécutoires de plein droit un mois au plus tard après leur réception par les ministres chargés de la propriété industrielle et du budget si aucun d'eux n'y a fait opposition dans ce délai.

Les délibérations portant sur le budget et le compte financier sont exécutoires dans les conditions prévues par le titre III du décret n° 2012-1246 du 7 novembre 2012 relatif à la gestion budgétaire et comptable publique.

Le ministre chargé du budget peut déléguer sa signature au membre du corps du contrôle général économique et financier pour les décisions d'approbation prévues au présent article.

Art. R. 411-10 Les ressources de l'Institut national de la propriété industrielle se composent :

1° Du produit de toutes les perceptions autorisées en matière de propriété industrielle, de registres du commerce et des métiers et de dépôts des actes de sociétés ;

2° De toutes les recettes qui peuvent être perçues par l'institut en rémunération de services rendus ;

3° Du produit de la vente des publications ;

4° Du revenu des biens et du produit de leur aliénation ;

5° Du produit des remboursements éventuels effectués par des organismes internationaux de propriété industrielle auxquels la France participe ;

6° Des fonds provenant d'emprunts autorisés ;

7° De toutes autres ressources provenant notamment de dons, legs, libéralités et fonds de concours.

Art. R. 411-11 Les charges de l'Institut national de la propriété industrielle comprennent :

1° Les dépenses de fonctionnement et d'équipement de l'institut ;

2° Les dépenses entraînées par la participation de la France aux organismes internationaux de propriété industrielle.

Art. R. 411-12 Les marchés de travaux et de fournitures passés par l'institut sont régis par les dispositions législatives et réglementaires applicables aux marchés de l'Etat.

Art. R. 411-13 Le directeur général de l'Institut national de la propriété industrielle tient la comptabilité de l'émission des titres de recettes, de l'engagement, de la liquidation et de l'ordonnancement des dépenses.

Art. R. 411-16 Les règles relatives à la comptabilité, à la forme des budgets et des comptes, aux livres et aux écritures de l'ordonnateur et du comptable seront fixées par un ou plusieurs arrêtés signés du ministre chargé des finances, du ministre chargé du budget et du ministre intéressé.

Section 2 Redevances perçues par l'Institut national de la propriété industrielle

Art. R. 411-17 L'Institut national de la propriété industrielle perçoit des redevances, dont le montant et les modalités d'application sont fixés par arrêté conjoint du ministre chargé de la propriété industrielle et du ministre chargé du budget, à l'occasion des procédures et formalités suivantes :

1° Pour les brevets d'invention, certificats d'utilité et certificats complémentaires de protection :

- dépôt ;
- rapport de recherche ou rapport de recherche complémentaire ;
- revendication supplémentaire à partir de la onzième ;
- requête en rectification d'erreurs ;
- requête en poursuite de la procédure ;
- requête en limitation ;
- délivrance et impression du fascicule ;
- maintien en vigueur ;
- recours en restauration ;

2° Pour les brevets européens :

- publication de traduction ou de traduction révisée des revendications d'une demande de brevet ou des revendications d'un brevet européen ;

– établissement et transmission de copies de la demande de brevet européen aux Etats destinataires ;

3° Pour les demandes internationales (traité de coopération en matière de brevets, PCT) :

– transmission d'une demande internationale ;

– supplément pour paiement tardif ;

– préparation d'exemplaires complémentaires ;

4° Pour les marques de fabrique, de commerce ou de service :

– dépôt ;

– classe de produit ou service ;

– régularisation ou rectification d'erreur matérielle ;

– opposition ;

– renouvellement ;

– demande d'inscription au Registre international des marques ;

– relevé de déchéance ;

5° Pour les dessins et modèles :

– dépôt ;

– prorogation ;

– régularisation, rectification, relevé de déchéance ;

– enregistrement et gardiennage d'enveloppe spéciale ;

6° Redevances communes aux brevets d'invention, certificats d'utilité, certificats complémentaires de protection, logiciels, marques, dessins ou modèles. – Palmarès et récompenses :

– supplément pour requête tardive, paiement tardif ou accomplissement tardif d'une formalité ;

– renonciation ;

– demande d'inscription sur le registre national ;

– enregistrement d'un palmarès, d'une récompense ou transcription d'une déclaration de cession ou de transmission ;

7° Pour les droits voisins de la propriété industrielle :

– topographies de produits semi-conducteurs : dépôt et conservation ; inscription d'un acte modifiant ou transmettant les droits ;

8° S'agissant du Registre national du commerce et des sociétés :

– déclaration ;

– dépôt d'un acte.

L'institut perçoit des redevances, dont le montant et les modalités d'application sont fixés par arrêté conjoint du ministre chargé de la propriété industrielle, du ministre chargé de l'artisanat et du ministre chargé du budget, à l'occasion des procédures et formalités suivantes :

– demande d'homologation du cahier des charges des indications géographiques définies à l'article L. 721-2 ;

– demande de modification du cahier des charges homologué.

En cas d'irrecevabilité, les redevances suivantes sont remboursées :

– pour les brevets d'invention, certificats d'utilité et certificats complémentaires de protection : dépôt ;

– pour les marques de fabrique, de commerce ou de service : dépôt, classe de produit ou service, renouvellement ;

– pour les dessins et modèles : dépôt, prorogation ;

– pour les indications géographiques définies à l'article L. 721-2 : demande d'homologation, demande de modification du cahier des charges homologué.

Est également remboursée la redevance de rapport de recherche d'un brevet d'invention lorsqu'il est mis fin à la procédure de délivrance du brevet ou en cas de prorogation des interdictions de divulgation et de libre exploitation, si la procédure d'établissement du rapport de recherche n'a pas été engagée.

Art. R. 411-18 Les recettes accessoires que l'Institut national de la propriété industrielle peut percevoir à l'occasion de la communication des pièces et actes dont il assure la conservation, de l'exploitation de son fonds documentaire et de la vente de ses publications sont instituées par des délibérations du conseil d'administration qui en fixent les modalités de perception et le montant.

Section 3 Recours exercés devant la cour d'appel contre les décisions du directeur général de l'Institut national de la propriété industrielle en matière de délivrance, rejet ou maintien des titres de propriété industrielle

Art. R. 411-19 La cour d'appel territorialement compétente pour connaître directement des recours formés contre les décisions du directeur général de l'Institut national de la propriété industrielle en matière de délivrance, rejet ou maintien des titres de propriété industrielle est celle du lieu où demeure la personne qui forme le recours. Il en est de même en matière d'homologation, de rejet et de retrait d'homologation du cahier des charges des indications géographiques définies à l'article L. 721-2, ainsi qu'en matière d'homologation et de rejet des modifications de ce cahier des charges.

Art. D. 411-19-1 Le siège et le ressort des cours d'appel ayant compétence pour connaître des actions mentionnées à l'article R. 411-19 sont fixés conformément au tableau XVI annexé à l'article D. 311-8 du code de l'organisation judiciaire.

Lorsque la personne qui forme le recours demeure à l'étranger, la cour d'appel de Paris est compétente. Il doit être fait élection de domicile dans le ressort de cette cour.

Toutefois, la cour d'appel de Paris est seule compétente pour connaître directement des recours formés contre les décisions du directeur de l'Institut national de la propriété industrielle en matière de délivrance, rejet ou maintien de brevets d'invention, de certificats d'utilité, de certificats complémentaires de protection et de topographies de produits semi-conducteurs.

Art. R. 411-20 Le délai du recours formé devant la cour d'appel contre les décisions du directeur général de l'Institut national de la propriété industrielle est d'un mois.

Ce délai est, s'il y a lieu, prorogé dans les conditions prévues à l'article 643 du code de procédure civile.

Art. R. 411-21 Le recours est formé par une déclaration écrite adressée ou remise en double exemplaire au greffe de la cour. A peine d'irrecevabilité prononcée d'office, la déclaration comporte les mentions suivantes :

1. *a)* Si le requérant est une personne physique : ses nom, prénoms, profession, domicile, nationalité, date et lieu de naissance ;

b) Si le requérant est une personne morale : sa forme, sa dénomination, son siège social et l'organe qui la représente légalement ;

2. La date et l'objet de la décision attaquée ;

3. Le nom et l'adresse du propriétaire du titre ou du titulaire de la demande, si le requérant n'a pas l'une de ces qualités.

Une copie de la décision attaquée est jointe à la déclaration.

Si la déclaration ne contient pas l'exposé des moyens invoqués, le demandeur doit, à peine d'irrecevabilité, déposer cet exposé au greffe dans le mois qui suit la déclaration.

Art. R. 411-22 Le greffe de la cour d'appel transmet au directeur général de l'Institut national de la propriété industrielle, par lettre recommandée avec demande d'avis de réception, une copie de la déclaration du recours ainsi que, le cas échéant, une copie de l'exposé ultérieur des moyens.

Dès réception de la copie de la déclaration, le directeur général de l'Institut national de la propriété industrielle transmet au greffe le dossier de la décision attaquée.

Art. R. 411-23 La cour d'appel statue après que le directeur général de l'Institut national de la propriété industrielle a été mis en mesure de présenter des observations écrites ou orales.

Les observations écrites sont adressées par le directeur général de l'Institut national de la propriété industrielle en double exemplaire au greffe de la cour, qui en transmet une copie au requérant.

Art. R. 411-24 Lorsque le recours est formé par une personne autre que le propriétaire du titre ou le titulaire de la demande, celui-ci est appelé en cause par le greffier en chef de la cour d'appel par lettre recommandée avec demande d'avis de réception.

Lorsque le recours contre une décision du directeur général de l'Institut national de la propriété industrielle statuant sur une opposition est formé par le titulaire de la demande d'enregistrement de marque faisant l'objet de l'opposition, le titulaire de la marque antérieure est appelé en cause dans les mêmes formes.

Art. R. 411-25 Le déclarant peut, devant la cour d'appel, se faire assister ou représenter par un avocat.

Art. R. 411-26 L'arrêt de la cour d'appel est notifié par le greffe au requérant, au directeur général de l'Institut national de la propriété industrielle et, s'il y a lieu, à toute personne appelée en cause.

Chapitre II L'instance nationale des obtentions végétales

Section 1 Organisation et fonctionnement de l'instance nationale des obtentions végétales

Art. D. 412-7 Le responsable des missions relevant de l'instance nationale des obtentions végétales est tenu de garder le secret sur tout ce qui est venu à sa connaissance dans l'exercice de ses fonctions.

Art. D. 412-9 Le responsable des missions relevant de l'instance nationale des obtentions végétales peut faire appel à tout expert ou à toute personne dont l'avis lui paraît nécessaire.

Art. D. 412-10 Le responsable des missions relevant de l'instance nationale des obtentions végétales a pour mission :

- de recevoir, enregistrer et instruire les demandes de certificats d'obtention ainsi que les oppositions à la délivrance des certificats ;
- de tenir les différents registres relatifs à la protection des obtentions végétales et d'assurer l'enregistrement de tous actes affectant la propriété des certificats ainsi que les différentes publicités prévues ;
- d'assurer la liaison avec toutes les instances compétentes et, notamment, pour les questions de dénominations variétales et d'examen technique, avec le bureau de l'Union internationale pour la protection des obtentions végétales, l'Office communautaire des variétés végétales et ses offices d'examen, ainsi que les instances nationales étrangères en charge de la protection des obtentions végétales ;
- d'établir les certificats d'obtention et de délivrer toutes copies de pièces officielles ;
- d'assurer ou faire assurer l'inspection de la conservation des variétés pour lesquelles des certificats ont été délivrés ;
- de participer à la préparation du budget du groupement d'intérêt public mentionné à l'article L. 412-1 pour ce qui concerne les missions relevant de l'instance nationale des obtentions végétales.

Il participe à la préparation des textes réglementaires relatifs à la protection des obtentions végétales ; il participe à la préparation et à la négociation des accords internationaux, en vue de faciliter ou d'améliorer la protection des obtentions végétales.

Il établit annuellement un rapport de son activité, qu'il présente au comité technique permanent de la sélection des plantes cultivées mentionné aux articles D. 661-1 du code rural et de la pêche maritime.

Art. D. 412-11 L'instance nationale des obtentions végétales est, pour la France, le service chargé de la protection des obtentions végétales au sens des stipulations du ii du 1 de l'article 30 de la convention internationale pour la protection des obtentions végétales. A cet effet, le responsable des missions relevant de l'instance nationale des obtentions végétales assure les liaisons avec l'Union internationale pour la protection des obtentions végétales aux travaux de laquelle il participe.

Art. D. 412-12 Les recettes et les dépenses relatives à l'exercice des missions relevant de l'instance nationale des obtentions végétales sont identifiables au sein du budget et de la comptabilité du groupement d'intérêt public mentionné à l'article L. 412-1.

Art. D. 412-13 Les charges relatives à l'exercice des missions de l'instance nationale des obtentions végétales sont constituées par :

– les dépenses de fonctionnement et d'équipement, y compris celles relatives à la rémunération et aux déplacements du personnel qui lui est affecté ;

– les frais d'examen technique et, s'il y a lieu, de constitution des collections de référence.

Section 2 Recours contre les décisions du responsable des missions relevant de l'instance nationale des obtentions végétales

Art. R. 412-15 Le délai de recours devant la cour d'appel de Paris contre les décisions du responsable des missions relevant de l'instance nationale des obtentions végétales est d'un mois. Lorsque le requérant demeure hors de France métropolitaine, ce délai est augmenté d'un mois s'il demeure en Europe et de deux mois s'il demeure dans toute autre partie du monde.

Art. R. 412-16 Le délai de recours prévu à l'article précédent court à compter de la date de réception par le requérant de la notification de la décision du responsable des missions relevant de l'instance nationale des obtentions végétales.

Art. R. 412-17 Le recours est formé par requête adressée au premier président de la cour d'appel de Paris par le demandeur en personne ou par un avocat régulièrement inscrit à un barreau.

Si le demandeur ne comparaît pas en personne, il peut être représenté ou assisté comme il est dit au premier alinéa du présent article.

Art. R. 412-18 Lorsque le recours est formé par une personne autre que le propriétaire de la demande de certificat d'obtention végétale, celui-ci est appelé en cause par le greffier en chef de la cour d'appel par lettre recommandée avec demande d'avis de réception.

Art. R. 412-19 La cour d'appel statue, le ministère public entendu.

Art. R. 412-20 Tout recours formé contre les décisions du comité de la protection des obtentions végétales est dénoncé dans les quinze jours par le greffier de la cour d'appel au responsable des missions relevant de l'instance nationale des obtentions végétales par lettre recommandée avec demande d'avis de réception.

L'arrêt rendu par la cour d'appel sur le recours est notifié au demandeur et au responsable des missions relevant de l'instance nationale des obtentions végétales par le greffier dans les mêmes formes.

Art. R. 412-21 Le greffier adresse une expédition de l'arrêt rendu au responsable des missions relevant de l'instance nationale des obtentions végétales.

Cet arrêt est inscrit d'office au Registre national des certificats d'obtention végétale prévu à l'article R. 623-38.

L'arrêt de la cour d'appel est exécuté dans les deux mois de sa notification.

TITRE II QUALIFICATION EN PROPRIÉTÉ INDUSTRIELLE

Chapitre Ier Inscription sur la liste des personnes qualifiées en matière de propriété industrielle

Art. R. 421-1 Sous réserve des dispositions de l'article R. 421-1-1, l'inscription d'une personne physique sur la liste des personnes qualifiées en propriété industrielle prévue à l'article L. 421-1 est subordonnée au respect de l'ensemble des conditions suivantes :

1° La possession d'un diplôme national de deuxième cycle juridique, scientifique ou technique délivré par un établissement public à caractère scientifique, culturel et professionnel au sens de la loi n° 84-52 du 26 janvier 1984 habilité à le délivrer, ou d'un titre reconnu équivalent dans des conditions fixées par arrêté conjoint du garde des sceaux, ministre de la justice, du ministre chargé de la propriété industrielle et du ministre chargé de l'enseignement supérieur ;

2° La possession d'un diplôme délivré par le Centre d'études internationales de la propriété industrielle (CEIPI) de l'université de Strasbourg ou d'un titre reconnu équivalent dans des conditions fixées par arrêté conjoint du garde des sceaux, ministre de la justice, du ministre chargé de la propriété industrielle et du ministre chargé de l'enseignement supérieur ;

3° Une pratique professionnelle de trois années au moins ;

4° Le succès à un examen d'aptitude dont les modalités et le programme sont fixés, pour chaque spécialisation, par arrêté conjoint du garde des sceaux, ministre de la justice, du ministre chargé de la propriété industrielle et du ministre chargé de l'enseignement supérieur. Les épreuves sont aménagées pour les mandataires agréés près l'Office européen des brevets.

Art. R. 421-1-1 Peuvent également être inscrits sur la liste des personnes qualifiées prévue à l'article L. 421-1 :

1° Sous réserve de remplir les conditions de diplômes des 1° et 2° de l'article R. 421-1 et de justifier de huit ans au moins de pratique professionnelle en rapport avec la propriété industrielle :

a) Les personnes ayant exercé au sein d'une ou plusieurs entreprises, groupements d'entreprises, associations, fondations ou établissements publics ;

b) Les salariés d'un avocat ou d'un conseil en propriété industrielle, d'une association ou d'une société d'avocats ou d'une société de conseils en propriété industrielle, d'un office d'avoué ou d'avocat au Conseil d'Etat et à la Cour de cassation ;

c) Les fonctionnaires et anciens fonctionnaires de catégorie A ou les personnes assimilées aux fonctionnaires de cette catégorie ayant exercé dans une administration ou un service public ou une organisation internationale ;

Les personnes mentionnées aux *a*, *b* et *c* peuvent avoir exercé leurs activités dans plusieurs des fonctions visées dans ces dispositions dès lors que la durée totale de ces activités est au moins égale à huit ans ;

2° Les personnes remplissant l'ensemble des conditions suivantes :

a) La possession d'un diplôme équivalant à un diplôme de second cycle de l'enseignement supérieur juridique, scientifique ou technique, obtenu, le cas échéant, dans le cadre de la formation professionnelle ;

b) La possession du diplôme du Centre d'études internationales de la propriété industrielle (CEIPI) de l'université de Strasbourg ou d'un titre reconnu équivalent dans des conditions fixées par arrêté conjoint du garde des sceaux, ministre de la justice, du ministre chargé de la propriété industrielle et du ministre chargé de l'enseignement supérieur, délivrés dans le cadre de la formation professionnelle continue ;

c) Une pratique professionnelle de huit ans au moins, en rapport avec la propriété industrielle, acquise :

- au sein d'une ou plusieurs entreprises, groupements d'entreprises, associations, fondations ou établissements publics ;
- en tant que salariés d'un avocat ou d'un conseil en propriété industrielle, d'une association ou d'une société d'avocats ou d'une société de conseils en propriété industrielle, d'un office d'avoué ou d'avocat au Conseil d'Etat et à la Cour de cassation ;
- en tant que fonctionnaires et anciens fonctionnaires de catégorie A ou en tant que personnes assimilées aux fonctionnaires de cette catégorie ayant exercé dans une administration ou un service public ou une organisation internationale.

Les personnes mentionnées au *c* peuvent avoir exercé leurs activités dans plusieurs des fonctions visées dans ces dispositions dès lors que la durée totale de ces activités est au moins égale à huit ans.

Sauf lorsqu'elle résulte de fonctions exercées au sein d'une organisation internationale, la pratique professionnelle prévue aux 1° et 2° doit avoir été acquise dans un Etat membre de l'Union européenne ou partie à l'Espace économique européen.

Art. R. 421-1-2 La réalité et le contenu de la pratique professionnelle des personnes visées à l'article R. 421-1-1 ainsi que leur connaissance des règles déontologiques relatives à la profession de conseil en propriété industrielle sont soumis, dans les conditions fixées par arrêté du ministre chargé de la propriété industrielle, au contrôle du jury mentionné à l'article R. 421-6. Ce jury détermine en outre, au vu de la pratique professionnelle des intéressés, la mention de spécialisation dont est assortie leur inscription.

Art. R. 421-2 Nul ne peut être inscrit sur la liste s'il a été :

1° L'auteur de faits ayant donné lieu à condamnation pénale pour agissements contraires à l'honneur, à la probité ou aux bonnes mœurs ;

2° L'objet, pour des faits de même nature, d'une sanction disciplinaire ou administrative de destitution, radiation, révocation, de retrait d'agrément ou d'autorisation ;

3° Frappé de la faillite personnelle ou d'une autre sanction en application soit de la législation sur le règlement judiciaire, la liquidation des biens, la faillite personnelle et les banqueroutes, soit de la législation relative au redressement et à la liquidation judiciaire des entreprises.

Art. R. 421-3 Ainsi qu'il est dit à l'article R. 79 du code de procédure pénale :

« (...) le bulletin n° 2 du casier judiciaire est délivré :

« (...) 24° Au directeur général de l'Institut national de la propriété industrielle pour l'inscription sur la liste des personnes qualifiées en propriété industrielle et sur la liste prévue à l'article L. 422-5. »

Art. R. 421-4 La mention de spécialisation dont est assortie l'inscription des personnes qualifiées en propriété industrielle peut être celle de brevets d'invention ou celle de marques, dessins et modèles, à raison de la pratique professionnelle, complétée, le cas échéant, par celle d'ingénieur ou de juriste, à raison des diplômes.

Le cas échéant, plusieurs mentions peuvent être cumulées.

Un arrêté du ministre chargé de la propriété industrielle peut prévoir d'autres mentions de spécialisation s'il apparaît de nouvelles qualifications professionnelles en matière de propriété industrielle.

Art. R. 421-5 La pratique professionnelle prévue à l'article R. 421-1 (3°) résulte de l'exercice à titre principal d'une activité d'étude, de conseil, d'assistance ou de représentation en matière de propriété industrielle, droits annexes et droits portant sur toute question connexe.

La pratique professionnelle doit avoir été acquise en France dans la matière correspondant à la mention de spécialisation recherchée et sous la responsabilité d'une personne qualifiée en propriété industrielle inscrite avec la même mention. Cette pratique professionnelle peut également avoir été acquise dans un autre Etat membre de l'Union européenne ou partie à l'Espace économique européen sous réserve qu'elle l'ait été sous la responsabilité d'une personne habilitée à représenter les personnes, dans la matière correspondant à la spécialisation recherchée, devant le service central de la propriété industrielle de l'Etat dans lequel elle est établie.

Lorsque la pratique n'aura pas été acquise sous la responsabilité d'une telle personne, le jury prévu à l'article R. 421-6 pourra, sur dossier, admettre à se présenter à l'examen un candidat dont la pratique aura été reconnue équivalente par son contenu, son étendue et son respect des normes usuelles dans la spécialisation concernée.

Art. R. 421-6 Le jury chargé du contrôle des épreuves de l'examen prévu à l'article R. 421-1 (4°) comprend un magistrat de l'ordre judiciaire, président, un professeur d'université enseignant le droit privé, un avocat, deux personnes compétentes en propriété industrielle et quatre personnes inscrites sur la liste des personnes qualifiées en propriété industrielle, dont deux conseils en propriété industrielle. Il est désigné un suppléant pour chaque membre titulaire.

Les conditions de désignation des membres du jury et de leurs suppléants sont fixées par arrêté conjoint du garde des sceaux, ministre de la justice, du ministre chargé de la propriété industrielle et du ministre chargé de l'enseignement supérieur.

Art. R. 421-7 Les conditions de diplôme, de stage et d'examen professionnel prévues aux articles R. 421-1 et R. 421-1-1 ne sont pas applicables aux personnes qui ont suivi avec succès un cycle d'études d'une durée minimum de trois ans, ou d'une durée équivalente à temps partiel dans une université ou un établissement d'enseignement supérieur ou dans un autre établissement de même niveau de formation et, le cas échéant, la formation professionnelle requise en plus de ce cycle d'études et qui justifient :

1° Soit d'un diplôme, certificat ou autre titre permettant l'exercice de la profession dans un Etat membre de l'Union européenne délivrés :

a) Par l'autorité compétente de cet Etat et sanctionnant une formation acquise de façon prépondérante dans l'Union ;

b) Ou par une autorité d'un pays tiers, à condition que soit fournie une attestation émanant de l'autorité compétente de l'Etat membre qui a reconnu le diplôme, certificat ou autre titre certifiant que son titulaire a une expérience professionnelle de trois ans au moins dans cet Etat ;

2° Soit de l'exercice à plein temps de la profession pendant deux ans au moins au cours des dix années précédentes dans un Etat membre qui ne réglemente pas l'accès ou l'exercice de cette profession, à condition que cet exercice soit attesté par l'autorité compétente de cet Etat.

Art. R. 421-8 Le bénéfice de l'article R. 421-7 est subordonné au succès à un examen d'aptitude devant le jury prévu à l'article R. 421-6 dont le programme et les modalités sont fixés par arrêté conjoint du garde des sceaux, ministre de la justice, et du ministre chargé de la propriété industrielle :

1° Soit lorsque la formation du candidat porte sur des matières substantiellement différentes de celles qui figurent aux programmes des diplômes et de l'examen professionnel mentionné à l'article R. 421-1 ;

2° Soit lorsqu'une ou plusieurs des activités professionnelles dont l'exercice est subordonné à la possession de ce diplôme et de cet examen ne sont pas réglementées dans l'Etat membre d'origine ou de provenance ou sont réglementées de manière différente et que cette différence est caractérisée par une formation spécifique requise dans l'Etat membre d'accueil portant sur des matières substantiellement différentes de celles couvertes par le diplôme dont le demandeur fait état.

La liste des candidats admis à se présenter à cet examen est dressée par le directeur général de l'Institut national de la propriété industrielle.

Art. R. 421-9 La demande d'inscription est présentée au directeur général de l'Institut national de la propriété industrielle. Lui est jointe la justification qu'il est satisfait selon le cas aux conditions prévues à l'article R. 421-1, à l'article R. 421-1-1 ou aux articles R. 421-7 et R. 421-8.

Il est donné récépissé de la demande.

En cas de non-conformité de la demande, notification motivée en est faite au demandeur. Un délai lui est imparti pour régulariser la demande ou contester les objections de l'institut. A défaut de régularisation ou d'observation permettant de lever l'objection, la demande est rejetée. La notification peut être assortie d'une proposition de régularisation. Cette proposition est réputée acceptée si le demandeur ne la conteste pas dans le délai qui lui est imparti.

Art. R. 421-10 La décision du directeur général de l'institut statuant sur la demande d'inscription le cas échéant, après décision du jury conformément aux articles R. 421-5 et R. 421-1-2 est notifiée à l'intéressé. Le refus est motivé.

Art. R. 421-10-1 Il est statué sur la demande d'inscription dans un délai de quatre mois à compter de son dépôt. Ce délai est interrompu, le cas échéant, par la notification prévue à l'article R. 421-9, jusqu'à la régularisation de la demande ou la levée de l'objection.

Art. R. 421-10-2 A défaut de décision expresse dans le délai mentionné à l'article R. 421-10-1, la demande est réputée acceptée.

Art. R. 421-11 Une personne inscrite sur la liste peut à tout moment demander d'en être radiée.

Est radiée de la liste par le directeur général de l'institut toute personne tombant sous le coup de l'une des mesures mentionnées à l'article R. 421-2. La radiation est motivée et décidée après que l'intéressé a été mis en mesure de présenter ses observations.

Art. R. 421-12 Les inscriptions et radiations sont publiées au *Bulletin officiel* de la propriété industrielle.

La liste mise à jour des personnes qualifiées est publiée au début de chaque année civile au bulletin.

Chapitre II Conditions d'exercice de la profession de conseil en propriété industrielle

Section 1 Inscription sur la liste des conseils en propriété industrielle

Art. R. 422-1 Toute personne qualifiée en propriété industrielle inscrite sur la liste prévue à l'article R. 421-1 peut demander d'être inscrite, avec la même mention de spécialisation, sur la liste des conseils en propriété industrielle prévue au troisième alinéa de l'article L. 422-1.

La mention Brevets d'invention permet l'intervention dans les procédures prévues à l'article R. 612-2. La mention Marques, dessins et modèles permet l'intervention dans les procédures prévues aux articles R. 712-2 et R. 712-13.

Toutefois, les personnes inscrites avec la mention Juriste dans le cadre de la procédure définie au I de l'article 36 du décret du 1er avril 1992 relatif à la qualification et à l'organisation professionnelle en matière de propriété industrielle pourront accomplir les actes définis aux articles R. 712-2 et R. 712-13.

Art. R. 422-2 L'inscription sur la liste prévue à l'article R. 422-1 est subordonnée aux conditions suivantes :

1° Offrir ou s'engager à offrir dans un délai de trois mois au public les services prévus à l'article L. 422-1 soit à titre individuel ou en groupe, soit comme salarié d'un autre conseil en propriété industrielle ou d'une société de conseil en propriété industrielle ;

2° Etre de nationalité française ou ressortissant d'un autre Etat membre de la Communauté européenne ou d'un autre Etat partie à l'accord sur l'Espace économique européen ;

3° Avoir un domicile ou un établissement professionnel en France ;

4° Justifier de l'assurance et de la garantie prévues à l'article L. 422-8, ou prendre l'engagement de produire de telles justifications dans un délai de trois mois, ces justifications devant, après l'inscription, être produites tous les ans.

Art. R. 422-3 La demande d'inscription est présentée au directeur général de l'institut. Lui est jointe la justification qu'il est satisfait aux conditions prévues à l'article R. 422-2.

En cas de non-conformité de la demande, notification motivée en est faite au demandeur. Un délai lui est imparti pour régulariser la demande ou contester les objections de l'institut. A défaut de régularisation ou d'observation permettant de lever l'objection, la demande est rejetée. La notification peut être assortie d'une proposition de régularisation. Cette proposition est réputée acceptée si le demandeur ne la conteste pas dans le délai qui lui est imparti.

Art. R. 422-3-1 Il est statué sur la demande d'inscription dans un délai de quatre mois à compter de son dépôt. Ce délai est interrompu, le cas échéant, par la notification prévue à l'article R. 422-3, jusqu'à la régularisation de la demande ou la levée de l'objection.

Art. R. 422-3-2 A défaut de décision expresse dans le délai mentionné à l'article R. 422-3-1, la demande est réputée acceptée.

Art. R. 422-4 Le directeur général de l'institut procède à l'inscription après avis de la Compagnie nationale des conseils en propriété industrielle. L'avis est réputé donné si la compagnie ne l'a pas formulé dans un délai d'un mois à compter de sa saisine.

Le refus d'inscription est pris par décision motivée qui est notifiée à l'intéressé.

L'inscription des personnes physiques est faite au nom du conseil en propriété industrielle suivi de la dénomination du cabinet au sein duquel il exerce ou, s'il s'agit d'une société, de sa raison ou dénomination sociale.

Si le conseil en propriété industrielle n'a pas produit les justifications de ce qu'il remplit les conditions prévues à l'article R. 422-2, et notamment celles qu'exige le 4° de cet article, il est mis en demeure par le directeur général de l'institut de régulariser sa situation dans le délai indiqué par cette mise en demeure.

Si, à l'expiration du délai mentionné à l'alinéa précédent, l'intéressé n'a pas régularisé sa situation, le directeur général de l'institut prononce sa suspension, qui cessera d'avoir effet dès la régularisation intervenue. La suspension est publiée dans les conditions prévues à l'article R. 422-66.

Fait également l'objet d'une suspension, selon les modalités prévues aux alinéas précédents, toute société qui ne remplit plus les conditions prévues à l'article L. 422-7.

Le directeur général de l'institut radie de la liste prévue à l'article R. 422-1 le conseil en propriété industrielle dont la suspension a dépassé une durée de six mois.

Art. R. 422-5 Toute personne inscrite sur la liste des conseils en propriété industrielle peut demander d'en être radiée. Elle le doit si elle ne remplit plus les conditions prévues à l'article R. 422-2. La demande est présentée au directeur général de l'institut qui procède à la radiation après avis de la Compagnie nationale des conseils en propriété industrielle.

Il est sursis à la radiation en cas de saisine de la chambre de discipline prévue à l'article L. 422-10.

Art. R. 422-6 En cas d'exercice en société, l'inscription de cette dernière dans la section spéciale prévue à l'article L. 422-7 est demandée collectivement par tous les associés. Elle est accompagnée de la justification du dépôt de la demande d'immatriculation au registre du commerce et des sociétés.

Le directeur général de l'institut procède à l'inscription dans les conditions prévues à l'article R. 422-4 et notifie la décision au greffier chargé de la tenue du registre du commerce et des sociétés auprès du tribunal ayant reçu la demande d'immatriculation correspondante.

Toute décision de radiation d'une société est, dans le mois de sa date, notifiée au greffier chargé de la tenue du registre auquel la société a été immatriculée.

Art. R. 422-7 Le capital social d'une société de conseil en propriété industrielle mentionnée à l'article L. 422-7 *(b)* peut, conformément à l'article L. 423-2 *(e)*, n'être détenu qu'à concurrence de 25 % par un conseil en propriété industrielle, dès lors que la société a pour objet de regrouper un ou plusieurs conseils en propriété industrielle avec d'autres prestataires de services exerçant à titre principal l'une des activités ci-après :

1° Construction de prototypes ;

2° Rapprochement entre offres et demandes de licences ;

3° Création de marques ;

4° Financement de l'innovation.

Section 1 bis Libre prestation de services par les mandataires en propriété industrielle établis sur le territoire d'un Etat membre de la Communauté européenne ou d'un Etat partie à l'accord sur l'Espace économique européen

Art. R. 422-7-1 Lorsqu'un professionnel établi sur le territoire d'un Etat membre de la Communauté européenne ou d'un Etat partie à l'accord sur l'Espace économique européen est habilité à représenter en matière de propriété industrielle des personnes devant le service central de propriété industrielle de cet Etat, il peut faire usage en France de son titre professionnel, exprimé dans la ou l'une des langues de ce dernier Etat, pour représenter des personnes devant l'Institut national de la propriété industrielle, dès lors que son titre est attesté par l'autorité compétente de l'Etat où il est établi.

Lorsque l'exercice de la profession dans l'Etat où l'intéressé est établi n'est pas subordonné à la possession d'un titre réglementé, le professionnel doit justifier auprès de l'Institut national de la propriété industrielle, par une attestation de l'autorité compétente de cet Etat, d'un tel exercice à titre habituel pendant deux ans au moins au cours des dix dernières années.

Art. R. 422-7-2 Les professionnels mentionnés à l'article R. 422-7-1 sont tenus, dans l'exercice de leur activité en France, au respect des règles énoncées par les articles L. 422-8 et R. 422-52 à R. 422-54. En cas de manquement à leurs obligations, ils sont soumis aux dispositions des articles R. 422-56 à R. 422-66 et les sanctions prévues par l'article L. 422-10 leur sont applicables.

Toutefois, la mesure disciplinaire de la radiation temporaire ou définitive est remplacée par une mesure d'interdiction temporaire ou définitive d'exercer en France des activités professionnelles. La chambre de discipline peut demander à l'autorité compétente de l'Etat d'origine communication des renseignements professionnels concernant les intéressés. Elle informe cette dernière autorité de toute décision prise. Ces communications ne portent pas atteinte au caractère confidentiel des renseignements fournis.

Section 2 La Compagnie nationale des conseils en propriété industrielle

Art. R. 422-8 Les personnes physiques inscrites sur la liste des conseils en propriété industrielle constituent la Compagnie nationale des conseils en propriété industrielle, prévue à l'article L. 422-9.

Art. R. 422-9 La compagnie établit son règlement intérieur. Celui-ci entre en vigueur après approbation par arrêté conjoint du garde des sceaux, ministre de la justice, et du ministre chargé de la propriété industrielle.

Art. R. 422-10 L'assemblée générale de la compagnie élit pour deux ans parmi ses membres, au scrutin secret, un bureau composé de neuf personnes, dont un président, trois vice-présidents, un secrétaire, un trésorier et trois membres. Le scrutin est uninominal pour les fonctions de président, de secrétaire et de trésorier. Il est pourvu par scrutin plurinominal à l'élection respective des vice-présidents et des autres membres. Les modalités de ce scrutin sont fixées par le règlement intérieur.

A l'exception de l'établissement du règlement intérieur, du vote du budget annuel de la compagnie et d'autres attributions réservées le cas échéant à l'assemblée générale par le règlement intérieur, le bureau assure l'administration de la compagnie. Il veille à l'application des résolutions arrêtées en assemblée générale. Il peut disposer d'un secrétariat permanent et constituer des commissions permanentes ou temporaires dont il définit la mission.

Art. R. 422-11 Outre les dons et legs qui lui sont faits et les participations à certains de ses frais, les ressources de la compagnie proviennent des cotisations annuelles.

Le taux de base de la cotisation annuelle est le même pour tous les membres. S'y ajoute un complément dont l'assiette tient compte du chiffre d'affaires, réalisé le cas échéant en société.

Le mode de calcul et les modalités de recouvrement de la cotisation sont déterminés par le règlement intérieur de la compagnie. Son taux est fixé chaque année par l'assemblée générale.

Section 3 Exercice sous forme de société

Sous-section 1 Sociétés civiles professionnelles

Art. R. 422-12 Deux ou plusieurs conseils en propriété industrielle inscrits sur la liste nationale des conseils en propriété industrielle prévue à l'article L. 422-1 peuvent constituer entre eux une société civile professionnelle pour l'exercice en commun de la profession de conseil en propriété industrielle.

Toutefois, la société peut être constituée, exclusivement ou non, entre des personnes physiques non inscrites sur la liste nationale des conseils en propriété industrielle mais remplissant les conditions requises pour y figurer, sous la condition que chacune d'elles demande son inscription au plus tard en même temps que la société.

Art. R. 422-13 La société est constituée sous la condition suspensive de son inscription sur la liste nationale des conseils en propriété industrielle. Conformément au troisième alinéa de l'article 1er de la loi n° 66-879 du 29 novembre 1966, elle jouit de la personnalité morale à compter de cette inscription.

Art. R. 422-14 La demande d'immatriculation de la société au registre du commerce et des sociétés est établie dans les conditions prévues à l'article 15 du décret n° 84-406 du 30 mai 1984 relatif au registre du commerce et des sociétés.

Par dérogation aux articles 22, 24 et 26 du décret n° 78-704 du 3 juillet 1978, la société est dispensée d'insérer dans un journal d'annonces légales les avis prévus auxdits articles.

L'avis inséré au *Bulletin officiel* des annonces civiles et commerciales contient les indications prévues à l'article 73 du décret du 30 mai 1984 à l'exception de celles relatives aux nom et prénoms des associés tenus indéfiniment et solidairement des dettes sociales.

Art. R. 422-15 Si les statuts sont établis par actes sous seing privé, il en est dressé autant d'originaux qu'il est nécessaire pour la remise d'un exemplaire à chaque associé et pour satisfaire aux dispositions de l'article 7 du décret n° 78-704 du 3 juillet 1978 et à celles de la présente sous-section.

Art. R. 422-16 Sans préjudice des dispositions qu'en vertu des articles 10 et 11 de la loi n° 66-879 du 29 novembre 1966 les statuts doivent comporter, de celles qu'en vertu des articles 8, 14, 15, 19, 20 et 24 de la même loi ils peuvent contenir, concernant respectivement la répartition des parts, les gérants, la raison sociale, la répartition des bénéfices, les dettes sociales, les cessions des parts sociales et la dissolution de la société et des articles R. 422-6 et R. 422-7, les statuts doivent indiquer :

1° Les nom, prénoms, domicile des associés, leur situation matrimoniale et, le cas échéant, l'existence de clauses, d'actes opposables aux tiers ou de décisions restrictives à la libre disposition de leurs biens ;

2° Le titre de chacun des associés ;

3° La durée pour laquelle la société est constituée ;

4° L'adresse du siège social ;

5° La nature et l'évaluation distincte de chacun des apports effectués par les associés ;

6° Le montant du capital social, le montant nominal, le nombre et la répartition des parts sociales représentatives de ce capital ;

7° L'affirmation de la libération totale ou partielle, suivant le cas, des apports concourant à la formation du capital social ;

8° La majorité requise pour la transmission ou la cession des parts à des tiers ;

9° Le montant des parts d'intérêt attribuées à chaque apporteur en industrie ;

10° Les dispositions particulières prévues aux articles R. 422-20 et R. 422-21.

Art. R. 422-17 Peuvent faire l'objet d'apports à une société civile professionnelle, en propriété ou en jouissance :

1° Tous droits incorporels, mobiliers ou immobiliers, notamment, s'il y a lieu, le droit pour un associé de présenter la société comme successeur à sa clientèle ;

2° Tous documents et archives, et, d'une manière générale, tous objets mobiliers à usage professionnel ;

3° Les immeubles ou locaux utiles à l'exercice de la profession ;

4° Toutes sommes en numéraire.

Les apports en industrie des associés qui, en vertu de l'article 10 de la loi du 29 novembre 1966, ne concourent pas à la formation du capital peuvent donner lieu à l'attribution de parts d'intérêts.

Art. R. 422-18 Les parts sociales ne peuvent être données en nantissement.

Leur montant nominal ne peut être inférieur à 152,45 €.

Les parts d'intérêts attribuées aux apporteurs en industrie sont incessibles. Elles sont annulées lorsque leur titulaire perd sa qualité d'associé pour quelque cause que ce soit.

Art. R. 422-19 Les parts sociales correspondant à des apports en numéraire doivent être libérées, lors de la souscription, de la moitié au moins de leur valeur nominale.

La libération du surplus doit intervenir, en une ou plusieurs fois, soit aux dates prévues par les statuts, soit par décision de l'assemblée des associés, et au plus tard dans le délai de deux ans à compter de l'inscription de la société sur la liste nationale des conseils en propriété industrielle.

Dans les huit jours de leur réception, les fonds provenant des souscriptions en numéraire sont déposés, pour le compte de la société à la Caisse des dépôts et consignations, chez un notaire ou dans une banque.

Le retrait de ces fonds est effectué par un mandataire de la société sur la seule justification de l'inscription de la société sur la liste nationale.

Art. R. 422-20 Les statuts organisent la gérance et déterminent les pouvoirs des gérants dans les conditions prévues par l'article 11 de la loi du 29 novembre 1966.

Art. R. 422-21 Les décisions qui excèdent les pouvoirs des gérants sont prises par les associés réunis en assemblée.

L'assemblée est réunie au moins une fois par an. Elle est également réunie sur la demande d'au moins la moitié des associés, la demande devant indiquer l'ordre du jour.

Les modalités de convocation de l'assemblée sont fixées par les statuts.

Art. R. 422-22 Les statuts peuvent attribuer un nombre de voix réduit aux associés qui n'exercent leur profession qu'à temps partiel.

Ils peuvent également attribuer aux associés un nombre de voix réduit aussi longtemps que les parts sociales qu'ils détiennent n'ont pas été entièrement libérées.

Chaque associé peut se faire représenter par un autre associé porteur d'un mandat écrit. Un associé ne peut être porteur de plus de deux mandats.

Art. R. 422-23 Sous réserve des dispositions de l'article 19 de la loi du 29 novembre 1966 et de celles de la présente sous-section imposant des conditions spéciales de majorité, les décisions sont prises à la majorité des voix dont disposent les associés présents ou représentés.

Toutefois, les statuts peuvent prévoir une majorité plus forte ou même l'unanimité des associés pour toutes les décisions ou seulement pour celles qu'ils énumèrent.

Art. R. 422-24 La modification des statuts et notamment la prorogation de la société est décidée à la majorité des trois quarts des voix de l'ensemble des associés.

Toutefois, l'augmentation des engagements des associés ne peut être décidée qu'à l'unanimité.

Art. R. 422-25 Les délibérations des associés sont soumises aux dispositions des articles 40 à 47 du décret n° 78-704 du 3 juillet 1978.

L'assemblée ne peut délibérer valablement que si les trois quarts au moins des associés sont présents ou représentés. Si le quorum n'est pas atteint, les associés sont convoqués une nouvelle fois et l'assemblée délibère valablement si deux associés au moins sont présents ou représentés.

Le registre prévu par l'article 45 du décret n° 78-704 du 3 juillet 1978 est coté et paraphé par le greffier chargé de la tenue du registre du commerce et des sociétés où est immatriculée la société.

Art. R. 422-26 Après la clôture de chaque exercice, le ou les gérants établissent, dans les conditions fixées à l'article 1856 du code civil, un rapport écrit d'ensemble comportant les comptes annuels de la société et un rapport sur les résultats.

Dans les deux mois qui suivent la clôture de l'exercice, les documents mentionnés à l'alinéa précédent sont soumis à l'approbation de l'assemblée des associés.

A cette fin, ces documents sont adressés à chaque associé avec le texte des résolutions proposées en même temps que la convocation à l'assemblée et au moins quinze jours avant sa réunion.

Art. R. 422-27 Chaque associé peut, à toute époque, prendre connaissance, dans les conditions fixées à l'article 48 du décret n° 78-704 du 3 juillet 1978, des comptes annuels de la société et du rapport sur les résultats de celle-ci ainsi que de tous registres et documents comptables en la possession de la société.

Art. R. 422-28 Les dispositions des articles 49, 50 et 52 du décret n° 78-704 du 3 juillet 1978 sont applicables aux cessions et transmissions de parts sociales et à leur publicité.

Art. R. 422-29 Dans le cas prévu à l'article 19, troisième alinéa, de la loi du 29 novembre 1966, le prix des parts sociales est déterminé, à défaut d'accord entre les parties, conformément aux dispositions des articles 1843-4 du code civil et 17 du décret n° 78-704 du 3 juillet 1978.

Lorsque l'associé cédant refuse de signer l'acte portant cession de ses parts au prix ainsi fixé, il est passé outre à ce refus deux mois après sommation à lui faite par la société et demeurée infructueuse, soit par lettre recommandée avec demande d'avis de réception, soit par acte d'huissier de justice ; le prix de cession des parts est consigné à la diligence du cessionnaire.

Si la cession porte sur la totalité des parts sociales d'un associé, celui-ci perd la qualité d'associé à l'expiration du délai prévu à l'alinéa précédent.

Sous réserve des règles de protection et de représentation des incapables, les dispositions de l'article 19 de la loi du 29 novembre 1966 s'appliquent à la cession des parts sociales de l'associé frappé d'interdiction légale ou placé sous le régime de la tutelle des majeurs ; le délai de six mois prévu au troisième alinéa dudit article est alors porté à un an.

Art. R. 422-30 En cas de décès d'un associé, le délai de cession prévu au deuxième alinéa de l'article 24 de la loi du 29 novembre 1966 est fixé à un an à compter de la date du décès.

Il peut être renouvelé par accord intervenu entre les ayants droit de l'associé décédé et la société, donné dans les conditions prévues pour la cession des parts sociales par l'article 19, premier alinéa, de la loi du 29 novembre 1966.

Si le consentement à l'attribution préférentielle prévu à l'article 24, deuxième alinéa, de la loi du 29 novembre 1966 est refusé, et si les ayants droit de l'associé décédé n'ont pas cédé les parts sociales de leur auteur à l'expiration du délai qui leur est imparti, la société dispose d'une année pour acquérir ou faire acquérir les parts sociales de l'associé décédé.

Art. R.422-31 Si l'acte portant cession des parts sociales est établi sous seing privé, il en est dressé autant d'originaux qu'il est nécessaire pour la remise d'un exemplaire à chaque partie et pour satisfaire aux dispositions de l'article R.422-28.

En outre, un des originaux de l'acte sous seing privé, ou une expédition de l'acte de cession des parts s'il a la forme d'un acte authentique, et éventuellement de l'acte modifiant les statuts de la société doivent être adressés au directeur général de l'Institut national de la propriété industrielle qui, s'il y a lieu, modifie en conséquence l'inscription de la société sur la liste nationale des conseils en propriété industrielle.

Art. R.422-32 Lorsqu'un associé entend se retirer de la société, il notifie sa décision à la société par lettre recommandée avec demande d'avis de réception.

La société dispose de six mois à compter de cette notification pour notifier à l'associé, dans la même forme, un projet de cession de ses parts à un associé ou à un tiers inscrit sur la liste des conseils en propriété industrielle ou remplissant les conditions pour être inscrit sur cette liste, ou un projet de rachat desdites parts de la société. Cette notification implique un engagement du cessionnaire ou de la société qui se porte acquéreur.

En cas de désaccord sur le prix de cession, l'article R.422-29 est applicable.

Art. R.422-33 Si un associé a été radié, en application de la section 5 du présent chapitre, pour une durée égale ou supérieure à six mois, il peut être exclu de la société par une décision prise à la majorité des autres associés.

L'associé exclu dispose d'un délai de six mois, à compter de la notification qui lui est faite de cette décision par l'envoi d'une lettre recommandée avec demande d'avis de réception, pour céder ses parts dans les conditions prévues aux articles 19 et 21 de la loi du 29 novembre 1966 et aux articles R.422-28 et R.422-29.

Si, à l'expiration de ce délai, aucune cession n'est intervenue, il est procédé conformément aux dispositions de l'article 19, troisième alinéa, de la loi du 29 novembre 1966 et de l'article R.422-29.

Art. R.422-34 Les parts de l'associé radié définitivement de la liste nationale des conseils en propriété industrielle sont cédées dans les conditions déterminées à l'article R.422-33.

Art. R.422-35 Le nombre des associés peut être augmenté au cours de l'existence de la société avec ou sans augmentation du capital social.

Art. R.422-36 Tout associé qui reçoit à titre onéreux ou gratuit un droit de présentation d'une clientèle transmis par un tiers a l'obligation d'en apporter la jouissance à la société, à charge pour elle de créer et de lui délivrer les nouvelles parts sociales correspondant à ce supplément d'apport.

Art. R.422-37 Si les réserves constituées au moyen de bénéfices non distribués ou de plus-values d'actif dues à l'industrie des associés le permettent, il est procédé périodiquement à l'augmentation du capital social. Les parts sociales créées à cet effet sont réparties entre tous les associés, y compris ceux qui n'ont apporté que leur industrie.

Toutefois, les statuts peuvent prévoir les cas et les conditions dans lesquels un associé peut être écarté de l'attribution des parts sociales nouvellement créées en représentation d'une augmentation de capital.

Art. R.422-38 La décision de proroger la société doit être immédiatement portée à la connaissance du directeur général de l'Institut national de la propriété industrielle, accompagnée soit d'une copie du procès-verbal complet de l'assemblée, soit de l'acte d'où résulte la prorogation, constitué par l'un des originaux si cet acte est sous seing privé, ou par une expédition s'il a été établi sous la forme authentique.

Art. R. 422-39 En cas de modification des statuts, une copie du procès-verbal complet de l'assemblée ou l'acte modificatif constitué par l'un des originaux si celui-ci est sous seing privé, ou par une expédition s'il a été établi sous la forme authentique, est adressée dans un délai de deux mois au directeur général de l'Institut national de la propriété industrielle et au président de la compagnie des conseils en propriété industrielle.

Si les nouvelles dispositions des statuts ne sont pas conformes aux dispositions législatives ou réglementaires, et si la régularisation n'en est pas faite dans le délai imparti par le directeur général de l'Institut national de la propriété industrielle, celui-ci, après avoir appelé la société à présenter ses observations orales ou écrites, la radie de la liste nationale des conseils en propriété industrielle dans les conditions prévues aux articles R. 422-61 à R. 422-63.

La publication des modifications est faite ainsi qu'il est prévu aux articles 22 et suivants du décret n° 84-406 du 30 mai 1984.

Art. R. 422-40 La dissolution anticipée de la société ne peut être décidée que par les trois quarts au moins des associés.

Les dispositions des articles 8 à 16 du décret n° 78-704 du 3 juillet 1978 sont applicables.

Un exemplaire de l'acte de nomination du liquidateur est adressé par ce dernier au directeur général de l'Institut national de la propriété industrielle et au président de la compagnie des conseils en propriété industrielle. Le liquidateur les informe de la clôture de la liquidation.

Sous-section 2 Sociétés d'exercice libéral

Art. R. 422-41 Les dispositions de la présente sous-section régissent les sociétés constituées en application du titre Ier de la loi n° 90-1258 du 31 décembre 1990 et dont l'objet social est l'exercice en commun de la profession de conseil en propriété industrielle. Ces sociétés portent la dénomination de société d'exercice libéral de conseils en propriété industrielle.

Art. R. 422-42 Les actes et documents destinés aux tiers, notamment les lettres, factures, annonces et publications diverses, émanant d'une société d'exercice libéral de conseils en propriété industrielle doivent indiquer la dénomination sociale précédée ou suivie immédiatement, selon le cas :

– soit de la mention « société d'exercice libéral à responsabilité limitée de conseils en propriété industrielle » ou de la mention « SELARL de conseils en propriété industrielle » ;
– soit de la mention « société d'exercice libéral à forme anonyme de conseils en propriété industrielle » ou de la mention « SELAFA de conseils en propriété industrielle » ;
– soit de la mention « société d'exercice libéral en commandite par actions de conseils en propriété industrielle » ou de la mention « SELCA de conseils en propriété industrielle »,

ainsi que de l'énonciation du montant de son capital social, de l'adresse de son siège social, de la mention de son inscription sur la liste des conseils en propriété industrielle et de son numéro d'immatriculation au registre du commerce et des sociétés.

Art. R. 422-43 Une même personne physique ou morale exerçant la profession de conseil en propriété industrielle ne peut, au titre du troisième alinéa de l'article 5 de la loi n° 90-1258 du 31 décembre 1990, détenir de participations dans plus de deux sociétés d'exercice libéral de conseils en propriété industrielle.

Art. R. 422-44 La détention de parts d'une société d'exercice libéral de conseils en propriété industrielle est interdite à toute personne radiée de la liste des conseils en propriété industrielle ou de la liste des conseils en brevets d'invention telle qu'elle était prévue à l'article 3 du décret n° 76-671 du 13 juillet 1976 modifié relatif à la qualification professionnelle en matière de brevets d'invention et portant organisation et régime disciplinaire de la profession de conseil en brevets d'invention.

Art. R. 422-45 Un associé ne peut exercer la profession de conseil en propriété industrielle qu'au sein d'une seule société d'exercice libéral et ne peut exercer la même profession à titre individuel ou au sein d'une autre société quelle qu'en soit la forme.

Art. R. 422-46 Les sociétés d'exercice libéral de conseils en propriété industrielle sont soumises aux dispositions relatives aux obligations, à la garantie et à la discipline applicables à la profession de conseil en propriété industrielle.

Toutefois, les sociétés ne peuvent faire l'objet de poursuites disciplinaires indépendamment de celles qui seraient intentées à l'encontre des conseils associés au sein de ces sociétés exerçant la profession.

Art. R. 422-47 L'associé d'une société d'exercice libéral constituée pour l'exercice de la profession de conseil en propriété industrielle peut en être exclu en cas de sanction disciplinaire définitive ayant pour effet de lui interdire temporairement l'exercice de la profession pendant plus de six mois.

Cette exclusion est décidée par les autres associés statuant à l'unanimité.

Art. R. 422-48 Tout associé exclu dispose pour céder ses parts sociales ou actions d'un délai de six mois à compter de la notification qui lui est faite de cette décision par la société, par l'envoi d'une lettre recommandée avec demande d'avis de réception.

Pendant ce délai, l'associé exclu perd les rémunérations liées à l'exercice de son activité professionnelle et son droit d'assister et de voter aux assemblées de la société. Il conserve son droit de percevoir les dividendes distribués au titre de ses parts sociales ou actions.

Les parts sociales ou actions de l'associé exclu sont achetées soit par un acquéreur agréé par la société, soit par la société, qui doit alors réduire son capital. A défaut d'accord amiable, le prix de rachat des parts sociales est déterminé dans les conditions prévues par l'article 1843-4 du code civil.

Art. R. 422-49 L'associé interdit de ses fonctions à titre temporaire conserve, pendant la durée de sa peine, sa qualité d'associé avec tous les droits et obligations qui en découlent, à l'exclusion de sa vocation aux rémunérations versées par la société en relation avec l'exercice de son activité professionnelle.

En cas de suspension d'exercice de la profession frappant l'ensemble des associés de la société d'exercice libéral, l'exécution des actes professionnels et la gestion de la société sont assurées par un ou plusieurs conseils en propriété industrielle désignés par la Compagnie nationale des conseils en propriété industrielle.

Sous-section 3 Sociétés en participation

Art. R. 422-50 La constitution d'une société en participation de conseils en propriété industrielle visée au titre II de la loi n° 90-1258 du 31 décembre 1990 donne lieu à l'insertion d'un avis dans un journal habilité à recevoir les annonces légales au lieu du siège social, s'il en existe un, et au lieu d'exercice de chacun des associés. L'avis contient l'identité des associés, la dénomination, l'objet, l'adresse du siège, s'il en existe un, et celle des lieux d'exercice.

Art. R. 422-51 L'appartenance à la société en participation, avec la dénomination de celle-ci, doit être indiquée dans les actes professionnels et les correspondances de chaque associé.

Sous-section 4 Sociétés de participations financières de profession libérale de conseils en propriété industrielle

Art. R. 422-51-1 Des conseils en propriété industrielle peuvent constituer, dans les conditions prévues à l'article 31-1 de la loi n° 90-1258 du 31 décembre 1990, une ou plusieurs sociétés de participations financières de la profession libérale de conseil en propriété industrielle ayant pour objet la détention de parts ou d'actions de sociétés d'exercice libéral constituées pour l'exercice de leur profession ou de groupements de droit étranger ayant pour objet l'exercice de cette même profession.

Peuvent également être associés, à l'exclusion de toute autre personne :

1° Pendant un délai de dix ans, des personnes physiques qui, ayant cessé toute activité professionnelle, ont exercé la profession de conseils en propriété industrielle ;

2° Les ayants droit des personnes physiques mentionnées aux premier et troisième alinéas ci-dessus, pendant un délai de cinq ans suivant le décès de celles-ci ;

3° Les personnes exerçant une profession libérale soumise à un statut législatif ou réglementaire ou dont le titre est protégé, autre que les professions libérales de santé ou les professions libérales juridiques ou judiciaires ;

4° Des ressortissants des Etats membres de l'Union européenne, des autres Etats parties à l'accord sur l'Espace économique européen ou de la Confédération suisse, qui exercent en qualité de professionnel libéral, dans l'un de ces Etats membres ou parties ou dans la Confédération suisse, une activité soumise à un statut législatif ou réglementaire ou subordonnée à la possession d'une qualification nationale ou internationale reconnue et dont l'exercice constitue l'objet social de l'une des sociétés ou de l'un des groupements faisant l'objet d'une prise de participation.

Ces sociétés sont régies par les dispositions du livre II du code de commerce, sous réserve des dispositions du présent chapitre.

Art. R. 422-51-2 La société est inscrite sur la liste des conseils en propriété industrielle prévue par l'article L. 422-1, dans une section spécifique aux sociétés de participations financières de profession libérale.

Art. R. 422-51-3 La déclaration d'une société de participations financières de profession libérale de conseils en propriété industrielle est adressée collectivement par les associés, qui désignent un mandataire commun, au directeur général de l'Institut national de la propriété industrielle par lettre recommandée avec demande d'avis de réception, ou remise contre récépissé.

Cette déclaration est accompagnée, à peine d'irrecevabilité, des pièces suivantes :

1° Un exemplaire des statuts de la société ;

2° Une attestation du greffier chargé de la tenue du registre du commerce et des sociétés au lieu du siège social constatant le dépôt au greffe de la demande, des actes annexés et des pièces nécessaires à l'immatriculation ultérieure de la société de participations financières ;

3° La liste des associés avec, selon le cas, l'indication de leur profession ou de leur qualité au regard de l'article R. 422-51-1, suivie, pour chacun, de la mention de la part du capital qu'il détient dans la société dont l'inscription est demandée.

La déclaration est, le cas échéant, accompagnée d'une note d'information désignant la ou les sociétés d'exercice libéral de conseil en propriété industrielle dont les parts sociales ou actions seront détenues par la société de participations financières et précisant la répartition du capital qui résultera de ces participations pour chacune d'entre elles.

Art. R. 422-51-5 Les sociétés de participations financières de profession libérale de conseil en propriété industrielle issues d'une fusion ou d'une scission sont soumises aux dispositions des articles R. 422-51-2 à R. 422-51-3.

Art. R. 422-51-6 A la diligence du directeur de l'Institut national de la propriété industrielle, une ampliation de la déclaration d'inscription de la société est adressée au greffe du tribunal où a été déposée la demande d'immatriculation au registre du commerce et des sociétés. Au reçu de cette ampliation, le greffier procède à l'immatriculation et en informe le directeur général de l'Institut national de la propriété industrielle.

La société est dispensée de procéder aux formalités de publicité prévues à l'article R. 210-16 du code de commerce.

Art. R. 422-51-7 La société de participations financières de profession libérale de conseil en propriété industrielle notifie au directeur général de l'Institut national de la propriété industrielle tout changement dans la situation déclarée en application de l'article R. 422-51-3, avec les pièces justificatives, dans un délai de trente jours à compter de la date à laquelle ce changement est intervenu.

Art. R. 422-51-8 Si ce changement a pour effet de rendre la situation déclarée de la société non conforme aux dispositions législatives et réglementaires en vigueur, la société est mise en demeure par le directeur général de l'institut de régulariser sa situation dans le délai indiqué par cette mise en demeure.

Si, à l'expiration de ce délai, la société n'a pas régularisé sa situation, le directeur général de l'Institut saisit, à l'encontre des associés, la chambre de discipline prévue à l'article L. 422-10.

Art. R. 422-51-9 Chaque société de participations financières de la profession libérale de conseil en propriété industrielle fait l'objet, par le directeur général de l'Institut national de la propriété industrielle, dès son inscription puis ensuite au moins une fois tous les quatre ans, d'un contrôle portant sur le respect des dispositions législatives et réglementaires qui lui sont applicables.

Au cours de chaque contrôle, l'avis de la Compagnie nationale des conseils en propriété industrielle est demandé. L'avis est réputé donné si la compagnie ne l'a pas formulé dans le délai d'un mois à compter de sa saisine.

En cas de non-respect des dispositions législatives et réglementaires en vigueur, il est fait application de la procédure prévue à l'article R. 422-51-8.

Art. R. 422-51-11 La dissolution de la société, lorsqu'elle ne résulte pas de la radiation de la liste des conseils en propriété industrielle, est notifiée au directeur général de l'Institut national de la propriété industrielle à la diligence du liquidateur.

Art. R. 422-51-12 Le liquidateur peut être choisi parmi les associés.

Plusieurs liquidateurs peuvent être désignés.

Le liquidateur peut être remplacé pour cause d'empêchement, ou pour tout autre motif grave, par le président du tribunal de grande instance du lieu du siège social de la société, statuant en référé à la demande du liquidateur lui-même, des associés ou de leurs ayants droit, ou du directeur général de l'Institut national de la propriété industrielle.

Art. R. 422-51-13 Dans le cas prévu à l'article R. 422-51-10, le liquidateur procède à la cession des parts ou actions que la société radiée détient dans la ou les sociétés d'exercice libéral, dans les conditions prévues à l'article R. 422-48.

Art. R. 422-51-14 Le liquidateur informe de la clôture des opérations de liquidation le directeur général de l'Institut national de la propriété industrielle ainsi que le greffier chargé de la tenue du registre du commerce et des sociétés auquel est immatriculée la société.

Section 4 Obligations professionnelles

Art. R. 422-52 Le conseil en propriété industrielle exerce sa profession avec dignité, conscience, indépendance et probité, et dans le respect des lois et règlements régissant sa compagnie.

Art. R. 422-53 Le conseil en propriété industrielle s'abstient de tout démarcharge et de toute publicité non autorisés dans les conditions prévues à l'article R. 423-2.

Il établit un barème indicatif du montant de ses honoraires, distincts des remboursements de frais et de redevances. Le détail de toutes ces charges est communiqué à toute personne qui en fait la demande.

Art. R. 422-54 Le conseil en propriété industrielle :

1° S'abstient dans une même affaire de conseiller, assister ou représenter des clients ayant des intérêts opposés ; il s'abstient également d'accepter un nouveau dossier si le secret des informations confiées par un ancien client risque d'être violé ;

2° Observe le secret professionnel : ce secret s'étend notamment aux consultations qu'il donne à son client, aux correspondances professionnelles échangées ainsi qu'à tous documents préparés à cette occasion ;

3° Conduit jusqu'à son terme l'affaire dont il est chargé, sauf si son client l'en dessaisit ;

4° Rend compte de l'exécution de son mandat, notamment en ce qui concerne le maniement des fonds ; à cet effet, il remet à son client un compte qui fait ressortir distinctement, d'une part, les honoraires, d'autre part, les frais et redevances : ce compte indique les sommes précédemment reçues à titre de provision ou de paiement ;

5° Remet au client qui l'a dessaisi, ou au nouveau mandataire de celui-ci, tous les documents ayant un caractère officiel dont il est dépositaire ainsi que toutes les pièces et informations nécessaires à l'exécution ou à l'achèvement de la mission qui lui était confiée ; la remise doit intervenir dans un délai permettant d'éviter toute forclusion ou prescription.

Art. R. 422-55 La demande de dispense mentionnée au 3° de l'article L. 422-12 est adressée au ministre chargé de la propriété industrielle ou, par délégation, au directeur de l'Institut national de la propriété industrielle par lettre recommandée avec demande d'avis de réception ou remise contre récépissé. Elle indique l'objet de la dispense, le cas échéant la durée souhaitée et les raisons pour lesquelles elle est demandée. Elle est accompagnée d'un exemplaire des statuts sociaux et, lorsque la société a au moins une année d'activité, d'une copie du dernier bilan.

L'autorité compétente statue sur la demande de dispense après avis de la Compagnie nationale des conseils en propriété industrielle. La compagnie notifie son avis dans le délai d'un mois à compter de sa saisine. A défaut, elle est réputée s'être prononcée.

Art. R. 422-55-1 La formation professionnelle continue prévue par l'article L. 422-10-1 est une obligation professionnelle qui assure la mise à jour et le perfectionnement des connaissances nécessaires à l'exercice de sa profession par chaque conseil en propriété industrielle inscrit sur la liste prévue à l'article L. 422-1.

La durée de la formation continue est de vingt heures au cours d'une année civile ou de quarante heures au cours de deux années consécutives.

L'obligation de formation continue est satisfaite :

1° Par la participation à des formations, à caractère juridique, économique ou professionnel, dispensées par des établissements d'enseignement supérieur, d'autres établissements d'enseignement ou des établissements de formation professionnelle continue ;

2° Par la participation à des formations dispensées par des conseils en propriété industrielle ou par des personnes physiques ou morales établies sur le territoire d'un Etat membre de l'Union européenne, d'un Etat partie à l'accord sur l'Espace économique européen ou de la Confédération suisse et habilitées à représenter les personnes devant le service central de la propriété industrielle de cet Etat ;

3° Par l'assistance à des colloques ou à des conférences à caractère juridique ou économique ayant un lien avec l'activité professionnelle de conseil en propriété industrielle ;

4° Par le fait de dispenser des enseignements ayant un lien avec l'activité professionnelle de conseil en propriété industrielle, dans un cadre universitaire ou professionnel ;

5° Par la publication de travaux à caractère juridique ou économique ayant un lien avec l'activité professionnelle de conseil en propriété industrielle.

Au cours des deux premières années d'exercice professionnel, cette formation inclut dix heures au moins portant sur la gestion d'un cabinet, la déontologie et le statut professionnel.

Toute formation continue, répondant aux conditions prévues par le présent article et suivie dans un autre Etat membre de l'Union européenne, dans un Etat partie à l'accord sur l'Espace économique européen ou de la Confédération suisse, est réputée satisfaire à l'obligation de formation continue prévue à l'article L. 422-10-1.

Les modalités de mise en œuvre des dispositions du présent article sont fixées par arrêté du ministre chargé de la propriété industrielle.

Les conseils en propriété industrielle déclarent, au plus tard le 31 janvier de chaque année, auprès de la compagnie les actions accomplies aux fins de satisfaire leur obligation de formation continue au cours de la dernière année civile écoulée ou, le cas échéant, des deux dernières années écoulées. Les justificatifs utiles à la vérification du respect de cette obligation sont joints à cette déclaration.

La compagnie contrôle l'accomplissement effectif de l'obligation de formation professionnelle continue des conseils en propriété industrielle et vérifie la conformité des formations suivies et des actions menées, en particulier leur lien avec l'activité de conseil en propriété industrielle.

Section 5 Régime disciplinaire

Art. R. 422-56 La chambre de discipline, prévue à l'article L. 422-10 pour connaître des manquements à leurs obligations des conseils en propriété industrielle, est composée de sept membres :

1° Un magistrat de l'ordre judiciaire, président, nommé sur proposition du premier président de la cour d'appel de Paris ;

2° Un membre du Conseil d'Etat nommé sur proposition du vice-président du Conseil d'Etat ;

3° Le président de la Compagnie nationale des conseils en propriété industrielle ou son suppléant désigné par lui pour la durée de son mandat parmi les vice-présidents de cette compagnie ;

4° Deux conseils en propriété industrielle, choisis sur une liste de huit candidats proposée, en dehors des membres de son bureau, par la Compagnie nationale des conseils en propriété industrielle ;

5° Deux personnalités qualifiées.

Les membres désignés aux 1°, 2°, 4° et 5° ont des suppléants nommés dans les mêmes conditions.

La chambre de discipline connaît également des manquements à leurs obligations des autres personnes admises à exercer en France des activités relevant de la profession de conseil en propriété industrielle.

Art. R. 422-57 Les membres de la chambre de discipline sont, à l'exception du président de la Compagnie nationale des conseils en propriété industrielle et de son suppléant, nommés ainsi que leurs suppléants pour trois ans par arrêté conjoint du garde des sceaux, ministre de la justice, et du ministre chargé de la propriété industrielle.

Art. R. 422-58 La chambre de discipline est saisie par le garde des sceaux, ministre de la justice, par le ministre chargé de la propriété industrielle, par le directeur général de l'Institut national de la propriété industrielle, ou par une plainte.

La saisine ou la plainte sont adressées au président de la chambre, par lettre recommandée avec demande d'avis de réception, au siège de l'Institut national de la propriété industrielle.

Art. R. 422-59 Le secrétaire de la Compagnie nationale des conseils en propriété industrielle est rapporteur de la chambre de discipline. En cas d'empêchement de celui-ci, et notamment s'il apparaît que le délai de six mois prévu à l'article R. 422-60 ne pourra être respecté, le bureau de la compagnie désigne un suppléant en son sein.

Le secrétariat de la chambre est assuré par l'Institut national de la propriété industrielle.

Art. R. 422-60 Le rapporteur peut, d'office ou à la demande du président de la chambre, requérir de la personne mise en cause, de l'auteur de la plainte ou de toute personne susceptible d'éclairer les débats, les explications et justifications nécessaires à l'information de la chambre.

Le rapport précise les faits dénoncés, les diligences accomplies ainsi que les conclusions motivées du rapporteur sur l'existence d'une faute disciplinaire.

Il doit être déposé au siège de la chambre dans les six mois de la saisine de cette dernière, faute de quoi le président de la chambre peut désigner un autre rapporteur parmi les membres de la compagnie qui ne sont pas membres de la chambre.

Art. R. 422-61 Lorsque le rapporteur estime que la plainte ou la saisine est irrecevable, sans objet ou manifestement non fondée, il propose à la chambre de classer l'affaire.

La décision de classement est prise et notifiée dans les formes et conditions prévues à l'article R. 422-64. Elle peut être déférée au Conseil d'Etat par la voie du recours en cassation.

Art. R. 422-62 Sauf lorsqu'il est fait application de l'article R. 422-61, la personne qui fait l'objet d'une procédure disciplinaire est cité à comparaître devant la chambre de discipline par son président au moins quinze jours avant l'audience, par lettre recommandée avec demande d'avis de réception.

Si la personne poursuivie est une personne morale, la citation est adressée dans les mêmes conditions à son représentant légal.

La citation comporte, à peine de nullité, l'indication précise des faits à raison desquels la poursuite est intentée et la référence des dispositions législatives ou réglementaires sur le fondement desquelles ces faits sont poursuivis et réprimés. Elle est portée à la connaissance de l'autorité qui a saisi la chambre ou de l'auteur de la plainte, par lettre recommandée avec demande d'avis de réception. Un délai de quinze jours à compter de cette notification est imparti, tant au plaignant qu'à la personne poursuivie, pour la présentation d'éventuelles observations écrites.

La personne poursuivie, l'autorité qui a saisi la chambre ou l'auteur de la plainte peuvent prendre connaissance auprès du secrétaire de la chambre du dossier de la poursuite, et notamment du rapport mentionné à l'article R. 422-60. A cet effet, la personne poursuivie et l'auteur de la plainte peuvent se faire assister de la personne de leur choix.

Le dossier est également tenu à la disposition des membres de la chambre.

Art. R. 422-63 Sauf si l'un de ses membres et son suppléant relèvent d'une des causes de récusation prévues à l'article L. 731-1 du code de l'organisation judiciaire, la chambre de discipline ne peut siéger et délibérer valablement que si tous les membres ou leurs suppléants sont présents.

La chambre entend le rapporteur qui donne lecture de son rapport.

La chambre peut entendre tous témoins et faire procéder à toute investigation qu'elle estime utile.

Sauf lorsque la chambre se prononce en application de l'article R. 422-61, l'auteur de la plainte peut assister à l'audience et y être entendu. Sous la même réserve, la personne poursuivie a la parole en dernier et peut, ainsi que l'auteur de la plainte, se faire assister de la personne de son choix.

Les séances de la chambre sont publiques. Toutefois, le président peut, d'office ou à la demande d'une des parties, interdire au public l'accès de la salle pendant tout ou partie de la séance dans l'intérêt de l'ordre public ou lorsque le respect de la vie privée ou du secret des affaires le justifie.

Art. R. 422-64 Le délibéré a lieu hors la présence des parties. Le rapporteur ne participe pas au délibéré, non plus que le secrétaire de la chambre.

La décision disciplinaire, qui doit être motivée, est prise à la majorité. La radiation temporaire de plus d'un an ou la radiation définitive ne peut être prononcée que par une décision prise à la majorité d'au moins cinq membres.

La décision est notifiée, par le secrétaire, à l'intéressé, au plaignant, au directeur général de l'institut, au garde des sceaux, ministre de la justice, et au ministre chargé de la propriété industrielle par lettre recommandée avec demande d'avis de réception dans un délai de quinze jours à compter de son prononcé.

La décision est exécutoire à compter de sa notification à la personne qui en a fait l'objet.

La décision peut être déférée au Conseil d'Etat par la voie du recours en cassation.

Art. R. 422-65 Est radiée de la section spéciale prévue à l'article L. 422-7, par décision du directeur général de l'institut, toute société dont un membre a fait l'objet d'une radiation pour motif disciplinaire si l'intéressé n'a pas, dans les trois mois, cessé d'y exercer son activité.

Outre les notifications prévues à l'article R. 422-64, la décision de radiation est notifiée au greffier mentionné à l'article R. 422-6.

Art. R. 422-66 La radiation temporaire ou définitive de la liste est publiée au *Bulletin officiel* de la propriété industrielle à la diligence du directeur général de l'institut.

Chapitre III Dispositions diverses

Art. R. 423-1 Les conditions d'inscription sur la liste prévue à l'article L. 422-5 sont appréciées à la date d'entrée en vigueur de celui-ci. Ces conditions sont, en ce qui concerne les personnes morales, appréciées en la personne des auteurs de la demande. Le maintien de l'inscription est subordonné au respect des conditions au vu desquelles le directeur général de l'institut a statué.

Les personnes inscrites sur la liste prévue à l'article L. 422-5 sont tenues, dans l'exercice de leur activité professionnelle, au respect des règles énoncées aux articles L. 422-8 et R. 422-52 à R. 422-54. En cas de manquement à leurs obligations, elles sont soumises aux dispositions des articles R. 422-56 à R. 422-66 et les sanctions prévues à l'article L. 422-10 leur sont applicables.

Art. R. 423-2 L'interdiction du démarchage prévue à l'article L. 423-1 ne s'étend pas aux offres de services, effectuées par voie postale, à destination de professionnels ou d'entreprises. Toutefois ces offres doivent se limiter à la communication d'informations générales sur le cabinet, son organisation, son personnel, ses prestations ainsi que sur le droit de la propriété industrielle.

Ces informations peuvent être complétées par des indications relatives au prix des prestations. Les suites de ces prestations, de nature à entraîner des frais supplémentaires, sont, le cas échéant, précisées. Il est distingué entre les honoraires et les frais et redevances.

La publicité par voie de mise à disposition de brochures ou notices, ainsi que d'insertion d'annonces dans la presse professionnelle ou dans les annuaires, est autorisée aux mêmes conditions.

Ne constituent des publicités ni la publication d'ouvrages ou d'articles de nature juridique ou technique ni la diffusion d'informations auprès de la clientèle.

Un arrêté du ministre chargé de la propriété industrielle, pris après avis de la Compagnie nationale des conseils en propriété industrielle, peut prescrire une présentation et une formulation normalisées des informations prévues au présent article. L'avis de la compagnie est réputé acquis à défaut de réponse dans un délai d'un mois à compter de la saisine.

LIVRE V LES DESSINS ET MODÈLES

TITRE Ier ACQUISITION DES DROITS

Chapitre Ier Droits et œuvres protégés

Section unique Mesures réglementaires spéciales à certaines industries

Art. R.511-1 Tout créateur de dessins ou modèles appartenant à l'une des industries visées à l'article R.511-2 ou à des industries similaires ayant intérêt à faire constater la date de création de dessins ou de modèles peut recourir à cet effet aux moyens de preuve prévus aux articles R.511-3 à R.511-6.

Art. R.511-2 Les dispositions de l'article R.511-1 sont applicables aux industries des graveurs estampeurs, de la bijouterie, joaillerie, orfèvrerie, des fabricants de bronze et des industries qui s'y rattachent, de la broderie, des fabricants de dentelle, de la soierie, de la rubanerie, des tissus et matières textiles, des fondeurs typographes, de la verrerie en flaconnage, de l'ameublement, de la céramique, de la cristallerie, glacerie, gobeleterie et verrerie, de la tapisserie-décoration, des tissus d'ameublement, tapisseries et tapis, de la fabrication des billards et des industries qui s'y rattachent, de la fabrication des papiers peints, de la fourrure et pelleterie, de la bijouterie fantaisie en tous genres et des industries qui s'y rattachent, de l'imprimerie lithographique, de la maroquinerie, de la gainerie, de l'article de voyage en tous genres, de sellerie et de toutes industries qui s'y rattachent.

Art. R.511-3 Les dessins ou les reproductions graphiques des modèles doivent être établis sur une feuille de papier dont un côté seulement est utilisé ; les parties laissées libres doivent être remplies par des hachures s'arrêtant à la limite même du dessin et distantes entre elles au plus de 20 millimètres ; les dimensions du papier à employer sont 21 × 29,7 ou 42 × 29,7.

Sur cette reproduction sont mentionnées toutes indications de nature à préciser la date et les conditions de la création de chaque dessin ou modèle figuré (date de création ou d'achat, nom du créateur et, si possible, du premier destinataire).

Art. R.511-4 Ces dessins sont copiés à la presse à leur date sur un livre de copie ou reproduits par décalque sur un registre spécial formé de feuilles de papier bulle à piquer assez mince pour ne pouvoir comporter ni grattage ni surcharge ; ces registres sont visés et estampillés, avant usage, par l'Institut national de la propriété industrielle dans les conditions déterminées par arrêté ministériel.

Les documents ainsi copiés ou reproduits ne doivent occuper qu'un seul côté d'une feuille d'un des registres ou, si les dimensions l'exigent, les deux côtés de deux feuilles en regard l'une de l'autre.

Art. R.511-5 L'un ou l'autre de ces registres, régulièrement tenu par ordre de dates, sans blanc ni lacune, peut, en cas de contestations, être produit en vue d'établir la date de la création dont la priorité est discutée.

Art. R.511-6 En vue de compléter les preuves tirées de la tenue des registres sus-énoncés, les intéressés sont autorisés à établir en deux exemplaires identiques les dessins pour lesquels ils désirent s'assurer la date de priorité de création et à adresser ces deux exemplaires à l'Institut national de propriété industrielle, qui, après inscription et perforation de la date d'arrivée, retourne l'un d'eux à l'envoyeur et place l'autre dans ses archives.

Un arrêté ministériel détermine les conditions d'envoi, de gardiennage et de restitution des dessins.

Chapitre II Formalités de dépôt

Art. R.512-1 La demande d'enregistrement de dessin ou modèle est déposée au siège de l'Institut national de la propriété industrielle ou y est envoyée par pli postal ou par tout mode de télétransmission dans les conditions définies par décision de son directeur général. La date de dépôt est celle de la réception de la demande au siège de l'institut.

Le directeur général de l'institut peut imposer un dépôt sous forme électronique lorsque cette modalité est de nature à faciliter l'examen et la publication de la demande.

L'institut apporte une assistance aux déposants par tout moyen approprié, précisé par décision de son directeur général.

Le présent article est également applicable aux déclarations de prorogation prévues à l'article R. 513-1.

Art. R. 512-2 Le dépôt peut être effectué personnellement par le demandeur ou par un mandataire ayant son domicile, son siège ou son établissement dans un Etat membre de l'Union européenne ou dans un Etat partie à l'accord sur l'Espace économique européen.

Le mandataire constitué pour le dépôt d'une demande d'enregistrement de dessin ou modèle et tout acte subséquent relatif à la procédure d'enregistrement, à l'exception du simple paiement des redevances et des déclarations de prorogation, doit appartenir à l'une des catégories de représentants mentionnées aux articles L. 422-4 et L. 422-5.

Les personnes n'ayant pas leur domicile ou leur siège dans un Etat membre de l'Union européenne ou dans un Etat partie à l'accord sur l'Espace économique européen doivent, dans le délai qui leur est imparti par l'institut, constituer un mandataire satisfaisant aux conditions prévues aux alinéas précédents.

En cas de pluralité de déposants, un mandataire commun satisfaisant aux mêmes conditions doit être constitué.

Sauf lorsqu'il a la qualité de conseil en propriété industrielle ou d'avocat, le mandataire doit joindre un pouvoir qui s'étend, sous réserve des dispositions de l'article R. 513-2 et sauf stipulation contraire, à tous les actes et à la réception de toutes les notifications prévues aux chapitres II, III et IV du présent titre. Le pouvoir est dispensé de légalisation.

Art. R. 512-3 Lorsqu'un même dépôt porte sur plusieurs dessins ou modèles, les produits dans lesquels ces dessins ou modèles sont destinés à être incorporés ou auxquels ils sont destinés à être appliqués doivent relever d'une même classe, au sens de la classification établie par l'arrangement de Locarno du 8 octobre 1968. Toutefois, cette condition ne s'applique pas lorsque le dépôt porte sur des ornementations ou s'il a été effectué sous la forme simplifiée prévue au cinquième alinéa de l'article L. 512-2.

Le dépôt comprend :

1° Une demande d'enregistrement établie dans les conditions prévues par la décision mentionnée à l'article R. 514-5 et précisant notamment :

a) L'identification du déposant ;

b) Le nombre des dessins ou modèles concernés ;

c) Le nombre total des reproductions graphiques ou photographiques incluses dans le dépôt, lequel ne peut porter sur plus de cent reproductions ;

d) Le nombre de reproductions qui se rapportent à chaque dessin ou modèle identifié ;

e) La désignation usuelle du produit dans lequel le dessin ou modèle est destiné à être incorporé ou auquel il est destiné à être appliqué ;

f) Le cas échéant, l'indication que la publication du dépôt doit être différée, que le droit de priorité attaché à un précédent dépôt étranger est revendiqué ou qu'un certificat de garantie a été délivré en application de la loi du 13 avril 1908 ;

2° Une reproduction graphique ou photographique des dessins et modèles présentée dans les conditions prévues par la décision mentionnée au 1°. Chaque reproduction doit porter sur un seul objet et ne représenter que celui-ci, à l'exclusion de tout autre objet, accessoire, personne ou animal. Les textes explicatifs, légendes, ou toute autre indication ne faisant pas partie intégrante du dessin ou modèle ne sont pas admis sur ou à côté des reproductions. Les reproductions peuvent être accompagnées d'une brève description, établie exclusivement à des fins documentaires. Son contenu définitif est, si nécessaire, mis en forme par l'Institut national de la propriété industrielle ;

3° La justification du paiement des redevances prescrites ;

4° S'il est constitué un mandataire, le pouvoir de ce dernier, à moins qu'il n'ait la qualité de conseil en propriété industrielle ou d'avocat.

Le déposant peut, jusqu'à la publication prévue à l'article R. 512-10, obtenir à ses frais une copie officielle des documents contenus dans son dépôt.

Art. R. 512-3-1 Jusqu'au début des préparatifs techniques relatifs à la publication, le déposant peut être autorisé, sur requête écrite adressée au directeur de l'Institut national de la propriété industrielle, à rectifier les erreurs matérielles relevées dans les pièces déposées. L'institut peut exiger la justification de la réalité de l'erreur matérielle à corriger et, le cas échéant, du sens de la correction demandée.

Art. R. 512-4 Le dépôt sous forme simplifiée prévu à l'article L. 512-2, alinéa 5, comporte les pièces et indications énoncées à l'article R. 512-3. Toutefois, jusqu'à la renonciation à l'ajournement prévue à l'article R. 512-11, les reproductions graphiques ou photographiques des dessins ou modèles ne sont pas soumises aux exigences de présentation prévues au 2° de l'article R. 512-3, et le dépôt est assorti de la justification du paiement d'une redevance indépendante du nombre de reproductions.

Le bénéfice d'un dépôt sous forme simplifiée ne peut être demandé que lors du dépôt.

Art. R. 512-5 La revendication, à l'occasion d'un dépôt effectué en France, d'un droit de priorité attaché à un précédent dépôt étranger emporte obligation de faire parvenir à l'Institut national de la propriété industrielle, dans les trois mois du dépôt en France, une copie officielle du dépôt antérieur et, s'il y a lieu, la justification du droit de revendiquer la priorité.

Si cette obligation n'est pas respectée, la revendication du droit de priorité est déclarée irrecevable.

Il en va de même lorsqu'il ressort des pièces communiquées que la date du dépôt antérieur précède de plus de six mois la date de dépôt en France ou que les reproductions jointes lors du dépôt en France ne correspondent pas à celles du dépôt antérieur.

Art. R. 512-6 A la réception du dépôt, sont mentionnés sur la déclaration : la date, le lieu et le numéro d'ordre de dépôt ou le numéro national prévu à l'article suivant. Un récépissé de dépôt est remis au déposant.

Lorsque le dépôt est effectué au greffe du tribunal de commerce ou du tribunal de grande instance en tenant lieu, les pièces du dépôt et le montant des redevances sont transmis sans délai à l'Institut national de la propriété industrielle par le greffier.

Art. R. 512-7 Dès sa réception à l'institut, le dépôt donne lieu à l'attribution d'un numéro national. Lorsqu'il n'a pu être mentionné sur le récépissé du dépôt, ce numéro est notifié au déposant.

Est déclaré irrecevable toute correspondance ou dépôt ultérieur de pièces qui ne rappelle pas le numéro national du dépôt, qui ne porte pas la signature du déposant ou de son mandataire ou qui, le cas échéant, n'est pas accompagné de la justification du paiement de la redevance prescrite.

Art. R. 512-8 Est déclaré irrecevable tout dépôt qui ne comporte pas au moins un exemplaire de la demande d'enregistrement contenant la mention prévue au *a* du 1° de l'article R. 512-3 et au moins un exemplaire de la reproduction graphique ou photographique du ou des dessins ou modèles prévue au 2° de l'article R. 512-3 et qui n'est pas accompagné de la justification du paiement de la redevance de dépôt. La reproduction ci-dessus mentionnée doit être d'une qualité suffisante pour permettre une publication satisfaisante au *Bulletin officiel* de la propriété industrielle.

Art. R. 512-9 En cas de non-conformité du dépôt aux prescriptions de l'article R. 512-3 ou, s'il s'agit d'un dépôt simplifié, aux prescriptions de l'article R. 512-4, ou lorsque la publication du dépôt est de nature à porter atteinte aux bonnes mœurs ou à l'ordre public, notification motivée en est faite au déposant.

Un délai lui est imparti pour régulariser le dépôt ou contester les objections de l'institut ou, si le dépôt n'est pas conforme aux dispositions du premier alinéa de l'article R. 512-3, pour diviser sa demande. Chaque demande divisionnaire doit satisfaire aux conditions fixées aux 1°, 2°, 3° et 4° de l'article R. 512-3. Les demandes divisionnaires bénéficient de la date de dépôt et, le cas échéant, de la date de priorité de la demande initiale. A défaut de régularisation, d'observations ou de division du dépôt permettant de lever l'objection, le dépôt est rejeté.

La notification peut être assortie d'une proposition de régularisation. Cette proposition est réputée acceptée si le déposant ne la conteste pas dans le délai qui lui est imparti.

Aucune régularisation effectuée conformément aux dispositions du présent article ne peut avoir pour effet d'étendre la portée du dépôt.

Art. R. 512-9-1 La demande d'enregistrement peut être retirée jusqu'au début des préparatifs techniques requis par la publication prévue au premier alinéa de l'article R. 512-10.

Le retrait s'effectue par une déclaration écrite adressée ou remise à l'institut, formulée par le titulaire ou son mandataire, lequel, sauf s'il a la qualité de conseil en propriété industrielle ou d'avocat, doit justifier d'un pouvoir spécial. En cas de pluralité de déposants, le retrait ne peut être effectué que s'il est requis par l'ensemble de ceux-ci.

Une déclaration de retrait ne peut viser qu'un seul dépôt. Le retrait peut être limité à une partie des dessins ou modèles de la demande.

La déclaration indique s'il a été ou non concédé des droits d'exploitation ou de gage. Dans l'affirmative, elle doit être accompagnée du consentement écrit du bénéficiaire de ce droit ou du créancier gagiste.

Art. R. 512-9-2 Il est statué sur la demande d'enregistrement dans un délai de six mois. Ce délai est interrompu par la notification prévue aux premier et troisième alinéas de l'article R. 512-9 jusqu'à la levée de l'objection, ou par l'ajournement de la publication prévu à l'article R. 512-10, jusqu'à la renonciation à l'ajournement.

Art. R.* 512-9-3 A défaut de décision expresse dans le délai mentionné à l'article R. 512-9-2, la demande est réputée rejetée.

Art. R. 512-10 Tout dépôt reconnu conforme est publié au *Bulletin officiel* de la propriété industrielle, sauf si le déposant a demandé lors du dépôt l'ajournement de cette publication à trois ans. L'ajournement de la publication ne peut porter que sur l'ensemble du dépôt. La publication n'intervient qu'au terme du délai de trois ans.

L'ajournement est de plein droit si le dépôt a été effectué sous forme simplifiée conformément à l'article R. 512-4.

Le déposant peut renoncer à tout moment à l'ajournement. Sauf lorsque le dépôt a été effectué sous forme simplifiée, la renonciation à l'ajournement de la publication ne peut porter que sur l'ensemble du dépôt.

A compter du jour de la publication prévue au premier alinéa, toute personne intéressée peut demander à prendre connaissance d'un dossier de dépôt de dessin ou modèle et obtenir à ses frais reproduction des pièces. L'institut peut subordonner l'usage de cette faculté à la justification d'un intérêt suffisant.

Toutefois, sont exclues de la communication au public les pièces non communiquées au déposant ainsi que celles qui comportent des données à caractère personnel ou sont relatives au secret des affaires.

Art. R. 512-11 Lorsque le dépôt a été effectué sous forme simplifiée, le déposant doit, au plus tard six mois avant le terme du délai de trois ans prévu à l'article R. 512-10, renoncer par écrit à l'ajournement de la publication et remettre à l'Institut national de la propriété industrielle :

1° Les reproductions graphiques ou photographiques du ou des dessins ou modèles à publier conformes aux exigences de présentation prévues au 2° de l'article R. 512-3 ;

2° La justification du paiement des redevances prescrites.

A défaut, la déchéance totale ou partielle des droits issus du dépôt est constatée par le directeur général de l'Institut national de la propriété industrielle.

En cas de non-conformité des reproductions graphiques ou photographiques aux modalités de l'article R. 512-3 ou lorsque la reproduction fournie lors de la renonciation à l'ajournement ne correspond pas à l'identique à l'une des représentations jointes au dépôt simplifié, il est fait application de la procédure prévue à l'article R. 512-9.

Art. R. 512-12 La demande de relevé de déchéance prévue à l'article L. 512-3 doit être formée dans un délai de deux mois à compter de la cessation de l'empêchement, et l'acte non accompli doit l'être dans le même délai. Elle n'est plus recevable après un délai préfixe de six mois décompté à partir de l'expiration du délai non observé.

La demande est présentée au directeur général de l'institut par le titulaire du dépôt, qui doit être le titulaire inscrit au Registre national des dessins et modèles si le dépôt est publié, ou son mandataire.

La demande n'est recevable qu'après paiement de la redevance prescrite.

La demande est écrite. Elle indique les faits et justifications invoqués à son appui.

En cas de non-conformité de la demande, notification motivée en est faite au demandeur. Un délai lui est imparti pour régulariser la demande ou contester les objections de l'institut. A défaut de régularisation ou d'observation permettant de lever l'objection, la demande est rejetée. La notification peut être assortie d'une proposition de régularisation. Cette proposition est réputée acceptée si le demandeur ne la conteste pas dans le délai qui lui est imparti.

La décision motivée est notifiée au demandeur.

Art. R. 512-12-1 Il est statué sur la demande de relevé de déchéance dans un délai de six mois à compter de son dépôt. Ce délai est interrompu, le cas échéant, par la notification prévue à l'article R. 512-12, jusqu'à la régularisation de la demande ou la levée de l'objection.

Art. R. 512-12-2 A défaut de décision expresse dans le délai mentionné à l'article R. 512-12-1, la demande est réputée acceptée.

Art. R. 512-13 Le Registre national des dessins et modèles est tenu par l'Institut national de la propriété industrielle.

Y figurent, pour chaque dépôt :

1° L'identification du titulaire et les références du dépôt ainsi que les actes ultérieurs en affectant l'existence ou la portée ;

2° Les actes modifiant la propriété d'un dessin ou modèle ou la jouissance des droits qui lui sont attachés ; en cas de revendication de propriété, l'assignation correspondante ;

3° Les changements de nom, de forme juridique ou d'adresse ainsi que les rectifications d'erreurs matérielles affectant les inscriptions.

Aucune inscription n'est portée au registre tant que le dépôt n'est pas rendu public dans les conditions prévues à l'article R. 512-10.

Art. R. 512-14 Les indications prévues au 1° de l'article R. 512-13 sont inscrites à l'initiative de l'Institut national de la propriété industrielle ou, s'il s'agit d'une décision judiciaire, sur réquisition du greffier ou requête de l'une des parties.

Seules les décisions judiciaires définitives peuvent être inscrites au Registre national des dessins et modèles.

Art. R. 512-15 Les actes modifiant la propriété d'un dépôt de dessin ou modèle ou la jouissance des droits qui lui sont attachés, tels que cession, concession d'un droit d'exploitation, constitution ou cession d'un droit de gage ou renonciation à ce droit, saisie, validation et mainlevée de saisie, sont inscrits à la demande de l'une des parties à l'acte, ou, s'il n'est pas partie à l'acte, du titulaire du dépôt au jour de cette demande.

Toutefois, un acte ne peut être inscrit que si la personne indiquée dans l'acte comme le titulaire du dépôt de dessin et modèle avant la modification résultant de l'acte est inscrite comme telle au Registre national des dessins et modèles.

La demande comprend :

1° Un bordereau de demande d'inscription ;

2° Une copie ou un extrait de l'acte constatant la modification de la propriété ou de la jouissance ;

3° La justification du paiement de la redevance prescrite ;

4° S'il y a lieu, le pouvoir du mandataire, à moins qu'il n'ait la qualité de conseil en propriété industrielle ou d'avocat.

Art. R. 512-16 Par dérogation au 2° de l'article R. 512-15, peut être produit avec la demande :

1° En cas de mutation par décès : copie de tout acte établissant le transfert, à la demande des héritiers ou légataires ;

2° En cas de transfert par suite de fusion, scission ou absorption : copie d'un extrait du registre du commerce et des sociétés à jour de la modification ;

3° Sur justification de l'impossibilité matérielle de produire une copie : tout document établissant la modification de la propriété ou de la jouissance.

Art. R. 512-17 Les changements de nom, de forme juridique, d'adresse et les rectifications d'erreurs matérielles sont inscrits à la demande du titulaire du dépôt, qui doit être le titulaire inscrit au Registre national des dessins et modèles. Toutefois, lorsque ces changements et rectifications portent sur un acte précédemment inscrit, la demande peut être présentée par toute partie à l'acte.

La demande comprend :

1° Un bordereau de demande d'inscription ;

2° S'il y a lieu, le pouvoir du mandataire, à moins qu'il n'ait la qualité de conseil en propriété industrielle ou d'avocat ;

3° S'il s'agit d'une rectification d'erreur matérielle, la justification du paiement de la redevance prescrite.

L'institut peut exiger la justification de la réalité du changement dont l'inscription est sollicitée ou de l'erreur matérielle à rectifier.

Art. R. 512-18 En cas de non-conformité d'une demande d'inscription, notification motivée en est faite au demandeur.

Un délai lui est imparti pour régulariser sa demande ou présenter des observations. A défaut de régularisation ou d'observations permettant de lever l'objection, la demande est rejetée par décision du directeur général de l'Institut national de la propriété industrielle.

La notification peut être assortie d'une proposition de régularisation. Cette proposition est réputée acceptée si le déposant ne la conteste pas dans le délai qui lui est imparti.

Art. R. 512-18-1 Il est statué sur la demande d'inscription mentionnée aux articles R. 512-15 et R. 512-17 dans un délai de six mois à compter de son dépôt. Ce délai est interrompu, le cas échéant, par la notification prévue à l'article R. 512-18, jusqu'à la régularisation de la demande ou la levée de l'objection.

Art. R. 512-18-2 A défaut de décision expresse dans le délai mentionné à l'article R. 512-18-1, la demande est réputée acceptée.

Art. R. 512-19 Toute inscription portée au Registre national des dessins et modèles fait l'objet d'une mention au *Bulletin officiel* de la propriété industrielle.

Toute personne intéressée peut obtenir de l'institut :

1° Un certificat d'identité comprenant les indications relatives au dépôt, le numéro national et, s'il y a lieu, les renonciations ou prorogation dont il a fait l'objet ;

2° Une reproduction des inscriptions portées au Registre national des dessins et modèles ;

3° Un certificat constatant qu'il n'existe pas d'inscription.

Chapitre III Durée de la protection

Art. R. 513-1 La prorogation d'un enregistrement de dessin ou modèle prévue à l'article L. 513-1 résulte d'une déclaration de son titulaire établie dans les conditions fixées par la décision mentionnée à l'article R. 514-5. Il peut être précisé que la prorogation ne vaut que pour certains dessins ou modèles.

La première prorogation peut toutefois être demandée lors du dépôt.

La prorogation prend effet le jour suivant la date d'expiration de l'enregistrement.

La déclaration doit à peine d'irrecevabilité :

1° Etre présentée au cours d'un délai de six mois expirant le dernier jour du mois au cours duquel prend fin chaque période de protection et être accompagnée de la justification du paiement de la redevance prescrite. Toutefois, la déclaration peut encore être présentée ou la redevance acquittée dans un délai supplémentaire de six mois, décompté depuis le lendemain du dernier jour du mois d'expiration de la protection, moyennant le paiement d'un supplément de redevance ;

2° Comporter la désignation de l'enregistrement à proroger et émaner du titulaire inscrit, au jour de la déclaration, au Registre national des dessins et modèles, ou de son mandataire ;

Si la déclaration ne satisfait pas à ces conditions, il est fait application de la procédure prévue à l'article R. 512-9.

L'irrecevabilité ne peut être prononcée sans que le déposant ait été mis en mesure de présenter des observations.

Art. R. 513-1-1 Il est statué sur la déclaration de prorogation dans un délai de six mois à compter de son dépôt. Ce délai est interrompu, le cas échéant, par la notification prévue à l'article R. 512-9, jusqu'à la levée de l'objection.

Art. R.* 513-1-2 A défaut de décision expresse dans le délai mentionné à l'article R. 513-1-1, la déclaration de prorogation est réputée rejetée.

Art. R. 513-2 Le titulaire d'un enregistrement de dessin ou modèle publié peut à tout moment y renoncer, pour tout ou partie.

La déclaration de renonciation doit, à peine d'irrecevabilité :

1° Emaner du titulaire de l'enregistrement inscrit, au jour de la déclaration, au Registre national des dessins et modèles ou de son mandataire ;

2° Etre accompagnée de la justification du paiement de la redevance prescrite.

Les dispositions de l'article R. 512-9-1 sont applicables à la renonciation.

En cas de non-conformité de la déclaration, notification motivée en est faite au demandeur. Un délai lui est imparti pour régulariser la déclaration ou contester les objections de l'institut. A défaut de régularisation ou d'observation permettant de lever l'objection, la déclaration est rejetée. La notification peut être assortie d'une proposition de régularisation. Cette proposition est réputée acceptée si le demandeur ne la conteste pas dans le délai qui lui est imparti.

Art. R. 513-2-1 Il est statué sur la déclaration de renonciation dans un délai de six mois à compter de son dépôt. Ce délai est interrompu, le cas échéant, par la notification prévue à l'article R. 513-2, jusqu'à la régularisation de la demande ou la levée de l'objection.

Art. R. 513-2-2 A défaut de décision expresse dans le délai mentionné à l'article R. 513-2-1, la demande est réputée acceptée.

Art. R. 513-3 Les dépôts irrecevables, rejetés, déchus, non prorogés, de même que ceux dont la protection est expirée, peuvent être restitués à leur propriétaire, sur sa demande et à ses frais.

S'ils n'ont pas été réclamés, ils peuvent être détruits par l'Institut national de la propriété industrielle au terme d'un délai d'un an pour les dépôts irrecevables, rejetés ou déchus, ou de dix ans pour les dépôts non prorogés ou dont la protection est expirée.

Chapitre IV Dispositions communes

Section 1 Procédure

Art. R. 514-1 Les délais impartis par l'Institut national de la propriété industrielle conformément au présent titre ne sont ni inférieurs à un mois ni supérieurs à quatre mois.

Art. R. 514-2 Lorsqu'un délai est exprimé en jours, celui de l'acte, de l'événement, de la décision ou de la notification qui le fait courir ne compte pas.

Lorsqu'un délai est exprimé en mois ou en années, ce délai expire le jour du dernier mois ou de la dernière année qui porte le même quantième que le jour de l'acte, de l'événement, de la décision ou de la notification qui fait courir le délai. A défaut de quantième identique, le délai expire le dernier jour du mois.

Lorsqu'un délai est exprimé en mois et en jours, les mois sont d'abord décomptés, puis les jours.

Tout délai expire le dernier jour à vingt-quatre heures.

Le délai qui expirerait normalement un samedi, un dimanche ou un jour férié ou chômé est prorogé jusqu'au premier jour ouvrable suivant.

Art. R. 514-3 Toute notification est réputée régulière si elle est faite :

1° Soit au dernier titulaire du dépôt déclaré à l'institut ou, après la publication prévue à l'article R. 512-10, au dernier titulaire inscrit au Registre national des dessins et modèles ;

2° Soit au mandataire du titulaire susmentionné.

Si le titulaire n'est pas domicilié dans un Etat membre de la Communauté européenne ou dans un Etat partie à l'accord sur l'Espace économique européen, la notification est réputée régulière si elle est faite au dernier mandataire qu'il a constitué auprès de l'institut.

Art. R. 514-4 Les notifications prévues par les chapitres II, III et IV du présent titre sont faites par lettre recommandée avec demande d'avis de réception.

L'envoi recommandé peut être remplacé par la remise de la lettre au destinataire, contre récépissé, dans les locaux de l'Institut national de la propriété industrielle ou par un message sous forme électronique selon les modalités fixées par le directeur général de l'institut pour garantir notamment la sécurité de l'envoi.

Si l'adresse du destinataire est inconnue, la notification est faite par publication d'un avis au *Bulletin officiel* de la propriété industrielle.

Art. R. 514-5 Les modalités de présentation du dépôt et le contenu du dossier sont précisés par décision du directeur général de l'Institut national de la propriété industrielle, notamment en ce qui concerne :

1° La demande d'enregistrement et les spécifications matérielles auxquelles doit répondre la reproduction graphique ou photographique prévue à l'article R. 512-3 ;

2° La déclaration de prorogation prévue à l'article R. 513-1 ;

3° La demande d'inscription au Registre national des dessins et modèles prévue aux articles R. 512-15 et R. 512-17 ;

4° Les modalités des dépôts simplifiés prévus à l'article L. 512-2.

Art. R. 514-5-1 Toute correspondance ou toute pièce relatives à une procédure devant l'Institut national de la propriété industrielle prévue par le présent livre sont déposées au siège de l'institut ou y sont envoyées par pli postal ou par tout mode de télétransmission dans les conditions définies par décision de son directeur général. Leur date de dépôt est celle de la réception au siège de l'institut.

Le directeur général de l'Institut national de la propriété industrielle peut imposer un dépôt sous forme électronique lorsque cette modalité est de nature à faciliter l'examen et la publication de ces pièces.

L'institut apporte une assistance aux déposants par tout moyen approprié, précisé par décision de son directeur général.

Section 2 Dispositions transitoires

Art. R. 514-6 Les articles R. 512-1 à R. 514-5 sont applicables aux dépôts produisant effet à la date du 15 septembre 1992 sous réserve des dispositions ci-après :

1° Les dépôts effectués avant le 15 septembre 1992 restent soumis, en ce qui concerne les conditions de présentation matérielle, aux dispositions antérieurement applicables ;

2° Les réquisitions de maintien, réquisitions de publicité ou prorogation, demandes de restitution ou de communication présentées avant le 15 septembre 1992 sont exécutées conformément aux dispositions antérieurement en vigueur ;

3° Les dépôts effectués pour cinq ans et conservés au secret y sont maintenus lorsque le propriétaire ne requiert pas la prorogation de leurs effets jusqu'à vingt-cinq ans. La demande doit être présentée, avant l'expiration des cinq ans, dans les conditions prévues à l'article R. 513-1 ;

4° Les dépôts effectués pour vingt-cinq ans et conservés au secret y sont maintenus, à moins que le propriétaire ne renonce au secret dans les conditions prévues à l'article R. 512-10 ou ne requière la prorogation de leurs effets pour une seconde période de vingt-cinq ans dans les conditions prévues à l'article R. 513-1 ;

5° Sont seules portées au registre les inscriptions effectuées à l'initiative du directeur général de l'institut et afférentes à des actes intervenus postérieurement au 15 septembre 1992.

TITRE II CONTENTIEUX

Chapitre Ier Contentieux des dessins ou modèles nationaux

Section 1 Mesures provisoires et conservatoires

Art. R. 521-1 Le délai prévu au dernier alinéa de l'article L. 521-6 et imparti au demandeur pour se pourvoir au fond par la voie civile ou pénale, ou déposer une plainte auprès du procureur de la République, est de vingt jours ouvrables ou de trente et un jours civils si ce délai est plus long, à compter de la date de l'ordonnance.

Section 2 Mesures probatoires

Art. R. 521-2 La saisie, descriptive ou réelle, prévue à l'article L. 521-4 est ordonnée par le président du tribunal de grande instance compétent pour connaître du fond.

Le président peut autoriser l'huissier à procéder à toute constatation utile en vue d'établir l'origine, la consistance et l'étendue de la contrefaçon.

Art. R. 521-3 Lorsque le juge a subordonné la saisie à la constitution de garanties par le demandeur, celles-ci doivent être constituées avant qu'il soit procédé à la saisie.

A peine de nullité et de dommages-intérêts contre l'huissier, celui-ci doit, avant de procéder à la saisie, donner copie aux détenteurs des objets saisis ou décrits de l'ordonnance et, le cas échéant, de l'acte constatant la constitution de garanties. Copie doit être laissée aux mêmes détenteurs du procès-verbal de saisie.

Art. R. 521-4 Le délai prévu au dernier alinéa de l'article L. 521-4 et imparti au demandeur pour se pourvoir au fond est de vingt jours ouvrables ou de trente et un jours civils si ce délai est plus long, à compter du jour où est intervenue la saisie ou la description.

Art. R. 521-5 Le président du tribunal de grande instance peut ordonner, au vu du procès-verbal de saisie, toute mesure pour compléter la preuve des actes de contrefaçon allégués. A la demande de la partie saisie agissant sans délai et justifiant d'un intérêt légitime, il peut également prendre toute mesure pour préserver la confidentialité de certains éléments.

Section 3 Dispositions communes

Art. D. 521-6 Le siège et le ressort des tribunaux de grande instance ayant compétence exclusive pour connaître des actions en matière de dessins et modèles en application de l'article L. 521-3-1 du code de la propriété intellectuelle sont fixés conformément au tableau VI annexé à l'article D. 211-6-1 du code de l'organisation judiciaire.

Chapitre II Contentieux des dessins et modèles communautaires

Art. R. 522-1 Les actions et demandes en matière de dessins ou modèles communautaires prévues par l'article L. 522-2 sont portées devant les tribunaux de grande instance mentionnés à l'article R. 211-7 du code de l'organisation judiciaire.

Chapitre III Retenue en douane

Art. R. 523-1 Le chapitre V *bis* du titre III du livre III est applicable à la retenue par l'administration des douanes des marchandises susceptibles de porter atteinte aux dessins et modèles, telle que prévue au chapitre Ier *bis* du titre II du livre V.

LIVRE VI PROTECTION DES INVENTIONS ET DES CONNAISSANCES TECHNIQUES

TITRE Ier BREVETS D'INVENTION

Chapitre Ier Champ d'application

Section 2 Droit au titre

Sous-section 1 Inventions de salariés

Art. R. 611-1 Le salarié auteur d'une invention en fait immédiatement la déclaration à l'employeur.

En cas de pluralité d'inventeurs, une déclaration conjointe peut être faite par tous les inventeurs ou par certains d'entre eux seulement.

Art. R. 611-2 La déclaration contient les informations, en la possession du salarié, suffisantes pour permettre à l'employeur d'apprécier le classement de l'invention dans l'une des catégories prévues aux paragraphes 1 et 2 de l'article L. 611-7.

Ces informations concernent :

1° L'objet de l'invention ainsi que les applications envisagées ;

2° Les circonstances de sa réalisation, par exemple : instructions ou directives reçues, expériences ou travaux de l'entreprise utilisés, collaborations obtenues ;

3° Le classement de l'invention tel qu'il apparaît au salarié.

Art. R. 611-3 Lorsque le classement implique l'ouverture au profit de l'employeur du droit d'attribution, la déclaration est accompagnée d'une description de l'invention.

Cette description expose :

1° Le problème que s'est posé le salarié compte tenu éventuellement de l'état de la technique antérieure ;

2° La solution qu'il lui a apportée ;

3° Au moins un exemple de la réalisation accompagné éventuellement de dessins.

Art. R. 611-4 Si, contrairement au classement de l'invention résultant de la déclaration du salarié, le droit d'attribution de l'employeur est ultérieurement reconnu, le salarié, le cas échéant, complète immédiatement sa déclaration par les renseignements prévus à l'article R. 611-3.

Art. R. 611-5 Si la déclaration du salarié n'est pas conforme aux dispositions de l'article R. 611-2 (1° et 2°) ou, le cas échéant, de l'article R. 611-3, l'employeur communique à l'intéressé les points précis sur lesquels elle doit être complétée.

Cette communication est faite dans un délai de deux mois à compter de la date de réception de la déclaration. A défaut, la déclaration est réputée conforme.

Art. R. 611-6 Dans un délai de deux mois, l'employeur donne son accord au classement de l'invention résultant de la déclaration du salarié ou, en cas de défaut d'indication du classement, fait part au salarié, par une communication motivée, du classement qu'il retient.

Le délai de deux mois court à compter de la date de réception par l'employeur de la déclaration du salarié contenant les informations prévues à l'article R. 611-2 ou, en cas de demande de renseignements complémentaires reconnue justifiée, de la date à laquelle la déclaration a été complétée.

L'employeur qui ne prend pas parti dans le délai prescrit est présumé avoir accepté le classement résultant de la déclaration du salarié.

Art. R. 611-7 Le délai ouvert à l'employeur pour revendiquer le droit d'attribution est de quatre mois, sauf accord contraire entre les parties qui ne peut être que postérieur à la déclaration de l'invention.

Ce délai court à compter de la date de réception par l'employeur de la déclaration de l'invention contenant les indications prévues aux articles R. 611-2 (1° et 2°) et R. 611-3 ou, en cas de demande de renseignements complémentaires reconnue justifiée, de la date à laquelle la déclaration a été complétée.

La revendication du droit d'attribution s'effectue par l'envoi au salarié d'une communication précisant la nature et l'étendue des droits que l'employeur entend se réserver.

Art. R. 611-8 Les délais prévus aux articles R. 611-5 à R. 611-7 sont suspendus par l'engagement d'une action contentieuse portant sur la régularité de la déclaration ou le bien-fondé du classement de l'invention invoqué par le salarié, ou par la saisine, aux mêmes fins, de la commission de conciliation prévue à l'article L. 615-21.

Les délais continuent à courir du jour où il a été définitivement statué.

Art. R. 611-9 Toute déclaration ou communication émanant du salarié ou de l'employeur est faite par lettre recommandée avec demande d'avis de réception ou par tout autre moyen permettant d'apporter la preuve qu'elle a été reçue par l'autre partie.

La déclaration prévue à l'article R. 611-1 peut résulter de la transmission par l'Institut national de la propriété industrielle à l'employeur, selon les modalités fixées par arrêté du ministre chargé de la propriété industrielle, du second exemplaire d'un pli adressé par le salarié à l'institut pour y être conservé.

Cette procédure est facultative pour les interventions visées au premier paragraphe de l'article L. 611-7.

Art. R. 611-10 Le salarié et l'employeur s'abstiennent de toute divulgation de l'invention tant qu'une divergence subsiste sur son classement ou tant qu'il n'a pas été statué sur celui-ci.

Si l'une des parties, pour la conservation de ses droits, dépose une demande de brevet, elle notifie sans délai une copie des pièces du dépôt à l'autre partie.

Elle épuise les facultés offertes par la législation et la réglementation applicables pour que soit différée la publication de la demande.

Sous-section 2 Les inventions des fonctionnaires et des agents publics

Art. R. 611-11 Les fonctionnaires et les agents publics de l'Etat, des collectivités publiques, des établissements publics et de toute personne morale de droit public sont soumis aux dispositions de l'article L. 611-7 dans les conditions fixées par la présente sous-section, à moins que des stipulations contractuelles plus favorables ne régissent les droits de propriété industrielle des inventions qu'ils réalisent. Ces dispositions ne font pas obstacle au maintien ou à l'intervention, en ce qui concerne ces fonctionnaires et agents, de mesures réglementaires plus favorables.

Art. R. 611-12 1. Les inventions faites par le fonctionnaire ou l'agent public dans l'exécution soit des tâches comportant une mission inventive correspondant à ses attributions, soit d'études ou de recherches qui lui sont explicitement confiées appartiennent à la personne publique pour le compte de laquelle il effectue lesdites tâches, études ou recherches. Toutefois, si la personne publique décide de ne pas procéder à la valorisation de l'invention, le fonctionnaire ou agent public qui en est l'auteur peut disposer des droits patrimoniaux attachés à celle-ci, dans les conditions prévues par une convention conclue avec la personne publique.

2. Toutes les autres inventions appartiennent au fonctionnaire ou à l'agent.

Toutefois, la personne publique employeur a le droit, dans les conditions et délais fixés par la présente sous-section, de se faire attribuer tout ou partie des droits attachés au brevet protégeant l'invention lorsque celle-ci est faite par un fonctionnaire ou agent :

Soit dans le cours de l'exécution de ses fonctions ;

Soit dans le domaine des activités de l'organisme public concerné ;

Soit par la connaissance ou l'utilisation de techniques, de moyens spécifiques à cet organisme ou de données procurées par lui.

Art. R. 611-14 Le fonctionnaire ou agent public auteur d'une invention en fait immédiatement la déclaration à l'autorité habilitée par la personne publique dont il relève.

Les dispositions des articles R. 611-1 à R. 611-10 relatives aux obligations du salarié et de l'employeur sont applicables aux fonctionnaires et agents publics et aux personnes publiques intéressées.

Art. R. 611-14-1 (1) I. – Pour les fonctionnaires ou agents publics de l'Etat et de ses établissements publics relevant des catégories définies dans l'annexe au présent article et qui sont les auteurs d'une invention mentionnée au 1 de l'article R. 611-12, la rémunération supplémentaire prévue par l'article L. 611-7 est constituée par une prime d'intéressement aux produits tirés de l'invention par la personne publique qui en est bénéficiaire et par une prime au brevet d'invention.

II. – La prime d'intéressement est calculée, pour chaque invention, sur une base constituée du produit hors taxes des revenus perçus chaque année au titre de l'invention par la personne publique, après déduction de la totalité des frais directs supportés par celle-ci pour l'année en cours ainsi que des frais directs supportés les années antérieures n'ayant pas fait l'objet de déduction faute de revenus suffisants, et affectée du coefficient représentant la contribution à l'invention de l'agent concerné. La prime au brevet d'invention n'est pas prise en compte dans les frais directs.

La prime due à chaque agent auteur d'une invention correspond, charges comprises, à 50 % de la base définie ci-dessus, dans la limite du montant du traitement brut annuel soumis à retenue pour pension correspondant au deuxième chevron du groupe hors échelle D, et, au-delà de ce montant, à 25 % de cette base.

La prime d'intéressement est versée annuellement et peut faire l'objet d'avances en cours d'année.

III. – La prime au brevet d'invention a un caractère forfaitaire. Son montant est fixé par arrêté conjoint des ministres chargés du budget, de la fonction publique et de la recherche. Elle est pour chaque agent affectée du coefficient représentant sa contribution à l'invention.

Cette prime est versée en deux tranches. Le droit au versement de la première tranche, qui représente 20 % du montant de la prime, est ouvert à l'issue d'un délai d'un an à compter du premier dépôt de la demande de brevet. Le droit au versement de la seconde tranche est ouvert lors de la signature d'une concession de licence d'exploitation ou d'un contrat de cession dudit brevet.

IV. – Lorsque plusieurs agents sont auteurs d'une même invention, la contribution respective de chacun d'eux à l'invention, représentée par un coefficient, est déterminée définitivement avant le premier versement annuel au titre de la rémunération supplémentaire mentionnée au I ou, le cas échéant, avant le versement d'avances, selon des modalités arrêtées par le ministre ayant autorité sur le service ou par l'ordonnateur principal de la personne publique. Lorsqu'un seul agent est auteur de l'invention, le coefficient représentant sa contribution est égal à 1.

Si l'invention résulte d'une collaboration entre agents relevant de plusieurs personnes publiques, les modalités de répartition et de paiement de la prime d'intéressement et de la prime au brevet d'invention sont arrêtées de concert par les personnes publiques concernées.

V. – Lorsque l'invention a été réalisée par l'agent dans le cadre de son activité principale, la rémunération due au titre de la prime d'intéressement et de la prime au brevet d'invention lui est versée, en complément de sa rémunération d'activité, sans autre limitation que celle prévue par le présent article.

Le cas échéant, la prime d'intéressement continue d'être versée à l'agent pendant le temps d'exploitation de l'invention, s'il quitte ses fonctions pour quelque cause que ce soit ou est admis à faire valoir ses droits à pension de retraite. En cas de décès de l'agent, la prime d'intéressement et la prime au brevet d'invention sont versées jusqu'au terme de l'année civile du décès.

Sous-section 3 Désignation de l'inventeur et revendication de propriété

Art. R. 611-15 L'Institut national de la propriété industrielle ne contrôle pas l'exactitude de la désignation de l'inventeur prévue à l'article R. 612-10.

Art. R. 611-16 L'inventeur désigné est mentionné comme tel dans les publications de la demande de brevet et dans les fascicules du brevet. S'il ne peut être ainsi procédé, il est mentionné dans les

(1) Annexe à cet article en fin d'ouvrage.

exemplaires des publications de la demande de brevet ou des fascicules du brevet non encore diffusés. Cette mention est faite à la requête du demandeur ou du titulaire du brevet.

Les dispositions de l'alinéa précédent sont applicables lorsqu'un tiers produit à l'Institut national de la propriété industrielle une décision passée en force de chose jugée reconnaissant son droit à être désigné. Dans le cadre prévu à la deuxième phrase de cet alinéa, le tiers peut également demander à être mentionné dans les exemplaires des publications de la demande de brevet ou des fascicules du brevet non encore diffusés.

Les dispositions du premier alinéa ne sont pas applicables lorsque l'inventeur désigné par le demandeur ou le titulaire du brevet renonce à sa désignation dans un écrit adressé à l'Institut national de la propriété industrielle.

Art. R.611-17 La désignation de l'inventeur ne peut être rectifiée que sur requête accompagnée du consentement de la personne désignée à tort, et, si la requête n'est pas présentée par le demandeur ou le titulaire du brevet, du consentement de l'un ou de l'autre. Les dispositions de l'article R.612-10 sont applicables.

Si une désignation erronée de l'inventeur a été inscrite au Registre national des brevets ou publiée au *Bulletin officiel* de la propriété industrielle, cette inscription ou publication est rectifiée. La mention de la désignation erronée de l'inventeur est rectifiée dans les exemplaires des publications de la demande de brevet ou des fascicules du brevet non encore diffusés.

Les dispositions de l'alinéa précédent sont applicables en cas d'annulation judiciaire de la désignation de l'inventeur.

Art. R.611-18 L'action en revendication de propriété d'une demande de brevet ou d'un brevet fait l'objet d'une inscription au Registre national des brevets à la requête de la personne qui a intenté cette action.

Si la décision judiciaire est rendue en faveur de la personne qui a intenté l'action, les exemplaires de la demande de brevet ou du brevet dont dispose l'Institut national de la propriété industrielle pour la consultation publique et pour la vente sont revêtus d'une mention faisant apparaître le changement de propriétaire du brevet.

Art. R.611-19 La procédure de délivrance du brevet est suspendue à la requête écrite de toute personne qui apporte la justification qu'elle a intenté auprès du tribunal de grande instance une action en revendication de la propriété de la demande de brevet.

La suspension de la procédure prend effet du jour où la justification est apportée ; toutefois, elle ne fait pas obstacle à l'application de l'article R.612-39.

La procédure de délivrance du brevet est reprise dès que la décision du tribunal est passée en force de chose jugée ; elle peut également être reprise à tout moment sur le consentement écrit de la personne qui a intenté l'action en revendication de propriété de la demande de brevet ; ce consentement est irrévocable.

La suspension et la reprise de la procédure sont inscrites au Registre national des brevets.

Art. R.611-20 A compter du jour où une personne a apporté la justification qu'elle a intenté une action, le titulaire de la demande de brevet ou du brevet ne peut retirer la demande ou renoncer au brevet en totalité ou à l'une ou plusieurs des revendications qu'il comporte, sauf sur le consentement écrit de la personne qui a intenté l'action en revendication de propriété.

Chapitre II Dépôt et instruction des demandes

Section 1 Dépôt des demandes

Art. R.612-1 La demande de brevet est déposée au siège de l'Institut national de la propriété industrielle ou y est envoyée par pli postal ou par tout mode de télétransmission dans les conditions définies par décision de son directeur général. La date de dépôt est celle de la réception de la demande au siège de l'institut.

Le directeur général de l'Institut national de la propriété industrielle peut imposer un dépôt sous forme électronique lorsque cette modalité est de nature à faciliter l'examen et la publication de la demande.

L'institut apporte une assistance aux déposants par tout moyen approprié, précisé par décision de son directeur général.

Art. R. 612-2 Le dépôt peut être fait par le demandeur personnellement ou par un mandataire ayant son domicile, son siège ou un établissement dans un Etat membre de la Communauté européenne ou dans un Etat partie à l'accord sur l'Espace économique européen. Sous réserve des exceptions prévues aux articles L. 422-4 et L. 422-5, le mandataire, constitué pour le dépôt et pour l'accomplissement de tout acte subséquent relatif à la procédure de délivrance du brevet, à l'exception du simple paiement des redevances, doit avoir la qualité de conseil en propriété industrielle.

Les personnes physiques ou morales n'ayant pas leur domicile ou leur siège dans un Etat membre de la Communauté européenne ou dans un Etat partie à l'accord sur l'Espace économique européen doivent constituer un mandataire satisfaisant aux conditions prévues à l'alinéa précédent dans le délai de deux mois à compter de la date de réception de la notification qui leur est adressée à cet effet. En cas de pluralité de demandeurs, un mandataire commun doit être constitué. Si celui-ci n'est pas l'un des demandeurs, il doit satisfaire aux conditions prévues par le premier alinéa.

Sauf lorsqu'il a la qualité de conseil en propriété industrielle ou d'avocat, le mandataire doit joindre un pouvoir qui s'étend, sous réserve des dispositions des articles R. 612-38 et R. 613-45 et, sauf stipulation contraire, à tous les actes et à la réception de toutes les notifications prévus aux articles R. 611-15 à R. 611-20, R. 612-1 à R. 613-3, R. 613-45 à R. 613-65, R. 616-1 à R. 616-3 et R. 618-1 à R. 618-4. Le pouvoir est dispensé de légalisation.

Art. R. 612-3 La demande de brevet comprend une requête en délivrance de brevet dont le modèle est fixé par décision du directeur général de l'Institut national de la propriété industrielle et à laquelle sont annexés :

1° Une description de l'invention, accompagnée le cas échéant de dessins ;

2° Une ou plusieurs revendications ;

3° Un abrégé du contenu technique de l'invention ;

4° Le cas échéant, une copie des dépôts antérieurs dont des éléments sont repris dans les conditions prévues à l'article L. 612-3 ; les éléments repris y sont mis en évidence.

Art. R. 612-4 La demande de brevet ne doit pas contenir :

1° D'éléments ou de dessins dont la publication ou la mise en œuvre serait contraire à l'ordre public ou aux bonnes mœurs ;

2° De déclarations dénigrantes concernant des produits ou procédés de tiers ou le mérite ou la validité de demandes de brevet ou de brevets de tiers. De simples comparaisons avec l'état de la technique ne sont pas en elles-mêmes considérées comme dénigrantes ;

3° D'éléments manifestement étrangers à la description de l'invention.

Art. R. 612-5 La demande de brevet doit, dans le mois à compter de la remise des pièces, être suivie du paiement :

1° De la redevance de dépôt ;

2° De la redevance de rapport de recherche.

Art. R. 612-6 Un récépissé constatant la date de la remise des pièces est délivré au demandeur par l'Institut national de la propriété industrielle.

Art. R. 612-7 Dans les quinze jours qui suivent la remise ou l'arrivée des pièces à l'Institut national de la propriété industrielle, celui-ci attribue à la demande de brevet un numéro d'enregistrement national et le notifie sans délai au demandeur. Est déclaré irrecevable toute correspondance ou tout dépôt de pièces ultérieur qui ne rappelle pas ce numéro ou qui ne porte pas la signature du demandeur ou de son mandataire.

Art. R. 612-8 Le bénéfice de la date de dépôt de la demande de brevet est acquis à la date de la remise d'au moins un exemplaire des pièces énumérées à l'article L. 612-2, rédigées en langue française, sous réserve des dispositions de l'article R. 612-21.

Lorsque l'une des pièces mentionnées à l'alinéa précédent fait défaut, invitation est faite au demandeur d'avoir à compléter la demande de brevet dans le délai de deux mois.

Si le demandeur défère à cette invitation, la date de dépôt est celle à laquelle la demande a été complétée ; cette date est notifiée au demandeur. Dans le cas contraire, la demande est déclarée irrecevable ; les pièces remises sont renvoyées au demandeur et les redevances éventuellement acquittées lui sont remboursées.

Un renvoi à une demande déposée antérieurement effectué conformément au *c* de l'article L. 612-2 doit indiquer la date de dépôt, le numéro de cette demande et l'office auprès duquel elle a été déposée. Un tel renvoi doit préciser qu'il remplace la description et, le cas échéant, les dessins.

Si la demande contient un renvoi conformément à l'alinéa précédent, une copie de la demande déposée antérieurement, accompagnée, le cas échéant, de sa traduction en langue française doit être produite dans un délai de deux mois à compter du dépôt de la demande.

Art. R. 612-9 1. S'il est constaté que des parties de la description, ou des dessins auxquels il est fait référence dans la description ou les revendications, ne semblent pas figurer dans la demande, le demandeur est invité à produire les parties manquantes dans le délai de deux mois.

2. Si les parties manquantes de la description ou les dessins manquants sont remis dans le délai de deux mois après la date de dépôt ou, lorsqu'une invitation est émise conformément au paragraphe 1, dans le délai de deux mois à compter de cette invitation, le demandeur est informé que la date de dépôt de la demande est celle à laquelle les parties manquantes de la description ou les dessins manquants ont été déposés, à moins que les parties manquantes de la description ou les dessins manquants ne soient retirés dans un délai d'un mois à compter de la date de leur dépôt.

3. Si les parties manquantes de la description ou les dessins manquants sont remis dans le délai prévu au 2°, et si la demande revendique la priorité d'une demande antérieure, la date de dépôt reste la date à laquelle il a été satisfait aux exigences de l'article L. 612-2, sous réserve que les parties manquantes de la description ou les dessins manquants figurent intégralement dans la demande antérieure et que, dans le délai prévu au 2°, le demandeur en fasse la demande et produise une copie de la demande antérieure, à moins qu'une telle copie ne soit à la disposition de l'Institut national de la propriété industrielle ainsi que, le cas échéant, une traduction en langue française. Le demandeur doit alors indiquer l'endroit où les parties manquantes de la description ou les dessins manquants figurent intégralement dans la demande antérieure et, le cas échéant, dans la traduction de celle-ci.

4. Si le demandeur ne dépose pas les parties manquantes de la description ou les dessins manquants dans les délais prévus aux 1° et 2°, toute référence faite à ces parties de la description ou ces dessins est supprimée.

Le cas échéant, la nouvelle date de dépôt est notifiée au demandeur.

Art. R. 612-10 La requête en délivrance est signée du demandeur ou de son mandataire. Y figurent :

1° La nature du titre de propriété industrielle demandé ;

2° Le titre de l'invention faisant apparaître de manière claire et concise la désignation technique de l'invention et ne comportant aucune dénomination de fantaisie ;

3° La désignation de l'inventeur : toutefois, si le demandeur n'est pas l'inventeur ou l'unique inventeur, la désignation est effectuée dans un document séparé contenant les nom, prénoms et domicile de l'inventeur ainsi que la signature du demandeur ou de son mandataire ;

4° Les nom et prénoms du demandeur, sa nationalité, son domicile ou son siège ;

5° Le nom et l'adresse du mandataire, s'il en est constitué.

Art. R. 612-11 La requête en délivrance est complétée, le cas échéant, par les indications relatives :

1° A la réduction du taux des redevances accordée au demandeur ou requise par lui ;

2° Aux dépôts antérieurs dont les éléments ont été éventuellement repris ;

3° Aux priorités revendiquées ;

4° A la présentation de l'invention dans une exposition officielle ou officiellement reconnue.

En cas de non-respect des dispositions prévues au 3° de l'article R. 612-10, invitation est notifiée au demandeur d'avoir à régulariser sa demande dans un délai de seize mois à compter de la date de dépôt ou de la date la plus ancienne dont bénéficie la demande de brevet ou, si une priorité a été revendiquée, de la date de priorité.

Art. R. 612-12 La description comprend :

1° L'indication du domaine technique auquel se rapporte l'invention ;

2° L'indication de l'état de la technique antérieure, connu du demandeur, pouvant être considérée comme utile pour l'intelligence de l'invention et pour l'établissement du rapport de recherche ; les documents servant à refléter l'état de la technique antérieure sont, autant que possible, cités ;

3° Un exposé de l'invention, telle que caractérisée dans les revendications, permettant la compréhension du problème technique ainsi que la solution qui lui est apportée ; sont indiqués, le cas échéant, les avantages de l'invention par rapport à l'état de la technique antérieure ;

4° Une brève description des dessins, s'il en existe ;

5° Un exposé détaillé d'au moins un mode de réalisation de l'invention ; l'exposé est en principe assorti d'exemples et de références aux dessins, s'il en existe ;

6° L'indication de la manière dont l'invention est susceptible d'application industrielle, si cette application ne résulte pas à l'évidence de la description ou de la nature de l'invention.

Art. R. 612-13 La description est présentée dans les conditions et dans l'ordre prévus à l'article R. 612-12 à moins que la nature de l'invention ne permette une présentation différente plus intelligible et plus concise.

Peuvent en outre figurer en annexe à la fin de la description notamment :

1° De courts extraits de programmes d'ordinateurs présentés sous forme de listages rédigés en langages de programmation courants, lorsqu'ils sont nécessaires à la compréhension de l'invention ;

2° Des listes de séquences de nucléotides et/ou d'acides aminés ;

3° Des formules chimiques ou mathématiques.

Les schémas d'étapes de processus, les diagrammes ainsi que les courts extraits de programmes d'ordinateurs présentés sous forme d'organigrammes nécessaires à la compréhension de l'invention sont considérés comme des dessins.

Art. R. 612-14 Dans le cas prévu à l'article L. 612-5, deuxième alinéa, la culture est déposée au plus tard à la date de dépôt de la demande de brevet et la description précise :

1° Les informations dont dispose le demandeur sur les caractéristiques du micro-organisme ;

2° L'organisme habilité auprès duquel le dépôt de la culture a été effectué ainsi que le numéro du dépôt.

Les indications prévues au 2° de l'alinéa précédent peuvent être fournies soit dans un délai de seize mois à compter de la date de dépôt ou de la date la plus ancienne dont bénéficie la demande de brevet ou, si une priorité a été revendiquée, de la date de priorité, soit lors de la requête prévue à l'article L. 612-21, si cette requête est présentée avant l'expiration de ce délai. Leur communication emporte, de la part du demandeur, consentement irrévocable et sans réserve de mettre la culture à la disposition du public conformément aux dispositions des articles R. 612-42 et R. 612-43.

Art. R. 612-15 Si la culture cesse d'être accessible soit parce qu'elle n'est plus viable, soit parce que l'organisme habilité n'est plus en mesure d'en délivrer des échantillons, il n'est pas tenu compte de cette interruption, à condition que :

1° Un nouveau dépôt du micro-organisme soit effectué dans un délai de trois mois à compter de la date à laquelle l'interruption a été notifiée au demandeur ou au titulaire du brevet soit par l'organisme habilité, soit par l'Institut national de la propriété industrielle ;

2° Copie du récépissé du dépôt délivré par l'organisme habilité, accompagné de l'indication du numéro de la demande de brevet ou du brevet, soit communiquée à l'Institut national de la propriété industrielle dans les quatre mois de la date du nouveau dépôt.

Lorsque l'interruption résulte de la non-viabilité de la culture, le nouveau dépôt est effectué auprès de l'organisme habilité qui a reçu le dépôt initial ; dans les autres cas, il peut être effectué auprès d'un organisme habilité.

Le nouveau dépôt est accompagné d'une déclaration écrite par laquelle le déposant certifie que le micro-organisme est le même que celui qui a fait l'objet du dépôt initial.

Les organismes habilités à recevoir les dépôts de micro-organismes sont désignés par le directeur général de l'Institut national de la propriété industrielle.

Art. R. 612-16 Les revendications définissent l'objet de la protection demandée en indiquant les caractéristiques techniques de l'invention. Une revendication ne peut, sauf absolue nécessité, se fonder pour exprimer les caractéristiques techniques de l'invention, sur de simples références à la description ou aux dessins.

Art. R. 612-17 Toute revendication comprend :

1° Un préambule mentionnant la désignation de l'objet de l'invention et les caractéristiques techniques qui sont nécessaires à la définition des éléments revendiqués mais qui, combinées entre elles, font partie de l'état de la technique ;

2° Une partie caractérisante, précédée d'une expression du type « caractérisé par », exposant les caractéristiques techniques qui, en liaison avec les caractéristiques prévues au 1°, sont celles pour lesquelles la protection est recherchée.

Toutefois, il peut être procédé de façon différente si la nature de l'invention le justifie.

Art. R. 612-17-1 Sans préjudice des dispositions des articles L. 612-4, R. 612-19 et R. 612-48, une demande de brevet ne peut contenir plus d'une revendication indépendante de la même catégorie (produit, procédé, dispositif ou utilisation) que si l'objet de la demande se rapporte :

a) A plusieurs produits ayant un lien entre eux ;

b) A différentes utilisations d'un produit ou d'un dispositif ;

c) A des solutions alternatives à un problème particulier dans la mesure où ces alternatives ne peuvent pas être couvertes de façon appropriée par une seule revendication.

Art. R. 612-18 Sous réserve des dispositions du premier alinéa de l'article L. 612-4, une demande de brevet peut contenir plusieurs revendications indépendantes et relevant d'une même catégorie (produit, procédé, dispositif ou utilisation) si l'objet de la demande ne peut être couvert de façon appropriée par une seule revendication.

Toute revendication énonçant les caractéristiques essentielles de l'invention peut être suivie d'une ou de plusieurs revendications concernant des modes particuliers de réalisation de cette invention.

Art. R. 612-19 Au sens de l'article L. 612-4, peuvent être notamment incluses dans une même demande de brevet, soit :

1° Une revendication indépendante pour un produit, une revendication indépendante pour un procédé conçu spécialement pour la fabrication de ce produit, et une revendication indépendante pour une utilisation de ce produit ;

2° Une revendication indépendante pour un procédé, et une revendication indépendante pour un dispositif ou moyen spécialement conçu pour la mise en œuvre de ce procédé ;

3° Une revendication indépendante pour un produit, une revendication indépendante pour un procédé conçu spécialement pour la fabrication de ce produit et une revendication indépendante pour un dispositif ou moyen spécialement conçu pour la mise en œuvre de ce procédé.

Art. R. 612-20 L'abrégé est établi exclusivement à des fins d'information technique. Il ne peut être pris en considération à d'autres fins, notamment pour apprécier l'étendue de la protection demandée ou pour l'application du troisième alinéa de l'article L. 611-11.

Le contenu définitif de l'abrégé est, si nécessaire, mis en forme par l'Institut national de la propriété industrielle. Il est publié au *Bulletin officiel* de la propriété industrielle en même temps que la mention prévue à l'article R. 612-39 ou, postérieurement à cette mention, immédiatement après qu'il a été mis en forme.

Art. R. 612-21 Les descriptions et revendications contenues dans les demandes déposées peuvent être rédigées en langue étrangère.

S'il est usé de cette faculté, le demandeur est invité à fournir une traduction en langue française des pièces dans le délai de deux mois.

Art. R. 612-22 La justification du droit de l'exposant, défini à l'article L. 611-13, premier alinéa, deuxième tiret *b*, est fournie dans le délai de quatre mois à compter de la date de dépôt de la demande de brevet sous la forme d'une attestation délivrée au cours de l'exposition par l'autorité chargée d'assurer la protection de la propriété industrielle dans cette exposition et constatant que l'invention y a été réellement exposée.

L'attestation mentionne la date d'ouverture de l'exposition et, le cas échéant, celle de la première divulgation de l'invention si ces deux dates ne coïncident pas. Elle est accompagnée des pièces permettant d'identifier l'invention, revêtues d'une mention d'authenticité par l'autorité susvisée.

Art. R. 612-24 La déclaration de priorité prévue au 1 de l'article L. 612-7 comporte la date du dépôt antérieur, l'Etat dans lequel ou pour lequel il a été effectué, ainsi que le numéro qui lui a été attribué.

La déclaration de priorité doit être effectuée lors du dépôt de la demande de brevet ou dans le délai de seize mois à compter de la date de priorité la plus ancienne revendiquée.

Le demandeur peut corriger la déclaration de priorité dans un délai de seize mois à compter de la date de priorité la plus ancienne ou, dans le cas où la correction entraîne une modification de la date de priorité la plus ancienne, dans un délai de seize mois à compter de la date de priorité la plus ancienne corrigée, le délai de seize mois qui expire en premier devant être appliqué, étant entendu que la correction peut être demandée jusqu'à l'expiration d'un délai de quatre mois à compter de la date de dépôt attribuée à la demande de brevet.

Toutefois, une déclaration de priorité ne peut être effectuée ou corrigée après qu'une requête a été présentée en vertu du 1° de l'article L. 612-21.

Conformément au 1 de l'article L. 612-7, le demandeur doit produire, afin de justifier de l'existence de la demande antérieure, une copie de celle-ci avant l'expiration du seizième mois suivant la date de priorité, accompagnée, le cas échéant, de l'autorisation de revendiquer la priorité donnée par écrit par le propriétaire de la demande antérieure.

En cas de non-respect des dispositions prévues aux paragraphes précédents, la revendication du droit de priorité est déclarée irrecevable.

Si la date du dépôt antérieur indiquée précède de plus d'un an la date de dépôt de la demande de brevet, notification est faite au demandeur qu'il n'existe pas de droit de priorité, à moins que dans le délai visé aux deuxième et troisième alinéas, il n'indique une date rectifiée qui se situe dans le délai de priorité ou qu'il ne présente un recours en restauration conformément à l'article L. 612-16-1.

Les indications contenues dans la déclaration de priorité sont mentionnées dans la demande de brevet publiée et portées sur le fascicule du brevet.

Art. R. 612-25 La requête du bénéfice de la date de dépôt d'une ou plusieurs demandes antérieures n'est pas recevable lorsque :

1° Elle n'est pas effectuée au moment du dépôt de la demande de brevet ;

2° La date de dépôt de la ou des demandes antérieures dont le bénéfice est requis est antérieure de plus de douze mois ;

3° Le dépôt de la ou des demandes, dont le bénéfice de la date de dépôt a été requis, a été effectué dans des conditions qui n'en permettent pas la publication.

Section 2 L'instruction des demandes

Sous-section 1 Demandes intéressant la défense nationale

Art. R. 612-26 Des délégués du ministre chargé de la défense nationale, spécialement habilités à cet effet et dont les noms et qualités ont été portés à la connaissance du ministre chargé de la propriété industrielle par le ministre chargé de la défense nationale prennent connaissance dans les locaux de l'Institut national de la propriété industrielle des demandes de brevet déposées.

Celles-ci leur sont présentées dans le délai de quinze jours à compter de la date de leur réception à l'Institut national de la propriété industrielle.

Art. R. 612-27 La demande d'autorisation de divulguer et d'exploiter librement l'invention objet d'une demande de brevet, avant le terme du délai de cinq mois prévu à l'article L. 612-9, est formulée auprès de l'Institut national de la propriété industrielle ; elle peut l'être dès le dépôt de la demande de brevet. L'autorisation est notifiée au demandeur par le ministre chargé de la propriété industrielle.

En l'absence d'une telle autorisation et à tout moment, une demande d'autorisation particulière en vue d'accomplir des actes déterminés d'exploitation peut être adressée directement par le demandeur de brevet au ministre chargé de la défense nationale. Celui-ci, s'il accorde l'autorisation sollicitée, précise les conditions auxquelles ces actes d'exploitation sont soumis.

Si l'autorisation particulière porte sur la cession de la demande de brevet ou sur la concession d'une licence d'exploitation, le ministre chargé de la défense nationale notifie copie de sa décision au ministre chargé de la propriété industrielle.

Art. R. 612-28 La réquisition adressée au ministre chargé de la propriété industrielle par le ministre chargé de la défense nationale aux fins de prorogation des interdictions de divulgation et de libre exploitation d'une invention objet de demande de brevet doit parvenir à l'Institut national de la propriété industrielle au plus tard quinze jours avant le terme du délai de cinq mois rappelé à l'article R. 612-27.

Toute réquisition aux fins de renouvellement d'une prorogation doit parvenir dans les mêmes conditions au plus tard quinze jours avant l'expiration de la période d'un an en cours.

La prorogation des interdictions de divulgation et de libre exploitation est prononcée par arrêté du ministre chargé de la propriété industrielle et notifiée au déposant avant le terme de la période d'interdiction en cours.

L'arrêté peut contenir des dispositions particulières autorisant, sous certaines conditions, le dépôt à l'étranger des demandes de protection de l'invention. Une demande à cet effet doit avoir été adressée par le titulaire de la demande de brevet au ministre chargé de la défense nationale, qui fait part de sa décision au ministre chargé de la propriété industrielle.

Des autorisations particulières en vue d'accomplir des actes déterminés d'exploitation peuvent être accordées dans les conditions prévues aux deuxième et troisième alinéas de l'article R. 612-27.

Le ministre chargé de la défense nationale peut faire connaître à tout moment au ministre chargé de la propriété industrielle la levée des interdictions prorogées en application de l'article L. 612-10. Cette mesure fait l'objet d'un arrêté du ministre chargé de la propriété industrielle notifié au titulaire de la demande de brevet.

Art. R. 612-29 La requête en indemnité tendant à la réparation du préjudice causé par la prorogation des interdictions de divulgation et de libre exploitation est adressée par le propriétaire de la demande de brevet au ministre chargé de la défense nationale par lettre recommandée avec demande d'avis de réception. La requête précise, en les chiffrant, les divers chefs de préjudice invoqués.

Le tribunal de grande instance ne peut être saisi en vue de la fixation de l'indemnité avant l'expiration d'un délai de quatre mois à compter de la date de réception de la requête, sauf au cas où une décision expresse est intervenue au cours dudit délai.

Art. R. 612-30 La juridiction saisie en vertu de l'article L. 612-10 statue tant au fond qu'avant-dire droit par des décisions qui ne contiennent aucune analyse de l'invention de nature à en entraîner la divulgation.

Seuls le ministère public, les parties ou leurs mandataires peuvent obtenir copie des décisions rendues.

Si une expertise est ordonnée, elle ne peut être effectuée que par des personnes habilitées par le ministre de la défense.

Art. R. 612-31 Si les interdictions de divulgation et de libre exploitation prennent fin plus d'une année après la date du dépôt, la demande ne peut être rendue publique dans les conditions prévues à l'article R. 612-39 qu'après l'expiration d'un délai de six mois à compter du terme de l'application des mesures d'interdiction, sauf si dans ce délai le demandeur a présenté la requête prévue à l'article R. 612-39.

Le demandeur dispose d'un délai de six mois à compter du terme des mesures d'interdiction pour requérir l'établissement du rapport de recherche ou la transformation de sa demande de brevet en demande de certificat d'utilité.

Art. R. 612-32 Les dispositions de l'article R. 612-29 sont applicables à la demande de révision de l'indemnité prévue à l'article L. 612-10.

Sous-section 2 Division de la demande

Art. R. 612-33 Si la demande de brevet ne satisfait pas aux dispositions de l'article L. 612-4, un délai est imparti au demandeur pour diviser sa demande ou limiter ses revendications.

Art. R. 612-34 Jusqu'au paiement de la redevance de délivrance et d'impression du fascicule du brevet, le déposant peut, de sa propre initiative, procéder au dépôt de demandes divisionnaires de sa demande de brevet initiale.

Art. R. 612-35 En cas de division d'une demande de brevet conformément aux articles R. 612-33 et R. 612-34, chaque demande divisionnaire doit être conforme aux dispositions des articles R. 612-3 à R. 612-5. Les dispositions du troisième alinéa de l'article R. 612-1 sont également applicables.

Faculté est ouverte au demandeur :

– soit de reprendre dans chaque demande divisionnaire le contenu de la demande initiale, sauf à limiter les revendications au seul objet de la demande divisionnaire ;
– soit de limiter la description, les revendications et les dessins de chaque demande divisionnaire à son seul objet ; dans ce cas, ceux-ci ne contiennent, outre les textes, les revendications et les figures extraits respectivement de la description, des revendications et des dessins de la demande initiale, que les phrases de liaison et d'explication nécessaires à la clarté de l'exposition.

Le dossier d'une des demandes divisionnaires est constitué par le dossier de la demande initiale après application des dispositions de l'alinéa précédent.

Nonobstant les dispositions des articles R. 612-10 et R. 612-11, le délai dans lequel il peut être procédé à la désignation de l'inventeur pour chaque demande divisionnaire ne peut être inférieur à deux mois à compter de l'invitation prévue à l'article R. 612-11. Mention de la date d'expiration de ce délai est faite dans la notification.

Sous-section 3 Rectification, retrait et publication de la demande

Art. R. 612-36 Jusqu'au paiement de la redevance de délivrance et d'impression du fascicule du brevet, le demandeur peut demander la rectification des fautes d'expression ou de transcription ainsi que des erreurs matérielles relevées dans les pièces déposées. L'institut peut exiger la justification de la réalité de l'erreur matérielle à corriger et, le cas échéant, du sens de la correction demandée.

Si la requête porte sur la description, les revendications ou les dessins, la rectification n'est autorisée que si elle s'impose à l'évidence, aucun autre texte ou tracé n'ayant pu manifestement être envisagé par le demandeur.

La requête est présentée par écrit et comporte le texte des modifications proposées ; elle n'est recevable que si elle est accompagnée de la justification du paiement de la redevance exigible.

Art. R. 612-37 Sous réserve des dispositions de l'article L. 612-13, si l'examen prévu à l'article L. 612-11 a fait apparaître des irrégularités, la description, les revendications ou les dessins ne peuvent être modifiés que dans la mesure nécessaire pour remédier aux irrégularités constatées.

Art. R. 612-38 La demande de brevet peut être retirée à tout moment, par une déclaration écrite, jusqu'au paiement de la redevance de délivrance et d'impression du fascicule du brevet.

Cette déclaration ne peut viser qu'une seule demande. Elle est formulée par le demandeur ou par un mandataire, lequel, sauf s'il a la qualité de conseil en propriété industrielle ou d'avocat, doit joindre à la déclaration un pouvoir spécial de retrait.

Si la demande de brevet a été déposée au nom de plusieurs personnes, son retrait ne peut être effectué que s'il est requis par l'ensemble de celles-ci.

Si des droits réels, de gage ou de licence ont été inscrits au Registre national des brevets, la déclaration de retrait n'est recevable que si elle est accompagnée du consentement écrit des titulaires de ces droits.

Si la demande est retirée après publication au *Bulletin officiel* de la propriété industrielle de la mention prévue à l'article R. 612-39, le retrait est inscrit d'office au Registre national des brevets.

Dans tous les cas de retrait de la demande, un exemplaire de celle-ci est conservé par l'Institut national de la propriété industrielle.

Art. R. 612-39 A l'expiration du délai de dix-huit mois prévu à l'article L. 612-21, ou à tout moment avant l'expiration de ce délai sur requête écrite du demandeur, mention est publiée au *Bulletin officiel* de la propriété industrielle que la demande de brevet est rendue publique.

A compter du jour de la publication prévue à l'alinéa précédent, toute personne peut prendre connaissance à l'Institut national de la propriété industrielle des pièces du dossier de la demande de brevet et en obtenir reproduction à ses frais. L'institut peut subordonner l'usage de cette faculté à la justification d'un intérêt suffisant.

Toute demande pour laquelle a été requis le bénéfice de la date de dépôt d'une ou plusieurs demandes antérieures dans les conditions prévues à l'article L. 612-3 est rendue publique dix-huit mois après la date de dépôt la plus ancienne dont elle bénéficie.

Toutefois, n'est pas rendue publique toute demande rejetée ou retirée avant le début des préparatifs techniques entrepris en vue de la publication à moins qu'il ne s'agisse d'une demande ayant donné lieu à une division.

Toute demande dont le bénéfice de la date de dépôt a été requis dans une demande ultérieure est rendue publique même si elle est retirée ou rejetée avant le début des préparatifs techniques à moins qu'il n'ait été renoncé, dans le même délai, à ce bénéfice.

Art. R. 612-40 La durée des préparatifs techniques prévue à l'article R. 612-39 est fixée par décision du directeur général de l'Institut national de la propriété industrielle. Cette décision est publiée au *Bulletin officiel* de la propriété industrielle.

Art. R. 612-41 Sont exclus de la communication au public :

- les projets de décision et d'avis, ainsi que les pièces non communiquées au demandeur servant à la préparation de ces décisions et avis ;
- les pièces relatives à la désignation de l'inventeur s'il a renoncé à être désigné en tant que tel dans les conditions prévues à l'article R. 611-16 ;
- les pièces comportant des données à caractère personnel ou relatives au secret des affaires ;
- toute autre pièce écartée de la consultation par décision du directeur général de l'Institut national de la propriété industrielle comme ne présentant pas d'intérêt pour l'information des tiers.

Art. R. 612-42 Lorsque l'invention concerne un micro-organisme, toute personne peut, soit à compter du jour de la publication prévue à l'article R. 612-39, soit avant cette date si une copie de la demande de brevet lui a été notifiée, demander à avoir accès à la culture déposée conformément aux articles R. 612-14 et R. 612-15.

La requête est présentée par écrit à l'Institut national de la propriété industrielle. Y figurent notamment le nom et l'adresse du requérant ainsi que son engagement :

1° De ne communiquer à quiconque la culture ou une culture qui en est dérivée, à moins que la demande de brevet n'ait été rejetée ou retirée ou que le brevet n'ait cessé de produire effet ;

2° De n'utiliser la culture ou une culture qui en est dérivée qu'à des fins expérimentales, à moins que la demande de brevet n'ait été rejetée ou retirée ou que n'ait été publiée la mention de la délivrance prévue à l'article R. 612-74 ; toutefois, ce dernier engagement ne fait pas obstacle à l'utilisation de la culture en vertu d'une licence obligatoire ou d'une licence d'office.

Art. R. 612-43 Pour l'application de l'article R. 612-42 (1° et 2°), on entend par culture dérivée toute culture qui présente encore les caractéristiques de la culture déposée essentielles à la mise en œuvre de l'invention. Les engagements prévus à l'article R. 612-42 (1° et 2°) ne font pas obstacle à un dépôt d'une culture dérivée aux fins d'une procédure en matière de brevets.

Le demandeur du brevet peut indiquer par une déclaration écrite faite avant le terme des préparatifs techniques en vue de la publication visée à l'article R. 612-39 que, jusqu'à la publication de la délivrance du brevet, du retrait ou du rejet de la demande, seul un expert désigné par le requérant peut avoir accès à la culture déposée.

Peut être désignée comme expert par le requérant :

1° Soit toute personne physique, à condition que le requérant fournisse la preuve, lors du dépôt de la requête, que le demandeur du brevet a donné son accord à cette désignation ;

2° Soit toute personne physique figurant sur une liste établie par le directeur général de l'Institut national de la propriété industrielle.

L'expert a accès à la culture déposée dans les conditions prévues à l'article R. 612-42 et doit souscrire aux engagements qui y sont prévus ; ceux-ci s'appliquent aussi à l'égard du requérant.

Mention est faite le cas échéant sur la requête, par l'Institut national de la propriété industrielle, qu'une demande de brevet se rapportant au micro-organisme a été déposée et que le requérant ou l'expert qu'il a désigné a le droit d'obtenir un échantillon de la culture. Copie de la requête ainsi complétée est communiquée à l'organisme auprès duquel la culture a été déposée ainsi qu'au demandeur ou au titulaire du brevet.

Art. R. 612-44 Sous réserve des empêchements résultant de l'application des dispositions des articles R. 612-27 et R. 612-28, le demandeur peut à tout moment obtenir à ses frais une copie officielle des documents de sa demande de brevet.

Sous-section 4 Rejet de la demande

Art. R. 612-45 La demande de brevet est rejetée si :

1° Elle n'a pas été complétée dans les délais prévus aux articles R. 612-8 (cinquième alinéa), R. 612-11 (sixième alinéa), R. 612-21 et R. 612-35 (sixième alinéa) ;

2° Les redevances de dépôt et de rapport de recherche visées à l'article R. 612-5 n'ont pas été acquittées dans le délai prescrit.

La décision de rejet est notifiée au demandeur qui dispose d'un délai de deux mois à compter de la date de réception de la notification pour présenter des observations ou payer les redevances exigibles visées au 2° du présent article en acquittant la redevance correspondante majorée du supplément prescrit. La décision de rejet est définitive si le demandeur n'a, dans le délai prescrit, ni contesté l'irrégularité ou le défaut de paiement ni acquitté la redevance majorée d'un supplément.

Art. R. 612-46 Si, en dehors des cas prévus aux articles R. 612-8 et R. 612-45, la demande de brevet n'est pas régulière en la forme au regard des dispositions du présent titre ou de l'arrêté pris pour leur application ou n'a pas donné lieu au paiement des redevances prescrites, notification en est faite au demandeur.

La notification indique le délai qui lui est imparti pour régulariser son dépôt ou payer les redevances exigibles. Elle peut être assortie d'une proposition de régularisation. Cette proposition est réputée acceptée si le demandeur ne la conteste pas dans le délai qui lui est imparti.

Si la régularisation du dépôt ou le paiement des redevances n'intervient pas dans le délai imparti, la demande de brevet est rejetée.

Art. R. 612-47 Si l'objet de la demande divisionnaire déposée en vertu de l'article R. 612-33 ou de l'article R. 612-34 s'étend au-delà du contenu de la description de la demande initiale, le demandeur est invité à modifier la demande divisionnaire dans le sens des indications qui lui sont données et dans le délai qui lui est imparti.

Dans ce délai, le demandeur peut présenter par écrit des observations dans lesquelles il réfute les indications données par l'Institut national de la propriété industrielle pour modifier sa demande divisionnaire.

Si le demandeur n'a pas présenté d'observations ou si la demande divisionnaire n'a pas été modifiée dans le sens des indications données, la demande est rejetée.

Si les observations présentées par le demandeur ne sont pas retenues, notification lui en est faite. Dans le cas où la modification de la demande divisionnaire n'est pas effectuée dans le nouveau délai qui lui est imparti, la demande est rejetée.

Art. R. 612-48 Lorsque le demandeur a été invité, en application de l'article R. 612-33, à diviser sa demande, il peut, dans le délai prévu à cet article, présenter par écrit des observations dans lesquelles il réfute l'objection faite par l'Institut national de la propriété industrielle.

Si le demandeur n'a pas présenté d'observations, ou s'il n'a pas limité ses revendications ou si la demande de brevet n'a pas été divisée, la demande est rejetée.

Si les observations présentées par le demandeur ne sont pas retenues, ou si les nouvelles revendications ne permettent pas de satisfaire aux dispositions de l'article L. 612-4, notification lui en est faite. Dans le cas où la division ou la limitation des revendications de la demande initiale n'est pas effectuée dans le nouveau délai qui lui est imparti, la demande est rejetée.

Art. R. 612-49 Si la demande de brevet est susceptible d'être rejetée pour l'un des cas prévus à l'article L. 612-12 (4°, 5°, 6° et 8°), notification motivée en est faite au demandeur. La notification précise le délai qui lui est imparti pour présenter ses observations ou de nouvelles revendications.

La demande de brevet est rejetée :

- si le demandeur n'a pas présenté d'observations ou de nouvelles revendications dans le délai imparti ;
- si les observations présentées ne sont pas retenues, ou si les nouvelles revendications ne permettent pas de remédier à l'irrégularité.

Art. R. 612-50 En cas de non-conformité partielle de la description ou des dessins aux dispositions des articles L. 611-17, L. 611-18, L. 611-19 (4°) ou L. 612-1, notification en est faite au demandeur.

La notification précise les suppressions envisagées ainsi que le délai imparti au demandeur pour présenter des observations.

Si le demandeur n'a pas présenté d'observations dans le délai imparti ou si ces observations ne sont pas retenues, les suppressions sont effectuées d'office.

Art. R. 612-51 Si la demande de brevet est susceptible d'être rejetée pour l'un des cas prévus à l'article L. 612-12 (7° et 9°), notification motivée en est faite au demandeur.

La notification contient mise en demeure d'avoir, selon le cas, soit à modifier la demande de brevet, soit à déposer de nouvelles revendications ou à présenter des observations à l'appui des revendications maintenues. La notification précise le délai qui lui est imparti à cet effet.

Si le demandeur ne défère pas à cette mise en demeure dans le délai imparti, la demande de brevet est rejetée.

Art. R. 612-52 Si une demande de brevet est rejetée ou susceptible de l'être en raison de l'inobservation d'un délai imparti par l'Institut national de la propriété industrielle, le rejet n'est pas prononcé ou ne produit pas effet si le demandeur présente une requête en poursuite de la procédure. La requête doit être présentée par écrit dans un délai de deux mois à compter de la notification de la décision de rejet. L'acte non accompli doit l'être dans ce délai. La requête n'est recevable que si elle est accompagnée du paiement de la redevance exigible.

Sous-section 5 Etablissement du rapport de recherche

Art. R. 612-55 La requête en transformation de la demande de brevet en demande de certificat d'utilité est formulée par écrit à tout moment pendant le délai de dix-huit mois à compter du dépôt ou de la date de priorité si une priorité a été revendiquée.

Art. R. 612-56-1 Dans le cas où ont été déposées d'autres demandes de brevet portant sur la même invention que celle qui fait l'objet de la demande de brevet français, l'Institut national de la propriété industrielle peut inviter le demandeur, avant l'établissement du rapport de recherche préliminaire, à lui communiquer, dans un délai qu'il lui impartit, les informations dont il dispose, au jour de la notification, sur l'état de la technique qui a été pris en considération lors de l'examen de ces autres demandes par les offices compétents.

L'Institut national de la propriété industrielle peut, en outre, exiger la production des documents cités autres que les brevets et les demandes de brevets publiés ainsi que l'indication des passages pertinents, traduits en français.

Si, à l'expiration du délai imparti et renouvelable une fois, le demandeur n'a ni satisfait aux demandes de l'Institut national de la propriété industrielle ni justifié être dans l'impossibilité de produire ces documents, la demande de brevet est rejetée conformément aux dispositions du 9° de l'article L. 612-12.

Art. R. 612-57 Un rapport de recherche préliminaire est établi. Il cite les documents qui peuvent être pris en considération pour apprécier la brevetabilité de l'invention, objet de la demande de brevet.

Il est assorti d'une opinion sur la brevetabilité de l'invention au regard des documents cités. Cette opinion est accessible aux tiers dans le dossier de la demande de brevet.

Le rapport de recherche préliminaire et l'opinion sont établis sur la base des revendications déposées, en tenant compte de la description et, le cas échéant, des dessins.

Chaque citation est faite en relation avec les revendications qu'elle concerne. Si nécessaire, les parties pertinentes du document cité sont identifiées en indiquant notamment la page, la colonne et les lignes ou les figures.

Le rapport de recherche préliminaire distingue entre les documents cités qui ont été publiés avant la date de priorité, entre la date de priorité et la date de dépôt, à la date de dépôt et postérieurement.

Tout document se référant à une divulgation orale, à un usage ou à toute autre divulgation ayant eu lieu antérieurement à la date du dépôt de la demande de brevet est cité dans le rapport de recherche préliminaire en précisant la date de publication du document et celle de la divulgation non écrite.

Art. R. 612-58 Le rapport de recherche préliminaire est immédiatement notifié au demandeur, qui, si des antériorités sont citées, doit, sous peine de rejet de la demande de brevet, déposer de nouvelles revendications ou présenter des observations à l'appui des revendications maintenues.

Art. R. 612-59 Le demandeur dispose d'un délai de trois mois, renouvelable une fois, à compter de la notification du rapport de recherche préliminaire, pour déposer de nouvelles revendications ou présenter des observations aux fins de discuter l'opposabilité des antériorités citées.

Art. R. 612-60 En cas de dépôt de nouvelles revendications, les changements apportés aux revendications sont signalés.

Sur requête, le demandeur peut, dans ce cas, être autorisé à éliminer de la description et des dessins les éléments qui ne seraient plus en concordance avec les nouvelles revendications. Cette requête est recevable jusqu'à la date du paiement de la redevance de délivrance et d'impression du fascicule.

Art. R. 612-61 Si l'objet des nouvelles revendications n'est pas couvert par les revendications sur la base desquelles la recherche a été effectuée, notification est faite au demandeur d'avoir à acquitter la redevance prescrite pour l'établissement d'un rapport de recherche préliminaire complémentaire. Si l'intéressé ne défère pas à cette invitation dans le délai qui lui est imparti, le dépôt des nouvelles revendications est déclaré irrecevable et le brevet est délivré avec les revendications sur la base desquelles la recherche a été effectuée.

Art. R. 612-62 Le rapport de recherche préliminaire est rendu public en même temps que la demande de brevet ou, s'il n'est pas encore établi, dès sa notification au demandeur. Sa mise à la disposition du public est mentionnée au *Bulletin officiel* de la propriété industrielle.

Art. R. 612-63 Le délai pendant lequel les tiers peuvent présenter des observations expire trois mois après la publication prévue à l'article R. 612-62.

Sous peine d'irrecevabilité, les observations des tiers sont présentées, en double exemplaire, dans les conditions prévues à l'article R. 612-57 et sont accompagnées des documents cités ou de leur reproduction et de tous renseignements ou justifications nécessaires. Cette dernière disposition ne s'applique pas aux brevets d'invention ; toutefois, sur demande expresse de l'Institut national de la propriété industrielle, les brevets étrangers sont fournis dans le délai de deux mois à compter de la date de réception de cette requête.

Art. R. 612-64 Le demandeur dispose d'un délai de trois mois à compter de la date de réception de la notification des observations des tiers pour déposer, par écrit, ses observations en réponse ou une nouvelle rédaction des revendications. Ce délai peut être renouvelé une fois sur requête du demandeur.

Art. R. 612-65 Le rapport de recherche préliminaire peut être complété à tout moment avant l'établissement du rapport de recherche.

Dans ce cas, il est fait à nouveau application des articles R. 612-57 à R. 612-64.

Art. R. 612-66 En cas de retrait de la demande de brevet ou de transformation de celle-ci en demande de certificat d'utilité, il est mis fin à la procédure d'établissement du rapport de recherche.

Art. R. 612-67 Le rapport de recherche est arrêté au vu du rapport de recherche préliminaire en tenant compte, le cas échéant, des revendications déposées en dernier lieu, des observations éventuelles du demandeur déposées à l'appui des revendications maintenues et des observations des tiers.

Il est établi à l'expiration des délais fixés aux articles R. 612-59, R. 612-61, R. 612-63 ou R. 612-64, le délai venant à expiration le plus tard étant pris en considération.

Art. R. 612-68 Nonobstant l'inscription au Registre national des brevets de droits réels, de gage ou de licence sur une demande de brevet, le demandeur peut modifier les revendications afférentes à cette demande sans le consentement des titulaires de ces droits.

Art. R. 612-69 Si le demandeur estime que l'un ou plusieurs des éléments de l'état de la technique cités n'ont pas à être pris en considération pour apprécier, au sens des articles L. 611-11 et L. 611-14, la brevetabilité de l'invention, objet de la demande, parce que leur divulgation résulte d'un abus caractérisé à son égard au sens de l'article L. 611-13, premier alinéa (2e tiret, *a*), il peut l'indiquer dans ses observations et en donner succinctement les motifs. Une telle indication ne peut modifier la teneur du rapport de recherche préliminaire ou du rapport de recherche.

Toute décision judiciaire définitive statuant sur l'application des dispositions de l'article L. 611-13, premier alinéa (2e tiret, *a)* est inscrite au Registre national des brevets sur requête du demandeur ou du propriétaire du brevet.

Cette inscription entraîne la modification corrélative du rapport de recherche préliminaire ou du rapport de recherche.

Si cette inscription est faite après la publication du brevet, les exemplaires du brevet dont dispose l'Institut national de la propriété industrielle pour la consultation publique et pour la vente sont revêtus des mentions nécessaires pour faire apparaître la modification du rapport de recherche.

Sous-section 6 Délivrance et publication du brevet

Art. R. 612-70 Au terme de l'instruction de la demande de brevet, invitation est faite au demandeur d'acquitter, dans le délai qui lui est imparti par l'Institut national de la propriété industrielle, la redevance de délivrance et d'impression du fascicule.

Art. R. 612-70-1 Il est statué sur la demande de brevet dans un délai de quatre mois à compter du paiement de la redevance de délivrance et d'impression du fascicule mentionnée à l'article R. 612-70.

Art. R. 612-70-2 A défaut de décision expresse dans le délai mentionné à l'article R. 612-70-1, la demande est réputée acceptée.

Art. R. 612-71 Le brevet est délivré au nom du demandeur par décision du directeur général de l'Institut national de la propriété industrielle. Cette décision est notifiée au demandeur, accompagnée d'un exemplaire certifié conforme du brevet.

En cas de cession de la demande, le brevet est délivré au nom du dernier cessionnaire inscrit au Registre national des brevets jusqu'au paiement de la redevance de délivrance et d'impression du fascicule. Toutefois, mention est faite du nom du demandeur.

Le rapport de recherche inséré dans le brevet comporte, le cas échéant, une mention signalant que les revendications sur la base desquelles la recherche a été effectuée ont été modifiées ou que des observations ont été présentées par le demandeur ou par des tiers au cours de la procédure d'établissement du rapport de recherche.

Le brevet comporte notamment les indications relatives à la date de dépôt de la demande, à la date de la publication de celle-ci, à la date de la décision de délivrance et à celle de la publication de la délivrance du brevet au *Bulletin officiel* de la propriété industrielle ainsi que, le cas échéant, les mentions concernant les priorités revendiquées, le fait qu'il résulte d'une division, ou qu'au moment du dépôt la description ou les revendications étaient rédigées dans une langue étrangère dans les conditions fixées à l'article R. 612-21.

Art. R. 612-72 En cas de déchéance des droits attachés à la demande de brevet pour non-paiement des redevances prévues à l'article L. 612-19, il est mis fin à la procédure de délivrance du brevet.

Art. R. 612-73 La rédaction d'une revendication modifiée après annulation partielle, prévue à l'article L. 613-27, est présentée par écrit.

Si la revendication modifiée n'est pas conforme au dispositif du jugement, notification en est faite au propriétaire du brevet. La notification précise les changements à apporter à la revendication ainsi que le délai imparti à l'intéressé pour y procéder.

La revendication modifiée est rejetée si le propriétaire du brevet ne défère pas à la notification dans le délai prescrit, ou ne présente pas d'observations pour contester son bien-fondé.

Si les observations présentées ne sont pas retenues, notification en est faite au propriétaire du brevet. Si l'intéressé ne défère pas à la notification prévue au deuxième alinéa dans un nouveau délai qui lui est imparti, la revendication modifiée est rejetée.

Art. R. 612-73-1 Il est statué sur la demande de modification de revendication dans un délai de douze mois à compter de son dépôt. Ce délai est interrompu, le cas échéant, par la notification prévue à l'article R. 612-73, jusqu'à la régularisation de la demande.

Art. R.* 612-73-2 A défaut de décision expresse dans le délai mentionné à l'article R. 612-73-1, la demande est réputée rejetée.

Section 3 Diffusion légale des inventions

Art. R. 612-74 Mention de la délivrance du brevet est publiée au *Bulletin officiel* de la propriété industrielle.

Cette mention comporte l'indication de la référence au numéro du *Bulletin officiel* de la propriété industrielle dans lequel la demande de brevet a été rendue publique ainsi que l'existence de modifications des revendications.

Art. R. 612-75 Les textes des brevets sont publiés *in extenso* et conservés à l'Institut national de la propriété industrielle.

Les dossiers des demandes de brevet sont conservés par l'Institut national de la propriété industrielle jusqu'au terme d'un délai de dix ans après l'extinction des droits attachés aux brevets.

Les pièces originales des descriptions et des dessins des brevets non imprimés avant le 11 avril 1902 restent déposées à l'Institut national de la propriété industrielle.

Chapitre III Droits attachés aux brevets

Section 1 Droits d'exploitation

Sous-section 1 Licences obligatoires

Art. R. 613-4 Les demandes tendant à obtenir une licence obligatoire en application des articles L. 613-11 à L. 613-15 sont soumises aux tribunaux désignés conformément aux dispositions de l'article L. 615-17. Elles sont formées, instruites et jugées conformément à la procédure de droit commun, sous réserve des dispositions prévues aux articles R. 613-5 à R. 613-44.

Art. R. 613-5 A peine d'irrecevabilité, l'assignation et les conclusions doivent être, dans les quinze jours de la signification ou de la notification, communiquées par lettre recommandée avec demande d'avis de réception à l'Institut national de la propriété industrielle par la partie qui a signifié ou notifié.

Art. R. 613-6 Le ministre chargé de la propriété industrielle peut présenter au tribunal ses observations sur la demande de licence par mémoire adressée au secrétariat-greffe.

Le directeur général de l'Institut national de la propriété industrielle ou un fonctionnaire de son service, délégué par le ministre chargé de la propriété industrielle, est entendu, s'il le désire, par le tribunal.

Art. R. 613-7 Les dispositions des articles R. 613-4 à R. 613-6 s'appliquent à la procédure devant la cour d'appel.

Art. R. 613-8 Toutes les décisions prises par les tribunaux, les cours d'appel et la Cour de cassation en matière de licences obligatoires sont notifiées immédiatement par le secrétaire-greffier au directeur général de l'Institut national de la propriété industrielle. Les décisions définitives sont inscrites d'office au Registre national des brevets.

Art. R. 613-9 Les demandes tendant à la cession de la licence obligatoire, à son retrait ou à la révision des conditions auxquelles elle a été accordée sont soumises aux dispositions des articles R. 613-4 à R. 613-8.

Sous-section 2 Licences d'office dans l'intérêt de la santé publique

Art. R. 613-10 Les arrêtés du ministre chargé de la propriété industrielle prévus aux articles L. 613-16 et L. 613-17 sont pris sur avis motivé d'une commission composée comme suit :

1° Un conseiller d'Etat, président, nommé par arrêté conjoint des ministres chargés de la propriété industrielle et de la santé ;

2° Le directeur général de la santé ou son représentant ;

3° Le directeur de l'Institut national de la santé et de la recherche médicale ou son représentant ;

4° Le directeur général de l'Institut national de la propriété industrielle ou son représentant ;

5° Le directeur général des entreprises ou son représentant ;

6° Le directeur général de l'Agence nationale de sécurité du médicament et des produits de santé ou son représentant ;

7° Deux médecins ou leurs suppléants désignés pour trois ans renouvelables par le ministre chargé de la santé, sur proposition de l'Académie nationale de médecine ;

8° Un pharmacien ou son suppléant désigné pour trois ans renouvelables par le ministre chargé de la santé, sur proposition de l'Académie nationale de pharmacie ;

9° Une personnalité qualifiée désignée pour trois ans renouvelables par le ministre chargé de la santé en raison de sa compétence en matière de droit pharmaceutique ;

10° Deux membres désignés pour trois ans renouvelables par le ministre chargé de la propriété industrielle.

Le secrétariat de la commission est assuré par l'Institut national de la propriété industrielle.

La commission ne peut valablement siéger, sur une première convocation, que si sept au moins de ses membres sont présents. Lorsque le quorum n'est pas atteint, le conseil délibère valablement sans condition de quorum après une nouvelle convocation portant sur le même ordre du jour et spécifiant qu'aucun quorum ne sera exigé.

La voix du président est prépondérante en cas de partage égal des voix.

Art. R. 613-11 Les rapports devant la commission sont confiés soit aux membres de celle-ci, soit à des membres du Conseil d'Etat, de la Cour des comptes, de l'inspection générale des finances et de l'inspection de la pharmacie, nommés par arrêté du ministre chargé de la propriété industrielle.

Le président désigne, pour chaque affaire, un ou, s'il y a lieu, plusieurs rapporteurs.

Les rapporteurs perçoivent une indemnité dont le montant est fixé par arrêté conjoint du ministre chargé de la propriété industrielle et du ministre de l'économie et des finances.

Art. R. 613-12 La commission peut désigner des experts dont la rémunération, assurée dans les mêmes conditions que celles des experts auprès des tribunaux, donne lieu à un arrêté de taxe du président de la commission.

Art. R. 613-13 Dans les cas prévus à l'article L. 613-16, la commission est saisie par décision motivée du ministre chargé de la propriété industrielle, prise sur requête du ministre chargé de la santé publique.

Cette décision est notifiée, dans les quarante-huit heures, avec ses motifs, au propriétaire du brevet et, le cas échéant, aux titulaires de licences sur ce brevet inscrites au Registre national des brevets, ou à leurs représentants en France.

Son dispositif est publié sans délai au *Bulletin officiel* de la propriété industrielle.

Art. R. 613-14 Le propriétaire du brevet et les titulaires de licences peuvent, dans les quinze jours suivant réception de la notification prévue à l'article précédent, ou, si la notification ne leur est pas parvenue, suivant la publication prévue au même article, adresser leurs observations à la commission.

Art. R. 613-15 Les propositions du rapporteur et le dossier constitué par lui sont communiqués aux propriétaires du brevet et, le cas échéant, aux titulaires de licences.

Le président fixe les conditions, la date et la forme de cette communication ainsi que le délai dans lequel les intéressés sont admis à présenter leurs observations.

Art. R. 613-16 La commission se prononce dans un délai de deux mois à compter du jour où la décision par laquelle elle est saisie est parvenue à son secrétariat.

Art. R. 613-17 L'arrêté prévu à l'article L. 613-16 est pris immédiatement après l'avis de la commission. Il est notifié au propriétaire du brevet, aux titulaires de licences et au directeur général de l'Institut national de la propriété industrielle. Il est inscrit d'office au Registre national des brevets.

Art. R. 613-18 La demande de licence d'exploitation prévue à l'article L. 613-17 est adressée au ministre chargé de la propriété industrielle.

Elle indique :

1° Les nom, prénoms, profession, adresse et nationalité du demandeur et, éventuellement, le nom de la personne chargée de le représenter ou de l'assister ;

2° Le brevet dont la licence est demandée ;

3° La justification de la qualification du demandeur notamment du point de vue légal, technique, industriel et financier.

Dans les quarante-huit heures de sa réception par le ministre, la demande est notifiée au propriétaire du brevet et, le cas échéant, aux titulaires de licences inscrites au Registre national des brevets.

Art. R. 613-19 Dans le délai maximum de deux mois à compter de la réception de la demande, la commission visée à l'article R. 613-10 donne son avis sur les conditions d'octroi de la licence d'exploitation, notamment quant à sa durée et à son champ d'application.

Cet avis est notifié au demandeur de licence ainsi qu'au propriétaire du brevet et, le cas échéant, aux titulaires de licences inscrites au Registre national des brevets. Le président de la commission fixe le délai qui est imparti au demandeur de licence, au propriétaire du brevet et aux titulaires de licences pour faire connaître leurs observations sur les conditions d'octroi de la licence envisagées par la commission.

Ces observations sont soumises à la commission.

Art. R. 613-20 Le ministre chargé de la propriété industrielle prend sa décision au vu de l'avis définitif émis par la commission, après examen des observations des intéressés.

Art. R. 613-21 L'arrêté d'octroi de la licence d'exploitation prévu à l'article L. 613-17 est notifié au propriétaire du brevet, aux titulaires de licences et au bénéficiaire de la licence sollicitée.

Il est inscrit d'office au Registre national des brevets.

Art. R. 613-22 Le demandeur de licence, le propriétaire du brevet et les titulaires de licences ou leurs représentants peuvent être entendus par la commission chargée d'émettre les avis prévus aux articles R. 613-10 et R. 613-19, soit sur leur demande, soit sur convocation d'office de la commission.

Les convocations leur sont adressées au moins huit jours à l'avance.

Art. R. 613-23 Au cas où les délais prévus aux articles R. 613-14, R. 613-15 et R. 613-19 (alinéa 2) ne sont pas observés, la commission passe outre sans rappel ni mise en demeure.

Art. R. 613-24 Dans les instances en fixation des redevances prévues à l'article L. 613-17 (alinéa 3), l'assignation est faite à jour fixe.

Art. R. 613-25 Les modifications des clauses de la licence d'exploitation demandées soit par le propriétaire du brevet, soit par le titulaire de cette licence sont décidées et publiées selon la procédure prescrite pour l'octroi de ladite licence. Si elles portent sur le montant des redevances, elles sont décidées selon la procédure prescrite pour la fixation initiale de ce montant.

La procédure d'octroi de la licence est également applicable au retrait de cette licence demandé par le propriétaire du brevet pour inexécution des obligations imposées au titulaire de la licence.

Sous-section 3 Licences obligatoires pour des brevets visant la fabrication de produits pharmaceutiques destinés à l'exportation vers des pays connaissant des problèmes de santé publique

Art. R.613-25-1 La demande de licence d'exploitation prévue à l'article L.613-17-1 est adressée au ministre chargé de la propriété industrielle. Elle comporte les éléments mentionnés à l'article 6 du règlement (CE) n° 816/2006 du Parlement européen et du Conseil du 17 mai 2006 concernant l'octroi de licences obligatoires pour des brevets visant la fabrication de produits pharmaceutiques destinés à l'exportation vers des pays connaissant des problèmes de santé publique. La demande identifie les brevets et, lorsqu'ils existent, les certificats complémentaires de protection pour lesquels une licence d'exploitation est demandée.

Le ministre notifie sans délai la demande au titulaire du brevet d'invention et, le cas échéant, aux titulaires de licences inscrites au Registre national des brevets, qui disposent d'un délai de quinze jours à compter de la réception de cette notification pour présenter des observations.

Art. R.613-25-2 L'arrêté portant octroi de la licence obligatoire d'exploitation est pris après avis motivé de la commission mentionnée à l'article R.613-10 qui se prononce sur la conformité de la demande aux articles 6 à 10 du règlement (CE) n° 816/2006.

La procédure applicable est celle prévue aux articles R.613-11, R.613-12, R.613-15 et R.613-19 à R.613-25.

Les arrêtés portant octroi ou résiliation de la licence obligatoire d'exploitation sont notifiés à la Commission européenne.

Art. R.613-25-3 Le titulaire de la licence obligatoire d'exploitation peut demander au ministre chargé de la propriété industrielle de modifier les conditions de la licence afin de pouvoir fournir des quantités supplémentaires de produits, dans les conditions prévues à l'article 16-4 du règlement (CE) n° 816/2006.

Art. R.613-25-4 Les modalités de l'identification des produits fabriqués sous licence obligatoire en application de l'article 10-5 du règlement (CE) n° 816/2006 sont établies par une décision du directeur général de l'Agence nationale de sécurité du médicament et des produits de santé.

Sous-section 4 Licences d'office dans l'intérêt du développement économique

Art. R.613-26 La mise en demeure prévue à l'article L.613-18 (alinéa 1er) fait l'objet d'une décision motivée du ministre chargé de la propriété industrielle, prise après consultation du ministre de l'économie et des finances et du ministre chargé de la recherche scientifique et des questions atomiques et spatiales. Cette décision précise les besoins de l'économie nationale qui n'ont pas été satisfaits.

La décision est notifiée, avec ses motifs, au propriétaire du brevet et, le cas échéant, aux titulaires de licences inscrites au Registre national des brevets ou à leurs représentants en France.

Art. R.613-27 Le délai d'un an prévu à l'alinéa 2 de l'article L.613-18 court du jour de la réception de la notification prévue à l'article R.613-26. Les excuses légitimes prévues à l'alinéa 3 de l'article L.613-18 doivent être présentées dans ce délai.

Le délai supplémentaire que le ministre chargé de la propriété industrielle peut accorder à l'intéressé en vertu du même alinéa 3 court à compter de la date d'expiration dudit délai d'un an.

La décision accordant ce délai supplémentaire est prise et notifiée selon la procédure et dans les formes prévues pour la décision de mise en demeure à l'article R.613-26.

Art. R.613-28 Le décret en Conseil d'Etat soumettant le brevet, objet de la mise en demeure, au régime de la licence d'office, est pris sur le rapport conjoint du ministre chargé de la propriété industrielle, du ministre de l'économie et des finances, du ministre chargé de la recherche scientifique et des questions atomiques et spatiales et, le cas échéant, du ministre directement intéressé compte tenu de l'objet du brevet.

Il fixe les conditions auxquelles devront satisfaire les demandeurs de licences d'office, en tenant compte des propositions d'exploitation éventuellement faites par le propriétaire du brevet.

Il est notifié au propriétaire du brevet et aux titulaires de licences. Il est inscrit d'office au Registre national des brevets et publié au *Journal officiel*.

Art. R. 613-29 La demande de licence d'exploitation prévue à l'article L. 613-18 (alinéa 4) est adressée au ministre chargé de la propriété industrielle.

Elle indique :

1° Les nom, prénom et profession du demandeur et, éventuellement, le nom de la personne chargée de le représenter ou de l'assister ;

2° Le brevet dont la licence est demandée ;

3° La justification de la qualification du demandeur, du point de vue technique, industriel et financier, pour l'exploitation du brevet en cause, au regard des conditions visées à l'alinéa 2 de l'article R. 613-28.

Art. R. 613-30 Copie de la demande de licence est notifiée par le ministre chargé de la propriété industrielle au propriétaire du brevet et, le cas échéant, aux titulaires de licences dudit brevet. Ceux-ci disposent d'un délai de deux mois à compter de la réception de la notification pour présenter leurs observations audit ministre.

Art. R. 613-31 L'arrêté prévu à l'article L. 613-18 (alinéa 5) est notifié au propriétaire du brevet, aux titulaires de licences et au bénéficiaire de la licence sollicitée. Il est inscrit d'office au Registre national des brevets.

Art. R. 613-32 Les instances tendant à la fixation des redevances prévues à l'article L. 613-18 sont portées devant le tribunal de grande instance de Paris.

Dans ces instances, l'assignation est faite à jour fixe.

Art. R. 613-33 Les modifications des clauses de la licence d'exploitation demandées soit par le titulaire du brevet, soit par le titulaire de cette licence sont décidées et publiées selon la procédure prescrite pour l'octroi de ladite licence. Si elles portent sur le montant des redevances, elles sont décidées selon la procédure prescrite pour la fixation initiale de ce montant.

La procédure d'octroi de la licence d'exploitation est également applicable au retrait de cette licence demandé par le propriétaire du brevet pour inexécution des obligations imposées au titulaire de la licence.

Sous-section 5 Licences d'office et expropriation pour les besoins de la défense nationale

Art. R. 613-34 La demande adressée par le ministre chargé de la défense nationale au ministre chargé de la propriété industrielle en vue d'obtenir, en application de l'article L. 613-19, une licence d'office pour les besoins de la défense nationale, comporte toutes précisions utiles sur les conditions nécessaires à la satisfaction de ces besoins et se rapportant en particulier :

1° Au caractère total ou partiel de la licence en ce qui concerne les applications de l'invention, objet de la demande de brevet ou du brevet ;

2° A la durée de la licence ;

3° Aux droits et obligations respectifs de l'Etat et du propriétaire de la demande de brevet ou du brevet en ce qui concerne les perfectionnements ou modifications apportés par l'un d'eux à l'invention.

Art. R. 613-35 L'arrêté du ministre chargé de la propriété industrielle accordant la licence en fixe les conditions compte tenu des éléments de la demande ci-dessus précisés. Il est immédiatement notifié par le ministre chargé de la propriété industrielle au ministre chargé de la défense nationale et au propriétaire de la demande de brevet ou du brevet. Il est inscrit d'office au Registre national des brevets. S'il s'agit d'une demande de brevet, il n'est procédé à l'inscription qu'après que ladite demande a été rendue publique.

Art. R. 613-36 A la suite des notifications prévues à l'article précédent, le propriétaire de la demande de brevet ou du brevet fait connaître au ministre chargé de la défense nationale, par lettre recommandée avec demande d'avis de réception, ses prétentions quant à la rémunération de la licence accordée à l'Etat.

Le tribunal de grande instance ne peut être saisi en vue de la fixation du montant de la rémunération, en application de l'article L. 613-19 (quatrième alinéa), avant l'expiration d'un délai de quatre mois à compter de la date de réception de la lettre recommandée ci-dessus mentionnée.

Art. R. 613-37 Si la licence d'office a pour objet l'exploitation d'une invention couverte par une demande de brevet dont la divulgation et la libre exploitation sont interdites par application des articles L. 612-9 ou L. 612-10 (alinéas 1 et 2), la juridiction saisie en vue de la fixation de la rémunération de la licence d'office statue, tant au fond qu'avant-dire droit, par des décisions qui ne contiennent aucune analyse de l'invention de nature à en entraîner la divulgation.

Ces décisions sont rendues en chambre du conseil. Seuls le ministère public, les parties ou leurs mandataires peuvent en obtenir copie.

Au cas où la licence d'office a pour objet l'exploitation d'une invention couverte par un brevet ou par une demande de brevet autre que celle visée à l'alinéa 1 du présent article, si les applications de ladite invention déjà réalisées ou envisagées présentent un caractère secret, les décisions de la juridiction saisie ne contiennent aucune mention de nature à divulguer lesdites applications et sont soumises aux dispositions de l'alinéa 2 ci-dessus.

Si une expertise est ordonnée dans les cas visés aux alinéas 1 et 3 du présent article, elle ne peut être effectuée que par des personnes agréées par le ministre chargé de la défense nationale et, si besoin est, devant ses représentants.

Art. R. 613-38 Les dispositions de l'article R. 613-37 s'appliquent, indépendamment de l'action en fixation de la rémunération de la licence d'office, à l'occasion de toute instance relative à une contestation née de l'exécution de l'arrêté accordant une telle licence.

Art. R. 613-39 Le décret prononçant, dans les conditions prévues par l'article L. 613-20, l'expropriation d'une invention, objet d'une demande de brevet ou d'un brevet, est notifié par le ministre chargé de la propriété industrielle au propriétaire de la demande de brevet ou du brevet.

Art. R. 613-40 A la suite de la notification prévue à l'article précédent, il est procédé, pour la fixation de l'indemnité d'expropriation, comme il est prévu pour la rémunération de la licence d'office par les articles R. 613-36 et R. 613-37.

Art. R. 613-41 Lorsque l'action civile prévue à l'article L. 615-10 est intentée sur la base d'une demande de brevet faisant l'objet des interdictions prévues aux articles L. 612-9 ou L. 612-10 (premier et deuxième alinéas) ou lorsqu'elle concerne des études ou des fabrications telles que visées aux alinéas 2 et 3 dudit article L. 615-10, les décisions judiciaires auxquelles elle donne lieu sont soumises aux dispositions de l'article R. 613-37.

Art. R. 613-42 Lorsqu'un recours est formé contre un arrêté pris en application de l'article L. 612-10 (premier et deuxième alinéas) ou contre un arrêté ou un décret pris en application de l'article L. 613-19 ou de l'article L. 613-20, dans le cas où cet arrêté ou ce décret concerne une invention dont la divulgation et la libre exploitation sont interdites, la juridiction administrative statue, tant au fond qu'avant-dire droit, par des décisions qui ne contiennent aucune analyse de l'invention de nature à en entraîner la divulgation.

Les débats ont lieu et les décisions sont rendues en séance non publique. Seuls les parties ou leurs mandataires peuvent recevoir communication de la décision intervenue.

Si une expertise est ordonnée, elle ne peut être effectuée que par des personnes agréées par le ministre chargé de la défense nationale et, si besoin est, devant ses représentants.

Sous-section 6 Dispositions diverses

Art. R. 613-43 Les notifications et communications au propriétaire du brevet ou de la demande de brevet prévues par les dispositions des articles R. 613-10 à R. 613-42 sont valablement faites à l'adresse indiquée dans la demande de brevet ou à la dernière adresse que le propriétaire du brevet a notifiée à l'administration, soit à celle de son représentant ayant son domicile, son siège ou un établissement dans un Etat membre de la Communauté européenne ou dans un Etat partie à l'accord sur l'Espace économique européen. Est considéré comme tel le mandataire désigné par le demandeur du brevet au moment du dépôt de sa demande, à moins que la désignation d'un autre mandataire n'ait été notifiée à l'administration.

Toutes les notifications et communications adressées au propriétaire du brevet ou de la demande de brevet, à ses ayants cause ou aux demandeurs ou bénéficiaires de licences d'office en application des dispositions prévues aux articles R. 613-10 à R. 613-42 sont obligatoirement faites par lettre recommandée avec demande d'avis de réception.

Art. R. 613-44 Les dispositions prévues aux articles R. 613-4 à R. 613-43 et R. 613-51 s'appliquent aux certificats d'addition.

Section 2 Transmission et perte des droits

Art. R. 613-45 La requête en renonciation ou en limitation est faite par une déclaration écrite.

La requête doit, pour être recevable :

1° Emaner du titulaire du brevet inscrit, au jour de la requête, sur le Registre national des brevets, ou de son mandataire, lequel, sauf s'il a la qualité de conseil en propriété industrielle ou d'avocat, doit joindre à la requête un pouvoir spécial de renonciation ou de limitation.

Si le brevet appartient à plusieurs personnes, la renonciation ou la limitation ne peut être effectuée que si elle est requise par l'ensemble de celles-ci ;

2° Etre accompagnée de la justification du paiement de la redevance prescrite ;

3° Ne viser qu'un seul brevet ;

4° Etre accompagnée, si des droits réels, de gage ou de licence ont été inscrits au Registre national des brevets, du consentement des titulaires de ces droits ;

5° Etre accompagnée, lorsque la limitation est requise, du texte complet des revendications modifiées et, le cas échéant, de la description et des dessins tels que modifiés.

Si, lorsque la limitation est demandée, les revendications modifiées ne constituent pas une limitation par rapport aux revendications antérieures du brevet ou si elles ne sont pas conformes aux dispositions de l'article L. 612-6, notification motivée en est faite au demandeur. Un délai lui est imparti pour régulariser sa requête ou présenter des observations. A défaut de régularisation ou d'observations permettant de lever l'objection, la requête est rejetée par décision du directeur général de l'Institut national de la propriété industrielle.

Les renonciations et limitations sont inscrites au Registre national des brevets. Un avis d'inscription est adressé à l'auteur de la renonciation ou de la limitation.

Art. R. 613-45-1 Il est statué sur la requête en renonciation ou en limitation prévue à l'article R. 613-45 dans un délai de douze mois. Ce délai est interrompu, le cas échéant, par la notification prévue au neuvième alinéa du même article jusqu'à la levée de l'objection.

Art. R.*613-45-2 A défaut de décision expresse dans le délai mentionné à l'article R. 613-45-1, la demande est réputée rejetée.

Art. R. 613-46 La redevance annuelle pour le maintien en vigueur des demandes de brevet ou des brevets, prévue à l'article L. 612-19, est due pour chaque année de la durée des brevets. La redevance de dépôt couvre la première annuité. Le paiement des annuités vient à échéance le dernier jour du mois de la date anniversaire du dépôt de la demande. Il n'est pas accepté s'il est fait plus d'une année avant l'échéance de la redevance annuelle.

Art. R. 613-47 I. – Le délai de six mois prévu par le second alinéa de l'article L. 612-19, pendant lequel les paiements effectués après la date d'échéance sont validés moyennant le paiement d'une redevance de retard, est compté du lendemain du jour de l'échéance de la redevance annuelle.

Est considéré comme valable tout paiement effectué après la date d'échéance :

- lorsqu'il est relatif à une demande de brevet résultant de la division d'une demande de brevet, à condition qu'il ait lieu au plus tard le dernier jour du quatrième mois suivant la date de réception des pièces de la demande divisionnaire ;

– lorsqu'il complète un versement insuffisant effectué avant l'échéance, à condition qu'il ait lieu dans le délai de six mois susmentionné.

II. – Le paiement s'effectue au taux en vigueur au jour de paiement, sauf si un avertissement indiquant un taux précédent a déjà été adressé. Toutefois, en cas de restauration, le paiement des redevances échues qui n'ont pas été acquittées à la date de l'inscription de la décision au Registre national des brevets doit être effectué au taux en vigueur à cette date.

Art. R. 613-48 Lorsque le paiement d'une redevance annuelle n'est pas effectué à la date de l'échéance normale, un avertissement est adressé au propriétaire de la demande de brevet ou du brevet lui indiquant qu'il encourt la déchéance de ses droits si ce paiement, accompagné de celui de la redevance de retard, n'est pas effectué avant l'expiration du délai de six mois prévu au premier paragraphe de l'article R. 613-47.

L'absence d'avertissement n'engage pas la responsabilité de l'Institut national de la propriété industrielle et ne constitue pas une cause de restauration des droits du propriétaire du brevet.

Art. R. 613-49 La requête prévue à l'article L. 613-22, tendant à la constatation de la déchéance des droits attachés à une demande de brevet ou à un brevet, est présentée par écrit.

Il y est statué par décision motivée dans un délai de six mois. La décision est notifiée au requérant.

Art. R.*613-49-1 A défaut de décision expresse dans le délai mentionné au deuxième alinéa de l'article R. 613-49, la demande est réputée rejetée.

Art. R. 613-50 Sont inscrites au Registre national des brevets :

– la mention de la décision de constatation de déchéance prévue à l'article L. 613-22 ;
– les requêtes introductives des recours en restauration, des recours contre les décisions du directeur de l'institut et des pourvois en cassation, ainsi que les décisions rendues.

La décision qui restaure le breveté dans ses droits est sans effet si les redevances échues ne sont pas acquittées dans un délai de trois mois à compter de l'inscription de la décision au Registre national des brevets. Mention de la date du paiement est portée au registre.

Art. R. 613-51 Le délai prévu à l'alinéa 2 de l'article L. 613-21 est de quinze jours à compter de la date de la signification de la saisie prévue à l'alinéa premier dudit article.

Section 4 Recours en restauration

Art. R. 613-52 Les recours en restauration prévus aux articles L. 612-16 et L. 612-16-1 sont présentés au directeur général de l'institut par le titulaire du dépôt, qui doit être le titulaire inscrit au Registre national des brevets si le dépôt est publié, ou son mandataire.

Le recours n'est recevable qu'après paiement de la redevance prescrite.

Le recours est écrit. Il indique les faits et justifications invoqués à son appui.

En cas de non-conformité du recours, notification motivée en est faite au demandeur. Un délai lui est imparti pour régulariser le recours ou contester les objections de l'institut. A défaut de régularisation ou d'observation permettant de lever l'objection, le recours est rejeté. La notification peut être assortie d'une proposition de régularisation. Cette proposition est réputée acceptée si le demandeur ne la conteste pas dans le délai qui lui est imparti.

La décision motivée est notifiée au requérant.

Art. R. 613-52-1 Il est statué sur le recours en restauration dans un délai de six mois à compter de son dépôt. Ce délai est interrompu, le cas échéant, par la notification prévue à l'article R. 613-52, jusqu'à la régularisation du recours ou la levée de l'objection.

Art. R. 613-52-2 A défaut de décision expresse dans le délai mentionné à l'article R. 613-52-1, le recours est réputé accepté.

Section 5 Registre national des brevets

Art. R. 613-53 Le Registre national des brevets est tenu par l'Institut national de la propriété industrielle.

Y figurent, pour chaque demande de brevet ou brevet :

1° L'identification du demandeur, et les références de la demande de brevet ou du brevet, ainsi que les actes ultérieurs en affectant l'existence ou la portée ;

2° Les actes modifiant la propriété de la demande de brevet ou du brevet ou la jouissance des droits qui lui sont attachés ; en cas de revendication de propriété : l'assignation correspondante ainsi que la suspension et la reprise de la procédure de délivrance ;

3° Les changements de nom, de forme juridique ou d'adresse ainsi que les rectifications d'erreurs matérielles affectant les inscriptions.

Aucune inscription n'est portée au registre tant que la demande de brevet n'est pas rendue publique dans les conditions prévues à l'article R. 612-39.

Art. R. 613-54 Les indications mentionnées au 1° de l'article R. 613-53 sont inscrites à l'initiative de l'Institut national de la propriété industrielle ou, s'il s'agit d'une décision judiciaire, sur réquisition du greffier ou sur requête de l'une des parties.

Seules les décisions judiciaires définitives peuvent être inscrites au Registre national des brevets.

Art. R. 613-55 Les actes modifiant la propriété d'une demande de brevet ou d'un brevet ou la jouissance des droits qui lui sont attachés, tels que cession, concession d'un droit d'exploitation, constitution ou cession d'un droit de gage ou renonciation à ce droit, saisie, validation et mainlevée de saisie, sont inscrits à la demande de l'une des parties à l'acte, ou, s'il n'est pas partie à l'acte, du titulaire du dépôt au jour de cette demande.

Toutefois, un acte ne peut être inscrit que si la personne indiquée dans l'acte à inscrire comme étant le titulaire de la demande de brevet ou du brevet avant la modification résultant de l'acte est inscrite comme telle au Registre national des brevets.

La demande comprend :

1° Un bordereau de demande d'inscription ;

2° Une copie ou un extrait de l'acte constatant la modification de la propriété ou de la jouissance ;

3° La justification du paiement de la redevance prescrite ;

4° S'il y a lieu, le pouvoir du mandataire, à moins qu'il n'ait la qualité de conseil en propriété industrielle ou d'avocat.

Art. R. 613-56 Par dérogation au 2° de l'article R. 613-55, peut être produit avec la demande :

1° En cas de mutation par décès, copie de tout acte établissant le transfert, à la demande des héritiers ou légataires ;

2° En cas de transfert par suite de fusion, scission ou absorption : copie d'un extrait du registre du commerce et de sociétés à jour de la modification ;

3° Sur justification de l'impossibilité matérielle de produire une copie : tout document établissant la modification de la propriété ou de la jouissance.

Art. R. 613-57 Les changements de nom, de forme juridique, d'adresse et les rectifications d'erreurs matérielles sont inscrits à la demande du titulaire de la demande de brevet ou du brevet, qui doit être le titulaire inscrit au Registre national des brevets. Toutefois, lorsque ces changements et rectifications portent sur un acte précédemment inscrit, la demande peut être présentée par toute partie à l'acte.

La demande comprend :

1° Un bordereau de demande d'inscription ;

2° S'il y a lieu, le pouvoir du mandataire, à moins qu'il n'ait la qualité de conseil en propriété industrielle ou d'avocat ;

3° S'il s'agit d'une rectification d'erreur matérielle, la justification du paiement de la redevance prescrite.

L'institut peut exiger la justification de la réalité du changement dont l'inscription est sollicitée ou de l'erreur matérielle à rectifier.

Art. R. 613-58 En cas de non-conformité d'une demande d'inscription, notification motivée en est faite au demandeur. Un délai lui est imparti pour régulariser sa demande ou présenter des observations. A défaut de régularisation ou d'observation permettant de lever l'objection, la demande est rejetée par décision du directeur général de l'Institut national de la propriété industrielle.

La notification peut être assortie d'une proposition de régularisation. Dans ce cas, cette proposition est réputée acceptée si le demandeur ne la conteste pas dans le délai qui lui est imparti.

Art. R. 613-58-1 Il est statué sur la demande d'inscription mentionnée aux articles R. 613-55 et R. 613-57 dans un délai de six mois à compter de son dépôt. Ce délai est interrompu, le cas échéant, par la notification prévue à l'article R. 613-58, jusqu'à la régularisation de la demande ou la levée de l'objection.

Art. R. 613-58-2 A défaut de décision expresse dans le délai mentionné à l'article R. 613-58-1, la demande est réputée acceptée.

Art. R. 613-59 Toute inscription portée au Registre national des brevets fait l'objet d'une mention au *Bulletin officiel* de la propriété industrielle.

Toute personne intéressée peut obtenir de l'institut :

1° Une reproduction des inscriptions portées au Registre national des brevets ;

2° Un certificat constatant qu'il n'existe pas d'inscription.

Section 6 Etablissement de l'avis documentaire

Art. R. 613-60 L'avis documentaire prévu à l'article L. 612-23 est établi sur la base du rapport de recherche à la demande écrite du titulaire du brevet, de toute autre personne intéressée ou de toute autorité administrative.

Peuvent être annexés à la demande des documents non cités dans le rapport de recherche que le demandeur souhaite voir pris en considération. S'ils sont rédigés en langue étrangère, une traduction peut être requise par l'Institut national de la propriété industrielle.

La demande est irrecevable si elle n'est pas accompagnée de la justification du paiement de la redevance prescrite.

Art. R. 613-61 L'avis documentaire est établi selon la procédure ci-après :

I. – Lorsqu'il est demandé par le titulaire du brevet :

1. Un projet est établi et notifié au titulaire du brevet. Un délai lui est imparti pour en discuter éventuellement le bien-fondé.

2. L'avis est établi au vu du projet et des observations le cas échéant formulées. Il est notifié au titulaire du brevet.

II. – Lorsqu'il n'est pas demandé par le titulaire du brevet :

1. La demande d'avis est notifiée sans délai au titulaire du brevet. Un délai lui est imparti pour présenter des observations et, le cas échéant, constituer un mandataire répondant aux conditions prévues à l'article R. 612-2.

2. Un projet est établi au vu des observations en réponse. Ce projet est notifié au titulaire du brevet et au demandeur. Un délai leur est imparti pour en discuter éventuellement le bien-fondé.

3. L'avis est établi au vu du projet d'avis et des observations le cas échéant formulées. Il est notifié au titulaire du brevet et au demandeur.

L'institut veille au respect du principe du contradictoire. Toute observation émanant du titulaire du brevet ou du demandeur est sans délai notifiée à l'autre.

Art. R. 613-62 L'avis documentaire est versé au dossier du brevet. Mention est faite de sa délivrance au *Bulletin officiel* de la propriété industrielle.

Section 7 Réduction des redevances

Art. R. 613-63 La réduction des redevances prévue à l'article L. 612-20 est de droit pour les personnes physiques.

Si le déposant est une personne morale, la demande de réduction doit, à peine d'irrecevabilité, être présentée par écrit au directeur général de l'Institut national de la propriété industrielle dans le délai d'un mois à compter du dépôt de la demande de brevet. En outre, le déposant doit, dans le même délai, produire une déclaration attestant qu'il appartient à la catégorie des organismes à but non lucratif dans le domaine de l'enseignement ou de la recherche ou à celles des entreprises dont le nombre de salariés est inférieur à 1 000 et dont 25 % au plus du capital est détenu par une autre entité ne remplissant pas la même condition.

Une fois obtenu, le bénéfice de la réduction est définitivement acquis et s'applique à l'ensemble des redevances de procédures et de maintien en vigueur à l'exclusion des annuités au-delà de la septième, à la redevance de rapport de recherche concernant une demande sous priorité étrangère accompagnée d'un rapport de recherche reconnu équivalent au rapport de recherche national par décision du directeur général de l'Institut national de la propriété industrielle, aux redevances de recours en restauration, de rectification d'erreurs matérielles, d'inscription au registre national et de publication de traduction ou de traduction révisée d'un brevet européen ou des revendications d'une demande de brevet européen.

Lorsqu'un dépôt de demande de brevet est effectué en copropriété, tous les codéposants doivent appartenir aux catégories visées par l'article L. 612-20 pour pouvoir prétendre au bénéfice de la réduction.

Le montant de l'amende infligée en cas de fausse déclaration est de dix fois le montant des redevances qui étaient dues.

Chapitre IV Application de conventions internationales

Section 1 Brevets européens

Art. R. 614-1 La demande de brevet européen peut être déposée au siège de l'Institut national de la propriété industrielle ou y être envoyée par pli postal ou par tout mode de télétransmission dans les conditions définies par décision de son directeur général. La date de dépôt est celle de la réception de la demande au siège de l'institut.

Art. R. 614-4 A l'exception de l'article R. 612-31, les dispositions des articles R. 612-26 à R. 612-32 sont applicables aux demandes de brevet européen déposées auprès de l'Institut national de la propriété industrielle, compte tenu des dispositions des articles L. 614-4 à L. 614-5.

Art. R. 614-5 La transformation de la demande de brevet européen en demande de brevet français a lieu dès la réception par l'Institut national de la propriété industrielle de la requête. Un numéro d'enregistrement national lui est attribué.

Sous réserve des dispositions des articles L. 614-4 et L. 614-5, mention de la transformation est publiée au *Bulletin officiel* de la propriété industrielle dans le délai d'un mois à compter de la réception de la requête. La mention comporte les indications nécessaires à l'identification de la demande de brevet.

Dans le délai de deux mois à compter de la date de la publication visée à l'alinéa précédent ou, dans le cas de demandes de brevet qui ne peuvent être rendues publiques, à compter de la date de réception de la requête en transformation, le demandeur doit fournir la justification du paiement des redevances prévues à l'article R. 614-17 et, s'il y a lieu, la traduction en français du texte original de la demande de brevet européen, ainsi que, le cas échéant, du texte modifié au cours de la procédure devant l'Office européen des brevets.

La procédure de délivrance du brevet se déroule sur la base du texte original de la demande de brevet ou de sa traduction ou, le cas échéant, du texte modifié au cours de la procédure devant l'Office européen des brevets ou de sa traduction.

Si le demandeur n'a pas son domicile ou son siège dans un Etat membre de la Communauté européenne ou dans un Etat partie à l'accord sur l'Espace économique européen, il doit, dans le même délai, constituer un mandataire satisfaisant aux conditions prévues au premier alinéa de l'article R. 612-2 et communiquer le nom et l'adresse de celui-ci à l'Institut national de la propriété industrielle.

Art. R. 614-6 Si, dans le délai prévu au troisième alinéa de l'article R. 614-5, l'une des conditions exigées audit alinéa n'est pas remplie, la demande de brevet est rejetée par décision motivée du directeur général de l'Institut national de la propriété industrielle et notifiée au demandeur. Les redevances payées sont remboursées.

Art. R. 614-7 Les dispositions des articles R. 614-5 et R. 614-6 sont applicables aux demandes de certificats d'utilité.

Art. R. 614-11 La traduction des revendications de la demande de brevet européen mentionnée à l'article L. 614-9 est établie par le demandeur. Son texte est remis à l'Institut national de la propriété industrielle par le demandeur, accompagné d'une réquisition de publication et de la justification du paiement de la redevance exigible.

La réquisition de publicité est déclarée irrecevable si elle n'est pas accompagnée de la justification du paiement de la redevance.

Mention de la remise de la traduction des revendications est publiée au *Bulletin officiel* de la propriété industrielle dans le délai d'un mois à compter de la date à laquelle elle a été fournie. Cette mention comporte les indications nécessaires à l'identification de la demande de brevet.

A compter du jour de la publication de la mention mentionnée à l'alinéa précédent, toute personne peut prendre connaissance gratuitement à l'Institut national de la propriété industrielle du texte de la traduction et en obtenir reproduction à ses frais.

Art. R. 614-12 Les dispositions de l'article R. 614-11 sont applicables à la production de la traduction révisée des revendications prévue au second alinéa de l'article L. 614-10.

Art. R. 614-13 Font l'objet d'une inscription d'office au Registre national des brevets :

1° La décision définitive mentionnée à l'article R. 614-6 ;

2° La remise de la traduction et celle de la traduction révisée des revendications de la demande de brevet ou des revendications du brevet européen mentionnées aux articles R. 614-11 et R. 614-12.

Art. R. 614-14 Font l'objet d'une inscription au Registre national des brevets, sans frais, sur réquisition du greffier du tribunal ou sur requête d'une des parties à l'instance, les décisions judiciaires passées en force de chose jugée prises en application des articles L. 614-12 et L. 615-17.

Art. R. 614-15 Les redevances annuelles prévues à l'article L. 612-19 pour la demande de brevet issue de la transformation d'une demande de brevet européen effectuée dans les conditions prévues par les articles R. 614-5 à R. 614-7 ne sont dues que pour les années qui suivent celle au cours de laquelle la demande de brevet européen est réputée transformée. L'annuité qui doit être acquittée est décomptée à partir de la date de dépôt de la demande de brevet européen.

Art. R. 614-16 Les redevances annuelles prévues à l'article L. 612-19 qui sont dues pour le brevet européen doivent être acquittées dans les conditions prévues par l'article 141 de la convention sur le brevet européen. Ces redevances sont décomptées à partir de la date de dépôt de la demande de brevet européen.

Lorsque le paiement d'une redevance annuelle n'a pas été effectué à l'expiration du délai visé au paragraphe 2 de l'article 141 de la convention sur le brevet européen, ladite redevance peut être valablement versée dans un délai supplémentaire de six mois, moyennant le paiement d'une redevance de retard dans le même délai.

Art. R. 614-17 Les redevances exigibles visées au troisième alinéa de l'article R. 614-5 sont la redevance de dépôt et, le cas échéant, la redevance d'établissement du rapport de recherche prévues à l'article R. 612-5.

Dans le cas prévu au troisième alinéa de l'article L. 614-6, la redevance prévue par l'article R. 612-5, 2°, n'est pas exigible.

Art. R. 614-18 La publication de chacune des traductions et des traductions révisées mentionnées aux articles R. 614-11 et R. 614-12 donne lieu au paiement d'une redevance exigible lors de la remise de la traduction.

Art. R. 614-19 Des redevances sont perçues pour l'établissement et la transmission des copies de la demande de brevet européen visées à l'article 136, paragraphe 2, de la convention sur le brevet européen.

Art. R. 614-20 Les dispositions des articles R. 411-19 à R. 411-26 et R. 618-1 à R. 618-3 sont applicables aux décisions, notification et délais prévus aux articles R. 614-1 à R. 614-19.

Section 2 Demandes internationales

Art. R. 614-21 La demande internationale peut être déposée au siège de l'Institut national de la propriété industrielle ou y être envoyée par pli postal ou par tout mode de télétransmission dans les conditions définies par décision de son directeur général. La date de dépôt est celle de la réception de la demande au siège de l'institut.

Le dépôt peut être effectué par le déposant personnellement ou par un mandataire. Les dispositions de l'article R. 612-2 sont applicables.

Sous réserve de l'obligation prévue à l'article L. 614-18, la demande internationale peut également être déposée auprès de l'Office européen des brevets, agissant en qualité d'office récepteur.

Art. R. 614-23 La demande internationale est établie en langue française.

Si elle n'est pas déposée sous forme électronique, la demande est déposée en trois exemplaires, ainsi que chacun des documents mentionnés dans le bordereau visé à la règle 3, paragraphe 3, lettre *a* (ii) du règlement d'exécution du traité de coopération en matière de brevets. Toutefois, la requête visée à la règle 3 précitée, paragraphe 1, et les documents justifiant des taxes exigibles sont déposés en un seul exemplaire.

S'il n'est pas satisfait aux dispositions du précédent alinéa, les exemplaires manquants sont préparés d'office par l'Institut national de la propriété industrielle.

Art. R. 614-24 Un récépissé, indiquant au moins le numéro attribué à la demande internationale, la nature et le nombre des pièces de la demande, ainsi que de leur réception, est délivré au déposant.

Art. R. 614-25 A l'exception de l'article R. 612-31, les dispositions prévues aux articles R. 612-26 à R. 612-32 sont, compte tenu des dispositions des articles L. 614-20 à L. 614-22, applicables aux demandes internationales déposées auprès de l'Institut national de la propriété industrielle.

Art. R. 614-26 Le dépôt d'une demande internationale donne lieu au paiement de la taxe de transmission prévue par la règle 14 du règlement d'exécution du traité de coopération en matière de brevets. Cette taxe doit être acquittée avant l'expiration du délai d'un mois à compter de la date de réception de la demande internationale.

Art. R. 614-27 La taxe internationale de dépôt et la taxe de recherche prévues par les règles 15 et 16 du règlement d'exécution du traité de coopération en matière de brevets doivent être acquittées avant l'expiration d'un délai d'un mois à compter de la date de réception de la demande internationale.

La taxe internationale et la taxe de recherche sont acquittées en euro.

Art. R. 614-29 Lorsque le paiement de la taxe de transmission de la taxe de recherche et de la taxe internationale de dépôt n'a pas été effectué dans les délais fixés aux articles R. 614-26 et R. 614-27, le déposant est invité à acquitter dans un délai d'un mois le montant desdites taxes, majoré de la taxe pour paiement tardif prévue à la règle 16 *bis* 1 (*a* et *b*) du règlement d'exécution du traité de coopération en matière de brevets.

La taxe pour paiement tardif est acquittée en euro.

Art. R. 614-31 Si la demande internationale et les autres documents visés à l'article R. 614-23 sont déposés en un nombre d'exemplaires inférieur à celui fixé par ledit article, une redevance est perçue pour la préparation du nombre d'exemplaires requis. Son paiement doit avoir été fait avant l'expiration d'un délai d'un mois à compter de la date de la notification adressée à cet effet.

Art. R. 614-32 La taxe de transmission visée à l'article R. 614-26 est restituée au déposant lorsque la demande internationale n'a pas été transmise au bureau international dans le délai prescrit par la règle 22, paragraphe 3, du règlement d'exécution du traité de coopération en matière de brevets.

Art. R. 614-33 Le paiement des taxes et redevances prévues par les articles R. 614-26 à R. 614-32 est libératoire s'il est effectué au taux en vigueur au jour du paiement.

Art. R. 614-34 Les dispositions des articles R. 411-19 à R. 411-26 et R. 618-3 s'appliquent au contentieux visé à l'article L. 411-4.

Art. R. 614-35 Les modalités d'application des articles R. 614-21 à R. 614-24 sont fixées, en tant que de besoin, par arrêté du ministre chargé de la propriété industrielle.

Chapitre IV *bis* La retenue

Art. R. 614-36 Sous réserve des dispositions prévues à l'article R. 614-37, le chapitre V *bis* du titre III du livre III est applicable à la retenue par l'administration des douanes des marchandises susceptibles de porter atteinte aux brevets d'invention, telle que prévue au chapitre IV *bis* du titre Ier du livre VI.

Art. R. 614-37 Lorsque l'administration des douanes décide de procéder à un prélèvement d'échantillon, deux exemplaires sont prélevés par les agents des douanes. L'un est remis au propriétaire de la marchandise ou à son détenteur ou au représentant de l'un d'entre eux et l'autre est conservé par l'administration des douanes.

Le propriétaire du brevet ou du certificat complémentaire de protection ou la personne habilitée à exploiter l'invention brevetée ou objet du certificat complémentaire de protection n'assiste pas au prélèvement d'échantillons et aucun échantillon ne lui est remis.

Lorsqu'une marchandise ou un objet, en raison de son poids, de ses dimensions, de sa valeur, de sa nature ou de la trop faible quantité de produit ne peut faire l'objet d'un prélèvement de deux échantillons, la marchandise ou l'objet est prélevé dans sa totalité et constitue un seul et unique échantillon, qui est conservé par l'administration des douanes.

Chapitre V Actions en justice

Section 1 Mesures provisoires et conservatoires

Art. R. 615-1 Le délai prévu au dernier alinéa de l'article L. 615-3 et imparti au demandeur pour se pourvoir au fond par la voie civile ou pénale, ou déposer une plainte auprès du procureur de la République, est de vingt jours ouvrables ou de trente et un jours civils si ce délai est plus long, à compter de la date de l'ordonnance.

Section 2 Mesures probatoires

Art. R. 615-2 La saisie, descriptive ou réelle, prévue au deuxième alinéa de l'article L. 615-5 est ordonnée par le président d'un des tribunaux de grande instance mentionnés à l'article D. 631-2, dans le ressort duquel les opérations doivent être effectuées.

L'ordonnance est rendue sur simple requête et sur la représentation soit du brevet, du certificat complémentaire de protection, du certificat d'utilité ou du certificat d'addition, soit, dans le cas prévu au premier alinéa de l'article L. 615-4, d'une copie certifiée conforme de la demande de brevet, de certificat complémentaire de protection, de certificat d'utilité ou de certificat d'addition. Dans ce dernier cas, le requérant doit justifier en outre que les conditions prévues à cet article sont remplies.

Si la requête est présentée par le concessionnaire d'un droit exclusif d'exploitation ou par le titulaire d'une licence octroyée en vertu des articles L. 613-11, L. 613-15, L. 613-17, L. 613-17-1 et L. 613-19, le requérant doit justifier que les conditions prescrites, selon le cas, par le deuxième ou le quatrième alinéa de l'article L. 615-2 sont remplies.

Le président peut autoriser l'huissier à procéder à toute constatation utile en vue d'établir l'origine, la consistance et l'étendue de la contrefaçon.

Art. R. 615-2-1 Lorsque le juge a subordonné la saisie à la constitution de garanties par le demandeur, celles-ci doivent être constituées avant qu'il soit procédé à la saisie.

A peine de nullité et de dommages-intérêts contre l'huissier, celui-ci doit, avant de procéder à la saisie, donner copie aux détenteurs des objets saisis ou décrits de l'ordonnance et, le cas échéant, de l'acte constatant la constitution de garanties. Copie doit être laissée aux mêmes détenteurs du procès-verbal de saisie.

Art. R. 615-3 Le délai prévu au dernier alinéa de l'article L. 615-5 et imparti au demandeur pour se pourvoir au fond est de vingt jours ouvrables ou de trente et un jours civils si ce délai est plus long, à compter du jour où est intervenue la saisie ou la description.

Art. R. 615-4 Le président du tribunal peut ordonner, au vu du procès-verbal de saisie, toute mesure de nature à compléter la preuve des actes de contrefaçon allégués. A la demande de la partie saisie agissant sans délai et justifiant d'un intérêt légitime, il peut également prendre toute mesure pour préserver la confidentialité de certains éléments.

Art. R. 615-5 Lorsque, dans un litige civil en matière de brevets d'invention, une expertise technique apparaît nécessaire, le président de la juridiction saisie peut consulter, sur le choix de l'expert, l'un des organismes désignés par arrêté conjoint du garde des sceaux et des ministres intéressés.

S'il a été procédé à cette consultation, il en est fait mention dans l'arrêt ou le jugement.

Section 3 Commission paritaire de conciliation

Art. R. 615-6 Le président de la commission paritaire de conciliation prévue à l'article L. 615-21 est nommé pour une période de trois années renouvelable, par arrêté du garde des sceaux, ministre de la justice, et du ministre chargé de la propriété industrielle. La nomination peut porter sur un magistrat honoraire.

Un ou plusieurs suppléants peuvent être nommés dans les mêmes conditions. Ils remplacent le président en cas d'absence ou d'empêchement.

Art. R. 615-7 Le président est assisté de deux assesseurs, qu'il désigne pour chaque affaire sur une liste de personnes compétentes dans les matières dont connaît la commission.

La liste est établie et périodiquement mise à jour par le directeur général de l'Institut national de la propriété industrielle, sur proposition des organisations professionnelles et syndicales représentatives au plan national.

L'un des assesseurs est choisi parmi les personnes proposées par les organisations de salariés, l'autre parmi les personnes proposées par les organisations d'employeurs.

Si l'invention intéresse la défense nationale ou est issue d'un contrat d'étude ou de fabrication comportant une classification de sécurité de défense, les assesseurs doivent avoir fait l'objet d'une habilitation préalable par le ministre chargé de la défense. Il en est de même des experts commis ou des techniciens consultés.

Art. R. 615-8 Le secrétariat de la commission est assuré par l'Institut national de la propriété industrielle.

Art. R. 615-9 La commission se réunit à l'Institut national de la propriété industrielle ou, sur décision du président, dans un de ses centres de province lorsque les circonstances l'exigent.

Art. R. 615-10 Il est alloué aux membres de la commission une indemnité forfaitaire pour les affaires dont ils ont à connaître.

L'indemnité comprend le remboursement des frais divers de secrétariat, de correspondance ou de déplacement à l'extérieur de leur résidence, nécessités par l'accomplissement de leur mission.

Le taux et les conditions d'attribution de l'indemnité forfaitaire sont fixés par arrêté conjoint des ministres chargés des finances et de la propriété industrielle.

Art. R. 615-11 Les dépenses occasionnées par les déplacements que les membres de la commission peuvent être appelés à effectuer hors de leur résidence pour l'accomplissement de leur mission leur sont remboursées dans les conditions applicables aux fonctionnaires du groupe I.

Art. R. 615-12 La commission est saisie par une demande déposée au secrétariat soit par le requérant, soit par un mandataire justifiant d'un pouvoir. La demande peut être également adressée par lettre recommandée avec demande d'avis de réception.

Art. R. 615-13 La demande est signée du requérant ou de son mandataire.

Elle indique :

1° Les nom, prénoms, profession, adresse du requérant et des autres parties ;

2° L'objet du litige ;

3° Les moyens et conclusions du requérant ;

4° Tous les éléments en sa possession pouvant être utiles à la solution du litige.

Y est annexée une copie de la déclaration et des communications effectuées en application des articles R. 611-1 à R. 611-10 ainsi que des différentes pièces dont le requérant entend se prévaloir.

Art. R. 615-14 Si la demande n'est pas conforme aux dispositions de l'article précédent, le secrétariat invite le requérant à la compléter dans le délai d'un mois.

Faculté est ouverte, avant l'expiration de ce délai, de soumettre la conformité de la demande à l'appréciation du président. Le président, s'il confirme l'invitation du secrétariat, impartit à l'intéressé un nouveau délai pour y déférer.

Les délais prévus aux alinéas précédents sont prorogés, sur décision du président, si le requérant justifie d'une excuse légitime.

La date de saisine de la commission est celle à laquelle la demande a été complétée dans les conditions prévues au présent article.

Art. R. 615-15 La saisine de la commission est notifiée à l'autre partie par le secrétariat.

Invitation lui est faite en même temps de communiquer, dans le délai imparti par le président, ses observations écrites sur le mérite de la demande.

Le ministre de la défense est habilité à prendre connaissance auprès du secrétariat de la commission de toutes les contestations qui sont soumises à la commission.

Art. R. 615-16 Dans le délai fixé par le président, l'Institut national de la propriété industrielle communique à cette dernière ceux des éléments en sa possession qui peuvent être divulgués sans porter atteinte aux droits des tiers ou aux intérêts de la défense nationale.

Copie de cette communication est immédiatement adressée aux parties par le secrétariat.

Art. R. 615-17 Dès qu'il a été procédé à la désignation des assesseurs, le secrétariat notifie la composition de la commission aux parties et les convoque à une réunion préliminaire.

Chaque partie peut demander le changement des assesseurs pour un motif sérieux et légitime apprécié par le président.

Cette demande est présentée dans les quinze jours de la notification ou dès l'ouverture de la réunion préliminaire, si celle-ci a lieu avant l'expiration de ce délai.

Art. R. 615-18 La procédure devant la commission est contradictoire.

Art. R. 615-19 Au jour fixé, la commission entend les parties, elle s'efforce de rapprocher leurs points de vue et de parvenir à une conciliation.

Si l'une des parties ne comparaît pas, la commission constate sa défaillance et entend l'autre partie.

Il est dressé un procès-verbal.

En cas de conciliation totale ou partielle, le procès-verbal mentionne le contenu de l'accord. A défaut de conciliation totale, les points contestés sont consignés.

Art. R. 615-20 En cas de non-comparution de l'une des parties ou à défaut de conciliation totale, la commission entreprend l'établissement de la proposition de conciliation prévue à l'article L. 615-21.

Art. R. 615-21 Le président peut procéder à toute mesure d'instruction. Il peut constater à tout moment la conciliation des parties ou provoquer à cet effet une nouvelle réunion.

Art. R. 615-22 Sauf autorisation du président, seuls les membres de la commission et de l'Institut national de la propriété industrielle ainsi que les parties et les personnes qui les assistent ou les représentent sont présents aux réunions de conciliation.

Art. R. 615-23 En cas de demande émanant de la partie qui n'a pas saisi la commission ou de jonction de plusieurs demandes relatives à la même invention, le délai de six mois dans lequel est établie la proposition de conciliation court à compter de la date à laquelle la commission a été saisie en dernier lieu.

Art. R. 615-24 Lorsque l'invention intéresse la défense nationale, la proposition de conciliation ne contient aucune analyse de l'invention de nature à entraîner sa divulgation.

Art. R. 615-25 La proposition de conciliation est signée par le président et par le secrétaire.

Ce dernier la notifie aux parties.

Art. R. 615-26 La saisine de la commission suspend toute prescription.

Art. R. 615-27 Sur justification de la saisine de la commission, le tribunal de grande instance sursoit à statuer jusqu'à l'expiration du délai de six mois prévu à l'article L. 615-21 à moins que la commission n'ait déjà formulé sa proposition de conciliation.

Art. R. 615-28 A défaut d'accord entre les parties, seule la proposition de la commission est portée à la connaissance du tribunal.

Art. R. 615-29 L'accord entre les parties résultant de la proposition de conciliation dans le cas prévu à l'article L. 615-21 est rendu exécutoire par décision du président du tribunal de grande instance dans le ressort duquel la proposition de conciliation a été formulée.

Art. R. 615-30 Sous réserve des mesures prévues à l'article R. 615-31, les dispositions des articles R. 615-6 à R. 615-29 relatives à la commission paritaire de conciliation sont applicables aux contestations nées de l'application, dans les conditions prévues par les articles R. 611-11 à R. 611-14-1, de l'article L. 611-7.

Art. R. 615-31 Pour ce qui concerne les litiges intéressant les fonctionnaires et agents visés à l'article R. 611-11, il est établi une liste spéciale sur laquelle sont choisis pour chaque affaire les deux assesseurs du président de la commission paritaire de conciliation.

Sous réserve des dispositions du dernier alinéa du présent article, cette liste comprend des personnes inscrites sur proposition, d'une part, des ministres, d'autre part, des organisations représentant le personnel.

La liste de ces organisations est fixée par arrêté du Premier ministre sur proposition des différents ministres.

L'un des assesseurs est choisi parmi les personnes proposées par les organisations précitées, l'autre parmi les personnes proposées par les ministres.

Lorsque l'invention a été réalisée par un agent soumis au statut général des militaires, il est procédé à la désignation de l'assesseur représentant l'agent, par le président de la commission de conciliation, sur une liste de cinq membres du corps militaire du contrôle général des armées établie par le chef du contrôle général des armées et périodiquement mise à jour.

Chapitre VI Le certificat d'utilité

Art. R. 616-1 A compter du jour de la publication, prévue à l'article R. 612-39, de la demande du certificat d'utilité mentionné à l'article L. 611-2, et jusqu'au paiement de la redevance de délivrance et d'impression du fascicule de ce certificat, toute personne peut adresser à l'Institut national de la propriété industrielle des observations sur la brevetabilité de l'invention, dans les formes prévues en matière de demande de brevet à l'article R. 612-63, alinéa 2.

La teneur de ces observations est notifiée, sans délai, au demandeur qui dispose d'un délai de trois mois pour y répondre.

Art. R. 616-2 Le rapport de recherche qui doit être produit dans toute instance en contrefaçon introduite en vertu d'une demande de certificat d'utilité ou d'un certificat d'utilité est établi sur requête écrite du demandeur.

La requête n'est recevable que si elle est accompagnée de la justification du paiement de la redevance prescrite.

Art. R. 616-3 Les dispositions des chapitres Ier, II, III, V, VI et VIII du présent titre sont applicables aux demandes de certificat d'utilité et aux certificats d'utilité, à l'exception des articles R. 612-53 à R. 612-69, du troisième alinéa de l'article R. 612-71 et des articles R. 613-60 à R. 613-62.

Chapitre VII Le certificat complémentaire de protection

Art. R. 617-1 La redevance de dépôt d'un certificat complémentaire de protection ne couvre pas la première annuité. Le paiement des annuités vient à échéance le dernier jour du mois de la date anniversaire du dépôt de la demande de brevet de base. Le paiement global de toutes les annuités peut être accepté s'il est effectué dans l'année qui précède la prise d'effet du certificat.

Art. R. 617-2 Les articles R. 611-18 à R. 611-20, R. 612-1, R. 612-2, R. 612-5 (1°), R. 612-6, R. 612-7, R. 612-36, R. 612-38, R. 612-52, R. 612-71 (alinéas 1 et 2), R. 612-72, R. 613-45 à R. 613-59 et R. 618-1 à R. 618-3 sont applicables aux demandes de certificat complémentaire de protection et aux certificats complémentaires de protection.

Art. R. 617-2-1 Il est statué sur la demande de certificat complémentaire de protection dans un délai de douze mois à compter de son dépôt. Ce délai est interrompu en cas de notification d'irrégularité émise par l'Institut national de la propriété industrielle, jusqu'à la régularisation de la demande conformément aux règlements (CE) n° 1610/96 du Parlement européen et du Conseil du 23 juillet 1996 concernant la création d'un certificat complémentaire de protection pour les produits phytopharmaceutiques et (CE) n° 469/2009 du Parlement européen et du Conseil du 6 mai 2009 concernant le certificat complémentaire de protection pour les médicaments.

Les dispositions du premier alinéa sont applicables aux demandes de prorogation présentées conformément aux dispositions de l'article 36 du règlement (CE) n° 1901/2006 du 12 décembre 2006 relatif aux médicaments à usage pédiatrique, modifiant le règlement (CEE) n° 1768/92, les directives 2001/20/CE et 2011/83/CE ainsi que le règlement (CE) n° 726/2004.

Art. R.*617-2-2 A défaut de décision expresse dans le délai mentionné à l'article R. 617-2-1, la demande est réputée rejetée.

Chapitre VIII Dispositions communes

Section unique Procédure

Art. R. 618-1 Toute notification est réputée régulière si elle est faite :

– soit au dernier propriétaire de la demande de brevet déclaré à l'Institut national de la propriété industrielle ou, après la publication prévue à l'article R. 612-39, au dernier propriétaire de la demande de brevet ou du brevet inscrit au Registre national des brevets ;

– soit au mandataire.

Si le titulaire n'est pas domicilié dans un Etat membre de la Communauté européenne ou dans un Etat partie à l'accord sur l'Espace économique européen, la notification est réputée régulière si elle est faite au dernier mandataire qu'il a constitué auprès de l'institut.

Art. R. 618-2 Les notifications prévues à l'article L. 613-22 et aux articles R. 612-8, R. 612-9, R. 612-11, R. 612-46 à R. 612-49, R. 612-56, R. 612-73, R. 613-52 et R. 613-58 sont faites par lettre recommandée avec demande d'avis de réception.

L'envoi recommandé peut être remplacé par la remise de la lettre à son destinataire contre récépissé, dans les locaux de l'Institut national de la propriété industrielle, ou par un message sous forme électronique selon les modalités fixées par le directeur général de l'institut pour garantir notamment la sécurité de l'envoi.

Si l'adresse du destinataire est inconnue, la notification est faite par publication d'un avis au *Bulletin officiel* de la propriété industrielle.

Art. R. 618-3 Lorsqu'un délai est exprimé en jours, celui de l'acte, de l'événement, de la décision ou de la notification qui le fait courir ne compte pas.

Lorsqu'un délai est exprimé en mois ou en années, ce délai expire le jour du dernier mois ou de la dernière année qui porte le même quantième que le jour de l'acte, de l'événement, de la décision ou de la notification qui fait courir le délai. A défaut de quantième identique, le délai expire le dernier jour du mois.

Lorsqu'un délai est exprimé en mois et en jours, les mois sont d'abord décomptés puis les jours.

Tout délai expire le dernier jour à vingt-quatre heures.

Le délai qui expirerait normalement un samedi, un dimanche ou un jour férié ou chômé est prorogé jusqu'au premier jour ouvrable suivant.

Art. R. 618-4 Les délais impartis par l'Institut national de la propriété industrielle conformément au présent titre ne sont ni inférieurs à deux mois ni supérieurs à quatre mois.

Art. R. 618-5 Les modalités d'application des articles R. 612-1 à R. 612-25 et R. 613-53 à R. 613-59 sont fixées par décision du directeur général de l'Institut national de la propriété industrielle.

Art. R. 618-6 Toute correspondance ou toute pièce relatives à une procédure devant l'Institut national de la propriété industrielle prévue par le présent livre sont déposées au siège de l'institut ou y sont envoyées par pli postal ou par tout mode de télétransmission dans les conditions définies par décision de son directeur général. Leur date de dépôt est celle de la réception au siège de l'institut.

Le directeur général de l'Institut national de la propriété industrielle peut imposer un dépôt sous forme électronique lorsque cette modalité est de nature à faciliter l'examen et la publication de ces pièces.

L'institut apporte une assistance aux déposants par tout moyen approprié, précisé par décision de son directeur général.

TITRE II PROTECTION DES CONNAISSANCES TECHNIQUES

Chapitre II Produits semi-conducteurs

Art. R. 622-1 Les topographies de produits semi-conducteurs sont déposées à l'Institut national de la propriété industrielle ou y sont envoyées par pli postal ou par tout mode de télétransmission dans les conditions définies par décision de son directeur général. Leur date de dépôt est celle de la réception au siège de l'institut.

Le directeur général de l'Institut national de la propriété industrielle peut imposer un dépôt sous forme électronique lorsque cette modalité est de nature à faciliter l'examen et la publication des topographies de produits semi-conducteurs.

L'institut apporte une assistance aux déposants par tout moyen approprié, précisé par décision de son directeur général.

Art. R. 622-2 Un dépôt ne peut porter que sur une seule topographie.

Il comprend :

1° Une déclaration de dépôt contenant des renseignements suffisants pour identifier le déposant, la topographie et la date et le lieu de sa première exploitation ou, à défaut, la date à laquelle elle a été fixée ou codée pour la première fois ;

2° Une représentation graphique de la topographie, insérée dans un pli, dans laquelle ont été masquées les parties dont le déposant entend qu'elles ne soient pas communiquées aux tiers ; cette représentation peut être accompagnée d'un support d'informations et de spécimens de produit incorporant la topographie ;

3° La justification du paiement de la redevance.

Le modèle de la déclaration de dépôt ainsi que les spécifications matérielles auxquelles doivent répondre la représentation de la topographie et le pli dans lequel elle est insérée sont fixés par décision du directeur général de l'Institut national de la propriété industrielle.

Art. R. 622-3 Le bénéfice de la date de dépôt est acquis au déposant à la date de remise des pièces prévues à l'article précédent. Ce bénéfice lui est acquis même si les pièces sont irrégulières en la forme, sous réserve que leur régularisation n'entraîne aucun changement dans la représentation de la topographie déposée.

En cas de non-conformité du dépôt ou d'irrégularité matérielle, notification est faite au déposant d'avoir à régulariser le dépôt dans un délai qui lui est imparti par le directeur général de l'Institut national de la propriété industrielle et qui ne saurait être inférieur à deux mois ou supérieur à quatre mois. A défaut de régularisation, le dépôt est rejeté.

Le dépôt, dès qu'il est reconnu conforme, est enregistré. L'enregistrement est notifié au déposant et mentionné au *Bulletin officiel* de la propriété industrielle.

Art. R. 622-3-1 Il est statué sur le dépôt de topographie de produit semi-conducteur dans un délai de six mois à compter du dépôt. Ce délai est interrompu par la notification prévue à l'article R. 622-3, jusqu'à la régularisation du dépôt.

Art. R.*622-3-2 A défaut de décision expresse dans le délai mentionné à l'article R. 622-3-1, le dépôt est réputé rejeté.

Art. R. 622-4 Toute personne peut consulter au siège de l'Institut national de la propriété industrielle les dossiers de dépôt. Aucune copie de dossier ne peut en être établie sans l'autorisation du titulaire.

Art. R. 622-5 Le dépôt est inopposable aux tiers si le libellé de la déclaration complété par la représentation accessible au public ne permet pas d'identifier la topographie protégée.

Art. R. 622-6 Les articles R. 411-19 à R. 411-26, R. 612-1 (2e alinéa), R. 612-2, R. 612-38, R. 613-45, R. 613-53 à R. 613-59, R. 615-1 à R. 615-4 et R. 618-1 à R. 618-3 sont applicables aux conditions dans lesquelles sont reçus les dépôts, transmis ou modifiés les droits qui y sont attachés, émises les notifications de l'Institut national de la propriété industrielle et réglé le contentieux.

Pour l'application des articles R. 613-53 à R. 613-59, le registre national visé auxdits articles comporte une section dite Registre national des dépôts de topographies de produits semi-conducteurs. La première inscription prévue à l'article R. 613-53 porte sur le contenu de la déclaration de dépôt, complétée par les dates et références du dépôt et de son enregistrement.

Art. R. 622-7 Dans les deux mois précédant l'expiration de la durée de protection, le titulaire du dépôt peut demander soit la restitution des pièces, soit leur conservation pendant une durée supplémentaire de dix ans renouvelable.

La demande de conservation n'est recevable que si elle est accompagnée du paiement de la redevance prescrite.

A défaut de demande de restitution ou de conservation, les pièces du dépôt peuvent être détruites.

Art. R. 622-8 La constatation de réciprocité prévue pour l'application de l'article L. 622-2 est prononcée par arrêté conjoint du ministre chargé des affaires étrangères et du ministre chargé de la propriété industrielle.

Art. R. 622-9 Le chapitre IV *bis* du titre Ier du présent livre est applicable au présent chapitre.

Chapitre III Obtentions végétales

Section 1 Délivrance et maintien en vigueur des certificats d'obtention végétale

Sous-section 1 Dépôt des demandes de certificat d'obtention végétale

Art. R. 623-1 La demande de certificat d'obtention végétale est déposée au siège de l'instance nationale des obtentions végétales. Le dépôt de la demande peut aussi résulter d'un envoi fait à l'instance nationale des obtentions végétales soit par pli postal recommandé avec demande d'avis de réception soit par un message utilisant tout mode de télétransmission, selon les modalités fixées par le responsable de l'instance nationale des obtentions végétales pour garantir notamment la sécurité de l'envoi.

Art. R. 623-2 Le dépôt peut être fait par le demandeur ou par un mandataire ayant son domicile, siège ou établissement dans un Etat membre de l'Union européenne.

Art. R. 623-3 Les personnes physiques ou morales n'ayant pas leur domicile, siège ou établissement dans un Etat membre de l'Union européenne et qui, en application de l'article L. 623-6, demandent des certificats d'obtention végétale, doivent, dans un délai de deux mois à compter de la réception de la notification qui leur est adressée à cet effet, constituer un mandataire ayant son domicile, siège ou établissement dans un Etat membre de l'Union européenne.

Sauf stipulation contraire, le pouvoir du mandataire désigné dans les conditions prévues à l'article R. 623-2 ainsi qu'à l'alinéa précédent s'étend à tous les actes et à la réception de toutes les notifications prévus à la présente section, à l'exception du retrait de la demande ou de la renonciation au certificat.

Le pouvoir est dispensé de légalisation.

Art. R. 623-4 La demande de certificat d'obtention végétale doit comporter notamment :

- une description de la manière selon laquelle la variété a été obtenue ou découverte ;
- une description complète de la variété avec mention des caractères permettant, selon le requérant, de la distinguer des variétés déjà connues. Pour les variétés dont la production commerciale nécessite l'emploi répété d'une autre variété, les caractères de cette autre variété doivent être également décrits ;
- la dénomination proposée par l'obtenteur ;
- l'indication, le cas échéant, des Etats dans lesquels une demande de protection a été déposée et l'autorisation pour le responsable des missions relevant de l'instance nationale des obtentions végétales d'échanger avec les autorités compétentes de tout Etat ou de toute

organisation intergouvernementale membre ou non de l'Union internationale pour la protection des obtentions végétales tous les éléments d'information sur les résultats des examens qui sont en cours ou qui ont pu être effectués sur ladite variété.

Peuvent être annexés à la demande des dessins ou photographies et tous renseignements susceptibles d'éclairer l'instance nationale des obtentions végétales et concernant notamment des examens en culture, officiels ou privés, entrepris en France ou à l'étranger.

Art. R. 623-5 Le déposant doit joindre à la demande de certificat d'obtention végétale :

1° Une déclaration affirmant :

– que la variété pour laquelle la protection est demandée constitue à sa connaissance une obtention au sens de l'article L. 623-1 ;

– qu'elle n'a pas été offerte à la vente ou commercialisée en France ou sur le territoire de l'Espace économique européen avec l'accord de l'obtenteur ou de son ou de ses ayants cause depuis plus de douze mois à la date de la demande ;

– qu'elle n'a pas été offerte à la vente ou commercialisée avec l'accord de l'obtenteur sur le territoire de tout autre Etat depuis plus de six ans dans le cas de la vigne, des arbres forestiers, des arbres fruitiers et des arbres d'ornement, y compris dans chaque cas leurs porte-greffes, ou depuis plus de quatre ans dans le cas des autres genres ou espèces ;

2° Le cas échéant, si la demande porte sur une variété dont la production commerciale exige l'emploi répété d'une variété protégée, l'autorisation écrite du titulaire du certificat d'obtention végétale d'utiliser cette variété protégée ;

3° L'engagement de fournir à la requête du responsable des missions relevant de l'instance nationale des obtentions végétales dans les délais qu'il fixe, sous peine de rejet de la demande, le matériel de reproduction ou de multiplication végétative de la variété destiné à permettre un examen de ladite variété, y compris, le cas échéant, les différents composants héréditaires nécessaires à la reproduction de la variété ;

4° Eventuellement, le pouvoir du mandataire ;

5° La justification du paiement des redevances exigibles au moment du dépôt de la demande.

Art. R. 623-6 Sous réserve des dispositions prévues à l'article R. 623-7, la dénomination, pour pouvoir être enregistrée, doit permettre d'identifier la variété par rapport à toute autre variété et d'éviter tout risque de confusion avec toute autre variété de la même espèce botanique ou d'une espèce voisine, en France ou dans les Etats parties à la convention internationale pour la protection des obtentions végétales. Elle ne doit pas être susceptible d'induire en erreur ou de prêter confusion en ce qui concerne l'origine, la provenance, les caractéristiques ou la valeur de la variété ou la personne de l'obtenteur. Elle ne doit pas être contraire aux bonnes mœurs ou à l'ordre public.

Dans le cas où cette dénomination aurait fait l'objet par l'obtenteur, son ou ses ayants cause d'un dépôt de marque, au sens de la législation sur les marques de fabrique, de commerce et de service telle qu'elle résulte du livre VII du présent code, en France ou auprès d'une des parties à la convention susvisée pour des produits identiques ou similaires ou serait susceptible de créer une confusion avec une autre marque dont il a la jouissance, l'obtenteur doit souscrire un engagement pour lui et, éventuellement, tous ses ayants cause de renoncer définitivement, du jour de la délivrance du certificat d'obtention végétale, au bénéfice de la jouissance de ladite marque en France et auprès des membres de l'Union internationale pour la protection des obtentions végétales dans lesquels sa variété peut être protégée par une législation prise en application de la convention susvisée.

Sont assimilées aux marques déposées en application du livre VII du présent code, les marques de fabrique ou de commerce qui ont été internationalement enregistrées et étendues à la France, conformément à l'arrangement de Madrid du 14 avril 1891 concernant l'enregistrement international des marques de fabrique ou de commerce ou les marques communautaires enregistrées conformément au titre IV du règlement (CE) n° 207/2009 du Conseil du 26 février 2009 sur la marque communautaire et qui jouissent de la protection dans les territoires où la législation relative à la protection des obtentions végétales est applicable.

Cette renonciation ne porte pas atteinte à la validité du dépôt de la marque elle-même.

Art. R. 623-7 Dans le cas où la variété a déjà fait l'objet d'une demande de protection dans un autre Etat auprès d'un membre de l'Union internationale pour la protection des obtentions végétales et si une dénomination a été acceptée par ce membre, cette dénomination doit obligatoirement être utilisée en France pour désigner ladite variété, à moins qu'elle n'ait fait l'objet d'observations reconnues justifiées dans les conditions prévues par les articles R. 623-17 à R. 623-26 ou que soit constaté par le responsable des missions relevant de l'instance nationale des obtentions végétales sa non-convenance sur les territoires où la législation relative à la protection des obtentions végétales est applicable ou que la dénomination ne soit pas conforme aux prescriptions du premier alinéa de l'article R. 623-6.

Art. R. 623-8 La demande de certificat d'obtention végétale peut comporter dans les conditions prévues par l'article L. 623-6 une revendication de priorité attachée à un dépôt antérieur fait auprès d'un des membres de l'Union internationale pour la protection des obtentions végétales. Cette revendication doit être présentée par écrit en même temps que les pièces prévues à l'article R. 623-5. Elle doit mentionner la date et les références du dépôt antérieur, la dénomination sous laquelle la variété a été enregistrée ou, à défaut, la référence provisoire d'obtenteur, le membre de l'Union internationale pour la protection des obtentions végétales auprès duquel a été fait le dépôt et le nom du titulaire des droits attachés au dépôt. Elle doit être accompagnée de la justification de la redevance exigible.

Art. R. 623-9 Le bénéfice du droit de priorité ne peut être accordé que si :

1. Dans un délai de trois mois à dater du dépôt de la demande, le déposant remet au responsable des missions relevant de l'instance nationale des obtentions végétales une copie des documents constituant le dépôt antérieur auprès de tout autre membre de l'Union internationale pour la protection des obtentions végétales, certifiée conforme par l'administration qui l'aura reçue accompagnée d'une traduction ;

2. Dans un délai de deux ans après l'expiration du délai de priorité, il fournit les documents complémentaires ainsi que, s'il y a lieu, le matériel de multiplication ou de reproduction végétative nécessaire à l'examen préalable.

Art. R. 623-10 Les pièces dont la production est prévue aux articles R. 623-4 à R. 623-6 ainsi qu'aux articles R. 623-15, R. 623-17 et R. 623-36 doivent être rédigées en langue française.

Le responsable des missions relevant de l'instance nationale des obtentions végétales peut exiger que tout autre document à lui adresser soit établi en langue française ou accompagné d'une traduction.

Art. R. 623-11 Le bénéfice de la date de dépôt de la demande de certificat est acquis si sont produites lors de ce dépôt au moins les pièces visées à l'article R. 623-5, même si ces pièces ne sont pas régulières en la forme.

Si le dépôt ne comporte pas les pièces susvisées, la demande est déclarée irrecevable et renvoyée au déposant ; les redevances éventuellement versées lui sont remboursées.

En cas d'irrégularité de forme, celles-ci doivent être régularisées dans les deux mois de la notification qui est faite au déposant, faute de quoi la demande est rejetée et renvoyée au déposant.

Art. R. 623-12 Par dérogation aux dispositions de l'article R. 623-4, une référence provisoire peut être donnée à la place d'une dénomination pour désigner la variété qui fait l'objet de la demande au moment du dépôt de celle-ci. Dans ce cas, la dénomination doit être proposée sous peine d'irrecevabilité de la demande dans les deux mois de la notification qui est adressée au titulaire de la demande par le responsable des missions relevant de l'instance nationale des obtentions végétales.

Art. R. 623-13 Un exemplaire de la demande de certificat d'obtention végétale est remis au déposant lors du dépôt, revêtu d'un visa attestant le jour et l'heure du dépôt de la demande et comportant un numéro d'enregistrement.

Lorsque le dépôt est fait par voie postale ou télétransmis, l'exemplaire de la demande destiné au déposant peut lui être adressé par la même voie. La date et l'heure du dépôt sont alors celles de la réception au siège de l'instance nationale des obtentions végétales du pli ou du message contenant la demande ; si le versement des redevances exigibles au moment du dépôt n'est fait qu'ultérieurement, la date du dépôt de la demande transmise par voie postale ou télétransmise est celle de ce versement et l'heure du dépôt celle de la fermeture, ce jour-là, du siège de l'instance nationale des obtentions végétales. La demande est déclarée irrecevable si ce versement n'intervient pas dans les deux mois qui suivent la réception de la demande au siège de l'instance nationale des obtentions végétales.

Art. R. 623-14 La demande est inscrite au Registre des demandes de certificats d'obtention végétale prévu à l'article R. 623-38 dans l'ordre des dépôts sous le numéro qui a été indiqué au déposant.

Ce numéro est celui qui doit figurer sur toutes les notifications prévues par la présente section jusqu'à délivrance du certificat d'obtention végétale.

Art. R. 623-15 Jusqu'à la délivrance du certificat d'obtention végétale, le déposant peut demander la rectification des erreurs matérielles relevées dans les pièces déposées.

La requête doit être présentée par écrit et comporter le texte des modifications proposées par le déposant. Elle est inscrite sur le Registre des demandes de certificat d'obtention végétale et n'est recevable que si elle est accompagnée de la justification du paiement de la redevance exigible.

Sous-section 2 Instruction des demandes de certificat d'obtention végétale

Art. R. 623-16 Sous réserve des dispositions de l'article R. 623-44, toute demande de certificat d'obtention végétale régulièrement déposée fait l'objet d'une publication dans un bulletin officiel qui sera édité par l'instance nationale des obtentions végétales.

Cette publication a notamment pour objet de porter la demande de certificat d'obtention végétale à la connaissance de toute personne y ayant intérêt.

La publication mentionne la date de dépôt, le nom et l'adresse du déposant et celui de l'obtenteur lorsque ce dernier n'est pas le déposant, la dénomination proposée ou, à défaut, la référence d'obtenteur, l'indication du genre ou espèce auquel appartient la variété et ses caractéristiques sommaires.

A compter du jour de la publication prévue aux alinéas précédents, toute personne peut prendre connaissance de la demande telle qu'elle est inscrite au Registre des demandes de certificat d'obtention végétale.

Art. R. 623-17 Dans un délai de deux mois à compter de la date de la publication prévue à l'article précédent, toute personne y ayant intérêt peut présenter des observations au responsable des missions relevant de l'instance nationale des obtentions végétales.

Art. R. 623-18 Les contestations relatives au bien-fondé du droit de l'obtenteur sur la variété pour laquelle un certificat d'obtention végétale est demandé sont portées directement devant les tribunaux de grande instance et, dans les territoires d'outre-mer, les tribunaux de première instance.

Elles font l'objet d'une inscription au registre.

Art. R. 623-19 Lorsque la dénomination de la variété proposée par l'obtenteur ou son ayant cause n'a pas figuré dans la demande initiale ou lorsque l'obtenteur propose, à la demande du responsable des missions relevant de l'instance nationale des obtentions végétales, une nouvelle dénomination, il est procédé à une publication de cette dénomination dans le *Bulletin officiel* de l'instance nationale des obtentions végétales.

Art. R. 623-20 Les observations présentées sont notifiées au demandeur par le responsable des missions relevant de l'instance nationale des obtentions végétales, qui fixe le délai dans lequel il doit y être répondu.

Art. R. 623-21 Le responsable des missions relevant de l'instance nationale des obtentions végétales régulièrement saisi dans les conditions prévues ci-dessus procède à l'instruction de la demande de certificat d'obtention végétale et, le cas échéant, à l'examen des observations qui s'y rapportent.

Il arrête les modalités de l'instruction.

Par application des dispositions de l'article L. 623-12, il peut décider de ne pas procéder à un examen préalable s'il résulte des documents français ou étrangers en sa possession qu'un tel examen a déjà été effectué et que les renseignements qu'ils contiennent lui apparaissent suffisants pour lui permettre de prendre une décision.

Dans le cas où le responsable des missions relevant de l'instance nationale des obtentions végétales décide de faire procéder à un examen de la variété, il en fixe la durée et les modalités. Cet examen porte sur la distinction, l'homogénéité et la stabilité, à l'exclusion de toute appréciation sur la valeur culturale ; il n'est effectué que sur justification du paiement de la redevance exigible.

Art. R.623-22 Dans le cas où la dénomination proposée est reconnue par le responsable des missions relevant de l'instance nationale des obtentions végétales comme n'étant pas conforme aux dispositions des articles R.623-6 et R.623-7 et des arrêtés pris pour l'application de la présente section, ou fait l'objet d'observations reconnues valables par le responsable des missions relevant de l'instance nationale des obtentions végétales, l'obtenteur est invité à présenter une nouvelle dénomination dans un délai de deux mois à compter de la notification qui lui est faite. Cette nouvelle dénomination donne lieu aux mêmes mesures d'instruction et de publication. Dans le cas où l'obtenteur ne propose pas une nouvelle dénomination dans ce délai, la demande de certificat est déclarée irrecevable. Les redevances déjà perçues ne sont pas restituées.

Art. R.623-23 L'instruction est suspendue à la requête écrite de toute personne qui apporte la preuve qu'elle a intenté auprès du tribunal de grande instance ou, dans les territoires d'outre-mer, du tribunal de première instance une action en revendication de la propriété de la demande de certificat d'obtention végétale. Toutefois, les essais décidés par le responsable des missions relevant de l'instance nationale des obtentions végétales peuvent être effectués.

L'instruction est reprise dès que la décision du tribunal est passée en force de chose jugée. Elle peut être également reprise à tout moment sur le consentement écrit de la personne qui a intenté l'action en revendication. Ce consentement est alors irrévocable. Pendant cette période, le titulaire de la demande ne peut retirer celle-ci sans le consentement de l'auteur de l'action en revendication. De plus, celui-ci est appelé à participer à l'instruction au même titre que le titulaire de la demande.

Art. R.623-24 Lorsque les différentes mesures d'instruction décidées par le responsable des missions relevant de l'instance nationale des obtentions végétales ont été accomplies, un rapport sommaire résumant les résultats de l'instruction est notifié au titulaire de la demande, celui-ci a deux mois pour présenter ses observations. Il peut, pendant ce délai, prendre connaissance de l'ensemble du dossier d'instruction auprès du responsable des missions relevant de l'instance nationale des obtentions végétales.

Toute personne ayant présenté des observations dans les conditions prescrites par la présente section et par les arrêtés du ministre de l'agriculture qui pourront être pris pour son application est informée des conclusions du rapport concernant son intervention. Sur sa requête, le responsable des missions relevant de l'instance nationale des obtentions végétales peut l'autoriser à prendre connaissance du dossier ayant trait à cette intervention. Elle peut présenter de nouvelles observations dans le même délai que ci-dessus.

Sous-section 3 Délivrance des certificats d'obtention végétale

Art. R.623-25 A l'expiration du délai prévu à l'article précédent, le responsable des missions relevant de l'instance nationale des obtentions végétales statue sur la demande. Il peut décider soit la délivrance du certificat d'obtention végétale, soit le rejet de la demande, soit un supplément d'enquête dans des conditions et délais qu'il doit fixer.

Sa décision est motivée. Elle est notifiée au déposant et, le cas échéant, aux auteurs des observations.

Art. R.623-26 Le certificat d'obtention végétale est délivré par le responsable des missions relevant de l'instance nationale des obtentions végétales. Il est établi au nom du titulaire de la demande de certificat d'obtention végétale. Si le titulaire de la demande n'est pas l'obtenteur, le nom de ce dernier doit être mentionné sur le certificat d'obtention végétale.

Le certificat comporte notamment, en dehors de la dénomination de la variété et de sa description botanique, les indications relatives à la date du dépôt de la demande, de la délivrance, des différentes mesures de publicité, les mentions concernant les priorités dans le cas où il en serait revendiqué.

Dans le cas où, par application des dispositions des articles R. 623-4, R. 623-7 et R. 623-22, la variété est désignée par une ou plusieurs autres dénominations auprès des différents membres de l'Union internationale pour la protection des obtentions végétales, ces différentes dénominations sont mentionnées à titre indicatif sur le certificat d'obtention végétale.

Art. R. 623-27 Le certificat est inscrit au Registre national des certificats d'obtention végétale dans les conditions prévues à l'article R. 623-40.

Art. R. 623-28 La délivrance du certificat d'obtention végétale est publiée au *Bulletin officiel* de l'instance nationale des obtentions végétales dans un délai de trois mois à compter de la date de notification de délivrance faite au propriétaire du certificat d'obtention végétale.

Art. R. 623-29 A partir du jour de la publication au *Bulletin officiel*, toute personne peut prendre connaissance au siège de l'instance nationale des obtentions végétales du certificat d'obtention végétale tel qu'il est inscrit au Registre national des certificats d'obtention végétale. Elle peut se faire délivrer à ses frais des extraits de registre. Elle peut également prendre connaissance des pièces du dossier relatives au dépôt, à la procédure d'examen ou en obtenir reproduction à ses frais et, d'une manière générale, recevoir toutes informations sur l'obtention dont il s'agit, sous réserve des mesures particulières susceptibles d'être décidées par l'instance nationale des obtentions végétales pour sauvegarder le droit de l'obtenteur sur les variétés dont la production commerciale exige l'emploi répété d'une ou plusieurs autres variétés.

Art. R. 623-30 Le responsable des missions relevant de l'instance nationale des obtentions végétales n'est tenu de conserver les demandes de certificats d'obtention végétale que pendant une période de dix ans après l'extinction des droits attachés aux certificats correspondants.

Sous-section 4 Redevances annuelles

Art. R. 623-31 La redevance annuelle prévue au deuxième alinéa de l'article L. 623-16 est exigible pour la première fois à la date de la délivrance du certificat d'obtention végétale. Elle doit être versée dans les deux mois de la notification qui est faite par l'instance nationale des obtentions végétales au propriétaire du certificat d'obtention végétale.

Pour les années suivantes, elle vient à échéance le dernier jour du mois de la date anniversaire de la délivrance du certificat d'obtention végétale.

Lorsqu'à partir de la deuxième année le paiement de la redevance annuelle n'a pas été effectué à l'échéance telle qu'elle est définie ci-dessus, ladite redevance peut encore valablement être versée dans un délai supplémentaire de six mois moyennant le paiement d'une redevance de retard.

Art. R. 623-32 Lorsque le paiement d'une redevance annuelle n'est pas effectué à la date de l'échéance normale, un avertissement est adressé au titulaire du certificat d'obtention végétale en lui indiquant qu'il encourt la déchéance de ses droits si ce paiement, accompagné de celui de la redevance de retard, n'est pas effectué avant l'expiration du délai prévu au troisième alinéa de l'article R. 623-31. L'absence d'avertissement ou toute erreur que celui-ci comporterait ne constitue pas une cause de restauration des droits du propriétaire du certificat d'obtention végétale.

Art. R. 623-33 Lorsque le paiement d'une redevance annuelle, accompagné, le cas échéant, de la redevance de retard, n'a pas été effectué dans les délais prescrits ci-dessus, le responsable des missions relevant de l'instance nationale des obtentions végétales constate la déchéance du droit de l'obtenteur.

Cette déchéance est inscrite au Registre national des certificats d'obtention végétale et publiée au *Bulletin officiel* de l'instance nationale des obtentions végétales. Elle est motivée et notifiée au propriétaire du certificat d'obtention végétale à la date de l'inscription au Registre national des certificats d'obtention végétale. L'intéressé est avisé qu'il dispose d'un délai de six mois à compter de l'expiration du dernier délai pour présenter au responsable des missions relevant de l'instance nationale des obtentions végétales un recours en vue d'être restauré dans ses droits, dans les conditions prévues par l'article L. 623-23.

Pour être valable, le recours doit être accompagné de la justification du versement de la redevance annuelle et d'une redevance pour inscription du recours au Registre national des certificats d'obtention végétale.

Art. R. 623-34 Le responsable des missions relevant de l'instance nationale des obtentions végétales statue dans un délai de deux mois. Dans le cas de rejet du recours, le montant de la dernière redevance annuelle est restitué.

La décision du responsable des missions relevant de l'instance nationale des obtentions végétales est notifiée au propriétaire du certificat d'obtention ; elle est inscrite au Registre national des certificats d'obtention végétale et publiée au *Bulletin officiel* de l'instance nationale des obtentions végétales.

Art. R. 623-35 Si le propriétaire du certificat d'obtention végétale a formé devant la cour d'appel de Paris un recours contre la décision du responsable des missions relevant de l'instance nationale des obtentions végétales prise en application de l'article L. 623-23, mention de l'introduction du recours est portée d'office au Registre national des certificats d'obtention végétale et les effets de la déchéance sont suspendus jusqu'à ce que l'arrêt de la cour soit devenu définitif.

La décision de la cour d'appel de Paris est inscrite au Registre national des certificats d'obtention végétale. Elle est accompagnée, le cas échéant, de la mention que le propriétaire du certificat d'obtention végétale s'est pourvu en cassation. En cas de pourvoi, l'arrêt de la Cour de cassation est inscrit au registre dans les mêmes conditions.

Sous-section 5 Renonciation – Déchéance

Art. R. 623-36 La renonciation à un certificat d'obtention végétale est faite par une déclaration écrite. Elle est formulée au responsable des missions relevant de l'instance nationale des obtentions végétales par le propriétaire du certificat ou par un mandataire muni d'un pouvoir spécial. Si le certificat appartient à plusieurs personnes, la renonciation ne peut être effectuée que si elle est requise par l'ensemble de celles-ci.

Si les droits réels, de gage ou de licence ont été inscrits au Registre national des certificats d'obtention végétale, la renonciation n'est recevable que si elle est accompagnée du consentement des titulaires de ces droits.

La renonciation est inscrite après le versement de la redevance de radiation au Registre national des certificats d'obtention végétale. Elle prend effet à la date de cette inscription.

Art. R. 623-37 L'obtenteur susceptible d'être déchu de ses droits en application du 1° et du 2° du premier alinéa de l'article L. 623-23 est mis en demeure de faire cesser cette situation par une notification qui lui est adressée par le responsable des missions relevant de l'instance nationale des obtentions végétales. Si, à l'expiration d'un délai de deux mois à compter de la réception de la notification, cette mise en demeure est restée sans effet, le responsable des missions relevant de l'instance nationale des obtentions végétales constate la déchéance du droit de l'obtenteur.

La décision du responsable des missions relevant de l'instance nationale des obtentions végétales est notifiée au propriétaire du certificat d'obtention végétale. Elle est inscrite au Registre national des certificats d'obtention végétale et publiée au *Bulletin officiel* de l'instance nationale des obtentions végétales.

Sous-section 6 Registres nationaux

Art. R. 623-38 Le responsable des missions relevant de l'instance nationale des obtentions végétales tient un registre des demandes de certificat d'obtention végétale et un Registre national des certificats d'obtention végétale.

Art. R. 623-39 Au registre des demandes sont inscrites dans l'ordre chronologique les demandes de certificat d'obtention végétale, aussitôt après le dépôt de la demande.

Pour chaque demande, l'inscription comporte notamment :

- le numéro provisoire d'enregistrement ;
- la date de dépôt ;
- l'indication du genre ou espèce auquel appartient la variété ;
- les nom et adresse de l'obtenteur et, s'il y a lieu, de son mandataire ou ayant cause lorsque l'obtenteur n'est pas le déposant ;

– la dénomination proposée ou, à défaut, la référence d'obtenteur ainsi que, le cas échéant, la dénomination sous laquelle la variété a été désignée par les autres membres de l'Union internationale pour la protection des obtentions végétales ;
– la revendication de priorité dans le cas où il en a été formulé ;
– la mention des observations visées aux articles R. 623-17 à R. 623-26 ;
– la date de délivrance du certificat d'obtention végétale avec son numéro d'inscription au Registre national des certificats d'obtention végétale ou la mention du rejet définitif.

La description de la variété faite par le demandeur et celle du procédé d'obtention sont portées en annexe au registre, sous réserve des dispositions de l'article R. 623-44.

Art. R. 623-40 L'inscription des certificats d'obtention végétale au Registre national des certificats d'obtention végétale a lieu dans l'ordre de leur délivrance.

L'inscription comporte :
– le numéro d'ordre sous lequel le certificat a été délivré ;
– le genre ou espèce auquel appartient la variété ;
– la dénomination ainsi que, le cas échéant, toute autre dénomination sous laquelle elle est déjà désignée par les autres membres de l'Union internationale pour la protection des obtentions végétales ;
– une description botanique ;
– le nom et l'adresse du propriétaire du certificat d'obtention végétale ainsi que le nom et l'adresse de l'obtenteur si celui-ci n'est pas le propriétaire du certificat d'obtention végétale ;
– éventuellement, la revendication de priorité ;
– les dates auxquelles commence et expire la protection et, s'il y a lieu, la renonciation anticipée ou la décision constatant la déchéance du droit du propriétaire.

Cette inscription est complétée, s'il y a lieu, par la mention des décisions judiciaires déterminant le titulaire du droit.

Elle est également complétée par la mention de tous actes relatifs à la transmission de propriété du droit d'obtenteur, la cession ou la concession d'un droit d'exploitation, la licence d'office et tous actes transmettant ou modifiant les droits attachés à un certificat d'obtention végétale y compris, le cas échéant, ceux relatifs à la reconnaissance de variétés essentiellement dérivées au sens du IV de l'article L. 623-4. Ces différentes inscriptions complémentaires seront faites moyennant le versement de redevances.

Art. R. 623-40-1 La mention de variétés essentiellement dérivées au sens du IV de l'article L. 623-4, faisant ou non l'objet d'un certificat d'obtention végétale, identifiées par leur dénomination variétale, peut être inscrite en complément des mentions obligatoires relatives au certificat d'obtention végétale d'une variété initiale protégée.

Elle peut également être inscrite en complément des mentions obligatoires relatives au certificat d'une variété essentiellement dérivée.

Cette mention complémentaire est inscrite :
– sur notification au responsable des missions relevant de l'instance nationale des obtentions végétales d'une décision judiciaire passée en force de chose jugée ;
– sur production de l'un des originaux de l'acte sous seing privé portant reconnaissance par les parties concernées des qualifications de variété initiale et variété essentiellement dérivée ; ou
– sur production d'une déclaration du titulaire du certificat portant sur une variété initiale s'il est également obtenteur de variétés essentiellement dérivées au sens du IV de l'article L. 623-4.

L'inscription de mentions complémentaires n'engage pas la responsabilité de l'instance nationale des obtentions végétales.

Les mentions complémentaires relatives aux variétés essentiellement dérivées peuvent être publiées au *Bulletin officiel* de l'instance nationale des obtentions végétales.

Art. R. 623-41 L'inscription des mentions complémentaires pour les décisions judiciaires est faite à la requête du greffier du tribunal qui a rendu la décision, et pour les autres mentions à la requête de toute partie intéressée, sur production de l'un des originaux de l'acte si celui-ci est sous seing privé, ou d'une expédition s'il est authentique ou d'un document justifiant le transfert en cas de mutation par décès.

Art. R. 623-42 Il est délivré à tout requérant contre versement de la redevance exigible des reproductions des inscriptions complémentaires portées au Registre national des certificats d'obtention végétale ou des certificats constatant qu'il n'existe pas d'inscription.

Sous-section 7 Demandes de certificats d'obtention végétale intéressant la défense nationale

Art. R. 623-43 Des délégués du ministre chargé de la défense nationale, spécialement habilités à cet effet et dont les noms et qualités ont été portés à la connaissance du ministre chargé de l'agriculture par le ministre chargé de la défense nationale, prennent connaissance, dans les locaux de l'instance nationale des obtentions végétales, des demandes de certificat d'obtention végétale déposées.

Celles-ci sont présentées, dans le délai de quinze jours à compter de la date de leur réception, par le responsable de l'instance nationale des obtentions végétales.

Lorsque la demande est formulée par les délégués du ministre chargé de la défense nationale, le responsable des missions relevant de l'instance nationale des obtentions végétales doit, s'il ne l'a déjà fait, inviter l'obtenteur ou son ayant cause à fournir dans les plus courts délais compatibles avec le mode de reproduction ou de multiplication végétative de la variété, le matériel visé au 3° de l'article R. 623-25 et le communiquer dès sa réception aux délégués du ministre chargé de la défense nationale.

Art. R. 623-44 En ce qui concerne les demandes de certificat d'obtention végétale de variétés appartenant aux espèces comprises dans la liste fixée par arrêté pris en application de l'article L. 623-9, les procédures prévues par les articles R. 623-16 à R. 623-30 ne peuvent, sauf intervention de l'autorisation spéciale prévue par l'article L. 623-9, être engagées pendant la durée des interdictions prescrites par ledit article. Elles ne peuvent l'être non plus pendant la durée des interdictions prorogées en application de l'article L. 623-10.

Pendant la durée des interdictions, il est en outre sursis à la mise en annexe au Registre des demandes de certificats d'obtention végétale, telle que prévue par l'article R. 623-39, de la description de variété faite par le demandeur et de son procédé d'obtention.

Art. R. 623-45 La demande d'autorisation de divulguer et d'exploiter librement une obtention appartenant à l'une des espèces visées à l'article ci-dessus avant le terme du délai prévu à l'article L. 623-9 doit être formulée auprès du responsable des missions relevant de l'instance nationale des obtentions végétales ; elle peut l'être dès le dépôt de la demande de certificat. L'autorisation est notifiée au déposant par le ministre chargé de l'agriculture sur avis du ministre chargé de la défense nationale.

En l'absence d'une telle autorisation et à tout moment, une demande d'autorisation particulière en vue d'accomplir des actes déterminés d'exploitation peut être adressée directement par le titulaire de la demande de certificat au ministre chargé de la défense nationale. Celui-ci, s'il accorde l'autorisation sollicitée, précise les conditions auxquelles ces actes d'exploitation sont soumis.

Si l'autorisation particulière porte sur la cession de la demande de certificat ou sur la concession d'une licence d'exploitation, le ministre chargé de la défense nationale notifie copie de sa décision au ministre chargé de l'agriculture.

Art. R. 623-46 La réquisition adressée au ministre chargé de l'agriculture par le ministre chargé de la défense nationale aux fins de prorogation des interdictions de divulgation et de libre exploitation d'une obtention, objet de la demande de certificat, doit parvenir au responsable des missions relevant de l'instance nationale des obtentions végétales au plus tard quinze jours avant le terme du délai de cinq mois prévu à l'article L. 623-9.

Toute réquisition aux fins de renouvellement d'une prorogation doit parvenir dans les mêmes conditions au plus tard quinze jours avant l'expiration de la période d'un an en cours.

La prorogation des interdictions de divulgation et de libre exploitation est prononcée par arrêté du ministre chargé de l'agriculture et notifiée au déposant avant le terme de la période d'interdiction en cours.

Des autorisations particulières en vue d'accomplir des actes déterminés d'exploitation peuvent être accordées dans les conditions prévues aux deuxième et troisième alinéas de l'article R. 623-45.

Le ministre chargé de la défense nationale peut faire connaître à tout moment au ministre de l'agriculture la levée des interdictions prorogées en application de l'article L. 623-10. Cette mesure fait l'objet d'un arrêté du ministre chargé de l'agriculture notifié au titulaire de la demande de certificat.

Art. R. 623-47 Les dispositions des articles R. 612-29, R. 612-30, R. 612-32 et R. 613-42 sont applicables aux requêtes formulées et aux instances introduites en application des articles L. 623-10 et L. 623-11.

Sous-section 8 Dispositions diverses

Art. R. 623-48 Les notifications prévues par la présente section ainsi que par l'article L. 623-18 sont faites par lettre recommandée avec demande d'avis de réception.

L'envoi de la lettre recommandée avec demande d'avis de réception peut être remplacé par la remise de la lettre au destinataire contre récépissé, au siège de l'instance nationale des obtentions végétales, ou par un message sous forme électronique selon les modalités fixées par le responsable de l'instance nationale pour garantir notamment la sécurité de l'envoi.

Si l'adresse du destinataire est inconnue, la notification est faite par publication d'un avis au *Bulletin officiel* de l'instance nationale des obtentions végétales.

Art. R. 623-49 Toute notification est réputée régulière si elle est faite au dernier propriétaire de la demande de certificat d'obtention végétale, ou du certificat d'obtention végétale tel qu'il figure au Registre des demandes de certificats d'obtention végétale ou au Registre national des certificats d'obtention végétale.

Si le propriétaire est domicilié à l'étranger, la notification est faite au dernier mandataire et au dernier domicile élu qu'il a désigné au responsable des missions relevant de l'instance nationale des obtentions végétales.

Art. R. 623-50 Tous les délais fixés par la présente section sont francs. Le jour de l'acte ou de la décision qui le fait courir, d'une part, le dernier jour, d'autre part, ne sont pas comptés.

Tout délai qui expirerait normalement un samedi, un dimanche ou un jour férié sera prorogé jusqu'au premier jour ouvrable suivant.

Art. R. 623-50-1 Le délai prévu au dernier alinéa de l'article L. 623-27 et imparti au demandeur pour se pourvoir au fond par la voie civile ou pénale, ou déposer une plainte auprès du procureur de la République, est de vingt jours ouvrables ou de trente et un jours civils si ce délai est plus long, à compter de la date de l'ordonnance.

Art. R. 623-51 La saisie, descriptive ou réelle, prévue à l'article L. 623-27-1 est ordonnée par le président de l'un des tribunaux de grande instance mentionnés à l'article D. 631-1, dans le ressort duquel les opérations doivent être effectuées.

L'ordonnance est rendue sur simple requête et sur la présentation du certificat d'obtention végétale, soit dans le cas prévu à l'article L. 623-26, d'une copie certifiée conforme de la demande de certificat d'obtention végétale. Dans ce dernier cas, le demandeur doit justifier en outre que les conditions prévues audit article L. 623-26 sont remplies.

Si la requête est présentée par le concessionnaire d'un droit exclusif d'exploitation ou par le titulaire d'une licence octroyée en vertu des articles L. 623-17 ou L. 623-20, le requérant doit justifier que les conditions de l'article L. 623-25 sont remplies.

Le président peut autoriser l'huissier à procéder à toute constatation utile en vue d'établir l'origine, la consistance et l'étendue de la contrefaçon.

Art. R. 623-51-1 Lorsque le juge a subordonné la saisie à la constitution de garanties par le demandeur, celles-ci doivent être constituées avant qu'il soit procédé à la saisie.

A peine de nullité et de dommages-intérêts contre l'huissier, celui-ci doit, avant de procéder à la saisie, donner copie aux détenteurs des objets saisis ou décrits de l'ordonnance et, le cas échéant, de l'acte constatant la constitution des garanties. Copie doit être laissée aux mêmes détenteurs du procès-verbal de saisie.

Art. R. 623-52 Lorsque la saisie réelle est ordonnée, le juge peut exiger du requérant un cautionnement qui doit être consigné avant qu'il soit procédé à la saisie. A peine de nullité et de dommages-intérêts contre l'huissier, celui-ci doit, avant de procéder à la saisie, donner aux détenteurs de plantes, parties de plantes ou éléments de reproduction ou de multiplication végétative de la variété considérée copie de l'ordonnance et, le cas échéant, de l'acte constatant le dépôt du cautionnement. Copie doit être laissée aux mêmes détenteurs du procès-verbal de saisie.

Art. R. 623-53 Le délai prévu au dernier alinéa de l'article L. 623-27-1 et imparti au demandeur pour se pourvoir au fond est de vingt jours ouvrables ou de trente et un jours civils si ce délai est plus long, à compter du jour où est intervenue la saisie ou la description.

Art. R. 623-53-1 Le président du tribunal de grande instance peut ordonner, au vu du procès-verbal de saisie, toute mesure pour compléter la preuve des actes de contrefaçon allégués. A la demande de la partie saisie agissant sans délai et justifiant d'un intérêt légitime, il peut également prendre toute mesure pour préserver la confidentialité de certains éléments.

Art. R. 623-54 Des arrêtés du ministre chargé de l'agriculture pris après avis du responsable des missions relevant de l'instance nationale des obtentions végétales préciseront, en tant que de besoin, les conditions d'application de la présente section.

Section 2 Champ d'application des certificats d'obtention végétale, durée et portée du droit de l'obtenteur

Art. R. 623-58 Toute personne qui, à l'occasion de tous actes de cession, de concession ou de commercialisation d'une variété bénéficiant d'un certificat d'obtention végétale, désire user de la faculté qui lui est offerte par l'article L. 623-15 d'adjoindre à la dénomination variétale une marque de commerce ou de fabrique, que cette marque lui soit propre ou qu'elle lui soit concédée, doit prendre les précautions nécessaires notamment dans la correspondance, dans la publicité, dans l'établissement des catalogues commerciaux, sur les emballages ou étiquettes, afin que cette dénomination soit suffisamment apparente dans son contexte pour qu'aucune confusion ne soit susceptible de s'établir dans l'esprit de l'acheteur sur l'identité de la variété.

Art. D. 623-58-1 La composition et le fonctionnement de la commission paritaire de conciliation spécifique au domaine des obtentions végétales sont régis par les articles R. 615-6 à R. 615-8, R. 615-10 à R. 615-31, sous réserve des adaptations suivantes :

1° Les mots : « directeur général de l'Institut national de la propriété industrielle » sont remplacés par les mots : « responsable de l'instance nationale des obtentions végétales » et les mots : « Institut national de la propriété industrielle » sont remplacés par les mots : « instance nationale des obtentions végétales » ;

2° Les arrêtés mentionnés aux articles R. 615-6 et R. 615-10 sont pris conjointement par le ministre de la justice et le ministre chargé de l'agriculture.

La commission paritaire de conciliation se réunit au siège de l'instance nationale des obtentions végétales.

Section 2 bis Semences de ferme

Art. R. 623-59 I. – Les espèces, autres que celles énumérées par le règlement (CE) n° 2100/94 du Conseil du 27 juillet 1994 instituant un régime de protection communautaire des obtentions végétales, pour lesquelles les agriculteurs ont le droit, en application de l'article L. 623-24-1, d'utiliser sur leur propre exploitation, sans l'autorisation de l'obtenteur, à des fins de reproduction ou de multiplication, le produit de la récolte qu'ils ont obtenu par la mise en culture d'une variété protégée, sont :

1° Plantes fourragères :

a) *Trifolium pratense* - Trèfle violet ;

b) *Trifolium incarnatum* - Trèfle incarnat ;

c) *Lolium multiflorum* - Ray Grass d'Italie ;

d) *Lolium hybridum* - Ray Grass hybride ;

e) *Lathyrus* spp. - Gesses ;

2° Plantes oléagineuses :

Glycine max - Soja ;

3° Plantes à usage de cultures intermédiaires piège à nitrates :

a) *Sinapis alba* - Moutarde blanche ;

b) *Avena strigosa* - Avoine rude ;

4° Plantes protéagineuses :

a) *Pisum sativum* - Pois protéagineux ;

b) *Lupinus albus* - Lupin blanc ;

c) *Lupinus angustifolius* - Lupin bleu ;

5° Plantes potagères :

a) *Lens culinaris* - Lentille ;

b) *Phaseolus vulgaris* - Haricot.

II. – Sauf en ce qui concerne les petits agriculteurs au sens de l'article L. 623-24-2, l'entrée en vigueur du I est subordonnée à la conclusion des contrats ou accords mentionnés à l'article L. 623-24-3 ou à défaut à l'entrée en vigueur du décret d'application mentionné au même article déterminant les modalités de fixation du montant de l'indemnité prévue à l'article L. 623-24-2.

Section 3 La retenue

Art. R. 623-60 Le chapitre IV *bis* du titre Ier du présent livre est applicable au présent chapitre.

TITRE III TRIBUNAUX COMPÉTENTS EN MATIÈRE D'ACTIONS RELATIVES AUX INVENTIONS ET AUX CONNAISSANCES TECHNIQUES

Chapitre unique

Art. D. 631-1 Ainsi qu'il est dit à l'article D. 211-5 du code de l'organisation judiciaire, le siège et le ressort des tribunaux de grande instance appelés à connaître des actions en matière d'obtentions végétales en application de l'article L. 623-31 du code de la propriété intellectuelle sont fixés conformément au tableau V annexé au code de l'organisation judiciaire, ci-après reproduit :

SIÈGE ET RESSORT DES TRIBUNAUX DE GRANDE INSTANCE COMPÉTENTS POUR CONNAÎTRE DES ACTIONS EN MATIÈRE D'OBTENTIONS VÉGÉTALES (ANNEXE DE L'ARTICLE D. 211-5)

SIÈGE	RESSORT
Cour d'appel d'Aix-en-Provence	
Marseille	Ressort des cours d'appel d'Aix-en-Provence, Bastia et Nîmes.
Cour d'appel de Bordeaux	
Bordeaux	Ressort des cours d'appel d'Agen, Bordeaux et Poitiers.
Cour d'appel de Colmar	
Strasbourg	Ressort des cours d'appel de Colmar et Metz.
Cour d'appel de Douai	
Lille	Ressort des cours d'appel d'Amiens et Douai.
Cour d'appel de Limoges	
Limoges	Ressort des cours d'appel de Bourges, Limoges et Riom.
Cour d'appel de Lyon	
Lyon	Ressort des cours d'appel de Chambéry, Grenoble et Lyon.

SIÈGE	RESSORT
Cour d'appel de Nancy	
Nancy	Ressort des cours d'appel de Besançon, Dijon et Nancy.
Cour d'appel de Paris	
Paris	Ressort des cours d'appel de Basse-Terre, Cayenne, Fort-de-France, Nouméa, Orléans, Papeete, Paris, Reims, Rouen, Saint-Denis et Versailles, et du tribunal supérieur d'appel de Saint-Pierre.
Cour d'appel de Rennes	
Rennes	Ressort des cours d'appel d'Angers, Caen et Rennes.
Cour d'appel de Toulouse	
Toulouse	Ressort des cours d'appel de Montpellier, Pau et Toulouse.

Art. D. 631-2 Le siège et le ressort des tribunaux de grande instance ayant compétence exclusive pour connaître des actions en matière de brevets d'invention, de certificats d'utilité, de certificats complémentaires de protection et de topographies de produits semi-conducteurs en application des articles L. 611-2, L. 615-17 et L. 622-7 du code de la propriété intellectuelle sont fixés conformément à l'article D. 211-6 du code de l'organisation judiciaire.

LIVRE VII MARQUES DE FABRIQUE, DE COMMERCE OU DE SERVICE ET AUTRES SIGNES DISTINCTIFS

TITRE Ier MARQUES DE FABRIQUE, DE COMMERCE OU DE SERVICE

Chapitre II Acquisition du droit sur la marque

Art. R. 712-1 La demande d'enregistrement de marque est déposée au siège de l'Institut national de la propriété industrielle ou y est envoyée par pli postal ou par tout mode de télétransmission dans les conditions définies par décision de son directeur général. La date de dépôt est celle de la réception de la demande au siège de l'institut.

Le directeur général de l'Institut national de la propriété industrielle peut imposer un dépôt sous forme électronique lorsque cette modalité est de nature à faciliter l'examen et la publication de la demande.

L'institut apporte une assistance aux déposants par tout moyen approprié, précisé par décision de son directeur général.

Le présent article est également applicable aux déclarations de renouvellement prévues à l'article R. 712-24.

Art. R. 712-2 Le dépôt peut être fait personnellement par le demandeur ou par un mandataire ayant son domicile, son siège ou son établissement dans un Etat membre de la communauté européenne ou dans un Etat partie à l'accord sur l'Espace économique européen.

Sous réserve des exceptions prévues aux articles L. 422-4 et L. 422-5, le mandataire constitué pour le dépôt d'une demande d'enregistrement de marque et tout acte subséquent relatif à la procédure d'enregistrement, à l'exception du simple paiement des redevances et des déclarations de renouvellement, doit avoir la qualité de conseil en propriété industrielle.

Les personnes n'ayant pas leur domicile ou leur siège dans un Etat membre de la Communauté européenne ou dans un Etat partie à l'accord sur l'Espace économique européen doivent, dans le délai qui leur est imparti par l'institut, constituer un mandataire satisfaisant aux conditions prévues à l'alinéa précédent.

En cas de pluralité de déposants, un mandataire commun doit être constitué. Si celui-ci n'est pas l'un des déposants, il doit satisfaire aux conditions prévues par le deuxième alinéa.

Sauf lorsqu'il a la qualité de conseil en propriété industrielle ou d'avocat, le mandataire doit joindre un pouvoir qui s'étend, sous réserve des dispositions des articles R. 712-21 et R. 714-1 et sauf stipulation contraire, à tous les actes et à la réception de toutes les notifications prévues au présent titre. Le pouvoir est dispensé de légalisation.

Art. R. 712-3 Le dépôt comprend :

1° La demande d'enregistrement de la marque établie dans les conditions prévues par la décision mentionnée à l'article R. 712-26 et précisant notamment :

a) L'identification du déposant ;

b) Le modèle de la marque, consistant dans la représentation graphique de cette dernière ; le modèle peut être complété par une brève description ; cette dernière est obligatoire dans les cas prévus à l'arrêté précité ;

c) L'énumération des produits ou services auxquels elle s'applique, ainsi que l'énumération des classes correspondantes ;

d) Le cas échéant, l'indication qu'est revendiqué le droit de priorité attaché à un précédent dépôt étranger ou qu'un certificat de garantie a été délivré en application de la loi du 13 avril 1908.

2° Les pièces annexes ci-après :

a) La justification du paiement des redevances prescrites ;

b) S'il est constitué un mandataire, le pouvoir de ce dernier, à moins qu'il n'ait la qualité de conseil en propriété industrielle ou d'avocat ;

c) Si le caractère distinctif du signe déposé à titre de marque a été acquis par l'usage, la justification de cet usage ;

d) S'il s'agit d'une marque collective de certification, le règlement déterminant les conditions auxquelles est subordonné l'usage de la marque ;

e) Si le déposant est un étranger qui n'est ni domicilié, ni établi sur le territoire national, et sous réserve des conventions internationales, la justification qu'il a régulièrement déposé la marque dans le pays de son domicile ou de son établissement et que ce pays accorde la réciprocité de protection aux marques françaises.

Un même dépôt ne peut porter que sur une seule marque.

Art. R. 712-4 La revendication, à l'occasion d'un dépôt effectué en France, d'un droit de priorité attaché à un précédent dépôt étranger emporte obligation de faire parvenir à l'Institut national de la propriété industrielle, dans les trois mois du dépôt en France, une copie officielle du dépôt antérieur et, s'il y a lieu, la justification du droit de revendiquer la priorité.

Si cette obligation n'est pas respectée, la priorité est réputée n'avoir pas été revendiquée.

Art. R. 712-5 A la réception du dépôt, sont mentionnés sur la demande d'enregistrement : la date, le lieu et le numéro d'ordre de dépôt ou le numéro national prévu à l'article R. 712-6.

Un récépissé du dépôt est remis au déposant.

Lorsque le dépôt est effectué au greffe du tribunal de commerce ou du tribunal de grande instance en tenant lieu, les pièces du dépôt et le montant des redevances sont transmis sans délai à l'Institut national de la propriété industrielle par le greffier.

Art. R. 712-6 Dès sa réception à l'Institut national de la propriété industrielle, le dépôt donne lieu à l'attribution d'un numéro national. Lorsqu'il n'a pu être mentionné sur le récépissé du dépôt, ce numéro est notifié au déposant.

Est déclaré irrecevable toute correspondance ou dépôt ultérieur de pièces qui ne rappelle pas le numéro national de la demande d'enregistrement, qui ne porte pas la signature du déposant ou de son mandataire ou qui, le cas échéant, n'est pas accompagné de la justification du paiement de la redevance prescrite.

Art. R. 712-7 Est déclaré irrecevable tout dépôt qui ne comporte pas les mentions prévues à l'article R. 712-3 (1° *a*, *b* et *c)* et qui n'est pas accompagné de la justification du paiement de la redevance de dépôt.

Toutefois, cette irrecevabilité ne peut être opposée par l'Institut national de la propriété industrielle qu'après que le déposant a été invité à compléter les mentions manquantes. La demande de régularisation mentionne qu'à défaut de régularisation dans le délai fixé le dépôt sera déclaré irrecevable.

Si la régularisation est effectuée dans le délai, la date de dépôt à prendre en compte est celle à laquelle les mentions manquantes ont été produites.

Art. R. 712-8 Tout dépôt reconnu recevable est publié au *Bulletin officiel* de la propriété industrielle, sauf s'il apparaît soit que sa présentation ne satisfait pas aux prescriptions techniques nécessaires pour permettre sa reproduction, soit que sa publication serait de nature à porter atteinte à l'ordre public ou aux bonnes mœurs.

La publication au *Bulletin officiel* intervient dans les six semaines qui suivent la réception du dépôt à l'Institut national de la propriété industrielle. Mention y est faite de la faculté ouverte à toute personne intéressée de formuler des observations dans un délai de deux mois et aux personnes mentionnées à l'article L. 712-4 de former dans ce même délai opposition à enregistrement.

Art. R. 712-9 Les observations formulées en application de l'article L. 712-3 sont communiquées sans délai au déposant par l'institut ou classées sans suite s'il apparaît qu'elles ont été formulées après l'expiration du délai prescrit ou que leur objet est manifestement étranger aux prévisions législatives en vigueur. L'auteur en est informé.

Art. R. 712-10 Tout dépôt donne lieu à vérification par l'institut :

1° Que la demande d'enregistrement et les pièces qui y sont annexées sont conformes aux prescriptions de la législation et de la réglementation en vigueur ;

2° Que le signe déposé peut constituer une marque par application des articles L. 711-1 et L. 711-2 ou être adopté comme marque par application de l'article L. 711-3.

Art. R. 712-11 1° En cas de non-conformité de la demande aux dispositions de l'article R. 712-10, notification motivée en est faite au déposant.

Un délai lui est imparti pour régulariser le dépôt ou contester les objections de l'institut. A défaut de régularisation ou d'observation permettant de lever l'objection, la demande est rejetée.

La notification peut être assortie d'une proposition de régularisation. Cette proposition est réputée acceptée si le déposant ne la conteste pas dans le délai qui lui est imparti.

2° Dans le cas prévu à l'article R. 712-10 (2°), la notification d'irrégularité ne peut être émise plus de quatre mois après la date de réception de la demande à l'institut. En l'absence d'observations ou si les observations formulées ne permettent pas de lever l'objection émise, un projet de décision est établi. Il est notifié au déposant auquel un délai est imparti pour en contester éventuellement le bien-fondé. Ce projet, s'il n'est pas contesté, vaut décision.

3° Aucune régularisation effectuée conformément aux dispositions du présent article ne peut avoir pour effet d'étendre la portée du dépôt.

Art. R. 712-12 Le relevé de déchéance prévu à l'article L. 712-10 est applicable aux délais prévus au présent titre, à l'exception de ceux mentionnées aux articles R. 712-16, R. 712-24 (1°), R. 717-2, R. 717-5 et R. 717-8.

La demande doit être formée dans un délai de deux mois à compter de la cessation de l'empêchement et l'acte non accompli doit l'être dans le même délai. Elle n'est plus recevable après un délai préfix de six mois décompté à partir de l'expiration du délai non observé.

La demande est présentée au directeur général de l'institut par le titulaire du dépôt, qui doit être le titulaire inscrit au Registre national des marques si la demande d'enregistrement est publiée, ou son mandataire.

Elle n'est recevable qu'après paiement de la redevance prescrite.

La demande est écrite. Elle indique les faits et justifications invoqués à son appui.

En cas de non-conformité de la demande, notification motivée en est faite au demandeur. Un délai lui est imparti pour régulariser la demande ou contester les objections de l'institut. A défaut de régularisation ou d'observation permettant de lever l'objection, la demande est rejetée. La notification peut être assortie d'une proposition de régularisation. Cette proposition est réputée acceptée si le demandeur ne la conteste pas dans le délai qui lui est imparti.

La décision motivée est notifiée au demandeur.

Art. R. 712-12-1 Il est statué sur la demande de relevé de déchéance dans un délai de six mois à compter de son dépôt. Ce délai est interrompu, le cas échéant, par la notification prévue par l'article R. 712-12, jusqu'à la régularisation de la demande ou la levée de l'objection.

Art. R. 712-12-2 A défaut de décision expresse dans le délai mentionné à l'article R. 712-12-1, la demande est réputée acceptée.

Art. R. 712-13 L'opposition à enregistrement formée dans les conditions prévues à l'article L. 712-4 par le propriétaire d'une marque antérieure, le bénéficiaire d'un droit exclusif d'exploitation, une collectivité territoriale, un organisme de défense et de gestion défini à l'article L. 721-4 ou le directeur de l'Institut national de l'origine et de la qualité peut être présentée par la personne physique ou morale opposante agissant personnellement ou par l'intermédiaire d'un mandataire remplissant les conditions prévues à l'article R. 712-2.

Art. R. 712-14 L'opposition est présentée par écrit dans les conditions prévues par la décision mentionnée à l'article R. 712-26.

Elle précise :

1° L'identité de l'opposant, ainsi que les indications propres à établir l'existence, la nature, l'origine et la portée de ses droits ;

2° Les références de la demande d'enregistrement contre laquelle est formée l'opposition, ainsi que l'indication des produits ou services visés par l'opposition ;

3° L'exposé des moyens sur lesquels repose l'opposition ;

4° La justification du paiement de la redevance prescrite ;

5° Le cas échéant, sauf lorsqu'il a la qualité de conseil en propriété industrielle ou d'avocat, le pouvoir du mandataire, ce pouvoir pouvant être adressé à l'institut dans le délai maximum d'un mois.

Art. R.712-15 Est déclarée irrecevable toute opposition soit formée hors délai, soit présentée par une personne qui n'avait pas qualité, soit non conforme aux conditions prévues aux articles R.712-13 et R.712-14 et par la décision mentionnée à l'article R.712-26.

Art. R.712-16 Sous réserve des cas de suspension prévus à l'article L.712-4 ou de clôture de la procédure en application de l'article R.712-18, l'opposition est instruite selon la procédure ci-après :

1° L'opposition est notifiée sans délai au titulaire de la demande d'enregistrement.

Un délai est imparti à celui-ci pour présenter les observations en réponse et, le cas échéant, constituer un mandataire répondant aux conditions prévues à l'article R.712-13. Le délai imparti ne peut être inférieur à deux mois ;

2° A défaut d'observation en réponse ou, le cas échéant, de constitution régulière d'un mandataire dans le délai imparti, il est statué sur l'opposition.

Dans le cas contraire, un projet de décision est établi au vu de l'opposition et des observations en réponse. Ce projet est notifié aux parties auxquelles un délai est imparti pour en contester éventuellement le bien-fondé ;

3° Ce projet, s'il n'est pas contesté, vaut décision.

Dans le cas contraire, il est statué sur l'opposition au vu des dernières observations et, si l'une des parties le demande, après que celles-ci auront été admises à présenter des observations orales.

L'institut doit respecter le principe du contradictoire. Toute observation dont il est saisi par l'une des parties est notifiée à l'autre.

Art. R.712-17 A l'exclusion des oppositions relevant du 1° *bis*, du 3° et du 4° de l'article L.712-4, le titulaire de la demande d'enregistrement peut, dans ses premières observations en réponse, inviter l'opposant à produire des pièces propres à établir que la déchéance de ses droits pour défaut d'exploitation n'est pas encourue.

Ces pièces doivent établir l'exploitation de la marque antérieure, au cours des cinq années précédant la demande de preuves d'usage, pour au moins l'un des produits ou services sur lesquels est fondée l'opposition ou faire état d'un juste motif de non-exploitation.

L'institut impartit alors un délai à l'opposant pour produire ces pièces.

Art. R.712-18 La procédure d'opposition est clôturée :

1° Lorsque l'opposant a retiré son opposition, a perdu qualité pour agir ou n'a fourni dans le délai imparti aucune pièce propre à établir que la déchéance de ses droits sur la marque antérieure n'est pas encourue ;

2° Lorsque l'opposition est devenue sans objet par suite soit d'un accord entre les parties, soit du retrait ou du rejet de la demande d'enregistrement de marque contre laquelle l'opposition a été formée ;

3° Lorsque les effets du droit antérieur ont cessé ;

4° Lorsque la demande d'homologation d'un cahier des charges d'indication géographique définie à l'article L.721-2 a été rejetée ou retirée ou lorsque l'homologation a été retirée ;

5° Lorsque la demande de modification d'un cahier des charges homologué défini à l'article L.721-3 a été rejetée ou retirée si l'opposition est fondée sur cette demande de modification.

Art. R.712-20 Jusqu'au début des préparatifs techniques relatifs à l'enregistrement, le déposant peut être autorisé, sur requête écrite adressée au directeur de l'Institut national de la propriété industrielle, à rectifier les erreurs matérielles relevées dans les pièces déposées.

L'institut peut exiger la justification de la réalité de l'erreur matérielle à rectifier et le sens de la correction demandée.

Art. R. 712-21 La demande d'enregistrement peut être retirée jusqu'au début des préparatifs techniques relatifs à l'enregistrement. Le retrait peut être limité à une partie du dépôt. Il s'effectue par une déclaration écrite adressée ou remise à l'institut.

Une déclaration de retrait ne peut viser qu'une seule marque. Elle est formulée par le demandeur ou par son mandataire lequel, sauf s'il a la qualité de conseil en propriété industrielle ou d'avocat, doit joindre un pouvoir spécial.

Elle indique s'il a été ou non concédé des droits d'exploitation ou de gage. Dans l'affirmative, elle doit être accompagnée du consentement écrit du bénéficiaire de ce droit ou du créancier gagiste.

Si la demande d'enregistrement a été formulée par plusieurs personnes, son retrait ne peut être effectué que s'il est requis par l'ensemble de celles-ci.

Le retrait ne fait pas obstacle à la publication prévue au premier alinéa de l'article R. 712-8.

Art. R. 712-23 La marque est enregistrée, à moins que la demande n'ait été rejetée ou retirée. Un certificat est adressé au déposant.

L'enregistrement est publié au *Bulletin officiel* de la propriété industrielle.

La date à laquelle une marque est réputée enregistrée, notamment pour l'application des articles L. 712-4 et L. 714-5, est :

1° Pour les marques françaises, celle du *Bulletin officiel* de la propriété industrielle dans lequel l'enregistrement est publié ;

2° Pour les marques internationales n'ayant pas fait l'objet d'une notification d'irrégularité fondée sur le 2° de l'article R. 712-11 ou d'une opposition, celle de l'expiration du délai prévu à l'article R. 717-4 ou, si elle est postérieure, celle de l'expiration du délai pour former opposition ;

3° Pour les marques internationales ayant fait l'objet d'une notification d'irrégularité fondée sur le 2° de l'article R. 712-11 ou d'une opposition, celle, le cas échéant, de l'inscription au Registre international des marques de la levée totale ou partielle du refus.

Art. R. 712-23-1 Il est statué sur la demande d'enregistrement de marque dans un délai de six mois à compter de la demande. Ce délai est interrompu, le cas échéant, par la demande d'opposition prévue à l'article L. 712-4 jusqu'à la décision statuant sur cette dernière ou par la notification prévue à l'article R. 712-11 jusqu'à la régularisation de la demande.

Art. R.*712-23-2 A défaut de décision expresse dans le délai mentionné à l'article R. 712-23-1, la demande est réputée rejetée.

Art. R. 712-24 L'enregistrement peut être renouvelé pour une nouvelle période de dix ans par déclaration du propriétaire de la marque, établie dans les conditions prévues par la décision mentionnée à l'article R. 712-26. Il peut être précisé que le renouvellement ne vaut que pour certains produits ou services désignés dans l'acte d'enregistrement.

Le renouvellement prend effet le jour suivant la date d'expiration de l'enregistrement.

La déclaration doit à peine d'irrecevabilité :

1° Etre présentée au cours d'un délai de six mois expirant le dernier jour du mois au cours duquel prend fin la période de protection et être accompagnée de la justification du paiement de la redevance prescrite.

Toutefois, la déclaration peut encore être présentée ou la redevance acquittée dans un délai supplémentaire de six mois à compter du lendemain du dernier jour du mois d'expiration de la protection, moyennant le paiement d'un supplément de redevance dans le même délai.

2° Comporter la désignation de la marque à renouveler et émaner du titulaire inscrit, au jour de la déclaration, au Registre national des marques ou de son mandataire.

Si la déclaration ne satisfait pas à ces conditions, il est fait application de la procédure prévue au 1° de l'article R. 712-11.

L'irrecevabilité ne peut être prononcée sans que le déposant ait été mis en mesure de présenter des observations.

Art. R. 712-24-1 Il est statué sur la déclaration de renouvellement dans un délai de six mois à compter de son dépôt. Ce délai est interrompu, le cas échéant, par la notification prévue à l'article R. 712-11 jusqu'à la régularisation de la déclaration.

Art. R.*712-24-2 A défaut de décision expresse dans le délai mentionné à l'article R. 712-24-1, la déclaration de renouvellement est réputée rejetée.

Art. R. 712-25 Tout nouveau dépôt portant sur une modification du signe ou une extension de la liste des produits et services d'une marque enregistrée peut être accompagné d'une déclaration de renouvellement anticipé de cette marque. La nouvelle période de protection court à compter de la déclaration de renouvellement.

Les renouvellements ultérieurs de la marque renouvelée et du nouveau dépôt s'effectuent par une déclaration unique.

Art. R. 712-26 Les conditions de présentation de la demande et le contenu du dossier sont précisés par décision du directeur général de l'Institut national de la propriété industrielle, notamment en ce qui concerne :

1° La demande d'enregistrement prévue à l'article R. 712-3 ;

2° L'opposition prévue à l'article R. 712-14 ;

3° La déclaration de retrait prévue à l'article R. 712-21 ou de renonciation prévue à l'article R. 714-1 ;

4° La déclaration de renouvellement prévue aux articles R. 712-24 et R. 712-25 ;

5° La demande d'inscription au Registre national des marques prévue aux articles R. 714-4 et R. 714-6 ;

6° Les demandes d'enregistrement international de marque et d'inscription postérieure au registre international soumises au visa de l'institut.

Art. R. 712-27 Jusqu'au début des préparatifs techniques relatifs à l'enregistrement ou lors d'une procédure de recours contre la décision d'enregistrement de la marque, le déposant ou son mandataire peut procéder au dépôt de demandes divisionnaires de sa demande d'enregistrement initiale.

La division ne peut porter que sur la liste des produits et services.

Les demandes divisionnaires bénéficient de la date de dépôt et, le cas échéant, de la date de priorité de la demande initiale.

Art. R. 712-28 En cas de division d'une demande d'enregistrement conformément à l'article R. 712-27, chaque demande divisionnaire doit être conforme aux dispositions de l'article R. 712-3.

Art. D. 712-29 Pour bénéficier du droit d'alerte gratuit prévu par l'article L. 712-2-1, les collectivités territoriales et les établissements publics mentionnés à l'article L. 712-2-1 adressent à l'Institut national de la propriété industrielle une demande par voie électronique selon les modalités fixées par décision du directeur général de l'institut.

Cette demande comprend :

1° La dénomination ou le nom de pays pour lequel l'alerte est demandée ;

2° L'adresse électronique à laquelle l'alerte doit être envoyée ;

3° L'identification de la collectivité ou de l'établissement demandeur ainsi que son numéro d'identification Siren.

La demande donne lieu à la délivrance d'un récépissé par voie électronique. La date d'enregistrement de la demande d'alerte est celle du récépissé.

Art. D. 712-30 L'alerte est adressée par l'Institut national de la propriété industrielle par voie électronique dans les cinq jours ouvrables suivant la publication du dépôt d'une demande d'enregistrement de la marque, contenant la dénomination de la collectivité ou le nom de pays concerné, au *Bulletin officiel* de la propriété industrielle.

Lorsque le dépôt de marque est effectué en application du règlement (CE) n° 207/2009 du Conseil du 26 février 2009 sur la marque communautaire ou de l'arrangement de Madrid concernant l'enregistrement international des marques du 14 avril 1891 modifié et de son protocole du 27 juin 1989 modifié, l'institut adresse l'alerte par voie électronique dans les trois semaines qui suivent la publication de la demande de marque au *Bulletin des marques communautaires* ou à la *Gazette des marques internationales*.

L'alerte mentionne la faculté ouverte à toute personne intéressée de formuler des observations au titre de l'article L. 712-3 et aux collectivités territoriales de former opposition à enregistrement au titre de l'article L. 712-4.

Chapitre IV Transmission et perte du droit sur la marque

Art. R. 714-1 Le titulaire d'une marque enregistrée peut à tout moment y renoncer, pour tout ou partie des produits ou services.

La déclaration de renonciation doit, pour être recevable :

1° Emaner du titulaire de la marque inscrit, au jour de la déclaration, sur le Registre national des marques, ou de son mandataire ;

2° Etre accompagnée de la justification du paiement de la redevance prescrite.

Les dispositions de l'article R. 712-21 sont applicables à la renonciation.

En cas de non-conformité de la déclaration, notification motivée en est faite au demandeur. Un délai lui est imparti pour régulariser la déclaration ou contester les objections de l'institut. A défaut de régularisation ou d'observation permettant de lever l'objection, la déclaration est rejetée. La notification peut être assortie d'une proposition de régularisation. Cette proposition est réputée acceptée si le demandeur ne la conteste pas dans le délai qui lui est imparti.

Art. R. 714-1-1 Il est statué sur la déclaration de renonciation dans un délai de six mois à compter de son dépôt. Ce délai est interrompu, le cas échéant, par la notification prévue par l'article R. 714-1, jusqu'à la régularisation de la demande ou la levée de l'objection.

Art. R. 714-1-2 A défaut de décision expresse dans le délai mentionné à l'article R. 714-1-1, la demande est réputée acceptée.

Art. R. 714-2 Le Registre national des marques est tenu par l'Institut national de la propriété industrielle.

Y figurent pour chaque marque :

1° L'identification du demandeur et les références du dépôt, ainsi que les actes ultérieurs en affectant l'existence ou la portée ;

2° Les actes modifiant la propriété de la marque ou la jouissance des droits qui lui sont attachés ; en cas de revendication de propriété, l'assignation correspondante ;

3° Les changements de nom, de forme juridique ou d'adresse ainsi que les rectifications d'erreurs matérielles affectant les inscriptions.

Aucune inscription n'est portée au registre tant que le dépôt n'est pas publié dans les conditions prévues à l'article R. 712-8.

Art. R. 714-3 Les indications mentionnées au 1° de l'article R. 714-2 sont inscrites à l'initiative de l'Institut national de la propriété industrielle ou, s'il s'agit d'une décision judiciaire, sur réquisition du greffier ou sur requête de l'une des parties.

Seules les décisions judiciaires définitives peuvent être inscrites au Registre national des marques.

Art. R. 714-4 Les actes modifiant la propriété d'une marque ou la jouissance des droits qui lui sont attachés, tels que cession, concession d'un droit d'exploitation, constitution ou cession d'un droit de gage ou renonciation à ce droit, saisie, validation et mainlevée de saisie, sont inscrits à la demande de l'une des parties à l'acte ou, s'il n'est pas partie à l'acte, du titulaire du dépôt au jour de la demande d'inscription.

Toutefois, un acte ne peut être inscrit que si la personne indiquée dans l'acte comme étant le titulaire de la demande d'enregistrement ou de la marque avant la notification résultant de l'acte est inscrite comme telle au Registre national des marques.

La demande comprend :

1° Un bordereau de demande d'inscription ;

2° Une copie ou un extrait de l'acte constatant la modification de la propriété ou de la jouissance ;

3° La justification du paiement de la redevance prescrite ;

4° S'il y a lieu, le pouvoir du mandataire, à moins que celui-ci n'ait la qualité de conseil en propriété industrielle ou d'avocat.

Art. R. 714-5 Par dérogation au 2° de l'article R. 714-4, peut être produit avec la demande :

1° En cas de mutation par décès : copie de tout acte établissant le transfert, à la demande des héritiers ou légataires ;

2° En cas de transfert par suite de fusion, scission ou absorption : copie d'un extrait du registre du commerce et des sociétés à jour de la modification ;

3° Sur justification de l'impossibilité matérielle de produire une copie : tout document établissant la modification de la propriété ou de la jouissance.

Art. R. 714-6 Les changements de nom, de forme juridique, d'adresse et les rectifications d'erreurs matérielles sont inscrits à la demande du titulaire de la demande d'enregistrement ou de la marque, qui doit être le titulaire inscrit au Registre national des marques. Toutefois, lorsque ces changements et rectifications portent sur un acte précédemment inscrit, la demande peut être présentée par toute partie à l'acte.

La demande comprend :

1° Un bordereau de demande d'inscription ;

2° S'il y a lieu, le pouvoir du mandataire, à moins qu'il n'ait la qualité de conseil en propriété industrielle ou d'avocat ;

3° S'il s'agit d'une rectification d'erreur matérielle, la justification du paiement de la redevance prescrite ;

L'institut peut exiger la justification de la réalité du changement dont l'inscription est sollicitée ou de l'erreur matérielle à rectifier.

Art. R. 714-7 En cas de non-conformité d'une demande d'inscription, notification motivée en est faite au demandeur.

Un délai lui est imparti pour régulariser sa demande ou présenter des observations. A défaut de régularisation ou d'observations permettant de lever l'objection, la demande est rejetée par décision du directeur général de l'Institut national de la propriété industrielle.

La notification peut être assortie d'une proposition de régularisation. Cette proposition est réputée acceptée si le déposant ne la conteste pas dans le délai qui lui est imparti.

Art. R. 714-7-1 Il est statué sur la demande d'inscription mentionnée aux articles R. 714-4 et R. 714-6 dans un délai de six mois à compter de son dépôt. Ce délai est interrompu, le cas échéant, par la notification prévue à l'article R. 714-7, jusqu'à la régularisation de la demande ou la levée de l'objection.

Art. R. 714-7-2 A défaut de décision expresse dans le délai mentionné à l'article R. 714-4-1, la demande est réputée acceptée.

Art. R. 714-8 Toute inscription portée au Registre national des marques fait l'objet d'une mention au *Bulletin officiel* de la propriété industrielle.

Toute personne intéressée peut obtenir de l'institut :

1° Un certificat d'identité comprenant le modèle de la marque, les indications relatives au dépôt et à l'enregistrement, et, s'il y a lieu, les limitations à la liste des produits ou services résultant d'un retrait, d'une renonciation ou d'une décision judiciaire ;

2° Une reproduction des inscriptions portées au Registre national des marques ;

3° Un certificat constatant qu'il n'existe pas d'inscription.

A compter du jour de la publication prévue au premier alinéa, toute personne intéressée peut demander à prendre connaissance d'un dossier de demande d'enregistrement de marque et obtenir à ses frais reproduction des pièces. L'institut peut subordonner l'usage de cette faculté à la justification d'un intérêt suffisant.

Toutefois, sont exclues de la communication au public les pièces non communiquées au déposant ainsi que celles qui comportent des données à caractère personnel ou qui sont relatives au secret des affaires.

Art. R. 714-9 Les dépôts irrecevables, rejetés, ou non renouvelés peuvent être restitués à leur propriétaire, sur sa demande et à ses frais.

S'ils n'ont pas été réclamés, ils peuvent être détruits par l'Institut national de la propriété industrielle, au terme d'un délai d'un an pour les dépôts irrecevables et rejetés, ou de dix ans pour les dépôts non renouvelés.

Chapitre V Marques collectives

Art. R. 715-1 La mention « marque collective » portée dans l'enregistrement d'une marque déposée antérieurement au 28 décembre 1991 sera, sauf s'il s'agit d'une marque collective de certification, radiée sur demande de son propriétaire.

Cette radiation sera inscrite au Registre national des marques.

Art. R. 715-2 En cas de dissolution de la personne morale titulaire d'une marque collective de certification, la transmission de cette marque ne peut intervenir qu'au profit d'un autre organisme certificateur ou d'une personne morale détenant majoritairement, directement ou indirectement, un organisme certificateur auquel elle (en) concède une licence exclusive de cette marque.

Cette transmission est opérée, à la demande du titulaire de la marque ou de son mandataire, par un arrêté du ministre chargé de l'industrie, si la marque collective de certification est relative à la certification de services ou de produits autres qu'alimentaires.

Chapitre VI Contentieux

Section 1 Mesures provisoires et conservatoires

Art. R. 716-1 Le délai prévu au dernier alinéa de l'article L. 716-6 et imparti au demandeur pour se pourvoir au fond par la voie civile ou pénale, ou déposer une plainte auprès du procureur de la République, est de vingt jours ouvrables ou de trente et un jours civils si ce délai est plus long, à compter de la date de l'ordonnance.

Section 2 Mesures probatoires

Art. R. 716-2 La saisie, descriptive ou réelle, prévue à l'article L. 716-7 est ordonnée par le président du tribunal de grande instance compétent pour connaître du fond.

Le président peut autoriser l'huissier à procéder à toute constatation utile en vue d'établir l'origine, la consistance et l'étendue de la contrefaçon.

Art. R. 716-3 Lorsque le juge a subordonné la saisie à la constitution de garanties par le demandeur, celles-ci doivent être constituées avant qu'il soit procédé à la saisie.

A peine de nullité et de dommages-intérêts contre l'huissier, celui-ci doit, avant de procéder à la saisie, donner copie aux détenteurs des objets saisis ou décrits de l'ordonnance et, le cas échéant, de l'acte constatant la constitution de garanties. Copie doit être laissée aux mêmes détenteurs du procès-verbal de saisie.

Toutefois, en matière de substitution de produits ou de services, l'huissier n'est tenu de donner copie de l'ordonnance et de l'acte constatant la constitution de garantie qu'après livraison des produits ou fourniture des services.

Art. R. 716-4 Le délai prévu au dernier alinéa de l'article L. 716-7 et imparti au demandeur pour se pourvoir au fond est de vingt jours ouvrables ou de trente et un jours civils si ce délai est plus long, à compter du jour où est intervenue la saisie ou la description.

Art. R. 716-5 Le président du tribunal peut ordonner, au vu du procès-verbal de saisie, toute mesure pour compléter la preuve des actes de contrefaçon allégués. A la demande de la partie saisie agissant sans délai et justifiant d'un intérêt légitime, il peut également prendre toute mesure pour préserver la confidentialité de certains éléments.

Section 3 Retenue en douane

Art. R. 716-6 Le chapitre V *bis* du titre III du livre III est applicable à la retenue par l'administration des douanes des marchandises susceptibles de porter atteinte à une marque, telle que prévue au chapitre VI *bis* du titre Ier du livre VII.

Section 4 Dispositions communes

Art. D. 716-12 Le siège et le ressort des tribunaux de grande instance ayant compétence exclusive pour connaître des actions en matière de marques en application de l'article L. 716-3 du code de la propriété intellectuelle sont fixés conformément au tableau VI annexé à l'article D. 211-6-1 du code de l'organisation judiciaire.

Chapitre VII Marque internationale et marque communautaire

Section 1 Marque internationale

Art. R. 717-1 Les articles R. 712-3 (2°, *d)*, R. 712-9 à R. 712-11, R. 712-13 à R. 712-18, R. 712-23 et R. 712-23-1, R. 714-2 et R. 714-4 à R. 714-8 sont applicables aux enregistrements internationaux de marque étendus à la France conformément à l'arrangement de Madrid du 14 avril 1891 et du protocole de Madrid du 27 juin 1989, dans la limite et sous la réserve des dispositions prévues au présent chapitre.

Art. R.*717-1-1 L'article R.*712-23-2 est applicable aux enregistrements internationaux de marque mentionnés à l'article R. 717-1, dans la même limite et sous la même réserve.

Art. R. 717-2 Lorsque l'enregistrement international concerne une marque collective de certification, le règlement d'usage mentionné à l'article R. 712-3 (2°, *d)*, accompagné, le cas échéant, de sa traduction en langue française, doit être fourni dans un délai de six mois à compter de l'inscription de la marque au registre international.

Lorsque cette prescription n'est pas respectée, l'enregistrement international est réputé ne pas porter en France sur une marque collective de certification.

Art. R. 717-3 Le délai de deux mois dans lequel les observations de tiers doivent être présentées en application de l'article L. 712-3 court à compter de la publication du bulletin *La Gazette* par l'Organisation mondiale de la propriété intellectuelle.

Art. R. 717-4 L'examen prévu à l'article R. 712-10 est limité à la vérification de l'aptitude du signe à constituer une marque ou à être adopté à titre de marque.

Le délai de quatre mois dans lequel doivent être émises les notifications d'irrégularité, conformément à l'article R. 712-11 (2°), court à compter de la notification à l'Institut national de la propriété industrielle de l'extension à la France de l'enregistrement international.

Les irrégularités sont notifiées au titulaire de l'enregistrement international par l'intermédiaire du bureau international de l'Organisation mondiale de la propriété intellectuelle.

Art. R. 717-5 Le délai pour former opposition, conformément à l'article L. 712-4, court à compter de la publication du bulletin *La Gazette* par l'Organisation mondiale de la propriété intellectuelle.

L'opposition est notifiée au titulaire de l'enregistrement international par l'intermédiaire du bureau international de l'Organisation mondiale de la propriété intellectuelle.

Le titulaire de l'enregistrement international est réputé avoir reçu la notification de l'opposition dans un délai de quinze jours à compter de la date d'émission de cette notification par l'Institut national de la propriété industrielle.

Art. R. 717-6 Toute décision de rejet est prononcée sous forme de refus de protection en France de l'enregistrement international.

Elle est notifiée au titulaire de l'enregistrement international par l'intermédiaire du bureau international de l'Organisation mondiale de la propriété intellectuelle.

Art. R. 717-7 Les actes relatifs aux enregistrements internationaux qui produisent effet en France peuvent être inscrits au Registre national des marques, dès lors qu'ils ne sont pas susceptibles d'être inscrits au registre international.

Art. R. 717-8 Toute demande d'enregistrement international ou d'inscription postérieure à cet enregistrement soumise, en vertu de l'arrangement de Madrid du 14 avril 1891 et du protocole de Madrid du 27 juin 1989, au visa de l'Institut national de la propriété industrielle pour transmission au bureau international, doit être présentée dans les conditions fixées par la décision mentionnée à l'article R. 712-26.

Les dispositions de l'article R. 712-11 sont applicables à toute demande ne répondant pas aux conditions prévues à l'alinéa précédent. La date de saisine de l'Institut national de la propriété industrielle est celle à laquelle la demande a, le cas échéant, été régularisée.

Section 2 Marque communautaire

Art. R. 717-9 La marque communautaire ou la demande de marque communautaire est transformée en demande de marque française dès la réception par l'Institut national de la propriété industrielle de la requête en transformation adressée à l'Office de l'harmonisation dans le marché intérieur. Un numéro national lui est attribué.

1° Un délai est imparti au demandeur pour fournir :

a) La demande d'enregistrement prévue au 1° de l'article R. 712-3 ;

b) La justification du paiement des redevances prévue au *a* du 2° de l'article R. 712-3 ;

c) La traduction en français, s'il y a lieu, de la requête en transformation et des pièces jointes à celle-ci.

Si le demandeur n'a pas son domicile ou son siège dans un Etat membre de la Communauté européenne ou dans un Etat partie à l'accord sur l'Espace économique européen, il doit, dans le même délai, constituer un mandataire satisfaisant aux conditions prévues à l'article R. 712-2 et communiquer le nom et l'adresse de celui-ci à l'Institut national de la propriété industrielle ;

2° La demande issue de la requête en transformation est rejetée si les pièces mentionnées au 1° ne sont pas produites dans le délai prescrit ;

3° Lorsque la demande issue de la requête en transformation est reconnue recevable, elle est publiée au *Bulletin officiel* de la propriété industrielle dans les six semaines qui suivent la réception par l'Institut national de la propriété industrielle des pièces visées au 1°. Sous réserve des dispositions du troisième alinéa de l'article L. 717-5, mention y est faite de la faculté ouverte à toute personne intéressée de formuler des observations dans le délai de deux mois et aux personnes mentionnées à l'article L. 712-4 de former dans ce même délai opposition à enregistrement.

Art. R. 717-10 La demande de marque nationale issue de la requête en transformation est examinée et enregistrée ou rejetée dans les conditions prévues aux articles R. 712-9 à R. 712-23-1.

Art. R.*717-10-1 La demande de marque nationale issue de la requête en transformation est également examinée et enregistrée ou rejetée dans les conditions prévues à l'article R.* 712-23-2.

Art. R. 717-11 Les actions et demandes en matière de marques communautaires prévues par l'article L. 717-4 sont portées devant les tribunaux de grande instance mentionnés à l'article R. 211-7 du code de l'organisation judiciaire.

Chapitre VIII Dispositions communes

Section unique

Art. R. 718-1 Sous réserve des dispositions de l'article R. 712-16 (1°), les délais impartis par l'Institut national de la propriété industrielle ne sont ni inférieurs à un mois ni supérieurs à quatre mois.

Art. R. 718-2 Lorsqu'un délai est exprimé en jours, celui de l'acte, de l'événement, de la décision ou de la notification qui le fait courir ne compte pas.

Lorsqu'un délai est exprimé en mois ou en année, ce délai expire le jour du dernier mois ou de la dernière année qui porte le même quantième que le jour de l'acte, de l'événement, de la décision ou de la notification qui fait courir le délai. A défaut de quantième identique, le délai expire le dernier jour du mois.

Lorsqu'un délai est exprimé en mois et en jours, les mois sont d'abord décomptés, puis les jours.

Tout délai expire le dernier jour à vingt-quatre heures.

Le délai qui expirerait normalement un samedi, un dimanche ou un jour férié ou chômé est prorogé jusqu'au premier jour ouvrable suivant.

Art. R. 718-3 Toute notification est réputée régulière si elle est faite :

1° Au dernier titulaire de la demande d'enregistrement de marque déclaré à l'institut ou au dernier propriétaire inscrit au Registre national des marques ;

2° Aux collectivités territoriales et aux établissements publics mentionnés à l'article L. 712-2-1 ;

3° Au mandataire des personnes physiques ou morales susmentionnées.

Si la personne physique ou morale à qui la notification est adressée n'est pas domiciliée dans un Etat membre de l'Union européenne ou dans un Etat partie à l'accord sur l'Espace économique européen, la notification est réputée régulière si elle est faite au dernier mandataire qu'il a constitué auprès de l'institut.

Art. R. 718-4 Les notifications prévues par le présent titre sont faites par lettre recommandée avec demande d'avis de réception.

L'envoi recommandé peut être remplacé par la remise de la lettre au destinataire, contre récépissé, dans les locaux de l'Institut national de la propriété industrielle ou par un message sous forme électronique selon les modalités fixées par le directeur général de l'institut pour garantir notamment la sécurité de l'envoi.

Si l'adresse du destinataire est inconnue, la notification est faite par publication d'un avis au *Bulletin officiel* de la propriété industrielle.

Art. R. 718-5 Toute correspondance ou toute pièce relatives à une procédure devant l'Institut national de la propriété industrielle prévue par le présent titre sont déposées au siège de l'institut ou y sont envoyées par pli postal ou par tout mode de télétransmission dans les conditions définies par décision de son directeur général. Leur date de dépôt est celle de la réception au siège de l'institut.

Le directeur général de l'Institut national de la propriété industrielle peut imposer un dépôt sous forme électronique lorsque cette modalité est de nature à faciliter l'examen et la publication de ces pièces.

L'institut apporte une assistance aux déposants par tout moyen approprié, précisé par décision de son directeur général.

TITRE II INDICATIONS GÉOGRAPHIQUES

Chapitre Ier Généralités

Section unique Indications géographiques protégeant les produits industriels et artisanaux

Art. R. 721-1 I. – La demande d'homologation ou de modification du cahier des charges homologué ainsi que l'ensemble des pièces afférentes à la demande sont adressées à l'Institut national de la propriété industrielle par voie électronique, selon les modalités fixées par décision du directeur général de l'institut, par l'organisme de défense et de gestion défini à l'article L. 721-4 ou par un mandataire remplissant les conditions prévues à l'article R. 712-2. La date de dépôt est celle de la réception de la demande par l'institut.

II. – Le dossier de demande d'homologation comprend :

1° La demande d'homologation établie dans les conditions fixées par décision du directeur général de l'institut ;

2° Le nom et les adresses postale et électronique de l'organisme de défense et de gestion ainsi que les nom et prénom de son représentant légal ;

3° Le projet de cahier des charges de l'indication géographique comportant l'ensemble des précisions prévues à l'article L. 721-7 ;

4° Les éléments d'information permettant d'apprécier, au regard notamment des règles prévues au troisième alinéa de l'article L. 721-4 et au 4° de l'article L. 721-6, la représentativité des opérateurs au sein de l'organisme de défense et de gestion ;

5° Le justificatif du paiement de la redevance prévue à l'article R. 411-17 ;

6° Le cas échéant, le pouvoir du mandataire.

III. – Le dossier de demande de modification du cahier des charges homologué comprend, outre les éléments mentionnés aux 2°, 5° et 6° du II :

1° La demande de modification établie dans les conditions fixées par décision du directeur général de l'institut ;

2° Les éléments modifiés du cahier des charges homologué de l'indication géographique concernée ;

3° Les éléments d'information permettant d'apprécier, au regard notamment des règles prévues au troisième alinéa de l'article L. 721-4 et au 4° de l'article L. 721-6, la représentativité des opérateurs au sein de l'organisme de défense et de gestion, si ces éléments sont modifiés.

IV. – Les pièces justificatives, devant être produites à l'appui des demandes prévues au présent article, sont précisées par décision du directeur général de l'institut.

V. – Toutes les correspondances échangées entre le demandeur et l'institut sont adressées par voie électronique.

Art. R. 721-2 I. – L'Institut national de la propriété industrielle, saisi d'une demande d'homologation d'un cahier des charges, transmet un récépissé de dépôt avec le numéro de la demande à l'organisme demandeur ou à son mandataire.

II. – L'institut notifie au déposant dans un délai de deux mois à compter du dépôt de la demande mentionnée au I :

1° Soit, lorsque le dossier est complet, la réception du dossier complet ;

2° Soit, lorsque le dossier est incomplet, la réception du dossier incomplet.

Dans ce dernier cas, il accompagne la notification d'une demande des pièces justificatives manquantes et, s'il y a lieu, d'une demande de compléments sur les éléments du dossier mentionnés à l'article R. 721-1.

Le déposant adresse, dans le mois qui suit la date de la notification, les pièces demandées, sous peine d'irrecevabilité de la demande, et les éventuels compléments demandés, sous peine de rejet de la demande.

Dans le mois suivant la réception de ces pièces et compléments, l'institut adresse au déposant une notification attestant de la réception du dossier complet.

III. – Le dossier complet dont la réception a été notifiée au déposant dans les conditions décrites au II fait l'objet d'une transmission concomitante au ministre chargé de la propriété industrielle pour notification à la Commission européenne en application des dispositions de la directive 98/34/CE du Parlement européen et du Conseil du 22 juin 1998 prévoyant une procédure d'information dans le domaine des normes et réglementations techniques et des règles relatives aux services de la société de l'information.

IV. – L'institut publie la demande d'homologation du cahier des charges au *Bulletin officiel* de la propriété industrielle dans un délai d'un mois à compter de la notification du dossier complet prévue au II.

V. – Les dispositions des I, II et IV sont applicables aux demandes de modification du cahier des charges homologué. Celles du III ne sont applicables qu'aux demandes de modification portant sur les éléments mentionnés aux 1° à 5° et 11° de l'article L. 721-7.

Art. R. 721-3 I. – L'ouverture de l'enquête publique sur une demande d'homologation d'un cahier des charges prévue au 2° de l'article L. 721-3 fait l'objet d'un avis qui est publié, concomitamment à la publication mentionnée au IV de l'article R. 721-2, sous forme électronique sur le site internet de l'institut ainsi qu'au *Bulletin officiel* de la propriété industrielle et au *Journal officiel* de la République française.

Cet avis indique également :

1° Que l'enquête sera clôturée à l'issue d'un délai de deux mois à compter de la date de publication de l'avis au *Journal officiel* ;

2° Que le projet de cahier des charges est consultable, pendant ce délai, sous forme électronique sur le site internet de l'institut ;

3° Que toute personne peut adresser dans ce même délai des observations, selon les modalités fixées par décision du directeur général de l'institut.

II. – Une enquête publique est organisée dans les conditions prévues au I pour toute demande de modification du cahier des charges homologué. Cette enquête ne porte que sur les éléments du cahier des charges faisant l'objet de la demande de modification.

Art. R. 721-4 I. – L'Institut national de la propriété industrielle ouvre la consultation sur une demande d'homologation d'un cahier des charges prévue au 3° de l'article L. 721-3 concomitamment à la publication de l'avis d'ouverture de l'enquête publique prévue au I de l'article R. 721-3. Les modalités de cette consultation sont précisées par décision du directeur général de l'institut.

La consultation prend fin à l'issue d'un délai de deux mois à compter de la date de saisine des personnes physiques ou morales mentionnées au 3° de l'article L. 721-3.

Les groupements professionnels intéressés mentionnés à l'article L. 721-3 sont les organisations nationales représentatives des entreprises et des artisans ainsi que les organismes professionnels représentant les organismes d'évaluation de la conformité des produits industriels et artisanaux mentionnés à l'article R. 721-9.

II. – Une consultation est organisée dans les conditions prévues au I pour toute demande de modification du cahier des charges homologué. Cette consultation ne porte que sur les éléments du cahier des charges faisant l'objet de la demande de modification.

Art. R. 721-5 I. – L'Institut national de la propriété industrielle établit une synthèse de l'enquête publique et de la consultation, qu'il transmet au déposant, accompagnée de ses conclusions et recommandations éventuelles, dans un délai de deux mois suivant la fin de la consultation.

Le déposant dispose d'un délai de deux mois à compter de la réception de ces documents pour présenter des observations.

Il peut éventuellement, dans le même délai, faire part de son intention de réviser des dispositions du cahier des charges, dans le cadre d'une demande d'homologation de ce cahier, ou des modifications du cahier des charges homologué, dans le cadre d'une demande de modification de ce cahier.

II. – Dans le cas prévu au dernier alinéa du I, si les révisions envisagées portent sur les éléments mentionnés aux 1° à 6° de l'article L. 721-7, une nouvelle enquête publique et une nouvelle consultation, limitées aux seuls éléments du cahier des charges modifiés, sont organisées par l'institut.

Il est procédé, dans le délai de deux mois à compter de la réception de ces révisions, à la publication d'un avis d'ouverture de cette nouvelle enquête dans les formes prévues au I de l'article R. 721-3.

L'institut ouvre la nouvelle consultation sur les éléments du cahier des charges modifiés concomitamment à la publication de l'avis d'ouverture de la nouvelle enquête publique prévue à l'alinéa précédent. Les dispositions des deuxième et troisième alinéas du I de l'article R. 721-4 sont applicables à cette nouvelle consultation, dont les modalités sont précisées par décision du directeur général de l'institut.

L'institut établit une synthèse de la nouvelle enquête publique et de la nouvelle consultation qu'il transmet au déposant, accompagnée de ses conclusions, dans un délai de deux mois suivant la fin de la consultation. Le déposant dispose d'un délai d'un mois à compter de la réception de ces documents pour présenter des observations.

A l'issue de cette nouvelle enquête publique et de cette nouvelle consultation, le déposant ne peut plus réviser le projet de cahier des charges ou le projet de modification du cahier des charges homologué sauf si les révisions souhaitées ont pour objectif de revenir au projet initial.

III. – La synthèse de l'enquête publique et de la consultation, prévue au I, fait l'objet d'une publication sur le site internet de l'Institut national de la propriété industrielle à l'issue du délai imparti au déposant pour présenter des observations. Dans le cas où une nouvelle enquête publique et une nouvelle consultation ont été organisées dans les conditions prévues au II, la synthèse de celles-ci fait l'objet d'une publication sur le même site internet, à l'issue du délai imparti au déposant pour présenter des observations.

Art. R. 721-6 Les décisions d'homologation ou de rejet de l'homologation d'un cahier des charges ainsi que les décisions d'homologation ou de rejet de la modification d'un cahier des charges homologué sont notifiées par l'institut au déposant dans un délai de deux mois à compter de l'expiration des délais d'observations prévus au deuxième alinéa du I et au quatrième alinéa du II de l'article R. 721-5 ou dans un délai de deux mois à compter de l'expiration des délais de report prévus à l'article 9 de la directive 98/34/CE du Parlement européen et du Conseil du 22 juin 1998, dans le cas où il a été procédé à la transmission prévue au III de l'article R. 721-2 et où la date d'expiration de ces délais de report est postérieure à la date d'expiration des délais d'observations. Ce délai de deux mois peut être prorogé pour une période maximale d'un mois, par une décision motivée du directeur général de l'institut, qui est notifiée au déposant.

Les décisions d'homologation d'un cahier des charges sont accompagnées, lors de leur notification, du numéro d'homologation.

Art. R.*721-6-1 A défaut de décision expresse dans le délai mentionné à l'article R. 721-6, la demande d'homologation ou de modification du cahier des charges est réputée rejetée.

Art. R. 721-7 Avant toute décision de retrait d'homologation du cahier des charges, l'institut procède à la notification d'une mise en demeure à l'organisme de défense et de gestion lui demandant de se conformer à ses obligations dans un délai lui permettant l'organisation des opérations de contrôle prévues à l'article L. 721-9 ou la mise en œuvre des mesures correctives garantissant le respect du cahier des charges.

Les décisions de retrait de l'homologation sont notifiées par l'institut à l'organisme de défense et de gestion.

Art. R. 721-8 Un logo dédié aux indications géographiques, prévues à l'article L. 721-2, est défini par arrêté conjoint du ministre chargé de la propriété industrielle et du ministre chargé de l'artisanat. Lorsqu'un opérateur, membre de l'organisme de défense et de gestion, souhaite indiquer que le produit respecte le cahier des charges homologué d'une indication géographique, le logo, accompagné du nom de l'indication géographique et du numéro d'homologation, peut être apposé sur le produit, sur son emballage ou sur son étiquetage.

Art. R. 721-9 Les organismes accrédités, assurant les opérations de contrôle prévues à l'article L. 721-9 à la demande de l'organisme de défense et de gestion ou d'un opérateur, sont des organismes de tierce partie, indépendants des parties engagées. Leurs personnels ne doivent exercer aucune activité qui puisse, dans l'accomplissement de leur mission d'évaluation de la conformité, porter atteinte à leur indépendance de jugement, à leur impartialité et à leur intégrité.

Le contrôle du respect d'un cahier des charges homologué ne peut être réalisé que par un organisme ayant déposé une demande d'accréditation dont la recevabilité opérationnelle a fait l'objet d'une décision favorable par l'organisme d'accréditation, pour un champ de compétence couvrant le cahier des charges.

L'organisme d'accréditation met à disposition sur son site internet une liste actualisée des organismes accrédités. Ces organismes doivent informer sans délai les organismes de défense et de gestion de toute modification de l'état de leur accréditation.

Les organismes accrédités adressent à l'opérateur contrôlé et à l'organisme de défense et de gestion leur rapport sur le respect du cahier des charges dans le mois qui suit l'achèvement du contrôle.

Ce rapport contient la marque d'accréditation ou une référence textuelle à l'accréditation.

Art. R. 721-10 Sur la base du rapport adressé par l'organisme accrédité ou de tout autre élément porté à sa connaissance permettant d'établir qu'un opérateur ne respecte pas le cahier des charges, l'organisme de défense et de gestion invite celui-ci à se mettre en conformité dans un délai déterminé. L'opérateur lui indique les mesures correctives prises à cette fin.

Avant l'exclusion d'un opérateur en application du 6° de l'article L. 721-6, l'organisme de défense et de gestion lui adresse une mise en demeure lui demandant de se conformer à ses obligations dans un délai déterminé qui ne peut être inférieur à un mois et l'informant de l'exclusion qu'il encourt s'il s'abstient de cette mise en conformité.

Les informations, mentionnées au 3° de l'article L. 721-6, sur les résultats des contrôles effectués par les organismes accrédités et sur les mesures correctives prises sont transmises à l'Institut national de la propriété industrielle par l'organisme de défense et de gestion, par voie électronique, dans les délais et les conditions fixées par décision du directeur général de l'institut. L'institut vérifie la cohérence entre les rapports de contrôle et les mesures correctives demandées et appliquées.

Art. R. 721-11 Toute notification est réputée régulière si elle est faite :

1° Soit à l'organisme de défense et de gestion de l'indication géographique mentionné à l'article L. 721-4 ;

2° Soit au mandataire de la personne morale mentionnée au 1°.

Si la personne morale à qui la notification est adressée n'est pas domiciliée dans un Etat membre de l'Union européenne ou dans un Etat partie à l'accord sur l'Espace économique européen, la notification est réputée régulière si elle est faite au dernier mandataire qu'il a constitué auprès de l'institut.

Art. R. 721-12 Les dispositions prévues aux articles R. 718-2 et R. 718-4 sont applicables à la présente section.

Chapitre II Contentieux

Section 1 Actions civiles

Art. R. 722-1 Le délai prévu au dernier alinéa de l'article L. 722-3 et imparti au demandeur pour se pourvoir au fond par la voie civile ou pénale, ou déposer une plainte auprès du procureur de la République, est de vingt jours ouvrables ou de trente et un jours civils si ce délai est plus long, à compter de la date de l'ordonnance.

Art. R. 722-2 La saisie, descriptive ou réelle, prévue à l'article L. 722-4 est ordonnée par le président du tribunal de grande instance compétent pour connaître du fond.

Le président peut autoriser l'huissier à procéder à toute constatation utile en vue d'établir l'origine, la consistance et l'étendue de l'atteinte à une indication géographique.

Art. R. 722-3 Lorsque le juge a subordonné la saisie à la constitution de garanties par le demandeur, celles-ci doivent être constituées avant qu'il soit procédé à la saisie.

A peine de nullité et de dommages-intérêts contre l'huissier, celui-ci doit, avant de procéder à la saisie, donner copie aux détenteurs des objets saisis ou décrits de l'ordonnance et, le cas échéant, de l'acte constatant la constitution de garanties. Copie doit être laissée aux mêmes détenteurs du procès-verbal de saisie.

Art. R. 722-4 Le délai prévu au dernier alinéa de l'article L. 722-4 et imparti au demandeur pour se pourvoir au fond est de vingt jours ouvrables ou de trente et un jours civils si ce délai est plus long, à compter du jour où est intervenue la saisie ou la description.

Art. R. 722-5 Le président du tribunal de grande instance peut ordonner, au vu du procès-verbal de saisie, toute mesure pour compléter la preuve des actes portant prétendument atteinte à une indication géographique. A la demande de la partie saisie agissant sans délai et justifiant d'un intérêt légitime, il peut également prendre toute mesure pour préserver la confidentialité de certains éléments.

Art. D. 722-6 Le siège et le ressort des tribunaux de grande instance ayant compétence exclusive pour connaître des actions en matière d'indications géographiques en application de l'article L. 722-8 du code de la propriété intellectuelle sont fixés conformément au tableau VI annexé à l'article D. 211-6-1 du code de l'organisation judiciaire.

Section 2 La retenue

Art. R. 722-7 Le chapitre V *bis* du titre III du livre III est applicable à la retenue par l'administration des douanes des marchandises susceptibles de porter atteinte à une indication géographique, telle que prévue à la section II du chapitre II du titre II du livre VII.

LIVRE VIII DISPOSITIONS PARTICULIÈRES À MAYOTTE, AUX ÎLES WALLIS ET FUTUNA, À LA NOUVELLE-CALÉDONIE ET AUX TERRES AUSTRALES ET ANTARCTIQUES FRANÇAISES

TITRE UNIQUE

Chapitre unique

Art. R. 811-1 Sous réserve des adaptations prévues par l'article R. 811-3 ci-après, sont applicables dans les îles Wallis et Futuna, en Nouvelle-Calédonie et dans les Terres australes et antarctiques françaises :

1° Les dispositions du livre Ier à l'exception des articles R. 133-1, R. 133-2 (4°) et R. 135-1 à R. 135-4 ;

2° Les dispositions du livre II ;

3° Les dispositions du livre III à l'exception des articles R. 326-1 à R. 326-7 ;

4° Les dispositions du livre IV à l'exception des articles R. 421-1 à R. 421-12, R. 422-1 à R. 422-66, R. 423-1 et R. 423-2 ;

5° Les dispositions du livre V à l'exception des articles R. 522-1 et R. 717-11 ainsi que des articles R. 512-2, R. 512-3, R. 512-13, R. 512-15, R. 513-1 et R. 513-2 seulement en tant qu'ils concernent les conseils en propriété industrielle ;

6° Les dispositions du livre VI à l'exception des articles R. 612-2, R. 612-38, R. 613-25-1 à R. 613-25-4, R. 613-46, R. 613-56 et R. 613-58 seulement en tant qu'ils concernent les conseils en propriété industrielle ;

7° Les dispositions du livre VII à l'exception des articles R. 712-2, R. 712-13, R. 712-14, R. 712-21, R. 712-24, R. 714-4 et R. 714-6 seulement en tant qu'ils concernent les conseils en propriété industrielle.

Toutefois, l'article R. 613-63 est ainsi rédigé :

« *Art. R. 613-63.* – La demande de réduction des redevances prévue à l'article L. 612-20, dans sa rédaction antérieure à la loi n° 2005-842 du 26 juillet 2005, est présentée par écrit au directeur général de l'Institut national de la propriété industrielle.

« Elle est accompagnée d'un avis de non-imposition ou d'une justification équivalente. Il est statué par décision motivée. La décision est notifiée au requérant.

« Si la demande est accueillie, le bénéfice de la rédaction est acquis au requérant sous réserve qu'il produise chaque année un avis de non-imposition ou une justification équivalente. »

Art. R. 811-1-1 Les dispositions suivantes sont applicables dans les îles Wallis et Futuna.

I. – 1° Lorsque un ou plusieurs fonctionnaires ou agents publics exerçant leur activité pour le compte de plusieurs personnes publiques investies d'une mission de recherche sont à l'origine d'une même invention, celle de ces personnes qui a fourni les locaux dans lesquels les tâches comportant une mission inventive, les études ou les recherches ont été principalement réalisées dispose, de plein droit, d'un mandat pour exercer l'ensemble des droits et obligations, à l'exception du droit d'en céder la propriété, des personnes publiques pour lesquelles ces fonctionnaires ou agents publics effectuent ces tâches, ces études ou ces recherches.

Est regardée comme ayant fourni les locaux au sens de l'alinéa précédent la personne publique qui a l'usage, en tant que propriétaire, locataire, ou signataire d'une convention de mise à disposition, des locaux dans lesquels les tâches comportant une mission inventive, les études ou les recherches ont été principalement réalisées ;

2° Lorsque les locaux sont fournis à titre égal par plusieurs personnes publiques dont l'objet comporte une mission de recherche, ces dernières conviennent de celle à laquelle revient le mandat prévu au premier alinéa au plus tard trois mois à compter de la date du dépôt de la demande de protection ;

3° Lorsque les locaux sont fournis par une personne privée ou par une personne publique dont l'objet ne comporte pas une mission de recherche, ce mandat revient à celle des personnes publiques investie d'une mission de recherche dont la contribution inventive des agents est la plus importante. Lorsque les contributions inventives des fonctionnaires ou agents publics relevant de chacune de ces personnes publiques sont équivalentes, ces dernières conviennent de celle à laquelle revient le mandat prévu au premier alinéa au plus tard trois mois à compter de la date du dépôt de la demande de protection.

A défaut d'accord entre les personnes publiques concernées dans les délais fixés aux 2° et 3° du I du présent article, le ministre chargé de la recherche, le cas échéant après avis des ministres intéressés, peut désigner celle à laquelle revient le mandat après examen de leurs capacités respectives. Il se prononce sur la base d'un dossier transmis par chacune d'elles dans des conditions fixées par arrêté des ministres chargés de la recherche et de la propriété industrielle.

II. – Par dérogation au I du présent article, les personnes publiques dont relèvent les fonctionnaires ou agents publics à l'origine de l'invention peuvent convenir, pour une invention déterminée, de confier le mandat prévu au premier alinéa à l'une des personnes publiques propriétaires de cette invention ou à une structure de coopération de droit public prévue au chapitre IV du titre IV du livre III du code de la recherche dont l'une d'elles est partie, sous réserve que la convention soit conclue avant le dépôt de la demande de protection de l'invention considérée.

III. – La personne publique mandataire assure la protection et l'exploitation de l'invention pour le compte de l'ensemble des personnes publiques pour lesquelles les fonctionnaires ou agents publics ont effectué les tâches comportant une mission inventive, les études ou les recherches qui sont à l'origine de l'invention.

Elle peut, à ces fins, confier à un tiers tout ou partie des activités nécessaires à l'exercice des droits qu'elle tient du mandat dont elle bénéficie en vertu des I ou II du présent article dans le respect des dispositions de l'article L. 313-2 du code de la recherche ou de l'article L. 762-3 du code de l'éducation lorsque ce tiers est une personne privée.

Elle tient les autres personnes publiques intéressées régulièrement informées des actions de protection et d'exploitation dont cette invention fait l'objet, dans les trois mois suivant son dépôt, puis au moins une fois par an. Le mandataire et ces autres personnes publiques en informent les fonctionnaires et agents publics qui ont effectué les tâches comportant une mission inventive, les études ou les recherches à l'origine de l'invention.

IV. – Une convention fixe la répartition des revenus tirés de l'exploitation de l'invention entre les personnes publiques pour lesquelles les fonctionnaires et agents publics ont effectué les tâches comportant une mission inventive, les études ou les recherches à l'origine de l'invention. Cette convention détermine les modalités selon lesquelles la personne publique mandataire est remboursée des frais occasionnés par elle pour les besoins du mandat.

A défaut d'accord conclu avant la première signature d'une convention ou d'un contrat d'exploitation de l'invention, cette répartition et ce remboursement s'effectuent conformément à des règles fixées par arrêté des ministres chargés de la recherche et de la propriété industrielle.

Art. R. 811-2 Sous réserve des adaptations prévues par l'article R. 811-3 ci-après, sont applicables à Mayotte les dispositions du présent code à l'exception des articles R. 133-1, R. 133-2, R. 326-1, R. 326-2, R. 522-1 et R. 613-25-1 à R. 613-25-4.

Art. R. 811-3 Pour application du présent code et des dispositions qu'il rend applicables aux territoires d'outre-mer et à Mayotte, les mots suivants énumérés ci-dessous sont respectivement remplacés par les mots suivants :

- « tribunal de grande instance » par « tribunal de première instance » ;
- « juge d'instance » par « juge du tribunal de première instance » ;
- « région » par « territoire » et, en ce qui concerne Mayotte, par « collectivité départementale » ;

– « cour d'appel » par « tribunal supérieur d'appel » et « commissaire de police » par « officier de police judiciaire » en ce qui concerne Mayotte ;
– « tribunal de commerce » par « tribunal de première instance statuant en matière commerciale » en ce qui concerne Mayotte et « tribunal mixte de commerce » en ce qui concerne les territoires de la Nouvelle-Calédonie, de la Polynésie française et de Wallis-et-Futuna ;
– « conseil de prud'hommes » par « tribunal du travail ».

Pour l'application du présent code aux collectivités d'outre-mer et à Mayotte, toute référence au code des douanes est remplacée par la référence aux codes des douanes applicables à ces collectivités et à Mayotte, ayant le même objet.

Annexes

ANNEXE À L'ARTICLE R. 134-1

Les données et informations enregistrées, selon leur disponibilité, dans le traitement dénommé Registre des livres indisponibles du xxe siècle sont les suivantes :

1. Noms et prénoms ou pseudonymes du ou des auteurs.
2. Précisions sur la qualité de l'auteur (préfacier, illustrateur...).
3. Année du décès du ou des auteurs.
4. Mention d'un numéro d'identification de l'auteur.
5. Dénomination de l'auteur collectivité.
6. Titre du livre.
7. Nom ou raison sociale de l'éditeur.
8. Année de publication du livre.
9. Mention de l'édition (notamment première édition, édition revue, édition augmentée...).
10. Mention de la collection.
11. Caractère illustré du livre.
12. Nombre de volumes et nombre de pages.
13. Mention du numéro international normalisé du livre (ISBN).
14. Mention d'un numéro d'identification pérenne du livre.
15. Mentions prévues aux articles L. 134-4, L. 134-5 et L. 134-6.
16. Mention prévue à l'article R. 134-3, selon laquelle le livre fait l'objet d'une déclaration d'opposition en cours d'instruction.

ANNEXE À L'ARTICLE R. 611-14-1

Education nationale, enseignement supérieur et recherche

Corps de fonctionnaires :

– chercheurs, ingénieurs, assistants ingénieurs et techniciens de la recherche régis par le décret n° 83-1260 du 30 décembre 1983 modifié ;

– enseignants chercheurs régis par le décret n° 84-431 du 6 juin 1984 modifié et enseignants-chercheurs appartenant à des corps propres dont la liste figure en annexe dudit décret ;

– ingénieurs, assistants ingénieurs et techniciens de recherche et de formation régis par le décret n° 85-1534 du 31 décembre 1985 modifié ;

– ingénieurs principaux de physique nucléaire, ingénieurs de physique nucléaire, techniciens principaux de physique nucléaire, techniciens de physique nucléaire, techniciens d'atelier de physique nucléaire, techniciens d'études de physique nucléaire, préparateurs de physique nucléaire et prototypistes de physique nucléaire, régis par le décret n° 85-1462 du 30 décembre 1985 modifié ;

– chargés de mission de la recherche du Centre national de la recherche scientifique, régis par le décret n° 85-1461 du 30 décembre 1985 ;

Agents non titulaires :

– chercheurs régis par le décret n° 80-31 du 17 janvier 1980 modifié ;

– ingénieurs et spécialistes régis par le décret n° 59-1405 du 9 décembre 1959 modifié ;

– attachés scientifiques et contractuels régis par le décret n° 80-479 du 27 juin 1980 ;

– professeurs et maîtres de conférences associés relevant de l'article 54, alinéa 2, de la loi n° 84-52 du 26 janvier 1984 et de la loi n° 85-1223 du 22 novembre 1985 ;

– allocataires de recherche régis par le décret n° 85-402 du 3 avril 1985 modifié par le décret n° 92-339 du 30 mars 1992 ;

– moniteurs et allocataires-moniteurs normaliens régis par le décret n° 89-794 du 30 octobre 1989 modifié ;

– moniteurs en pharmacie régis par le décret n° 92-1229 du 19 novembre 1992 modifié ;

– attachés temporaires d'enseignement et de recherche régis par le décret n° 88-654 du 7 mai 1988 modifié ;

– chercheurs associés au Centre national de la recherche scientifique régis par le décret n° 69-894 du 26 septembre 1969 modifié ;

– agents contractuels hors catégorie, de catégorie exceptionnelle et de première catégorie régis par le règlement intérieur du 30 mars 1988 portant dispositions applicables aux agents contractuels du Centre national du machinisme agricole, du génie rural, des eaux et des forêts ;

– ingénieurs et spécialistes de l'Institut national de la santé et de la recherche médicale régis par le décret n° 64-420 du 12 mai 1964 modifié ;

– ingénieurs experts de l'Institut national de recherche en informatique et en automatique régis par le décret n° 86-83 du 17 janvier 1986 modifié ;

– agents recrutés par les établissements publics à caractère scientifique et technologique en application des dispositions de l'article 23 de la loi n° 82-610 du 15 juillet 1982 modifiée d'orientation et de programmation pour la recherche et le développement technologique de la France ;

– autres agents recrutés par les établissements publics à caractère scientifique et technologique et les établissements d'enseignement supérieur en application des articles 4 et 6 de la loi n° 84-16 du 11 janvier 1984 modifiée portant dispositions statutaires relatives à la fonction publique de l'Etat pour effectuer des travaux de recherche dans le cadre de la préparation d'une thèse de doctorat au sens de l'article L. 612-7 du code de l'éducation ou après l'obtention d'un tel doctorat ;
– agents recrutés dans les services d'activités industrielles et commerciales des établissements publics d'enseignement supérieur en application de l'article L. 123-5 du code de l'éducation pour effectuer des travaux de recherche dans le cadre de la préparation d'une thèse de doctorat au sens de l'article L. 612-7 du code de l'éducation ou après l'obtention d'un tel doctorat.

Enseignement supérieur, recherche et affaires sociales

– personnels enseignants et hospitaliers des centres hospitaliers et universitaires, régis par le décret n° 84-135 du 24 février 1984 modifié ;
– personnels enseignants et hospitaliers des centres de soins, d'enseignement et de recherche dentaires des centres hospitaliers et universitaires, régis par le décret n° 90-92 du 24 janvier 1990 modifié ;
– professeurs du premier et du deuxième grade de chirurgien dentaire-odontologiste des services de consultations et de traitement dentaire, régis par le décret n° 65-803 du 22 septembre 1965 modifié ;
– personnels enseignants des universités, titulaires et non titulaires de médecine générale, régis par le décret n° 2008-744 du 28 juillet 2008.

Agriculture, pêche et alimentation

Corps de fonctionnaires :
– ingénieurs des ponts, des eaux et des forêts régis par le décret n° 65-426 du 4 juin 1965 modifié ;
– ingénieurs d'agronomie régis par le décret n° 65-427 du 4 juin 1965 modifié ;
– ingénieurs des travaux des eaux et forêts régis par le décret n° 70-128 du 14 février 1970 modifié ;
– ingénieurs des travaux ruraux régis par le décret n° 65-688 du 10 août 1965 modifié ;
– ingénieurs des travaux agricoles régis par le décret n° 65-690 du 10 août 1965 modifié ;
– vétérinaires inspecteurs régis par le décret n° 62-1439 du 26 novembre 1962 modifié ;
– personnels scientifiques du Centre national d'études vétérinaires et alimentaires régis par le décret n° 64-642 du 29 juin 1964 modifié ;
– enseignants-chercheurs des établissements d'enseignement supérieur public relevant du ministre chargé de l'agriculture régis par le décret n° 92-171 du 21 février 1992 ;
– ingénieurs, assistants ingénieurs et techniciens régis par le décret n° 95-370 du 6 avril 1995 ;
– techniciens des services du ministère chargé de l'agriculture régis par le décret n° 96-501 du 7 juin 1996 ;

Agents non titulaires :
– personnels associés ou invités dans les établissements d'enseignement supérieur et de la recherche relevant du ministre chargé de l'agriculture, régis par le décret n° 95-621 du 6 mai 1995 ;
– assistants d'enseignement et de recherche contractuels des établissements d'enseignement supérieur publics relevant du ministre chargé de l'agriculture, régis par le décret n° 91-374 du 16 avril 1991 ;
– autres agents recrutés par les établissements publics participant au service public de l'enseignement supérieur en application des articles 4 et 6 de la loi n° 84-16 du 11 janvier 1984 modifiée portant dispositions statutaires relatives à la fonction publique de l'Etat pour effectuer des travaux de recherche dans le cadre de la préparation d'une thèse de doctorat au sens de l'article L. 612-7 du code de l'éducation ou après l'obtention d'un tel doctorat.

Industrie

Corps de fonctionnaires :

– corps des ingénieurs des mines régis par le décret n° 88-507 du 29 avril 1988 modifié ;
– ingénieurs de l'industrie et des mines régis par le décret n° 88-507 du 29 avril 1988 modifié ;
– professeurs, maîtres-assistants et assistants des écoles nationales supérieures des mines et des écoles nationales supérieures des techniques industrielles et des mines régis par le décret n° 2007-468 du 28 mars 2007 ;
– techniciens de laboratoire affectés dans les écoles nationales supérieures des mines et dans les écoles nationales supérieures des techniques industrielles et des mines et régis par le décret n° 2012-1002 du 29 août 2012 ;
– ingénieurs du corps interministériel des ingénieurs des télécommunications régis par le décret n° 67-715 du 16 août 1967 ;
– fonctionnaires de l'Etat détachés sur des emplois de l'Institut Mines-Télécom en vertu du 1° de l'article 36 du décret n° 96-1177 du 27 décembre 1996 ;

Agents non titulaires :

– chercheurs et ingénieurs régis par le décret n° 2000-677 du 18 juillet 2000 portant dispositions statutaires communes aux agents contractuels des écoles nationales supérieures des mines et des écoles nationales supérieures des techniques industrielles et des mines placées sous la tutelle du ministre chargé de l'industrie ;
– attachés de recherche régis par le décret n° 71-999 du 7 décembre 1971 ;
– personnels enseignants, chercheurs et ingénieurs associés régis par le décret n° 70-663 du 10 juillet 1970 modifié ;
– agents contractuels chargés de mission de classe exceptionnelle, agents contractuels chargés de mission de classe normale, agents contractuels hors catégorie et agents contractuels de 1re catégorie régis par le décret n° 75-62 du 28 janvier 1975 modifié ;
– personnels contractuels de droit public de l' Institut Mines-Télécom recrutés en vertu du 2° de l'article 36 du décret n° 96-1177 du 27 décembre 1996 et régis par le décret n° 86-83 du 17 janvier 1986 modifié ;
– autres agents recrutés par les établissements publics participant au service public de l'enseignement supérieur en application des articles 4 et 6 de la loi n° 84-16 du 11 janvier 1984 modifiée portant dispositions statutaires relatives à la fonction publique de l'Etat pour effectuer des travaux de recherche dans le cadre de la préparation d'une thèse de doctorat au sens de l'article L. 612-7 du code de l'éducation ou après l'obtention d'un tel doctorat.

Equipement, transports et logement

Corps de fonctionnaires :

– ingénieurs des ponts, des eaux et des forêts régis par le décret n° 59-358 du 20 février 1959 modifié ;
– chargés de recherche et directeurs de recherche régis par le décret n° 94-943 du 28 octobre 1994 ;
– ingénieurs des travaux publics de l'Etat régis par le décret n° 71-345 du 5 mai 1971 modifié ;
– ingénieurs géographes régis par le décret n° 65-793 du 16 septembre 1965, modifié par le décret n° 90-160 du 16 février 1990 ;
– ingénieurs des travaux géographiques et cartographiques de l'Etat régis par le décret n° 73-264 du 6 mars 1973 modifié ;
– ingénieurs de l'aviation civile régis par le décret n° 71-234 du 30 mars 1971 modifié ;
– ingénieurs des études et de l'exploitation de l'aviation civile régis par le décret n° 71-907 du 8 novembre 1971 modifié ;
– ingénieurs du contrôle de la navigation aérienne régis par le décret n° 90-998 du 8 novembre 1990 modifié ;
– ingénieurs électroniciens des systèmes de la sécurité aérienne régis par le décret n° 91-56 du 16 janvier 1991, modifié par le décret n° 94-278 du 11 avril 1994 ;

- ingénieurs de la météorologie régis par le décret n° 63-1376 du 24 décembre 1963 modifié ;
- ingénieurs des travaux de la météorologie régis par le décret n° 65-184 du 5 mars 1965 modifié ;

Agents non titulaires :

- personnels non titulaires du niveau de la catégorie A régis par les dispositions suivantes :
  - décision du 18 mars 1992 du ministre d'Etat, ministre de la fonction publique et de la modernisation de l'administration, du ministre de l'équipement, du logement, des transports et de l'espace et du ministre délégué au budget ;
  - règlement du 14 mai 1973 régissant les personnels non titulaires de l'institut français des sciences et technologies des transports, de l'aménagement et des réseaux et des centres d'études et d'expertise sur les risques, l'environnement, la mobilité et l'aménagement ;
  - règlement intérieur du 30 octobre 1969 modifié relatif aux personnels non titulaires employés au service d'études techniques des routes et autoroutes ;
  - arrêté du 10 juillet 1968 relatif aux conditions de recrutement et de rémunération des personnels contractuels techniques et administratifs du ministère de l'équipement et du logement chargés d'études de haut niveau au service des affaires économiques et internationales et au service d'études techniques des routes et autoroutes, modifié par l'arrêté du 27 mars 1973 relatif au même objet ;
  - décret n° 46-1507 du 18 juin 1946 fixant le statut des auxiliaires recrutés sur contrat par le ministère des travaux publics et des transports pour le service des ponts et chaussées, modifié par les décrets n° 68-313 du 1er avril 1968 et n° 75-1355 du 18 décembre 1975 relatifs au même objet ;
  - décret n° 48-1018 du 16 juin 1948 modifié fixant le statut des agents sur contrat du ministère des travaux publics, des transports et du tourisme ;
  - règlement intérieur du 4 juin 1970 relatif aux personnels non titulaires employés par la direction régionale de l'équipement de l'Ile-de-France ;
- autres agents recrutés par les établissements publics participant au service public de l'enseignement supérieur en application des articles 4 et 6 de la loi n° 84-16 du 11 janvier 1984 modifiée portant dispositions statutaires relatives à la fonction publique de l'Etat pour effectuer des travaux de recherche dans le cadre de la préparation d'une thèse de doctorat au sens de l'article L. 612-7 du code de l'éducation ou après l'obtention d'un tel doctorat.

Défense

Corps de fonctionnaires civils et militaires :

- ingénieurs de l'armement régis par le décret n° 82-1067 du 15 décembre 1982 modifié ;
- ingénieurs militaires des essences régis par le décret n° 76-802 du 19 août 1976 modifié ;
- praticiens des armées régis par le décret n° 2004-534 du 14 juin 2004 ;
- ingénieurs des études et techniques régis par le décret n° 79-1135 du 27 décembre 1979 modifié ;
- ingénieurs d'études et de fabrications du ministère de la défense régis par le décret n° 89-750 du 18 octobre 1989 modifié ;
- techniciens supérieurs d'études et de fabrications du ministère de la défense régis par le décret n° 89-749 du 18 octobre 1989 modifié ;
- techniciens du ministère de la défense régis par le décret n° 98-203 du 20 mars 1998 modifié ;

Agents non titulaires :

- agents non titulaires de catégorie spéciale, hors catégorie et de catégorie A, régis par le décret n° 49-1378 du 3 octobre 1949 modifié ;
- professeurs à occupation principale de l'Ecole nationale supérieure de l'aéronautique régis par le décret n° 67-962 du 23 octobre 1967 ;
- personnels scientifiques des laboratoires et centres de recherche de l'Ecole polytechnique régis par le décret n° 73-311 du 14 mars 1973 modifié ;

– ingénieurs et spécialistes des laboratoires et centres de recherche de l'Ecole polytechnique régis par le décret n° 73-312 du 14 mars 1973 modifié ;
– agents non titulaires ingénieurs régis par le décret n° 88-541 du 4 mai 1988 relatif à certains agents sur contrat des services à caractère industriel ou commercial du ministère de la défense ;
– personnels enseignants de l'Ecole polytechnique régis par le décret n° 2000-497 du 5 juin 2000 ;
– personnels contractuels scientifiques, techniques et administratifs de recherche de l'Ecole polytechnique régis par le décret n° 2003-1006 du 21 octobre 2003 ;
– autres agents recrutés par les établissements publics participant au service public de l'enseignement supérieur en application des articles 4 et 6 de la loi n° 84-16 du 11 janvier 1984 modifiée portant dispositions statutaires relatives à la fonction publique de l'Etat pour effectuer des travaux de recherche dans le cadre de la préparation d'une thèse de doctorat au sens de l'article L. 612-7 du code de l'éducation ou après l'obtention d'un tel doctorat.

Direction de l'information légale et administrative, 26, rue Desaix, 75727 Paris Cedex 15.
Edition : janvier 2016.
Dépôt légal : février 2016.